U0036230

團體諮商的理論與實務

THEORY AND PRACTICE OF
GROUP COUNSELING

GERALD COREY／著

張景然 吳芝儀／譯

THEORY AND PRACTICE OF
GROUP COUNSELING

Gerald Corey

Copyright© 1990
by Brooks/Cole Publishing A Division of Wadsworth, Inc.
through International Thomson Publishing

ALL RIGHTS RESERVED

No part of this book may be reproduced or
transmitted in any form or by any means,
electronic or mechanical,including photocopying,
recording, or any information storage and
retrieval system, without permission, in writing,
from the publisher.

ISBN 957—9272—09—3

Printed in Taiwan, Republic of China

Chinese edition copyright © 1995
by Yang-Chih Book Co.,LTD
for sales in worldwide.

Brooks/Cole Publishing Company
Pacific Grove, California

Gerald Corey

California State University, Fullerton

Diplomate in Counseling Psychology,
American Board of Professional Psychology

Other books by Gerald Corey:

- *I Never Knew I Had a Choice,* 4th Edition (1990, with Marianne Schneider Corey)
- *Becoming a Helper* (1989, with Marianne Schneider Corey)
- *Group Techniques,* Revised Edition (1988, with Marianne Schneider Corey, Patrick Callanan, and J. Michael Russell)
- *Issues and Ethics in the Helping Professions,* 3rd Edition (1988, with Marianne Schneider Corey and Patrick Callanan)
- *Groups: Process and Practice,* 3rd Edition (1987, with Marianne Schneider Corey)
- *Case Approach to Counseling and Psychotherapy,* 2nd Edition (1986)
- *Theory and Practice of Counseling and Psychotherapy,* 3rd Edition (and *Manual*) (1986)
- *Casebook of Ethical Guidelines for Group Leaders* (1982, with Marianne Schneider Corey and Patrick Callanan)

前言

　　團體諮商(group counseling)是一種日益風行、在各種情境中實施治療與介入的形式。雖然已有許多教科書論及團體諮商，但其中概括論述各種理論模式、並闡述如何將這些模式應用於團體諮商的，卻寥寥無幾。本書概述了團體歷程(group process)的基本要素，介紹了團體治療中特有的倫理和專業的種種問題，並對十種有關團體諮商研究之主要概念和技術方法進行了綜合概述。本書還嘗試對上述這些研究方法進行整合，並鼓勵學生們建立起一個理論架構，協助他們自己綜合吸收。

　　《團體諮商的理論與實務》的寫作風格清晰、簡明，因而學生們對理論概念以及與團體諮商實務之間的關係等內容之理解上，不會有任何困難。本書著重探討有關團體治療的種種理論模式的實踐應用。第三版用了更大的篇幅來幫助讀者綜合認識種種研究的探討。其中更以兩章的篇幅詳盡地介紹團體發展的各個階段，為團體領導者的諮商實務提供了指引。

　　第一部分概述了各種類型的團體，探討了一些普遍性的原理，這些原理可被用於具有多元文化的團體之諮商實務。這一部分的內容還涉及到：團體治療中的倫理與專業問題；團體發展的各個階段，包括：它的形成、終結和結果追蹤；以及有關團體成員與團體領導的一些基本問題。在這第三版的第一部分中，加入了下列新內容：

- □ 擴充了結構團體的相關內容
- □ 擴充了自助團體以及自助團體與治療團體之間相互比較的內容
- □ 團體領導者用以管理各人種與少數民族團體的一般原理，以及有關如何在個人的團體實務中建立起多元文化的意識觀

□ 更新有關從事團體實務者的倫理與法律問題的內容

□ 建立了團體治療的倫理與專業訓練的實務綱領

□ 有關團體治療的研究與實務之間差異的評述，以及有關團體領導者如何綜合這兩者的方法之討論

□ 有益於設計和領導團體的種種研究成果的概述和討論

□ 擴充了有關團體中治療因素的篇幅

第二部分探討了團體諮商的十種理論取向。在這一部分中，各個章節遵循相同的組織結構，以便學生們能很容易地比較與對照各種不同的模式。一般來說，每一章都介紹了一種學派的基本原理和它的特點；討論這一學派的主要概念，以及對團體歷程的啟發意義詳述該學派的基本方法與技術；闡述了團體領導者的角色與功能；並且，在適當的時候，描述了這一特定團體歷程的各個發展階段。本書自始至終強調了這些學派在多元文化社會中的啟發意義，每一種理論的優劣長短，都依據團體中不同人種與少數民族成員的處理方法提出評價。每一章都強調了變通的必要性，以及應使各種技術適用於團體成員的文化背景。所有這些理論性章節的末尾，都有一節更新與擴充的內容，它基本上是我對這些學派的討論與評價。然而，我也對我個人的評價與來自其他各種管道的見解作了平衡。此外，每一章結尾處的材料都提出了種種建議，包括：如何尋找有關各派理論的進一步訓練資料，和思考與討論的問題，這些問題可以幫助學生們回顧種種基本論點；此外也列出參考文獻，以鼓勵學生們經由進一步閱讀來豐富知識與開拓學習。有些理論章節已大部分重新撰寫以反映最新的趨勢；其他章節則僅作些許的更動。下面列出的是部分改動內容：

□ 擴充了心理分析團體的內容，加進最新的趨勢，諸如：「對象——關係」理論(object-relation theory)，如何處理臨界和自戀型的個案，心理社會階段與心理性階段發展的整合，以及焦慮與自我防衛機制的作用

□ 有關阿德勒式團體諮商一章已大部分重寫，包含了更多有關生活型態評估的材料，以及阿德勒學派的種種概念對團體治療實際應用的

材料

□ 對心理劇的重要概念作了更充分的討論，並提供如何在各個階段開
展心理劇的建議

□ 重新組織有關團體的存在主義取向一章，使之更為嚴謹

□ 增加許多新資料於「個人中心」取向的團體治療，特別強調其歷史
發展與應用。此外，也增加Carl Rogers的重要貢獻、新的研究結果，
以及應用於團體時有助成長的治療情境

□ 有關完形治療及溝通分析兩章也已做了修訂

□ 行為主義團體治療的篇幅有了較大的擴充，包括：對行為學派團體
的各階段有了更多的關注；將評價視為團體歷程的一個基本內容；
社會技巧與肯定訓練團體；壓力管理訓練；多重模式團體治療；及
相關的研究成果等

□ 有關團體的理性情緒療法材料有了很大擴充，尤其是有關治療技術
與方法方面的內容

□ 團體的現實治療一章已大部分重新撰寫，從而包容了一些有關控制
理論的重大變化，以及這些變化應用於團體實務的啟發意義。有關
特殊方法的內容，如矛盾技術的運用、幽默的運用、詢問技術等，
均闢出了新的篇幅予以介紹

　　第三部分的兩章中，我把前述十種理論模式運用於團體諮商的實務
中，說明持不同理論取向的實務工作者如何看待一個特定群體，以及怎樣
處理團體中的某些典型問題。這些說明性範例的目的，在使用那些理論性
觀念變得較為生動，並提供關於這些理論間相同或相異的特色。最後一章
對不同的團體取向進行了比較與對照，其內容涉及：團體諮商的目的，團
體領導者的角色與作用，團體中的結構與責任劃分的程度，技術的運用，
以及在多元文化社會中各種不同的團體治療取向的貢獻與限制。這一章描
述了一種「團體諮商的整合折衷模式」作為總結。這一模式結合前面所探
討的流派的概念與技術，將有助於學生們嘗試自己的觀點。我的目的是既
提供一個基礎以融會貫通團體治療實務中看似多樣的理論，也在團體歷程
各階段中展現各個理論的特性。在第三版裡，我擴充了我自己整合觀點之

篇幅，並提供如何建立起個人整合觀點之指導綱要。我提議學生們在這門課程的早期階段閱讀第十六、十七章，因爲它們提供了一個十分有用的概觀和總論。當然，這兩章在讀者們研究過第二部分的當代取向之後再來作整合性的閱讀，也是極有幫助的。

這本書是爲那些有關人群服務的任何領域之研究生和大學生所寫的。它尤其適用於選修類似團體諮商理論與實務的任一課程的學生。這本書也是爲專業的實務工作者而寫的，他們參與團體工作，或是訓練準諮商員帶領各種類型的團體。精神病院護士、牧師、社會工作者、心理學家、婚姻與家庭諮商員、復健諮商員、社區機構顧問、學校諮商人員、以帶領團體作爲其自身工作之部分心理衛生專家們，都會發現這本書是很有用的。

《團體諮商的理論與實務學習手冊》(Manual for Theory and Practice of Group Counseling)一書也可有助於學生們由此書獲得最大收益，並實際地體驗團體歷程和團體技術。這本手冊包括：一系列問題，針對班級及較小團體所建議的活動，團體帶領的訓練與督導，總結性圖示，自我探查，學習輔導，團體技術，團體諮商實務過程舉例，以及出於復習目的而針對該書內容的綜合試題。這本手冊也已修訂，並就十種理論研究補充新的材料。此外，還有一本《教師的資源手冊》(Instructor's Resource Manual)，也已修訂完成，能反映出教科書及學生手冊的變化。

致謝

自1981年本書第一版問世以來，許多修訂部分都來自作者與使用本書的學生、同事、教授們的討論。我所教授的這些學生和專業人員們反過來也教育了我。我的大多數觀點都是在與他們的溝通中激發出來的。我的朋友們、同事們（我和他們一起承擔課程、學術研討及共同帶領團體諮商）的善意質詢，使我堅持不懈地學習新知識，並給予我極大的鼓勵不斷地實踐、教學、寫作。這些人是：加利福尼亞州立大學福勒敦分校的麥可·盧梭(J. Michael Russell)，加州聖塔安那私人業務所的帕翠克·卡納(Patrick Callnan)，拉馬琳達大學的瑪麗·莫萊恩(Mary Moline)，加州奧本私人業務所希爾加·甘迺迪(Helga Kennedy)，以及加州州立大學福

勒敦分校的喬治‧威廉斯(George Williams)。我特別要說明我的妻子暨同事，瑪麗安‧施耐德‧柯立(Marianne Schneider Corey)對我的生活及著述的影響，有了她我才能從事此專業工作。她的評論對我所進行的修訂極富有價值，而這本書中的許多構想，都是我們在團體諮商實務中長期討論的產物。

有不少人閱讀了本書，他們提出的見解對本書的最後成形有極大的幫助，南緬因州立大學的瑪格里特‧卡洛(Marguerite Carroll)，加州州立大學聖伯納蒂諾分校的瑪格麗特‧庫尼(Margaret Cooney)，喬治亞學院的李‧吉里斯(Lee Gillis)，休斯頓大學清湖分校的芭芭拉‧赫里愛(Barbara Herlihy)，加州州立大學福勒敦分校人群服務中心主任兼大學部輔導員麥可‧薩科(Michael Safko)，俄亥俄州立大學的詹姆斯‧威格提(James V. Wigtil)，以及俄亥俄州立大學家庭關係與人群發展博士生喬安‧威格提(JoAnne Wigtil)，他們讀了全部手稿並提供了正反兩方面的意見。先前版本的評論者們也提供了不少見解，他們是：南伊利諾大學的丹尼斯‧安德森(Dennis B. Anderson)，東北大學的瑪麗‧巴羅(Mary Ballou)，阿肯色大學費依特威爾分校的阿林‧路易斯(Arleen C. Lewis)，以及奧瑞岡州立大學暨西奧瑞岡州立大學的卡洛‧西森(Carol F. Sisson)。

我很感謝各個單一章節的評閱者們所提供的詳盡評介。他們以各個特殊領域中的獨有專長而對本書作出了一系列貢獻。我非常感激他們的幫助。他們是：

> □ 夏威夷大學的諾雷恩‧莫庫奧(Noreen Mokuau)和塞拉庫斯大學的保羅‧彼得森(Paul Pedersen)，他們在多元文化團體諮商的啟示方面幫助頗多
> □ 在第六章有關心理分析的內容中，有：加州巴頓州立醫院的威廉‧伯勞(William Blau)，加州州立大學福勒敦分校的麥可‧盧梭(Michael Russell)
> □ 第七章關於阿德勒學派的內容中，有：加州州立大學的詹姆斯‧比得(James Bitter)，佛羅里達州溝通與動機訓練研究所的唐‧丁克梅爾(Don Dinkmeyer)，以及加州州立大學福勒敦分校的蒙福特‧桑

斯特加德(Monford Sonstegard)

- 在第八章心理劇的內容中，有：奧瑞岡州波特蘭私立診所的臨床心理學家（心理劇專家）里昂‧范恩(Leon Fine)

- 關於第九章存在主義理論，有：加州大學柏克萊分校的詹姆斯‧加里特(James Jarrett)和麥可‧盧梭(J. Michael Russell)

- 第十章個人中心學派，有：《個人中心評論》雜誌的編輯大衛‧凱恩(David J. Cain)

- 在第十章完形治療中，有：喬治亞州立大學的愛爾瑪‧謝弗德(Irma Shepherd)

- 第十二章溝通分析的內容中，有：楊斯頓州立大學研究生助理喬恩‧弗萊明(Joan Fleming)

- 第十三章行為主義治療中，有：威斯康辛麥迪遜大學的謝爾頓‧羅斯(Sheldon Rose)

- 在第十四章理性情緒治療中，有：紐約理性情緒治療所執行主任亞伯特‧艾利思(Albert Ellis)

- 第十五章關於現實療法中，有：辛辛那提現實療法中心主任羅伯特‧伍伯丁(Robert E. Wubbolding)

- 第十六章關於團體實務的具體個案實例，有：楊斯頓州立大學的克里斯多夫‧費伏爾(Christopher Faiver)

我非常感謝喬安娜‧昆特里爾(Joanna Quintrell)在準備索引時所做的細緻工作。我也要感謝黛比‧戴彪(Debbie DeBue)，她在打字、組織參考書目以及從事許多為完成最後手稿所必須的技術性工作中，提供了很好的文書處理。

本書是團隊努力的結晶，它包含了布魯克斯／科爾(Brooks/Cole)公司中許多人的集體智慧。我非常感激能有機會與管理編輯與心理學編輯克萊爾‧伏爾杜因(Claire Verduin)、作品服務部經理菲奧雷拉‧龍格林(Fior-ella Ljunggren)合作，還有原稿編輯威廉‧沃勒(William Waller)，他給予細緻的關照，以確保我們的作品簡明易讀。

他們的努力、奉獻、忘我精神，毫無疑問為此書的品質提供了幫助。有了這些人的專業協助，不斷修訂這本書的未來使命將不再是一種負擔，而是更多的快樂。

中文版序文

在許多心理健康機構中，團體諮商是一種逐漸盛行的治療處遇形式。本書提綱挈領地論述團體歷程的基本元素，並呈現了十種團體諮商理論學派的主要概念和技術。

第一部分所呈現的是有關團體的許多不同類型，同時討論了一些可被應用於文化多樣性團體中的一般性原則。它亦涵蓋了團體工作中的論理和專業論題；團體演變的階段，從形成到結束及追踪；在團體成員關係和團體領導中的一些基本論題。在本書的第一部分，亦包含在多元文化情境中進行團體諮商的材料，團體工作中多元文化焦點的需求，多元文化觀照取向的挑戰，成為一位有效能的多元文化團體諮商員所須的技巧，以及為服務於多元文化群眾的團體實務工作者所訂定的指導原則。

第二部分檢驗十項團體諮商的理論學派。本書亦嘗試將這些當代的理論作一個統整，並鼓勵學生們發展一個架構以綜合自己從幾個觀照取向所得出的主意。這些章節均以一共通的組織型態來進行，以使學生們能夠輕易地比較並對照這些不同的模式。典型的一章介紹該模式的理論基礎及其特點；討論該模式的主要概念及其在團體歷程中的應用，以及該模式的基本程序和技術；界定團體領導者的角色和功能；同時，在合適的情況下，描述特殊團體歷程的發展階段。在這些理論章節中每一章接近結尾時，是一個評鑑的段落，以討論的方式提出我個人對這些學派的評估。每一種理論的評鑑皆檢驗其貢獻和長處，該學派的限制，以及對多元文化族群的應用。我在每一章中皆強調保持彈性的必要性及願意採用適合於當事人文化背景之技術。

在第三部分的兩個章節中，我將該十種模式應用於一個進行中的團

體，以說明遵循不同理論導向的實務工作者如何看待一個特殊的團體，以及他們可能如何處理團體中所出現的某些典型問題。我提出這些團體工作實例的目的，乃使該理論觀照取向更為鮮明生動，並為理論學派之間的相異和相似處提供一些況味。最後一章則依據團體諮商的目標、團體領導者的角色和功能、團體中的結機和責任區分的程度、技術的使用、及不同學派對多元文化社會中團體工作的貢獻等，來比較和對照這些不同的團體學派。這一章以一個「團體諮商的統整折衷模式」(integrated eclectic model of group counseling) 作為總結，該模式融合了本書所涵蓋之所有模式的概念和技術，這應有助於學生們發展他們自己的統整。我的模式則統整了思考、感受和行動的觀照取向，其強調的重點因團體發展的每一個階段而有別。我的目的，是在團體的不同階段中展示我從每一個理論中所頡取的層面，以及為調和不同學派在團體工作中的應用提供一個基礎。當學習者已經研讀了第二章中的當代理論學派之後，這最後的兩章對於統整並綜合概念甚為重要。

有些工作於多元文化實地中的學者主張：當代的理論並不切合於廣泛的文化，多元文化諮商和治療的理論必須將文化置於理論的中心。然而，我的信念是本書中所涵蓋的這些傳統理論能被廣泛地擴展，以包含多元文化的團體諮商觀照取向。事實上，本書中所檢驗的這十項團體諮商理論係源起自歐美文化，有其特殊的價值假定。若勉強將這些價值視為唯一正確的價值並使之普遍地應用，不啻是非常危險的事。團體工作者必須覺察到他們所採用之理論導向的底涵哲學，並且必須了解到一些可替換的價值可能適用於為不同的當事人群眾所進行的工作中。關係導向的治療法──諸如心理劇、個人中心理論、存在主義治療法，以及格式塔治療法──強調個人主義、自主性、選擇的自由，和自我實現等。遵循此一導向的團體諮商員，傾向於以個人為內在改變所擔負的個人責任，作為處理困擾問題的主要方式；他們將個人化視為健康功能的根基。然而，在中華文化中，主要的關鍵性價值則在於一個集體主義的 (collectivistic) 觀念，其焦點在於什麼對集體而言是好的，而不強調個人的發展。很顯然地，若假定所有的當事人均應該信奉個人主義，則存在著相當大的危險性。如果本書中所呈現的理論毫不經過修正，則在應用於處理文化多樣性族群的複雜性時，會

有甚大的限制。當讀者研讀這些理論時，他們會被挑戰去思考如何從不同的學派中採納適當的技術，以順應團體成員的獨特需求。無論團體工作者的理論導向為何，重要的是要傾聽當事人，確定當事人為什麼要尋求協助，以及如何在一個團體的形式中傳遞最好的協助。依我看來，一位有效能的團體諮商員將協助當事人去評鑑他們所處的情況，並協助他們做與其價值體系相一致的決定。

在1988年一月，我內人（Marianne Schneider Corey）和我曾在香港對心理健康實務工作者進行團體諮商技巧的教學，為期二週。我發現本書所涵蓋的許多基本概念事實上可應用在團體場合中處理亞洲的當事人。為了使傳統的理論與一個多元文化社會有所關聯，他們必須吸納一個「在環境中的人」（a person-in-the -environment）的焦點。團體諮商員必須保持彈性，以順應團體成員之特殊需求而實施廣泛的技術。

我非常高興本書已被翻譯為中文。我同時希望凡閱讀本版的人也能以對其文化有意義的方式來轉譯這些不同理論的概念和技術。我鼓勵讀者去選取那些與其文化、與其服務之來談群眾、或與他們所提供的團體種類有所關聯的基本概念。我邀請讀者們去思考為文化差異的考量而調和這些學派的方法，而非採用一項最好的理論作為團體實務的指導原則。我希望你喜愛這本書，你能從中學習，而且你將發現這些觀念在團體中非常有用。

Gerald Corey

目錄

PART

I

團體歷程的基本要素概觀

導論

我和我的同事們在全美各地帶領工作坊時，發現人們對團體的興趣正掀起一個新的高潮。專業諮商顧問們正創建出越來越多的各種團體，來適應各類當事人的特殊需求，實際上，可能設計出來的團體類型，僅僅受限於一個人的想像力。這種日益增長的興趣，強調了對團體諮商之理論與實務雙方面的廣泛需求。這本書的目的正是要嘗試提供一個知識基礎，使大家能將其運用於將要帶領的各種團體。

　　團體既可以運用於治療目的，又可以運用教育目的，或者這兩者兼而有之。有些團體主要涉及如何幫助人們促成其情感、思想、行為方式上的重大變化。另一些團體則以教育為取向，著重教導團體成員們特殊的因應技能。這一章正是要就某些類型的團體及它們之間的差別，作一個簡要的概述。

　　你將可在服務人群這一領域獲得充分準備，從而在未來的工作中運用團體理論於各類當事人，達成各種不同的目的。例如，在一所精神療養院裡，你可能會被要求針對不同類型的病患設計並帶領不同的團體，可能是針對即將要出院、重新回歸到社區的病患，也可能是針對病患的家庭。通常來說，在精神療養院裡所看到的團體包括：領悟團體(insight groups)，動機恢復團體(remotivation groups)，肯定訓練團體(assertion-training groups)，休閒／職業治療團體(recreational/vocational-therapy groups)。理論性的探討既可能是現實治療取向，也可能是在團體情境中實施行為矯治。

　　如果你在一所社區中心工作，或是一所大學的輔導中心工作，甚或是一所門診治療診所工作，你就有可能要在相當廣泛的團體情境中提供治療服務。舉例來說，在這些社區機構中通常出現的團體，包括針對男性或女性的意識喚起團體(consciousness-raising groups)，針對酒癮者及酗酒青少年的團體，針對吸毒成癮的青少年團體，針對某種特定危機處理的團體，以及針對那些正試圖與自己子女作更有效溝通的父母團體。

　　學校是針對一些特殊團體而設計的環境，用以處理有關學生的教育、職業、個人以及社會性的問題。如果你是在學校工作，那麼你就有可能必須建立一個減輕考試焦慮的團體(test-anxiety-reduction group)，一個生涯探索團體(career-exploration group)，一個以教導人際溝通技巧為目的

的團體，或是某些涉及自我意識或個人成長內容的團體。

　　總而言之，幾乎你所能想到的任何一類問題，學者們都曾建立起相應的團體模式來滿足人們的需要。團體諮商之所以這樣流行，主要原因是它比個別治療往往更為有效。這種有效性來自此一事實：團體成員既可以在團體內部，也可以在團體外的日常生活中，實踐新的技能，因為他們之中有的人感到驚恐，卻不知道從何而起。雖然這本書並無意成為培養卓越的團體領導者的唯一工具，但它的目的確在於為因應各種帶領團體的要求而提供某些準備。

本書概要

　　《團體諮商的理論與實務》*(Theory and Practice of Group Counseling)*將為你介紹某些有關帶領團體與團體成員的問題，它也說明團體是如何發揮作用的。本教材的寫作目的還在於，為讀者提供一種完備的團體諮商理論模式概觀，以便在理論與實務之間做一些聯結。本書以十章的篇幅來描述這些理論模式，它們都有同樣的格式結構，這是為了方便讀者對不同的研究進行比較。

　　從這本教材中，你還是只能學到有關我們所探討的治療方法部分重要內容。它並不是用來使你成為任何一種團體的專家的。其目的是要為你提供這些理論模式中某些重要的異同觀點，能讓你獲得足夠的激勵選擇某些學派，經由進一步閱讀和實際參與體驗這些團體歷程，以獲致更多的了解。對你來說，最終目的是建立一個紮實的基礎，以便能夠實現你自己團體領導的理論觀點與個人風格。

　　從根本上說，這是一本綜覽性的書籍。它不僅著眼於所選擇的理論模式方面，而且還敘述了許多主要概念，並介紹這些概念如何應用於團體實務。這本書所涉及的領域包括：團體歷程的目的，團體領導的作用與功能，在實務工作中適用於團體的特殊技術與方法。簡而言之，本書的所有目的就在綜合理論與實務，使團體領導者能在團體實務經驗中平衡各種理論模式的不同觀點。

第一部分中的內容談及團體歷程的基本要素與實務，不論你將帶領何種類型的團體，也不論你將持何種理論立場，都必須用心體會。在第二章裡，你將要了解各種重要的倫理與專業性問題(ethical and professional issues)，當你領導團體時，將不可避免地遇到這些問題。這一部分所強調的重點在於團體成員的權利與團體領導者的責任方面。第三章討論團體領導所關心的基本問題，諸如：有效領導者的個人特質，他們所面臨的種種難題，團體領導的不同風格，實施有效領導所要具備的團體技巧等。第四章和第五章將向你介紹一個團體各個階段所面臨的發展任務，從團體的形成到結束，以及對它的評價和追蹤等。這些階段的核心特徵構成了一個團體的生命歷史，對此我們要做一番探討，尤其是關注領導者在各個階段的重要功能。這些章節還著重於團體成員的表現，以及在團體發展各個階段中可能伴隨而生的問題。

　　第二部分是我對有關團體諮商的十種重要理論的概述。之所以選擇這些理論模式，是想對有關團體實務的重要理論作概括性的閱覽。尤其特別的是，之所以選擇心理分析模式(psychoanalytic model)，是因為其他大多數理論都是從這一理論中發展出來的。即使你會發現某些心理分析技術有其侷限性，你仍然能在你的實務工作中運用心理分析的概念。書中介紹了阿德勒學派(Adlerian approach)對團體的研究，是因為有跡象顯示似乎人們對阿德勒學派的團體諮商概念和方法的興趣正重新高漲起來。書中選擇了心理劇(psychodrama)是基於我的一種看法：角色扮演這種行為取向的方法，能被整合納入到絕大多數類型的團體實務中去。各種關係取向的治療法(relationship-oriented therapies)──包括：存在主義理論、個人中心學派、完形學派──都十分重要，因為它們強調團體實務中對感情和人際關係的體驗。對溝通分析(transactional analysis)的介紹是出於它為團體實務提供了一種認知結構，並能整合到其他各種各類的團體型態中去。各種行為認知治療法(behavioral-cognitive therapies) ──行為治療法(behavior therapy)，理性情緒治療法(rational-emotive therapy)，現實治療法(reality therapy)──強調行動方案與行為改變性，故而被選擇來代表團體實務的認知與行為取向。

　　為了提供一個架構以幫助讀者整合上述這些理論模式，這十章都遵循

了同樣的結構。它們展示了每一種理論的主要概念及其對團體實務的啓示；依據特定的理論概括了團體領導者的作用與功能；討論了每一種理論如何應用於團體諮商實務，包括如何帶領家庭團體；描述了每一種理論所應用的重要技術。書中還提出許多實例，以便使這些技術的運用更爲具體。在每一章裡都加入我對所討論的相應研究的評價——這一評價是以我所考慮到的優點與限制爲基礎——以及有關我如何把這一理論的各方面結合到我自己的團體領導風格中的簡要介紹。每一章的末尾，是一些供思考與討論的問題。在這本書中，我自始至終都鼓勵大家尋找各學派最精要之處，以便你們也能建立起適合你自己的團體領導個人風格。

第三部分重點放在第一、第二部分所介紹之種種理論的實際應用上。爲了使這些應用更爲生動、具體，第十六章詳細呈現了一個團體的歷程，討論各種不同的治療理論如何應用於這一案例。如此，你就能對不同的諮商實務工作者如何憑藉不同的理論取向來對待同樣的團體和同樣的問題，有所了解。這種比較也能展現出某些團體領導者的實務技術。第十七章是爲幫助你們把不同的理論取向組織在一起，並尋找它們的異同點而寫的。這一章也反映了我自己有選擇性的折衷觀點，它整合了來自不同理論的概念和技術。

我建議你始終保持一種開放式的思考，同時又能批判性地閱讀本書。做一個主動的學習者，並須不斷提出問題，這樣你就能獲得成爲一個有效的團體領導者的必要基礎。《團體諮商的理論與實務學習手冊》是作爲這本教科書的補充教材而寫的，使你能夠實際地去體驗你學習到的技術。你對手冊中練習與活動的主動參與，將使你在這本教科書中所讀到的內容成爲你的活知識而對你有所幫助。

諮商團體概述

本書的焦點在於諮商(counseling)團體。當然還有其他類型的治療團體，這些類型的團體與諮商團體在目的、方法、技術、歷程等方面有某些共同點。然而，它們也有所不同；例如，在特定的目標上、在領導的功能方面、在團體成員的類型方面，以及在預防、矯治、治療、發展等問題上所強調的都不盡相同。為了明確地說明這些相似性與差異性，在這一節有關團體諮商的討論之後，附有對團體心理治療、結構式團體和自助團體的簡要描述。

團體諮商不僅有其治療目的，而且有其預防之意義。一般說來，一個諮商團體有其特定的目的，它可能是教育性的，職業性的，社會性的，或個人性的。這類團體涉及人際交往過程，而這種過程強調思想、情感、行為等層面。通常說來，諮商團體都是針對特定的問題，它們的內容和重點常取決於成員本身的特點，這些成員基本上是功能正常的個體，並不需要大規模的人格重建，他們所關心的內容只是其一生中的發展任務。團體諮商的重點之一是發掘內在的力量源泉，而團體諮商往往也就在這一歷程中不斷發展。團體諮商的實務工作者可能會面臨種種危機情境和矛盾衝突，或者他們要努力改變自我妨礙的行為。這種團體提供了同理與支持，而這對於創造一種相互信任的氣氛是非常必要的，這種氣氛促成人們共同分擔並探討所關心的問題。團體諮商通常是在一些機構環境中進行的，諸如：學校、大學輔導中心、社區心理衛生中心，以及其他人群服務機構等。

團體諮商員不僅使用結構式活動，也使用語言的和非語言的技術。常用的技術包括：反映（重複一個團體成員的語言的和非語言的訊息）、澄清（幫助團體成員更明確地理解他們所說和所感受到的內容）、角色扮演，以及解釋（把當前行為與過去的決定聯結起來）。其他一些團體諮商中常用的技術，將在第三章中進一步的介紹。基本上團體諮商員的角色，是促成團體成員之間的相互溝通，幫助他們向其他成員學習，帶領他們建立起自己的個人目標，並鼓勵他們把自己的觀點思考轉換為在團體之外付諸實施的

具體方案。諮商員主要領導團體成員著眼於此時此地的經驗，並了解他們希望在團體中解決的問題之根源。

目標

團體成員必須為自己選定團體治療的具體目標。諮商團體成員一般共同具有的目標如下：

- □ 學習相信自己和別人
- □ 達到自我認識，並發展獨特的認同感
- □ 認識到團體參與者的需要與問題的共通性並建立起一種普遍性意識
- □ 提高自我接受、自信、自尊的程度，以便達成新的自我認識
- □ 尋找處理正常發展的障礙和解決各種特定矛盾衝突的選擇方式
- □ 提高自我指導、獨立自主、對自己和他人負責任的程度
- □ 覺察自己的抉擇，並作出明智的決定
- □ 訂定一系列特定的計畫來改變某些行為，承諾自己始終如一地遵循這些計畫
- □ 學習更有效的社會技巧
- □ 逐漸提高對他人的需要和情感的敏感度
- □ 學習如何待人以關心、熱忱、真誠、直率
- □ 不再僅僅是為了迎合別人的期望而生活，而要學會依個人的希望而生存
- □ 澄清自己的價值觀，明瞭是否及如何修正它們

優越性

作為一種工具，團體諮商在幫助人們改變他們的態度，對自己及對他人的觀念和他們自己的情感、行為等方面，有許多優越性。其優越性之一是，參與者能探索自己與其他人相處的方式，並學習更有效的社會技巧。另一個優越性是，團體成員們能討論他們彼此之間相互的覺察，並獲得其

他成員在團體中對其覺察的回饋。

　　從許多方面來說，諮商團體都為團體參與者的日常生活提供了再省思的機會，尤其是當這個團體的成員在年齡、興趣、背景、社會經濟狀況、問題的類型等方面具有異質性時。作為一個社會的縮型，團體提供了一個真實生活的模式，因為團體成員的內心衝突與矛盾，和他們在外面的現實世界中所體驗的內容，並沒有什麼區別。這種多樣性是絕大多數團體的特徵，也為團體成員帶來了豐富的回饋，使這些成員能夠經由多數人的觀點來審視自己。

　　團體提供了了解與支持的氣氛，這種了解與支持促使團體成員們願意去探索他們自己帶到這一團體中的問題。團體參與者獲得了一種歸屬感，經由所建立起來的良好關係，他們學習與人親近、關心他人以及接受挑戰的方法。在這種支持性的氣氛中，團體成員們能嘗試各種選擇性的行為，在團體中開始實踐這些行為後，他們不僅得到將所學的東西在外面世界加以運用的種種建議，也得到鼓勵。

　　最後，對於團體成員來說，這正是他們決定需要作哪些改變的時候。他們能將他們對自己的觀感與他人對他們的看法相比較，隨之而決定將採取何種措施。就本質而言，團體成員對他們所樂於成為的那一類人，有了更清晰的認識。並且，他們也能進而認識到，究竟是什麼原因妨礙了他們成為他們所要成為的那種人。

特殊群體的重要性

　　團體諮商可以設計用來滿足各種特殊群體的需要，諸如，兒童、青少年、大學生，或是其他較年長的人。針對這些群體的特殊諮商團體，在《團體：歷程與實務》 *(Groups: Process and Practice)* (M. Corey & Corey, 1987)一書中，有很詳細的描述，這本書針對如何設計這些團體，哪些技術可用以處理這些團體相應的特殊問題等方面，提供了許多建議。在此我想簡明扼要地討論一下針對這些特殊群體而進行的諮商團體之重要性。

(一)針對兒童的諮商團體

　　針對兒童的諮商團體，能收到預防性或治療性的目的。在學校裡，對於那些常表現出諸如：過於好鬥、不能與同伴和睦相處、攻擊性強、長期疲倦的行為，或在家裡缺乏管教、具有受人輕視的相貌等特性的兒童，均須接受團體諮商。這類小團體能為兒童提供機會來表達他們對這些問題的感受。鑑別出嚴重情緒與行為問題的兒童，是非常重要的。如果這些兒童能在其早年生活得到心理專業的幫助，便能有更大的把握去應付日後生活中可能遇到的發展任務。

(二)針對青少年的諮商團體

　　青少年的歲月可能是極其孤獨的時期，而且對於青少年來說，體驗到一種沒有人來幫助自己的感受，是不足為奇的。青少年時期也是一個需要深思熟慮進行重大決定的時期，而這可能會影響一個人的生活進程。依賴與獨立的矛盾、接受與拒絕的衝突、認同危機、尋求安全感、從眾的壓力，以及對贊同的需求，是這一時期的問題。許多青少年在壓力之下不得不力求成功，但他們在滿足這些外在期望的過程中，往往體驗到嚴重的精神負擔。

　　團體諮商尤其適用於青少年，因為團體諮商為他們提供了一個情境去體驗衝突的情感，探索自我懷疑，並由此認識到他們與同伴們共同具有這些問題。一個團體允許青少年開放地檢查自己的價值觀，並修正這些需要改變的價值觀。在團體內，青少年能學習如何與他們的同伴溝通，從由團體領導者提供的榜樣中獲益，能安全地檢查自身的限制。另一方面，團體諮商對青少年的獨特價值是為他們提供了一個機會以幫助其他人的成長。由於在團體中有彼此溝通的機會，參與者能表達自己所關心和所聽聞的內容，協助其他成員較能自我了解與自我接受。

(三)針對大學生的諮商團體

　　有許多學生覺得他們就讀的大學只重視知識教育，忽視學生情緒和社會方面的發展，而諮商團體正是滿足這些學生發展需要的工具。我曾有好幾年在兩所大學的輔導中心工作，那些年裡我開始意識到校園內對團體諮商的需求。在那些大學中，現有的團體是為正經歷發展危機的學生們設計的。這些團體的主要目的，在為參與者提供一個成長的機會，和處理他們

所關心問題的情境；諸如：生涯決定、男女關係、認同問題、教育計畫、校園裡的人際疏離與孤獨感，以及其他有關如何成為一個獨立自主的人的問題。

如今，許多大學和學院的輔導中心，都提供更多樣化的結構式團體，來滿足學生們的各方面的需要，其中有一些是培養自信的團體，有些是協助男女學生培養性別意識的，有些是針對少數民族的，有些是針對肢體殘障者的，有些是處理高焦慮學生的問題，有些是為那些正考慮生涯與改變生活型態的中高年級學生所設計，還有專為減低考試焦慮而設計的團體。對這些結構式的團體，將在下一節裡作簡要的探討。

(四)針對其他年長者的諮商團體

諮商團體對於年長者也很有價值，在許多方面就像對青少年的價值一樣。隨著人們的年歲日益增長，他們經常體驗到孤獨，他們其中許多人對自己未來生活的意義看不到任何希望，這可能使自己退縮到一種毫無價值的生活。就像青少年一樣，年長者經常感到毫無收穫，不被重視，對社會毫無用處。另一個問題是，許多年長者接受了關於衰老的不正確觀念，而這種迷思也就成了自我應驗的預言。這種錯誤觀念的一個例證是，老年人不能改變自己，或者他們一旦退休就將注定陷入憂鬱情結中。諮商團體能幫助年長者來面對這些迷思，應付自己的發展任務，這些發展任務就像其他年齡團體一樣，是他們維繫自己的整體性與自尊所必須面對的。團體諮商的環境能有助於人們打破自己的孤獨並提供必要的鼓勵，使老年人探索、尋找自身生活的意義，從而使他們能更充實地生活而不僅僅只是活著而已。

其他類型的團體

團體心理治療

團體治療與團體諮商之間的重大區別是在於它們各自的目的。諮商團

體的目的重在成長、發展、促進、預防、自我覺察，以及排除成長的障礙，而治療團體一般著眼於矯治、治療、人格重建。團體心理治療是一種再教育的過程，它包括對現在與過去事件的意識與潛意識覺察。有些治療團體主要是用來矯治妨礙個人功能的情緒和行為障礙，其目標可能在人格結構或小或大的轉變。基於這一目的，治療團體往往要持續較長的時間。組成這類團體的成員，可能患有嚴重的情緒問題，嚴重的神經症，或是處於精神異常狀態，而有些人則可能表現出社會性偏差行為。因此，這些人中多數需要矯治性治療，而不是發展性和預防性的幫助。總而言之，一個治療團體的目的，是達成人際間與心理內部的良好適應(Shapiro, 1978)。

團體治療工作者通常是臨床或諮商心理學家、精神醫學家，以及臨床社會工作者。他們使用相當多樣化的語言技巧（這些方法也是團體諮商員們常常使用的），有些人也使用另一些技術，諸如：誘導人們回歸到早期經驗，探究潛意識動力，幫助團體成員重新體驗創傷性情境，以便能獲得一種情緒上的宣洩疏解。隨著這些經歷在團體中重新被體驗，團體成員們逐漸能領悟並了解干擾其現在功能的過去抉擇。這些團體治療師幫助團體成員發展出正確的情緒體驗，並針對生活世界、他人和自己作出新的抉擇。疏通根植於潛意識之中的未完成經驗，正是團體治療的基本特徵。它強調過去經驗、潛意識動力、人格重建，以及基於深入領悟而發展之新的行為模式，而這也表明團體治療是一個相當長的過程。

團體心理治療就像團體諮商一樣，也可以以一系列心理治療理論模式為基礎。許多治療團體運用心理分析的概念和方法，諸如：分析病人的夢、強調過去經驗、揭示潛意識內容、喚起未完成的重要關係之意義等。其他團體——如，行為治療團體和理性情緒治療團體——使用的技術，目的是在改變認知與行為。許多治療團體則以折衷式的取向為其特徵，它是將不同理論觀點的概念和技術組合起來，運用於團體實務中。

結構式團體

結構式團體，或以某種核心主題為特徵的團體，似乎愈來愈普及。當我的同事和我舉辦團體歷程工作坊時，與會者在設計短期團體以處理特殊

主題或特定的人際關係問題方面，表現出很高的創造性。這些團體工作者認識到大衆的需要，並建立種種團體來滿足這些需要。這樣的團體服務具有多種目的：傳遞訊息、分享共同經驗、教導人們如何解決問題、提供支持，以及幫助人們學會如何在團體環境之外創造他們自己的支持系統等。請看下面這些例子：

——羅斯(S. R. Rose, 1987)闡述了一種有時限的、結構式的小團體治療程序，目的在協助兒童發展社會技巧研究。結果發現，這種同儕團體對兒童很有吸引力，而且它是一種訓練兒童社會技巧的自然場所，因爲團體爲他們提供機會，旣可觀察與學習，也可示範與教育。

——邁克沃特和李伯曼(McWhirter & Liebman, 1988)設計了一種憤怒控制團體，幫助創傷後充滿壓力的越戰退伍軍人。整個程序分六個階段，爲時三個星期。他們運用了認知行爲策略，諸如：認知準備、技能獲得與預演、應用與實踐等。他們建議，這種類型的結構式團體也適用於其他群體。這種憤怒控制程序已被用於精神病院中非精神病患的一般性住院病人。

——李(Lee, 1987)描述了一種結構式團體經驗，它促進七到十二年級的黑人男性青少年的性別認同發展。這種團體模式呈現出團體工作的革新式研究，其目的在於提高和促進黑人男性的認同感，用來加強身體、心理和精神的力量。幫助團體成員認識和欣賞黑人男性在歷史中的角色，發展起自己的成就動機，促進正向的行爲，並提供積極的黑人男性角色楷模。這種團體是由一位技巧純熟的諮商員來領導的。

——戴可和赫爾(Decker & Hall, 1987)爲大學一年級新生設計了一個四階段的結構式團體，這些學生都是學業上成績不佳的人。整個計畫持續時間爲十小時。依據作者的觀點，它也可有效地訓練研究生帶領團體。從1983年開始運用至今，已有一百多名成績不佳的新生自願參加，三十六名研究生被訓練成爲這些團體的領導者和督導者。

——吉里斯和鮑尼(Gillis & Bonney, 1986)提出了在團體諮商中運用冒險活動的原理。他們闡述了結構式活動的治療用途，這些活動包括：藝術、手工藝、舞蹈、戲劇、音樂、寫作、說故事、跑步、身體挑戰、棋盤

遊戲等。他們堅信，進行這些身體挑戰性活動的優點是，有許多治療上的功能可以立即得到效果。例如，一項身體活動能同時為團體提供控制、享有權力、挑戰、合作、競爭、信任，以及成功或失敗等方面的內容。

在最近一次去香港的旅行中，我發現結構式團體正被運用於社區心理衛生機構、技術研究機構、社區學院、私立學院和大學等。我曾會晤過一些諮商員表示，他們所領導的團體成員喜歡這種短期的、結構式的、針對教育的團體經驗。這些諮商員在組織非結構式團體時遇到的困難要大得多，因為這種團體是鬆散且定義不明確的，目的是在於「個人發展」；而他們在帶領對特殊問題提供特殊幫助的團體時，則要容易得多。這些問題的內容包括：學習人際技巧、應付緊張壓力、為職業面談作準備，以及有效的學習方法。

很明顯地，結構式團體——相對於諮商團體或個人發展團體——正在各種環境中尋找一個定位。它們似乎愈來愈常被運用於社區機構和學校。許多學院和大學的輔導中心為特殊的對象安排各種特殊的團體，以此作為對非結構團體、發展團體和諮商團體的補充。例如，由德州大學奧斯汀分校的諮商心理服務中心提供的一些結構式團體，包括：中年期調適、價值觀與生活決策、對自身生活型態和「工作型態」的控制、壓力的處理、憂鬱管理訓練、創造關係／結束關係、女研究生建立自信的策略、學習如何應付談話焦慮、發展肯定行為、更年期婦女的調適、完美主義之兩難、自殺的後果、妒忌的處理，以及父母酗酒的學生團體等。

再舉另一個例子，科羅拉多州立大學為學生們設立的團體諮商，其中既有針對早熟兒童酗酒的治療團體，也有針對這些人的教育和支持團體。這一諮商中心還提供有：控制焦慮團體、飲食障礙團體、家庭問題團體、非常規年齡學生團體、人際關係團體、培養自尊的團體、針對曾在兒童期遭性虐待的成年婦女團體以及婦女的個人認同團體等。

以上就結構式團體的課題範圍，為你提供了某些素材。這些團體旨在幫助人們發展特殊的技巧，認識特定的問題，或是度過生活中困難的調適時期。雖然不同團體的課題會因團體領導者和當事人的興趣而有明顯的不同，但這些團體都有一個共同的主題：為團體成員提供對自身生活問題的

認識和應付這些問題較佳的方式。一般而言，這些聚會單元每星期兩個小時，而整個團體持續的時間也較短。它們可能僅有四或五個星期，最多也不過一個學期。

團體成員通常被要求在初加入團體時完成一份問卷，這份問卷是有關他們對特定問題的應付狀況。結構化訓練與家庭作業通常被用來作為教導團體成員新技巧的方法。另一種問卷通常是在團體最後階段使用的，它用來評價團體成員的成效。一般來說，要簽定一份契約書，以幫助團體成員關注特定的目標，這將引導他們在團體中去實踐，並激勵他們在團體之外去運用新的技能。

許多結構式團體是以學習理論為基礎，並使用行為取向的策略。第十三章對這一類的團體作了詳細的介紹，包括：社會技巧訓練與肯定訓練團體；壓力控制團體；自我指導團體；以及多重模式治療團體等。

自助團體

在過去的十年裡，自助團體變得愈來愈興盛，這類團體允許有共同興趣的人建立一個支持系統，這一系統幫助人們抵抗心理緊張和壓力，並為他們提供動力，去改變自己的生活。自助團體無論是數量或種類都在不斷地增長，估計這樣的團體約已有五十萬個，成員的人數已超過了一千五百萬(Katz, 1981)。這些團體滿足了人們的重大需要，而這些需要是專業性的心理衛生工作者，或其他的教育、宗教、社區機構所不足以滿足的(Cole, 1983;Lieberman,1980;Lieberman & Borman,1979)。李奧丹和拜格斯(Riordan & Beggs,1987)回顧了自助團體的發展，並推薦了這一種方式。諮商員可運用這些團體作為他們在實務工作上的輔助。從文獻的回顧來看，自助團體對諮商專業的協助扮演著重要的角色。

在李伯曼(Lieberman,1980)對當代治療團體的比較中，他把這些團體概括為一個連續向度。這個連續向度的一端是團體治療，它是運用醫療模式治療心理疾病的專業團體；連續向度的另一端是自助團體，它由具有相似情緒、生理、行為問題或共同關心問題的人所組成。這些團體的例子是：體重控制團體 (Weight Watchers)；心臟病患團體(Mended Hearts)；

復健團體(Recovery,Inc.)，酒癮者匿名團體(Alcoholics Anonymous)等。自助團體的對象有著共同的問題，或是生活中正面臨類似的困境。一般來說，他們相聚在社區環境裡，例如學校或是一所教堂。這些成員共享他們的經驗，相互學習，爲新的成員提供建議，並爲那些常常看不到任何未來希望的人提供支持和鼓勵。

自助團體(self-help group)和支持團體(support group)這兩個術語常常被交換使用。自助團體強調他們的自助性和團體內部的資源(Katz, 1981)。對於許多自助團體而言，其根本的意圖是使團體領導者成爲一個楷模，向團體成員說明人們普遍有自我幫助之需求(Riordan & Beggs, 1988)。然而，在支持性團體中，團體通常是由專業的協助機構或個人來進行的。例如這些支持團體包括有：幫助鰥夫、寡婦的團體，以及爲失去孩子的雙親處理其情緒問題的團體(Lakin, 1985)。《團體工作專家雜誌》*(Joumal for Specialists in Group Work)*1986年六月一整期都刊載有關支持團體的內容。這些文章所涉及到的群體有：正體驗著創傷後壓力的越戰退伍軍人；其中一方受雇從事一種高度緊張性職業的夫妻；亂倫之受害者；喪失親人者；受到暴力傷害的老年人；被重新安置的青少年等。

㈠自助團體與治療團體之間的區別

自助團體與治療團體有著某些共同的特徵。拉金(Lakin, 1985)曾這樣說明：這兩種團體都強調情緒的表達與分享。這種說法是假定人們潛藏著壓抑的情感和思想。任何對他人的不適宜態度和行爲，正是導源於這些被抑制的情感。這兩種類型的團體都在提供支持，強調合作的價值，並都以行爲的改變爲目標。

儘管自助團體與治療團體之間有這樣的共通性，它們之間仍有一些重要的區別（參見Riordan & Beggs, 1988）。最基本的區別之一是團體的目的。自助團體是以單一主題作爲它的核心問題，諸如：吸毒成癮，癌症，或是肥胖症；而治療團體則有其更爲整體化的目標，例如，促進一般性的心理健康，或是改善一個人的人際關係功能(Riordan & Beggs, 1987)。而且，自助團體強調鼓勵、勸告、支持；而治療團體則運用自我了解、行爲增強、成員回饋等技術(Lakin, 1985)。

這兩種類型團體的另一個區別是團體領導方式。自助團體的領導者是

與團體的成員一起爲克服同樣的問題而努力，而且大多不是專業人員(Riordan & Beggs, 1987)。在絕大多數自助團體中，領導者是自發的，而不是被指定的。

至於諮商團體和治療團體，正如我們曾看到的，其基本假定是：這樣的團體代表一個社會的縮影(social microcosm)。這些團體嘗試以某些方式反映出團體成員生活的眞實社會環境，團體歷程可用以說明促成團體參與者改變的治療因素，它被視爲團體成員在其日常生活中人際衝突的反映。相反的，自助團體並不代表一個社會的縮影，團體成員間的相互影響並不被視爲改變的主要催化劑。取而代之的是，關懷在團體之中提供了一種接納和支持的氣氛。這種團體成爲一種工具，用以幫助人們矯正自己的觀念、態度、以及對自身的情感。自助團體強調一種認同感，它是以遠比其他大多數團體內容更爲廣泛的生活情境爲基礎。

自助團體與治療團體的另一個區別是關於政策的問題。在近十年裡，自助團體變得愈來愈帶有政治色彩，正如在婦女運動中所組織起來的團體一樣。同樣的政治化傾向也被其他族群所採納；例如，少數民族、男女同性戀者，以及其他各類團體。這些人覺得他們是社會和政治壓力下的弱勢者(Lakin, 1985)，因此，自助團體會討論他們問題的外在原因，以及建立種種策略，來處理環境的壓力和障礙。然而，在治療團體中，著眼點是放在成員能有所改變的方式上，即使某些環境因素並不發生變化。治療與諮商團體往往是一種非政治性過程，很少去涉及外部的問題(Riordan & Beggs, 1988)。

李奧丹和拜格斯(Riordan & Beggs, 1987,1988)認爲，團體設計者必須認識到自助型與治療型團體之間的區別，以便能評估每一種類型的團體對不同團體成員之間的潛在效益。他們建議，雖然自助團體對成千上萬的人來說能提供很有價值的幫助，但卻並不適合所有的人。因此，在向一位當事人推薦一種團體時，很重要的是要探究這位當事人的期望以及可能的收益和風險。李奧丹和拜格斯(Riordan & Beggs)還寫到，即使自助團體常有其治療效果，卻不應被視爲治療團體或諮商團體的替代品。

㈡自助團體的未來

人們似乎對相互組織起來幫助自己愈來愈感到興趣。雖然諮商和治療

團體的領導者仍然扮演重要角色，或許人們尋找其他途徑的現象，是一種健康的徵兆。在我看來，似乎許多自助團體能發揮某種特殊的作用，這種作用並非是專業領導者在諮商和治療團體中所能提供的。

多元文化背景下的團體諮商

在這新的一版裡，我補充了社會性和文化性因素在團體諮商歷程中的角色。這一調整是基於這樣的假設：對於團體諮商來說，若要獲得效果，就必須考慮到團體成員與團體領導者雙方面的文化背景。在第六章第十五章裡，我將從多元文化觀點出發，討論十種重要理論的某些主要的優點和限制。在這一節裡，我主要介紹有效的多元文化團體諮商的一般原理。

一些定義

在多元文化諮商(multicultural counseling)中，兩個或更多的以不同方式看待自己所處社會環境的人，嘗試以一種助人的關係在一起共處(Pedersen,1988)。在討論多元文化背景下的團體實務時，還須考慮到包括：人種(race)，民族(ethnicity)，少數民族(minority)等術語。彼得森(Pedersen)對這些術語作了以下定義：人種是共同具有一種遺傳基因或生理特徵的人。民族是指在宗教、歷史方面有著同樣的社會文化傳承，或有共同的血統。少數民族是指一群由於團體歧視而受到不公平對待的人。這類少數者團體可見諸於：黑人、亞裔美國人、西班牙人、土著美國人、白人少數民族、婦女、男女同性戀者，以及殘障者等。

多元文化意識的趨勢

彼得森(Pedersen, 1988)做過這樣的假定：文化的影響力總是無時不在的，故所有的諮商都可以看作是多元文化性的。他強調說，為能對行為有正確的解釋，認識團體差異就像認識個體差異一樣重要。例如，不同的

文化可能以相同或不相同的方式來解釋同一種行為。因此，所有諮商員理解文化相似性與差異性的廣度，是十分重要的。文化的的確確影響著一個人的行為，無論諮商員是否認識到這一點。依據彼得森(Pedersen)的觀點，目前諮商員之中多元文化意識的潮流，將對未來十年中的助人專業具有深遠的影響。

不同文化團體工作之挑戰與長處

多元文化的相關文獻顯示，種族性與少數民族的當事人並不重視心理衛生服務和社會服務的功能(Chu & Sue, 1984; Ho, 1984; Lee, Juan, & Hom, 1984; Mokuau, 1985, 1987; Pedersen, 1985, 1988)。這種不能充分和恰當地運用現有諮商服務的現象，有一系列的原因。助人者可能不夠敏感；文化價值觀可能抑制了服務的功能，因為在某些文化中，非正式的幫助形式要比專業性的援助更常被採用；有些當事人所持有的價值觀要求他們靠自己去處理自己的問題，而且這種做法與去尋求他人的幫助相比，被認為是成熟的象徵(Ho, 1984)。對於不重視心理治療服務的另一些解釋，還有：缺乏對現有心理衛生服務機構的了解、語言困難、恥辱與羞怯、地理上或社區上相距遙遠，以及當事人的價值體系與當代西方心理治療的價值觀相衝突(Mokuau, 1985)。

論述多元文化諮商的團體實務工作者常常聲稱：許多諮商學派都無法滿足不同種族當事人的複雜需要，因為他們對這些需要持有僵化的狹隘觀念。與盎格魯（Anglo，白種美國人）當事人相比，亞裔美國人、黑人、西班牙人、印第安人及其他少數民族的團體成員，明顯地較早終止諮商。這種傾向往往是由文化障礙所造成的，諸如：語言困難、與階層地位相關的價值觀，以及文化相關的價值觀等。這些障礙阻礙了良好諮商關係的形成(Mokuau, 1987; Pedersen, 1988)。

如果你將從事團體諮商實務且面對具有文化多元性的人群（就像現實中所可能有的那樣多），那麼對你來說，非常重要的是，要調整你的諮商策略以滿足這些成員的特殊需要。許多專業機構都已強調諮商員的倫理責任，即在提供一種心理健康服務之前，要了解其當事人的文化價值觀。雖

然要指望對所有的文化背景都能瞭如指掌是很不切實際的，但對有效處理文化多元性的一般原理之掌握，卻不是不可能的。當你自己持有某些特定的價值觀時，你必須避免採取一種優越的姿態，以免你不假思索地把你自己的價值觀強加諸於別人。如果你能有這樣的態度，即把自己置身於各種不同的文化情境之中，且能夠向不同的文化學習，那對你將是極有好處的。你對團體中成員之間差異的真誠尊重，以及你的開放、坦率之態度，對於建立起成員間的信任感將有持久的效用，而這種信任感是克服這些差異所必須的。

(一)超越文化的限制

在多元文化的團體諮商中，非常重要的是，要避免對特定社會或文化團體中的個人作生硬且刻板化的概括性推論。例如，亞裔美國人包括許多不同種族的團體，他們有多樣化的文化經驗(Chu & Sue, 1984)。因此，若有些人在對待亞裔美國人時，把他們都看作是在情緒上很矜持或不好言辭的，這樣的團體實務者是有文化偏見的(Mokuau, 1987)。從多元文化的觀點來看，有效的團體工作應克服對一個特定團體或團體中某一成員的偏見，並矯正這些偏見以適應現實。

團體實務者可能會遭遇到來自某些少數族群當事人的抵制，因為這些領導者是使用傳統白人中產階級價值觀去解釋這些當事人的經驗。這種帶有文化封閉性的團體實務者，不能夠經由當事人的眼睛去看待世界。萊恩(Wrenn,1985)把這種文化封閉性的諮商員(culturally encapsulated counselor)定義為：對現實世界抱持固有成見，對當事人的文化多元性不屑一顧，並把諮商與治療中技術取向的定義教條化。文化封閉性的人給自己裹上一層外衣，逃避現實，完全依賴自己個人內化的價值觀去判斷是非。這些封閉性的人往往陷於單一方式的思考，確信他們的方式是普遍性的方式。他們固執一種缺乏可塑性的結構，而這一結構阻礙了思想的變通性(Pedersen, 1988)。彼得森(pedersen, 1981)概括了三種主要的封閉性成見：

  □ 現實是使用一套單一文化形式的假定和成見來定義的
  □ 對個體的文化差異不夠敏感

對文化衍生出來的種種假定不加證明地接受

帶有文化封閉性的團體諮商員，往往把自己的世界觀強加於他們的當事人。他們表現出缺乏對人類艱苦生存的複雜性的認識，而這種複雜性正是從各種不同的文化背景中滋生出來的。

西方模式必須調整以服務特定種族的團體成員，尤其是那些生活於不同的價值體系中的人。例如，在西方傳統中，通常是三種核心性的文化價值——自由、責任、成就——所有這三方面內容都影響到諮商的具體實務(Sampson, 1988)。正如山普生(Sampson)所指出的，自我封閉的個人主義正有助於維繫這些核心價值觀和反映當今美國現實的傳統。自由、責任與成就都是需要這種個人主義者來求得自身的實現。然而，許多來自非西方文化的團體成員更注重相互依賴而不是獨立，社會性意識而不是個人自由，團體的福祉而不是自己的個人利益，遵從特定的傳統而不是背離傳統。正如朱和蘇(Chu & Sue, 1984)所寫到的，西方心理學思想強調自我能力，從家庭中獨立出來，自我成長。然而，許多亞裔美國人卻強調團體利益，總在內心裡為家庭盤算。另外，家庭角色往往是高度結構化的，而且「孝心」更有著巨大的影響力；也就是說，對父母的義務是一個人一生所注重的。

如果一個團體經驗與這一團體的成員價值觀相背離的話，那麼很容易想見，這些成員將不會接受這種團體。因此，團體領導者所採取的介入措施，既要建立在一些理論架構之上，又要儘量少與絕對化的價值觀相聯結。重要的是，這些價值觀要與當事人所參照的文化構架相協調。當你學習這本書中所探討的十種理論時，請對所涉及到的價值觀問題予以特別仔細的思考，這些問題很可能會對你的實踐產生一定的影響。很顯然，對有些人來說，許多現代治療模式的直接應用是不適宜的。然而，從不同的治療學派抽取出的某些概念和技術，又的確與文化有關聯。作為一個團體工作者，你應運用廣泛的概念和技術。重要的是，要建立一套選擇標準，使你能夠系統地整合理論與技術，以滿足團體成員之需要。因此，在與多元文化的成員接觸時，不可忽略的問題是，要有效地選擇適宜的策略(Mokuau, 1985)。

㈡多元文化族群團體工作的優點

不同族群當事人的團體能夠表現出某些長處(Chu & Sue, 1984)。在團體情境中，成員從集體回饋的力量能得到很大收益，他們能以熟悉的方式相互提供支持。在這些團體中，模仿也發揮著作用。當團體成員看到自己的同伴正在挑戰自我、在生活中做出改變時，也隨之希望這些改變能發生在自己身上。使這類團體工作很有價值的另一個因素是跨文化的普遍性。在團體中，人們可了解到自己並不是在孤軍奮戰；所有的人都在體驗某些心理的痛苦，並且都在以某種方式進行者抗爭。姑且不論文化的多元性，尋求專業幫助的人們都關心如何減輕或解釋自己的痛苦。由於有這些潛在的人類共通性，把高度專門化的特殊團體運用於任何一個文化混合體，是不恰當的。

㈢多元文化背景團體工作的限制

在論及多元文化環境中團體諮商的種種長處時，也有許多方面要提醒人們的注意。有些人可能並不願意隨意敞開自己個人內心世界或是去洩露家庭的衝突(Ho, 1984)。他們可能會認為有個人問題是可恥的，而在陌生人面前談論這些問題則尤為難堪。實際上在某些文化中，人們主要是依靠自己家庭成員或親戚的幫助。這些人並不去尋求專業性服務，而往往是回到自己的支持團體中去。身為一個團體工作者，你必須設法去了解這些雖可能需要幫助、但又不知道到何處能找到幫助或不願向專業人員求助的人。要了解人們是以其個人化的方式來對你談論他們自己的問題，這一點很重要，接受這一點才能形成治療關係的基礎。

在對具有文化多元性的族群實施團體工作時，一個有關的問題是，團體成員的價值觀與這一團體所進行的內容之間的衝突。例如，在某些團體中，人們可以自由地進行相互溝通和身體接觸。然而，有些文化中從不如此輕率地發生身體接觸，尤其是異性接觸。當事人雖會區別私下的身體親近與公開場合的身體接觸(Chu & Sue, 1984)，但不難理解的，有些團體成員會對團體中經常發生的自然接觸感到不愉快和恐懼。

多元文化族群團體工作的一般原則

團體歷程的重要內容之一是面對困難。雖然面對困難常常被誤解，但它的確有其治療上的意義。當面對困難是邀請當事人更爲深刻地探究自己生活中的某一特定問題時，它是有治療性的。當它被恰當地、適時地運用時，它是有益於團體成員的。在另一方面，過於嚴厲地、帶有傷害性地、敵意地和缺乏適當關懷地要求當事人面對困難，則不會產生有益的結果。在針對某些特定文化背景的當事人時，即使是治療性的面對困難，也並不總是適宜的，尤其是當它來得過於突然時。實際上，過快地、過於直接地面質當事人的抗拒，對某些文化背景的團體來說可能會引起反作用。這些當事人可能會把面質看作是針對個人的批評和攻擊(Ho, 1984)。如果他們感覺受到了侮辱和攻擊，他們也同樣可能會感到被排斥或憤怒，而這些感受會增加他們的抗拒，不再願意進一步參與這個團體。

少數族群的當事人可能表現出某些被團體領導者解釋爲「抗拒」的行爲。通常說來，這些當事人並不是那麼有意抗拒，或許在有些情況下，只不過是一種很有教養、很有禮貌的表現。例如，團體中的沉默不應總是被解釋爲對參與團體的拒絕。沈默的當事人也許是由於他們的文化規範重視傾聽而不發言，即謂「沈默是金」，他們也許只是等候被詢問，有些當事人可能非常不願意談論自己家庭的成員。但這種猶豫不應被想當然地解釋爲對開放和透明化的執意抗拒。實際上，這些當事人可能是因爲不敢違犯公開談論家庭問題的禁忌。能夠理解當事人個人實際情況的團體領導者，較能耐心地幫助這些當事人開口說話。如果這些當事人覺得他們是被尊重的，他們就大有可能去開始克服自己的猶豫不決。

(一)使當事人對團體經驗有所準備

多元文化團體諮商要求其團體成員有充分的準備。在與來自不同文化背景的當事人接觸時，篩選團體成員並使他們適應團體活動形式，是很重要的。這種準備之所以如此重要是因爲，許多在團體中預期發生的行爲，和人們在日常生活中的行爲大不相同。例如，他們的文化可能鼓勵間接溝通，但當他們處在一個團體時，他們被要求在與別人談話時直接地表達。

在日常生活中，他們經常是被鼓勵掩飾自己真實的情感以免傷害他人；他們可能不被鼓勵去表達自己的情感，去談論自己的個人問題，或是去告訴別人他是如何看待他們的。然而，在團體情境中，他們被期望去遵循開放、誠實、坦率的規範，而且他們被期望使自己具有情緒的敏感性。由於個人文化背景的影響，有些團體中所期望的行為會顯得相當勉強，而且可能難免與個人已有的文化規範相抵觸。

對團體領導者來說，重要的是要幫助團體成員澄清為什麼他們加入這一團體。當事人們必須弄清楚他們欲從這一團體活動中為自己獲得些什麼。團體領導者可幫助他們認清現在在哪裡、要去向何方。團體成員們要知道，團體諮商意味著某種改變。他們應能夠意識到變化的可能結果，這些結果不僅關係到他們自己，也關係到他們生活中的其他人。例如，有些當事人也可能會因為他們變得過於直率或變得高度個人化，而被他的家庭成員所排斥。

(二)如何成為多元文化團體的有效諮商員

當你研究這十種當代理論並將它們應用於團體諮商中時，請考慮一下從這些理論中所產生的文化背景問題。或許，最重要的是，思考一下你如何獲得多元文化的團體諮商員所必須的個人特質。蘇(Sue, 1978, 1981)把以下特質界定為在多元文化背景下有效地工作所必備的：

> 有效適應各種文化的諮商員，能確認自己的價值觀，以及其相對立的假設
> 他們認識到適合各階層和各種文化諮商的種種基本特徵
> 他們了解影響少數團體或其他受壓制團體的社會政治力量
> 他們能夠接受當事人的世界觀，而不是批判性地評價這種世界觀
> 他們在自己的諮商風格中，能採取折衷觀點運用不同理論取向的廣泛介入措施
> 他們擁有廣泛的信念、態度、觀點和技術，使他們能與各式各樣的人建立起治療關係

雖然團體工作者能獲得一般性的知識和技術，使他們能有效地應付各種不同背景當事人組成的團體，但是，顯然他們不可能了解他們當事人文

化背景的所有內容。因此可以提供機會讓當事人向團體領導者傳授有關他們自己文化的各方面內容。對於團體領導者來說，這的確是個好主意，即讓當事人提供領導者有關的知識，而這些訊息正是領導者有效地對當事人開展工作所需要的。在進行文化多元性的團體時，評估因文化交流造成固有文化變遷的程度，是很有必要的。這對於那些具有在多元文化中的生活經驗的當事人來說，尤其有益。他們通常仍忠於自己固有的文化，但他們也許會發現新文化中某些特點的吸引力。他們在整合這兩種文化的時候，常常體驗著衝突。這種深刻的體驗，可以在接納性的團體中得到頗有成效的探索。

　　多元文化諮商的基本特性就在於它的多樣性。在一個團體中可能會有許多種不同類型的當事人，很容易想見，並沒有一種絕對理想的治療策略。相反的，不同的理論有其不同的獨特特徵，它們所適合的文化團體。有效的多元文化諮商實務要求團體工作者採取開放的態度，願意彈性修正某些策略以適應團體中各成員的需要與狀況。很顯然，能夠不死守一種絕對「正確」的技術，才能運用於任何個人而不必考慮他們的文化背景。

　　真正能夠尊重自己團體成員的團體工作者，會表現出願意向團體成員們學習的態度。他們能覺察到當事人的猶豫不決，不會匆忙草率地對這些行為作出錯誤的解釋。相反的，他們會耐心盡自己所能地努力嘗試開啓當事人的內心世界。對於團體工作者來說，並沒有必要與當事人有同樣的經驗；最重要的是，他們要努力保持對類似的情感與抗拒情境的開放性。一旦有了這種尊重，所有的團體成員都將得益於團體中的文化多元性。我們面臨著長遠的課題，時刻審視我們的所作所為，不是針對它們的相似性，而是它們的差異性。

團體實務中的倫理與專業性問題

➤ 團體參與者的權利

➤ 團體中的心理冒險問題

➤ 團體領導者的行為倫理

➤ 團體領導者的能力問題

➤ 關於建立團體工作的倫理與專業取向的建議

在我看來，那些尋求成為專業性團體領導者的人，必須願意去審視自己的倫理水準和自身能力。這一章裡要探討的倫理問題有：團體成員的各種權利，包括：對訊息的承諾和保密；團體的心理冒險；團體技術的使用和濫用；團體領導者價值觀的影響作用；與當事人的個人關係；以及社會與法律準則。這一章裡還要討論培養、訓練團體領導者的標準，以及如何經由繼續教育來維持、發展能力。

作為一個有責任心的團體工作者，你必須澄清你對於這一章裡所討論的種種倫理與專業問題的看法。不僅團體領導者的專業訓練標準，他們的倫理指導綱領，都已由團體工作專業人員學會(Association for Specialists in Group Work)所確立(ASGW, 1980, 1983)。其他的組織也都有一系列倫理標準，均可為團體諮商員提供指導。這些組織包括：

□ 美國團體心理治療學會
(American Group Psychotherapy Association, AGPA, 1978)
□ 美國諮商與發展學會
(American Association for Counseling and Development, AACD, 1988)
□ 美國心理學會
(American Psychological Association, APA, 1973, 1981)
□ 美國婚姻與家庭治療學會
(American Association for Marriage and Family Therapy, AAMFT, 1988)
□ 國家社會工作員學會
(National Association of Social Workers, NASW, 1979)
□ 臨床社會工作學會國家聯盟
(National Federation of Societies for Clinical Social Work, 1985)
□ 美國精神醫學學會
(American Psychiatric Association, 1986)
□ 國家諮商員證照委員會

(National Board for Certified Counselors, 1987)

□ 國家復健諮商學會

(National Rehabilitation Counseling Association, 1988)

□ 國家訓練實驗所

(National Training Laboratory Institute, 1969)

許多州對諮商員證照制度的法規，也都包含有專門的倫理準則。

雖然你有義務去熟悉、去遵循你專業組織的這些倫理規範，但這些規範大多只是提供了一般性的指導。因此，你將面臨考驗：在具體的實務情境中學習倫理抉擇的方法。這些指導將給你提供一個可從中實務操作的一般性架構，而你還必須將這些原則運用於具體的問題。一個很好的主意是，在你實際開始去領導一個團體之前，即應建立起倫理意識並思考種種倫理問題。

正如我在前面所提到的，ASGW建立了一套《團體領導者倫理準則》(*Ethical Guidelines for Group Leaders*, 1980)，它在1989年又被重新修訂、更新。我是ASGW的專業倫理委員會七位成員之一，這個委員會就是負責修訂這些準則的。正如你在研究他們時會看到的，這些指導原則既不是完全明確的，也不是包羅萬象的。其中有些是有爭議的，有些是相當一般化的，有些則是需要重新修訂的。儘管如此，它們為團體實務的工作者們提供了一個出發點，而且它們為團體諮商領域提供了討論的焦點。這一章的大部分將討論團體工作者們通常所面對的專業倫理問題，並檢查現行的和已被提議的ASGW指導原則。我將注重那些特別需要予以修訂的有爭議的原則。

團體參與者的權利

我的經驗告訴我，那些加入團體的人常常並不意識到他們作為團體成員的責任，也意識不到自己的權利。我認為，這正是你作為團體領導者的責任，即幫助未來的團體成員了解這些權利與義務的內容。因此，這一節

就是要詳細地列出參與者所擁有的權利。

　　然而請記住，這些權利也有例外，因為有許多因素決定著它們的範圍。例如，自願參加一個諮商團體的團體成員，有權利退出該團體，如果他們認為這一團體已不再能滿足他們的需要的話。但是，這種權利並不適用於那些矯治性機構中的非自願性團體成員。在這種情況下，進入這一團體是復健計畫的整體內容之一，它是帶有強迫性的。這些人最終離開團體要取決於他們在團體中的合作及所獲得的進展。雖然下面所列出的種種權利主要是關於自願性團體成員的，但其中也有不少適用於非自願性團體成員。即使當加入某一團體時是具有強迫性的，團體參與者也仍然具有某些權利。並且他們也應明確地意識到這些權利。例如，如果他們的問題不能被保證完全保密的話，團體成員有權利知道保密的限度。

基本權利：知會的同意

　　如果團體成員的權利問題在最初階段就予以討論的話，團體成員往往會表現出更大的合作和主動性。一個提供這類問題討論機會的團體領導者，表現出了對團體成員的誠實和尊重，而且，如果團體成員開放坦率和主動的話，這就能促成必要的信任。這樣的團體領導者便保障了團體參與者知會的同意之權利(informed consent)。

　　ASGW(1980)的倫理準則明訂團體領導者有向未來的當事人提供關於服務訊息的責任。這些領導原則中與此處內容相關的有兩項：

　　□ 團體領導者應向團體成員作充分的說明，並且最好是書面地闡述該團體的目的，領導者的資格和將要實施的程序
　　□ 團體領導者應盡可能真實地確切說明，在所提供的特定團體結構中能提供什麼服務，以及不能提供什麼服務

　　當事人在他們決定投入一個團體之前，有權利知道他們將做些什麼準備。要使未來的團體成員認識到自己的權利及其責任，並解除對團體歷程的疑惑，這正是團體領導者的責任。接下來就要考慮一些基本的資料，這些資料是當事人在加入一個團體之前有權利獲得的。下面我就列舉出當事

人在團體歷程中可期望得到的權利。

(一)當事人在加入一個團體之前應得到資料

下面列出的，就是團體參與者在他們作出加入一個團體的決定之前，有權期望得到的內容：

- 有關該團體之目的明確的說明
- 對團體的型態、程序、基本規則的描述
- 加入團體前的面談，以確定這一領導者所帶領的特定團體在此時此刻是否適合於自己的需要
- 有機會去搜集關於該團體的訊息，提出各種問題，並探討各種關心的事宜
- 有關該團體領導者所受教育、訓練以及資歷的詳細介紹
- 有關收費、開銷以及這些費用是否包括團體結束後的追蹤觀察的訊息；還有，關於團體的持續時間、會面的次數及時間長短、團體的目標、所運用的方法類型的訊息
- 有關參與這一團體可能的心理風險的訊息
- 關於這一團體中保密方面的限制性訊息——也就是說，在這一環境裡，保密性因法律、倫理或專業性原因而受到影響的程度
- 澄清何種是可能及可能不被團體中所提供的服務
- 在實現個人目標的過程中從團體領導者那兒可能得到的幫助
- 對團體領導者與團體參與者之間責任區分的明確了解
- 對團體成員的權利與責任的討論

(二)當事人在團體歷程中享有的權利

下面列出的，就是團體成員在該團體的歷程中有權享有的內容：

- 有權對團體領導者要求指導
- 如果有跡象表明團體並不如其所預期的那樣，或者此時此刻並不適合他的願望或需要的話，該當事人有權退出該團體
- 對涉及這一團體的任何研究、對團體各階段的任何錄音、錄影，作出詳細說明

- □ 如果做了錄音或錄影，那麼如果它對團體成員的參與有所限制，成員們有權要求停止它
- □ 在把團體中學到的內容轉換爲日常生活中的實際行動時，得到團體領導者的幫助
- □ 有機會討論人們在團體中所學到的內容，以及有機會終止某種團體經驗，以使團體參與者不會被迫承擔不必要的無法完成的作業
- □ 該團體領導者的服務應產生某種轉變以作爲參與這一團體的直接結果，否則，如果從該團體領導者處得不到進一步的幫助，應轉介到其他形式的協助資源
- □ 團體領導者一方應採取合理的安全保護措施，以盡可能減少該團體的潛在風險
- □ 尊重團體成員的隱私，這既是指他們的開放程度，也包括他們願意揭露出的內容
- □ 有拒絕不適當團體壓力的自由，這些壓力涉及：參與團體活動、決策、開放個人隱私、或是接受其他團體成員的建議等
- □ 團體領導者及其他團體成員應保守秘密
- □ 有拒絕接受由團體領導者或其他團體成員所施加價值觀的自由
- □ 有機會利用團體資源尋求自我發展
- □ 有接受作爲一個獨立個體待遇的權利

該團體領導者應強調：參加一個團體既帶來某些權利，也產生某些責任。這些責任中的一部分是：正常地參加活動、有主動性、擔當風險、願意談論自己、對他人作出回應、保守秘密、提出自己的需要。

自願參加與自由退出

ASGW的倫理準則有一項規定：「團體領導者應向團體成員說明，參加團體是自願的，他們可能隨時退出該團體。」關於這項規定，我曾多次因它而陷入困境。它是否意味著一個正在領導著由非自願成員組成的團體的領導者是不道德的呢？如果是這樣的話，那麼許多人都會因此而受到責

難，因為許多團體都是由一些被「送來」的人組成的，這些人不能說成是真正的自願參與者。問題是在於，這些人要在接受重罰或被判入獄，以及參加一個治療團體之間作一個選擇。

當加入一個團體是強迫性的時候，基於了解之後的同意就顯得特別重要，因此團體領導者需要付出相當大的努力來向非自願的團體成員充分地說明該團體的性質與目的、所運用的方法、他們的權利與責任、保密的限制，以及他們參與該團體的程度對他們於團體之外所做關鍵性決定的影響。當團體是非自願性的時候，應付諸所有的努力來爭取團體成員的合作，並鼓勵他們在自願的基礎上繼續參與這一團體。對於該團體的領導者來說，一種替代形式是，僅僅在最初的有限的時間裡接受非自願性的團體成員。這裡我想說，可以給非自願的團體成員一個機會，來了解對他們來說一個團體究竟意味著什麼，進而最終（姑且假定在三次聚會之後）由他們決定否還留在團體中。當然，可能會出現這樣的結果：當事人們作出不再接受團體治療的選擇。在我看來，當團體工作者僅僅只是證明一個特定的當事人在團體歷程中已完全「表現出其本性」時，似乎涉及了一個倫理問題。合乎倫理的作法應當是要求團體領導者充分探究有關自願的或非自願團體的種種問題。當團體領導者是在監獄裡領導團體時，會產生另一個問題。監獄這類機構是負責教化當事人重返社會的，而團體往往正是主要的治療方法。考量一下在這些情境中的強制性團體實務的倫理問題，會是很有趣的。

這一倫理準則中，另一個使我感到很棘手的問題，是「自由退出」的條款。團體領導者必須十分清楚它們所涉及到的層面有：參加團體或預先決定留在團體中多久；如果人們不喜歡這一團體所進行活動內容的話，是否退出一個特定的聚會。如果團體成員隨便就退出團體，那麼，要想達到信任的工作階段或是建立團體凝聚力，會是極其困難的。退出團體的問題，應當在團體的最初階段予以討論，而且團體領導者的態度和措施，應在最初就予以說明。柯立等人(Corey, Corey, Callanan & Russell, 1988)提出一種觀點：當事人有責任向團體領導者及其他團體成員說明為什麼他要退出團體。之所以制定這樣的政策有多種原因。一來，對團體成員來說，如果他們不能弄清是什麼原因使他認為現時的經驗很可怕或有負向作用，那

會是很有害的。如果他們在覺得不自在的時候就隨便地離開了，往往會留下些後遺症，且會同樣影響團體中的其他成員。毫無疑問地，這會影響團體中的凝聚力和信任，因為其他留在團體中的成員會認為：是他們以某種方式「造成」了這一退出的結果。一種有益的作法是，告訴團體成員們：如果他們真的想要退出，他們應當在團體活動中把問題提出來供大家討論。儘管使用「不恰當」的壓力迫使一個人留在團體中是不道德的，但應鼓勵團體成員們至少要與團體領導者討論他們離開的原因，這是非常重要的。

儘管團體成員確實有權力退出一個團體，但仍應向他們說明在作出決定之前通知團體領導者及團體的重要性。最理想的是，團體領導者與團體成員能協調合作，共同確定團體經驗在多大程度上是有效益的或是有負向作用的。我的觀點是：如果在雙方意見一致的情況下，團體成員仍然選擇不再參加該團體，那麼就應該允許他們退出。

不接受強制與不適當壓力的自由

團體成員有理由要求得到該團體的尊重，且不遭受任何強制和不適當的團體壓力。對於這一問題，ASGW的指導原則是：「團體領導者應保護團體成員的權利，使其免受身體威脅、恐嚇、強制及任何可能的不適當的同儕壓力。」

從一方面來說，某種程度的團體壓力是在所難免的，而且，從某些觀點來說，它甚至是有治療意義的。團體成員宜學習面對他們自己某些自我挫敗的觀念和行為，並決定是否仍繼續維持自己原有的面目。進一步說，團體活動中總是存在這種促使人們發表意見、開放自我、從事某些冒險、對團體中的現時事件作出反應、忠實於團體的壓力。對於團體領導者來說，非常重要的是，要區分破壞性壓力與治療性的壓力。人們可能需要有一定程度的壓力幫助他們打破習慣方式的惰性。最好是請記住團體的目的是在於幫助團體參與者們找到他們自己的答案，而不是強迫他們去做那些團體認為是恰當的事情。

從另一方面來說，如果團體成員們被迫使自己的行為遵從某種方式的

話，他們會很容易產生不必要的焦慮。團體成員還可能被要求參加某些旨在促進人際交往的溝通活動或非語文式的活動。重要的是，團體領導者要對某些成員的價值觀非常敏感，這些人拒絕參加某些形式的團體活動，團體領導者必須在適宜的情況下掌握時機詳細介紹這些活動，平和地使這些團體成員能予接受。一種有效的作法是，團體領導者告訴成員們如何抗拒不恰當的團體壓力，如何溫和且有力地拒絕參加那些他們不喜歡的活動。最後，對於那些正在考慮是否退出團體的成員來說，如果團體領導者放任同伴們強迫這些成員留在團體中，是極不明智的作法。

實驗與研究

團體成員應被告知有關這一團體的所有研究，並簽定書面的同意(Gazda & Mack, 1982)。對此，ASGW的指導原則是「團體領導者應向未來的團體成員們提供詳細的訊息，告知可能要求這些成員參加的任何一項專門的或實驗性的活動。」這不僅是為了獲得明確的同意，重要的是，與團體有關的任何一項研究的參與，都必須是自願的。對於這一問題，AACK(1988)的標準非常明確：「對研究的參與必須是自願的。只有當能夠確信此種參與對受試者沒有任何傷害且對該調查研究是不可缺少的情況下，非自願的參與才是可行的。」「尊重團體成員這些權利並不意味使研究成為不完整的設計。在團體中實施研究或進行實驗的團體領導者，仍然可以向成員提供有助於他們做明智選擇所需的訊息，而無須深究有關該實驗的任何細節。」進而言之，團體領導者可以採取所有可能的步驟召集自願的成員參與有關該團體的任一研究計畫。然而，團體成員們有權拒絕參與，這非常重要。

如果團體領導者意欲撰寫雜誌文章或是書籍，那麼非常重要的是，他們必須考慮到充分保證對在該團體中所獲得材料保密。同樣要當心的是，如果團體領導者們與自己的同事們談論團體的進展情況，應當對有關人員的身份予以保密。在社區心理衛生診所及學校從事團體工作的人們，將會面臨為這些機構準備書面報告的問題。團體成員有權利了解在一份正式的書面報告中會出現那些種類的訊息。

團體資源的運用

團體成員們有權利要求最大限度地運用團體內部的種種資源。通常，有些成員會表現出一些有問題的行為，諸如：獨佔團體活動時間、撒謊、提出大量問題、為別人做種種解說、過於活潑好動、或是在不恰當的時候提出建議或保證。這種類型的行為會佔去其他成員的時間，以致於沒有時間來處理自己所關心的內容。ASGW準則指出：「團體領導者應保證在最合理的可能限度上，使每一個團體成員都有機會運用團體資源，以及在團體中相互交流，因而要儘量限制無休止的漫談和獨佔時間的現象。」這一指導原則或許可以更適當地改寫為「團體領導者應保證每一個團體成員能平等地使用團體時間。」下面的幾個例子表明團體領導者如何實現這一目標：邀請沈默的團體成員參與討論，進行某些非語言溝通的嘗試，阻止某些成員無休止的漫談或獨佔時間，避免把一些正處於危機邊緣的人安置在同一個小組裡。

儘管團體領導者並不必承擔全部責任來阻止那些干擾整個團體歷程的成員，然而，他或她應注意這種情形，同時和團體一起採取行動，防止任何成員瓦解團體的功能，或使得其他人難以從活動中獲益。我認為團體領導者應告訴那些愛漫天閒聊的團體成員，注意自己在其他團體成員面前的表現方式，這也是團體領導者的功能。不需要用尖銳的或過度的批評，依然能夠幫助團體成員們明確地表達個人經歷的細節，使團體成員們能夠了解怎樣承擔責任，以便他們能最大限度地利用團體資源。這其中包括：教導成員如何尋求他們想要得到的東西；建立團體活動的時間規範；以及在看到別人干擾團體活動進程時有禮貌地對待他們。

保密的權利

保密是團體諮商中一個核心的倫理問題。不僅你自己作為團體領導者被要求保守團體成員的秘密，而且你還有責任讓團體成員們都懂得保守與團體有關任何內容的秘密的必要性。這一問題要從最初的篩選談話及至最

後的團體階段均一直予以強調。保密是團體中的重要行為規範之一，最好是經由協議而不是團體領導者一方的聲明來實現(Lakin, 1985)。如果在初次晤談中對每一個人以及對整個團體明確地說明保密的理由，那麼團體成員們就不太可能輕率地忽略這一問題。保密往往是人們剛剛加入一個團體之初最在意的事情，因此這正是徹底解決這一問題的最好時機。

　　一個有效的作法是，經常提醒團體成員們因疏忽而洩漏秘密的危險。我的經驗告訴我：團體成員們在團體中很少惡意地說別人的閒話。然而，人們在團體之外往往說得過份地多，有時會不知不覺地提到一些有關團體夥伴們的事，而這些本是不應被透露出去的。如果保守秘密成了人們所擔憂的問題，那麼就該在團體活動中對這一問題進行充分的討論。很顯然，我們並沒有辦法確保團體成員們能尊重別人的隱私，因此，團體工作者們並不必刻意對此作出承諾(Lakin, 1985)。作為一個團體領導者，你可以與大家商討這一問題，表達你對於保守秘密重要性的感受，讓團體成員簽署契約以贊成這一條款，甚至對違反這一規定的人採取某種形式的懲罰。團體領導者要認識到：你自己的示範作用以及你對保守秘密所賦予的重要性，對於為團體成員們確立一個可遵從的規範而言，是十分重要的。如果團體成員們感到，你非常嚴肅地對待保密問題，也就會有較大的可能使他們也去重視這一問題。AACD(1988)的指導原則是：「諮商關係以及由此所帶來的訊息必須被保守秘密，這與作為專業人員（諮商員）的會員責任是相一致的。在團體諮商情境中，諮商員必須確立保守所有團體參與者隱私的保密規範。」正如拉金(Lakin, 1985)所觀察到的，團體中應建立保密規範，係因為它涉及相互利益互相保護的問題，這是要尊重彼此對保密的需要並切實保守秘密。

　　ASGW的《團體領導者倫理準則》有兩條關於保密的原則。「團體領導者應明確地說明保密意味著什麼、為什麼它十分重要，以及具體實施保密的困難，以此保護團體成員。」還有，「團體領導者應告知團體成員有關團體活動的記錄，以及這些錄音將被如何使用。」

　　關於團體活動的錄音和錄音帶的使用，必須採取某些步驟來保護團體成員的權利和確保保密。團體成員有權了解可能被錄下的任何一段錄音、錄影，以及它將被用於什麼目的，並且應取得他們的書面同意。如果這些

錄音、錄影帶將被團體領導活動中的領導者或是其他學生用於研究或是評論的目的，團體成員有權獲得告知；而且他們有權拒絕同意。

(一)保密的例外情況

　　AACD詳細說明了關於保密之一般性規範的例外情況：「當當事人的狀況對他或對其他人存在著明確的緊急危險時，諮商員必須採取合理個人行動或通知可信賴的權威。需要時必須向任何可能的專業人員尋求諮詢。」

　　AAMFT的《婚姻與家庭治療者倫理準則綱要》*(Code of Ethical Principles for Marriage and Family Therapists,* 1988)指出了保密的具體限制：

　　婚姻與家庭治療師不能對任何人洩漏當事人的隱私，除非：

- □ 依據法律提出要求
- □ 防止對一個或一些人明顯緊迫的危險傷害
- □ 當婚姻與家庭治療者被告當事人有民事的、犯罪的或違紀的行為(在這一情況下，當事人的隱私可只對關於此案的法庭公開)
- □ 如果事先有書面聲明放棄權利時，那麼這些訊息只能在與所放棄的權利相應的範圍內予以披露

　　團體工作者應當鄭重地向每一位團體成員遞交一份書面聲明，說明保密的限制，並指出在哪些特殊情況下不能履行保密的原則。看起來這種從一開始就對團體成員們直率坦誠的相待，極有助於建立起信任感，因為至少團體成員們知道自己處於什麼位置。

　　當然，不可或缺的是，領導團體的人應十分熟悉對他們的工作實務具有約束力的法規。若其當事人威脅要傷害自己或是其他人，諮商員們提出報告應是合法的。這一責任也包括：兒童受虐待或忽視、亂倫、猥褻等情況的處理。舉一種極端的例子，如果你團體中的一個成員確實威脅要嚴重傷害其他人，你應必須向你的督導或是同事請教，警告可能會傷害的對象，乃至通知有關當局。這類威脅並不一定是指向其他人的；一些當事人可能會表現出種種怪異行為，諸如，幻視或聽到某種聲音讓他們自殘，這就有賴你採取措施，讓他們暫住進醫院。

　　如果你在一個矯治機構裡領導一個團體，機構對你的要求可能就不止

是做一個諮商員；例如，你也許必須在成員檔案中記錄他或她在團體中表現的某些行為。與此同時，你對你當事人的責任要求你告訴他們：你正在記錄並傳遞某些訊息。一般來說你會發現，如果你使自己的行為率直公正，而不是隱而不宣、遮遮掩掩，使自己處於破壞他們信心的地位，你就會有較大的機會贏得團體成員們的合作。

(二)有關對未成年人的保密

另一個與保密有關的棘手的問題，來自對兒童和青少年的團體諮商。父母們是否有權了解他們的孩子在團體中所披露的內容？對這一問題的回答，取決於你究竟從法律、倫理、專業性中的哪一個角度來看待它。在任何一個未成年人加入一個團體之前，一種非常有益的工作是例行程序式地要求父母簽署書面同意書。這份同意書上要包括對此一團體目的的簡要說明，有關保密的重要性，以及你不希望使保密遭到破壞的條款，這會是十分有用的。毫無疑問地，向父母們通報他們孩子的情況也許是有所幫助的，但須在不違反保密的前提下進行。欲保護在團體中披露內容的隱私性，一種可行的作法是，在有孩子和父母或父母中之一方在場的情況下，向父母提供回饋的訊息。在這種情況下，孩子們往往很少會懷疑團體領導者保守他所披露的個人隱私的誠心。

APA(1981)有一條對未成年者團體之領導者的一般指導原則：「當為未成年人或其他無能力作出自願的、清醒的同意的人實施諮商時，心理學家們要特別留心保護這些人的最大利益。」對於這一問題，AACD的準則建議：「當對未成年人或那些無能力作出同意的人進行工作時，必須保護這些當事人的最大利益。」因此，團體領導者對於兒童和青年人的團體負有責任，應設法盡最大可能認真維護保密的規範。重要的是在於，不僅要取得青少年的信任，而且要與家長和監護人協調工作。還能有所幫助的是，以那些未成年人所能理解的方法告訴他們保守秘密的性質、目的及其侷限性。總而言之，團體領導者應明智地不斷提醒團體成員，無論什麼時候他們對保密問題有所擔憂，都可將自己的擔憂提出來進行討論。

團體中的心理冒險問題

　　一旦團體作為個體改變的強力催化劑開始發揮作用時，它們也會對團體成員帶來一定的風險。這些風險涉及生活中的種種變化，它們可能引起騷亂，遭遇敵意和指責，成為代罪羔羊，以及受到團體成員中的不良行為所同化——所有這些冒險的性質，以及團體領導者針對它們所能採取的措施，正是我們在這一節的主題。要指望一個團體不冒任何風險，是不切實際的，因為生活中任何有意義的學習都會有一定風險。然而，要幫助未來的團體成員們認識到這些潛在的風險，並設法採取一切預防措施抵抗風險，正是團體領導者的倫理責任。

　　ASGW的倫理準則指出：「團體領導者應強調說明個人在任何一種團體中所面臨的風險，尤其是與潛在的生活變化有關的風險，並且要幫助團體成員探討面對這些風險的準備工作。」一個最起碼要求是，團體領導者與團體成員一起討論該團體的優點與缺點，團體領導者要使團體成員作好準備去應付在該團體經驗中可能產生的任何問題，他們要對團體成員可能有的恐懼和有所保留的作法保持警惕。

　　對於團體領導者而言，他們的責任還在於，對作用於團體的種種因素，以及如何調整這些力量實現倫理目標，要有廣泛而深刻的認識。要想合乎倫理地開展工作，團體領導者們必須知道在團體中正在發生的一切，以及如何以對團體成員有意義的、有益的方式來引導這些變化(Lakin, 1985)。除非團體領導者付諸特別關注，否則團體成員們可能既不會得到團體的幫助，反而還會因團體而受到心理上的傷害。減少這些風險的方法有：了解團體成員的個人侷限性，尊重他們的侷限性以及他們的要求，建立一種邀請式的風格而不是一種強迫的或是專斷的風格，避免攻擊性的接觸，描述行為而不是批判行為，以嘗試性的方式提出看法，不對團體成員之行為想法作強制性的解釋。下一章將要介紹各種團體領導技術，它們為這裡所提出的部分問題提供了解決的基本依據。

　　下面列出的部分問題，是團體領導者必須告誡團體成員，且必須設法

儘量化解的問題。

　　——團體成員們應認識到這種可能性：參與一個團體（或是從事其他治療性的努力），可能會打亂他們的生活。隨著團體成員的自我意識變得越來越強，他們會對自己的生活作出種種改變，這些改變雖然從長遠角度來看具有建設性，但也會因此帶來危機和煩擾。例如，一位妻子在團體中收穫的結果所引發的變化，可能會引起她的丈夫的反對甚至敵意，結果會導致他們的婚姻緊張。再而言之，她家庭中的其他人可能並不讚賞她的種種改變，可能更喜歡在參加諮商之前的那個她而不是現在的她。

　　——有時，一個團體成員可能會被單獨選出來作為這團體的替罪羔羊。其他團體成員可能會對這個人「群起而攻之」，使他或她成為發洩敵意或其他負向反應的目標。毫無疑問，團體領導者能夠且應採取果斷堅決的步驟，以杜絕這類現象的發生。

　　——面質，在任一種團體中都是一種很有價值的、有力量的工具，但也可能被濫用，尤其是當它用以破壞性地攻擊其他人的時候。團體領導者過分干預性的措施，過於生硬的領導作風，或使團體成員超出他們自身侷限性的作法，都與團體中發生的不幸事件有關(Lieberman, Yalom & Miles, 1973)。這裡要再一次指出，團體領導者（以及團體成員們）必須警戒那些會給團體參與者帶來嚴峻心理冒險的行為。要想減少這種沒有任何建設性意義之面質的風險，團體領導者可以示範針對特定行為的適當面質方式，以及如何能避免對有關的團體成員作不當的批判。他們也可以教導團體成員們怎樣談論他們自己，以及對某一特定團體成員的某一行為模式作出恰當的反應。

團體成員中的社會化

　　一個相關的問題是，究竟團體成員中的社會化妨礙了還是促進了該團體的進程。如果團體成員們開始形成一個小團體，並對團體中的其他成員說長論短，或是如果他們三五成群談論那些較適合在團體活動中討論的問題，那麼這一問題就會成為一個倫理性的問題。如果團體分裂成幾個小集

團，且各有其隱蔽的活動內容，那麼往往團體的發展進程就會戛然而止。除非將這些隱藏的活動能在團體中浮顯出來予以解決，否則許多團體成員即不能有治療作用地運用團體，或是不能滿足他們的個人目標。

耶樂姆(Yalom, 1985)曾寫到：一個治療性團體是教導人們如何(how)去形成親密的關係，而不是給他們提供(provide)這些關係。他還指出：在團體之外聚會的團體成員，有責任把他們集會的訊息帶到團體中來。那種干擾團體發揮功能的團體外社會化過程，對團體是有反作用的，應予以杜絕。

對領導者而言，防止團體成員產生不恰當的社會化過程的最好方法之一，是把這一問題提到檯面上來討論。當團體看上去處於困境、進退維谷時，或是團體成員不談論自己對其他人的反應時，即是討論形成小集團的負向作用的最好時機。領導者可以告訴團體成員們，他們在團體之中所隱匿的內容，很可能會妨礙他們的團體，致使它產生不了任何程度的凝聚力。

減少心理上的冒險

正如前面曾指出過的，一個人不可能完全根絕團體中的心理冒險，但人們卻可以使它們降到最小的程度。方法之一是建立契約，在契約中，團體領導者說明自己的責任，團體成員們以聲明自己願意在團體中進行探索和活動來表現自己的承諾。這樣一種契約減小了團體成員們被不正當地利用、或是因感到自己有一種負面的體驗而退出團體的可能性。

另一個防止不必要心理冒險的安全保障，是在於團體領導者是否能忠實地認識到自身能力的侷限性，是否能把自己限定在僅僅從事那類他們有過充分訓練和經驗的團體工作。即使他們持有執照或資格證明，在法律上允許他們領導任一類人的任何一種治療團體，有責任感的團體領導者會認識到：他們在倫理上和專業上應受到約束，僅僅在自己所受的訓練範圍之內，從事有關的團體工作。

團體領導者的行為倫理

　　做為一個團體諮商工作者，要對團體成員的需要具有敏感性，對你的價值觀與技術在他們身上可能產生的影響作用有敏感性，還要對社會要求的專業標準、對你所服務的機構政策、對領導團體諮商的法律有所認識。普遍看來，在心理衛生專業中，有一種趨向實踐義務與責任的潮流。在諮商與社會工作方面的研究生訓練計畫，越來越要求在倫理與法律方面的課程學習。部分說來，這些趨向可能與心理衛生專業的工作者們越來越多遭到執業不當的訴訟有關。

　　幾乎所有的專業性機構組織都已正式公開發表意見，聲明它們的成員們應當了解當地通行的標準，以及遵從或背離這些標準將給他們的工作帶來的影響。這些組織明確地聲明：專業人員要避免利用這種治療的關係，不能破壞使這種關係產生治療作用所必須的信任，而且要避免妨礙了基本治療目的的雙重關係。一般而言，倫理規範警告人們不要嘗試把社會的或個人的關係與專業性的關係混為一談。

團體領導者與成員之間的個人關係

　　有哪些標準可被團體領導者用來確定其與團體成員個人和社會的關係是否恰當？團體領導者們必須向自己提出的一個關鍵問題是：是否一種社會關係正在干擾著治療關係？ASGW對這一問題的指導原則是：「團體領導者應當在團體以及其後的任何專業活動時期裡，禁止任何與團體成員之間的不恰當個人關係。」究竟什麼是「不恰當個人關係」，其內容並不是十分清楚。唯其目的要求人們誠實地檢查自己的動機和需要。這一問題的關鍵在於，不得濫用自己的權力和不恰當地使用自己的專業身份發展任何個人的或社會性的接觸交往。除非團體領導者了解自己並且有自我約束感，否則，對他們來說，很有可能會利用團體成員來滿足他們自己的需要。有學者對這一原則作了如下修改：「團體領導者應避免濫用專業身份以及團

體領導者的有關權力，在團體和以後的專業活動期間，與團體成員進行任何個人的或社會性的交往。

拉金(Lakin, 1985)觀察到，團體領導者們會發現他們自己常常很脆弱，他們對某些團體成員會產生吸引力，面對另一些成員則會產生負向的情緒。他認為對於團體領導者來說，濫用他們的專業權力，以促成團體成員的依賴性，和維持團體外交往來滿足他們自己的需要，是不道德的。對這一問題，他坦率地說：「不幸的是，一些最有害的領導者行為，不是對倫理的麻木或誤解的結果，而是公然在心理治療過程中進行的。這些人現在不會將來也不會進行嚴肅的自我檢討。必須完全靠法規來防止這樣的人擔任團體領導者的工作。」

另外三項原則明確地聲稱，與當事人之間的雙重關係及性關係，都是不道德的。

——與當事人之間的雙重關係可能會破壞諮商員的客觀性和專業判斷（例如，就像對待親密的朋友或親戚們那樣），必須被禁止，而且（或者）將這一諮商關係終止，轉介給其他有能力勝任的專業人員(AACD, 1988)。

——會員（指諮商員）要避免與當事人之間任何形式的性關係。與當事人之間發生性關係是不道德的(AACD, 1988)。

——婚姻與家庭治療師要認識到自己對當事人具有潛在影響力的地位，不得利用這些人的信任和依賴性。因此，婚姻與家庭治療師要努力避免與當事人的雙重關係，否則會破壞他們的專業判斷，或是增加了利用當事人的可能性。這種雙重關係的例子，包括：與當事人之間的交易或親密的個人關係，而與當事人的性接觸是絕對禁止的。在治療結束後的兩年之內與以前的當事人的性接觸也在被禁止之列(AAMFT, 1988)。

團體領導者的價值觀對團體的影響

在所有有關團體歷程的爭議性問題中，團體領導者的價值觀扮演著核心角色。你對於你的價值觀如何影響你的領導風格的認識，其本身便是一個重要的倫理問題。一般說來，團體諮商員們被告誡要保持中立，希望他

們努力使自己的價值觀脫離他們的領導功能之外。我的觀點是，對於諮商員來說，要想在治療關係中小心謹愼地保持價值觀的中立，既是不可能的，也不是可期待的。雖然說服當事人接受某種價值觀並不是諮商員的正當功能，然而十分重要的是，諮商員對自己的價值觀要十分清楚，並在與團體工作相關且適宜的時候，把它們公開地表達出來。不過，團體領導者們必須時刻牢記這些價值觀怎樣影響他們的治療工作，以及最終影響他們當事人所採取的方向。

我一向慣於在我的價值觀與團體成員的價值觀發生衝突時把它們表達出來。其實，假裝接受或是裝作並不存在任何觀點上的分歧，並沒有什麼治療作用。和那些被隱藏起來的價值觀相比，明確表達出來的價值觀對團體進程的干擾往往會更小。

在我看來，這一方面的倫理問題之關鍵是在於，團體領導者利用團體作爲開發他們個人事業的一種場所，或是一種不惜以團體成員的福祉爲代價，滿足他們一己之需要的方式。對此，ASGW的指導原則是：「團體領導者應避免把自己的個人事務、需要、價值觀強加諸於團體成員。」。強加(imposing)與表達(exposing)一個人的價值觀之間，有著實際的區別。在團體領導者強加其價值觀的情況下，團體成員的統整性往往得不到尊重，因爲他們不被視爲有能力發現有意義的價值體系並自覺地遵從它們。相反的，在團體領導者表達自己價值觀的情況下，團體成員們能夠自由地對自己與團體領導者觀念背景的分歧提出種種疑問，但他們仍能作出自己的選擇，而不會因他們沒有滿足領導者的期望感到內疚。總而言之，團體領導者的責任正在於，激發團體成員去尋找他們自己的價值觀，而不是爲他們代行決定。合乎倫理的作法要求團體領導者幫助團體參與者澄清並確定他們自己的價值觀。

團體技術的運用與濫用

對團體領導者來說，非常重要的是，他們在團體中所使用的每一項技術，都必須有明確的理由。在這一方面，理論是實踐的非常有用的指引。正如你將要看到的，作爲本書核心內容的十種理論，都有許多治療策略和

與之相應的技術。這些技術是促成最終的變化或推動探索和互動的手段。它們當然可以被合乎倫理和治療目的地加以運用，但它們也有被濫用的可能。團體領導者非專業性地從事工作的某些形式有：使用他們並不熟悉的技術，利用這些技術達到他們自己隱藏的目的或是加強他們的權力，以及使用它們來壓制團體成員。拉金(Lakin, 1985)認為，重要的倫理問題是，團體領導者是否能運用由團體所激發起來的情緒，而不是出於利用的目的。團體中所運用的許多技術的確都促成情緒的強烈表現。例如，在引導下像一個孩子一般去幻想孤單寂寞的情境，會產生深層的心理體驗。如果團體領導者使用這些技術，他必須有所準備以處理成員們任何情緒上的宣洩。十分重要的是，要恰當地運用這些技術以有益於團體成員，並避免團體成員「陷入他們自己的情緒之中」。有些團體成員可能被一個想要看到他們體驗強烈情緒的團體領導者所利用。這種情緒表達有時是在滿足團體領導者而不是團體成員自己的需要。如果團體成員沒有「強烈的情緒宣洩」，有的團體領導者（以及團體成員們）就會覺得這一團體「毫無進展」。

有些團體中的一種明確的危險，是某些有益的團體活動卻產生了身體傷害，這些活動如某些對抗遊戲(encounter games)，它們旨在釋放鬱積的憤怒和敵意情緒，但由於這些遊戲中需要衝撞、推擠、壓迫，或是扭鬥，它們可能會引起猛烈的情緒爆發和攻擊行為。顯然，團體領導者必須非常小心地進行這類活動，而且只有當他們確信參與者不會失去控制時，才能實施這些活動。雖然要指望團體領導者永遠都能準確地知道一種措施會帶來什麼後果是不切實際的，但他們都應當能夠應付意料不到的結果。

有關身體活動技術的冒險性問題，柯立等人(Corey, Corey, Callanan & Russell, 1988)闡述了一些避免不良後果的指導原則：

□ 如果團體領導者要使用身體活動技術，他們應保護當事人及其他成員免受傷害；他們還應做好準備以應付這活動可能會出現始料不及的變化

□ 出於安全起見，一般來說，最好不要採用需使整個團體都參與進來的身體活動技術，尤其是當這些技術是被設計來引出如憤怒等強烈的情緒時

- 除非團體領導者對團體成員們非常了解，並已建立起一種信任的關係，否則這類技術不應使用
- 採用這類技術的團體領導者，應具有處理可能出現的強烈反應的經驗和專門訓練
- 初做團體領導者的人應避免使用身體活動技術，只在有直接督導的情況下，或是在與有經驗的治療者協同領導團體時，才使用這類技術
- 引誘或驅策團體成員參與身體活動是不明智的。團體成員可以被邀請參加活動，但他們絕對應當有拒絕的權利

以上指導原則並不意味著所有的身體活動都不適用於團體情境。有些活動涉及對身體的挑戰或冒險，它們是由團體領導者設計的結構化活動，可以被有成效地運用於多種情境，包括由夫婦和家庭構成的團體。例如，冒險設計公司(Project Adventure, Inc.)已將許多戶外野生環境活動設計成室內活動，以供教育和諮商計畫之用，依照吉里斯和鮑尼(Gillis & Bonney, 1986)的看法，這種冒險活動在團體的初期階段中促進了凝聚力。進而言之，隨後的一系列逐漸增加風險並需要從事問題解決的冒險活動，似乎也提示了團體內部人際信任的程度。

技術有助於當事人的自我探索和自我了解。從它們最有效的角度來看，這些技術應使用於各自的獨特問題情境，它們能幫助團體成員嘗試某種新的行為方式。重要的是，領導者應當恰如其時地、以高度敏感的方式、本著對當事人的尊重來運用這些技術，而且，一旦它們不能奏效，就應被放棄。

法律的責任與治療不當

團體領導者要在他們特定專業的倫理規範下從事工作，並遵守法律法則。如果從業者不能正當執業，或有意對他人犯下過失，則要受到民事處罰。如果團體成員能夠證明，由於團體領導者不能提供恰當的服務從而導致個人傷害或是心理創傷，無論是出於疏忽還是無知，這一團體領導者都

會受到執業不當的起訴。疏忽是指偏離標準且通常為同行的其他人普遍接受的從業行為。那些有執業不當之行為的從業者們有必要對自己所採用的技術予以說明。如果他們的治療措施與同一社區裡的同行中人的方法相一致，而不是運用特殊的技術，他們的根基顯然就紮實多了。

吉里斯和鮑尼(Gillis & Bonney, 1986)曾警告，不要沒有適當理由或不恰當地運用身體激勵活動和遊戲。他們提到，採用冒險性身體活動的領導者們，如果他們有所疏忽，團體成員因參與活動而受到身體或心理上的傷害，他們便會犯了失職之過。

在提供心理學或諮商服務時，兩個組織的專家們「美國心理衛生諮商員學會」(American Mental Health Counselors Association, 1980)；「美國心理學會」(APA, 1981)，在反對違反或背棄他們當事人的法律及公民權利方面，很受人讚賞。有關領導原則指出，從事團體實務的專業人員必須熟悉團體工作的法律內容。團體領導者需要隨時掌握本地區的最新法律，因為它們影響著他們的專業實務。尤其是那些從事兒童和青少年團體工作的領導者們，必須了解法律中有關保密、父母的同意、接受或拒絕治療的權利、知會的同意、以及當事人的其他權利內容。這些認識，不僅保護團體成員，也保護了團體領導者免於因過失或無知而遭到執業不當的起訴。

(一)減少被控告的可能性

一個團體領導者要避免被控告執業不當的關鍵是在於，始終保持專業的合理性(reasonable)、普通性(ordinary)、和謹慎性(prudent)。保護你自己免於陷入執業不當的訴訟最好方法，莫過於採取一些防衛的措施，這意味著避免從事超出你能力範圍之外的活動。了解並遵守你的專業組織倫理標準的精神，以及由諸如ASGW等組織為團體領導者所確立的倫理指導原則，將會減少你被起訴執業不當的可能性。下面列出的是部分針對團體領導者的指導原則，它們把合理性、普通性、謹慎性等字眼轉換為具體的行動，十分有用：

　　□ 對團體的未來成員提供充足的訊息，以便他們能就是否加入團體作出明確的選擇

□ 了解那些管理團體諮商的法律限制和立法，並在這些限制範圍之內開展活動。並使團體成員們了解法律限制（諸如：解除保密性、義務報告等等）

□ 不要向你的團體成員承諾任何你所做不到的事。要幫助他們認識到，他們付出努力和投入的程度，是決定其團體經驗是否有效的主要因素

□ 針對未成年人從事團體諮商工作時，要取得他們父母的書面同意

□ 當你有所疑問、不知所措時，一定要與你的同事們商討。要認識到，願意向他人諮詢和尋求督導，意味著高度的專業性

□ 學習如何在當事人對自己或其他人施以威脅的情況下進行評估和採取措施

□ 要樂於花時間對你的團體成員進行充分的篩選、選擇和準備工作

□ 避免使專業關係與其他種種社會關係相混合

□ 要能夠解釋你通常在團體中所採用的技術。要有理由使它遵從某一種理論觀點

在這一章的後半部分，為團體領導者提供了一些特殊的倫理準則，以探討整個團體歷程的各個階段。它們為減少成為執業不當之訴訟的可能性，提供了實用的建議。

團體領導者的能力問題

確定一個人的能力水準

ASGW的基本原理是：「除非團體領導者在一項技術的使用上受過完備的訓練，或是處於一個熟悉此種技術措施的專家督導之下，否則團體領導者不應嘗試運用該項技術。」團體領導者如何能確定他自己是否具有使用某種技術的能力呢？儘管有些團體領導者曾接受某一技術的訓練，都可

能會對使用這一技術猶豫不決（由於害怕犯錯誤），而另一些並沒有受過訓練卻自信十足的人，對於嘗試新技術卻可能不存任何保守之念。對於團體領導者來說，一種很有用的策略是，對於自己所使用的任何一種技術，都要有其明確的理由，進而言之，如果團體領導者曾作為團體中的成員去體驗這些技術，那會是很有用的。一個人是否有能力領導一個特殊的團體？這個問題是所有專業團體領導者始終都要面對的。你很有可能將面對的問題有：

- 我是否有足夠的教育訓練來領導這一特殊的團體？
- 哪些標準可用來確定我的能力水準？
- 也許我在技術上是有資格的，但我是否具備領導這一團體所必須的實際訓練或經驗呢？
- 我怎樣才能認識到自身的限制？
- 如果我不像我所希望的那麼有能力，我又能有哪些特別的作為呢？

對這些問題，並沒有簡單的答案。不同的團體要求領導者具有不同的領導能力。例如，你可能有充分的能力領導一個適應性較好的成人團體或處於危機情境中的成人團體，但可能不能勝任領導一個由嚴重困擾的病人組成的團體。你可能對領導青少年團體有良好的訓練及出色的工作成績，但也許你並不具備技能或訓練以從事幼兒團體的工作。你可能成功地領導了酗酒或吸毒者組成的團體，但卻發現自己在領導家庭團體方面缺乏準備。簡而言之，對每一種你意欲領導的團體類型，你都需要特殊的訓練和接受督導的經驗。在團體工作的某些(some)領域中的能力，並不意味著在所有(all)領域中具有相同的能力。

學位、執照、證書固然是必要的，但僅僅這些還不夠；所有這一切所表明的，是一定的資歷與經驗背景，這通常意味著你已完成了最小限度(minimum)的訓練與工作。很顯然的，不同證書所代表的訓練與經驗素質是有很大差別的。

有許多途徑可使一個人成為一名合格的團體領導者。專業許可證書或執照是確定具有最低限度能力的一種方式。各人依其不同的情況，有可能獲得諮商員執照或證書，或是社會工作者、心理學家或婚姻與家庭治療師

的執照。然而，僅僅這些形式的專業證明，並不意味著具有團體實務工作者的能力。

　　絕大多數諮商工作者都具有心理衛生領域某一分支學派的正式訓練，包括：諮商心理學、臨床心理學、教育心理學、婚姻與家庭諮商、護理學、教牧心理學、臨床社會工作，以及精神醫學。然而，通常情況下，那些希望成為團體實務工作者的人發現，正式教育，甚至是碩士或博士學位程度的教育，並沒有給予他們有效地領導團體所需要的實用背景知識。因此，他們發現有必要參加各種專門化的團體治療訓練工作坊。

團體諮商員專業準備的標準

　　有效的團體領導計畫並不是經由法律的強制規定和專業規範本身來建立的。要想成為高明的團體領導者，其訓練計畫必須以團體實務作為優先重點。不幸的是，在某些諮商的碩士課程中，甚至沒有一門是必修的團體課程。在那些有關團體諮商工作的訓練計畫中，通常是有一門課程包含了團體歷程的領導與經驗兩方面的內容。這便是訓練團體諮商員的僅有課程。

　　在對團體諮商的專業準備訓練計畫的研究中，哈恩等人(Huhn, Zimpfer, Waltman & Williamson, 1985)發現，在他們所研究的七十六項計畫中，18%在大學教育中安排了團體課程，97%在碩士班安排了課程，有34%則安排在博士班。在這七十六項計畫中，27%僅安排一門有關團體諮商的課程，37%安排有兩門，15%安排有三門，11%安排了四門，10%開設了五門或五門以上的團體諮商課程。

　　在ASGW(1983)的《團體諮商員訓練的專業標準》*(Professional Standards for Training of Group Counselors)*中，ASGW(1983)規定了知識能力(knowledge competencies)和技術能力(skill competencies)二者，並提倡領導者要有在督導下的臨床團體經驗(experience)。在知識能力方面，ASGW採取的觀點是：合格的團體領導者要在以下團體實務各方面證明有特殊的專門知識：

- 各種團體諮商的主要理論，包括：它們之間的差別及其共同概念
- 團體動力學的基本原理以及團體歷程的關鍵內容
- 個人自身的優點、缺點、價值觀，以及其他對團體領導者發揮作用的能力有所影響的個人品質
- 團體工作所特有倫理與專業問題
- 有關團體工作研究的最新訊息
- 團體成員們可能會採納的促進性和妨礙性的角色和行為
- 團體工作的優點與缺點，以及作為一種治療干預形式所適宜或不適宜的情境
- 團體發展的各個階段中團體互動和諮商員角色的特點

在技術能力方面，ASGW主張：合格的團體領導者應當能夠證明掌握了下列技術：

- 能夠篩選和評價欲參加一個團體的當事人的準備性
- 對團體諮商有明確的定義並能夠對團體成員解釋它的目的和方法
- 診斷團體成員中的自我破壞行為，並能對表現出這些行為的團體成員以建設性的方式採取干預措施
- 為團體成員示範適宜的行為
- 以正確及適當的方式來詮釋非言語行為
- 以適時有效的方式運用技術
- 在團體歷程的關鍵時刻採取措施
- 能夠運用團體諮商的主要技術、策略和方法
- 促成那些能引起團體中及個人自身改變的治療性因素
- 能夠使用輔助性的團體方法；例如，家庭作業
- 能夠與協同領導者一起有效地工作
- 了解如何能有效地終結一次團體活動，以及如何結束整個團體
- 運用追蹤過程來維持及支持團體成員
- 運用評估方法評價一個團體的效果

在臨床實務(clinical practice)方面。ASGW列舉了以下幾種在督導協助下的團體工作經驗：

□ 評價團體歷程的錄音（影）帶
□ 觀察團體諮商的歷程
□ 作為一名團體成員參加一個團體
□ 在督導下協同領導團體
□ 實務經驗：單獨領導一個團體，既得到督導者的指導回饋，也對自己的表現進行評估與自我分析
□ 實習期間：在督導下作為一名團體領導者進行實務工作

另一個為諮商員確立訓練標準的專業組織是「諮商及相關教育計畫資格審定委員會」(Coucil for Accreditation of Counseling and Related Educational Programs，略作CACREP)。這一機構負責確立諮商員教育計畫的資格標準。在它最近頒布的標準(1988)中，詳細說明了授予資格證書所要求的團體諮商課程。CACREP(1988)要求在下列各方面實施教育：

□ 團體動力學原理，包括：團體歷程的要素、團體發展的各階段，以及團體成員的角色與行為
□ 團體領導的風格與方法，包括：不同類型團體領導者的特點
□ 團體諮商的理論，包括：它們的共通性、獨到的特點，以及有關的研究和文獻
□ 團體諮商的方法，包括：團體諮商員的理論取向與行為、對倫理的思考、適當的選擇標準和方法，以及評定績效的方法等
□ 其他類型的小團體研究、理論及其方法

對訓練團體諮商員的幾點看法

在我看來，對團體領導的有效訓練應包括教導與實務兩方面內容。這種訓練應當涵蓋學生們往往會在自身實務中碰到的典型難題。這一作法最好是配合密集式督導和協同領導團體的實務性正式課程。最理想的是，受

訓練者與同學們一起帶領團體，從中獲得經驗，並且，能有在各種不同的社區以及針對不同當事人群體的機構環境中接受督導的團體經驗。

在訓練團體諮商員的計畫中，ASGW(1983)的專業標準提供了一個一般性的結構。除了團體歷程與團體諮商的正式課程學習和在督導之下領導或協同領導團體的實務之外，我建議至少還應有三種經驗：

□ 個人的被諮商經驗
□ 作爲治療團體成員的經驗
□ 參加對團體領導者進行督導和訓練的小組

以下是對這三種團體諮商員專業準備的補充討論。

(一)團體領導者的個別心理治療

我同意耶樂姆(1985)的建議：如果受訓者要想知覺到對象的感情轉移，認識到種種盲點和偏差，以及在團體中有效地發揮他們的個人特長，大量的自我探索是非常必要的。儘管錄影帶、與協同領導者共同工作、專家的督導，都是極好的回饋來源，能幫助學習團體領導的學生們發現他們自己的某些盲點，耶樂姆堅持認爲，對於更充分的理解和矯治而言，某種形式的個別治療通常是很有必要的。團體領導者們應表現出勇氣和意願，自己去嘗試那些他們希望團體成員們去做的事情：擴展他們的自我意識，以及自己對於他人的影響力。

奧爾森、荷恩和勞偉(Ohlsen, Horne & Lawe, 1988)提出一種觀點：不能意識到自身的心理需要者，或是對自己的生活經驗故步自封者，往往也不會對他人表現出開放性。不斷增長的自我意識，是尋求個別諮商的重要原因。在任何一個團體中，都有不少團體成員之間或對團體領導者移情的事例。移情(transferences)是指一種潛意識過程,當事人由此把自己過去的情感，或是對於他們過去生活中某些重要他人的態度，投射到其他人身上。當然，團體領導者也會很容易陷入反移情的情緒之中，或是陷入他們自己對團體成員的潛意識情緒反應。而且領導者們自己還會有一些未解決的個人問題，結果是，他們可能會把這些個人問題投射到他們團體中的成員身上。經由接受個別諮商，受訓者可以徹底處理他們那些很可能會干擾自己作爲有效團體領導者的個人問題。

㈡團體領導者的自我探索團體

作為對團體領導者正規課程學習和實習訓練的一種輔助，參加某種治療性團體是極有價值的。嘗試作為各類團體中之成員的作法，已被證明是訓練團體領導者一個不可缺少的部分。藉由體驗他們自己在團體中的抗拒、恐懼以及種種不適應情形，並直接面質和在團體情境中處理自己的問題，參與者們能夠親身體驗建立一個充滿信任而有凝聚力的團體之必要條件。

除了幫助實習生們解決個人衝突並增加自我了解之外，一個個人成長團體還可以是一種非常有力的教育工具。學習如何幫助團體成員解決他們自己問題的最好方法之一，是自己作為一個團體成員，在自己身上做實驗。耶樂姆(Yalom, 1985)極力推薦受訓者們親自獲得團體經驗，他這一建議的好處是在於：能體驗一個團體的力量、學習什麼是自我表露、辨識自己所有的困難、從情緒性角度來了解一個人理智上所認識的內容，以及逐步認識人們對團體領導者的能力與知識的依賴性。耶樂姆引用的調查資料顯示：60%到70%的團體治療訓練計畫提供了某種類型的個人團體經驗。

究竟參加一個團體是可以選擇的還是必須的？不同訓練計畫有其不同的規定，其中約有一半左右的訓練計畫安排一個必須參加的團體。ASGW(1983)和AGPA(1978)均把個人的團體經驗作為團體諮商員完整訓練計畫的一部分。ASGW要求最少有十五小時的團體經驗，AGPA則建議最少為六十小時。

要求將參加一個治療團體作為訓練計畫的一部分之要求，其本身會帶來某些實務上的和倫理上的問題。AACD（1988）的倫理標準之一，著眼點在自我了解或個人發展的學習應該是自願的，或者，如果它被要求作為教育計畫的一個必要部分，則應在未來的學習計畫之前即使他們了解這一點。一個有關的AACD的指導原則，涉及如何了解那些不願意參加個人發展體驗的學生：「會員（這裡包括：諮商教育人員）應隨時向學生們提供明確的、同樣可接受的自我了解或發展經驗的替代形式。會員們要向學生們保證他們有權利接受這些替代方式，而不會受到偏見或懲罰。」這一最近增加的原則，令我遇上了不少麻煩。如果一個教育計畫要求受訓者具有治療團體之經驗，並且如果學生們在選修該計畫之前即了解這一要求，那

麼我不明白為什麼還要提供一種「同樣可接受的替代形式」。雖然有些人可能會抱怨參加團體使他們很焦慮，因為他被要求坦露一些個人問題，然而那些不願應付這種焦慮的參與者或許應當自問：為什麼他們要選擇這一項專業？幾乎所有的訓練計畫都要求修習一門統計學和研究方法的課程，對許多人（包括我自己）來說，這一障礙遠比做一個團體成員要引起更多的焦慮。

一個潛在的倫理問題是關於誰來領導受訓者的團體。最理想的是，這位團體領導者是一位客座教師，在這一計畫中並不擔任課程教學，也不負責評價每一個學生。這一安排仍然不能免除學生們個別的表露自已經驗的情形。不過，這些問題似乎並不是無法克服的。應付與自己同伴的相處問題會是團體探索的核心問題。當這些學生們畢業後在社區機構中工作時，他們將會被要求與他們的同事們有效地合作工作。這意味著：他們將必須能夠處理充斥於專業交流中的矛盾衝突、權力鬥爭以及種種個人問題。

在許多團體課程中，每一門課程的組織結構，包括了：教學與體驗二者的綜合。在這種組織結構中，課程的前半部分通常是介紹諮商理論與團體歷程問題，其討論的內容與本書中所提供的材料極為相似。課程的後半部分大多是團體工作之體驗，每個學生都有機會成為其中的一個成員。有的時候，幾個學生合作領導一個同儕團體，並且有教師擔任督導。當然，這種安排並不是沒有任何問題的。學生們也許擔心他們的成績會受到參加（或不參加）課程中體驗部分的影響。教師必須確立明確的領導原則，以便學生們能了解他們有哪些權利和責任。這一安排的確也會給教師和學生雙方帶來一點壓力，因為它要求具備誠實、成熟和專業性。例如，教師們要詳細清楚地解釋評分標準。這些標準可能包括：書面報告的成績、口頭報告與表現的成績、論文考查、以及客觀測驗。體驗性團體並不必須被評以分數，但學生們知道他們被要求按常規出席並參與。另一項安全措施是，學生們可以自行決定哪些個人問題他們可提出來探討。在這樣的團體中，有益的活動是在於此時此地的互動，即使團體成員決定不提出任何關於他們兒童時代的問題，只要他們處理自己對團體中其他成員的感受反應，也還是有很豐富的內容可談論的。如果他們開誠佈公地學習如何與人相處，那麼他們在學習如何促進團體歷程方面，便取得了更大的進步。

(三)參加訓練與督導團體

我發現，對於幫助團體諮商受訓者發展有效介入所必須的技能來說，工作坊是極為有用的。而且，受訓者們在有關自己對批評意見的反應、自己的競爭力、對讚賞的需要、對自身能力的關注、權力爭奪等方面，能學到許多東西。在與那些正在學習團體理論的大學生以及那些發展自己團體技能的專業人員的共同工作中，我發現密集式的週末研討會非常有效。在這些研討會會上，參與者們有充分的機會在特定的時間裡領導自己的小團體。在參與者們領導團體的每一個階段之後，我的同事和我提出回饋意見，並促成整個團體的討論以進行指導。在週末結束時，每一個參與者都在直接督導下至少領導兩次團體（每次一小時）。柯立和柯立(Corey & Corey, 1986)為這種週末或為期一週的訓練和督導研討會，描述了一個組織結構，以幫助參與者們學習作為團體領導者的技能。這種類型的工作坊是我自己為大學生和研究生開設的團體諮商課程中的常規內容。這也是將個人發展目標與教育目標相結合的一個範例。學習如何促進團體歷程的最好方法之一，是既作為團體成員也作為團體領導者去獲得豐富的經驗，再加上督導的評價與指導。訓練工作坊正提供了這種類型的學習。

延續教育對維持能力的作用

團體領導者的教育與訓練是一個不斷延續的過程，一個並不會因得到學位或被授予證書而終止的過程。我相信，對於任何一個尋求既作為一個人也作為一個團體領導者而發展的人來說，延續教育是不可或缺的。柯立等人(Corey, Corey & Callanan, 1988)提出幾種保持高水準能力的方法：

- 在你需要進一步訓練的領域中，與那些具有專門知識和經驗的人一同工作，以發展或提高你自己的技能
- 經由出席種種會議，尤其是那些專門安排來訓練團體領導者的進修研討會，學習新的技能
- 經由各種學院的延續教育，既選修一些自己有特殊興趣的課程，也

選修一些自己並不很了解的領域方面的高級課程，從而跟上你專業領域中最新發展的步伐

☐ 參加一些融合理論講解與實際體驗，並有專門督導之實務內容的研討會

大多數專業組織現今都嘗試把延續教育作爲再行頒發執照的一項要求。然而我的希望是，你要在更新、發展、改善你自己的知識和技能方面，採取積極主動的姿態，而不是依賴強制命令來促動你。

總之，作爲團體領導者，你需要就自身的能力方面進行不懈而誠實的努力。例如，捫心自問：

☐ 有哪些技術我可以熟練地運用？
☐ 在團體中我最擅長處理哪類當事人？
☐ 對於哪一類人我最不擅長處理？
☐ 我能對當事人有多大幫助？
☐ 我應在什麼時候以及怎樣轉介當事人？
☐ 什麼時候我需要向其他專業人員諮詢？
☐ 我怎樣才能不斷更新我的專業領導能力？

關於建立團體工作的倫理與專業取向的建議

團體領導者很快會發現，建立並維繫專業與倫理責任的任務是永無止境的。隨著你不斷獲得實務經驗，你將會發現你自己也不斷深入地探究基本的倫理問題。因此，我無法爲你提供有關倫理實務的現成答案；然而，我的目的是提供某些一般性的倫理指導原則，希望它們能夠激勵你去設計你自己的倫理和專業行爲規範。這一規範將要求對你自己進行更誠實的思考和評價。

下面列出的是對一個團體的整個歷程從事團體領導的種種建議。這些問題將在第四、第五章做更詳細的討論。

(一)團體開始之前需考慮的問題

——負責地獲得勝任團體領導工作所必須的訓練和督導。避免從事一項明顯超出你能力範圍之外的計畫。

——採取步驟以維持和更新你的知識和技能。選修一些課程，參加進修研討班，定期與你的同事討論你的工作。

——了解法律對團體工作實務的管理要求。了解各種避免捲入執業不當之訴訟的可能方法。

——發展篩選技能，以便使你能夠辨別適宜的和不適宜的團體參與者。而且，要能夠向未來的參與者解釋你對他們的希望、可能運用的技術、將用以管理該團體的基本規則，以明確訊息爲基礎的承諾，確保團體成員成爲團體歷程的參與者。

——在爲未成年人進行團體工作時，首先要取得父母或監護人的書面同意，努力使父母參與到團體歷程中來。

——在團體成員進入團體之前，與他們討論保密的重要性，也使他們意識到團體中的保密性並不能被完全擔保。

——與未來的團體成員探討參加一個團體的心理風險。團體領導者的功能之一，是幫助未來的團體成員評估這些風險。

——熟悉一種理論取向，以領導你的實務，並爲你的介入措施提供理論基礎。考慮哪種理論最適合於你本身，並考慮哪些技術最適合於你所領導的團體以及當事人的特點。

(二)在團體發展的初期階段應考慮的問題

——闡明，而且如有必要的話，重新定義你的團體的目的。確保你的技術和方法適於這些目的。

——要意識到你個人的價值觀對團體成員的影響，要確信你了解自己的價值觀，以及它們如何影響你這個團體領導者和你所選擇的介入措施。雖然始終將你的價值觀排除於你的團體領導實務之外是不切實際的，但你應該坦白表達自己的價值觀，而不是將它們強加於成員。

——開放性地了解那些來自與你不同文化背景當事人的價值觀。考慮

各種方式來修正你的技術，以適於不同文化和種族團體的獨特需要。

　　——監控你的行為，意識到你在團體中正發揮示範的作用。你是否正在以自已為榜樣教導你的成員？你是否願意披露你個人對你在團體中所體驗之內容的反應？你是否表現出耐心和尊重？你要認識到，你的行為對於創造一種有益的氣氛是至關重要的。

　　——你對團體成員的個人反應方式可能會抑制團體歷程，對此要時刻警惕，要監控你的反移情。雖然你的個人需要可以在你的專業工作中得到滿足，但要當心這些需要的滿足是以你的團體成員為代價的。避免將團體用於你自己的治療。

　　——時刻注意團體中的抗拒如何影響著你，詢問你自己：是否你作為團體領導者的行為鼓勵團體成員坦誠探討他們的抗拒。當你遭遇到團體成員的抗拒時，你是否採取防衛姿態？你是否嘗試理解那些抗拒中隱含的意義，以表示對團體成員的尊重？

　　——要警覺團體成員心理衰退的徵兆，這可能意味著他們的參與將無法繼續，要能設法使這樣的當事人獲得適當的幫助。

　　——要保護團體成員的個人權利。防止團體壓力造成團體成員在團體中只披露那些他們願意與人共享的內容。阻止任何可能剝奪團體成員個人尊嚴的作法。

　　——建立並表達對團體成員以及他們領導自己生活能力的真誠尊重。

　　——使自己不斷了解新的研究成果，並能運用這些訊息提高你的團體之效果。

　　——如果你與他人協同領導一個團體，須花時間定期與你的協同領導者共同討論領導經驗，並提出你對團體現狀的看法。

　　——認識到不斷評價一個團體的重要性，在每一個階段後幫助團體成員評價他們自己的進展。

(三)在團體發展的後期階段應考慮的問題

　　——繼續檢查自己為團體成員所提供的示範作用。你是否在團體中表現出誠實和坦率的作風？你是否願意在你自己生活中實踐那些你正鼓勵團體成員在他們生活中去行動的那些事？

——要考慮如何促進團體成員的獨立性。你的介入措施是否是設計來增加團體成員的能力？你組織團體的方式是否能鼓勵團體成員依循著團體所設定的方向承擔越來越多的責任？

　　——對於一種技術，除非你接受過如何使用它的訓練，或者曾在熟悉此項技術的專家之指導下使用過它，否則不要去嘗試它。要設想作爲你團體中的成員所可能得到的益處，作爲一個團體成員去體驗你身爲團體領導者欲採用的技術。

　　——在團體活動的每一階段末尾，預留出一定時間以鼓勵團體成員表達他們對此次活動的想法和感受。作爲團體領導者，你的部分工作是要幫助團體成員發展自我評價的技能。

　　——幫助團體成員應付那些當他們嘗試將團體中學到的內容運用於自己日常生活時，可能遇到來自他人的消極反應。幫助他們應付任何退步，鼓勵他們在團體之中建立一個支持系統，以增加維持行爲改變的可能性。

　　——一旦在領導團體的歷程中出現了問題必要條件，要勇於尋求諮詢與協助，尋求不斷的監督指導。尋求監督指導是作爲一個專業人員的必要條件。

　　——要努力幫助你的團體成員把他們在團體中所學到的內容轉化到日常生活中。要幫助他們建立一些在團體結束時能立即訴諸行動的約定。

　　——思考一些你可用以結合團體工作者與研究者兩方面功能的方法。你的研究努力能爲你提供改善團體實務的重要訊息。

㈣在團體結束後應考慮的問題

　　——要考慮一下對團體進行追蹤觀察的範圍，以便團體成員們能檢查他們的進步，以及對團體促成行爲改變的效果進行評定。

　　——如果一個團體結束後的活動無法進行，設想一些可能的替代方法，以便你能追蹤這些團體成員。考慮一些追蹤考查的方法，諸如：打電話或寫信等。

　　——考慮與團體成員進行團體後(postgroup)私下談話，以便討論他們在努力實現其個人目標方面所取得的進展。這種作法是針對某些團體成員輕視團體體驗價值，所採取的預防性措施。要爲進一步的發展經驗提供適

宜的指導。

　　——確立各種用以鑒定一個團體效果的評估方法。責任心是一種改善你領導技術以及建立你自己領導風格的方法。在這本書的學生手冊中，有一些相關方法的舉隅，這些方法可被團體領導者和團體成員用來評價各個團體活動的歷程與效果。你也可以建立一些你自己的評價方法。

　　——如果你與別人合作領導團體，要安排充分的時間徹底完整地、從最初的團體聚會到最後一個階段地討論團體的各個重大轉折點。

3

團體領導

這一章的著重點，在於專業團體領導者對團體歷程的影響作用。在討論了有效的團體領導者的個人特質之後，我要分析成功地領導團體不可或缺的各種技術，以及團體領導者的特殊功能和角色。關於這些重要的問題，這一章將爲你提供充分的訊息，以便使你能從下兩章有關團體發展各階段的討論中，獲得進一步的裨益。這一章所包含的論題還爲第二部分中有關理論的各個章節，拉開了重要的序幕。

團體領導者的角色

團體諮商技術與團體領導者的個人特質及行爲，是不可分割的。因此，我不同意有些人的作法，即把一個團體的成功或失敗歸因於團體參與者的特性，或是歸因於用以促進團體發展的特殊技術。這些因素固然十分重要，但就它們本身而言，並不是決定團體結果的唯一因素。

團體領導者可能具有大量的團體動力學理論與實務基礎，並且在診斷與治療方法上頗有能力，但在促進團體中成員的成長、改變方面，仍可能效果不佳。團體領導者把自己的個人特質、價值觀、生活經驗，帶到每一個他所領導的團體中去。要想促進團體成員生活的發展，團體領導者自己就必須過著一種不斷發展的生活。爲了促進其他人誠實的自我探索，團體領導者自己就需要有勇氣進行針對自己的自我評價。爲了鼓勵其他人打破以往麻木不仁的生活方式，團體領導者自己也必須樂於尋求自身的新經驗。簡而言之，最有效的團體領導，據發現是出自於這樣一種生活方式，從此種方式中，團體成員們能看到團體領導者的示範作用，而不只是聽到團體領導者所說的詞句。

我的意思並不是說，團體領導者必須是自我實現的人，必須已成功地解決了他們自己的所有難題。問題並不在於團體領導者是否有其個人的難題，而是在於他們是否樂於進行嚴肅認眞的嘗試，按照他們鼓勵團體成員的生活方式去生活，要樂於不斷地審視自身，檢查自己的生活是否反映出具有啓迪他人新生活的價值。團體領導者的成功關鍵，在於不斷努力使自己成爲一個更有效力的人。

人格與個性

下列各種團體領導者的人格特質，與有效的團體領導有極其重要的關係，因為它們的存在與否，會促進或抑制團體歷程。當你就有效的團體領導方面評價你自己的人格特質時，請牢牢記住以下這些描述。

(一)及時回應

在情緒上給予及時的回應（心理關注）是指被他人的快樂和痛苦所感動。如果團體領導者對自己的情緒有所認識並予以表達，他們在情緒上與他人就更能聯結在一起。雖然這種情緒上的回應並不需涉及與這些經驗相關的生活背景，但團體領導者引導出這些經驗的能力，使他們能更容易對團體成員們產生同理和共鳴。對團體成員來說，及時回應（presence）還意味著「及時處理問題」，這包括真誠地關心並樂於走進他們的心理世界。當團體領導者進行一次團體聚會時，他們是專注而不是分心的，他們不被其他事情所牽絆，並且在團體中能開放地作各種反應。

(二)個人能力

個人能力(personal power)包括自信心和對他人的影響力。如果團體領導者在其自身的生活中沒有體驗到一種能力感（或者如果他們並沒有感到主宰著自己的命運），那麼對他們來說，要想促進團體成員發展能力，是相當困難的。換句話說，一個人無法給予別人他自己並不擁有的東西。這裡所說的能力，並不意味著控制和利用別人，那是濫用權力。真正有能力的團體領導者，運用他們對團體參與者的影響力去鼓勵他們開發自己尚未利用的能力，而不是造成他們的依賴性。個人能力伴隨著這樣一種認識，即一個人不需要藉由使他人處於劣勢地位來維持自己的能力。團體領導者可能經驗到的團體內容，是來自與團體成員共享發展和改變。的確，如果團體成員們冒險去改變自己，大部分要歸功於他們自己。然而團體領導者始終都是一個重要的支持來源，鼓勵那些團體成員為成為有能力的人而努力。

(三)勇氣

有效的團體領導者要在與團體成員的互動中表現出勇氣(courage)，不

能把自己隱藏在諮商員這一特殊角色的背後。他們在團體中要能承擔風險與承認錯誤，與別人面質並坦露自己對對方的反應，憑直覺和信念行事，在團體中討論自己對團體歷程的想法和感受，並且能樂於與團體成員們分享自己的能力，以此來證明自己的勇氣。他們可能採取某種生活態度來實踐，以此向團體成員示範一些重要的規範，儘管他們自己並不是完美無缺的。當團體成員們驅策自己離開熟悉的、安全的生活方式時，他們往往感到焦慮和恐懼。團體領導者儘管自己也有所擔憂，仍應能藉由自己的行為來證明樂於身先士卒。

(四)願意面質自己

團體領導者的核心任務之一，是促進他們的當事人自我探索。由於團體諮商員不能指望團體參與者去做連他們自己也沒準備去做的事，他們必須表示願意面質自己(willingness to confront oneself)。自我面質的方式可以是向自己提出並回答下面的問題：

- 為什麼我在領導這個團體？從活動中我得到什麼？
- 在團體中我的行為表現如何？我的態度、價值觀、偏見、情感以及行為，對該團體中的成員有什麼影響？
- 我的哪些個人需要因我作為團體領導者而得到滿足？
- 我是否從不利用我所領導的團體？從不以犧牲團體成員的需要為代價來滿足我的個人需要？

自我面質是一個不斷延續的過程，而且對這些問題並沒有一個簡單的答案。主要的問題是，要樂於不斷地提出問題，以便確定在你從事團體領導的動機方面，你對自己有多麼誠實。

自我覺察是與願意自我面質相伴隨的。這是有效團體領導的一種重要特徵，它不僅覺察到自己的需要和動機，而且覺察到個人的矛盾、衝突、問題、缺點和不足，以及自己尚待改善的專業領域，了解所有這一切對團體歷程的潛在影響。有自我覺察能力的團體領導者，能夠處理好團體情境中所產生的移情，包括針對他們自身和針對其他團體成員的。因此，他們會意識到自己的敏感性，尤其是在產生反移情時，他們並不推卸自身的責任，也不利用團體作為尋求自身治療的場所。但也有團體領導者會掌控團

體活動單元，從而使他們對外在支持的需要，能經由團體不斷地得到加強。如此他們可能會構築一個處於危險情境的團體，使其中的成員們都付出更大的努力來取悅這個團體領導者，而不是處理他們自身的問題。

(五)真摯與誠實

團體領導者最重要的特質之一，是對他人的福祉和成長抱有真摯的興趣。由於真誠(sincerity)也意味著坦率，因此他也會告訴團體成員有關他們不想聽到的事。對一個團體領導者來說，關心意味著激勵團體成員去審視自己所否定的各方面問題，並摒棄團體中任何形式的不真誠的行為。

誠實(authenticity)是真摯的親密伙伴。誠實的團體領導者並不靠虛偽而生存，也不把自己隱藏在種種面具、防衛及無聊的角色之後。誠實必須是樂於針對團體中所發生的事件表達自己的感受和反應。但是，如果我們更詳細地予以探究的，誠實並不意味著不加分辨地「把一切都公開出去」。毫無疑問，既誠實又不必傾瀉所有瞬間掠過的思想、知覺、幻想、反應，是完全可能的。例如，即使一個團體領導者可能受到一個團體成員的性吸引，但在最初的活動階段中公開這一事實，恐怕是不明智的。這種善意「隱瞞」形式並不意味著不誠實。

(六)認同感

如果團體領導者要幫助別人認識他們自己是怎樣的人，那麼他自己首先要對自己的認同感(sense of identity)有清晰的認識，這意味著要了解一個人的價值所在，遵從自己內在的準則，而不是遵從別人的期望，它意味著了解一個人自身的優點、限制、需要、恐懼、動機和目標，了解一個人有潛力成為什麼樣的人，對生活的追求是什麼，以及如何去實現他所追求的目標。

團體諮商經驗的重要內容，是團體成員能釐清自己是怎樣的人，他們在沒有意識思考的情形下所面質的角色是什麼。當人們是遵從一系列陳腐的認同時，他們的生活就會變得毫無意義。一個有效的團體諮商員能為團體成員提供一種激勵，促使他們建立計畫來為自己的生活注入新的意義。經過這種團體經驗，團體成員們能認識到他們的認同並不是像頑石一般不可改變的，他們可能重新確定自己的生活目標。那些不斷重新確定個人生活意義的團體領導者，對於團體成員來說會是一種鼓勵。

(七)對團體歷程的信念與熱忱

團體領導者對團體歷程的價值深信不疑，是該團體成功的重要關鍵。如果團體領導者對於團體經驗毫無熱忱，團體成員們又為什麼要相信這種團體經驗對他們是有價值的呢？有相當多的團體工作人員在機構裡領導團體，僅僅是因為他們被期望這麼做而已，他們並不相信團體介入措施會起什麼作用。

團體領導者為其團體所注入的熱忱，會具有一種感染的特性。如果團體領導者的生活洋溢著熱情，則他把團體引向歧途的可能性就會減至最小。然而，如果團體領導者對他所從事的工作缺乏熱情，那麼他們就不太可能會鼓舞團體成員，或為他們提供工作的激勵。這並不是說團體領導者必須表現出全心陶醉在他們的工作中。一個團體領導者若缺乏熱忱，往往會反映於團體成員對未來的聚會缺乏興趣，並且抗拒做一些重要的工作。

(八)發明與創造

自發的創造性以及以新穎的觀念探索一個團體的能力，對一個團體領導者來說，就是一種潛在的效能。團體領導者應當避免被缺乏生活內容的儀式化技術綁住手腳。要想以新的觀念探究每一個團體，也許並不是件很容易的事。但具發明、創造性的團體領導者，樂於接受各種新的經驗，以及與他們自己的生活方式和價值觀有所不同的內容。

團體實務的主要優點之一就在於，它提供了多樣的創造性的方法。許多有特定目的的團體，都是由於團體領導者樂於嘗試一些奇妙的主意而產生出來的。實際上，團體領導者常常因他們自己生活中所關心的某些問題而產生一種特殊團體的構想。例如，正在努力克服他們自己個人和職業上的緊張壓力的團體領導者，可能為具有同樣問題的專業人員創造一個支持性團體。此外，團體的結構也鼓勵設計廣泛的探索研究取向。

其他見解及總結性評價

有許多作者論述過與有效的團體領導相關聯的個人人格特質的問題。例如，夏彼羅(Shapiro, 1978)從真誠、正直、耐心、勇氣、彈性、熱情、同理心、智慧、時機、自我認識方面，描述了「團體治療者的理想人格」。

卡可夫(Carkhuff, 1969a, 1969b)曾研究過團體領導者在建立一種治療關係上所必須具備的人格特質。他的研究把同理、真誠、尊重、具體視為「具有促進功能的基本核心特質」。在總結不同團體領導者之個性特徵的研究時，拜德納和考爾(Bednar & Kaul, 1978)觀察到，在這一領域中所做過的研究相當少。他們總結說：「儘管近來普遍認為，團體領導者的個性特徵是團體歷程及結果的重要決定因素，已有的文獻並沒有反映出對這一問題較大的實驗興趣」。

當你在閱覽有效的團體領導者的人格特質時，不要以為必須盡最大限度具有這些特質而使你自己背上沈重包袱，而是要把這些特質視為一種連續向度。例如，問題的關鍵並不在於你是否具有諸如：勇氣、自我覺察、清晰的自我認同，而很可能是你的自我察覺越強，你越有可能促進團體成員的自我探索，並進而擴展他們的自我認識。對你來說，問題是在於要真誠地審視你自己的個人特質，對你身為領導者的能力作出適當的評價。你自己對開發個人能力的投入，是一種重要的工具；你引導他人的最佳方法，是代表你在自己的生活中所堅信的理念。體驗你自己實施的治療方式（無論是個別的還是團體的），是保持經常不斷審視自己生活方向的方法。顯然這並不是要做一個完美的、「止於至善」的團體領導者，一旦你真的止於至善，也就無處可去了。

前面幾頁篇幅所闡述的是基本的個人因素。然而，只是這些還不足以成就成功的領導。正如ASGW(1983)的《團體諮商員訓練的專業標準》*(Professional Standards for Training of Group Counselors)* 及前面一章所說明的，特殊的專業知識和技術，對於成功地進行團體領導是十分重要的。在這一章的後面部分中，我們將更為詳細地探討這些技術和能力。

初階團體領導者的特殊困難和問題

在我訓練和督導團體領導者以及舉辦在職人員進修班時，我發現了許多與初階團體領導者有特殊關聯的問題。雖然這些問題是所有團體領導者（不論其經驗如何）都要遇到的，但對那些缺乏經驗的人來說尤其重要。

你也許很想知道是否具備那些成為一個有效團體領導者所應有的特質。我的建議是，對你自己要耐心一點，不要苛求你自己頃刻之間就成為「完美的團體領導者」。我所認識的絕大多數專業工作者（包括我自己），在他們開始領導團體時皆付出超乎他們能力的努力，但在已累積了相當的經驗之後，仍不免有遇到麻煩的時候。如果你樂於不斷地尋求新的訓練，並在督導下工作，那麼這些自我懷疑實在是多餘的。

初期的焦慮

在你第一次帶領一個團體之前，毫無疑問地，對於如何開始這一團體並維持它的運作，你會有所焦慮擔憂。換句話說，你很可能會帶著幾分驚慌，對自己提出下面的問題：

- 我對如何領導一個團體已有充分的了解嗎？
- 這些團體參與者對我的真正期望是什麼？
- 我有能力使這一團體運作起來嗎？該怎麼做呢？
- 在這一階段結束之即，我能說我的工作做得不錯嗎？
- 我應當扮演一個主動的角色嗎？抑或我應該等待這個團體自行運作？
- 我應該確立一個活動主題嗎？還是我應該讓團體成員們自己來決定他們想要談些什麼？
- 在團體的初期階段中，我應該使用哪些技術？
- 如果沒有人想來參與該怎麼辦？如果有太多的人想要參加，又該怎麼辦？我怎樣才能照料好那些願意參加的人呢？
- 這些團體成員願意再回來嗎？

在督導初任團體領導工作的人時，我鼓勵他們了解到：這些疑慮和擔憂完全是正常的，而且，適度的焦慮會是有益的，因為它能導向真誠的自我評價。然而，如果焦慮開始自我循環並使一個人陷入僵化之中，焦慮也會有妨害性。因此，我鼓勵初階團體領導者表達出自己的問題和擔憂，並在訓練活動期間去研究它們。如果他們樂於這樣做，就能排遣一些不必要

的焦慮，因為這些領導者會發現，他們的同伴與他們有著同樣的苦惱。學生常常會說：他的同伴們似乎要比他自己更富有知識、技能、天賦，更為自信。當他們聽到同伴表露出焦慮並且也感到能力不足時，學生們會發現，這些看起來似乎是極為自信的人，其實也在苦苦掙扎於自我懷疑之中。當領導者樂於公開討論他們的焦慮的時候，由此產生的互動，對個人和實務發展的價值是難以估量的。與同伴們和督導者探討這些感受，能幫助初階團體領導者分辨實際和不實際的焦慮，從而排除毫無根據的和有害的焦慮。

自我表露

　　姑且不考慮究竟有多少年的經驗，許多團體領導者都要處理自我表露這一棘手的問題。對於初階團體領導者來說，這一問題來得更為嚴重。雖然何時(when)表露些什麼(what)，都是決定自我表露的適當性的因素，但問題的核心在於表露多少程度(how much)。表露過少或過多的極端作法，都不是鮮見的事。

(一)過少的自我表露

　　如果你刻意努力維持固定的角色期望，並把自己掩藏在你的專業面具後面，使自己保持一種神秘性，你就會在該團體中失去你的個人身份，使你自己很少被人所了解。以某種角色（而不是以一個具有某種活動功能的人）去發揮作用的原因有許多，其中之一也許是害怕自己看上去顯得很不專業化，或者害怕喪失成員們的尊重。另一個原因也許是需要保持一定的距離，或維繫一種「治療者──病患」的關係。

　　除了不願意公開自己的個人生活之外，你也許還猶豫是否表白你在團體中的感受，或者你對特定團體成員的感想。為迴避你對團體中發生的事件的反應，你可能把自己的介入措施限制在僅僅做漠然的觀察上。這種「專業性」冷漠可表現為：只是作解釋和建議，提出一些問題而不是作出個人觀感的陳述，僅僅作為一個協調者的角色，提供一項又一項結構化的活動來維持團體的運作，以及澄清一些問題。雖然這些功能都很重要，但它們在你不掩飾自己在團體中之體驗的情況下，也會得以實現。

據我的看法，最有成效的開放形式，就是表露那些與團體中即時發生的事情有關的內容。例如，如果你持續感受到許多團體成員未獲妥善激勵去投入活動之中，你就會覺得負擔不輕，因為這全要靠你自己的努力，來使團體聚會保持在活潑的氣氛之中，而此時很少或者沒有來自團體參與者的支持。故表露你自己如何受到這種缺乏動機狀態的影響，通常是有效和適宜的。

(二)過多的自我表露

在這一連續向度的另一端，是過多自我表露的問題。絕大多數初階團體領導者（以及許多有經驗的領導者），都有一種希望被團體成員們贊同並接受的強烈需要。藉由公開一些個人隱私細節來證明你也是像團體成員一樣的人，這很容易會犯向團體成員交差(paying membership dues)的錯誤。在適當的與不適當的自我表露之間，有一條細微難辨的界線。所謂「表露得越多越好」的假定是錯誤的。同樣不恰當的是，「讓一切都公諸於世」，全然不考量你的表露的原因、團體成員的準備度、你公開隱私細節可能對他們產生的影響、你的自我表露與此時此地團體歷程的相關程度。

你可能被迫屈從於團體壓力而去過分地表露你自己。團體成員們常常會對領導者說：「我們對你了解太少了，為什麼你不多談談你自己？譬如談談你個人的一些難題。我們說了我們自己的，現在我們很想看到你像我們一樣，也坦率表露自己。」這些團體成員們可能會施加一種很微妙但力量強大的壓力。欲使你「成為」你所領導的這一團體的「成員」。由於你試圖避免陷入一種專業性的冷漠角色，你也許過分追求被人當作朋友或團體同伴的感覺，結果適得其反。如果你決定公開個人的思想，那麼它應當是有益於你的當事人的。一個團體正是探究這些內容的場所，而你自己也是其中的一員。團體領導是一種要求甚高的工作，你可能會由於把你自己的角色和功能與團體成員的角色和功能相混淆，而使得這種工作更為艱難。

(三)有關團體領導者自我表露的研究結果

團體諮商中自我表露的實驗研究是較為有限的，研究發現在自我表露的頻率與其他因素諸如：團體及其成員類型、表露的程度，時機等之間，有相當複雜的交互作用關係(Morran, 1982; Stockton & Morran, 1982)。在對文獻作了一番探討後，戴斯(Dies, 1983b)指出，對於團體歷程

及其結果，自我表露既可能有建設性的、也可能有破壞性的作用，取決於種種特殊的因素，諸如：團體的類型、團體發展的階段，以及所表露的內容。那些對自己的感受採取公開化的團體領導者，往往更能促進積極的人際關係發展。但戴斯加上了一條警語：當事人往往期望團體領導者具備信心和能力，並能提供一些初步的架構和指導。他們也許並不需要團體領導者過分表露他們自己的感受、經驗，或是團體歷程初期階段的衝突。那些以不恰當的、試圖操縱別人的方式表露自己的團體領導者，可能引起團體成員們對他的能力的懷疑，但是，團體領導者可以藉由表露他們某些與此時此地有關的個人感受，來促進團體內部的互動，因為這些訊息通常與團體成員的人際學習機會有直接的關係(Morran, 1982)。

耶樂姆(Yalom, 1983, 1985)強調，團體領導者的自我表露必須有助於團體成員們實現他們的目標。他要進行有選擇的自我表露，從而為團體成員提供接納、支持和鼓勵。在耶樂姆看來，表露自己此時此地的感受而不是有關自己過去個人經驗的團體領導者，才能促進團體的發展。

催化性和適宜的自我表露，是團體領導藝術的一個重要技巧。經由公開你自己的過去經歷或個人生活的細節來使自己被人了解，或是以此求得團體成員同理的作法，是不必要的。言辭不必多，仍可表達豐富的內容，而且非語言訊息───一次接觸、一個注視、一種手勢───都能表達認同和了解的情感。恰當的自我表露並不是使注意焦點轉離當事人，也從不是一種用來使團體成員變得開放坦率的技術。領導者若敏感地了解團體成員如何對你的表露作出反應，會使你充分領悟這種作法的適時性和價值。適時性是一個十分重要的因素，因為在團體的初期階段可能不適宜表露的內容，也許在團體的後期階段是極為有用的。

要了解有價值的自我表露包括哪些內容，的確需要有一定的經驗，要了解如何保持自我以及如何有效地表達認同與了解的感受，經驗是必不可少的。它可以教你克服欲證明自己人性的需要，尤其是當可能失去真實性或滿足你自己的需要、而非團體成員的需要的時候。

有關濫用自我表露的問題，卡特勒(Kottler, 1983)提出一種傑出的看法：「那些喜歡大事談論自己的團體領導者，那些由於自我缺陷而試圖給當事人一種他自己很有能力之印象的領導者，或是那些利用團體聚會時間

來滿足他們自己需要的人，都是不道德的。」他建議團體領導者要反問自己，我表露自己是爲了幫助誰？這種作法怎樣能幫助他們？這種自我監督能確保團體領導者適當運用自我表露，以促進當事人的改變。

應付麻煩的團體成員

在團體諮商課上，許多學生希望談談他們領導團體中的「麻煩」成員。學習如何處理成員的抗拒問題，對團體領導者來說是一個重要的挑戰。當初階團體諮商員遇上有強烈抗拒的團體成員時，他們通常只是以個人的方式接受現實；似乎以爲自己沒有足夠的能力來適當應付某些讓人頭疼的團體成員；他們覺得如果能「突破」某些麻煩團體成員的層層防衛時，才會感到是有能力的。當我遇到這種想法的學生時，我會建議他們不要在自己的團體裡把人們劃定爲某種問題類型的人，而是要嘗試去理解各種形式抗拒行爲的意義。這些行爲中，有一些是理性化的、情緒化的、懷疑型的、建議型的、完全沈默不語的、獨斷型的、說謊型的、要求別人回答和指導的、依賴型的、敵意型的、攻擊型的，以及傲慢型的。事實上，我們當中許多人若是自己也處在一個團體中的話，也會採取各式各樣的抗拒策略。當舊有的行爲方式受到挑戰，體驗到伴隨著個人改變而來的焦慮時，我們往往會頗具創造性地設計出一種抗拒的行爲方式。其實抗拒有其意義，它是由團體成員出於某種目的而產生的。我輔導這些學生的方法是，教導他們如何檢查自己對這些抗拒型團體成員的反應，而不是一味注重應付「麻煩的成員」的策略。

處理你自己對團體成員抗拒的反應

當團體成員表現出某些你認爲有問題的行爲時，作爲一個團體領導者，你需要覺察到本身帶有強烈情感色彩的反應傾向。在前一章裡，我們說到要意識到你自己的反移情現象，並學習如何有效地處理你自己的情感。你可能會被某些較獨斷的、意圖控制整個團體的成員所驚嚇；你可能被某些表現抗拒行爲的團體成員所觸怒；你可能因爲團體進展緩慢或是缺

乏成效而指責某些當事人或是整個團體；而且你可能以個人化的方式，對抗拒行為貼上標籤。

如果你忽視你自己的反應，從實質上說，你就把自己排除在團體中所發生的互動之外。你自己的反應——它們可以是情感、思想、行為或觀察——對於你有效控制抗拒行為來說，是最好的資源。正如我們已了解的，對於團體領導者來說，體驗他們自己的團體治療效果，就在於這種自我探索得以提供認識自己的盲點、缺失以及潛在的弱點的機會。往往對我們影響最大的「麻煩」成員，正是提醒我們想到自身缺點的人。

在處理反移情問題時，督導是最有幫助的。作為一個學習者，你得以利用你的督導者和合作的團體領導伙伴，探究你對某些團體成員的感興趣或厭惡之情感，並在這一過程中對你自己獲得深入的了解。如果你正單獨領導一個團體而沒有專家督導，那麼很重要的是，你要樂於向一位資深的專家請教，以便能解決懸而未決的、掩藏在你反移情的感情背後的問題。與一個協同領導者一起工作的好處之一是，你的伙伴能從客觀的角度提供有價值的回饋，從而幫助你看到那些被蒙蔽於知覺之外的事物。處理反移情的主題，將在第六章做進一步討論。

專業的團體領導者

團體領導技術

有一種錯誤的看法，認為任何一個具有某些個人特質而願意幫助他人的人，都能成為一個有效的團體領導者。成功的團體領導還需要有特殊的團體領導技術和恰當發揮特定的功能。和絕大多數技術一樣，團體領導技術需要學習和實踐。

(一)主動傾聽

主動傾聽(active listening)他人的談論，包括：對發言者全神貫注、對以語言和非語言方式所表達出的內容保持敏感性。主動傾聽還包括聽出潛

隱的弦外之音——也就是說，那些沒有直接在話裡表達出來的內容。

和任何一種技術一樣，主動傾聽的發展可以有不同的程度。因此，你聽取他人所表達的訊息的能力，將隨著你專業能力的改善而提昇。許多團體領導者常犯的一種錯誤是，過於刻意關注內容(content)，而忽略注意團體成員所表達的方式(way)。作為一個熟練的團體領導者，要能留意團體成員的表達方式、身體姿勢、手勢、聲音特性以及獨特方式所提供的豐富線索（主動傾聽的主題將在第十章作更詳細的闡述，因為注意與傾聽是個人中心學派團體的主要概念）。

(二)重述

從某種意義上說，重述(restating)是傾聽的一種擴展形式。它是指以不同的詞句重新陳述某人所說的內容，以使其意義對發言者和整個團體都更為明確。有效的重述能針對一個人表達的核心涵意校正誤差，能更為清晰地表達一個人的原意，排除了模稜兩可的語意。經由指出一個成員的表達內容並再次把它反映出來，團體領導者便能幫助該成員在更深的層次上繼續進行自我探索。

重述並不是一項很容易掌握的技術。例如，有些團體領導者僅僅侷限於簡單地重複別人所說的內容，幾乎不增加任何新的意義，也並沒有真正地澄清訊息內容。另有一些人則過分地使用了此一技術，其結果也是讓人覺得機械呆板、反覆不休。準確與精練的重述，其價值是雙重性的，它向團體參與者傳遞領導者的理解，它也幫助他們更清晰地了解其正在努力解決的問題，以及他們對這些問題的感受和看法。

(三)澄清

澄清(clarifying)也是主動傾聽的一種擴展形式。它是針對問題並幫助成員釐清衝突的矛盾情感，處理模糊不明確的訊息內容。團體成員們常常會說他們有種種矛盾的情感。澄清能幫助團體參與者釐清自己的情感，以便他們能更明確地關注目前所經驗的內容。同樣的方法也適用於思想觀念。有時團體參與者可能會說，他們的思想很混亂，搞不清自己現在在想些什麼東西。澄清能幫助他們理清這些思想的頭緒。在澄清過程中，團體領導者站在團體成員的個人參照架構之中，但同時又幫助該當事人從更深遠的意義上考量種種因素；而這又反過來引導當事人更深一層的自我探

索。

四總結

　　把團體互動或是一次聚會的重要內容摘要敍述的方法，就叫作總結(summarizing)。當準備從一個主題轉入另一個主題時，這種方法特別有用。但總結並不僅僅是從一個問題轉接至另一個問題，若能鑑別共同的成分以便增加進一步學習並保持連貫，是非常有價值的。

　　在一個活動結束之際，進行總結是十分必要的。有些團體領導者突然草率地結束一次活動，很少嘗試對此次活動作一番概述，這是錯誤的。團體領導者的作用之一是，幫助團體成員進行反省，理解團體中發生的事件的意義。總結技術鼓勵團體成員們去思考他們在一次團體活動中學到了什麼、體驗到了什麼、思考如何將他們所獲得的東西運用於自己的日常生活。在活動結束時，團體領導者可安排做一個簡要的總結，並依次讓每一個團體成員概述所發生的事件，此次活動的要點，以及每一個人對這互動的看法。

五詢問

　　詢問(questioning)恐怕是初任團體領導的新手最易過度使用的方法。一個問題接著一個問題輪番轟炸團體成員，並不會產生有效的成果，反而甚至會對團體的互動產生負作用。如果團體成員是在被「拷問」的話，那麼他們會感到受到了冒犯。詢問者要在保證安全和隱私的情況下詢問個人情況。此外，團體領導者拙劣的詢問方式，會給團體成員提供一個不良的示範，他們馬上會開始在與其他人的交往中模仿團體領導者這樣無效的問話方式。

　　並非所有的詢問都是不適宜的。只是那些固定型式的問題，即只要求作「是」或「否」的回答，通常都是毫無成效的。還有那種「爲什麼」一類的問題也是如此，因爲它們通常引起當事人費神的反覆思考。相反，開放式的問題——那些能打開自我探究和新領域的問題——才是真正有價值的。「現在你的感受是什麼？」「此刻你的身體中正發生什麼變化？」以及「你如何應付你在這個團體中的恐懼感？」，這些問題都能幫助團體參與者更專注、更深刻地體驗自自己的情緒。因此非常重要的是，團體領導者所提出的問題不應是無休止的探究，而是要在更深的層次上去了解問題(詢

問這一主題將作爲現實團體治療中使用的一種特殊方法，在第十五章將作更爲詳細的闡述)。

(六)解釋

當團體領導者對一個團體參與者的行爲、情感或思想作出可能的說明時，要進行解釋(interpreting)。解釋提供了有關特定行爲模式的嘗試性假設，以此幫助人們理解新的觀點和選擇方式。應用解釋要具有相當高的技巧。解釋過早，或以一種教條武斷的方式進行解釋，以及鼓勵團體成員依賴團體領導者提供解釋和回答，是部分常見的錯誤。適時性是尤其重要的。解釋不僅必須在人們可能樂於使用它們的時候提供，而且必須以嘗試性方式提出，以便使人們有機會去評價它們的有效性。雖然在技術上可能作出正確的解釋，但如果團體領導者對當事人是否願意接受它不夠敏感，它也可能被拒絕（我將在第六章和第七章裡再來討論解釋技術的問題）。

(七)面質

面質(confronting)可能是一種鞭策團體成員對自己進行誠實探查的有效方式。如果說它是很難掌握的話，那麼它無論對被面質的人還是對團體歷程，也都是有潛在傷害性的。許多初任團體領導的人迴避面質法，係因爲懼怕它可能產生的反應：阻礙團體的進行，傷害某些人，或是成爲報復的對象。面質的難題是它會很快地被當成一種令人不快的攻擊。這就是爲什麼有技巧的團體諮商員只在他們關心一個成員時才採用面質，而且在他們這樣做時，總會給那個人充分的機會來考慮所談到的內容。熟練的面質說明了行爲或語言與非語言訊息之間的差別，因此，不會給人貼上種種標籤。

對團體領導者來說，把他們自己的種種感受帶到面質的情境中去，會是很有用的。因此，熟練的諮商員們不會說：「喬治，你是個讓人討厭的人。」取而代之的是：「喬治，我發現很難集中注意聽你所說的內容。我意識到我耐心不夠，而且我很想阻止你再說下去。我真的不喜歡這樣，我非常希望能夠專注你所說的內容。」（面質這種技術我將在第十一、十四、十五章中再詳細地討論）。

(八)情感反映

情感反映(reflecting feelings)是對一個人所表達內容的情感部分作

出反映的一種技術。其目的是在使團體成員知道他們正在被傾聽和了解。雖然此技術是反映出那個人所表達出的某些體驗，但它並不只是一種反彈式的過程。反映是基於對那個人的注意、興趣、了解和尊重。當所作的反映很恰當時，它能促進進一步的接觸和投入；感受到了解並達到對一個人的情感更清晰的掌握，激勵著人們去尋求更深的自我認識。

(九)支持

支持(supporting)意味著在成員表露個人情況的時候、在他們正探究痛苦感受的時候，以及在他們正冒種種危險的時候，為團體成員提供鼓勵和增強，團體領導者可以在恰當的時機作出充分的即時反應，來提供支持。這種充分的即時回應也就是艾維(Ivey, 1988)所謂的關注行為(attending behavior)，它綜合了各種技術：主動傾聽所表達的內容，在心理上對當事人作出回應，鼓勵當事人不斷努力和不斷發展。充分關注可以從多方面表現出來——目光接觸、姿勢或手勢，以及在某一問題上與當事人達成共識。

這一技術的關鍵是要了解它在什麼時候有催化的作用，什麼時候有阻礙性。有些團體領導者犯有提供過多支持、不具任何鼓舞作用的支持、支持過早等錯誤。我喜歡伊根(Egan, 1973)把支持與面質相結合的說法：「沒有支持的面質是傷害性的；沒有面質的支持是空虛無力的。」如果團體領導者把自己侷限在一味提供支持的作法上，那麼他們就剝奪了團體成員們潛在的挑戰機會。那些在人們探究痛苦的內容時過早給予幫助的團體領導者，往往減輕了體驗的強度，並使團體成員們背離了自己的體驗感受。

當人們面對危機時、當他們進入一個新的領域冒險時、當他們嘗試擺脫自己的無效行為並建立新的行為時，以及當他們努力把自己在團體中所學習的內容運用到日常生活情境中時，支持是非常必要的（我將在第十章再來討論這一主題）。

(十)同理

同理(empathizing)技術的核心，是在於團體領導者能夠敏感地把握住團體參與者的主觀世界，並使自己保持獨立性。團體領導者必須關心並尊重團體成員，以給予有效的同理，廣泛的經驗背景，能幫助團體領導者同理成員的感受（對於移情，我也將在第十章更詳細的討論）。

㈦催化

催化(facilitating)的目的是在於加強團體經驗,並使團體成員能實現他們的目標。催化技術是要使團體參與者之間開放的、明確的、直接的交流,並幫助他們為團體的運作承擔越多的責任。由於催化技術是個人中心學派的重要方法,將在第十章對它進行更深入的探討。這裡我們簡要地考慮一下某些團體領導者可用以催化團體歷程的特殊方法:

□ 密切注意團體中的抗拒,幫助團體成員了解他們何時及為何停頓不前
□ 鼓勵團體成員公開表達自己的感受和期望
□ 教導團體成員如何關注他們自己以及他們的情感
□ 告訴團體成員坦率地、明確地與別人交談
□ 積極努力創造一種安全的氣氛,以鼓勵團體成員勇於冒一定的風險
□ 在團體成員嘗試新的行為時,為他們提供支持
□ 促進成員與成員之間的交流,應優先於成員與領導者之間的互動
□ 鼓勵公開地表達矛盾衝突
□ 幫助團體成員克服障礙引導溝通
□ 幫助團體成員整合他們在團體中所學到的內容,以及尋找將它們運用於日常生活的方式
□ 經由處理團體中的任何懸而未解的問題,幫助團體成員們達成圓滿結局

㈧啟動

戴爾和弗蘭德(Dyer & Vriend, 1977)用啟動(initiating)一詞說明團體領導者促成團體參與,並引入有價值之重要題材的能力。他們定義了兩種啟動類型:

□ 使一個團體開始運作
□ 在與團體成員總結了一個階段的工作之後,探索新的領域

團體領導者出色的啟動技術，能使其團體在沒有引導的情況下也不會亂了分寸。這些技術包括：催化團體成員著眼於有意義的工作，了解如何運用各種不同的技術促進更深層的自我探索，為團體中所探索的不同主題提供聯結。雖然熟練的團體領導能為團體確定一個主題並維持它的發展，過多的引導卻可能造成團體成員一方的被動性。

(主)目標設定

　　有成效的目標設定(goal setting)，是團體諮商的核心問題。團體領導者並不是為當事人設定目標，而是幫助團體成員選擇並澄清他們自己的特殊目標。雖然目標設定在一個團體的初期階段尤其重要，但在團體的整個進行期間，團體領導者都必須鼓勵團體參與者們不斷地檢查他們的目標，如有必要則修改它們，並確定如何能有效地實現它們。那些無法以有效的介入技術讓團體成員形成具體目標的團體領導者，常常會發現他們的團體是毫無目的、毫無效果的在進行活動（這一主題將在第十三章和第十五章作更詳細的討論）。

(生)評價

　　評價(evaluating)是一個不斷延續的過程，貫穿整個團體的進行期間。在每一次活動之後，團體領導者都要從團體的整體角度和每個團體成員的角度對所發生的一切作一番評價。團體領導者還必須教導團體成員如何評價他們自己，以及如何評價他們的團體活動和方向。例如，如果在一次活動結束時絕大多數參與者都認為這次活動是多餘的，就鼓勵他們找出這種不盡人意的結果的原因。並確定他們樂於採取什麼行動來改變這一現狀（對這一問題還將在第十三章和第十五章更深入地探討）。

(主)給予回饋

　　有技巧的團體領導者會就其對團體成員行為的觀察和感受作出誠實的回饋，並鼓勵團體成員們也給予其他人回饋。團體的最大優點之一是，團體參與者能告訴其他成員有關其對所觀察到之內容的反應。回饋的目的是要提供有關一個人如何被另一些人看待的真實評價。有效的回饋技術，與提供回饋的能力有關，因而它應當、也值得予以重視。具有特定性的、描述性的，而不是籠統的、批判性的回饋，是最有幫助的。

㈥建議

建議(suggesting)是一種用來幫助成員建立一種替代性思考或行爲方式的介入措施。它可以採取多種形式如，給予訊息和意見，指定家庭作業，要求團體成員考慮他們可能在團體內外嘗試的種種經驗，以及鼓勵團體成員從不同的角度看待一種情境。提供理想行爲方案的訊息，並給予適當的建議時，可以加快團體成員們在該團體中的進展。建議並不須都是來自於團體領導者，團體成員們也能爲他人提供參考的建議。

勸導、建議、忠告等的過度使用，會招致某些危險。危險之一是，團體成員可能被引導錯誤地相信複雜的問題中存在簡單、便捷的解決方法。另一種危險是，團體成員們可能會不斷依賴他人提出面對未來問題時應如何處置的建議，而無法培養獨立自主性。在建議與規定之間，有著很微妙的差別；這種技術的主要內容，是了解各種建議在什麼時候以及怎樣促進一個人向著自主獨立性的發展。

㈦保護

團體領導者並非對團體採取一種家長式的態度，但他必須能夠保護(protecting)團體成員免遭團體內不必要的心理或身體的威脅。雖然加入一個團體這事件本身的確會招致某些風險，但團體領導者在他們感到一系列的團體溝通可能會導致心理傷害時，應能採取措施。例如，當一個團體成員受到不公正的對待，或者來自團體的各種情緒壓力迫向一個成員時，應立即採取介入措施。

對團體領導者來說，要告誡成員關於參與一個團體所可能面對的危險，但又不因而引起不必要的恐懼，這需要有一定的技巧。如果團體領導者保護性過強，團體成員自己嘗試、學習的自由會受到不恰當的限制。如果團體領導者們不能給予充分的保護，團體成員們則可能遭受團體經驗的負面效果。

㈧自我表露

當團體領導者表露個人情況時，正如我們已看到的，他們往往對團體產生某種影響。這一技術關乎所要表露的內容、時機、方式以及程度。如果團體領導者恰如其分地表白自己，其對團體的作用往往可能是正向的，因爲團體成員們會效仿他的作法，也嘗試使他們自己爲人所了解。但如果

團體領導者表白得過多過早,其效果可能會適得其反,因為團體成員們可能還不能很自在得體地掌握如此的坦率性。最有效果的表露,往往與團體中正在討論的內容有關。如何適時恰當地自我表露(disclosing oneself),其技巧就在於能夠以特定的方式提供這些訊息。這種方式恰能鼓勵團體成員們也更多地公開表露他們自己。

(九)示範

　　團體成員們會觀察團體領導者的行為,以進行學習。如果團體領導者注重誠實、尊重、坦率、冒險精神、自信,那麼他們就能在團體中示範(modeling)這些特質,而催化團體成員表現身上的這些特質。從一個以真誠的傾聽和同理心來表達尊重的團體領導者身上,團體成員們學到了如何從行為上表現出直接和生動的尊重態度。簡而言之,傳授較為有效的人際關係技巧的最好方式之一,是直接示範和以身作則(第十三章中將對示範作更充分的討論)。

(十)聯結

　　促進團體成員之間的互動的一種方式是,尋找在團體之中所產生的各種主題,然後把團體成員正在進行的活動與這些主題聯結(linking)起來。注重人際互動取向的團體領導者——也就是說,這些團體領導者培養成員對成員的,而不是領導者對成員的溝通模式——大量地採用這類聯結技術。他們鼓勵團體成員與團體中的其他人直接溝通,而不是只找團體領導者談論有關成員的一些事情。團體成員常常有同樣關心的問題,藉由有效的聯結,他們可得到幫助,以與其他團體成員討論共同關心的問題,來解決他們自己的問題。經由對普遍性的問題保持警惕,團體領導者能夠促進相互交流,並提高團體凝聚力的程度。把幾個團體成員聯繫在一起,團體領導者還可以教導他們如何使自己在與他人合作工作方面承擔責任。一旦團體成員們了解到如何使自己參與到團體互動之中,他們便會由於與其他人相互聯繫,而體驗到更強的歸屬感。

(十一)阻止

　　阻止(blocking)是指團體領導者採取措施停止團體中有破壞作用的行為。這種技術要求具有敏感、直率且以不傷害對方的方式停止其活動的能力。其著眼點應放在具體的行為上,而不是某個人本身,而且要避免給人

扣帽子、下定論。例如,如果一個團體成員以詢問一些刺探性的、高度私人性的問題,來侵犯其他團體成員的隱私,那麼團體領導者就要指出這種作法是不適當的,但並不把這個人說成是「窺人隱私的偷窺狂」或是個「審問者」。必須阻止的行為如下所述:

- 替罪羔羊(scapegoating)。如果有一些人聯合起來攻擊一個人,並開始以一種責難的方式對其發洩情緒,團體領導者就要採取措施,要求他們把注意力轉回到自己身上正發生的事件上來
- 團體壓力(group pressure)。團體領導者必須意識到團體成員欲迫使其他人採取某種行為方式或作出某些改變的微妙企圖。領導者一方面是要提供回饋,另一方面則要求(demand)其他人作些改變,並接受團體所制定的準則
- 詢問。對那些習慣打聽別人的事,或是愛詢問過多封閉式問題的團體成員,可讓他們做直接陳述而不詢問問題
- 滔滔不絕(storytelling)。如果有人說起話來滔滔不絕,團體領導者就應採取干預措施,並詢問他所講的內容與現實感受和事件有什麼關係
- 說閒話(gossiping)。如果一個團體成員在房間裡談論另一個成員,團體領導者可以請這兩個團體成員直接進行交談

還有一些行為是團體成員必須注意並在必要時予以制止的,包括:為不能改變找藉口、削弱信心、侵犯隱私、沒完沒了地提建議、不恰當地提供支持、進行不恰當的或不適宜的解釋。但無論這些行為會是如何,領導者必須十分溫文有禮地、小心謹慎地採取阻止措施。

㈢終結

團體領導者必須學會何時以及如何終結(terminating)團體或是針對個案的工作。要能成功地結束一次團體活動或是整個團體,所要求的技術包括:為團體成員提供如何將在團體中所學到的東西應用於日常生活的建議;訓練團體參與者應付他們可能在團體之外將遇到的問題;提供某種方式的評價和追蹤觀察;介紹一些可得到進一步幫助的資源,並能夠在有需要之時提供個別諮商。

結束一個個案的工作，也需要有技巧。當事人不應被懸置不顧，要避免不成熟地過早結束，因為它可能導致團體成員停止進一步的自我探索。也有些團體領導者在結束與某一團體成員的工作時，拖得太長，僅因為他們不知道如何恰當地把他們的工作作一番總結。

團體領導技術整體概觀

初階團體諮商員往往會在考慮如何使用有效團體領導所必須的技術時，感到茫然不知所措，這是不足為怪的。如果你也感到不知所措，不必沮喪，不妨回憶一下你當初學習開車時的情景。如果你試圖同時思考所有的規劃以及所有該做的和不該做的事，你恐怕會感到很沮喪，感到沒有能力作出恰當的反應。這同樣也適用於發展特殊的團體領導技術。經由系統地學習某些原理並實踐某些技術，你就能逐漸改善你的領導方式，並獲得有效運用這些能力所需要的自信心。參加一個團體作為成員的經驗，是發展這些技術一種方法，因為你能觀察經驗豐富的領導者，而學到許多東西。當然，你也必須在督導之下帶領團體來實踐這些技術。來自於團體成員、協同領導者，及督導者的回饋，對於改善你的領導技巧是十分重要的。從錄影帶中觀看自己的活動表現，會是一種很有用的回饋，使你能夠注意那些尤其需要加強的方面。

和許多其他技術一樣，團體領導技術也是有程度之分，而不是全有或全無的。它們可能只是極其緩慢地發展，也可能被高度完善和恰當地運用。但經過訓練和接受督導的經驗，使這些技術可以得到不斷地改善。(**表3-1**)列出了前面幾頁所討論的團體技術概觀。

開始和終結團體活動的特殊技術

在訓練和督導團體領導者時，我發現他們當中許多人缺乏有效的開始和結束一次團體活動的必要技術。例如，有些人簡單地選擇一個團體成員並把注意力全投入在這個人身上，而其他團體成員則僅是被動地坐在椅子上。由於團體領導者急於「使情況有所發展」，那些提出問題的人往往會得

表3-1　團體領導技術概觀

技術	描述	目的與預期的結果
主動傾聽	注意語言與非語言的溝通方面，不作批判或評價。	鼓勵信任以及當事人的自我表露和探索。
重述	以略爲不同的方式重述團體成員所說的內容，以澄清其涵義。	確定團體領導者是否正確地理解當事人的談話；提供支持和澄清。
澄清	在情緒與觀念層次上掌握訊息的性質；著眼於當事人談話內容的核心，以簡化其訊息。	幫助當事人釐清矛盾的、混亂的情感和思緒；達到對表達內容的深刻理解。
總結	把一次互動或活動中的重要元素組合在一起。	避免支離破碎，對活動過程給以指導；提供連續性，說明其意義。
詢問	提出種種開放式問題，以引導關於行爲之「爲什麼」、「如何」的自我探索。	引發進一步的討論；獲得訊息；激發思想；提高明確性、清晰度；提供進一步的自我探索。
解釋	對某些行爲、感受、思考提供可能的說明。	鼓勵更深層次的自我探索；提供一個新的角度以考察和了解人們的行爲。
面質	鞭策團體成員檢查他們的言談、行爲或身體與口語訊息之間的差別；指出訊息或報告中的矛盾。	鼓勵進行誠實的自我探索；促進充分地利用潛在自我挑戰能力；促成自我的覺察。
情感反映	表達對情感內容的理解。	使團體成員們知道他們在超乎語言的層次受到關注和了解。
支持	提供鼓勵和增強。	創造一種氣氛以鼓勵團體成員維持所期望的行爲；在當事人面臨艱巨困難時提供幫助；創造信任。
同理	以接納當事人的參照架構，對其表示認同。	促進對治療關係的信任；表達理解；鼓勵更深層次的自我探索。
催化	在團體中進行明確的、直接的互動，幫助團體成員對團體的方向承擔越多的責任。	促進團體成員間的有效溝通；幫助團體成員實現其在團體中的目標。

技術	描述	目的與預期的結果
啓動	促成團體的參與,提供團體新的指導方式。	避免團體作不必要的徘徊;加快團體歷程的步伐。
目標設定	為團體歷程設計特定的目標,幫助團體參與者確定具體而有意義的目標。	為團體活動提供指導;幫助團體成員選擇和澄清他們的目標。
評價	評價現行的團體歷程及個別和團體的動力。	促成更強的自我覺察,以及對團體活動和方向的理解。
回饋	依據對團體成員的觀察,表達具與誠實的感受。	就一個人如何被別人看待提供一種外在評定;增強當事人的自我覺察。
建議	對新的行為提供忠告、訊息、指導和想法。	幫助團體成員發展思想與行為之新的替代方式。
保護	保護團體成員免受團體中不必要心理冒險的傷害。	告誡團體成員參與團體可能的冒險;並減少這些冒險。
自我表露	披露一個人對團體中此時此地事件的感受。	促進更深層次的團體互動;促進信任;為他人提供自我表露的示範。
示範	從行動中表現理想的行為方式。	提供理想行為的範例;促使團體成員充分發展其潛能。
聯結	把團體成員所做的工作與團體中的共同主題聯結在一起。	促進團體成員之間的互動;促進凝聚力的發展。
阻止	採取措施制止對團體有害的行為。	保護團體成員;促進團體歷程的發展。
終結	使團體作好準備以結束一次活動,或終止團體。	幫助團體成員同化、吸收在團體中所學到的東西,並將之運用於日常生活中。

到注意，甚至於全然忽略把其他團體參與者也帶入相互交流之中。問題是在於，如果一個團體活動沒有一個良好的開端，要想在此次聚會的時間裡完成任何預定的工作，恐怕是很困難的。

　　結束一次團體聚會活動的方法，與開始此一活動的方法同樣重要。我觀察到，有些團體領導者隨便地讓時間消磨過去，而後突然宣布「我們的時間到了，下星期我們再見」。由於這種團體領導者不能對一次團體活動進行總結和作出某種評價這次聚會的許多潛在價值便喪失了。每次活動的有效的開端和結尾，提供了由此次活動到下一次聚會的連續性。連續性往往會促成團體成員們在團體之外時，去思考團體之中曾發生的事件，並嘗試把他們所學到的東西運用於自己的日常生活中。此外它結合團體領導者的鼓勵與指導，促進了團體成員對他們在每一次活動中的參與程度的評價。

(一)開始一次團體活動的方法

　　對於那種每週聚會一次或是遵循其他常規化安排的團體，團體領導者可以採用以下各種方法開始一次聚會活動：

　　——可請團體參與者簡要地說明他們想從這次活動中得到什麼收穫。通常我喜歡來一次迅速的「巡訪」，讓每一個團體成員都確定他們可在此次聚會中探討的問題。在開始具體著手處理一個個案之前，理想的作法是給所有團體成員一次機會，至少讓他們說出他們想從這次團體中得到什麼。以這種方法可以確立一個大致的主題安排，而且，如果有不少團體成員關心類似的問題，這個議程安排可允許多個團體成員獲得機會。

　　——一種有用的作法是，讓人們有機會對他們以前在活動中的收穫，或是對以前活動中任何未解決的問題發表看法。團體成員之間或是團體成員與團體領導者之間未解決的問題，會使現行主題下的團體歷程很難開展，因為隱藏的議題會干擾任何建設性的工作，直至它公開出來並得到有效的解決為止。

　　——可要求團體參與者報告他們每週所經歷的進步或困難。理想的狀況是，他們在團體之外已經嘗試過其他種種行為方式，他們專心地做他們的「家庭作業」，並且遵從了團體的具體工作計畫。即使並未進行所有這些理想的活動，多花些時間在每一次活動的開始時表達已有的成績或提出特

殊的問題，會是很有效益的。

——團體領導者可以將對上次活動所進行的觀察，或是自上次活動以來所產生的種種想法聯結起來提出說明。

(二)終結一次團體活動的方法

在終結一次聚會之前，要安排些時間總結所進行的內容，反思所經驗的內容，並討論團體參與者在此次與下次活動之間可做的事情。團體領導者還會發現一種有用的作法，在活動的中期檢查一下團體歷程如，「我們今天距離結束還有一小時。在我們結束之前，各位是否還有什麼問題要提出來討論的呢？」或是「我希望大家告訴我，你們對這些活動有何感想。迄今為止，你是否已得到了你想要從團體中得到的東西？」雖然活動中期的這些評價並不必作為一項例行議程，但此一作法，能鼓勵團體成員們評價他們的進步。如果他們對自己的參與或是對此次活動所進行的內容有所不滿，那麼他們在此次活動結束之前，仍然有時間調整團體活動的程序。

同樣的，領導者可以鼓勵團體成員們於整個團體已進行過半期間，評價他們自己的方向。依循一連串線索的評價，可激勵團體成員思考他們現在能採取什麼舉措以加強團體經驗的價值：「我們已經一起工作了十五個星期，再有十五個星期即將結束我們的活動。我想請你們每一個人談談：如果今天的聚會就是最後一次的話，你們會有何感想？你們在這一團體中有什麼收穫？當這一個團體結束時，你希望能夠得到什麼經歷呢？你希望在哪些方面使以後的十五個星期與以前一樣或有所不同？」

通常說來，團體成員並不主動評價他們對團體的投入程度或是他們已有的收穫程度。團體領導者可以主動引導團體參與者在團體的有限時間裡，對是否滿意於他們自身的參與進行反省。團體成員還需要得到指導，以評價他們的目的是否能充分地實現，以及這個團體如何能有效益。如果能成功地進行這種有規律的經常性評價，團體成員們便有機會在還不太遲的情況下，及時調整團體方向且制定計畫。這樣做的結果是，他們往往不會在離開團體時，覺得並沒有空手而回。

總之，團體領導者的終結技巧能使團體經驗具有整體性，並幫助鞏固在一次活動中所學習的內容。以下列舉出一系列的步驟，團體領導者可用

以結束每一星期的聚會，從而幫助團體成員評價他們的參與活動，並彌補團體經驗與其日常生活之間的空隙。

——團體領導者應努力結束一次活動，但並不終止由此次活動所提出的問題。雖然人們因「懸而未決」而產生的焦慮可能是有反效果的，但過早把一個問題處理掉，並不具有治療意義。許多團體領導者犯有這樣的錯誤，即在不成熟的情況下強行解決問題。由於任務導向的目的所限，他們不樂於給團體成員用以探索和解決其個人問題所必須的時間。在這種情況下，團體領導者的介入所產生的效果，往往是相當膚淺地解決那些複雜的、需要予以充分探討的問題。對人們來說，帶著一個未解決的問題結束一次活動，使其能被促動去思考他們的問題，並提出某些嘗試性的解決方法。團體領導者必須掌握在一次活動結束時，暫時停止一個問題與徹底解決這一問題之間精確的平衡。例如，下面的評價顯示團體領導者知道如何實現這一種平衡：「我意識到，你們今天所著手的問題還沒有徹底地解決。然而，我希望你們能進一步思考我們所探討的內容，以及今天你對自己所了解的內容。我期待在今後的活動中與你們繼續處理這一項問題。」

——在每一次活動結束時進行總結，會是很有效果的。要求團體成員總結團體歷程以及他們自己邁向目標的進步，是很有幫助的。總結評價可以針對一般性主題，及其產生的問題。團體領導者可以增加各類總結評價，尤其當它們與團體歷程有關時。不過，如能告訴團體成員如何為自己整合所學到的內容，就更好了。

——可要求團體參與者談談他們如何看待這次活動，為其他團體成員提供評價和回饋，以及說明他們自己在此次活動中的投入程度。經由定期採取這種作法，團體成員共同承擔責任來決定他們將採取什麼方式，在對團體方向不滿意的情況下進行調整。例如，如果團體參與者接連數週報告說他們很厭煩，那就可以詢問他們願意做些什麼事情來解除他們的厭煩。

——注意正向的回饋也是很有幫助的。那些努力投入的人，應該因他們的努力而得到團體領導者和其他參與者的認可和支持。

——團體成員們可對其家庭作業進行報告，在作業中，他們可以實踐自己的某些新的想法；他們可以簡要地討論對團體背景下種種關係的了

解；他們還可制定種種計畫，以把他們自己所學到的內容運用於團體之外的問題情境中。

——可以詢問團體成員們是否有任何主題或問題想納入下一次活動的議程中去。這種作法不僅可以聯結各次不同的活動還促使團體參與者去思考下一次活動中探討這些問題的方法——這也就是在兩次活動間的工作。

——團體領導者也可能需要表達自己對這次活動的感想，並提出評價。這些對團體方向的感想和意見，對於激勵團體成員們的思想和行為會有很大益處。

總而言之，我以上所介紹的團體領導者的介入措施，說明了用心致力於團體活動的開始與結束，能加強和促進一次活動中的學習。它具有鞭策團體成員認識到自己在決定團體成效中所扮演的角色和功能，它提醒他們對採取積極步驟維持團體的有效性所擔負的責任。

保持團體活動向前推進的方法

正如你將在有關團體諮商的各種理論章節中所讀到的，有些理論運用大量的活動和結構化技術以保持團體活動的發展，而其他一些理論（例如，個人中心治療）則拒絕依靠任何作業來促進團體內的互動。謹慎探討如何、何時、為何使用結構化活動，可以加強團體互動，並為工作提供注重焦點，它們能促成團體成員繼續依賴團體領導者之指導。由於渴望促進團體進展並維持這一進展，有些團體領導者一個又一個漫無目的地嘗試各種作法。在我看來，與團體整體計畫有關並可以適時的方式恰當運用的活動，才是促進改變的有效工具；但若不能恰當地運用，它們對加強團體功能及個人成長反而是有害的。關於這一問題的更詳細的論述，可參見《團體技術》(*Group Techniques*)(Corey, Corey, Callanan, & Russell, 1988)一書。

團體領導者應當特別謹慎，不要濫用結構化活動。這些活動的實質本是促進團體成員之間的互動，團體成員們會很快變得過分依賴它們。如果每次團體成員進退維谷時，他們都被某種形式的活動作業所拯救，那麼他們將不能學會憑藉自己的努力和依靠自己的反應來擺脫困境。一種常見的

濫用結構化活動的錯誤，是出現於團體的動力層次較低，並且團體成員似乎對團體投入較少的情況。如果團體領導者不停地使用練習活動來提振士氣，團體成員就不再付諸努力去探察究竟是什麼因素導致這種厭倦和冷漠。的確，在這種情況下，這些活動會鼓勵團體成員的逃避行為。

我認為結構化活動可以是很有用的，尤其是在一個團體的初期和後期階段中。在團體的開始階段，我運用某些專門設計的結構化活動，來幫助團體成員專注於他們自己的個人目標，修正他們的期望與恐懼，培養信任。這些活動包括要求團體成員在二人、三人以及小團體中處理某些特定的問題——例如，他們希望從團體中得到什麼。在一個團體的結束期間，我使用某些行為預演練習，制訂合約，提議一些家庭作業，以及使用其他各類用來幫助鞏固學習並促進效果的方法。

一般說來，我並不使用種種方法去煽動起團體成員的工作慾望。但一旦團體參與者把自己投入到工作中去——尤其是當他們明確了解要探索的問題，並表現出樂於更深刻地認識自己的問題的時候——我發現採用某種技術或活動，可以幫助他們深入地探索，並引導出新的覺察和行為。

協同領導團體

如果你能安排一位協同領導者，對你和你的團體來說，都有很多的好處。單獨領導一個團體時常會有一種孤獨的感受，而與協同領導者會晤、共同策畫和工作具有相當重要的價值。協同領導的形式有許多優點，也有一些缺失。以下列舉一些優點：

- 團體成員們能獲益於兩個治療者的生活經驗和領悟；團體領導者對任一情境，都可能有不同的考量觀點
- 兩個團體領導者能相互補足；一個團體可獲益於協同領導者的合作優勢
- 如果一個領導者是女性而另一個是男性，他們能創造出涉及團體成員其父母關係的某種原始動力；角色扮演的機會較多樣化

□ 協同領導者可在如何與他人以及與團體建立關係方面，為團體成員
　提供榜樣
□ 協同領導者能相互提供有價值的回饋；他們可以探討在團體活動中
　所發生的內容，以及如何改善他們的技術
□ 每一個領導者都可從觀察、協同工作、學習對方的過程中發展自己
□ 協同領導者提供更多的機會促進團體成員在團體內的聯繫。當一個
　領導者處理一個特定的團體成員時，另一個領導者可以探察整個團
　體，以了解其他團體成員如何參與
□ 團體參與者有機會從兩個團體領導者身上獲得回饋；有時會有不同
　的反應，可為團體注入活力並提供省思和進一步討論的機會

　　協同領導方式最主要的缺失，在於兩個領導者不能建立並維持相互之
間一種有效的工作關係。確定這種關係性質的一個重要因素是尊重
(respect)。兩個領導者往往在領導風格上有其差異，他們不可能永遠持有同
樣的認識或觀點。但如果有了相互尊重，他們就能相互坦誠、直率相待，
就能相互信任，合作地而不是競爭地工作，相安無慮而完全不必去「證明」
自己的能力。如果缺乏這種信任，團體成員們就會感到缺乏和諧，整個團
體也就會受到負面影響。

　　因此，選擇一位協同領導者是件很重要的事。不和諧的協同領導者之
間的權力爭執，會導致分裂團體的惡果。如果協同領導者不能進行一個和
諧的團隊工作，這個團體就會效法他們的榜樣，變得四分五裂。即使協同
領導者只是表現出很微妙的摩擦，他們就會為人際關係提供一個不良的榜
樣。這種摩擦可能引起團體成員之間不公開的敵意，從而干擾有效的團體
工作。如果協同領導者之間有矛盾分歧，也許會有助於在團體活動中坦率
地探究他們自己，但最理想的是，兩個協同領導者宜在私下會談中討論他
們之間的任何分歧。如果協同領導者之間實際上存在一種緊張關係，卻假
裝一切都相安無事，那對團體是沒有什麼好處的。

　　雖然協同工作者不須遵循同樣的理論取向，但如果他們對於一個團體
的應有目的、或對他們的角色和功能有認識上的重大差異，就必定會出現
問題。例如，設想這樣一種情形，其中一個團體領導者傾向於以提供大量

的建議實施介入措施，目的在爲團體成員提出的每一個問題提供解答，而另一個領導者則不注重問題的迅速解決，而是鼓勵團體成員們自我努力並尋求自我解決。他們實際上是在進行多重目的的工作，他們的當事人則會得到不同的訊息。

　　非常重要的，協同領導者應一起定期討論任何可能影響他們工作的問題——例如，他們對一起工作有何感受，他們如何看待自己的團體，以及他們怎樣能加強相互的功能。理想的情形是，他們在每一次活動之前和之後，能共同在一起一段時間，以便他們能計畫未來的活動，表白他們的看法，排除他們之間產生的一切困難。在以下兩章裡我提出了一些特殊的問題，它們是協同領導在團體的各個不同階段聚會中應討論的。

　　我喜歡協同領導的方式，無論是帶領團體還是訓練和督導團體領導者。協同領導提供了一定的安全性，尤其是在團體工作者第一次領導一個團體時，對於初階團體領導者來說，體驗到自我懷疑和焦慮是很普遍的。當第一次面對一個團體時，有一個你信任和尊重的協同領導者，可以使那看起來似如重負的工作，成爲一種輕鬆愉快的學習經歷。

團體領導的風格

　　在本書一開始我曾說過，我的目的是幫助你們建立一種屬於你自己的、能反映你個人獨特性的領導風格。我相信如果你試圖模仿別人的風格，你可能會喪失你自己作爲一個團體領導者的潛在效能。當然，你將受到督導者、協同領導者、你作爲一個參與者所加入的團體和工作坊的領導者之影響。但是，受別人影響是一回事——絕大多數團體領導者藉助各方面的資源，以發展他們自己的團體領導風格——但靠模仿別人的治療風格而否定自己的獨特性，則是另一回事。某些風格在某些人身上是很恰當的，但卻可能不適合你。

　　從本質上說，有多少個團體領導者，就有多少種團體諮商的方法；而且即使是採取同一種治療模式（例如，行爲主義或溝通分析）的團體領導者，在他們領導團體的方法上，也會表現出相當大的差異。作爲一個團體

領導者，你把自己的經驗背景、人格、價值體系、偏見，以及獨特的天賦和能力，都帶到你所領導的團體中。你也加入了你的理論偏好。你會提供某種強調思考、體驗與表達感受的方法，或是注重領導的行動取向；另一方面，你採行的理論可能是一種整合了思考、感受、行為各因素的折衷方法。無論你偏好哪種方法，你的理論偏好毫無疑問將影響你的風格，尤其是你所注重的團體互動的各個層面。當你學習第二部分中有關團體諮商理論模式的十章時，你將會意識到這些模式中的共通性和差異性，以及這些不同的觀點如何塑造你作為團體領導者的風格。

連續向度的兩極

夏彼羅(Shapiro, 1978)描述了兩種類型的團體領導風格：個人取向的和人際取向的。這兩種團體領導風格其實分布於從嚴格個人性到絕對人際性的連續向度上。那些個人取向(intrapersonally oriented)的團體領導者，傾向於以一對一的方式對待團體成員。這種風格已常常被稱為團體情境中的個別諮商（或治療）。其焦點是放在個人內在心理問題，或是存在個人內部的矛盾衝突與心理動力，其興趣著重在一個人的過去，在其領悟力的發展，在於內在矛盾衝突的解決。總之，個人取向領導者的風格，注重的是個人動力學，而不是團體動力學或團體成員間的交互作用過程。

在這連續向度的另一端，是人際取向(interpersonal orientation)的團體領導者。他們著眼於團體成員之間的互動，以及在團體中所形成的種種關係。他們很少對個體過去的個人遭遇、潛意識歷程以及內在心理衝突感興趣。這種風格的團體領導者，強調此時此地的現實，團體成員之間的相互作用，將團體視為一整體(group as a whole)，不斷變化的團體動力學，以及各種影響團體內有效人際關係發展的障礙。

我同意夏彼羅的看法，成功的領導者能夠在他們的領導風格中融合以上兩種方式。夏彼羅還強調，有效的團體領導者應秉持一適合他們自己的人格理論取向，而不論它究竟是傾向於個人的還是人際的一端。團體領導風格的重要層面，是要了解這兩種取向什麼時候以及多大程度上適宜特定的團體成員或特定的團體。學習如何把每種取向的長處組合為你自己個人

的風格，是一個不斷開展的過程，它取決於你在領導團體實務中的經驗。

建立個人領導風格的準則

　　正如我曾介紹過的，奠定個人領導風格之基礎的方法，是了解各派團體諮商的理論，以及它們對團體領導風格的啟示。當然，在督導下領導團體的實務，從回饋中獲益，是逐漸建立一種獨特風格的最好方法之一。下面列出的是一些建立團體領導風格的方法，它們可能會適合於你。這是以戴斯(Dies, 1983b)、斯托克頓和莫朗(Stockton & Morran, 1982)、拜德納和考爾(Bednar & Kaul, 1978)所做的研究綜述為基礎，加以修訂的實務準則：

　　——經由與團體成員真誠、同情、關懷的互動，積極努力地投入團體之中。要認識到不尊重人性的、純理性的指導風格，會導致抗拒，並阻礙信任和凝聚力的發展。你能創造一種促進改變的氣氛，要比你所能運用任何技術都更重要。

　　——努力保持一個理性開放式的治療風格，它以適宜的、有促進作用的自我表露為特徵。願意公開你自己的感受和情緒體驗，尤其是當它們與團體內的事件及其相關因素有關時。另一方面要特別當心，不要使你的自我表露只是為了證明你的人性化，或為了贏得團體成員們的好感。

　　——避免讓團體成員承受過於個人化或過於詳細的自我表露的負擔。要察覺你的自我表露對團體歷程所產生的影響。如果你發現自己始終都不能擺脫自己的壓力問題，則要考慮為你這些問題尋找治療方法。

　　——團體領導者的自我表露可能會對團體歷程及其結果產生促進性或破壞性的作用，這取決於諸如：團體類型、團體發展所處的階段，以及所表露的內容和方式等特殊因素。

　　——幫助團體成員利用有效的角色示範，尤其是以那些表現理想行為的團體成員作為榜樣。強化在團體中出現的適當和敢於承擔風險的行為。努力創造一種氣氛，使團體成員們重視相互之間的學習。

　　——教導團體成員如何對別人提供回饋。正向的回饋往往比負向的回

饋具有更大的作用。

　　──幫助團體成員們相互提供支持和了解。促成一種強調主動、誠實、相互交流的氣氛。隨著團體成員建立起關心他人的眞誠感，他們也能獲得更多自我挑戰的機會。

　　──在支持與批評之間達成一種治療性的平衡。要避免嚴厲的尖銳面質。爲團體成員們示範一種謹愼敏感的、關懷性的、尊重人性的、適時的面質方式。一旦建立起一種信任的基礎，面質往往會被看作是非防衛性的。邀請團體成員檢查他們的行爲，與要求他們恪守誠實之間，應有審愼的區別。

　　──如果你與別人合作帶領一個團體，有必要在這種關係上成爲坦率的榜樣，並表現出你教導別人的那些行爲。經由活動前後的會晤和在活動之中相互之間不斷進行溝通，與你的協同領導者保持良好的工作關係。

在一個機構中工作

　　你所帶領的大多數團體，將會是由某些類型的機構所贊助主辦的──學校、社區心理衛生機構、公立精神病院、診所或醫院，或是地區性或公立復健機構。當在一家機構中領導團體時，你會很快地發現，掌握團體領導理論及實務並不能保證團體獲得成效。要能有效地應付機構中的種種要求和政策，這無論在什麼時候都和具有專業能力同樣重要。依據我自己的經驗，以及與其他曾工作於各種機構中的專家們的討論，我爲你們提供一些在機構中工作的重要因素，如果你希望在一個機構中成功帶領團體的話，你就需要對這些訊息有所了解。

　　定期在一家機構實施團體工作的人，常面臨的問題是要不斷地努力保持在此機構中的尊嚴和正直，在機構中，主管們主要關心的是管理問題或是消除「危機」，相對來說，對於追求名副其實的團體治療或諮商，並不是很關心。另一個困擾機構中諮商員的問題，是要求他們去領導那些他們從不了解或所知甚少的團體。這一問題變得越來越突顯，因爲很少有機構能提供他們所要求的團體領導風格所必須的訓練，而且他們聘請諮商員從事

這種工作的重擔，使得這些諮商員沒有時間在他們的正常工作時間裡，去參加任何類型的在職進修教育。因此，許多機構中的諮商員被迫利用自己的時間，自己付費去選修一些課程或參加工作坊。

以上我只提及在機構中工作的兩個問題，實際上還遠不止這些。我希望指出的是，問題是存在的，你有責任在維繫你的專業準則和正直的同時，去解決這些問題。成功帶領團體的責任，是在於你自己，切勿將團體諮商過程中的差錯歸咎於外界因素。請看看下面的說法，它們使你推卸責任，並使你陷入一種個人的無力感中：

- 我的主管不同意我對發展團體所作的嘗試
- 這種專制機構妨礙了我發展有意義的革新計畫
- 由於受限於種種辦公制度，我無法進行任何真正的諮商
- 這家機構不鼓勵我們的努力
- 我們沒有經費去做需要做的事
- 這一社區裡的人不接受任何形式團體治療的觀念；即使在他們需要的時候，他們也不來尋求幫助

我的意思並不是說，這些抱怨不能反映真實的障礙。從我個人的經歷來看，我了解對一種專制官僚體系進行指責和抗爭會是什麼樣子。有許多次，僅僅是嘗試在一些機構中促成一個團體的建立，便壓得我們不得不懷疑它是否還值得去費力。我的看法是，無論外界的困難如何，均須勇於面對它們，不讓它們使我們喪失能力，這是我們的責任。

任何在職業上的軟弱無能，都會造成一種惡性循環的情境。當諮商員放棄他們自己的權力時，他們扮演了犧牲者的角色，或是發展出一種認為所有建議和努力都注定要失敗的玩世不恭態度——認定他們所做的一切都毫不重要或毫無意義。因此，我再次重申，如果我們放棄權力，把工作失敗的一切責任，都歸咎於外部的因素，我們就陷於一種危險之中，使我們喪失生命力，而產生完全相反的作用。

兼重實務與研究的團體工作者

這一節要探討研究與實務工作之間的知識鴻溝，說明從事團體研究的某些障礙，並提出某些可行的方法去評價團體的歷程與效果（對這一問題更深入的探討，請見拜德納等的文獻）(Bednar et al., 1987)。

研究與實務之間的差距

團體工作者處在來談者日益增長的壓力之下，常要說明他們所用的治療策略的意義，並對受到公共和私人贊助的計畫負責。儘管這些壓力旨在陳明團體諮商的效率，實務工作者卻常常把研究者看成是「奇怪的一群人，專注於嚴格的實驗設計和方法論控制」(Dies, 1983b, p.27)。而且，實驗結果報告的方式，很少能鼓勵臨床治療家把研究轉換為實務。只有一少部分團體工作者以某種相應方式利用研究成果，而且幾乎沒有諮商員會從事他們自己的研究。由於這些看法，造成了一種知識鴻溝。如果這一差距要得到彌合，那些領導團體的人和從事研究的人，就必須合力工作，並體認到接受實務工作者、研究者兩種角色的長處(Morran & Stockton, 1985)。

許多團體工作者說，研究對於他們在團體中實際所做的工作只有中等程度的效果。他們常常輕視研究而忽略它的潛在貢獻。由於缺乏興趣，大多數團體工作者一直不願意花時間設計有價值的方法以運用於他們自己的臨床實務中，然而，從事系統的觀察和評價，使之成為團體工作實務的一個基本內容，是有可能的。團體工作者並不依循嚴謹的實驗研究方法，而是開始考慮一些傳統科學方法的替代形式。這種替代形式之一是評鑑研究，其目的是在收集和評估能有助於計畫方案的決策，和改善專業服務品質的資料。正如戴斯(Dies, 1983a)所寫到的：「從某種意義上說，有效的臨床治療者必須是聰明的研究者，而有能力的研究者必須是敏感的臨床治療者。這兩種角色並不是註定不相容的。」(pp.24～25)

因應團體研究中的障礙

雖然我並不從事有關團體的實驗研究，但作為一個團體工作者、訓練者和督導者，我的確進行過認真評鑑團體工作的嘗試。例如，在長達十七年裡，我的同事和我合作領導了至少每個夏天兩個星期的社區居民個人發展團體。當我們開始帶領這些團體時，我們進行了團體前和團體後測驗，以評定效果，當然也進行了個別和團體的追蹤觀察活動。我們運用多種方法測量自我概念、自我實現的程度、以及態度和價值觀的變化。小團體研究的一個缺點，是缺乏適當的測量工具(Stockton & Morran, 1982)。我們發現我們所使用的這些工具過於粗糙，以至於不能測出這些小團體中有關學習變化的微妙特性。結果，我們往往更依賴用來評估團體經驗歷程和效果的自陳式量表。我們一直從事這種評鑑團體的工作，主要是閱讀團體參與者所寫的評鑑意見。我們也定期進行追蹤評量團體的聚會，以評鑑團體經驗的價值。在這項實務上，我們也有一些同道者，卡爾‧羅傑斯(Carl Rogers, 1970)使用過自陳式報告進行追蹤研究。羅傑斯認為，這種方法是了解團體中所發生內容的最好方法。

斯托克頓和莫朗曾寫道：「團體是一個高度複雜的互動式和多向度系統，它並不絕對適合以嚴格的實驗控制方法進行研究。」(Stockton & Morran, 1982, pp.38)。在我看來，要想控制與小團體效果相關的大多數變項，是極其困難的。對於研究者來說，不幸的是，團體的參與者生活在真實的世界中，這引進了許多影響純研究的變數。如果我們要研究特殊的團體現象，我們會遇到極大的複雜因素。領導團體是一種技巧與藝術，它也要靠現時的理論與研究知識，而得到補強。

實務工作者與研究者角色的結合

莫朗和斯托克頓(Morran & Stockton, 1985)對設計應用性研究來評鑑團體的歷程和效果，提出了一些具體的建議：

□ 計畫發展一種連續性的研究計畫，它可以不斷修正，以提供重要資料。這種發展計畫具有一種優點，即每一回的資料收集，都爲下一步研究提供引導的作用

□ 把你自己的研究發現，看作是積累知識基礎的貢獻。單一的研究並不須對所研究的問題產生最終的解答

□ 爲資料收集選定多種評鑑方法，它們在時間、經費及邏輯上都是現實可行的，但又與你的團體特有的重要過程與效果變項有關聯性

□ 考慮怎樣選擇（或建立）對團體效果的差異具有充分敏感性的方法

　　莫朗和斯托克頓建議，各種特殊的治療目標可以用來作爲研究的焦點。一旦目標已經確認，就可以進一步從認知上、情感上、行爲上去界定。治療的後續效果也應予以考慮，以便團體參與的長期效果可以得到評定。團體成員們在團體結束後可能會在思想、情感及行爲方式上發生很多變化。這種發展過程的影響，有時可能不是很明顯。因此，無論原先所確定的目標如何，應建立各種方法，以便在適宜的追蹤觀察階段實施評鑑。

　　對團體工作者來說，彌合研究與實務之間差距的另一種途徑，是尋找其他持有相當研究取向的同事和合作者，來設計這些測量方法。在同事之間從事這種形式的合作時，他們完全可以不同但又互補的觀點來討論 (Dies, 1983a)。這種做法似乎爲將研究成果轉化爲團體工作的具體實務帶來希望。

團體發展的初期階段

本章及下一章旨在描繪一幅團體發展各階段的徑路圖。這幅圖既是以他人的經驗和著述，也是以我自身的經驗為基礎，闡述一個團體發展的基本問題。

　　需要在此澄清的一點是，這一章中所描繪的各個階段，並不能將一個有生命的團體畫分出零散的和絕對分立的各階段。這些階段之間有著很大的重疊，團體並不精確地遵從那些預先確定的、在理論上彼此分離的時間序列。而且，團體發展的內容也因團體而異，其發展往往因團體領導者的理論取向、團體的目標、團體的規模而有不同。然而，儘管團體存在著這些差異，在團體的發展中似乎也存在某種普遍性的模式。

　　對團體發展各階段的準確把握，包括認識到諸種促進團體發展和妨礙團體發展的因素，將大大擴展你用以幫助團體成員、實現他們的目標的能力，經由了解每一階段的問題和潛在的危機，你會懂得何時及如何採取介入措施。當你看到團體有系統地發展徑路時，你就會了解到一個團體欲向前發展所必須完成的那些發展任務，你也能預見種種問題，並能採取防治措施。最後，有關團體發展序列的知識，將給你所需的整體觀念，使你朝建設性的方向領導團體成員，減少不必要的混亂和焦慮。

　　許多作者均已探討過團體發展的歷程，從這些描述中可清楚地看到，雖然各團體的特定內容有很大差異，其歷程卻是極其相似的。換言之，不論一個團體的性質及其團體領導者的理論取向如何，絕大多數團體在一定時期裡有某些很明顯的普遍傾向。葛自達(Gazda, 1989)觀察到，諮商團體所經歷的各階段，在封閉式團體中最為清晰可見——這些團體在團體運作期間保持著同樣的成員關係。舒茲(W. Schutz, 1973b)提出了團體發展的三個階段：接納、控制、影響。馬勒(Mahler, 1969)則分為：形成階段、接納階段、過渡階段、工作階段與結束階段。葛自達的四個階段論非常的類似於馬勒的劃分：探索、過渡、活動、結束。韓森、華納和史密斯(Hansen, Warner & Smith, 1980)提出了五個階段：團體的初始、衝突與對抗、凝聚力的產生、獲得成效、終結。耶樂姆(Yalom, 1985)鑑別出三個階段：最初階段的特徵是猶豫和尋找意義，第二階段的特徵是衝突、控制與反抗，第三階段是凝聚階段，是以士氣、信任和自我表露的增加為其特點。

　　本章首先探討團體領導者對形成一個團體的種種關照：進行準備；招

募團體成員；篩選、決定成員；使他們爲成功的團體作好準備。在我所確認的四個階段中，團體的第一個階段(stage 1)是定向時期(orientation phase)，這是初期階段的探索時期。團體的第二階段(stage 2)是轉換時期(transition stage)，其特徵是處理衝突、防衛與反抗。在下一章我們將繼續探討第三階段(stage 3)，即工作階段(working stage)。這一階段的目標是行動——處理重要的個人問題，並將領悟轉化爲團體內部及外部的行動。第四階段(stage 4)是鞏固時期(consolidation stage)，重點在於運用團體中所學到的東西於日常生活中。我將以團體後問題的探討，包括追蹤觀察與評鑑，作爲結束。對這些階段的描述不僅擷取自我自己對團體演進方式的觀察，也以其他學者所提出的模式爲基礎。

團體前的問題：團體的形成

如果你要使一個團體獲得成效，你必須花大量的時間去策劃。依我的觀點，策劃應以形諸文字的計畫書爲起點。計畫書所必須涉及的問題包括：這一團體的基本宗旨、所服務的對象，團體明確的理論基礎——即這一特定團體的需要及其正當理由，宣告這一團體及招募成員的方式、聚會的次數與時間、團體的結構與形式、團體成員的準備、團體是開放式的還是封閉式的、團體成員關係是自願的還是非自願的、以及補充事宜和評估方式等。

團體領導者的準備

團體領導者在這一形成階段的準備，對於一個團體的效果是十分關鍵的。對於這一點無論怎樣強調都不過分。因此，團體領導者要花時間動一番腦筋，考慮究竟需要帶領什麼樣的團體，並使自己做好心理上的準備。如果你的期望尚不明確，如果這一團體的目標及結構仍很模糊，團體成員無疑會捲入一場不必要的盲動之中。

團體的領導者們必須以同質性(homogeneity)作爲自己團體的基礎。

我使用同質的(homogeneous)一詞，意指組織在一起的一群人在某些特質上是相似的，例如，年齡相仿的一組兒童、青少年或老年人。另一些同質團體是以共同的興趣或問題為基礎的。因此，既有培養女性或男性性別意識的團體，也有一些專門針對體重過胖的人、或是對藥物或酒精成癮者所設計的團體。有些在學校環境中建立的團體，是專門針對那些有學習困難或對學校環境有嚴重適應問題的兒童和青少年設計的。

　　對於一個具有特定需要的團體來說，一個由同質性成員構成的團體，比一個由來自不同群體的人組成的團體，具有較多功能。請設想一個青少年的團體，可專注於青少年所面對的獨特發展問題如，有關人際關係、性發展與認同、求取自主的努力等問題。在這樣一個為青少年設計的團體中，參與者們被鼓勵表達他們所擁有的種種情感；經由與其他同年齡人的相互交往，他們能分擔憂慮，並得到支持和理解。

　　雖然同質的成員關係，可能較適合具有特定需要的某些目標團體，對於許多個人成長團體來說，異質成員也具有某些明確的長處。藉由呈現一個存在於尋常世界中的社會結構縮影，異質團體為其成員們提供了嘗試新的行為、發展社會技巧、並從許多不同來源獲得回饋的機會。如果渴望一種對日常生活的模擬，那麼最好要有一定的年齡、背景、興趣與關注的差異範圍。

公告一個團體和招募團體成員

　　如何公告一個團體，影響著它如何被可能的團體成員看待的方式，以及它所吸引的人群類別。非常必要的是，你要向未來的團體成員們充分闡釋關於團體作法與目標等確切觀念。成立一個團體的書面公告應包括如下的要點：

　　□ 團體的類型
　　□ 團體的宗旨
　　□ 聚會的時間和地點
　　□ 參加的辦法

□ 有關團體成員可期望於團體領導者之內容的聲明
　　□ 有關團體領導者的資格與背景的說明
　　□ 有關確定何種成員適於該團體的準則
　　□ 要收取的費用

　　印製出的公告如能傳遞到所關注的人群對象手中，便有相當的價值，但儘管如此，它們仍有其侷限性。無論你在這些公告中說明得多麼具體，人們（至少是某些人）往往會歪曲它們。由於這種危險，我更傾向主張與最有可能得益於該團體的人進行直接的接觸。例如，如果你要在學校裡策劃一個團體，那麼，對各個班進行私下親自訪問、介紹你自己，並向學生們宣傳這一團體，會是個好主意。你還可以向任何希望進一步了解該團體的人分發一份簡要的申請表。

篩選並決定團體成員

　　無論AACD(1988)還是ASGW(1980)，都有篩選團體成員的準則。AACD的倫理標準是：「成員（或諮商員）必須篩選未來的團體參與者，尤其當重點是強調自我了解和經由自我表露而成長之時。成員們必須始終能夠看到在整個團體歷程中團體參與的和諧性。」ASGW的準則聲稱：

> 團體領導者出於審查和定向適應準備之目的，要與每一個未來的參與者進行一次團體前的會談，在可能的情況下，要篩選出那些其需要和目標與團體所確立的目標相一致的團體成員，他們將不會妨礙團體的歷程，他們的利益應不會被團體領導者所損害。

　　在貫徹這一準則的精神的過程中，在招募可能的團體成員之後，團體領導者還必須確定是否某個人應被剔除。審慎的篩選可減少不適當地參與一個團體的心理風險（這在第二章裡已討論過）。
　　在篩選階段，團體領導者可以與未來的團體成員共同探討其對參與一個團體可能有的恐懼和擔心。團體領導者可以幫助他們對參與團體的準備性進行評估，並探討可能隨之而來的潛在生活變化。團體成員們應當了解，

作出實質的改變和維持他們現有的風格，都有其價值。如果團體成員們加入一個團體，卻沒有意識到他們的個人變化將對其他人的生活發生潛在的影響，那麼一旦他們在生活中遇到麻煩，繼續留在團體中的動機便可能會降低。團體領導者為選擇團體成員和準備所付出的努力，能造成一個有活力的、準備好發揮作用和有效益的團體。

下列問題也會有助於篩選團體成員：

□ 我如何能決定誰最有可能得益於我的團體？
□ 誰可能會因參與團體而困擾或為其他團體成員帶來不良的影響？

篩選應當是一個雙向的過程。因此，未來的團體成員們應有機會進行私下的篩選性訪談，詢問諸種問題，以確定該團體是否適合於他們。團體領導者應鼓勵未來的團體成員們參與有關加入該團體的適宜性的決定。

當然，團體領導者對於招募那些成員有實際的保留權，篩選團體成員，是團體領導者的任務。這是一項很困難的抉擇，而且篩選過程是主觀的。然而某些準則能幫助一個團體領導者明智地作出此種抉擇。我發現通常很難確定哪些人選將獲益於一個團體。在個人訪談時，人們往往對於希望對所求於該團體者為何很模糊。他們會像求職訪談一樣的驚懼、緊張、防衛，也會尋求私下交談。如果他們對自己是否被准許加入該團體很焦慮，則更是如此。

選擇團體成員的基本標準是，他們是否將投入該團體，或他們是否將與團體背道而馳。有些人實在是害群之馬，幾乎沒有什麼有益的作用。還有，有些人的存在，使團體的凝聚力難以維持，尤其是獨裁、專制的人；那些充滿敵意的企圖性並欲訴諸行動的人；以及那些極端自我中心和那些欲讓團體聽命於自己的人。還有一些人通常也應被排除於大多數團體之外，他們是具有極端的批評態度的人、有自殺傾向的人、有反社會人格的人、極好猜忌的人、或是缺乏自我強度而易於出現分裂性怪異行為的人。篩選成員的一個指導原則是，團體的類型應決定誰將被接受。因此，一個酗酒者會被排除於一個個人成長的團體之外，但卻是這類同質團體的適當人選，如果團體成員都患有上癮的惡習，或是酗酒，或是有毒癮，或是對其他物質上癮。

如果說篩選階段對於團體領導者是一個機會，可評鑑應徵者，並確定他們對團體經驗之所求爲何，那麼，它對未來的團體成員來說也是一次機會，藉此了解團體領導者並建立一種信任感。這種最初的會談所進行的方式，與建立該團體的信任感有很大關係。這就是爲什麼在這一會談期間我強調雙向交流的原因，希望團體成員們能很自在地提出各種問題，以有助於他們確定自己是否要在這特定時刻加入該團體。這些問題包括：這個人想成爲團體中一個有貢獻的人嗎？加入該團體的決定是由這個人自己作成的，還是受其他人的影響？應徵者是否有明確的目標，並了解團體會如何幫助他實現這些目標？這個人是否有足夠的開放性，願意與人同甘共苦？

選擇最佳的團體成員以確保最佳的團體均衡，往往是遙不可及的事。耶樂姆(Yaolm, 1985)提出，凝聚力是選擇應徵者的主要標準。因此，最重要的是，要選擇那些可能會和諧相處的人，即使這會產生一個異質性的團體。

在團體心理治療(group psychotherapy)的情境下，耶樂姆指出，除非仔細運用選擇的標準，否則病患們會陷入沮喪和無助之中。他始終認爲，確認哪些人應被排除於治療團體之外，比確認哪些人應被包容在治療團體之內更容易。在引述臨床研究時，他列出下列人爲異質的、需以密集式門診治療的：腦部損傷的人、妄想症病人、慮病症患者、酗酒或染上毒癮的人、嚴重精神病人、有反社會人格的人。根據這些選擇標準，耶樂姆堅持主張，患者投入團體的動機是最重要的因素，團體對下列一些人是有用的，具有種種人際問題如，孤獨、不能進行或維持親密交往、感到缺乏愛、害怕作決定、依賴他人的人，而缺乏生活意義的人、有擴散性焦慮(diffuse anxiety)的人、正尋求認同感的人、害怕成功的人以及有強迫症的人，也可能會得益於團體經驗。

篩選必須依據由專業人員所確立的團體類型情境。一個人究竟是要被納入一個團體中還是被排除於團體之外，大部分是取決於團體的目的。

團體形成的實際問題

㈠開放式與封閉式團體

　　一個團體是開放式的還是封閉式的，部分取決於成員性質及其情境。不過，這一問題必須在最初階段予以討論和確定。這兩類團體都有一些獨特的優點。在封閉式團體中，一旦團體進入正軌，在其預定的進行期間內便不再增加新的團體成員。這種情形提供了團體成員的穩定性，使連續性成為可能，並促進凝聚力。封閉式團體的一個問題是，如果有過多的團體成員退出，這一團體的歷程將受到極大的影響。

　　在一個開放式團體中，新的團體成員替代了那些離開的團體成員，能提供新的激勵。但這種開放團體的一個缺點是，新團體成員可能有一段時間很難使自己成為該團體的一分子，因為他們並不了解在其加入之前哪些是已討論過的。另一個缺點是，團體成員的這種流動變化會對該團體的凝聚力有不良的影響。因此，如果團體的這種流動是在所難免的，團體領導者就必須付出時間和精力來引導新成員，並幫助他們融入整體。

㈡自願與非自願成員

　　團體是否只應由那些出於自身選擇而加入其中的團體成員組成？或者，團體即使在包容了非自願成員時，也能發揮作用嗎？很顯然的，一個由願意投身於團體歷程之中的人組成的團體，有許多優越之處。依耶樂姆(1985)的看法，一個團體吸收成員的最重要標準是動機。他主張，為了能獲益於團體，一個人必須被激發起極大的動機來參與團體，在一個治療團體中尤其如此。若被別人「薦送」來參加一個團體，會大大削弱團體成功的機會。耶樂姆認為，一個在內心深處執意不願加入團體的人，是不應被接納的。然而他也認為，非自願成員對團體所持的多種消極態度，是可由充分地引導而發生改變的。

　　依照耶樂姆的觀點，我發現許多非自願團體成員了解到，團體諮商的經驗能幫助他們實現某些他們所欲實現的改變。在許多機構和學校裡，實務工作者們的確被期望引導一群非自願的當事人。因此，對這些諮商員來說，重要的是要了解如何在這樣一種結構中工作，而不是固守著一種看法，

認為他們只是對自願者才能發揮作用。如果團體領導者能經由適當的方式提供團體經驗，以此幫助非自願者看到這樣經驗的潛在益處，發揮建設性作用的機會就會增加。成功參與的關鍵，既在於團體領導者堅信團體能為未來的團體成員提供某些幫助，也在於所有團體成員的意向與準備。

(三)團體規模

一個團體的適當規模取決於諸多因素，例如，團體成員的年齡、團體的類型、該團體諮商員的經驗，以及所欲探討的問題類型。另一個要予以考慮的要素是，該團體究竟要有一個還是多個領導者。對於發展中的成人團體而言，約八個團體成員有一位團體領導者，似乎是較適宜的規模。兒童團體大概宜小到三或四人。一般說來，團體應有足夠的成員以保持充分的互動而不致令人厭煩，同時它又應小得足以使每一個人有機會頻繁地討論而不致喪失參與感。

(四)聚會的頻率與時間長短

團體聚會的頻率如何？每次應聚會多長時間？這些問題同樣也取決於團體的類型，並且在一定程度上取決於團體領導者的經驗。對大多數諮商團體來說，一星期一次是通常的形式。對兒童和青少年來說，聚會通常以更頻繁、更短為佳。對於能力較好的成人來說，每週二小時適足以完成某些密集性的工作。

(五)團體的持續時間

依我看來，團體領導者明智的作法是，在一開始就確定一個封閉式團體的終止時間，則團體成員們便能對該團體發揮作用的時間期限有一個清晰的概念。在私人診所中，團體能維持約三十至五十個星期。許多大學和高中裡的團體，往往維持一個學期（約十七個星期）之久。這一持續時間因團體而異，取決於團體類型及成員對象。團體應足夠長久，以促成凝聚力，並發揮建設性作用；但又不應過長，以致團體在無休止中拖延下去。

(六)聚會地點

另一個團體前的問題是聚會環境。一個隱密性、具有一定程度的吸引力、能促成面對面交流的地點，是十分必要的。由於一個不良的環境會產生一種消極的氣氛，從而給團體的凝聚力帶來不利的影響，故應努力確保一個能促成深層次交流的聚會環境。

有關這些實際問題更為詳細的知識，我推薦Gazda的《團體諮商：一個發展的探索》*(Group Counseling:A Developmental Approach,*1989)；Shapiro的《團體心理治療與會心交流的方法：一種革新的傳統》*(Methods of Group Psychotherapy and Encounter:A Tradition of Innovation,* 1978)；Yalom的《團體心理治療的理論與實務》*(The Theory and Practice of Group Psychotherapy,*1985)；Ohlsen, Horne, Lawe的《團體諮商》*(Group Counseling,*1988)；以及Jacobs, Harvill和Masson的《團體諮商：策略與技巧》*(Group Counseling：Strategies and Skills,*1988)等。

團體前會談或初次聚會的運用

在團體成員已經確定之後，需要解決的另一個問題是，在引導團體成員儘可能得益於其團體經驗方面，該團體領導者的責任是什麼？我的看法是，系統化引導是必要的，它開始於團體前的個別晤談之中，持續到最初的幾次會談。準備工作主要包括：與團體成員一起探查他們的期望、恐懼、目的及 些誤解；團體歷程的基礎；與團體成員相關聯的心理風險及減低風險的措施；團體的價值與侷限性；從團體經驗中獲取最大效益的準則；以及信任的必要性。這種準備可藉由為所有將加入團體者舉辦的預備會談來完成。

在團體形成之前，除與每一個人進行個別晤談之外，我還運用初次會談(initial session)作為團體篩選的方法。這一最初的會談是一個很好的機會以談論團體的目的，使團體成員了解他們將如何利用團體時間，探討許多可能為團體所關心的問題，討論基本規章與政策，並開始相互熟悉的過程。由於我喜歡讓人們儘早決定他們是否已準備好並願意加入團體，成為積極的成員，故而我鼓勵參與者們把這最初的聚會看作是幫助他們做決定的機會。

團體的結構包括規範與程序的具體化，應在團體歷程的早期完成。雖然這一結構在個別晤談期間已經開始，但在該團體首次正式聚會上，仍有必要繼續這一歷程。實際上，團體結構是一個不斷發展的過程，它是團體初期各階段的一個關鍵內容。

某些作者贊同參與團體應作系統化準備的觀點。伊根(Egan, 1976)在其人際關係團體中採用了一種契約技術。他所描述的研究表明,若在團體的最初階段缺乏結構,會增加了團體成員的恐懼和不實際的期望。伊根對團體歷程的探討,是基於這樣的假設:如果團體參與者對什麼是該團體的目標,以及該團體如何發揮作用有一個清晰的認識,他們將從團體經驗中獲得更多的收穫。因此,在他對團體工作的探索中,讓團體成員們學習人際關係訓練的基礎,以使其認識到該團體是一個實驗場,在其中可進行嘗試新的行為,著重此時此地,與他人相互交流,給予並接受回饋是這一過程的基本內容,團體成員們被鼓勵將他們在該團體中獲得的技能,運用於團體外行為改變的模式。伊根的系統化準備的觀念,可以用他對讀者所寫的這句話作為總結:「在你開始一種經驗之前,越是清晰地了解它,你將能夠越明智地投入於其中,而它將對你越有價值。」(1976, p.3)

　　團體成員的系統化準備的另一個倡導者是耶樂姆(Yalom,1985)。他的準備工作包括:解釋他的團體工作理論,探究種種誤解和期望,預想早期的困難和障礙,討論參與者們如何能幫助自己,談論有關信任與自我表露,探討與嘗試與新行為相伴隨的風險。耶樂姆還論述了諸如:團體治療的目的、信任感、團體外的社會化等問題。

　　當我非常確信團體成員完善的系統化準備之價值時,我也認識到過分準備的危險。例如,我通常要求團體成員們在團體中談論他們可能具有的任何恐懼和保留性看法。我還探討一些加入團體常見的風險。然而,在這一特定層面,如果團體領導者談得過於具體,團體成員們會轉而產生他們從未有過的擔心或甚至是恐懼,而這些可能會成為自我應驗的預言。而且,若團體領導者實施過多的組織結構,會抑制團體成員方面的主動積極性。過分準備的這種風險,甚過不充分準備所造成的風險。團體後期階段中大量的失誤與無益的衝突,常常是由於未真正獲得某些基本技能,和對團體歷程的誤解所致。

團體成員定向及準備的準則

　　我在篩選每一個可能的團體成員時，便開始我的準備程序，並且，我把第一次團體聚會（我稱之為團體前聚會）的大部分時間，用於確定團體歷程。這種定向一直持續於該團體的最初階段，讓團體歷程隨著該團體的逐漸形成而自然產生。

　　我首先著手與參與者們討論他們自身的準備對團體歷程的重要性。我強調，他們從團體中所獲得的效益，將極大地取決於他們的投入程度。在團體前聚會和隨之而來的初期團體聚會中，我把自己的角色看作是如何幫助團體成員們考察和確定自己的投入程度。我們關注他們欲從團體參與中獲得什麼，而我則幫助他們確定一個明確的、具體的和有意義的個人目標。在他們已確定某些個人目標以指導其在團體中的工作之時，要求他們藉由訂定契約而完成這些目標（有關幫助團體成員確定個人目標和形成契約方式的詳細內容，參見第十二～十五章中對溝通分析、行為團體治療、合理情緒治療、現實治療法的討論）。

　　在團體前聚會中，我要求團體成員們談出他們的預期，他們參與這一團體的原因、他們對參與團體的恐懼，以及他們的願望。我還給他們一些他們能夠做得到的建議，以擴大團體在幫助他們實現其對自身生活所期望的改變方面之作用。我和他們談及適當的自我開放，以使其了解到，他們欲在團體中所探索的，正是他們選擇生活事務的決定；以及他們願意持續表達出對此時此地團體互動的反應，是十分重要的。我的目的是要告訴他們，只有在他們願意表達出自身團體中的思想和感受的情況下，團體才能發揮其作用。實際上，他們的反應會有助於我在最初的數次團體聚會中採取的領導方向。我還鼓勵他們提出有關團體歷程的任何問題和考慮。

　　我要求團體成員們在參加每一個聚會之前，提出他們願意探討的個人問題。雖然他們在參加團體聚會時可能有自己的具體主題內容，我仍然鼓勵他們保持一定的變通性，願意處理那些因團體內的相互交流而自然產生的問題。由於我不斷發現閱讀、省思、作筆記的確有助於團體成員們清晰地認識自身的問題，我嘗試讓他們閱讀一些挑選過的書籍，並要求他們持

之以恆地寫日記，這樣可以自然地記錄下對自己在各聚會中所體驗到的內容的反應。進而鼓勵他們在團體中提出日記中所寫下的要點。以這種方式，他們會明白在団體聚會中工作的價值。我始終提醒他們，一個團體的作用在於團體可作爲一種工具，以幫助他們獲得新的思想、感受和行爲的方式。因此，他們會被要求在団體聚會中嘗試新的行爲方式，以了解他們是否會需要在生活中進行某些改變。

團體前準備的研究之啓示

(一)準備的重要性

研究證明，參加過團體前準備會談的成員，通常比那些沒有準備的人更能從團體經驗中獲益(Borgers & Tyndall, 1982; LeCluyse, 1983; Muller & Scott, 1984)。了解哪些行爲是他們所希望去達成的團體成員，往往會獲致更大的成功(Stockton & Morran, 1982)。意向明確的團體成員對團體的信任不斷增加，更能意識到恰當的團體行爲及角色，則焦慮程度較低。他們能表現出日益增加的開放性，更願意表白自己，作出反應並接受回饋(Bednar, Melnick & Kaul, 1974; LeCluyse, 1983; Yalom, 1983)。

有些研究顯示，團體前準備能有效地控制焦慮。焦慮會妨礙團體成員完全投身於團體歷程之中。雖然一定程度的焦慮在大多數團體中會有治療上的效益，但過於強烈的焦慮會使團體成員陷於僵化。耶樂姆(Yalom, 1983)認爲，團體領導者可發揮多種作爲，以防止一個當事人在投入一種不甚了解的治療情境時所產生的不必要的焦慮。他引用了研究證據說明，對團體的目的、實現這些目的方法及所期望的行爲缺乏清晰的認識，會增加團體成員在團體中的挫折。他還引述研究來說明，已經接受過系統化準備的住院病人當成爲治療團體中的成員時，比沒有準備的人能更好地運用團體歷程。有準備的團體成員自願性更高，交流更多，在提出個人問題方面更爲主動，自我表露更多。另一項研究指出，結構化準備訓練的學習經驗，增加了成功的機率，因爲它們減少了初期階段的強烈焦慮，且不妨礙或干預團體發展階段(Bednar et al., 1974)。

準備對於少數族群團體成員來說尤其重要，因為他們之中許多人的價值觀，使他們很難完全投入於一種團體經驗。例如，治療團體中自由參與和溝通觀點的方式，似乎與亞洲人謙卑與節制的價值觀相衝突。而且，許多亞洲人並不具有西方人的獨立、個人主義、習於溝通、感情表達及自信的價值觀(Lee, Juan & Hom, 1984)。這種團體成員可能會因其團體經驗而受到驚嚇，尤其是當他們被要求過快地進行深層的個人表白時。因此，對於亞裔美國人來說，若以前沒有在團體治療經驗，充分的準備是十分必要的。認真的準備可減少這些當事人退出團體的比率，並能幫助他們最大限度地獲得效益(Ho, 1984)。對其他少數民族團體中的個體來說，事先的準備也並非不重要。他們不僅要了解這一團體經驗對他們具有什麼樣的個人意義，而且要知道這一團體的目的是十分重要的。團體工作者必須認識到，反抗或是抗拒可能較多出自於文化背景的原因而不是源於不合作態度。

(二)團體前準備的目的與方法

研究證明，團體成員的準備訓練，可能是影響團體交往模式以及團體成員效益的最重要正面因素(Bednar & Kaul, 1978)。這種準備有三個重要的目的：說明期望、為團體參與提供指引、為有效的行為提供示範。因此，它的一般性目的是在於澄清有關團體經驗的錯誤概念，針對如何從團體獲得最佳效益的方式提供訊息，預測種種障礙，並幫助團體成員建立特殊的個人目標。和那些沒有接受這種訓練的參與者相比，在團體前的準備之後，團體成員們往往能更充分地參與人際討論之中，並建立起更大程度的凝聚力(Bednar et al., 1974)。

團體前準備可被用於在團體歷程的早期建立理想的規範。鮑杰斯和泰恩道爾(Borgers & Tyndall, 1982)描述了三種預先訓練團體成員的方法：認知法、替代經驗以及行為法。憑藉認知法，團體成員獲得有關團體歷程以及他們所期望的訊息。替代經驗包括：使用錄音、錄影帶，示範所希望的團體行為。行為法包括參與結構化的活動。鮑杰斯和泰恩道爾總結道：「也許最有價值的團體前準備是由組合這三種方法所構成的，並且理想的作法是，要考慮到諸如：冒險傾向、人際敏感性以及認知功能層次等因素，從而能更適合於當事人(1982, p.111)。」。他們的總結得到了研究的支持。已有的研究一致表明，接受過認知指導和行為示範的團體，比那些

只受過其中一種訓練或沒有訓練的團體效果更好(Stockton ＆ Morran, 1982)。

協同領導者的團體前課題

㈠團隊工作是有必要的

如果你是協同領導一個團體，在早期階段的一個核心問題是，你和你的協同領導者有著同樣的責任，以構築這一團體並使其不斷發展。你們雙方都必須十分明確這一團體的目的，你們希望在所有的時間裡實現什麼目標，以及你們將如何去實現這些目標。合作並保持基本意見一致，對於給團體一個很好開端是十分重要的。

這種合作努力最好以一次會晤為開端，確立一個計畫草案，其後，你們雙方把合作計畫提交給某一位權威審閱通過。你和你的協同領導者就是一支團隊，開始共同處理一系列問題，諸如：發出通知並招募團體成員；進行篩選會談並確定誰可入選、誰應排除；達成一些基本的規則、政策和方法，並提供給團體成員；對那些為建立一個團體所必須處理的實際問題進行分工。

也許協同領導者並不總是能夠平等地分擔策劃和建立一個團體的所有責任。雖然每個協同領導者都和參與者進行面談是最理想的，但時間限制會使其不可能實現，因此必須對任務進行分工，但每一個協同領導者都應當儘可能地參與一個團體所必要工作。如果一個人承擔了不均衡的工作，另一個領導者則很容易在團體開始以後扮演一個被動消極的角色。

㈡與你的協同領導者和睦相處

如果協同領導者們相互之間不熟悉，或是對對方如何從事專業工作不甚了解，他們往往會陷入一種不良的開端。若只是簡單漠然地步入一個團體，未事先與你的協同領導者討論任何開始的計畫或相互熟悉，便會招致更多的問題。我有幾個建議，協同領導者們可在最初活動之前考慮一下：

  ▫ 花些時間至少對對方在個人和專業方面上有所了解
  ▫ 談談你的理論取向以及你們個人如何看待團體。你們各自都曾領導

過哪些類型的團體？你的理論取向和領導風格會以什麼方式影響團體的方向？

□ 你們之中是否有人對與他人共同領導有所擔心或保留？你們的合作將會有何收益？作為一個團隊，你們將怎樣在一起有成效地發揮你們各自的才能？你們在領導風格上的差異如何能產生互補的效應並實際地強化這一團體？

□ 為了讓你們兩個人能有很好的整體協調工作，你們應對團體工作的倫理問題達成一致意見。你們個人認為哪些是不道德的作法？

團體前問題總結

㈠團體成員的功能和可能的問題

在加入一個團體之前，團體成員必須具備必要的知識，以作出他們是否參加團體的決定。團體成員們應採取主動，以判定一個團體是否適宜於他們。下面列出的是有關這一階段團體成員常面臨的問題：

□ 團體成員應了解一個團體可能對他們產生的影響
□ 團體成員必須了解如何挑選團體領導者，以便確定是否這個特定的團體領導者所領導的團體在此時此刻適合於他們
□ 團體成員需要參與有關將他們選入或排除出該團體的決定
□ 團體成員必須思考他們欲從團體經驗中獲得什麼，以及他們怎樣能實現他們的目標，從而使自己為未來的團體做好準備

下列情況也可能會產生種種問題，如果團體成員是：

□ 被迫加入一個團體
□ 沒有獲得關於該團體的性質的充分的訊息
□ 處於消極被動之中，對他們想要或希望從這一團體中所得到的東西沒有任何想法

(二)團體領導者的功能

在一個團體的形成階段，團體領導者的主要任務包括如下內容：

- 建立一份明確的書面計畫，以建構一個團體
- 向有關的權威人士提交這份計畫書，並使你的想法被接受
- 公告這一團體，以便向未來的團體參與者提供較多的訊息
- 進行團體前會談，以完成篩選和適應準備的工作
- 針對團體成員的選擇作出決定
- 組識開創一個成功的團體所必要的實務細節
- 如果有必要的話，徵得當事人雙親的同意
- 為團體領導工作作好心理準備，並會晤協同領導者（如果適宜的話）
- 安排一次預備性團體活動以便相互熟悉，說明團體的基本規則，使團體成員為有成效的團體經驗作好準備
- 為取得事先的允諾作好準備，與團體參與者討論與團體經歷相關聯的可能風險

(三)結束語

那些在早期發展階段被中止的團體，大多是因為在開始時根基不牢。團體成員中所出現的所謂「抗拒」，通常是團體領導者不能給他們充分的適應準備的結果。團體前準備訓練的性質和範圍大部分是取決於團體的類型，但也有一些共同的要素可見諸絕大多數團體諸如；團體成員與團體領導者的期望，該團體的基本程序，有關團體的錯誤概念，以及團體實務的優點與侷限性。這種準備訓練可開始於成員篩選期，並可持續於整個初期階段。雖然從團體前準備進而建立起一個團體要付出相當大的努力，但隨著團體的發展，所花費的時間自可收得其效益。許多影響團體發展的潛在障礙，可經由認真的策劃和準備而加以避免。

階段一：初期階段——定向與探索

初期階段的特徵

團體的初期階段是一個定向和探索的時期：確定團體的結構，相互熟悉，並探討團體成員們的期望。在這一階段，團體成員們了解該團體如何發揮作用，確定他們自己的目標，明白他們自己的期望，並尋找他們在該團體中的位置。在這一初期階段，團體成員們往往保持一種「公衆形象」；也就是說，他們表現出他們自認爲是被社會所接受的種種特點。這一階段的特點通常是帶有一定程度對該團體結構的焦慮感和不安感。團體成員是以嘗試性態度探索和檢查團體的種種侷限性，因爲他們並不知道是否將被接受。

一般情形是，團體成員們帶著某些期望、問題和焦慮來到團體，他們被允許坦誠地表達自己是相當重要的。在這一時期，團體領導者必須澄清團體成員的錯誤概念，並且如有必要，除去團體的神秘性。我把這一初期階段看作爲一個人在異國他鄉度過的最初幾天，必須學習某種新語言的基本內容以及不同的表達方式。

初期階段的基本任務：接納與認同

建立在團體中的認同感，並確定一個人在多大程度上願意成爲一個積極主動的團體成員，是初期階段的重要工作。舒茲(W. Schutz, 1973a)指出，這一階段包括：確定是否參加團體，在團體中保持一個人化的個別性，以及作出承諾。下列這些問題是許多團體成員常在此一初期階段詢問自己的：

□ 我要加入或退出這一團體嗎？

□ 我要在多大程度上剖析我自己？

□ 我想冒多大程度的風險？

□ 冒風險的安全係數有多大？

□ 我能確實信任這些人嗎？

□ 我適宜於並屬於這裡嗎？

□ 我喜歡誰？我不喜歡誰？

□ 我能被接受嗎？還是被拒絕？

□ 我能仍然是我自己，同時又是該團體的一部分嗎？

弗萊德(Fried, 1972)呼籲注意團體成員抗拒團體壓力的必要性，這種壓力可能會導致他們放棄自己的獨特性。她強調保持獨立、自主的個別性而不要因融合於團體而失去自我的重要性。弗萊德的告誡與團體成員的權利和需要有關，這些權利和需要包括：保持他們自己的節奏，實現並保持個別性的意識。

團體的基礎：信任

絕大多數作者都同意，建立信任對團體的持續發展是至關重要的。沒有信任，團體中的互動就只是很膚淺的，很少會產生自我探索，相互之間的建設性激勵亦不會產生，整個團體就會處於隱藏感情的妨礙之下。

一種錯誤的看法認為，人們會自然而然地隨著他們進入一個團體而相互彼此信任。為什麼他們應毫不懷疑地給予彼此信任？他們怎麼樣才會知道這一個團體能比社會提供更能接受的安全氣氛？我的觀點是，人們要針對是否信任一個團體這個問題作出決定。這樣一種決定取決於團體領導者的能力，即要證明這個團體會是一個安全的場所，團體成員在其中能安全地表現自己，表白自己是誰、是什麼，而且，藉由鼓勵團體成員們談論出壓抑信任的任何因素，團體領導者可以加強治療性氣氛，而這種氣氛對於團體成員的坦率和冒險精神是必須的。

(一)建立信任的方法

　　團體領導者自我介紹的方式，會對團體的氣氛產生一種深遠的影響。這位團體領導者是活力充沛的、有風度的、在心理上與人親近的、坦率的嗎？在多大程度上這位團體領導者眞正是他自己？在多大程度上這位團體領導者表現出對團體的信任和誠實？我經常看到有些團體成員反應能夠被團體領導者信任的感受相當好。

　　團體領導者能否成功地建立起一種基本的信任感和安全感，很大程度上取決於他們是否爲該團體進行完善的準備。仔細地挑選團體成員並努力確保這一團體適合於他們，是非常重要的。同樣的，團體領導者說明團體的基本規範的方式也是十分重要的。那些表現出關心團體成員個人利益以及團體整體利益的團體領導者，能促成信任。談論一些諸如：團體參與者的權利、保密的必要性、相互尊重的需要等問題，都能表明團體領導者對該團體採取了一種嚴肅認眞的態度。如果團體領導者認眞關懷，那麼團體成員們也就大有可能去充分地關心，把自己投入到團體以促使它成功。

　　然而，這些評論不應被解釋爲，建立信任是團體領導者個人職責。誠然，團體領導者可經由他們的態度和行爲促成信任，但信任的程度在大部分也取決於團體成員一方，取決於他們的個人與團體。

　　團體成員進入團體既帶有希望也帶有恐懼。團體參與者如果被鼓勵去表達他們的畏懼，便能更信任這一團體，因爲談論他們自己往往會揭示出其他人和自己有著同樣的恐懼心理。例如，如果一個團體成員擔心她不能有效地表達她自己，而另一個人也表達出同樣的擔憂，那麼在這兩個人之間幾乎就能建立起一種聯結。

　　沉默和退縮是最初活動階段的部分特徵。一個團體越是非結構化，人們對自己如何在此團體中行事便越是焦慮和不知所措。團體成員在尋找如何參與的過程中徘徊不前。隨著團體活動的開展，團體成員逐漸開始覺得在討論中提出問題、進行參與要容易多了。總括說來，(在最初) 人們提出的這些問題往往是安全性問題，有時也會談論其他的人和彼時彼地的內容。這也是團體成員投石問路的一種方式，好像是在說：「我將部分地表露我自己——不是深入的敏感性內容——我要看看別人會怎樣對我。」

(二)維持信任的方法

　　初期階段的另一個特點是有這樣一種傾向：有些團體成員在出現某些問題時，自告奮勇，試圖提出有效的建議。團體領導者的責任是，要保證這些「解決問題的干預措施」不要演變爲一種模式，因爲這會引起其他團體成員的惱怒，從而起來與這些急於要爲每個人的問題提供解決的人進行對抗。

　　團體中的信任的氣氛，還會受到一些消極情緒的影響，團體成員常常會在初期階段對其他團體成員或對團體領導者、對團體沒有採納他們樂於看到的進展方式這一事實，而體驗到這些消極情緒。這是一個團體中的重要轉折點，信任感可能會因此而喪失或加強，取決於這些消極情緒被解決的方式。如果矛盾衝突能提到檯面上來，這些消極情緒經驗能被認眞地傾聽，那麼產生這些情緒的情境就大有可能被轉變。團體成員們需要知道，持有並表達種種消極情緒是可以被接受的。只有這樣，一個團體才能向前發展，進入更深入的工作層次。團體成員們感到安全能承擔更大的風險，並能夠集中努力去從事對個人具有重大意義的工作，表達此時此刻的感受。

　　隨著團體成員向別人更多地表露自我，團體變得越來越有凝聚力；反過來說，這種不斷滋長的凝聚力，加強了團體中的信任，並爲團體成員提供了恰當的氣氛可以在團體中嘗試新的行爲方式。當團體成員相互信任時，他們也會信任他們所接受的回饋，並利用這些回饋去嘗試把新獲得的行爲運用於日常生活之中。

團體領導者在初期階段的角色

(一)示範

　　當你領導一個團體時，你不僅作爲一個技術專家，也作爲一個樹立榜樣的參與者，爲團體確定步調和形成規範(Yalom, 1985)。重要的是，你要在第一次活動中，向團體公開地說明你自己的期望，並且你要示範人際互動的誠摯和自發性。你必須認識你自己的行爲及你對該團體的影響，並實施那些能創造治療性環境的技術。

要想團體有成效，一個團體領導者必須能夠並樂於對團體真誠的關注。一個真誠的團體領導者是與人和諧的，不採取任何角色維持人為的距離，樂於做那些他自己希望團體成員們去做的事。真誠意味著一定程度的熱忱和對作為團體領導者工作的投入。試想如果你不相信你所做的事情，或是你持一冷漠的態度，又怎能指望那些團體成員全心投入並相信你的團體領導能力呢？

關於同理——包括：認知上的和感情上的——你可以從團體成員內在利益的角度去認識和理解世界，創造一種有治療作用的情境。另一個重要特點是，你在注意和回應字面上所表達的與字面背後隱含的訊息時，要特別敏感。這既適用於整個團體，也適用於個別的團體成員。最後，團體的成員們需要感受到，你尊重並主動地關心他們。

你尚須時刻牢記，在這一初期階段，團體參與者相當依賴於你尋求指導，以致疏忽了他們自己的能力。這種情景存在於絕大多數團體之中，它要求你時刻意識到你自己被視為一個權威人物的需要，並保持對團體的牢牢控制。如果你不意識到你自己的這些需要，你可能會使團體中的成員無法獲得自主性。

(二)幫助確定目標

作為團體領導者，你的另一個主要任務是幫助團體成員充分參與進來。你可以做許多事情來促進、鼓勵、鞭策人們，去從他們的團體中獲得最大收益。在這一階段，你的主要作法是幫助他們確定、澄清、建立有意義的目標。有一些普遍性的團體目標(general group goals)，它們因不同的團體而異，取決於團體的目的；也有一些團體歷程目標(group-process goals)，適宜於絕大多數團體。伊根(Egan, 1976)曾對這些目標有過一些描述：自我探索、嘗試、參與此時此地的活動、使自己被別人所了解、激勵自己和別人、勇於冒險、給予並接受回饋、傾聽別人的見解、對別人作出真誠具體的回應、應付各種矛盾衝突、處理在團體中所產生的各種情感、決定著手做什麼工作、實踐新的領悟、把新的行為應用於團體之內和團體之外的實際生活中。

除了建立這些團體歷程目標之外，你還需要幫助團體成員建立他們自己的目標。一般說來，在一個團體的初期階段，人們對要從團體經驗中獲

得些什麼僅有模糊的認識。這些模糊的觀念必須被轉換為特定的具體目標，並與所期望的改變及個人為促成這些變化所實際付出的努力聯結起來。正如我在前面所提到的，你若能擔負起責任去實踐和示範那些有效的團體互動所必須的技術和態度，則對促進這一團體歷程將大有貢獻。

團體領導者的基本任務之一，也是最具挑戰性的一個任務，是把那些隱藏的話題公開到檯面上來。例如，有些團體成員可能持有一種隱含的目標，它與團體目標有時重疊交錯。他們可能有想成為注意焦點的欲望，或者因為他們對於與他人親近感到不舒服，而會破壞團體中的親密感。一個團體領導者的作用，是使這些隱藏的話題公開出來。如果這些個人目標始終隱藏者，它們就必定會破壞團體的效果。

㈢責任的劃分

團體領導者必須考慮的一個重要問題，是對團體的方向和效果負責。如果一個團體被證明是毫無成效的，這究竟是由於缺乏領導技術呢？還是應由團體成員們來承當責任呢？

說明團體領導者責任問題的一種方法，是以一種連續體的方式來看待它。一端是團體領導者對團體的方向和效果承擔較大的責任，此類團體領導者往往持這樣一種看法，即除非他們予以大量指導，否則團體就會停滯不前。他們把自己看成為專家的角色，並主動地採取干預措施，以使團體順著他們認為有成效的方向發展。這種極端負責的領導有一個缺點，即它剝奪了實際上是團體成員們自己的責任；如果團體成員們被團體領導者認為是沒有能力照顧自己的，他們會很快表現出不負責任而實現這種預想，至少在團體中是這樣。

在責任連續體另一端的團體領導者，則會聲稱：「我對我自己負責，你對你自己負責。我不能為你做任何事——使你感受到什麼或是使你撤除你的心防——除非你讓我去做。」

理想上，每一個團體領導者都應找到平衡點，既承擔恰當的部分責任，但又不剝奪團體成員的責任。這一問題非常重要，因為一個團體領導者對其他問題（諸如：建構團體和自我表露）的探討，都視這一責任性問題的處理而定。團體領導者的人格，對於確定承擔多大的責任，尤其是哪些責任應被承擔，有著密切關係。

(四)結構組織

　　和責任擔負一樣，結構組織也可視爲一個連續體。團體領導者的理論取向、團體的類型、團體成員人數等因素，都影響著應用結構組織的規模和類型。在初期階段，提供有治療性的結構組織是特別重要的，因爲這時團體成員通常不清楚哪些行爲是團體所期望的，故而十分焦慮。結構組織既可能促進也可能抑制團體的發展。過少的組織會導致團體成員變得過分焦慮，抑制他們的自發性。另一方面，過多的組織和指導，則會助長依賴態度和行爲。團體成員們可能會等候團體領導者「來安排一切」，而不是自己承擔起尋找自己發展方向的責任。

　　在我自己的團體中，初期階段所提供的結構組織類型，旨在幫助團體成員認識並表達他們的恐懼、期望和個人目標。例如，團體成員們參與一對一對話、輪流發言、結構式發問，這些方式使他們較容易和別人談論他們自己的生活問題。在一對一的基礎上與幾個人交談之後，他們將能夠更自在地對整個團體公開發言。從一開始我就努力幫助他們去了解他們此時此地所思考所感受的內容，並鼓勵他們直接表達自己的感受。我干預措施的目的，是在於促成團體中較高程度的互動，而不是要造成這樣一種現狀，即其中少數人在做漫長的工作，而其他團體成員只是坐在一旁觀望。設計這樣的組織形式是要讓團體成員們爲從團體得到最大收益而承擔逐漸增多的責任。當他們了解基本規範時他們往往採取主動而不是坐等我的指導。

　　關於在團體初期階段提供結構組織的價值，以往的研究都告訴了我們一些什麼？耶樂姆(Yalom, 1983, 1985)引用了大量的研究實證來說明，對於團體目標、團體歷程以及團體成員被期望行爲的模糊性，會增加團體成員們的焦慮、沮喪和脫離團體。耶樂姆發現，無論過多或過少的領導活動或管理，都會損害團體的自主性和團體成員的發展。團體領導者過多的領導往往會限制團體成員的發展，而過少的領導會導致團體的盲從。耶樂姆把團體領導者的這一基本任務看作爲提供充分的建構，對團體成員進行一般性的領導，而同時又避免陷入助長他們對團體領導者依賴的危險。他對團體領導者的建議是，要以促進每一個團體成員的自主功能的方式，來結構團體。例如，團體領導者不要邀請或要求團體成員發言，而是向他們示範如何在不被要求的情況下使自己參與相互交流。

研究表明，初期能建立起支持性團體規範和強調團體成員間積極交往的建構，是很有價值的。團體領導者必須在一個團體的整個歷程中，仔細地監督並評價這一治療性的建構，而不是直到最後階段才去評價它。能夠爲了解個人經驗和團體歷程提供一個連續性參照架構的組織，將是最有價值的。當治療性目標十分明確時，當適宜的團體成員行爲已經確認時，當治療過程已被建構從而爲所需的改變提供一個參照架構時，團體成員往往更迅速地投入治療工作中(Dies, 1983b)。另一項研究則總結指出，團體領導者在團體早期階段的領導，往往會促進凝聚力的發展，使團體成員們樂於冒險向別人披露他們自己，並向對別人作出回饋(Stockton & Morran, 1982)。

拜德納、梅尼克和考爾(Bednar, Melnick & Kaul, 1974)建立了一個模式，說明某些團體結構組織類型的價值。在他們的公式中，隨著團體凝聚力的增長，團體成員們逐漸對有意義的表達自己、作出回饋、對他人提供支持和激勵等方面，感到較爲安全。這些作者們的模式說明了下列歷程：初期模糊和焦慮、經由特定的指導逐漸增強結構、增加風險、團體凝聚力增加、個人責任增加。

總而言之，雖然許多因素與團體早期階段規範和信任的建立有關，在過多或過少的領導管理之間提供最佳平衡，是最重要的事情之一。其技巧是在於，所提供的結構組織，不過於嚴謹以致剝奪了團體成員們探尋自己結構的責任。把團體成員組織到能評鑑自己的進步以及整個團體的進步，是一種檢查結構程度是否適宜的有效方法；如果團體成員要承擔團體責任的話，則需要被教以特殊的監督團體歷程的技術。

初期階段的協同領導問題

如果你與一位協同領導者共同工作，討論責任與組織的劃分問題，對於團體的統一性是很重要的。如果你和你的協同領導者對於責任的平衡不能達成一致意見，你們的分歧必定會對團體有負面影響。

例如，如果你在確保團體持續發展方面承擔主要的責任，而你的協同領導者幾乎不承擔什麼責任，而是認爲團體成員們必須自己去決定在團體

的活動時間要做些什麼，那麼團體成員們就會覺察到這種分歧，並被其所迷惑。同樣的，如果你發揮最佳功能，從事高度的組織工作，而你的協同領導者認為一切組織工作都應來自於團體成員自己，這種觀點分歧就會對團體產生破壞性作用。

　　由於這些原因，聰明的作法是，選擇一個協同領導者，他的領導哲學與你的領導方法是相兼容協調的，儘管這並不意味你們兩人都必須有同樣的領導風格。你們可以有所差異，它們應是互補的；而是當這些差異導致團體的分裂時，麻煩就來了。

初期階段總結

㈠階段特徵

　　一個團體的初期階段是定向和確定該團體組織的時期。這一階段中的某些特定事件如下所述：

- 團體領導者檢查團體氣氛，並逐漸熟悉
- 團體成員了解團體規範以及被期望的內容，了解團體如何發揮功能，並學習怎樣參與一個團體
- 團體成員表現出被社會所接受的行為；承擔的風險相對較少，所作的探索是試驗性的
- 如果團體成員願意表達他們所思考和所感受的內容，團體凝聚力和信任感便逐漸被確立
- 團體成員們關心他們是否被接受或排斥，他們開始確定自己在團體中的位置
- 負面情緒首先出現，以此作為確定是否所有情緒都會被接受的一種檢查方法
- 核心問題是信任對不信任
- 存在一段沉默和畏懼時期；團體成員會尋求指導並想了解這個團體究竟是做什麼的
- 團體成員正在確定他們能信任誰，他們將在多大程度上表露自己，

這個團體有多大安全感，他們喜歡誰、不喜歡誰，以及要付出多大的投入

□ 團體成員正在學習尊重、同理、接受、關心、反應等基本態度——所有那些有助於建立信任的態度

(二)團體成員的功能和可能的問題

在團體歷程的早期，團體成員的一些特殊角色和任務，對於團體的形成是至關重要的。

□ 採取積極的步驟以創造一種信任的氣氛
□ 學習表達個人的情感和思想，尤其是當它們與團體中的互動有關時
□ 願意表達與團體有關的恐懼、希望、擔憂、保留意見以及種種期望
□ 願意使自己被團體中的其他人所了解
□ 參與團體規範的建立
□ 建立個人的和具體的目標以參與團體
□ 了解團體歷程的基本內容，尤其是如何參與團體的互動

部分可能產生的問題有：

□ 團體成員可能被動地等待某些事情發生
□ 團體成員可能堅持他們對團體的不信任或恐懼的情緒，因而牢固地持續他們自己的抗拒
□ 團體成員可能堅持他們自己的模糊認識和無知，這使有重要意義的互動很難進行
□ 團體成員可能會傾向於為別人提供問題解決和忠告

(三)團體領導者的功能

在團體的定向與探索階段，團體領導者的主要任務有：

□ 告訴團體成員一些積極參與的一般指導原則和方法，它們能增加成員獲得團體收益的機會
□ 建立一些基本規則並確立規範
□ 教導成員們團體歷程的基本原理

- 幫助團體成員表達他們的恐懼和期望，並努力促進信任感的發展
- 示範治療性行為的各種有促進意義的部分
- 對團體成員坦誠相待，對他們從心理上予以及時反應、關照
- 澄清責任分工
- 幫助團體成員建立具體的個人目標
- 開誠佈公地解決團體成員們的擔憂和問題
- 提供一定程度的組織結構，它既不助長團體成員的依賴性，也不會造成他們不必要的停滯
- 幫助團體成員坦露他們對團體中所發生之內容的想法和感受
- 教給團體成員基本的人際交往技巧，諸如：主動傾聽和反應
- 評價團體的需要，促使這些需要得到滿足
- 表達你對團體的預期和希望
- 向團體成員說明，他們對團體的發展方向和效果負有責任
- 確保所有的團體成員參與到團體的互動作用中，以避免有人會感到被排斥

階段二：轉換階段——處理抗拒

在一個團體能夠開始從事有成效的工作之前，通常都會經歷一個相當艱難的轉型階段。在這一階段，團體成員們面臨他們的焦慮、抗拒以及矛盾衝突，而團體領導者則幫助他們了解如何著手去處理他們的問題。

轉換階段的特徵

(一)焦慮

轉換階段一個普遍特點是焦慮和防衛不斷增加。這些情緒正常說來將被隨後而來的各個階段的真誠坦露和信任所替代。通常團體參與者們是以

對自己或對團體陳述或詢問的形式，來表達他們的焦慮的，如下所示：

- 我想知道這些人是否真正了解我，他們是否關心我
- 我在這裡公開坦露我自己到底會有什麼好處？即使它真的有益，那麼當我在團體之外嘗試做同樣的事情，它也同樣奏效嗎？如果我失去控制又會怎樣？
- 我看到我自己就站在門前，可是由於我懼怕在那背後可能看到的東西而不願打開門。我害怕向我自己打開這扇門，因為，一旦我把這門打開一條縫，我不能確信我是否還能再把它合上。我不知道我是否喜歡我所看到的，也不知道如果我向你們敞開鎖在我心中的話，你們將會有怎樣的反應。
- 在這裡我能在多大程度上接近這裡的其他人？我能在多大程度上對這些人公開我的情感？

焦慮產生於害怕讓別人在超出一般公眾認識的程度上了解自己。焦慮也產生於害怕被評判和被誤解，產生於需要更多的組織結構，產生於缺乏對團體情境中的目標、規範、所期望的行為的明確認識。隨著團體參與者們逐漸充分地信任其他團體成員和團體領導者，他們逐漸能夠公開坦露自己，這種坦率減少了他們對於讓別人看到自己真實面目的焦慮。

(二)矛盾衝突與努力控制

許多作者都提出，矛盾衝突在團體的轉換階段中扮演著中心角色。耶樂姆(Yaolm, 1985)把這一階段視作以消極的評價和批評為特徵。人們可能對別人採取相當批判性的態度，卻不願意去知道別人對自己的看法。在耶樂姆看來，這一轉換階段是一個——在團體成員中和與團體領導者之間——爭取權力並建立一種社會等級秩序時期。努力於獲得控制支配，是任何一個他們不可或缺的一部分內容：「它無時不有，有時悄然無聲，有時如文火燜燒，有時又如大火衝天」(Yaolm, 1985, p.304)。

舒茲(W. Schutz, 1973a)也把控制視為團體第二階段的核心問題。特殊的團體行為包括：競爭、敵對、運用各種手段謀求利益、爭取領導地位、頻繁地討論決策和責任分派的程序。舒茲主張，在這一時期，團體領導者的主要焦慮，與過多或過少的責任以及過多或少的影響力有關。

首先要認識到這矛盾衝突，才有可能處理並徹底解決它們。無論團體成員或是團體領導者總是想要迴避矛盾衝突的念頭，實出於一種錯誤的假定，認為矛盾衝突總是消極性的、反應著一種不良的關係。如果團體中的矛盾衝突被忽視，那麼最初產生這些矛盾衝突的因素便會惡化，並破壞真誠接觸交流的機會。當矛盾衝突被認識，並使那些有關的人能夠維持他們自身的整合性，各方之間的信任的基礎便可由此而建立。要認識到，矛盾衝突是不可避免的，但它是可以增強信任的，這就會減少團體成員和團體領導者試圖迴避那實際上是團體發展中一個自然成分的矛盾衝突。

要無視矛盾衝突和負面情感，需要付出精力，而這些精力應可能更好地用於建立一種真摯的面對並解決不可避免的矛盾衝突的方式。羅傑斯（Rogers, 1970）觀察到，對於此時此地事件的重要感受的第一次表達，往往與對其他團體成員或對團體領導者的負面態度有關。依據羅傑斯的觀點，表達負面情感是檢驗團體自由度和信任度的一種方法。團體成員們會考察這個團體是否是一個能表達不同意見、產生並表達負面情感以及體驗人際衝突的安全場所。他們正在測試：當他們並不「友善和藹」時，他們能在多大程度上被接受。認識、接受並處理衝突的方式，對團體的進步有著關鍵性的影響。如果它不能予以適當地解決，對團體就可能會退步並無法達到一個有成效的工作階段。如果對它給予坦率、關心的處理，團體成員們會發現，他們的關係十分牢固，足以經得起巨大考驗。

有些團體行為往往會引起矛盾衝突的負向情感：

- 保持冷漠，隱藏在一種觀察者的面具後面
- 言語過多，以詢問、建議的形式，或是以其他方式干擾人們跳開原來的主題，主動干預團體的歷程
- 支配整個團體，運用諷刺挖苦，貶低別人所付出的努力，要求別人注意自己

當團體成員之間的衝突出於移情的後果時，可以從下列這些內容檢測到這一點：

- 你似乎太假正經了。每次你開始發言，我都想離開這屋子。你讓我

想起我的前夫

　□ 你讓我煩得要命，因為你看上去就像個功能良好的計算機。從你那
　　兒我感不到有任何情感。我父親和你恐怕眞可算得上是天生一對

　□ 你這種總想關心別人的那股勁，眞讓我厭煩，你很少對你自己有所
　　要求，可你卻總是想要給別人提供些什麼。就像我媽媽——我覺得
　　我什麼都不能為她做，因為她什麼都不需要

㈢挑戰團體領導者

　　矛盾衝突往往是與團體領導者有關的。作為一個團體領導者，你可能
會在個人以及職業方面受到挑戰，你可能被批評為「過於冷淡」，不充分坦
露你自己，或者你會被批評為是「這團體中的普通人」，過多地披露你自己
的私人生活。下面這些評論可能是你會從你的團體中聽到的：

　□ 你是個批判型的、冷漠的、嚴厲的人

　□ 無論我做什麼事情，我都有一種感覺，覺得它總不足以打動你，你
　　對我們期望得太多

　□ 你並不眞正關心我們個人。我覺得你不過是做一次工作，而我們都
　　算不上什麼

　□ 你不給我們充分的自由，你控制支配著一切

　□ 你催得人太緊。我覺得你不願意聽人說「不」

　　把挑戰(challenge)與攻擊(attack)加以區分是很有幫助的。攻擊可能
會採取「傾洩」、「打了就跑」的行為方式。那些用「你就是這種人」之類
的話攻擊團體領導者的團體成員，不給團體領導者反應的機會，因為團體
領導者已經被審判、被定罪、被拒絕了。然而，就團體成員對團體領導者
所認識、所感受的內容對領導者進行公開對質，則是另一回事。一個團體
成員如果採取下面的方式，便可為相互對話留有餘地：「我發現我在這裡
不能公開表白自己。一個原因是，如果我這樣做了，我覺得你會把我推向
我不想去的地方。」這樣的團體成員公開陳述他的恐懼，但為團體領導者
作出回應，以及為進一步探索這一問題留出了餘地。這是表示一種異議，
而不是攻擊。

向團體領導者提出異議、挑戰，常常是團體參與者走向自主的第一個
重要步驟。絕大多數團體成員經驗到一種依賴對獨立的衝突。依賴是初期
階段的特徵；如果團體成員要能脫離他們對團體領導者的依賴，團體領導
者就必須允許並坦率地處理團體成員坦露他們對權威的異議。弗萊德
(Fried, 1972)指出，團體最初是集中注意於團體領導者，並對團體領導者認
同而結合在一起的。如果恰當地領導團體，團體成員應變得越來越自主，
最終與其他成員和團體領導者能達成一種同儕意識。弗萊德說：「在大部
分焦慮已被理解和被瀉洩之後，在屈從與反抗之間的衝突已被解決之後，
一種愉快的情感便產生了；團體成員相互之間變得善於合作，感到喜歡上
了團體領導者，儘管他們也已熟悉了團體領導者的缺點。」(1972, p.67)

　　你接受並處理對你個人以及對你領導風格的批評方式，極大程度地決
定著你帶領團體進入更高發展的層次。由於我重視來自團體成員的挑戰所
提供的機會，我努力直率地、真誠地處理這些批評意見，公開表達我對這
些質疑所受的影響，請求團體成員檢查他們的假定，並告訴他們我是怎樣
針對他們的批評來看我自己的。我相信保持相互溝通管道暢通的作用；我
始終努力避免陷入那種「領導者角色」，避免採用息事寧人的作法作為自我
防衛的手段。

(四)抗拒

　　抗拒是指使自己或別人避免對個人問題或痛苦體驗深入探索的行為。
這是團體中不可避免的一種現象，除非它被予以認識和探究，否則它會嚴
重地妨礙團體歷程。然而，抗拒並不僅是一種要予以克服的事，由於它是
一個人對生活的典型防衛方法的一部分，它必須以保護人們免於焦慮的方
法，來加以認識。對團體領導者來說，不尊重團體成員的抗拒，就如同不
尊重團體成員本人。處理抗拒的一種有效方法是，把它們看成是團體歷程
中的一個不可避免的事件；也就是說，團體領導者承認，抗拒是一個團體
成員對自身參與一種冒險行為的自然反應。重要的是要有一種開放式的氣
氛，它鼓勵人們承認並解決他們所體驗的任何猶豫徬徨和焦慮。團體成員
必須願意認識他們自己的抗拒並講出那些可能妨礙他們全心參與的原因。

　　在結束我們的討論之前，有兩點需要指出，一是團體成員不願合作的
態度，並不全是通常所指的一種抗拒形式。團體成員多次表現出抗拒，可

能是某些因素造成的結果，如不合格的團體領導者，協同領導者之間的衝突，教條式或專制式的領導風格，團體領導者不能使團體參與者對團體經驗作好充分準備，以及缺乏由團體領導者促成的信任。換句話說，之所以團體成員們不願公開他們的感受，是因為他們不信任團體領導者，或因為這一團體顯然不是一個可公開表白的安全場所。團體領導者要誠懇地探察抗拒的原因，時刻牢記：並非所有的抗拒都出自於團體成員不情願去面對他們自身潛意識的、令人畏懼的問題。

第二點是要警惕一種危險，即把團體成員進行分類，給他們貼上各種標籤，例如，「壟斷者」、「智慧者」、「依賴者」、或是「暗中勾引者」是很危險的事。儘管團體領導者對於了解如何控制「問題成員」，以及他們可能引起的團體混亂很有興趣，但所注重的內容應當是實際行為，而不是貼標籤。不論一個團體成員表現哪種具有特殊風格的行為類型，他決不是僅用那種特殊行為可以概括說明的。如果你對一個人只是認識並視之為一個「壟斷者」、「建議者」或一個「拒絕幫助的抱怨者」，你反而更助長了那種特定行為，而不是幫助他解決隱藏在行為背後的問題。

例如，假使瑪麗亞被當成一個「壟斷獨占者」，而不去探究她對團體的影響，她就會繼續像其他人看待她那樣，去認識自己。你可以像幫助整個團體一樣幫助瑪麗亞，了解她需要成為公眾注意中心，以及她的行為對團體影響的原因。人們需要認識可能妨礙他們投入團體之中的種種防衛，以及這些防衛對其他團體成員的影響。然而，對待他們應抱以關心，應激勵 (challenged) 他們去認識他們自己的防衛問題，並邀請(invite)他們超越自我。

指明「問題成員」（而不是問題行為）的另一種缺失是，團體中的絕大多數成員在某一個時刻裡會表現出某種形式的抗拒。偶爾提出建議、詢問或是表現自己的才智，這本身並不是問題行為。事實上，團體領導者必須了解到，讓團體成員過分意識他們在團體中有怎樣的行為表現是危險的。如果團體成員們過於擔心被看作為一個「有問題的團體成員」，他們更不能自然且坦然地表現自己的行為。

創造支持性和挑戰性的氣氛

　　要想使一個團體有效率，必須在支持與挑戰之間建立一種恰如其分的平衡。一項研究描述了團體的負面效果，把攻擊性面質的團體領導者列為最大的危險(Lieberman, Yalom & Miles, 1973; Yalom, 1985)。基於種種研究結果，戴斯(Dies, 1983b)指出，團體領導者不應從事過強烈的對質性干預，除非他們是經由與團體成員建立起信任的關係而獲得這種權力。一旦人際信任的基礎業已建立，團體成員往往會更為開放性地接受面質。戴斯建議，由於在團體中創造一種支持性氣氛需要一定的時間，面質性的互動恐怕最好是放在較後的階段。

　　破壞性的面質帶有攻擊的特性，會導致抗拒的進一步加強，並滋生出敵意和不信任。但如果面質是小心謹慎地進行並帶以尊重，那麼它即使在團體的較早階段，也是適宜的。事實上，信任常常是由團體領導者一方的關心式面質所促進的。要避免在一個團體的初期階段對這個團體過分挑剔，則對待團體成員時，要知道他們是很脆弱的。團體領導者如何應付矛盾衝突、抗拒、焦慮、防衛，決定了團體的基調。在我看來，團體成員們有一種效仿團體領導者面質方式的傾向。

轉換階段中的協同領導問題

　　正如你所看到的，轉換階段在團體的歷程中是一個關鍵轉折時期，因為團體可能會產生向更好或更糟的方向轉移，這取決於如何處理衝突與抗拒。如果你與一個協同領導者一同工作，有一些特殊的問題會很容易在這一時期產生出來：

(一)對一個團體領導者的負面反應

　　如果團體成員們對你的協同領導者發出挑戰或表達種種負向情感，則切記既不要站在你的協同領導者一邊攻擊團體成員，也不要站在團體成員一邊共同攻擊那位協同領導者。在這種情況下，對你來說要做的事情，是不帶任何防衛性地（並儘可能客觀地）、以促進對這一情境的建設性探討方

式，繼續你的領導工作。

(二)對兩個協同領導者的挑戰

　　假定有一些團體成員對你和你的協同領導者都表達出負向情緒，「你們這些領導者要求我們表現自己的個性，可是我們不知道任何有關你們的個性。你們應當談談你們自己的問題，如果那正是你們希望我們去做的事。」在這種情況下，如果你們其中一個人作出防衛性反應，而另一個人則樂於處理來自團體成員的這種質問，就會出現麻煩。最理想的是，兩個協同領導者都願意客觀談論這種問題；如果不能的話，那麼這無疑應是協同領導者在團體外會談或在督導會議中討論的重要問題。我不想造成這樣一種印象，好像所有的難題都應留到團體領導者之間的私下討論中去。應盡最大可能，使那些與團體活動中所發生的事件有關的內容，在整個團體中予以討論。如不能這樣做，便會很容易造成你們(you)他們(them)在團體中的對立。

(三)處理問題行為

　　在第三章裡，我強調了你自己對那些「麻煩」的團體成員的感受之重要性。我想提醒注意一種傾向，即協同領導者們延擱討論這類團體成員所做或不做的事，從不探究這些行為如何影響他們這些團體領導者。一種錯誤的作法是，一味的鑽研如何治療有問題團體成員的策略，卻忽視團體領導者對這些問題行為的個人反應。

(四)處理反移情

　　指望一個團體領導者平等有效地對待每一個團體成員，是不切實際的。通常說來，這是由於團體領導者會產生對成員的反移情反應。例如，一個男性領導者可能對團體中的一個女性有強烈的不合理負向情緒。這有可能是由於他在這個團體成員身上看到了他前妻的影子，由於他自己因離婚而尚未解決的心理問題，使他以一種不耐煩的方式對待她。當發生這種事時，協同領導者對這個團體成員以及那無效能的團體領導者，都能產生治療意義。協同領導者既可與這位領導者在團體之外討論這一不恰當的反應，也可以在團體活動中採取干預措施。能夠相互客觀、真誠對待的協同領導者們，能對這一相互面質的過程產生積極影響。

轉換階段總結

㈠階段特徵

團體發展的轉換階段，是以焦慮感和各種抗拒形式的防衛為特徵的。在這一時期，團體成員們會：

- 想知道如果他們增強自我意識，將會怎樣看待他們自己；想知道其他人對他們會接受或拒絕
- 掙扎於是否袖手旁觀或投入團體中去體驗爭取控制權的感覺，以及去體驗跟其他成員或領導人之間產生的某種衝突
- 檢驗團體領導者和其他團體成員，以確定這一環境是否安全
- 經驗到某些爭取控制與權力的努力，以及與其他團體成員或團體領導者的矛盾衝突
- 學習如何解決矛盾衝突和面質
- 感受到不願全心投入於解決自己的個人問題，因為他們不能確信團體中的其他人是否會關心他們
- 觀察團體領導者以決定他是否值得信任，並從其身上學習如何解決矛盾衝突
- 學習如何表達自己，從而使其他人能夠傾聽他們的發言

㈡團體成員的功能和可能的問題

在這一時期，團體成員的一個重要角色是，要認識並處理各種形式的抗拒。這些任務包括：

- 認識並表達任何負向情感
- 尊重一個人的抗拒，但要解決它
- 從依賴向獨立發展
- 學習如何以建設性的方式向別人提出問題
- 因過去尚未解決的情感問題而針對團體領導者產生某些反應時，去認識它們

▫ 樂於面對並解決針對團體中現時發生的事件的反應
　　▫ 樂於去解決矛盾衝突，而不是迴避他們

在這一時期可能產生的其他與團體成員有關的問題是：

　　▫ 團體成員們可能被劃分為某一「問題類型」，或者他們可能自己貼上
　　　標籤來束縛自己
　　▫ 團體成員可能拒絕表達持續性的負向情緒，因此造成一種不信任的
　　　氣氛
　　▫ 如果不能很好地運用面質方法，團體成員可能會退居一種防衛姿態，
　　　而問題則被隱藏起來
　　▫ 團體成員們可能相互組織在一起，形成次團體或派系，在團體之外
　　　的小團體之中表達種種負面感受，而在團體之中卻保持沉默

(三)團體領導者的功能

　　也許團體領導者在這一轉換階段所面對的核心問題，是需要在團體中
以謹慎敏感的方式在恰當的時機採取介入措施。這一基本任務是，既要提
供支持，又要予以挑戰，這是團體成員面對並解決在團體中的衝突，以及
他們自己的抗拒和對焦慮的防衛所必須的。正如我在前面曾指出的，這一
充滿防衛和衝突的困難若能成功地經歷和解決，便可獲得使工作向前推進
的真正的凝聚力。

　　下面列出的，是你需要在團體發展的這一關鍵轉換期完成的任務：

　　▫ 告訴團體成員認識並表達他們的焦慮的重要性
　　▫ 幫助團體成員認識到他們進行防衛性反應的方式，創造一種使他們
　　　能在其中公開地處理抗拒之氣氛
　　▫ 注意抗拒的跡象，告訴團體成員們，有些抗拒是自然的和有益的
　　▫ 告訴團體成員認識並公開解決在團體中發生的矛盾衝突的重要性
　　▫ 指出那些明顯是意圖爭取控制的行為，告訴團體成員如何接受他們
　　　對團體的發展方向所承擔的責任
　　▫ 經由坦率、真誠地處理任何針對身為普通人的你和專業人員的你的
　　　挑戰，為團體成員樹立一個榜樣

□ 幫助團體成員處理任何可能影響他們獲得自主與獨立之能力的問題

團體領導者在團體的第一階段和第二階段中，必須具有特別的主動性。在轉換階段，主動的介入和組織是十分重要的，因為通常來說，此時團體參與者們還沒有學會靠他們自己有效地工作。例如，如果產生一個衝突，有些團體成員就會嘗試轉向其他較為愉快的話題，或是以其他某些方式忽視這一衝突。團體領導者必須告訴團體成員表達他們情感的重要性，無論那是多麼負面的情感。

結語

這一章闡述了各類團體成員與團體歷程的問題，它們對於你作為一個團體領導者的效率十分重要。我所注重的一些關鍵問題涉及團體的形成，團體歷程中的初期階段，及它的轉換時期。我所強調的問題是在於：團體在每一個階段的重要特徵，團體成員的功能以及可能的問題，團體歷程的概念，團體領導者的主要任務。我們的著眼點也包括在每一個發展階段中協同領導者的問題。我們還多次提到，你對領導功能和技術的探討，是以你對團體成員在各個團體階段中所扮演角色的了解為基礎。只有當你對形形色色的有效和無效團體成員的行為十分清楚時，你才能幫助團體參與者們發展為獲得成功的團體經驗所必須的技巧，並矯正那些干擾團體中之自我探索和參與的行為。下一章將繼續對團體的進一步發展進行介紹。

團體發展的後期階段

這一章將繼續有關一個團體在實際發展過程的討論，重點放在工作階段、結束階段以及團體後的追蹤觀察與評鑑問題。我們將探討團體在每一個階段的主要特徵，團體成員的功能及可能產生的問題，團體領導者的重要任務等。

階段三：工作階段——凝聚力與效能

　　工作階段的特徵是探討重大問題和採取有效行動，以促成理想行為改變。這一時期正是團體成員們需要認識到對自己生活負有責任的時期。因此，他們必須去決定想在該團體中探討什麼樣的問題，他們需要了解如何成為這個團體不可缺少的一分子，而同時又保持他們自己的個體性，他們還必須過濾所收到的回饋，並就如何對這些回饋採取行動作出自己的抉擇。所以，無論是團體領導者還是其他團體成員，都不能試圖為某一個別成員確定行動方案或下達指示。

團體凝聚力的發展

㈠團體凝聚力的性質

　　凝聚力包括：團體對參與者的吸引程度、歸屬感、包容和團結。雖然凝聚力可能在團體的初期階段便已開始發展，但在工作階段凝聚力才成為團體歷程中的一個關鍵要素。如果信任已經確立，並且矛盾衝突和負面情緒已被表達並徹底解決，這一團體就會成為一個有凝聚力的整體。從某種意義上說，這就好像是團體已經通過了考驗階段，團體成員已對他們自己說：「如果我已完全表達了負面情感和矛盾衝突的話，那麼現在大概是完全可以解脫它們了。」

　　我發現，凝聚力產生於人們能坦誠相待並敢於冒險的時候。若團體成員能真誠地表露深藏的重要個人體驗和苦惱，使團體成員們經由在別人身上看到自己而與他人認同即能把團體聯結在一起。由於凝聚力為團體提供了向前發展的動力，故而它是團體成功的前提。沒有一種「團體性」意識，

團體就始終是四分五裂，團體成員們就會僵化在他們的防衛之後，而他們的工作無疑也只是流於膚淺。團體並不會自動地變得富有凝聚力。凝聚力是團體成員和團體領導者共同投入採取步驟引導出團體整體感的結果。

雖然團體凝聚力本身並不是有效團體工作的充分條件，但從某種意義上說，一個運作良好的團體應具有相當的凝聚力。凝聚力能促進活動性的行為，諸如：自我表露、立即性、相互性、面質、冒險，以及把觀念轉化為行動。而且，沒有團體凝聚力，團體成員們即無法感到充分的安全，以維持深層次的自我表露。

(二)有關團體凝聚力的研究

有關凝聚力在團體效能中所發揮作用，以往研究有些什麼發現呢？拜德納和考爾(Bednar & Kaul, 1978)寫道，團體凝聚力被認為是團體中一個基本的治療因素，成功與失敗常常與它有關。但對那些被認為影響著凝聚力的特殊因素，相對來說很少有明確的系統性研究。拜德納和考爾補充道：「已往公開發表的研究結果和解釋，其一致性並不如人們期望的那麼高。簡而言之，在凝聚力的研究中並沒有一致性的結論。」(p.800)。這些矛盾的結果不足為奇，因為團體凝聚力並不是一個穩定不變的因素，而是一個複雜的過程(Bednar & Kaul, 1985; Stockton & Hulse, 1981)。

耶樂姆(Yalom, 1985)認為，研究證據表明，凝聚力是一個團體建設性成果的重要決定因素。如果團體成員很少體驗到對團體的歸屬感或被它所吸引，他們就不太可能有所獲益，而且他們可能會體驗到負面效果。在耶樂姆看來，注重現時問題的團體幾乎總是很有活力和凝聚力的。與此相反，那些團體成員只是談論些與現時無關問題的團體，很少會發展出很大的凝聚力。

(三)作為統一力量的凝聚力

雖然凝聚力是有效的團體工作所必須的，但實際上它也能阻礙團體的發展。當凝聚力並不伴隨一種由團體成員和團體領導者共同促成的向前發展動力，團體就會開始停滯不前，因團體可能陶醉於它所獲致的舒適與安全之中，但並不作出任何進步。

在我領導的許多成人團體中，有一些普遍性的現象，絕大多數團體成員都有相似個人經驗型式和相關的主題，無論他們的年齡、社會文化背景

以及職業如何。當然，在團體的初期階段，團體成員們往往意識到那些使他們相區別的差異，但相當普遍的是，隨團體達到一定的凝聚程度，團體成員們的評價往往集中於他們在那些情感上是如何地相似。這些反應的一部分如下所示：

- 在我的痛苦和問題方面，我並不孤獨
- 我要比我想像中的自己更可愛
- 我曾經覺得我已經太老了，不會再有什麼變化了，我不得不滿足於生活中已有的東西。現在我覺得我的感受和在這裡的那些年輕人的感受沒有什麼區別
- 我對未來充滿期望，儘管我知道我還要走過漫長的道路，而且那道路會是十分坎坷的
- 這裡有許多人令我感到很親近，而且我明白我們是經由讓別人了解自己而贏得這種親密感的
- 親密感是叫人害怕的，但它也是有益處的
- 一旦人們脫去他們的面具，他們會是很美麗的
- 我了解到，我所感到的孤獨是這團體中人多數人所共有的

當一個團體變得有凝聚力時，一個二十多歲的女子若發現她很像一個年過五旬的男子，亦不足為奇。他們兩個人可能都仍要尋求父母的贊允，他們可能都了解，在自身之外尋求自我價值的證據，是多麼徒勞無功。一個男子可能了解到，他努力爭取獲得男子氣概與一個婦女努力獲得她的女子氣質，並沒有多大的差別；一位婦女亦會了解到，並不只是她一個人對家庭所加諸的種種要求感到很憤怒。一個老年人可能會在一個年輕的男性團體成員身上看到了「他的兒子」，並感受到他早年未曾體驗過的體諒和溫情。

在這一階段產生的另一些普遍導致凝聚力增強的主題有：回憶起童年和青少年時期的痛苦經驗；能夠認識到對愛的需要和恐懼；能夠表達一向被壓抑的情感；發現一個人最大的敵人是在於他自身；努力尋求生活的意義；對曾經做過的或不能做的事感到內疚；渴望與有重要意義的人建立有意義的關係；開始尋找自身認同的過程。團體領導者可以聯結團體成員們

的共同話題，來促進團體凝聚力的發展。

有效的工作團體的特徵

階段三的特徵是有成效(productiveness)，這時期團體成員們已確實構成了一個團體，並發展起各種人際技巧，這些技巧使他們具有更大程度的自主性，他們較少依賴於團體領導者。相互同理和自我探索不斷增加，團體著眼於促成持久性的成果。雖然一個有凝聚力和有成效的團體特徵，因不同類型的團體而異，但從某一般性的傾向可看出一個團體處於其工作階段：

——著眼於此時此地的問題。人們學會直率地討論他們在團體活動中所感到和所做的事，而且他們通常願意進行有意義的相互交流。他們相互交談，而不是談論對方。他們更注重於在團體中所發生的事而不是團體以外的人的經歷。當外部問題被提及時，通常也是與團體歷程有關聯的。例如，如果某成員想和大家探討自己對親密感的恐懼，他通常會被要求談及他對現實生活裡的種種關係，以及在團體中親密感的恐懼。

——團體成員更充分地準備好確定他們自己的目標和關心的問題，而且他們已學會為自己承擔責任。

——團體成員願意在團體之外工作和實踐，以實現行為的改變。他們完成家庭作業，並把他們在實踐新的思想、行為和感受方式中所遇到的任何困難，帶到團體聚會中來討論。他們願意努力在日常生活情境中整合情緒、思想和行為。他們能更好地監控自己是否在以舊的方式進行思考和行動。

——絕大多數團體成員感到自己被包容於團體之中。那些不太活躍的人亦知道他們是被歡迎參與的，而他們缺乏參與的作法也不會妨礙其他人從事有意義的工作。那些一時難以體驗聯結或歸屬感的團體成員，可自由地把這一問題提到團體聚會中來，而且理想的是，它成為有效工作的一個焦點。

——團體已幾乎成為一個交響樂園，在這裡人們彼此互相傾聽並共同

從事有成效的工作。雖然團體參與者可能仍會尋求團體領導者的指導，就像音樂家們看著指揮尋求節拍指示一樣，但他們也往往會主動引導自己想要發展的方向。

——團體成員不斷評價他們對團體的滿意程度，如果他們看到團體活動需要改變的話，他們會採取積極的步驟作出調整。在一個有成效的團體中，團體成員們能認識到在所獲得的成果中也有他們所付出的一份心力。如果他們沒有得到想要的，他們通常也會覺得至少為別人作出貢獻。

團體的治療性因素

團體的治療因素確保一個團體能超越凝聚力的安全狀態而進入有成效的工作，以下的簡要評述提供了各種特殊因素的概觀。工作階段的三個主要方面為：自我表露、面質、回饋。

(一)信任與接納

在工作階段，團體成員能彼此信任並信賴團體領導者，或至少他們能公開表達對任何不夠信任的看法。從團體參與者的接受態度、從他們願意冒險去公開表露此時此地有特殊意義的感受中，可以看出這種信任。由於感到自己是被接納的，團體成員們認識到，在團體中他們可以是不必擔憂被拒絕的人。例如，他們敢於堅持自己的主張，因為他們知道他們不必去取悅任何人。在這一工作階段，信任程度一般是相當高的，因為團體成員們都願意排除妨礙信任的障礙。然而，就如同其他人際關係一樣，信任也並不是靜止不變的。即使是在一個團體的高層階段，信任也會時漲時落。並且，對團體成員們來說，談論他們感到在團體中有多大程度的安全，是一個持續性的問題。

(二)同理與關心

同理是指經由別人的強烈體驗，而回憶、釋放、引導自己的感受的特殊能力。藉由理解別人的情感——諸如：對愛和接納的需要；因過去經驗所受的傷害、孤獨、快樂、熱情——團體成員們開始更清晰地認識自己。同理意味著關心，而在一個團體中，關心是經過對其他團體成員的真誠和主動投入表達出來的。它以情感交流、支持、體貼甚至面質表現出來。隨

著人們表現自己的痛苦、煩惱、快樂、興奮、恐懼，向別人公開坦露自己，使別人有可能來關心自己。同理心彌合了不同種族和文化團體中成員們的差異，並使他們在具有普遍性的人類問題上結合在一起。雖然團體成員的特殊生活環境可能因他們的文化背景而有所不同，但團體使具有某些差異的人們能夠認識他們的共同點(Yalom, 1985)。

(三)希望

如果要促成改變發生，團體成員們必須相信，變化是可能的，他們不能一直沉緬於自己的過去，而是採取積極的步驟使自己的生活更豐富。希望，其本身是有治療意義的，因為它給團體成員們信心以使他們投入到一個團體所要求的大量工作之中，並促動他們去從事各種方式的探索。希望是有效團體領導者的特徵，是他們對當事人、對他們自己以及對團體諮商所實現的種種基本信念的基礎(Couch & Childers, 1987)。

正如耶樂姆(Yalom, 1985)所提出的，注入並維持希望，在團體治療中是十分重要的，只有這樣，團體成員才會留在團體中，其他的治療因素也才能奏效。他引用研究證明，當事人在治療之前對可能的幫助所寄予的高度期望，與正向結果有顯著的相關。研究還證實，治療者對團體作用的信心，對於鼓勵當事人是至關重要的。

已經有許多促進希望的領導策略提出(Couch & Childers, 1987)。其中有一些採用團體前談話作為一次機會，向團體成員注入希望，作法有：確立積極的（但都是現實的）預期，承認並正視許多團體參與者所共同關心的問題，注意團體成員的進步，鼓勵任何形式的微妙積極的變化，讓團體成員們相互肯定成果，以及幫助他們為自己的進步承擔責任。

(四)自由嘗試

嘗試各種的行為方式是工作階段一個具有重要意義的方向。團體是一個安全的場所，成員可以在其中嘗試各種新行為。經由這些嘗試，團體成員們可確定他們需要對哪些行為作出改變。在日常事務中，人們通常採取嚴格而缺乏想像的行為方式，因為他們不敢偏離所熟悉的、可預見結果的行為方式；但在團體的支持下，團體參與者能夠嘗試功能更強的行為。角色扮演常常是一種有效的、在人際情境中實踐新技能的方式；這些技能尚可被運用於團體之外的情境。這一專題將在心理劇（第八章）和格式塔團

體中（第十一章）予以更充分的探索。

(五)承諾改變

在前面我曾說過，要想發生改變，一個人必須相信這種改變是有可能的。但只是有希望還是不夠的。建設性的變化需要有堅定的決心去實際從事爲發生改變所必須的任何工作。這意味著確定要改變什麼以及如何去改變它。團體成員必須建立一個行動計畫，使自己全心投入於其中，並運用團體歷程中所提供的方法探索實施的方式。當團體成員經歷到暫時的挫折時，團體所提供的支持，對於鼓勵團體成員堅持他們的承諾具有無法估量的價值。團體的一個固有優點是，團體成員可以互相幫助來維持他們的承諾。當他們在執行自己的計畫中遇到困難時，可以請其他成員來幫助，或者，在他們取得一個長足進步時，也可告知其他成員。一個同伴系統(buddy system)會是非常有幫助的，如教導團體成員如何尋求幫助以及如何給別人幫助；教給他們有價值的社會技能，以便他們能運用於團體之外的種種關係。有關團體諮商中的承諾問題，在現實團體治療一章中（第十五章），將作更詳細的討論。

(六)親密性

正如舒茲(W. Schutz, 1973a)所建議的，親密性在團體的第三階段變得非常重要。喜歡或不喜歡以及不夠親近或過份親近的問題，通常是重大焦慮的來源。依舒茲看來，在控制問題已得到解決之後，情感變爲一個占主導地位的問題。因此，積極與消極情緒的表達，以及人與人之間明顯的情緒變化，在這一階段是相當普遍的。

團體中眞誠的親密關係，是在人們已充分自我表露且相互了解之後，才建立起來的。我發現，親密關係隨著人們共同解決他們的苦惱而增長。團體成員們看到，無論他們有怎樣的差異，他們都有某些共同的需要、渴求、焦慮和問題。當團體成員們了解到其他人也有同樣的問題時，即不再感到孤單；與其他人的逐漸認同，會促成親密關係，這使團體成員們相互幫助解決與親密性有關的恐懼。團體最終目的要使成員理解一個人如何避免團體之外的親密性，以及如何能無所畏懼地接受生活中的親密性。

團體環境爲成員提供了一個理想場所，使他們揭示對親密性的恐懼，以及對他們身邊的人親近的抗拒。奧蒙特(Ormont, 1988)描述了對在團體

中產生的親密語言和態度上的抗拒。常見的語言(verbal)抗拒是由這樣一些團體成員表現出來的；那些尋找訊息作爲抗拒與其他人作有意義接觸的成員；或是那些專門挑剔別人的缺點，以此作爲保持距離之手段的成員；或是那些挑撥尋釁，以此作爲避開與人接觸之方法的成員；或是對親密性作出種種限制的成員；或是當別人試圖與其接近時總要轉變話題的成員。奧蒙特列舉出以下各種團體中對親近的抗拒態度：自我專注、冷漠、不滿、懷疑、順從。

在這一工作階段，最理想的是，無論是在團體中還是在日常生活中，團體成員不僅能認識到他們對人際親近的抗拒，而且表現出去願意解決與別人相接近所伴隨的恐懼。有些團體成員往往害怕一旦他們真的與人親近，他們將不能控制自己的衝動；如果他們過於小心，他們可能會再度被人們拋棄；如果他們允許親密性關係存在，他們會因與其他人融爲一體而喪失了自身的認同感；如果他們去體驗親近性，他們將使自己置於易受到情緒性傷害的情境之中。一個有成效的團體，會爲團體成員提供許多機會去面對並克服這些恐懼。他們能使用此時此地的團體經驗，作爲解決過去創傷以及阻礙親密性關係的早期因應方法。在團體背景下，舊有的懸而未解的問題得到了解決，新的抉擇成爲可能。團體成員們可以覺察出自己與團體成員及其他重要他人的人際關係。隨著團體成員建立起成熟的親密關係形式，奧蒙特詳細描述了在團體中所發生的如下內容：團體成員相互之間開展出情緒空間，談話更爲簡明、直率；在團體中不再有隱藏的話題，團體成員相互之間嘗試公開的冒險，出現了強烈的情感；團體成員以一種前所未有的面貌相互尊重；因爲他們過去創傷的長久遺跡已被成功地徹底解決，能滿意自己現在的生活。

(七)情緒宣洩

表達被壓抑情感可以是有治療性的，因爲它釋放出那些一直被緊勒住的、負載著某些令人畏懼之體驗的能量。這種情緒釋放通常以一種爆發性的方式出現，釋放之後會使人們體驗到格外自由輕鬆；但是，它總是遮掩住憤怒、痛苦、沮喪、憎恨、恐懼，也妨礙了自發的情感如，愉快、愛、熱情的產生。這種情緒釋放，在許多種類型的團體中發揮重要的作用，但無論團體領導者還是團體成員，有時都會錯誤的認爲只有達成情緒宣洩才

意味著眞正的工作。有些沒有達成情緒釋放的團體成員會很失望，認定自己沒有被眞正地接納。那些體驗到妒忌情緒的團體成員，或是那些認定自己不可能像其他有較多情緒宣洩的團體成員那樣從團體中獲益的人，似乎成了受害者，這是屢見不鮮的。雖然情緒宣洩常常是有治療作用的，但它本身所產生的持久性變化作用，則相當有限的。

耶樂姆(Yalom, 1985)寫到，情緒宣洩是一種人際過程，因爲人們不可能只在一間小屋裡發洩情緒而獲得永久的收益。他強調說，雖然情緒宣洩往往具有正面的效果，並且常常是發生改變所必須的，但這顯然還不夠。他對情緒宣洩的影響作了深入的論述：「感情的公開表達對於團體的治療過程無疑是十分重要的；缺少了它，團體可能會退化爲一種毫無收穫的學術性活動。但它只是治療過程中的一個部分，還必須有其他因素作爲補充。」(p.85)

我的經驗告訴我，情緒宣洩可能是團體工作的一項重要部分，尤其是當某一位成員具有大量尚未認識且尚未表達的情感時，情緒宣洩更有助益。我還了解到，若是假定沒有強烈的情感表露便沒有什麼眞正的工作效果，這是錯誤的，因爲許多人似乎在缺少情緒宣洩的團體中亦能得益。在情緒宣洩發之後，極其重要的是要解決所產生的種種體驗，要對這種體驗的意義予以理解，並要在這些理解的基礎上作出新的決策。

(八)認知重建

在團體中所做的一項中心工作，乃對成員的種種信念提出挑戰和探討。前面提過，當情緒宣洩伴隨著某種形式的認知學習時，便常能獲致成功的結果(Lieberman et al., 1973)。換句話說，理解強烈的情緒體驗，對於進一步的自我探索是十分重要的。這一認知成分包括：解釋、澄清、說明；爲促成改變提供所必須的認知架構；形成種種新的觀念；作出新的決策。團體爲成員提供了許多機會，來評價自己的思想，以及採取建設性的觀念取代自我設限的觀念。這一認知重建過程在許多治療方法中扮演著核心的角色，包括：阿德勒式的團體（第七章），溝通分析（第十二章），認知行爲團體（第十三章），以及理性情緒團體治療（第十四章）。總之，如果一個人嘗試去結構情緒經驗並用語言表達出來，則情緒宣洩對於促進改變而言，是非常有用的工具。

㈨自我表露

表露本身並不是目的，而是一種手段，藉此在團體中可產生公開的溝通交流。如果表露僅侷限於一些安全性主題，或者被誤用於表露秘密，它就只能停留在很膚淺的表面層次。我們有著許多障礙使我們難以自我表露，例如，害怕由自我表露所帶來的親密性；迴避責任和變化；感到內疚和羞怯；害怕被拒絕；以及文化禁忌。願意克服這些障礙並使自己為他人所了解，是團體每一個階段的基本要求。在團體的工作階段，絕大多數團體成員都應建立起足夠的信任，去冒險表露可能是自己所害怕的內容。

由於自我表露是團體互動的重要工具，十分重要的是，團體參與者要對什麼是和什麼不是自我表露，有一個清楚的理解。一種層次的自我表露包括公開表達自己對團體中所進行內容的抗拒感受。另一種層次的自我表露涉及表露現時的苦惱、懸而未解的個人問題、目的與期望、快樂與創傷，以及優點與缺點。如果人們不願公開表達自己，便使其他人很難來關心他們。在談論團體之外或在過去所發生的問題的過程中，團體成員要把這些問題與此時此地的內容聯結起來，藉由著重於此時此地的問題，團體成員們相互之間可進行直接的溝通交流，並相當準確地表達出他們在現時所體驗的內容。當團體成員越來越願意冒險對其他人表露自己的感受，這種交流會變得越來越真摯和自然。

另一方面，自我表露並不意味著表露一個人內心最深處的秘密和挖掘一個人的過去歷史。它也不意味著「公開一切事情」或表達對別人每一個瞬間即逝的感受。自我表露不應流於大談自己的歷史，或以團體壓力來劃定一個人的隱私範圍。有些團體成員往往是在努力做到「坦率和真誠」，或接受來自團體中其他人之壓力的情況下，會談論一些超出別人瞭解自己所需的內容範圍。他們表露得過多，以至談不上有什麼個人隱私，結果，他們感到喪失了自己的尊嚴。

在對待具有文化多樣性的團體時要留意，固然自我表露在絕大多數傳統的諮商方法中，是有很高價值的；然而，自我表露對於有些文化團體的價值觀來說是不被認同的。絕大多數治療方法對自我表露所賦予的價值，常常與某些亞洲民族的價值觀相矛盾，這些團體強調「家醜不可外揚」，正如蘇(Sue, 1981)所提出的，有文化差異的當事人對這些差異往往體驗到相

當大的焦慮。他們會很謹慎、緩慢地表露自己，直到他們相當肯定這樣做是很安全的時候，才能真正開放自己。

除非當事人克服自我表露的種種障礙，否則他們對團體的投入會極其有限。作為一個團體領導者，你可能發現，具有某種種族和文化背景的成員很難坦露他們的情緒和感受，更不用說去表露他們更深藏的苦惱了。你可以藉由表現出對他們文化價值觀的尊重，鼓勵他們表達想從你和從團體得到什麼，來幫助這類當事人。憑著你的支持和其他團體成員的了解，他們通常能夠澄清有關自我表露的價值，並能決定在多大程度上願意使自己被其他人了解。對他們來說，一個良好的開端是，說出他們在團體環境中自我表白的困難。

(十)面質

與自我表露一樣，面質也是這一工作階段的基本成分；如果沒有它，就會導致團體停滯不前。建設性的面質是請人們自我檢查其所說的和所做的內容之間的差距，認識到未曾利用的潛能，並把觀念轉化為行動。當面質發生於一個團體支持性環境中時，它會是一種真正關心的舉動。

在一個成功的團體中，面質是以這樣的形式出現的：提出面質者公開他們對被面質者的感受反應，而不是對被面質者的評判。消極形式的面質——也就是說，以敵意、間接、或攻擊的方式進行的面質——應予避免，因為它會使人們感到被評判、被否定。以關心和謹慎的方法進行的面質最終會幫助團體成員培養起自我面質的能力，而這是解決他們亟待解決之問題所必須的。

面質是無論團體領導者還是團體成員都經常誤解的問題；它常常令人畏懼、被人誤用、被看成一種要不惜代價予以避免的消極舉動。依我的觀點，雖然支持和同理對團體歷程來說無疑是相當重要的，但如果過分運用，它們也會變成有妨礙作用的。換句話說，如果團體成員們共謀只在支持性層次上相互交往，並一致地注重於種種長處和積極回饋，一個團體便會喪失其有效性。不願去鞭策別人對其自身做更深入的探索，固然可換得外在的禮貌和支持，但它卻與日常生活中的情境很少有相似之處，而且對發展自我並不具有任何幫助。

團體領導者可以花些時間幫助團體參與者澄清他們對面質的錯誤概

念，並學習面質的內容是什麼，以及如何以一種建設性的方式進行面質。教導有建設性的關懷式面質，最有效的方式之一，是團體領導者在團體的互動中示範這種行動。透過直率的、眞摯的、敏感的、尊重的和時機恰當的面質，團體領導者可爲成員們提供重要的機會，透過觀察領導者的行爲學習這些技術。

伊根(Egan, 1977)把面質看做是邀請人們查核自己的人際型態。鞭策人們從更深的層次以更強的覺察審視自己，可促使人們採取行動讓生活發生變化。缺乏這種挑戰，將會導致自滿和不願意與其他人進行充分交往。

這裡有一些有關有效面質的實務指引。前五項是伊根(Egan, 1977, pp. 218-221)提供的。

- 以正確理解的態度進行面質
- 採取嘗試的態度而不是教條主義，但要避免辯解
- 經由描述特定的行爲而做到具體化；避免對人進行批判和分類
- 只對那些你所關心並願意與其達成更深層次親近的人面質
- 只有當你已獲得這樣做的資格時才作面質

作爲對伊根指導原則的補充，我通常強調關於有效面質的下列幾點內容：

- 要切記，面質必須以對別人的尊重爲基礎，其目的是在於鞭策人們去考察自身尚未認識、未探索的種種層面
- 只有當你想要接近一個當事人，並且只有當你願意在面質之後仍與這個人共處時，才與他面質
- 學習區分哪些可能會是一種審判式的攻擊，哪些是關心式的鞭策。例如，不要說「你總是取自於團體，卻從未給過你自己的任何東西」，而可以說：「我意識到你很少在團體中發言，我很想聽聽你發言。我想知道是否你的沉默對你來說很合宜，或者是否你很願意再說點什麼。你是否覺得有什麼東西妨礙著你表達你的感受和想法？」
- 當你與一個人面質時，要著眼於他的那些影響團體中其他人的特殊行爲，並確切地說明這種影響是什麼

□ 對你的行為承擔責任，而不是使其他人對你的反應負責任。因此，不要說「當你東扯西扯一些題外話時，你讓我很生氣」，而要說「當你的談話離題，我變得不夠耐心且有些生氣」。不要說「你真討厭」，而要說「我意識到當你發言時，我不太舒服，我發現我自己變得有些厭倦。」

總之，面質應當以這樣的方式來進行：保護被面質者的尊嚴，不要有個人的偏見，要以幫助對方看到自己行為的後果為目的。最重要的是，面質應當是開拓溝通管道，而不是關閉它們。

(土)獲益於回饋

雖然我出於討論的目的，分別處理自我表露、面質和回饋這些課題，在實際情況中，這些治療性因素有著某種程度的交叉重疊。絕大多數的回饋需要伴隨自我表露，有時回饋可能是面質性的。例如，有團體成員對其他成員說：「我對你扮演你父親時的談話，頗為感動。這使我想起我自己的父親以及我努力與他親近的方式。」這是一個既有回饋又有自我表露的例子。如果這個團體成員說：「當你談到你父親時，你的拳頭握得緊緊的，可是你的臉上仍帶著笑容。我不知道該相信哪一個——你的拳頭還是你的笑容。」這種回饋既表現出一定程度的自我表露，又表現出面質。給予回饋的人須坦露了他對另一個人此時此地的感受。

如果團體成員們真摯地、關懷地對其他人說出自己的感受和覺察，其他的團體成員便能公開這些回饋對他們所產生的影響，並進而決定想作出何種改變。這種回饋是在團體中所發生的最重要的學習方式之一。這對一個正在探索某一問題，正努力解決一種困境，或是正嘗試不同行為方式的人來說，會有極大的幫助。以下列舉的幾項要點，能幫助團體成員了解如何給予並接受回饋。

□ 籠統的回饋價值不大，對團體中特定行為的反應為被回饋者提供了直接而獨立的評價，可與其對自己的看法相比較
□ 以清晰而直接了當的方式給予的精確回饋，要比修飾性的、解釋性的或混合式的回饋更有幫助(Stockton & Morran, 1980)
□ 比較嚴屬的回饋要掌握好時機，並避免採取批判性的方式，否則接

受者往往加以防衛並拒絕

▫ 和負向回饋相比，正向的回饋幾乎總是被人們所渴望的，有較大的影響力，引起更強的改變欲望。回饋既要著眼於可能造成困境的行為，也要注重一個人的長處(Dies, 1983b; Morran, Robison & Stockton, 1985; Morran & Stockton, 1980)

▫ 負向回饋如果是出現於團體的後期階段，似乎會更可靠、更有幫助；如果在它之前先有正向回饋的話，負向回饋往往會更容易被接受(Stockton & Morran, 1981)

▫ 如果給予負向回饋的人談及他如何被其他團體成員的行為所影響，這種負向回饋會較容易些。這種作法減少了團體成員被批判的成分，因為那些給予負向回饋的人在對別人談及自身反應的同時，注意焦點是放在自己身上的

▫ 立即性的回饋——即對此時此地的感受給予的回饋——尤其有價值，並且遠比那些「儲備式」的感受更為有效

▫ 團體領導者的回饋通常比團體成員的回饋具有更高的質量，但它並不會更容易被接受(Morran et al., 1985)

團體成員有時會作出籠統的陳述，諸如：「我喜歡回饋」。但如果這個當事人談話極少，其他成員就很難給予他們較多的反應。團體成員需要學會如何徵求具體的回饋，以及如何接受它。非防衛性地傾聽回饋，切實聽取別人對我們所說的內容，並進而考慮我們願意對這些訊息做些什麼，這一切都是很重要的。隨著團體發展到工作階段，團體成員們通常更樂於對別人自由地表達他們的感受了。

(二)評價

正如我的同事和我在其他地方所寫到的(Corey, Corey, Callanan & Russell, 1988)，並非所有的團體都達到我們這裡所描述的這種工作階段。這並不必然意味著那個團體領導者無能。團體中成員的不斷變化會妨礙團體的發展。有些人就是達不到一定水準的準備程度，而這通常是工作階段所要求的。如果初期階段和轉換階段的任務根本沒有完成，那麼可以預見這個團體會停滯不前。例如，有些團體擺脫不了那些在以前階段中很普遍

的私下議題和不公開的衝突；或者一些團體成員就是不願意使自己走出安全而膚淺的境地，他們可能決定待在相互支持的安全層次上，而不願去相互鞭策，進入不熟悉的領域。團體成員與團體領導者之間或是團體成員之間的早期相互交往，可能造成摩擦，因此形成了一種猶豫和不願信任他人的氣氛。有時，團體可能是意欲解決問題或彌合差異，但這種意圖會有礙於自我探索，因為一旦一個團體成員提出了一個問題，其他團體成員會一湧而至，提出如何處理這一問題的建議。出於這樣的原因，有些團體根本走不出初期階段或是轉換階段。

工作階段的協同領導問題

　　不可過份強調在團體的整個歷程中與協同領導者會談的重要性。我在前面建議過的，在協同領導者的會談中要討論的問題，大都也適用於工作階段。還有另一些為數不多的問題與這一階段有特別的關係。

㈠團體的不斷評價

　　協同領導者要經常花些時間評定團體的方向以及它的收效程度。如果一個團體是一個有預定期限（例如，二十個星期）的封閉式團體，協同領導者應在大約第十週時對團體進展作一次充分的評價。這一評價可能是一次私下討論，或是成為團體之中討論的主題。例如，兩個協同領導者都覺得該團體正陷入困境，而且團體成員似乎對團體活動喪失興趣，他們就應斷然地把這些看法擺到團體中來，這樣團體成員就能有機會檢查他們對團體方向和進步的滿意程度。對團體的評價，可以使用書面評價或查核表來進行，這見諸於學生手冊之中。

㈡技術討論

　　協同領導者們討論技術和領導風格是很有用的。其中一個領導者可能對嘗試一項技術猶豫不決，也許因為害怕犯錯誤，或者因為不知道下一步怎樣走，或因為被動地等待協同領導者同意採取某種技術。這樣的問題，伴隨著協同領導者之間的任何風格差異，都是要探討的主題。

㈢理論取向

　　協同領導者是否有同樣的團體工作理論並不重要，因為不同的理論偏

好有時能很好地融合在一起。然而，重要的是，兩個團體領導者要向著同樣的目標工作。如果他們有不同的目的，無論他們兩人還是團體成員都會搞糊塗，並且團體凝聚力就很難發展，協同領導者可從如何將理論運用於實踐的討論中學到很多東西。因此，我鼓勵團體領導者大量閱讀，參加工作坊和專題講座，然後討論他們所學習的內容。這樣做可以為團體活動帶來新的和有趣的多樣性。

㈣自我表露問題

在這一章的前一部分已討論了自我表露，但我想在此補充恰當的和治療性的領導者自我表露的意義。例如，如果你想對團體成員坦露你對與團體有關問題的感受，但對與團體無關的私人問題有所保留，而你的協同領導者則隨意地、徹底地在團體中大談他自己的婚姻情況，這樣團體成員們會覺得你在隱瞞自己。

㈤面質問題

我對自我表露所陳述的內容，也適用於面質問題。請你想像一下這樣一種可能產生的問題：一個團體領導者使用嚴厲而苛刻的面質以使團體成員開放自己，而另一個領導者則主張排除任何形式的面質。後一個團體領導者會很容易地被標定為「好伙伴」，而前一個與人面質的領導者會被看成是「壞伙伴」。如果存在這種領導風格上的差異，他們無疑需要調整兩人之間的差異，才能使這團體不因此而受創。

工作階段總結

㈠階段特徵

當一個團體進入工作階段，其核心特徵乃如下所述：

- □ 信任與凝聚力層次很高
- □ 團體內的溝通暢行無阻，並對正在體驗的內容作準確表達
- □ 團體領導的功能往往由團體成員所分擔，成員自由地、坦率地彼此相互交流
- □ 團體成員願意冒險表露令人畏懼的內容，並使自己被別人了解；把

他們想要討論和更想了解的個問題帶到團體中來

　□ 團體成員間能認識彼此的矛盾衝突，並得以直接而有效的解決

　□ 回饋可自由地給予和接受，並作非防衛性的考慮

　□ 發起面質的成員避免給別人貼上批判的標籤

　□ 成員們樂於在其日常生活中進行行爲的改變

　□ 團體成員感受到其他人對他們嘗試改變的支持，並願意冒險嘗試新
　　的行爲

　□ 團體成員感到充滿希望，感覺到如果他們願意採取行動，他們便能
　　改變自己；他們並不感到無助

(二)團體成員的功能和可能的問題

　　工作階段的特徵是探索具有個人重要意義的內容。爲了能轉入這一階
段，團體成員負有一定的任務和角色：

　□ 把他們願意討論的問題帶到團體聚會中

　□ 爲別人提供回饋，並能開放性接受回饋

　□ 承擔一些領導功能，尤其是要表達他們如何受到其他人存在的影響，
　　以及團體中工作的影響

　□ 在日常生活中實踐新的技能和行爲，並在團體聚會中報告結果

　□ 爲其他人提供挑戰和支持，並鼓勵自我探索

　□ 不斷評鑑他們對團體的滿意程度，並積極地採取步驟改變他們對團
　　體的參與程度

這一階段中可能產生的某些問題：

　□ 團體成員可能陶醉於已熟悉關係下的舒適狀態，迴避相互挑戰

　□ 團體成員可能在團體活動中獲得領悟，但看不到在團體外採取行動
　　促成改變的必要性

　□ 團體成員可能因對其他人具有強烈情緒，而感到焦慮、退縮

(三)團體領導者的功能

　　這一階段中團體領導者的部分核心功能是：

- 對所希望的、促進凝聚力的和有效工作的團體行為提供系統的增強
- 在團體成員的工作中尋找一些具有普遍性的共同主題
- 繼續示範適宜的行為，尤其是關心式的面質，表露對團體的此時此地感受
- 對願意冒險的團體成員提供支持，幫助他們把團體中習得的行為帶到自己的日常生活中
- 在恰當的時機解釋行為模式的意義，以便團體成員能夠達到更深層次的自我探索，並考慮可能的替代行為
- 認識到那些具有產生改變作用的治療性因素，並以幫助團體成員完成所希望的情感、思想和行為上變化的方式，來實施處理或介入措施
- 注重把領悟轉化為行動的重要性，鼓勵團體成員實踐新的技術
- 鼓勵團體成員牢記並追求他們想從團體中獲得的東西

階段四：最後階段——鞏固與終結

在所有的團體領導技術中，也許沒有什麼要比幫助團體成員把他們在團體中所學到的內容，轉化到團體外環境中去的能力更重要。就在這一終結階段，學習的內容得到鞏固；這是一個總結經驗，把零星的收穫組合在一起的時期，整合和解釋團體經驗的時期。

我把最初和最後的階段，看成是團體生命歷史中最具決定性的時期。如果最初的階段很有成效，團體成員就能相互了解並在團體中建立自己的定位。一種信任的氣氛建立了起來，為隨後的大量工作奠定了基礎。團體發展的最後階段之所以重要，是因為在這一時期，團體成員們從事一系列的認知性工作，這對於就他們自己所獲得的了解作出決策，是十分必要的。如果團體領導者對這一階段把握不當，團體成員們能夠充分運用自己所學到內容的可能性，就大大減少。更糟糕的是，可能會給團體遺留下種種未完成的問題，並失去如何解決這些問題的方向。

非常重要的是，終結問題是早在團體歷史進程的早期便可能提出來了。從一開始，這一結局現實性便一直擺在成員面前，團體領導者需要經常地提醒團體成員們，團體總是要結束的。然而，除非團體領導者認識到他對結束團體的感受，並能以建設性的方式對待這些感受，否則他將無法幫助成員們處理分離的問題。有些團體領導者發現結束團體困難重重，而且他們往往忽視某些人可能在團體即將結束時體驗到的哀傷或憂愁情感。

我同意夏彼羅(Shapiro, 1978)的看法，團體工作中的結束期，常常是團體領導者把握得最不恰當的階段。他提出的原因是，不僅團體領導者缺乏有關這一困難階段的訓練，而且他們自己也需要消除疑慮，也有對終結團體的抗拒心理。這裡所存在的危險，即當團體成員意識到團體的結束日漸逼近時，他們會將自己隔離於團體之外，以便不必去應付由分離帶來的焦慮。有效的工作通常逐漸停止，很少再有新的問題提出來。如果團體成員變得過分地疏離，他們將不能檢驗團體經驗對他們團體之外行為可能的作用。因此，非常必要的是，團體領導者要幫助團體成員們以具有深遠意義的眼光看待在團體中所發生的一切。

終結團體的有效方法

這一節探討各種終結團體經驗的方法，主要是探討這樣一些問題：團體成員怎樣能最佳地完成任何懸而未解的事宜？當團體成員離開團體時，怎樣才能告訴他們日常生活中的種種要求與限制？在團體結束階段，有哪些相關的問題和活動？由於篇幅所限，我的大部分討論著重於封閉團體的結束期——即自始至終由同樣的團體成員所構成的團體，它的結束期在一開始就已經確定了。

㈠處理情感

在一個團體的最後階段，團體領導的一項有益作法，是提醒團體成員只剩下不多的幾次活動了，以便他們能使自己為結束作準備。團體成員需要幫助以面對團體即將結束這一事實。成員對分離的情感常常採取迴避和否定的形式，這需要充分表現並予以探討。團體領導者的工作就是要使那些有深刻失落感和哀傷情感能獲得公開討論的機會。正如耶樂姆所說

(Yalom, 1985)，諮商員有責任使團體成員始終了解到結束團體的現實和意義。團體領導者可以表露他們自己對結束團體的感受，來幫助成員面對分離。

在初期階段，團體成員常常被要求表達他們完全融入(entering)團體的恐懼。現在，他們應當被鼓勵說出他們對離開（leaving）團體且在沒有團體支持的情況下面對日常生活現實的恐懼和擔憂。團體成員時常會說，他們建立起真摯的親密關係，並找到了一個不必害怕被拒絕且可信任的安全場所。他們也許害怕失去這種親密和支持。他們還擔心不能同樣地對團體之外的人保持信任和開放。團體領導者的任務是提醒這些團體參與者，如果他們的團體很特別——親近、關懷、具有支持性——那是因為團體成員共同作出工作抉擇和承諾。因此，他們可以在團體之外的各種關係中作出同樣的選擇和約定，並同樣取得成功。這種「信心宣傳」不是在否定可能由團體結束帶來的失落和哀傷感。相反的，如果團體成員們被鼓勵充分表達他們的憂傷和焦慮的話，為分離而痛苦可能是一種豐富的體驗。

㈡為外在世界作準備

在鞏固階段，團體領導者需要訓練團體成員應付那些將與之一起生活和工作的人，協助成員練習對生活中具有重要意義的人作出反應，角色扮演會是極有幫助的方式。藉由角色扮演，團體成員能從他人那裡得到重要的回饋，並考慮新的替代方式。

正如里勃(Libo, 1977)所評述的，即將離開團體的成員們往往只注重他們怎樣能改變他人，這一著眼點應被修正為改變自己。里勃相信，當你自己有所改變時，你生活中的其他人也往往會有所改變。因此，如果你想要更多的愛，你就需要更可愛。來自團體的回饋可幫助團體成員專注於改變他們自己，而不是設法改變別人。

㈢檢驗團體對自己的效果

團體接近結束時的一項很有用的作法是，給所有的團體成員一次機會，用言語表達他們從整個團體經驗中所學到的東西，以及他們怎樣設法運用不斷增長的自我了解，成員要想從團體中有所收穫，這種檢驗就必須非常具體和明確。若只說「這個團體太棒了。我真的成長了許多，我從其他人身上學到了許多」，這種說法太普通了，以致作出這一評價的人很快就

會忘記具體經驗中最具特殊意義的內容。當有人作出這種概略的陳述時，團體領導者可以幫助團體成員更具體地表達他們的思想和感受，其方式可以是問這樣的問題：「這個團體對你有怎樣的好處？從什麼意義上你成長了許多？你所謂的太棒了是什麼意思？你實際對自己和對其他人所了解的內容有哪些？」我相信，著眼於具體概念化的共同體驗和印象，增加了團體成員維持並運用他們所學到東西的機會。

(四)給予並接受回饋

　　給予和接受回饋在最後的階段是十分重要的。雖然一個有效團體中的成員們，一向在每一次團體活動中公開表達他們的認識和感受，給予總結性回饋自有其特殊價值。要幫助團體成員利用這一機會，在最後幾次活動的其中一次裡，我通常請團體成員作一個概要總結，內容包括：他們怎樣在團體中看待自己、哪些矛盾衝突已變得更明朗化、其間轉折是什麼、他們期望利用所學到的東西做些什麼，以及團體對他們來說意味著什麼。然後，請團體中的其他人談談他們對這個人有何認識和感受。我發現，簡潔具體且與該人所體驗的希望和恐懼相聯結的回饋，是最有價值的。模糊的評價，諸如：「我認為你是個很典雅的人」，並沒有什麼長期的價值。我發現，讓團體成員在他們的日記中寫下具體的回饋是很有用的。如果他們不記錄一些別人對他們所說的事，他們往往會很快忘掉。如果他們作了記錄，他們可在數月後再來看看別人對他們所說的內容，以此來確定是否他們在邁向目標上有了進步。

(五)解決未完成的問題

　　團體領導者需要安排一定的時間來徹底解決團體成員之間的事務，或與團體歷程和目標有關的未完成問題。即使有些問題無法解決，也應鼓勵團體成員把它們說出來。例如，一個在團體大部分時間裡一直沉默不語的團體成員可能會說，她從未感到過有充分的安全來談及她真正擔憂的問題，雖然要解決這一問題以使每人都滿意未免太晚了，但審視這一問題不使其懸而不決，仍是很重要的。

(六)進行進一步的學習

　　我慣於討論團體成員能憑藉他們在團體中所學到的東西進一步發展的各種不同方式。這些方式包括：參加其他團體、個人諮商或是其他形式的

個人發展經驗。馬勒(Mahler, 1969)把團體結束階段稱做一個「開端」，因為現在團體成員可將他們所學到的東西運用於未來的問題，給他們的生活以新的指導；而且，參與一個成功的團體通常會導致對一系列具體問題的認識。團體成員並不都能夠徹底地解決這些問題；因此，他們需要經由尋求其他的個人成長之路來繼續這一探索過程。

最後階段中的協同領導問題

在結束期協同領導者協調一致是極為重要的。他們必須相互協調意見，不再提出任何在團體結束之前無法徹底解決的問題。往往，一些團體成員可能一直保留著某些問題，直到團體快要結束時才提出來，此時團體不再有什麼時間來探討它們；有可能領導者之一會與這個團體成員開始一段新的工作，而另一位協同領導者則負責結束團體的工作。

你和你的協同領導者可能在這最後階段還要談及另一些方面的特殊問題，以確保你們的合作能有效地結束團體經驗：

　　□ 你們是否還很擔心團體成員？是否還有什麼你想對團體成員說的事情？
　　□ 你們對團體還有什麼其他的認識和感受，在活動結束之前向團體成員表達出來會很有幫助？
　　□ 你們兩人是否都能應付自己對分離和結束的感受？如果不能，你可能會和團體成員一樣，迴避談論與結束團體有關的感受。
　　□ 你們兩人是否都已想過如何能盡力幫助團體成員概括他們從團體中所學到的東西，並把這一學習轉化到日常生活情境中去？

最後階段的總結

(一)階段特徵

在團體的最後階段，以下特徵通常是很明顯的：

□ 對於分離這一事實，可能會有一些傷感和焦慮

□ 預見到團體即將結束，團體成員往往會退縮，不再以高昂的熱情來參與

□ 團體成員正在決定他們可能採取什麼樣的行爲方案

□ 旣有一定的對分離的恐懼，也擔心能否在日常生活中運用他們在團體中所體驗到的東西

□ 團體成員可能相互表達恐懼、希望和擔憂，並互相訴說他們是怎樣體驗的

□ 團體活動可用於訓練團體成員學習對待在日常生活中具有重要意義的人。與其他人產生更有效互動的角色扮演和行爲預演方法，是團體活動中常常用到的

□ 團體成員可以評價團體經驗

□ 可能談論追蹤觀察聚會或某些責任計畫，以便鼓勵團體成員去執行他們的計畫，促成改變

(二)團體成員的功能和可能的問題

團體成員在團體最後階段所面對的重要任務，是鞏固他們的學習，並把所學到的內容轉化到日常生活環境中去。在這一時期，他們要回顧團體經驗的意義，並將其納入認知架構之中。團體成員在這一時期的部分任務是：

□ 處理他們對分離和結束團體的情緒

□ 準備把他們的學習推廣到日常生活情境中去

□ 給別人一個比以往更好的形象

□ 完成任何未解決的問題，無論是他們自己帶到團體中來的問題，還是與團體中的人有關的問題

□ 評價團體的影響作用

□ 針對他們想要作出的變化以及如何實現它們，作出抉擇和計畫

這一時期可能出現的某些問題是：

□ 團體成員可能迴避回顧他們的經歷，不能把它納入某一認知架構中

去，因此限制了學習內容的推廣

  □ 由於分離焦慮，團體成員們可能避免相互接近
  □ 團體成員可能只從團體結束本身的意義上考慮，而不是把它當作繼續發展的一種途徑

(三)團體領導者的功能

在這一鞏固階段，團體領導者的核心任務是提供一個結構，以使團體成員們能澄清他們在團體中經驗的意義，並幫助他們從團體中學到的東西推廣到日常生活情境中去。這一階段的任務包括：

  □ 幫助團體成員處理他們可能對結束團體所產生的任何情緒
  □ 提供機會讓團體成員表達和處理在團體中任何尚未解決的問題
  □ 加強團體成員已經作出的改變，確保團體成員了解到能夠使他們作出進一步變化的資源
  □ 幫助團體成員確定他們如何運用特殊的技能於日常生活的各種情境中
  □ 與團體成員一起努力建立特定的契約和家庭作業，以此作爲促成改變的實用方法
  □ 幫助團體成員建立一個觀念架構，以理解、整合、鞏固、記憶他們在團體中所學到的內容
  □ 讓團體成員們有機會能相互提供有建設性意義的回饋
  □ 再次強調在團體結束之後保守秘密的重要性

團體後的問題：追蹤觀察與評價

就像一個團體的形成以及團體領導者的準備工作極大地影響著團體在其各個階段的發展一樣，一旦團體即將結束，擺在團體領導者面前的工作也是極爲重要的。兩個問題與團體發展的成功結束有著密切關係：追蹤觀察與評價。其相關的具體問題是：在一個團體結束之後，應提供哪些形式

的追蹤觀察？在評價團體的結果方面，團體領導者的責任是什麼？團體領導者怎樣能幫助團體成員評價他們的團體經驗效果？

追蹤觀察活動

　　團體的最後活動中，團體領導員須確定一個進行追蹤觀察的時間，以討論團體經驗，並從長遠的角度來認識它。我慣常約定在一個短期密集式團體結束三個月之後進行一次追蹤觀察聚會。我認為，對那些以星期為單位定期舉行會議活動的團體來說，一次追蹤觀察活動也是很有價值的。這些活動之所以有價值，不僅因為它們為團體領導者提供了一次評價團體結果的機會，它們亦為團體成員有機會去構築一幅團體對他們所產生之作用的實際圖畫。

　　在追蹤觀察時段，團體成員可以討論他們在團體結束以後的現實生活中為運用所學內容所做的努力。他們可以報告所曾遇到的困難，分享他們在生活中所體驗到的快樂和成功，並回憶當初在團體中所發生的一些往事。追蹤觀察活動還可為成員們提供一種機會，去表達和解決與團體經驗有關的任何事後想到的見解或體驗。在這一時刻裡，相互之間給予的回饋和支持極為重要。

　　我相信，追蹤觀察活動所激起的責任心，能大大增加了長期受益於團體經驗的可能性。許多人報告說，僅僅是知道在團體結束一、二或三個月之後他們還能聚在一起，以及他們還能進行自我報告，便為他們提供了一種激勵，使他們能堅持自己的約定。最後，追蹤觀察活動還得以提醒團體成員們要對他們所做的改變負責，以及，如果他們希望改變處境的話，就必須採取積極的步驟去實現它。

　　在團體結束以後，有些團體參與者可能去尋求其他方式以繼續他們在這一團體中所開始的發展過程。在離開團體一段時間之後，這些團體成員可能會更樂於參加其他團體或尋求個別諮商，以便去解決某些他們認為需要進一步探索的問題，因此，追蹤觀察聚會無疑是一個討論其他進一步發展方式的理想場所。

個人追蹤觀察晤談

除了團體追蹤觀察之外，我支持團體領導者與每一個團體成員安排一對一的追蹤觀察晤談的想法。這些個別式團體後晤談(postgroup individual interviews)可持續二十分鐘左右，幫助團體領導者確定成員在多大程度上實現了他們的目標。因為在個別晤談中，團體成員可以披露那些他們可能不願在整個團體中坦露的感受。而且，這種一對一的接觸使團體參與者更加明白：團體領導者是關心且的確做到關心他們的。這種個別晤談提供了理想的機會，來討論進一步專業協助所需要的有關資源和必要性——這些問題最好是個別加以解決。而且，個別式團體後晤談與團體追蹤觀察活動相結合，為團體領導者提供了有關團體收效程度的重要訊息，並得以討論如何能改進團體的活動。

雖然進行個別追蹤觀察活動是很理想的，但我認為，在某些環境下並不適用。例如，在社區心理衛生診所裡，恐怕很難安排這樣的追蹤觀察晤談。可行的替代方式是採取電話訪談。

評價結果

我已多次提到團體領導者評價團體結果的必要性。從個人角度來看，我發現要運用實驗方法客觀地評價團體結果是很困難的，我曾在團體之前和之後實施各種測驗和問卷嘗試客觀性評量，以期確定團體參與者改變的性質和程度。但在我的經驗中，這些測量沒有一個適於探查態度、信念、情感和行為上的微妙變化。結果，我開始依賴主觀測量，其中包括各種形式的自陳報告。

依照著羅傑斯的觀點，團體參與者個人主觀報告的自然主義式研究(naturalistic study)，對團體經驗的意義提供了最深刻的洞察。這些自陳報告從團體參與者的角度為團體的作用和結果勾勒了一幅圖畫。羅傑斯認為，這種現象學式的研究「也許是發展我們對這些微妙而陌生世界的認識的最有效方法」(Rogers, 1970, p.133)。我通常使用的一些評價團體及確定

改進以後團體方式的主觀方法有，使用回饋單(reaction paper)，個別式團體後晤談，團體追蹤觀察聚會，以及向團體參與者寄發問卷。

通常我會請成員在進入一個團體之前以書面寫下他們的問題，他們希望從團體中得到什麼。我特別鼓勵團體成員在團體中，以及在兩個團體活動之間的日常生活中記錄他們的體驗。這種文字記錄能幫助團體成員注重於重要的趨向，以及經由團體互動在自己和其他人身上所發現的重要事件。在團體結束之後，我請團體成員在我們的追蹤觀察團體聚會之前寫下兩頁的感想。這些團體後文字記錄給團體參與者一次機會去回憶團體中的重大事件，以及他們對於團體最特別喜歡和不喜歡的是什麼。在團體已結束之後，團體參與者們可以從各種不同的角度評價它的作用。許多人告訴我說，這些團體後回饋單是非常有用的，因為它們使成員在團體環境中所開創的工作動力能持續不竭。這種寫作過程是自我評價的有用工具，其本身便具有治療作用。

最後，我常常在進行團體後聚會時，讓團體成員們填寫一份簡短的問卷。由團體成員們評價團體中所使用的技術、團體參與者、團體對他們的影響作用，以及他們因參加了這一團體而發生了多大程度的改變。下列問題是用來獲得有關重要問題的訊息的：

- 該團體是否對你有任何負面影響？
- 在你與其他人的關係方面，團體對你有什麼樣的影響？
- 迄今為止你的改變仍在維持嗎？

這一問卷是在追蹤觀察活動中開始交流感想之前，引導團體成員注意於某些主題的很好方法。而且，它也為評價團體提供了有用的資料。

團體後的協同領導者問題

在團體結束之後，協同領導者們應相互討論他們在領導中的經驗，並嘗試從更長遠的意義看待該團體的整個歷史。你可以與協同領導者探討下列這些想法，以此作為整合你經驗與學習的一種方式：

□ 討論協同領導者之間的責任平衡。是否由一個協同領導者承擔主要的領導責任，而另一個人只是隨從的角色？是否一個領導者使另一個人黯然失色？

□ 是否一個領導者傾向於過分支持性，而另一個領導者則過分對質性？

□ 你是如何混用各種不同的領導方式，而這些又對團體產生何種效果？

□ 你是否認為團體應該掙取某個方向，並且需要在這個方向上進展下去

□ 談論一下協同領導者個人所喜歡和不喜歡的經驗。坦率地討論彼此在專業上相互學到的東西，包括：缺點和優點、技術和領導風格等，你們會有所收益

□ 把你作為領導者的自我評價，與協同領導者對你的評價加以比較，找到哪些方面還需要進一步努力。經由這種做法，你將能增長自己有效領導團體的能力（團體領導者評價表和自我評價量表附在與本教材配合的學生手冊中）

□ 談論和回顧團體的轉折點；例如，這一團體是怎樣開始的？它又是如何結束的？在團體中發生了哪些事情說明它是成功或失敗的？這種總體評價可幫助你了解團體歷程，這對未來領導團體可能是很重要的

團體後的問題總結

㈠團體成員的功能和可能的問題

在團體結束之後，團體成員的主要作用，是把他們所學到的內容應用於日常生活的實際行動之中，評價團體，並參加追蹤觀察活動（如果適宜的話）。團體成員在團體後的任務是：

□ 尋找能自我增強的方法，以便能繼續發展

□ 持續記錄所發生的改變，包括：過程和問題

□ 參加個別晤談，以討論怎樣能更好地實現自己的目標；或是參加追

蹤觀察活動，向團體成員們說明他們將團體經驗應用於日常生活中的情況

在這一時期可能出現的部分問題是：

▫ 如果團體成員難以把團體中所學到的東西運用於日常情境，他們可能會變得沮喪並貶低團體的價值
▫ 團體成員在沒有團體支持的情況下維繫新的行為，可能會有困難
▫ 團體成員們可能會忘記，改變需要時間、努力和實踐，因此，他們可能不去運用他們所學到的東西

(二)團體領導者的功能

團體的最後一次活動並不表示團體領導者的工作已經結束，因為在團體結束之後還有很重要的問題要考慮，此即進行追蹤觀察和評價工作。團體領導者在團體結束後還有下列工作要做：

▫ 提供私下個別諮商，如果任一團體成員需要這種服務的話，團體成員得以討論其對團體經驗的感想
▫ 如果可行的話，進行追蹤觀察團體活動或個別談話，以評價團體的影響作用
▫ 為那些想要或需要進一步諮商的團體成員尋找具體的資源
▫ 鼓勵團體成員尋找繼續支持和挑戰的途徑，以便團體結束可作為尋求自我了解的開端
▫ 發展有組織地評價團體效果的方法
▫ 幫助團體成員建立相互聯繫的管道，從而使他們能夠在團體成員之間和團體之外運用支持系統
▫ 如果可行的話，與協同領導者進行會晤，以評價該團體的整體效果

結語

　　我不止一次地提到，一個團體整個生命歷史中的各個階段，通常並不簡單整齊且唯一地遵從前兩章中所描述的順序發展。實際上，在兩個階段之間會有相當大的重疊，而且一旦一個團體向更高的發展階段推進，可能會有一段時期暫時的向前一個發展階段倒退。

　　有關團體發展的各個不同階段中，團體成員與團體領導者重要任務的知識，可使你在恰當的時機針對明確的目的採取介入措施。了解團體的關鍵轉折點，可使你能幫助團體成員推動他們的潛力，以便他們能成功地達到自己在團體中所設定的目標。通曉各種團體的典型模式，爲你提供整體概觀，使你能夠確定哪些介入措施是有用的、哪些是無用的。而且，這一概觀使你能預見在團體生命歷史中的某些危機，並找到成功地解這些危機的方法。

PartI　参考資料

American Association for Counseling and Development. (1988). *Ethical standards* (rev. ed.). Alexandria, VA: Author.

American Association for Marriage and Family Therapy. (1988). *AAMFT code of ethical principles for marriage and family therapists.* Washington, DC: Author.

American Group Psychotherapy Association. (1978). *Guidelines for the training of group psychotherapists.* New York: Author.

American Mental Health Counselors Association. (1980). *Code of ethics for certified clinical mental health counselors.* Alexandria, VA: Author.

American Psychiatric Association. (1986). *Principles of medical ethics, with annotations especially applicable to psychiatry.* Washington, DC: Author.

American Psychological Association. (1973). Guidelines for psychologists conducting growth groups. *American Psychologist, 28*(10), 933.

American Psychological Association. (1981). Ethical principles of psychologists. *American Psychologist, 36*(6), 633–651.

Association for Specialists in Group Work. (1980). *Ethical guidelines for group leaders.* Alexandria, VA: Author.

Association for Specialists in Group Work. (1983). *Professional standards for training of group counselors.* Alexandria, VA: Author.

Bass, S., & Dole, A. (1977). Ethical leader practices in sensitivity training for prospective professional psychologists. *Journal Supplement Abstract Series, 7*(2), 47–66.

Bednar, R. L., Corey, G., Evans, N. J., Gazda, G. M., Pistole, M. C., Stockton, R., & Robison, F. F. (1987). Overcoming obstacles to the future development of research on group work. *Journal for Specialists in Group Work, 12*(3), 98–111.

Bednar, R. L., & Kaul, T. J. (1978). Experiential group research: Current perspectives. In S. L. Garfield & A. E. Bergin (Eds.), *Handbook of psychotherapy and behavior change* (2nd ed.). New York: Wiley.

Bednar, R. L., & Kaul, T. J. (1985). Experiential group research: Results, questions, and suggestions. In S. L. Garfield & A. Bergin (Eds.), *Handbook of psychotherapy and behavior change* (3rd ed.). New York: Wiley.

Bednar, R. L., Melnick, J., & Kaul, T. J. (1974). Risk, responsibility, and structure: A conceptual framework for initiating group counseling and psychotherapy. *Journal of Counseling Psychology, 21,* 31–37.

Bloch, S., Browning, S., & McGrath, G. (1983). Humour in group psychotherapy. *British Journal of Medical Psychology, 56,* 89–97.

Blustein, D. L. (1982). Using informal groups in cross-cultural counseling. *Journal for Specialists in Group Work, 7*(4), 260–265.

Borgers, S. B., & Tyndall, L. W. (1982). Setting expectations for groups. *Journal for Specialists in Group Work, 7*(2), 109–111.

Burke, M. J., & Hayes, R. L. (1986). Peer counseling for elderly victims of crime and violence. *Journal for Specialists in Group Work, 11*(2), 107–113.

Carkhuff, R. R. (1969a). *Helping and human relations: Vol. 1. Selection and training.* New York: Holt, Rinehart & Winston.

Carkhuff, R. R. (1969b). *Helping and human relations: Vol. 2. Practice and research.* New York: Holt, Rinehart & Winston.

Childers, J. H., Jr. (1986). Group leadership training and supervision: A graduate course. *Journal for Specialists in Group Work, 11*(1), 48–52.

Childers, J. H., Jr., & Saltmarsh, R. E. (1986). Neurolinguistic programming in the context of group counseling. *Journal for Specialists in Group Work, 11*(4), 221–227.

Chu, J., & Sue, S. (1984). Asian/Pacific-Americans and group practice. In L. E. Davis (Ed.), *Ethnicity in social group work practice* (pp. 23–35). New York: Haworth Press.

Cole, S. A. (1983). Self-help groups. In H. I. Kaplan & B. J. Sadock (Eds.), *Comprehensive group psychotherapy* (2nd ed.). Baltimore: Williams & Wilkins.

Colson, D. B., & Horwitz, L. (1983). Research in group psychotherapy. In H. I. Kaplan & B: J. Sadock (Eds.), *Comprehensive group psychotherapy* (2nd ed.) (pp. 304–311). Baltimore: Williams & Wilkins.

Corey, G. (1981). Description of a practicum course in group leadership. *Journal for Specialists in Group Work, 6*(2), 100–108.

Corey, G. (1982). Practical strategies for planning therapy groups. In P. Keller (Ed.), *Innovations in clinical practice: A sourcebook: Vol. 1*. Sarasota, FL: Professional Resource Exchange.

Corey, G. (1983). Group counseling. In J. A. Brown & R. H. Pate (Eds.), *Being a counselor: Directions and challenges*. Pacific Grove, CA: Brooks/Cole.

Corey, G. (1984). Ethical issues in group therapy. In P. Keller (Ed.), *Innovations in clinical practice: A sourcebook: Vol. 3*. Sarasota, FL: Professional Resource Exchange.

Corey, G. (1986a). *Case approach to counseling and psychotherapy* (2nd ed.). Pacific Grove, CA: Brooks/Cole.

Corey, G. (1986b). *Theory and practice of counseling and psychotherapy* (3rd ed.) and *Manual*. Pacific Grove, CA: Brooks/Cole.

Corey, G., & Corey, M. (1990). *I never knew I had a choice* (4th ed.). Pacific Grove, CA: Brooks/Cole.

Corey, G., Corey, M., & Callanan, P. (1981). In-service training for group leaders in a prison hospital: Problems and prospects. *Journal for Specialists in Group Work, 6*(3), 130–135.

Corey, G., Corey, M., & Callanan, P. (1982). A *casebook of ethical guidelines for group leaders*. Pacific Grove, CA: Brooks/Cole.

Corey, G., Corey, M., & Callanan, P. (1988). *Issues and ethics in the helping professions* (3rd ed.). Pacific Grove, CA: Brooks/Cole.

Corey, G., Corey, M., Callanan, P., & Russell, J. M. (1980). A residential workshop for personal growth. *Journal for Specialists in Group Work, 5*(4), 205–215.

Corey, G., Corey, M., Callanan, P., & Russell, J. M. (1982). Ethical considerations in using group techniques. *Journal for Specialists in Group Work, 7*(3), 140–148.

Corey, G., Corey, M., Callanan, P., & Russell, J. M. (1988). *Group techniques* (rev. ed.). Pacific Grove, CA: Brooks/Cole.

Corey, M., & Corey, G. (1986). Experiential/didactic training and supervision workshop for group leaders. *Journal of Counseling and Human Service Professions, 1*(1), 18–26.

Corey, M., & Corey, G. (1987). *Groups: Process and practice* (3rd ed.). Pacific Grove, CA: Brooks/Cole.

Corey, M., & Corey, G. (1989). *Becoming a helper*. Pacific Grove, CA: Brooks/Cole.

Couch, R. D., & Childers, J. H. (1987). Leadership strategies for instilling and maintaining hope in group counseling. *Journal for Specialists in Group Work, 12*(4), 138–143.

Council for Accreditation of Counseling and Related Educational Programs. (1988, July). *Accreditation procedures manual and application*. Alexandria, VA: Author.

Davis, L. E. (Ed.). (1984) *Ethnicity in social group work practice*. New York: Haworth

Press.

Decker, T. W., & Hall, D. W. (1987). Multicomponent group interventions for academic underachievers. *Journal for Specialists in Group Work, 12*(4), 150–155.

Dies, R. R. (1980). Current practice in the training of group psychotherapists. *International Journal of Group Psychotherapy, 30*(2), 169–185.

Dies, R. R. (1983a). Bridging the gap between research and practice in group psychotherapy. In R. R. Dies & K. R. MacKenzie (Eds.), *Advances in group psychotherapy: Integrating research and practice* (pp. 1–16). New York: International Universities Press.

Dies, R. R. (1983b). Clinical implications of research on leadership in short-term group psychotherapy. In R. R. Dies & K. R. MacKenzie (Eds.), *Advances in group psychotherapy: Integrating research and practice* (pp. 27–78). New York: International Universities Press.

Dies, R. R. (1985). Research foundations for the future of group work. *Journal for Specialists in Group Work, 10*(2), 68–73.

Dies, R. R., & MacKenzie, K. R. (Eds.). (1983). *Advances in group psychotherapy: Integrating research and practice.* New York: International Universities Press.

Donigian, J., & Malnati, R. (1987). *Critical incidents in group therapy.* Pacific Grove, CA: Brooks/Cole.

Dyer, W., & Vriend, J. (1977). *Counseling techniques that work.* New York: Funk & Wagnalls.

Egan, G. (1973). *Face to face: The small-group experience and interpersonal growth.* Pacific Grove, CA: Brooks/Cole.

Egan, G. (1976). *Interpersonal living: A skills/contract approach to human-relations training in groups.* Pacific Grove, CA: Brooks/Cole.

Egan, G. (1977). *You and me: The skills of communicating and relating to others.* Pacific Grove, CA: Brooks/Cole.

Fried, E. (1972). Individuation through group psychotherapy. In C. J. Sage & H. S. Kaplan (Eds.), *Progress in group and family therapy.* New York: Brunner/Mazel.

Gazda, G. M. (1982). *Basic approaches to group psychotherapy and group counseling* (3rd ed.). Springfield, IL: Charles C Thomas.

Gazda, G. M. (1989). *Group counseling: A developmental approach* (4th ed.). Boston: Allyn & Bacon.

Gazda, G. M., & Mack, S. (1982). Ethical practice guidelines for group work. In G. M. Gazda (Ed.), *Basic approaches to group psychotherapy and group counseling* (3rd ed.). Springfield, IL: Charles C Thomas.

George, R. L., & Dustin, D. (1988). *Group counseling: Theory and practice.* Englewood Cliffs, NJ: Prentice-Hall.

Gillis, H. L., & Bonney, W. C. (1986). Group counseling with couples or families: Adding adventure activities. *Journal for Specialists in Group Work, 11*(4), 213–220.

Gumaer, J., & Scott, L. (1985). Training group leaders in ethical decision making. *Journal for Specialists in Group Work, 10*(4), 198–204.

Gumaer, J., & Scott, L. (1986). Group workers' perceptions of ethical and unethical behavior of group leaders. *Journal for Specialists in Group Work, 11*(3), 139–150.

Hansen, J. C., Warner, R. W., & Smith, E. M. (1980). *Group counseling: Theory and process* (2nd ed.). Chicago: Rand McNally.

Ho, M. K. (1984). Social group work with Asian/Pacific-Americans. In L. E. Davis (Ed.), *Ethnicity in social group work practice* (pp. 49–61). New York: Haworth Press.

Hopkins, B. R., & Anderson, B. S. (1985). *The counselor and the law* (2nd ed.).

Alexandria, VA: American Association for Counseling and Development.

Huber, C. H., & Baruth, L. G. (1987). *Ethical, legal and professional issues in the practice of marriage and family therapy.* Columbus, OH: Charles E. Merrill.

Huhn, R. P., Zimpfer, D. G., Waltman, D. E., & Williamson, S. K. (1985). A survey of programs of professional preparation for group counseling. *Journal for Specialists in Group Work, 10*(3), 124–133.

Hummel, D., Talbutt, L., & Alexander, D. (1985). *Law and ethics in counseling.* New York: Van Nostrand Reinhold.

Ivey, A. E. (1988). *Intentional interviewing and counseling: Facilitating client development* (2nd ed.). Pacific Grove, CA: Brooks/Cole.

Ivey, A. E., & Authier, J. (1978). *Microcounseling: Innovations in interviewing, counseling, psychotherapy, and psychoeducation* (2nd ed.). Springfield, IL: Charles C Thomas.

Jacobs, E. E., Harvill, R. L., & Masson, R. L. (1988). *Group counseling: Strategies and skills.* Pacific Grove, CA: Brooks/Cole.

Kaplan, H. I., & Sadock, B. J. (Eds.). (1983). *Comprehensive group psychotherapy* (2nd ed.). Baltimore: Williams & Wilkins.

Katz, A. H. (1981). Self-help and mutual aid: An emerging social movement? *American Review of Sociology, 7,* 129–155.

Kaul, T. J., & Bednar, R. L. (1985). Experiential group research: Results, questions, and suggestions. In S. L. Garfield & A. Bergin (Eds.), *Handbook of psychotherapy and behavior change* (3rd ed.). New York: Wiley.

Keith-Spiegel, P., & Koocher, G. (1985). *Ethics in psychology.* New York: Random House.

Kottler, J. A. (1983). *Pragmatic group leadership.* Pacific Grove, CA: Brooks/Cole.

Kottler, J. A. (1986). *On being a therapist.* San Francisco: Jossey-Bass.

Kutash, I. L., & Wolf, A. (Eds.). (1986). *Psychotherapist's casebook.* San Francisco: Jossey-Bass.

Lakin, M. (1985). *The helping group: Therapeutic principles and issues.* Reading, MA: Addison-Wesley.

Lakin, M. (1986). Ethical challenges of group and dyadic psychotherapies: A comparative approach. *Professional Psychology: Research and Practice, 17*(5), 454–461.

LeCluyse, E. E. (1983). Pretherapy preparation for group members. *Journal for Specialists in Group Work, 8*(4), 170–174.

Lee, C. C. (1987). Black manhood training: Group counseling for male Blacks in grades 7–12. *Journal for Specialists in Group Work, 12*(1), 18–25.

Lee, P. C., Juan, G., & Hom, A. B. (1984). Group work practice with Asian clients: A sociocultural approach. In L. E. Davis (Ed.), *Ethnicity in social group work practice* (pp. 37–47). New York: Haworth Press.

Libo, L. (1977). *Is there a life after group?* New York: Anchor Books.

Lieberman, M. A. (1980). Group methods. In F. H. Kanfer & A. P. Goldstein (Eds.), *Helping people change* (2nd ed.). New York: Pergamon Press.

Lieberman, M. A., & Borman, L. D. (1979). *Self-help groups for coping with crisis.* San Francisco: Jossey-Bass.

Lieberman, M., Yalom, I., & Miles, M. (1973). *Encounter groups: First facts.* New York: Basic Books.

Loewenberg, F., & Dolgoff, R. (1988). *Ethical decisions for social work practice* (3rd ed.). Itasca, IL: F. E. Peacock.

Luft, J. (1984). *Group processes: An introduction to group dynamics* (3rd ed.). Palo Alto, CA: Mayfield.

MacDevitt, J. W. (1987). Conceptualizing therapeutic components of group counseling. *Journal for Specialists in Group Work, 12*(2), 76–84.

Mahler, C. A. (1969). *Group counseling in the schools.* Boston: Houghton Mifflin.

McWhirter, J. J., & Liebman, P. C. (1988). A description of anger-control therapy groups to help Vietnam veterans with posttraumatic stress disorder. *Journal for Specialists in Group Work, 13*(1), 9–16.

Miller, M. J. (1986). On the perfectionistic thoughts of beginning group leaders. *Journal for Specialists in Group Work, 11*(1), 53–56.

Mokuau, N. (1985). Counseling Pacific Islander–Americans. In P. Pedersen (Ed.), *Handbook of cross-cultural counseling and therapy* (pp. 147–155). Westport, CT: Greenwood Press.

Mokuau, N. (1987). Social workers' perceptions of counseling effectiveness for Asian-American clients. *Journal of the National Association of Social Workers, 32*(4), 331–335.

Morran, D. K. (1982). Leader and member self-disclosing behavior in counseling groups. *Journal for Specialists in Group Work, 7*(4), 218–223.

Morran, D. K., Robison, F. F., & Stockton, R. (1985). Feedback exchange in counseling groups: An analysis of message content and receiver acceptance as a function of leader versus member delivery, session, and valance. *Journal of Counseling Psychology, 32*, 57–67.

Morran, D. K., & Stockton, R. (1980). Effect of self-concept on group member reception of positive and negative feedback. *Journal of Counseling Psychology, 27*, 260–267.

Morran, D. K., & Stockton, R. (1985). Perspectives on group research programs. *Journal of Specialists for Group Work, 10*(4), 186–191.

Muller, E. J., & Scott, T. B. (1984). A comparison of film and written presentations used for pregroup training experiences. *Journal for Specialists in Group Work, 9*(3), 122–126.

Napier, R. W., & Gershenfeld, M. K. (1988). *Groups: Theory and experience* (3rd. ed.). Boston: Houghton Mifflin.

National Association of Social Workers. (1979). *Code of ethics.* Washington, DC: Author.

National Board for Certified Counselors. (1987). *Code of ethics.* Alexandria, VA: Author.

National Federation of Societies for Clinical Social Work. (1985). *Code of ethics.* Silver Spring, MD: Author.

National Rehabilitation Counseling Association. (1988). *Ethical standards for rehabilitation counselors.* Alexandria, VA: Author.

National Training Laboratory Institute. (1969). *Standards for the use of laboratory methods.* Washington, DC: Author.

Nishio, K., & Bilmes, M. (1987). Psychotherapy with Southeast Asian American clients. *Professional Psychology: Research and Practice, 18*(4), 342–346.

Nolan, E. (1978). Leadership interventions for promoting personal mastery. *Journal for Specialists in Group Work, 3*(3), 132–138.

Ohlsen, M. M., Horne, A. M., & Lawe, C. F. (1988). *Group counseling* (3rd ed.). New York: Holt, Rinehart & Winston.

Ormont, L. R. (1988). The leader's role in resolving resistances to intimacy in the group setting. *International Journal of Group Psychotherapy, 38*(1), 29–46.

Pedersen, P. (1981). Triad counseling. In R. Cornisi (Ed.), *Innovative psychotherapies* (pp. 840–855). New York: Wiley.

Pedersen, P. (Ed.). (1985). *Handbook of cross-cultural counseling and therapy.* Westport, CT: Greenwood Press.

Pedersen, P. (1988). *A handbook for developing multicultural awareness.* Alexandria, VA: American Association for Counseling and Development.

Pope, K. S., Tabachnick, B. G., & Keith-Spiegel, P. (1987). Ethics of practice: The beliefs and behaviors of psychologists as therapists. *American Psychologist,*

42(11), 993–1006.

Priddy, J. M. (1987). Outcome research on self-help groups: A humanistic perspective. *Journal for Specialists in Group Work, 12*(1), 2–9.

Riordan, R. J., & Beggs, M. S. (1987). Counselors and self-help groups. *Journal of Counseling and Development, 65*(8), 427–429.

Riordan, R. J., & Beggs, M. S. (1988). Some critical differences between self-help and therapy groups. *Journal for Specialists in Group Work, 3*(1), 24–29.

Rogers, C. R. (1970). *Carl Rogers on encounter groups.* New York: Harper & Row.

Rose, S. R. (1987). Social skills training in middle childhood: A structured group approach. *Journal for Specialists in Group Work, 12*(4), 144–149.

Rosenbaum, M. (1982). Ethical problems of group psychotherapy. In M. Rosenbaum (Ed.), *Ethics and values in psychotherapy: A guidebook.* New York: Free Press.

Sampson, E. E. (1988). The debate on individualism: Indigenous psychologies of the individual and their role in personal and societal functioning. *American Psychologist, 43*(1), 15–22.

Schutz, B. M. (1982). *Legal liability in psychotherapy.* San Francisco: Jossey-Bass.

Schutz, W. (1973a). *Elements of encounter.* Big Sur, CA: Joy Press.

Schutz, W. (1973b). Encounter. In R. Corsini (Ed.), *Current psychotherapies.* Itasca, IL: F. E. Peacock.

Schwab, R. (1986). Support groups for the bereaved. *Journal for Specialists in Group Work, 11*(2), 100–106.

Shaffer, J., & Galinsky, M. D. (1989). *Models of group therapy* (2nd ed.). Englewood Cliffs, NJ: Prentice-Hall.

Shapiro, J. L. (1978). *Methods of group psychotherapy and encounter: A tradition of innovation.* Itasca, IL: F. E. Peacock.

Stockton, R., & Hulse, D. (1981). Developing cohesion in small groups: Theory and research. *Journal for Specialists in Group Work, 6*(4), 188–194.

Stockton, R., & Morran, D. K. (1980). The use of verbal feedback in counseling groups: Toward an effective system. *Journal for Specialists in Group Work, 5,* 10–14.

Stockton, R., & Morran, D. K. (1981). Feedback exchange in personal growth groups: Receiver acceptance as a function of valence, session, and order of delivery. *Journal of Counseling Psychology, 28,* 490–497.

Stockton, R., & Morran, D. K. (1982). Review and perspective of critical dimensions in therapeutic small group research. In G. M. Gazda (Ed.), *Basic approaches to group psychotherapy and group counseling* (3rd ed.) (pp. 37–85). Springfield, IL: Charles C Thomas.

Sue, D. W. (1978). Eliminating cultural oppression in counseling: Toward a general theory. *Journal of Counseling Psychology, 25,* 419–428.

Sue, D. W. (1981). *Counseling the culturally different: Theory and practice.* New York: Wiley.

Sue, S. (1988). Psychotherapeutic services for ethnic minorities: Two decades of research findings. *American Psychologist, 43*(4), 301–308.

Van Hoose, W., & Kottler, J. (1985). *Ethical and legal issues in counseling and psychotherapy* (2nd ed.). San Francisco: Jossey-Bass.

Woody, R. H. (1984). *The law and the practice of human services.* San Francisco: Jossey-Bass.

Wrenn, C. G. (1985). Afterward: The culturally encapsulated counselor revisited. In P. Pedersen (Ed.), *Handbook of cross-cultural counseling and therapy* (pp. 323–329). Westport, CT: Greenwood Press.

Yalom, I. D. (1983). *Inpatient group psychotherapy.* New York: Basic Books.

Yalom, I. D. (1985). *The theory and practice of group psychotherapy* (3rd ed.). New York: Basic Books.

Zimpfer, D. G. (1984a). *Group work in the helping professions: A bibliography.* Muncie, IN: Accelerated Development.

Zimpfer, D. G. (1984b). Pattern and trends in group work. *Journal for Specialists in Group Work, 9*(4), 204–208.

Zimpfer, D. G. (1985a). Demystifying and clarifying small-group work. *Journal for Specialists in Group Work, 10*(3), 175–181.

Zimpfer, D. G. (1985b). Texts used most widely in preparation for group counseling. *Journal for Specialists in Group Work, 10*(1), 51–56.

Zimpfer, D. G. (1987a). Groups for the aging: Do they work? *Journal for Specialists in Group Work, 12*(2), 85–92.

Zimpfer, D. G. (1987b). Group treatment for those involved with incest. *Journal for Specialists in Group Work, 12*(4), 166–177.

Zimpfer, D. G., Waldman, D. E., Williamson, S. K., & Huhn, R. P. (1985). Professional training standards in group counseling: Idealistic or realistic? *Journal for Specialists in Group Work, 10*(3), 134–143.

PART

II

團體諮商的理論探討

團體領導者不以一種明確的理論原理帶領一個團體，就好像是飛行員不用航圖和儀表駕駛飛機。儘管團體領導者需要形成有關團體歷程的概念和發展對團體實務的個人探索，但技術和方法必須建立在一個理論模式的基礎上。有些學生把一個理論模式想像為一個嚴謹的結構，它描述了在具體情境中工作的詳細步驟。這並不是我對理論的理解。我把理論看作為一套指導原則，你可以將其運用於你的實務工作中。一個理論是一幅地圖，它為你檢查你對人性的基本假設、確定你領導團體的目的、澄清你作為團體領導者的角色與功能、解釋團體的互動、評價團體的結果，提供方向和指導。

建立一個理論觀點所涉及的不僅僅是接受某一套理論的信條。它是一個不斷進行的過程，在其中，團體領導者須不斷地詢問他們的實務是什麼，怎樣做，和為什麼。我鼓勵我的學生批判性地看待各種理論的主要概念，並探究建立這些理論的理論家們，因為一種理論通常是建立該理論者的個人表達。我進一步鼓勵學生不要盲目的完全接受任何一種理論，以便他們能保持開放性，並嚴肅地考量各種理論的限制以及它們的貢獻。如果有人囫圇吞棗地唸了一種理論，這一理論將無法被適當地消化和整合。每一個治療師需要建立的理論取向，必須與這個治療師的價值觀、信念、個人性格密切聯結起來。因此，建立個人理論取向的第一步，是要增進自我覺察。

我還告誡學生若因為他們反對一個理論的某些概念而從整體貶低這個理論的危險。例如，有些學生最初看不到心理分析理論方法有什麼實務意義，他們厭煩分析所需要的漫長時間，把對潛意識材料的分析看作是超出他們能力範圍之外的事，並且他們通常不贊同治療者所扮演的匿名角色。我會鼓勵這些學生去探討這一模式，看看有哪些概念是他們可以融合採用的。對某些方面採取批判態度，並不意味著過早否定某些具有潛在價值的觀點。

當實務工作者們確定一種理論卻沒有認識到其侷限性時，他們往往會誤用它，並假定它是一條金科玉律和一套已經被證明的事實，而不是一種探索工具。如果你的理論觀點使你忽視其他的理論，你就可能會迫使你的當事人就範於它的限制性，而不是用理論來理解他們自己。通盤採納一個理論所造成的問題是在於，一個人會變成一個「真理的信奉者」。而所謂真

理的信奉者的問題是，他們會因刪除了所有與他其已信奉的理論結構不合的東西而嚴重限制了他們的視野。而且，由於他們假定理論包括了全部真理，他們往往試圖把它強加於人，並希望別人也同樣完全接受它。

在第一部分，我們探討了有效的團體領導者所需要的種種要素。在第二部分裡，我們將探討十種有關團體諮商的理論，並考量這些觀點如何影響一個團體領導者的具體實踐。

6

團體的心理分析學派取向

導言

　　心理分析理論對本書中所提及的絕大多數其他理論模式的團體工作都產生過影響。其他理論模式中，有些基本上是這一分析模式的擴展，有些是分析理論的概念和方法的修正，有些則為反對心理分析而產生出來的。如果說絕大多數團體諮商的理論都借鑒了心理分析的概念和技術，並不為過。即使你沒有運用表露潛意識內容和重建人格所要求的技術，基本的心理分析概念也會成為你自己理論體系中不可缺少的一部分。

　　這一章將統整介紹心理分析和心理社會觀點，並簡要闡述心理分析思潮當代趨勢。我還要介紹一個個體生活的各個發展階段。雖然西蒙・佛洛伊德(Sigmund Freud)為我們對兒童早期個體心理性發展(psychosexual development)的理解作出了重要貢獻，他對於兒童期以後人們所受到的心理社會（psychosocial）影響則著墨甚少。由於這一缺陷，我特別強調了艾里克・艾里克森(Erik Erikson, 1963, 1982)的心理社會觀點，它對於理解個體從嬰兒期到老年的每一個生活階段的基本問題，提供了一個完整的架構。艾里克森可以被看作既是一位自我心理學家，又是一位心理分析家，他的理論建立於佛洛伊德的概念之上，繼續闡釋了被佛洛伊德所遺卻的人類個體發展的歷史。

歷史背景

　　在討論一個心理分析團體所持有的主要概念和基本技術時，這一章描繪了部分佛洛伊德的重要主題。雖然他注重個體心理動力學，以及病人與分析家的一對一關係，他的觀點和貢獻的確對分析取向團體治療的實務有種種啓發。

　　被譽為首先使用心理分析原理和技術於團體的人，是亞歷山大・沃爾夫(Alexander Wolf)，一位精神醫學家和心理分析家。他於1938年開始從事團體工作，因為他不想回絕那些的確需要治療但又不能承受強烈的個別

治療的病人。他的經驗增加了他對這一方法的興趣，並且使這種方法成為他的主要治療方式。沃爾夫強調在團體中的心理分析（以此對應於團體心理分析），因為他的一貫主張並不治療一整個團體。相反的，他的著眼點是放在與其他個體相互交往的每一個個人。

在考察美國心理分析團體治療的演化時，塔特曼(Tuttman, 1986)寫道，它的理論的和技術的元素，構成了一幅「土生土長」和「外來」主題的交織圖。他主張，心理分析理論和實務受到美國是一個多元化社會這一事實的影響，由於這裡有許多分立的思想派別，要想達成心理分析團體理論的統合與發展，相當困難。塔特曼指出，在當代心理分析概念中，有突出貢獻的要數英國心理分析學家，包括：拜恩(Bion, 1959)、愛茲里爾(Ezriel, 1950)、福克斯(Foulkes, 1965)、平斯(Pines, 1981, 1983)。其他對心理分析理論有貢獻的學者還包括：巴林特(Balint, 1968)、費爾拜恩(Fairbairn, 1954)、安娜‧佛洛伊德(A. Freud, 1936, 1969)、甘特里普(Guntrip, 1969)、克萊恩(Klein, 1975)、文尼考特(Winnicott, 1957, 1965)。塔特曼還指出了心理分析發展與自我（ego）心理學、客體——關係理論、自我(self)心理學的美國實務工作者們的貢獻。這些實務工作者中有：哈特曼、克里斯、勞文斯坦(Hartmann, Kris, & Lowenstein, 1946)、克恩伯格(Kernberg, 1975, 1976)、庫哈特(Kohut, 1971, 1977)、馬勒(Mahler, 1968, 1971)、斯皮茲(Spitz, 1957, 1965)。

分析式團體的目標

這種分析過程的目標是重建當事人的性格與人格系統，這一目標經由使潛意識衝突進入意識層次並檢驗它們來實現的。具體地說，心理分析團體本身以一種象徵性的方式再現原生的家庭，以便每一個團體成員的過去歷史在團體面前重演。沃爾夫(Wolf, 1963, 1975)建立了基本心理分析技術的團體應用方法，諸如：移情、自由聯想、夢，以及現時行為的歷史決定因素。他強調原生家庭的再創造，以便團體成員們能解決他們懸而未決的問題。他們對同伴成員和對團體領導者的反應，被假定為揭示了他們與原生家庭中重要他人的關係之動力學象徵性線索。雖然這些反應是源自於此

時此地，但這裡著眼於追溯它們在團體成員早期歷史中的根源(Tuttman, 1986)。沃爾夫的研究目的是在於加強自我人格強度系統性退化的控制能力。

穆蘭和羅森保(Mullan & Rosenbaum, 1978)把再創一個人的家庭過程，看視為是對心理分析團體治療的退化——重建(regressive-reconstructive)式探索。這一術語是指退回到一個人的過去，以便實現重建人格的治療目的，其特徵是在創造性地投入於生活的社會意識和能力。穆蘭和羅森保把這種團體看成是「人生的片段」，它在許多方面重複了原生的家庭。團體領導者要了解產生於團體成員之中以及團體成員與團體領導者之間的種種家庭式的關係。團體領導者實施很少的結構性工作，而且團體是異質的，代表著日常生活的各種不同層面。這種異質性增強了團體作為一個微縮社會的可能性，以便團體成員們能再度體驗到由家庭情境中所產生的矛盾衝突。

在沃爾夫和庫塔士(Wolf & Kutash, 1986)看來，分析式團體的推動作用取決於個體本我或個體自我的創造性成長。他們把團體治療(group therapy)看作是用詞不當的名稱，因為其重點是放在對痛苦的個體——而不是痛苦的團體——的治療上。而且，沃爾夫(Wolf, 1983)斷言，一個團體專注於團體動力學、此時此地的交互作用、凝聚力，會偏離分析學的核心內容。然而他相信，團體氣氛要比個體分析更適合於深度的分析探索，因為團體的本質會支持並促進更深的探索。他相信，內在心理過程的探索，能使團體成員由其他團體成員的互動中洞察到他們與其生活中重要人物的關係性質。

治療過程

治療過程集中於再創造、分析、討論、解釋過去經驗和解決在潛意識層次上發生作用的防衛和抗拒（修通是一種心理分析概念，意指反覆解釋和克服抗拒，從而使當事人解決其在童年時期產生的功能失調的模式，並在新領悟的基礎上作出決策）。領悟與理智了解是非常重要的，但與自我了解相伴隨的情感和記憶是關鍵因素。因為當事人需要釋放並重建他們的過

去歷史，以解決被壓抑的矛盾衝突，以便理解這些潛意識內容如何在現實中影響著他們，心理分析團體治療通常是一個長期的和密集式的過程。

絕大多數持有傳統分析理論取向的專業工作者們，重視團體領導者的匿名角色，因為他們相信，這種角色鼓勵團體成員們向團體領導者投射出他們對自己生活中重要他人所懷有的情感。然而，其他尚有許多分析取向的團體治療者們，較少重視團體領導者的非表露式角色，而傾向於向團體成員們公開自己的個人感受。所有的傳統心理分析治療者和分析取向的治療者們，把分析和解釋的感情過程看作是治療歷程的核心，因為它的目的是在於實現深入領悟和人格改變。

一個利用心理分析概念和技術的團體形式，與個體分析相比具有以下一些特殊的優點：

- 團體成員能夠建立種種關係，這類似於他們在各自家庭中所存在的那些關係；然而，此時這些關係是在一個安全的、對所期望的結果具有建設性的團體環境中產生的
- 團體參與者們有許多機會體驗對其他團體成員和團體領導者移轉的感情；他們可以修通這些情感，並因此增加他們的自我了解
- 團體成員們能獲得對自己的防衛與抗拒作用之更為生動的領悟
- 對治療者權威的依賴性不像在個別治療中那麼強，因為團體成員們也從其他團體成員那裡得到回饋
- 團體成員們了解到，產生並表達那些他們以往排除於意識之外的強烈的情緒，是可以接受的
- 在團體環境中，團體成員們擁有許多機會了解他們自己和其他人，可以在實際上、也可以在想像中、可以從與團體領導者、也可以從與其他同伴的交互作用中去了解。所分析的材料不僅可以是歷史回憶，也可以以團體同伴之間的相互交往內容為基礎
- 團體環境鼓勵團體成員們檢查自己的投射。對他們來說，當其他團體成員們針對他們歪曲現實的方式與他們面質時，他們很難再固執自己的抗拒性和歪曲。而且，藉由觀察其他團體成員同樣的矛盾衝突，能幫助他們停止抗拒，並明白他們並不是孤立無助的。抗拒在

相互坦露的氣氛中消除了，在團體中探索的程度範圍的確要比一對
一的治療大得多

□ 團體中的分析直接打破了團體成員要與團體領導者建立一種排他式
關係的理想化期望。成員從他人的經驗中發現存在普遍性的苦惱，
會鼓勵他作出更全面的反應，其治療效果遠遠大於個別治療

主要概念

過去經驗的影響

　　心理分析工作注重於過去經驗對現時人格功能的影響。生命前六年的
經歷，被看作是一個人現時矛盾衝突的根源。當我考慮團體成員的典型問
題和矛盾衝突時，頭腦裡會出現這樣的內容：不能自由地給予和接受愛；
難以認識和處理種種情感，諸如：憤怒、氣憤、盛怒、憎恨、攻擊；不能
領導自己的生活和解決依賴——獨立的矛盾衝突；很難和自己的父母分離
而成為一個獨特的人；需要卻又害怕親密關係；難以接受自己的性別認
同；對性覺得有罪惡感。按照心理分析的觀點，這些成人生活中的問題都
有其早期發展的根源。早期學習並不是不可改變的；但要改變它的後果，
一個人必須能認識到這些早期經驗是怎樣促成他現在的人格結構。

　　雖然堅持心理分析取向的專業工作者們注重現時行為的歷史淵源，但
如果認為他們只是訴諸過去歷史而排斥現實問題，卻是錯誤的。對心理分
析的一個普遍錯誤概念是，認為它考古式地搜集發掘出來的僅是過去歷史
的遺跡。正如洛克(Locke, 1961)所指出的，心理分析團體是「在過去與現
實、現實與過去之間往來穿梭」(p.30)。「治療者在時間上往來行走是非常必
要的，以便即刻把握過去或現實中的重複事件，並認識到造成個體現在神
經症的早期創傷」(p.31)。

　　因此，非常必要的是，團體參與者們能在團體工作中了解並利用其個

人歷史資料。與此同時,他們還需要認識到因細數那些早期經驗中的細節而陷入歷史的危險。在沃爾夫和庫塔士(Wolf & Kutash, 1986)看來,過去事件的重複可能是毫無用處地浪費時間且可能抑制發展進步;他們認為,談論一個人兒童時代的經歷,不如處理那些過去歷史中與此時此地團體內的交往有關的內容有用:

> 在發現和分析一個人現時活動中的抗拒和移情時,所觸動和回憶起的歷史內容——也就是說,當歷史與對病人和治療者都有重要意義的現時發生聯繫時——是最為重要的。現時的神經性行為被看作是具有重要意義的歷史的多元圖片。對現時事件的仔細考察可回憶出有關的創傷性經歷。個人往事的閃現可能是十分生動的說明,而依據對現時的影響所進行的對歷史的探索和理解,對於創造健康的現時和未來是非常重要的(1986, p.340)。

潛意識

潛意識這一概念是佛洛伊德的重要貢獻之一,也是了解他對行為和人格問題觀點的關鍵。潛意識是由一些被隔離在意識本我之外的思想、情感、動機、衝動和事件構成的。從佛洛伊德的觀點來看,人的絕大多數行為是由意識體驗之外的力量所驅動的。我們在日常生活中所做的,往往是由這些潛意識動機和需要所決定。兒童早期的痛苦經歷和與它們相聯繫的情感,都被埋葬於潛意識之中。這些早期創傷可能致使該兒童在意識領域中產生無法容忍的焦慮。兒童期的壓抑並不能自動地解除,當事人因恐懼這種壓抑而作出種種反應,就好像如果這些早期經歷被回憶起來,與它們相聯繫的焦慮仍然不可忍受。因此,「過去歷史的陰影」籠罩著現實。但成人憑藉對世界的觀察,能夠較容易地把握這種回憶。因此,治療者要幫助病人進行潛意識的意識化,進而使壓抑的焦慮不再是不可忍受的;於是,病人便得到幫助,擺脫過去壓抑的陰影。

潛意識體驗對我們日常功能的發揮有著強大的作用。的確,佛洛伊德的理論認為,我們的絕大多數「抉擇」都不是自由地作出的;相反的,它

們是由我們自身意識不到的力量所決定的。因此，我們選擇配偶來滿足我們從沒有滿足的需要；我們因為某種潛意識動機而選擇一種工作；我們不斷體驗到個人的和人際的衝突，它們的根源都是存在於意識領域之外的尚未解決的體驗。

根據心理分析理論，意識僅僅是人類經驗中的一小部分。就像一座冰山，它的絕大部分是處在水面之下一樣，經驗的絕大部分是存在於意識之下。心理分析的目的就是要使這些潛意識內容被意識到，因為只有當我們能夠意識到我們行為的潛在動機時，我們才能作出選擇並成為自主的人。藉著運用心理分析的一切技術例如，經由分析夢、經由自由聯想的方法、經由了解移情、經由了解抗拒的涵義，以及經由運用解釋過程，這些潛意識可以被更容易地接觸到。分析治療者得以在現實與幻想之間，在意識與潛意識之間，在理性與不合邏輯之間，在思想與情感之間，來回轉換。

潛意識的概念對於分析式團體治療有著深刻的重大意義。對潛意識動機的注重不是強調此時此地的過程以及人際交互作用本身，取而代之的是，強調處理一個人自身的動力學。這包括：注重現時行為的歷史決定因素、探索夢和幻想的意義、處理抗拒，以及修通移情的扭曲。在心理分析觀點中，一個忽視潛意識作用而僅僅注重此時此地的成員之間互動的團體，是一個更激起衝突的團體，而不是一個治療團體。而且，對潛意識在團體中發生作用的否定，使得對每一個團體成員的深入工作，幾乎成為不可能的。

雖然有關行為的潛意識決定因素和人格重建的完整說明，確實超出了通常意義上所說的團體諮商範圍，但我認為，團體諮商員需要對潛意識過程如何發生作用有所了解。即使潛意識內容並不直接被團體成員們所處理，這種了解仍可為諮商員們提供一個概念架構，幫助他們獲得對團體交互作用的認識。

焦慮

為了評價心理分析模式，治療者必須了解焦慮的動力學作用。焦慮是一種擔憂厄運將至的體驗，它因被壓抑的情感、記憶、欲望、經驗欲浮出

意識表面而產生。它是一種對環境或個人內心某種事物恐懼的情感反應。當我們意識到我們正在處理的情感有要脫離控制的危險時，我們會感到焦慮，通常焦慮是「自由漂流的」；也就是說，它是朦朧的、一般性的，而不是結晶化為一種具體的形式。

(一)團體情境中的焦慮。

沃爾夫(Wolf, 1983)指出，焦慮產生於防衛或抗拒遭到攻擊之時。他寫道：許多團體成員們對參加一個分析式團體的想法感到焦慮。在團體歷程中，焦慮在成員們的交互作用中以多種形式表露出來。穆蘭和羅森保(Mullan & Rosenbaum, 1978)把焦慮看成為退化——重建團體治療的一個必要部分。當團體成員們坦露自己的防衛時，他們體驗到焦慮。這種焦慮被看作是在團體中承擔風險的一種必要的副產品，一種最終能導致建設性改變的過程。

沃爾夫和庫塔士(Wolf & Kutash, 1986)從平衡——不平衡理論的角度概括團體的焦慮問題。在他們的理論模式中，當個體不能體驗到他們所需要的最適度壓力時，便會產生焦慮，或是一種不平衡狀態。團體中的人際交往環境可能以三種模式的交互作用為特徵：

  □ 一種具有普遍破壞性的平衡（團體不平衡）
  □ 一種具有普遍建設性的平衡（團體平衡）
  □ 一種普遍性的舒適但毫無價值的平衡（團體平衡不當）

當團體成員們體驗到太少的親密關係（孤立）或太多的親密關係（被淹沒）時，便會出現團體不平衡(group disequilibrium)。在這兩種情形中，成員們因為這種不平衡而感受到焦慮。這種焦慮有其原始的家庭淵源，但在團體情境中，存在這樣一種危險，即團體自身可能會變得和他們原生家庭一樣具有致病性。沒有團體治療者熟練的管理控制，依賴性就會像他們原來的家庭情境一樣神經性地把團體成員們捆縛在一起。

當團體成員們富有建設性地、以一種新的目光重建他們的家庭時，便會達成團體平衡(group equilibrium)。團體成員們為移情反應提供了家庭式支持。一個分析式團體中的成員最終會認識到，他們在一定程度上正在每一個社會情境中重建他們自己兒童期的家庭，並不當地將他們自己早年

家庭關係中的特質加諸於其他人身上。

　　當團體變得過於舒適，以致成員相互之間避免觸及他人的防衛性時，就會出現團體不失衡(group malequilibrium)。團體成員們試圖避免衝突來控制並減少他們的焦慮，而且在潛意識中合謀不觸及喚起焦慮的論題，並忽視具有壓力但卻能潛在地誘導發展的內容。

自我防衛機制

　　自我防衛機制是心理分析理論作為解釋行為的一種方法。這些防衛機制保護自我免於駭人的思想和情感的威脅。從概念上說，自我是人格中的一個部分，它承擔著各種潛意識的機能，包括維持與現實的接觸。當有自我受到威脅時，便會體驗到焦慮。雖然我們可能對直接勇敢地面對現實很有興趣，但我們通常會試圖保護自己免於體驗焦慮。這些自我防衛能使我們舒緩來自情緒性創傷的打擊，而且它們也是促成自我能力感的一種方式。儘管這些自我防衛的確涉及自我欺騙和對現實的扭曲，它們並不必然被看成是具有致病性的。在某種程度上說，它們反而修復了一個人有效應付生活中種種任務的能力。雖然這些機制係透過學習而變為防衛焦慮的一種習慣性模式，它們的確是在人的意識層次之外發揮作用的。

　　下面提出的，是一些在治療團體的互動方式中常常出現的自我防衛機制：

（一）壓抑

　　意指從意識層次中排除令人恐懼或痛苦的思想或欲望。藉由把這些令人苦惱、痛苦的思想或情感推到潛意識中去，人們即可控制住從引起內疚和矛盾衝突的情境中產生出來的焦慮。例如，在團體中，成員經常對可能發生在童年早期亂倫的細節毫無記憶。如果這些成年人在兒童期受到過身體或情感上的虐待，他們可以經由把這些記憶推入潛意識之中而很好地阻擋住與這些事件相伴隨的痛苦和焦慮。然而，隨著其他團體成員經歷情緒宣洩並解決與亂倫相伴隨的痛苦，一個極力壓抑（repression）這種經驗的團體成員會發現，她也在情緒上被促動起來，潛意識內容便可能浮現於意識層中。

(二)否定

發揮一種很類似於壓抑的作用，但它通常是在前意識或意識裡發揮作用的。在否定(denial)的情形中，人們努力去隱藏令人不愉快的現實。它是以「閉上眼睛」無視引起焦慮現實的存在的方式應付焦慮的。在一個治療團體中，成員們有時固執地拒絕承認他們有任何問題。他們可能試圖欺騙自己和其他人，聲明他們已經「處理」了某些問題，因此不再有任何問題要在團體中解決了。一種很常見的否定形式可見諸於團體成員這樣的陳述：「我真的不再有任何有關我父親的問題了，他在我七歲時就死了，我在以前曾經參加的團體中，已經處理過兩次與這件事有關的痛苦了。」

(三)退化

退化(regression)是指退回到不很成熟的發展階段。在嚴峻的壓力或危機面前，我們有時會使用曾經用過的舊有行為模式。例如，一個治療團體中的男性成員，在面對妻子決定離開他跟別的男人走所挑起的危機時，可能採取兒童式幼稚行為，並變得極度地驚恐和依賴。

(四)投射

是指把我們自己不能接受的思想、情感、行為和動機歸因於他人。在團體環境中，成員們可能很擅長於看見別人的缺點。如果他們自己擁有某些情感和動機會使他們感到內疚的話，他們也可能把某些情感和動機歸因於其他團體成員。當然，團體提供了許多機會來觀察實際中的投射作用。團體成員們常常再度體驗到那些在他們原生家庭很常見的舊有情感。他們通常把那些曾經針對自己父母所體驗的情感投射(projection)在團體領導者身上，並且在某些團體成員身上「看」到了他們自己的兄弟姐妹。投射是移情的基礎，那是一種在團體情境中進行探索的很有用歷程。

(五)轉移

是指將某種情緒 (如憤怒) 從實際的根源轉移(displacement)到一個替代的人或物的重新定向。受到挫折的團體成員往往感到憤怒。例如，如果團體成員不被允許嘮嘴或利用其他引人注意的行為方法來表示不滿，他們可能會以一種敵意的方式痛斥某些較不那麼令人畏懼的團體成員。雖然他們的憤怒可能是團體領導者與其對峙的結果，他們會找一個更安全的靶子對他們發洩自己的敵意。

(六)反向形成

反向形成(reaction formation)是指採取與一個人的真實情感恰恰相反的行為方式。它所發揮的防衛作用是，因接受個人一直努力擺脫的情感所造成的焦慮。這種防衛在團體中的表現可見於某些看似「糖一般甜蜜」的婦女，但實際上內心裡包藏著種種不敢表露的仇恨情感。它的表現還可見於這樣的男子，他試圖使自己和團體中的其他成員相信，如果別人拒絕他的話，他並不會在意，但他內心裡卻特別渴望別人的接受。這些行為掩蓋了一個人的真實情感，因為應付敵意或拒絕會是非常痛苦的，所以他們寧可反其道而行，或是表現出過分的親密，或是對拒絕表現出情緒上的冷漠。這些行為的誇張性正好構成一種防衛形式。

(七)合理化

合理化(rationalization)是指經由賦予我們的行為一個合乎邏輯的令人讚賞的動機，來證明行為的合理性。有些人編造出一些「漂亮」的原因來解釋受挫的自我。這種防衛意在嘗試盡可能減小對損失或失敗的沮喪的嚴重性。團體中有許多機會可以觀察這種防衛行為模式的作用。團體成員們會花大量的精力談論「外界的其他人」，以作為他們自己問題的根源。有些成員會指責他母親的冷漠作為迴避與團體接觸的原因。或者有些成員會找出冠冕堂皇的理由來解釋，如果他的女兒或妻子有所改變的話，他的問題就會迎刃而解。

雖然自我防衛機制有一定的適應性價值，過度使用它們也會產生問題。自我欺騙能緩和嚴酷的現實，但事實上，現實並不會因為這種種自我防衛的過程而被改變。從長遠角度考慮，一旦這些防衛機制不再發生作用，結果甚至會造成更大的焦慮。要避免這樣的結果，可能的方法是，使成員在團體中學會處理深層情緒的方法，以便他們能增強應付焦慮的容忍力，並能學習以直接的方式處理棘手的人際情境。

抗拒

在心理分析治療裡，抗拒被定義為個體不願把令人驚駭的、先前被壓抑或否定的潛意識內容帶到意識中來經驗。它也可以被看作是阻止團體成

員處理潛意識材料，使得團體無法進展的行為。抗拒是當面臨潛意識內容一旦被揭露而導致恐懼的焦慮時，個體在潛意識中試圖為保護自己免於焦慮的努力。正如洛克(Locke, 1961)所指出的，團體成員們需要保護自己免於「因禁忌的情感、幻想、記憶所造成意識的氾濫。」(p.72)。抗拒是「為維護防衛而作戰」；因此，它是「防衛的防衛」。

解決抗拒的一種方法，是透過自由聯想來治療；它包括一種非監督式的不受抑制的觀念流動，這種流動是由團體成員對個人的潛意識衝突提供線索而產生的。根據沃爾夫(Wolf, 1983)、沃爾夫與施瓦茲(Wolf & Schwartz, 1962)的看法，隨著團體成員們不斷地相互自由聯想以及舊有的情感在現時再度出現，抗拒就會明顯地出現。當這些防衛出現時，它們被觀察、分析和解釋，並由團體提供支持幫助成員打破他或她自己的防衛。德金(Durkin, 1964)指出，抗拒是分析式團體的一個基本成分，他告誡團體領導者不要解釋抗拒，因為它是所有團體中的一種自然現象，過多的解釋可能會嚴重干擾它們幫助團體成員打破防衛以便能不斷取得治療性進展的使命。

團體存在著各種類型的抗拒，有的與參加一個團體的擔憂有關，有的與參與團體歷程有關，有的與希望離開團體有關(Locke, 1961)。一種常見的抗拒是源出於這樣一種質疑：一個人不可能獲益於團體情境，因為幫助不可能來自那些自己本身也有問題的人。沃爾夫(Wolf, 1963)列舉了團體成員中抗拒的其他來源：害怕一個人的隱私受到攻擊；需要有「自己」專門的治療者；害怕在團體中「遇上」自己原生家庭中的成員——也就是說，在某些團體參與者身上認出自己父母或兄弟姐妹的形象——且不得不應付由這種遭遇所引起的焦慮；對放棄神經症傾向的潛意識恐懼；以及對團體所提供的自由的焦慮——包括：對焦慮進行討論的自由。

沃爾夫(Wolf, 1963)還探討了其他形式的抗拒，它產生於團體分析的進階階段。當團體成員們被要求對團體中的其他成員進行自由聯想時，可能會「呆呆地毫無反應」，或者他們可能乾脆只在一旁看著別的團體成員，並拒絕參與，以此逃避個人探索。有些團體成員隱藏在其他成員的背後，還有些人對自己的生活歷史做漫長的敘述，以此避免面對現實的挑戰。還有一些抗拒的表現如下所述：

- 總是遲到，或乾脆不來
- 保持一種自滿的或漠不關心的態度
- 藏在沈默的壁壘後面，或是說起來沒完沒了
- 理智化
- 過分誇張地表現出對團體中其他人的幫助
- 表現出不信任
- 行為上不合作
- 造作表演
- 把團體僅僅作為社交活動場所

以上這些只不過是抗拒行為的一部分表現形式；它們所共同具有的特點是，害怕認識並處理自己被閉鎖於潛意識之中的內容。

團體分析者怎樣處理抗拒呢？德金(Durkin, 1964)認為，為了打破並解決抗拒，治療者必須號召團體成員們合作。因此，團體治療者必須首先從團體成員的抗拒行為中所反映出來的現時問題著手。德金強調處理沮喪和憤恨的重要性，因為若未加處理，團體成員們可能會變得越來越憤怒，表白自己的意願減少，抗拒增多。因此，抗拒並不僅僅是一個需要克服的問題，它們還是成員防衛焦慮的重要指標，需要被治療者和當事人共同承認和解決。通常，最好的方法是喚起對那些明顯可見的抗拒之注意，並著手解決這些抗拒行為。團體領導者應小心，不對團體成員們進行標記分類或責難，因為難以接受的批評只會增加抗拒行為。另一種有用的做法是，讓其他成員嘗試對某一個團體成員的抗拒進行分析。

移情

移情是心理分析取向的一個基本概念。它是指將自己過去生活裏對重要他人的反應中所產生出來的感情、態度、幻想等（包括：正向的和負向的），潛意識地轉移向治療者。移情的關鍵問題是把過去的、通常是童年時的關係強加在現在的治療關係上所產生的歪曲。分析技術的設計用來促進當事人的移情。但在治療情境中，當事人並不會因為體驗或表達這些情感

而受到懲罰。如果一個當事人把治療者看作是嚴厲的、苛求的父親，他或她可能不能接受預期中來自治療者的負向反應。但是治療者應能接受這個當事人的種種情感，並幫助這個當事人去理解它們。

透過移情作用重新體驗自己的過去，是讓當事人領悟、認識過去經歷妨礙現時功能發揮的方式。這種領悟的完成是藉由解決那些使當事人停滯不前、使情緒充分發展的懸而未決問題來實現的。基本上說來，痛苦的早期經驗的消極效果，會經由在治療環境中解決相似的矛盾衝突而被抵消。

由於移情也會透過團體成員嘗試贏得團體領導者的讚賞而在團體中表現出來，治療者可對這些嘗試加以探究，以找出它們是否反映了當事人對讚賞的普遍性需要，以及這種需要如何影響著一個人的生活。對於人們怎樣在團體之外的情境中發揮功能，團體可提供一種動力性的認識。

如果移情不能被治療者妥善地掌握，團體成員可能會變得具有相當的抗拒性，以致抑制了團體的發展。若是治療者鼓勵當事人的依賴性以便從當事人對他們的極度需要中獲得一種權力感，其結果常常是導致成員退化到一種幼稚的情境，治療者卻在其中扮演了父母的角色。團體治療的優點之一是，由於其他團體成員的存在，這種依賴性和與之相伴隨的退化，不像在個別治療中那麼容易發生。

團體治療還提供了多重移情的可能性。在個別治療中，當事人的投射是指向治療者一個人的；而在團體治療情境中，它們還可指向其他團體成員。團體提供了豐富的機會重演個人過去懸而未解的事件，尤其是當其他成員激起了某一個人的強烈情感，以致他或她在他們身上「看」到了父親、母親、配偶、以前的情人、老闆等等的角色形象時。

通常存在於一個團體中的敵對情緒，也可能是很有價值的治療性探索材料。團體參與者往往相互競爭團體領導者的注意力——這種情境使人聯想起早年的往事，那時他們必須和自己的兄弟姐妹競爭父母的注意。因此，同儕之間的競爭可以在團體中加以探究，使成員逐漸認識到他們怎樣像小孩一樣處理競爭，以及他們過去在競爭中的成功和失敗如何影響他們現時與他人的交往。

心理分析團體所提供多重移情機會被許多人所強調。洛克(Locke, 1961)說，這種團體建造了一種建設性的環境，可以重現出具有重要意義的

過去事件，因為「今天的團體已成為昨日的家庭」(p.102)。沃爾夫(Wolf, 1963)和沃爾夫與施瓦茲(Wolf & Schwartz, 1962)觀察到，分析團體的主要工作包括：團體成員為其他成員發揮移情作用的對象，以及對團體中家庭替代者的投射進行鑑別、分析和解決。團體領導者的一項任務是，幫助團體成員們發現，他們在多大程度上對團體中的其他人作出反應，就好像這些人是他們自己的父母或兄弟姐妹一般。

穆蘭和羅森保(Mullan & Rosenbaum, 1978)把運用移情反應稱作是「心理分析的里程碑」。他們還討論使用一男一女做協同領導者的意義。這種安排忠實地再現了原生的核心式家庭，並且使團體成員們能夠重現自己早年對父親和母親的期望。

反移情

經常地，治療者自己的情感會與治療關係糾纏在一起，妨礙甚至破壞治療者的客觀性。根據心理分析的觀點，反移情是指治療者對一個當事人的潛意識情緒反應，導致對這個當事人的行為產生扭曲的知覺。沃爾夫(Wolf, 1983)對此澄清道，沒有哪個團體領導者能夠完全避免陷入移情或反移情的反應中。庫塔士和沃爾夫(Kutash & Wolf, 1983)將反移情描述為治療者「對病人的移情所產生的潛意識的、不自覺的、不恰當的和暫時令人滿足的反應」(p.135)。

從現時存在的意義來說，團體治療者對成員的反移情反應，就好像這些成員是自己原生家庭的重要人物一般。團體領導者必須對自身尚未解決的問題有所警覺，因為它們可能會干擾團體有效地發揮功能，並導致利用成員滿足自己未實現的需要。例如，如果團體領導者有一種強烈的被尊重、被重視、被贊同的需要，他們可能會變得過分依賴於團體成員的贊同和支持。區別適當的情緒反應和反移情，是非常重要的。例如，如果一個成員參加團體活動時常常遲到，並找出各種理由為他的遲到辯解，團體領導者可能變得對他非常生氣。團體領導者對此成員行為的憤怒當然並不是不合現實的，然而，如果領導者的父親也有為他的行為辯解的習性，如果團體領導者在這個成員與她父親之間發現某種普遍性的關聯，她的情緒反應往

往代表了反移情。

以下列出的是各種反移情的表現：

　□ 在某些團體成員身上看到了自己，並對他們過分認同，以至不能對他們進行有效的工作
　□ 對當事人投射以某些自己所鄙視的自身特質，把這些當事人看作是難以接受治療或不能對其進行工作的
　□ 表現引誘行為，利用團體領導者角色的優勢贏得某些成員們的特殊感情
　□ 扮演一個慈祥的替代式父母，具有過度的保護性

在住院病人團體中，反移情反應會出現相當大的強度。治療者的反應是了解團體動力的一種有力工具。治療者的反移情對探討情感問題提供了一個新的思考角度，這類情感問題受住院病人團體中迅速變換的事實所左右，如果治療者不能了解自己的反應，就往往盲目地在住院病人團體中濫用提供支持和面質防衛性的一般技術(Brabender, 1987)。

團體治療者自己未解決的矛盾衝突和被壓抑的需要，會嚴重地干擾團體的進行，並會導致團體領導者濫用他的領導地位。認識自身反移情的反應，以及這些反應應被承認並得到治療性解決的必要性，為團體領導者提供了接受治療的基礎。分析式取向要求治療者應運用心理分析去認識自己的動力，以及這些動力可能阻礙治療任務的種種方式。

正如布萊本德(Brabender, 1987)所指出的，反移情可以是了解一個團體動力的管道。她提醒我們，團體治療並不能對某些情感，諸如：憎恨、妒忌、內疚、讚賞、愛，產生免疫作用。她的觀點是，「治療者對住院病人團體中所有情感的充分體驗和忍受，使成員們能夠認識到他們在相互關係中表現出的人性的豐富性。」(p.566)。但重要的是，治療者的種種情感應當是有意識和自我接受的。同樣；在表達特定情感時，要有恰當的判斷和時機。

基本技術

自由聯想

　　揭示被壓抑或潛意識內容基本工具是自由聯想(free association)：
描述進入意識的一切內容，無論它們看上去是多麼痛苦、不合邏輯、無關
緊要。團體成員們被要求立即報告自身的體驗，不必嘗試的去進行監督，
團體討論宜保持徹底開放，允許參與者們提出任何內容，而不是圍繞著一
個預先設定的主題予以處理。福克斯(Foulkes, 1965)把這一過程看作為自
由漂流式的討論(free-floating　discussion)或自由團體聯想(free　group
association)。

　　自由聯想在團體中的應用是所謂的「隨意討論技術」，即使用自由聯想
來激勵團體成員的相互交流(Wolf, 1963)。當團體已經經由成員坦露自己
的夢想和幻想促成一種活躍的氣氛，建立起良好的關係之後，便可鼓勵團
體成員們對團體中的每一個人進行自由聯想。每一個團體參與者隨意與其
他的成員交談，談論自己腦中對那個人的第一印象。在沃爾夫看來，這種
隨意交流的方法使所有的團體成員都成為治療者的助手；也就是說，團體
成員們不是被動地接受團體領導者的觀念，而是積極地貢獻具有重要意義
的解釋。沃爾夫主張，團體成員對別人所說的任何事情「都會讓他們直覺
地領悟出其中的抗拒性，並識別出其潛在的態度」(Wolf, 1963, p.289)。當
團體成員們揭示出內在的情感，即減少了防衛性，並往往能激發起洞察潛
在心理衝突的能力。而且，所有的團體成員們都有機會了解其他成員們怎
樣看待自己的。

　　沃爾夫和庫塔士（Wolf & Kutash, 1986）認為，團體成員報告自己
的夢，並請其他成員對它進行自己聯想，是很有幫助的。透過這種方式，
他們逐漸變得主動起來，當聽其他成員講述自己的夢的細節時，不再覺得
是被排斥的。這樣的團體不僅可以探索做夢者的、而且可以探索其他團體

成員的聯想。

總之，自由聯想鼓勵團體成員們變得越來越自主，鼓勵他們揭示潛意識過程，以便能達到對自己心理動力更深刻的洞察。這種方法還促進了團體的整體性和對團體歷程的積極參與。

解釋

解釋（interpretation）是一種用於對自由聯想、夢、抗拒、移情等進行分析的治療技術。在進行解釋時，團體治療者須指出並解釋行為的潛在意義。解釋的設計係用來推動揭示潛意識內容的治療過程。這其中的假定是，當事人可運用恰當的時機準確地解釋、整合新的材料，從而產生新的洞察。解釋必須具有相當的技術。如果治療者把他們的解釋以教條的方式強加給當事人，當事人往往會拒絕接受並採取更大的防衛。如果當事人面對的是在不恰當的時機作出的正確解釋，他們也可能會抗拒治療過程並抵制其他的治療措施。

謝德林格(Scheidlinger, 1987)認為，解釋不過是一種假設，無論它看上去多麼令人信服，仍可能被證實或否定。他指出，當團體成員們拒絕治療者的解釋時，它可能意味著這種解釋是不正確，而不是這些成員們具有抗拒性。他寫道：在團體治療中，作出解釋的恰當時機意味著，既要給某一成員時間準備予以理解和接受它，又要使其他成員亦作好準備。他補充道：不成熟的解釋往往會促成過度的焦慮，並引起相當大的抗拒。依據謝德林格的觀點，解釋的措辭以及它們的表達方法，毫無疑問會在一定程度上影響團體成員思考的方式。他用提出問題的形式來組織他的解釋，這種做法旨在說明它們僅僅只是假設而已。

作為假設——而不是事實——所提出的解釋往往更容易會被當事人所考慮。例如，山姆在其他成員表達強烈情感的時候，總是進行不恰當的干預。後來團體領導者採取介入措施，對他說：「山姆，你似乎想要使茱麗知道你會努力去相信她的一切都會好起來的。我有種感覺，當你看到別人處於痛苦之中時，你會很不舒服；於是你就挺身而出，試圖解除那個人的痛苦。那麼你是否也能努力化解你的痛苦體驗呢？」這種評論提醒山姆他

在團體內的行為可能具有他沒有意識到的意義。是否他能非防衛性地作反應，與這一解釋的方式有很大的關係。在這個例子裡，團體領導者試驗性的探討不會造成威脅，不會迫使山姆接受他可能還沒有準備好要接受的事情。

在進行解釋時，其他一些一般性的規則也很有用的：

□ 解釋應當是針對與當事人的覺察具有密切相關的內容。換句話說，治療者必須解釋那些當事人自己還沒有明白、但他們已準備好去接受並能夠接受的內容

□ 解釋應當在當事人情緒上能接受的程度範圍內，由淺入深地進行

□ 最好是，在解釋潛藏於防衛或抗拒之下的情感或衝突之前，指出其防衛或抗拒的形式

㈠團體成員分享領悟

團體心理分析方法的優點之一是，團體成員們被鼓勵表達他們對其他成員的領悟。這種過程具有很大的支持性，能夠促進團體的發展。即使團體成員不能像治療者一樣系統地作出解釋，但成員們能經由自己直率的、不加修飾的、面質性的行為，對其他成員產生深刻的影響。隨著成員相互之間越來越熟悉，他們逐漸能夠認識到一些防衛性策略，並提供很有見解的觀察。團體同儕的反應可以比來自專家的反應引出更多的思考，但它們也可能會使成員具有更大的頑固性。有些治療者擔心，團體成員最初可能會有不恰當的評論——也就是說，提出一些當事人還沒有準備應付的看法。這種擔憂可以在某種程度上見諸於通常所發生的情形，即當成員針對某人提出一種時機不當或不準確的見解時，往往這個人會基於這一見解是來自一個同伴而不是來自專家，而對這種見解予以拒絕或以某種方式提出質疑。

沃爾夫、施瓦茲、邁卡提和古德伯格(Wolf, Schwartz, McCarty, & Goldberg, 1972)觀察到，治療者對夢、幻想、移情、抗拒、防衛、口誤、自由聯想的解釋，使得團體成員們能夠逐漸覺察到他們自身以及其他成員身上所發生的這些現象。像自由聯想的情況一樣，團體成員們不僅是病人，也是治療者的助手，因為他們解釋了自己以及團體中其他成員的潛意識表

現。在另一處文獻中，沃爾夫(Wolf, 1963)寫道，成功的分析者懂得重視團體對相互領悟的有用貢獻。團體可從這種解釋的分享中獲得極大的利益，因為「病人們有時能反映出比他們的醫生更接近於潛意識的事實。」(p. 313)。

(二)拜恩的團體解釋方法

　　解釋既可以針對個別參與者，也可以針對整個團體。例如，團體成員們可能心照不宣地私下協議彼此友好、相互支持，決不相互刁難。透過觀察這種團體歷程，並把所觀察到的現象在團體中公開出來，治療者可以指導性地幫助成員們看到他們隱藏的動機，從而達到更深一層次的交流。同樣地，團體領導者怎樣陳述這一觀察是非常重要的。針對整體團體的解釋是由英國精神醫學家拜恩(W. R. Bion, 1959)提出來的。拜恩並不對團體提供任何指導或組織，結果使得團體成員們往往變得迷惑和氣憤，並表現出許多其他形式的不滿。拜恩對這種團體動力學比對個體動力學更感興趣；因此，他發展了針對整個團體而不是對個別成員反應的解釋。

　　隨著他繼續對團體展開工作，拜恩觀察到團體依循著成為「工作團體」的三種基本假定發展：依賴(dependency)，爭鬥／逃避(fight/flight)，結伴(pairing)。依賴導向的團體成員試圖討好領導者，為他做無法為自己做的事。爭鬥／逃避的團體成員反抗或無視領導者或其他團體成員，而拒絕他們。結伴團體的成員形成二人一對，去做他們需要的工作。拜恩的目的是在於使團體參與者獲得在工作團體中有效地發揮功能的能力。他可能和團體成員們討論那些反映出該三種基本假定之一的行為。他的希望是，隨著團體成員們認識到他們對領導者和對其他人不實際的要求，他們可以建立起更實際的、更有效的、更能在團體中發揮功能的方法。

　　耶樂姆(Yalom, 1985)讚譽拜恩把團體看作為一個整體的貢獻，因為他注重此時此地的相互交往和團體內部的事件，也因為他嘗試理解影響團體內部活動的潛意識力量。雖然耶樂姆承認拜恩潛意識團體心理學的革新性內容，但他也認為這種做法極大地限制了團體領導者的作用，對此他採取了批評的態度。在他看來，心理分析團體中的治療效果是很有限的，因為團體領導者保持一種不動情感的、隱蔽的、被動的角色，並把自己的行為限制在非個人化團體解釋的範圍內。耶樂姆說，相當有力的研究表明了良

好治療關係在團體治療過程中的主要作用。顯然，在拜恩的方法中是缺乏這一關係變項的。雖然耶樂姆並不反對作為整體的團體現象和團體解釋的重要性，但他堅持主張，在團體中發生作用的治療因素是由其他的領導者活動所調節的，包括：塑造規範的活動。他寫道：「我強烈反對限制治療者角色的做法。正如我所提到的，解釋的確在治療中扮演著重要的角色，但它並不是成功的治療中唯一的因素」(p.198)。

夢的分析

夢的分析是揭示潛意識內容的重要方法。佛洛伊德把夢說成是「通向潛意識的忠實道路」，因為它們表達了潛意識的需要、矛盾衝突、願望、恐懼和被壓抑的經驗。當一個夢在團體中公開並研究時，團體參與者對隱藏在它背後的動機和未解決的問題獲得了新的認識。有些動機對一個人來說實在難以接受，以至於它們只能以偽裝的或象徵性的形式表達出來。因此，在團體中對夢進行分析的優點之一是，它使得團體成員們能夠以一種具體的方式來應付那些他們不能面對的情感和動機。在支持性團體中探索了夢的各個方面和可能的涵義之後，成員們可能會更願意接受自己並探索其他未解決的、引起內疚和羞恥感的問題。

夢既有其表面的(manifest)（或有意識的）內容，又有潛在的(latent)（或隱蔽的）內容。表面內容是指呈現給做夢者的具體樣式；潛在內容由種種被偽裝的潛意識動機所構成，反映了夢的隱蔽性含義。心理分析團體對這兩個部分均展開工作。由於夢被看作是打開被埋葬於潛意識中之內容的鑰匙，團體治療的目標就是要搜尋掩藏在表面內容之下的潛在含義，逐漸揭示被壓抑的矛盾衝突。

在考伯(Kolb, 1983)的文章〈心理分析團體治療中的夢〉裡，她提出了這樣的觀點：可以既從個體自身的、又從人際的角度來看待夢。她主張，夢的體驗本身常常在沒有解釋的情況下，以其他絕大多數臨床經驗無法比擬的形式揭露了潛意識的心理活動。她補充道：「團體成員的貢獻不僅在於了解做夢者和他的夢，也對處理和了解成員本身自由聯想的動力學，提供了輔助材料」(p.51)。

領導者宜在第一次活動中，告知成員祖露他們自己的夢、幻想、自由聯想，對於分析和理解混亂的思想、情感和行為背後的動因，是十分重要的。即使治療者可能對當事人的夢有大量的領悟，通常在一個團體的早期階段很少作出分析。而是，團體成員們被鼓勵進行他們的自我分析(Mullan & Rosenbaum, 1978)。

　　根據沃爾夫(Wolf, 1963)的看法，夢的解釋是分析過程的一個重要部分，應當始終貫穿於團體的各個階段。它是一種重要的技術，因為夢所揭示的潛意識內容對團體參與者有著釋放作用。團體成員們被鼓勵對彼此的夢進行解釋和自由聯想，以便達到最深程度的相互交流。沃爾夫報告說，整個團體「隨著它的成員的聯想、情緒宣洩、自由與共鳴感，深深地沉浸於夢的分析之中，所有這一切都對治療的第一階段中極為重要的團體整體性有所貢獻」(p.287)。他強調團體領導者一方對所出現的潛意識內容保持非判斷性態度的重要性。團體領導者的包容鼓勵了成員們發展出相似態度，而使團體很快地變成一個具有感情和支持性的家庭。

　　夢除了具有揭示來自於當事人過去歷史的潛意識內容的價值之外，它還涉及正在團體中所發生內容的有意義材料，因為團體成員們的夢揭露了他們對治療者和對其他成員的反應(Locke, 1961)。做夢者在團體中報告夢，以及這個夢對他或她具有什麼含義和關聯。然後整個團體作出反應；其他成員對這個夢提出他們的感受，並進行橫向聯想，這些作法會使得團體內部被活絡起來。

　　在團體中對夢的探索還有另一個重要價值：隨著團體成員們分析夢並進行他們自己的聯想，他們也投射出自己的某些重要問題。換句話說，團體成員們既解釋又投射的過程通常會引出極有價值的領悟。願望、恐懼、態度，都隨著對彼此的夢的聯想表現了出來。一個人的夢變成了整個團體的夢，這個過程是「團體心理分析中對夢展開工作的真正價值」(Locke, 1961, p.133)。對分析式團體中有關夢的處理更為詳細的討論感興趣的讀者，可參考沃爾夫和施瓦茲(Wolf & Schwartz, 1962, pp.135-161)以及考伯(Kolb, 1983)的文獻。

領悟與修通

領悟(insight)是指對一個人現時困難原因的認識。在心理分析模式中，領悟也是對過去經驗和現時問題之間關係的認識，這種認識既是情緒性的也是理智性的。隨著當事人發展出更深刻的領悟，他們逐漸能夠認識到核心問題表現於團體中和日常生活中的多種方式。新的聯結形成了，主要議題也開始出現。例如，如果在團體歷程中有些成員們發現他們需要不惜代價去取悅他人，他們就會看到該讚賞需要對他們生活的影響。

然而分析過程並不停留在領悟層次之上；解決核心問題和矛盾衝突是分析取向的團體和個別治療的重要內容。因此，如果團體成員們希望改變他們人格的某些方面，他們必須修通(work through)抗拒性和舊有模式——通常來說，這是一個漫長而艱巨的過程。修通是分析中最複雜的部分之一，它要求深刻的投入。修通過程涉及在移情的情境中（在團體分析中是多重移情）重新體驗未解決的問題。

修通出現在分析式團體的最後階段，並導致自我意識和整合性的增強。依照沃爾夫和施瓦茲(Wolf & Schwartz, 1962)的觀點，在發現了一個成員的問題和症狀的動因之後，領導者須謹慎地設計一個行動方案來處理它們。團體領導者和當事人在考慮周到且有彈性的治療計畫背景下合作努力的結果，使團體參與者取得了進步和改變。

值得一提的是，早期的矛盾衝突很少被徹底地(completely)解決。大多數人往往不得不再次處理這些根深蒂固的問題。因此，把修通看作是一種能使個體排除舊有模式的任何痕跡的方法，是錯誤的。

替代性單元

沃爾夫和他的同事(Wolf et al., 1972)談論過兩種心理分析團體在團體發展的最後階段所特有的目標：幫助成員們找到更有效的與其他人相聯繫的方式，鼓勵他們自我發展，以便能夠獨立思考和自立。替代性單元(alternative session)的技術已被證明對實現這兩個目標相當成功。可以沒

有團體領導者，可以發生在一個成員的家裡。這些集會的目的是在於促進一種親密的氣氛，以激勵成員無須掩飾的參與。

在列舉這種替代性單元的優點時，穆蘭和羅森保(Mullan & Rosenbaum, 1978)認為它能發展團體凝聚力，增強每一個團體成員的創造潛能，加強團體的治療功能，增強團體中的歸屬感。穆蘭和羅森保認為，團體領導者不在場，更有助於責任的轉移，使成員尋求新的目標和價值，發展不同的關係模式，以及促進應付問題的相互努力，所有這些因素都會促進團體成員們更大的自主性。替代性單元也暗示了團體參與者具備了在沒有領導者時發揮作用的能力，可為最終離開治療者作的準備。最後，這種替代性單元還能加強常規聚會的效果，因為它使團體領導者相信，成員們有能力在團體中運用他們自己的資源處理個人行為和社會性整合。

團體領導者的角色和功能

心理分析團體的領導者所產生的主要功能，是幫助團體參與者逐漸揭示他們現時行為的潛意識決定因素。他們的做法是，對潛意識矛盾衝突予以關注，運用自由聯想，分析夢中所隱含的意義，解釋抗拒性和移情，幫助團體成員鑑別和解決引起他們現時衝突的未解決問題。在熟練的情況下，這種作用能為團體成員提供一個有用的模式，以對其他人作出類化反應。因此，團體成員們被要求對團體中的行為的領悟提出解釋，正面性地處理他們所觀察到的抗拒，鼓勵沈默的成員發言，自信地處理干擾行為，並為其他成員解決困難問題時提供支持。總之，團體成員學習為其他人扮演治療角色。

儘管心理分析取向的團體治療者具有很大的差異，他們之中的絕大多數具有以客觀、溫暖而不偏不倚的態度、較隱匿的個人身份為特點的領導風格，目的是要促進移情作用的發生。有些團體領導者相信，治療者越是能保持隱匿的個人身份，成員們越是能對他們投射自己心目中所期望的團體領導者形象，這些形象被看作是成員潛意識需要的表達。團體領導者的核心任務是，當這些移情的扭曲——包括：針對團體領導者的和針對其

成員的移情——在團體中表現出來時，處理並解決它們。隨著團體中交互作用的增加，領導者須探詢團體參與者的潛意識動機，並經由分析和解釋考察這些動機的歷史根源。團體領導者的其他功能包括：

- 創造一種氣氛以鼓勵成員自由地表達他們自己
- 爲團體內和團體外的行爲設限
- 當支持具有治療性而團體又不能提供它時，提供這種支持
- 幫助團體成員勇敢地面對並處理他們自己以及整個團體中的抗拒
- 逐漸地撤除某些領導功能和鼓勵互動，以促進成員的獨立性
- 吸引團體成員對行爲中微妙層面的注意，並藉由詢問幫助他們在更深的層次上探究自己

根據沃爾夫(Wolf, 1983)的觀點，團體治療者的最重要的功能，是促進團體成員之間的交往。沃爾夫指出，成員若形成與治療者的排他性關係，會鼓勵當事人並導致一種依賴性關係。促進團體成員之間的相互交往，則擴展了團體成員的選擇，並促進他們的發展。

沃爾夫(Wolf, 1963)和沃爾夫與施瓦茲(Wolf & Schwartz, 1962)認爲團體領導者的其他功能和任務是：

- 能夠承認錯誤和確保足夠的安全，以將領導的功能轉移於團體
- 避免那種目的在使團體成員轉而接受領導者觀點的說教式指導方法
- 歡迎團體中的移情表現，以此求得有成效的工作機會
- 指引團體成員發展充分的覺察和社會整合
- 把團體看成是一種有潛在能量的催化劑
- 承認團體成員的潛在能力，能幫助解釋和整合由其他團體成員提供的材料，有能力接近彼此的潛意識實質
- 留意團體中的個別差異
- 運用解決團體內部矛盾衝突的必要技能
- 在團體搖擺不前時，保持樂觀的態度
- 示範簡明、眞誠和直率
- 經由公開自己的情感，確立情緒自由的基調

□ 監督團體中具有破壞性的同盟

要想能夠有效地發揮如此之多的功能，團體領導者有義務經由治療團體來了解他們自己的動力機能，即藉助於專業諮詢和督導。接受個別治療會幫助他們認識種種移情現象，和他們自己的需要與動機對其團體工作的影響方式，有極其重要的價值。

正如前面曾指出的，絕大多數心理分析治療者努力追求客觀性和較隱匿的身份。福克斯(Foulkes, 1965)把這種治療者看作是一個「嚮導」，一個團體參與者，一個具有積極性但又不實施領導的參與者。福克斯說，團體領導者的主要功能，「是做一個分析者、催化劑、解釋者」(p.79)。相類似地，穆蘭和羅森保(Mullan & Rosenbaum, 1978)認為，「團體領導者保持自己的匿名身份、自己的隱私、自己團體外的生活」(p.129)，然而，並不隱瞞自己情感性和人性的方面，亦不利用團體為他們自己治療。

沃爾夫和他的助理(Wolf et al., 1972)代表著這樣一些心理分析工作者，他們注重治療者／當事人關係以及團體領導者個人特質的重要性。在分析團體治療的理論架構中工作了許多年之後，他們總結到，成功不僅依賴於心理分析的理論與技術結構，而且依賴於人性化的治療者。他們聲稱，心理分析的焦點已逐漸由病人的心理動力學，轉向治療者與當事人之間的關係(relationship)。

發展階段及其對團體工作的啓示

簡介

這一節介紹對團體工作具有重要意義的一種發展模式。這個模式是以艾里克森人類發展的八個階段和佛洛伊德的性心理發展階段為基礎的，為團體領導者提供了一個概念架構，這個架構包括：發展趨向的了解；生活中每一個階段的重要發展任務；主要需要以及他們的滿足和挫折；在生活

每一個階段進行選擇的潛能；重大轉折點或發展危機；以及可能引起日後人格衝突的不良人格發展的根源。

艾里克森以佛洛伊德的思想為基礎，並擴展了他的思想，強調心理社會方面的發展。雖然他在理智上感激佛洛伊德，但他並不接受佛洛伊德的所有觀點。他以一種更為積極的眼光看待人類發展，並強調成長和人本性的理性一面，而佛洛伊德則強調發展的非理性的方面。而且，心理社會理論認為，自我(ego)而不是本我(id)是人類發展的生命力量(Erikson, 1963)。這一自我被看作是我(self)的一個成分，它經由認知過程，諸如：思維、知覺、記憶、推理、注意，與外在世界相聯繫。

艾里克森的發展理論主張，心理性和心理社會成長同時發生，在每一個生活階段中，我們都面臨著在自己與社會環境之間建立一種平衡的任務。心理社會理論強調發展的生物、心理、社會各方面的整合。艾里克森就人的整個一生描述了發展，並且將其劃分為八個階段，其中每一個階段都以要解決的特定危機為特徵。按照艾里克森的理論，每一種危機(crisis)反映了生活中的一個轉折點(turning point)。在這些轉折點上，或者我們能成功地解決我們的矛盾衝突，或者我們不能解決這些矛盾衝突而導致退化。從很大程度上說，我們的生活是我們在每一個階段所作出選擇的結果。

這一概念架構對所有的團體領導者來說都是很有用的，無論他們的理論取向如何。姑且不論支撐每一個人團體實務的模式如何，在團體工作開展的過程中，領導者有必要提出下列這些問題：

▫ 為一個人的生活帶來連續性的某些主題是什麼？
▫ 這個當事人現時的擔憂和未解決的問題是什麼？
▫ 這個人的現時問題與其早年生活歷史中具有重要意義的事件之間的關係是什麼？
▫ 有哪些影響因素塑造了這個人的性格？
▫ 在這個當事人的生活中重大的轉折點和危機是什麼？
▫ 在這些關鍵期中，這個人作出了哪些抉擇？他或她是怎樣處理這些不同的危機的？
▫ 目前這個人正順著什麼方向發展？

階段1：嬰兒期──信任對懷疑（出生至12個月）

依照艾里克森(Erikson, 1963)的觀點，一個嬰兒的基本任務是建立起一種對自己、他人、以及周圍環境的信任感。嬰兒需要依賴他人，並感到被需要和安全。透過被擁抱、愛撫、關懷照顧，他們懂得了基本的信任。

佛洛伊德把生命的第一年稱爲口腔期(oral stage)；經由吸吮母親的乳房滿足嬰兒對食物和愉快的需要。根據這種心理分析的觀點，這一時期的事件對以後的發展極其重要。沒有獲得足夠的愛和食物的嬰兒，可能日後發展出好吃和貪婪的品行，因爲物質內容成了他眞正想要但又得不到的東西的替代品。以後從這一口腔期衍生出來的人格問題包括對世界的不信任，對愛加以拒絕的傾向，害怕去愛和信任，不能與人建立親密性關係。

艾里克森從信任(trust)和懷疑(mistrust)的角度來看待生命中的第一年。如果其他具有重要意義的人（尤其是父母親）在嬰兒的生活中提供必要的愛和滿足他的生理需要，他就發展起信任感。在另一方面，如果父母親不對他的需要作出回應，他就會發展出一種對世界尤其是對人際關係的懷疑態度。很顯然的，感到被接受的嬰兒，比那些沒有得到充分養育的嬰兒，處於一種較適應的生活狀態，得以成功地應付未來發展的危機。得到愛的嬰兒通常接受自己；而感到自己是多餘和不被愛的孩子，往往在接受自己的方面經歷重重困難。

具有基本信任感的人的行爲特徵是：有能力向別人尋求情緒支持，注重他人行爲的積極層面，有能力平衡付出與接受，願意做自我表露，有一種普遍樂觀的世界觀(Hamachek, 1988)。

㈠對團體工作的啟示

上述這些觀點與團體心理治療實踐之間的聯繫是顯而易見的。在團體中所探索的一個普遍問題，是那種不被愛和不被關懷的感受，及與此相聯繫的對那些能提供愛和關懷者的急切需要。在團體中，團體成員們回憶起早年被遺棄感、恐懼感、被拒絕感，許多人並已固著於尋找一個能接受他們的象徵性「父母」的目標。因此，他們的大部分精力都在尋求讚賞和接受。這一問題又混雜這樣的情形，即由於不能信任自己和其他人，他們害

怕去愛和形成親密的關係。

團體領導者可以幫助這些當事人表達他們所感受的痛苦，並解決某些正妨礙他們信任別人及充分接受自己的障礙。艾里克森(Erikson, 1968)觀察到，這些當事人表現不信任的方式，往往在他們每次與自己、其他人、或是環境不和時即退縮。

值得一提的是，每一個階段都是以前面階段的心理演變結果為基礎的。從這一點看，建立起一種基本的信任感是以後人格發展的基礎。正如你將在隨後的階段中看到的，年輕人如果奠定了信任、自主、主動、勤奮的基礎，則得以做好準備迎接他們青年時代的挑戰，建立起他們是誰的明確認同，並發展出一種積極的自我概念（參見Hamachek，1988）。

階段2：兒童早期——自律對羞恥和懷疑（12個月至3歲）

佛洛伊德把生命中的下一個兩年稱為肛門期(anal stage)，因為肛門區成為這時對人格形成具有重要意義的部位。兒童在這一時期必須掌握的主要任務包括：獲得獨立性、接受個人能力、學習如何表達負向情緒；諸如：妒忌、憤怒、攻擊、破壞性。因此，正是在這一階段，兒童們開始了他們向自律發展的旅程。他們在照顧自己的需要中扮演著越來越主動的角色，並開始表達他們想從其他人那裡需要的東西。也正是在這一時期，他們不斷遭遇到來自父母的要求；他們對自身環境的充分探索受到限制，並且開始進行大小便的訓練。佛洛伊德的觀點是，在這一階段，父母的情感和態度對日後的人格發展有著重要的影響。

在肛門期，兒童體驗到敵意、憤怒、攻擊的情感。如果直接或間接地告訴他們，就因為具有這些情感他們不是好孩子，他們很快會抑制住這些情感。一旦了解到父母的愛是有條件的，並且愛是會因為他們表現出「負向」情感而被撤除的，他們會壓抑憤怒和敵意。因此，這一階段是處於不斷否定情緒的過程，而且它常常導致在以後的生活中不能接受許多他自己的真實情感。

從艾里克森的觀點來看，一到三歲的這幾年是發展自律(autonomy)的時期。未能實現一定程度的自我控制和應付環境能力的兒童，會產生出對

自己和自身能力的羞恥(shame)和懷疑感(doubt)。在這一階段,兒童需要探索世界,嘗試及檢驗他們的侷限性,並被允許從自己的錯誤中學習。如果父母為他們的孩子做得太多,總是使孩子處於依賴狀態,他們往往會抑制孩子的自律性,並妨礙他們成功地應付環境的能力。

具有自律性的人都有些什麼樣的特徵呢?他們能對具有重要意義的問題作出自己的抉擇;他們能拒絕別人的要求而不感到內疚;他們能拒絕那些想要控制他們的人的支配;他們能自己獨處或與其他人出色地工作;他們能在決定一個行為方案時對自己的內在感受予以關注;他們對自己的能力有起碼的自信;他們在團體環境中感到比較輕鬆(Hamachek, 1988)。

(一)對團體工作的啟示

藉由了解這一生活階段的動力功能,團體領導者可以獲得相當豐富的有用資料。許多在團體中尋求幫助的人,從不懂得去接受他們對所愛的人隱藏起來的憤怒和憎恨,他們需要接觸自身中沉澱於這些情感底部被否定的內容。為了實現這一點,他們可能需要重返並體驗在遙遠的過去中他們開始壓抑這些強烈情感的情境。在團體這一安全的環境中,他們可以逐漸學習表達他們被封鎖的感情,並且可以處理與這些情緒相伴隨的內疚。團體為情緒宣洩(表達被幽禁的情感)和重新學習提供了大量的機會。

那些自律程度有限且自我懷疑的團體成員,建立起一種以學習別人為特徵的生活風格。這些人參加團體以求重新獲得他們的潛在力量,並發展用以確定他們是誰、他們能夠勝任什麼事情的能力——簡而言之,獲得對自身生活的心理控制。在這裡,團體提供了機會來考察一個人情緒性依賴風格的最初根源,並學習成為更為自我依賴的人。

階段3:學前期——主動進取對內疚 (3歲至6歲)

在佛洛伊德的性器期階段(phallic stage)性活動變得更為強烈,兒童的注意焦點放在生殖器上,性別認同開始形成。學前兒童對他們自己的身體變得格外好奇,積極探究自己的身體,體驗因刺激生殖器而帶來的快感。而且,他們對兩性之間的差異表現越來越濃厚的興趣,並提出有關生殖的問題。父母對孩子出現的性意識和性興趣的反應方式,無論語言的還是非

語言的，對於孩子們發展出的性方面及其他方面的種種態度，具有極其重要的決定性影響。

根據佛洛伊德的觀點，性器期的基本矛盾衝突集中於兒童對父母中異性一方的潛意識戀父或戀母情結。這些情感是相當危險的，因此它們被壓抑下去，然而它們仍然是此後人格發展強有力的影響因素。

與這種想擁有父母中異性一方欲望相伴隨的，是要替代父母中同性的一方的願望。男孩渴望母親的注意，產生憎恨父親的情感，但也害怕父親會對他的戀母情結進行報復。這種心理性發展過程就是所謂的伊底帕斯情結(Oedipus complex)。當然，這一過程是潛意識的，因為壓抑機制的作用，阻擋住可能產生的焦慮。

男孩通常產生與他陰莖相關的恐懼，佛洛伊德稱此為閹割焦慮(castration anxiety)。這種恐懼在男孩的這一時期的生活中具有重要的作用，使他壓抑了對他母親的性欲望。如果伊底帕斯情結獲得恰當的解決，男孩得以較為社會所接受的感情形式取代他對自己母親的性欲望，則他會對父親產生一種強烈的認同，決定既然他不能擊敗父親，那麼他就與父親聯合。

雖然女性性器期(female phallic phase)並沒有像佛洛伊德對男性階段描述的那麼清楚，但也有與伊底帕斯情結相對應的女性情結，叫作伊勒特勒情結(Electra complex)。女孩最初的愛戀對象是她的母親，但在這一階段則轉向她的父親，繼而產生出對母親的否定性情緒，但當她認識到她無法成功地競爭到父親的關注時，便採取母親的某些行為特徵而對母親認同。

這一階段可以看到超我(superego)的發展，並以此指引個體行為的內在控制或理想。在性器期階段，存在著本我的衝動和超我之間的矛盾衝突。本我是人格的一個組成部分，是與生俱來的，具有盲目性、強求性、固執性，它的功能是釋放緊張並返回內在平衡狀態。超我在人格中代表著一個人道德修養的部分。它追求完美，而不是快樂。自我的任務則是在外在現實與內在要求之間進行調節。自我由所有形式的、被個體用於實現個人目標並捍衛自我概念的思想構成。

由於這是良知形成的時期，一個明顯的危機是父母嚴厲的道德灌輸態度。而且，如果父母對孩子日益增長的性意識表現出否定性的態度，孩子

們會了解到他們的性情感是邪惡的，他們對性問題的好奇心是不能被接受的。結果，他們對自己自然的衝動感到內疚，害怕提問題和思考自己，並傾向於盲目地接受父母的教導。性情感和對性問題的興趣變成焦慮的來源，個人為了解除焦慮，只好壓抑與性有關的衝動或情感。於是，在這一階段所產生的對性的否定態度，會被帶到成年生活中，並往往導致矛盾衝突、內疚、悔恨、自我譴責。另一個重大危機是，父母在教導任何價值觀方面可能過於鬆懈，或者他們的示範作用太差，於是教給孩子一味按照自己的利益去行事，全然忽視對他人的關心。這樣一來，一方面是造就了一些經常良心上體驗到嚴厲懲罰的人，另一方面則形成了一些良心少得可怕的人。後一類的人老成世故，其主要人格特徵包括：明顯地缺乏倫理或道德發展，和不能遵從社會價值體系行事。心理分析理論為了解這兩種極端的良知發展差異性提供了深刻的探察。

另一方面，艾里克森主張學前期的基本任務，是建立能力(competence)和主動進取感(initiative)。個人在這一時期須為從事自己所選擇的活動做好心理上的準備。如果兒童享有選擇有意義活動的自由，他們往往建立起一種以主動進取並貫徹到底為特徵的積極觀念。但如果他們不被允許為自己作出一些最起碼的決定，或者他們的選擇被嘲笑，則往往會產生一種內疚感而壓抑了進取精神。通常，他們會避免採取主動積極的姿態，越來越多地讓別人為他們作出決定。

那麼，那些具有主動進取感的人又具有哪些特徵呢？他們喜歡接受新的挑戰；他們往往制定目標並採取必要的行動去實現目標；他們是自我啟動者；他們有高度的精力；他們有明確的個人自信感；而且他們並不是虛偽的道學者，他們有一種平衡的倫理意識(Hamachek, 1988)。

(一)對團體工作的啟示

在我們的治療團體中，我的同事和我看到了伊底帕斯和伊勒特勒情結的痛苦表現。我們觀察到，要象徵性地取代父母中同性一方的情緒相當普遍，以便父母中的異性可以成為注意的對象。其他問題包括：想要被父母中的異性一方注意和重視，感到被父母中異性的一方所吸引，與父母中同性的一方競爭。

在絕大多數治療與諮商團體中，成員們經常與性別角色認同有關的種

種問題相抗爭。有許許多多的男女對做一個男人或女人的涵義有固著的觀念，於是壓抑了許多與這些固著觀念不相適宜的情感。團體正可以是一個讓成員質疑這些限制性觀念並變得更為健康的場所。

由於對性的情感、態度、價值、行為等的擔憂通常是相當隱私性的，人們在他們的性問題上會覺得相當孤獨。團體則提供了這樣的機會；使他們公開地表達這些問題、糾正錯誤的認識、處理被壓抑的情感和事件、開始形成對自己作為男人或女人的新的認識。也許一個團體的最重要功能是，它允許成員擁有自己的情感，並真誠地談論自己。

階段4：學齡期──勤奮對自卑（6歲至12歲）

佛洛伊德把兒童中期稱作潛伏期(latency stage)。在過去幾年的性衝動流瀉之後，這一時期相對地較為平靜。這是一個性興趣下降的時期，這種興趣被對學校、遊樂伙伴、體育運動、以及所有形式新活動的興趣所替代。大約在六歲時，兒童們開始與環境中的其他人發展新的關係。

艾里克森強調這一階段的積極性而不是潛伏性層面，強調獨特的心理社會任務，如果要想健康地發展，這些任務就必須在這一時期完成。兒童需要擴展他們對物理和社會環境的理解，並繼續發展適宜的性別角色認同。他們還必須形成個人的價值觀，參與社會任務，學會接受與他們不同的人，並獲得學校學習所必須的技能。按照艾里克森的觀點，兒童中期的核心任務是獲得勤奮感(industry)，而不能做到這一點則會導致不足感(inadequacy)和自卑感(inferiority)。勤奮是指確立並實現具有個人意義的目標，如果兒童不能完成這一任務，他們往往不能體驗到像成人一樣的自信，隨後的發展階段將會受到不良的影響。

具有勤奮感的人樂於學習，富有好奇心，嘗試新的觀念並達成新的統整，對有所收穫感到興奮，因出色地完成一件事情而產生自豪感，能非防衛性地接受批評，並具有堅強的毅力(Hamachek, 1988)。

(一)對團體工作的啟示

以下是在這一階段產生的部分問題，團體領導者可能會在他們的團體工作中遇到這些問題：消極的自我概念；在學習方面感到不適應；對批評

採取防衛性反應；在建立社會關係中感到自卑；價值觀上有種種矛盾衝突；性別角色認同混亂；不願面對新的挑戰、依賴、缺乏主動進取精神。

要想知道團體領導者對這一生活階段的問題和任務的了解怎樣能促進治療性過程，讓我們來看一位具有自卑感的團體參與者的經驗。瑞琪極其害怕失敗，以至她羞怯地離開大學，因為她相信她無法完成學業。在團體中，瑞琪被幫助去認識她的不適應感和小學時所發生的事件之間的關聯，她回憶起曾有過一系列負面的學習經歷，諸如：她的老師曾以公開的或不公開的方式罵她很笨且學不出名堂來。在瑞琪能克服這些早年發生的不恰當體驗之前，她恐怕必須回溯到她童年期的創傷性事件，在團體中重現它們，然後表達她所體驗到的痛苦。藉由團體的支持，她可以再次體驗許多她已埋葬的情感，並開始以不同的角度來看待她的過去經歷。最終，她也許會意識到，她並不必因為在小學時所發生的某些事摧毀自己的學習生涯。

階段5：青少年期──認同對認同混淆（12歲至20歲）

青少年期是兒童期與成年期之間的一個轉換階段。它是一個繼續檢查自身的限制、拒絕依賴關係、建立新的認同時期。它幾乎是一個充滿矛盾衝突的時期，尤其是在希望突破父母的控制以及害怕獨立決定和承擔後果之間的矛盾。

在佛洛伊德的理論中，心理性發展的最後階段叫作生殖期(genital stage)，是人生中一個最長的階段，開始於青春期，一直持續到老年，然後，人傾向於退化到早年階段。從本質上說，佛洛伊德把出生到五歲的發展階段看作是基礎，以後的人格發展是在這之上建立起來的。因此，他注重五歲前的那些階段，而並不對兒童晚期或成年期的事件予以多大注意。艾里克森則撿回了佛洛伊德丟掉的東西，並對以後的各個階段給予極大的關注，尤其是青少年期。他把青少年期獨特的危機──認同危機──視為生活中最重要的部分。這一時期的任務是要建立一種自我認同感，或是一種作為一個獨特的人的自我意識。

艾里克森的認同危機(identity crisis)是什麼意思？他是指青少年時

代的絕大部分衝突都與一個人的認同發展有關。青少年努力確定自己是誰，他們要去往何方，以及他們怎樣到達那裡。由於所有形式的變化——社會的和生理的——正在發生，而且社會施加了各種的壓力，許多青少年很難找到一種穩定的自我認同感。他們體驗著來自學校、來自父母、來自同儕團體、來自異性伙伴、來自整個社會的壓力，而且這些要求常常是相互衝突的。在這一騷動的當中，青少年肩負著決定自己最終採取什麼立場面對這些形形色色期望的任務。如果青少年無法完成這一任務，就會導致認同混淆(identity confusion)，這個人就會在以後的歲月中失去目標和方向。

具有認同感的人有哪些行為特徵？他們有穩定的自我概念；有明確的目標意識；較少受同儕壓力的影響；接納自己；能夠毫不猶豫地作出決定；對自己所發生的事具有責任感；並且能夠不喪失自我地在身體和情緒上接近所選擇的人(Hamachek, 1988)。

青少年期發展的重點，包括重新專注於與父母分離並成為一個獨立的人。而且，有關性別角色和性別認同的矛盾衝突在這些歲月裡迅速膨脹起來。青少年可能仍不能明瞭如何應付他們的性衝動。他們通常並不確知自己是否想要異性戀、同性戀，或雙性戀，他們可能體驗到一種驚慌失措的情緒。澄清他們的性別認同——這只是他們整體認同中的一部分——是這一時期的主要任務，它常常延伸到成年早期。

澄清一個人的價值觀並將其整合到具有個別性意義的個體系統中去，是青少年期的另一個艱巨而充滿焦慮的任務。為了建立起一種個人生活哲學，青少年必須在更為廣闊的領域範圍內作出關鍵的決策：倫理與性道德、宗教信仰、生活期望、親密性關係的價值、教育、職業。在面對這些挑戰時，年輕人需要有恰當的楷模，因為絕大多數價值觀不是經由直接教導來傳遞而是由與示範者相接觸而學得的。通常，楷模學習不適宜或根本不存在的青少年，尤其意識到成人的言行不一，而且他們對欺騙的容忍性很低。他們更多地受自己所觀察到的內容而不是他們被告知的內容影響。

(一)對團體工作的啟示

在我的團體中，我通常以相當大量的時間用於探索和解決青少年期極其普遍的依賴——獨立的矛盾衝突。一個核心工作涉及分離與個別化過

程。在治療團體中，青少年可能需要探索其早年發展時期與重要意義的人的聯結。團體治療者可以經由提供正確的關係來滿足這一目標。

有些團體成員在團體中重演他們的青少年期，檢查他們在那一時期所封閉的體驗；例如，允許其他人為自己作出所有的重大決策。而在團體中，他們開始意識到他們曾經怎樣使自己放棄自我指導而遵從他人的指導。經由一個再學習過程，他們採取了種種積極的步驟，從而逐漸導向為自己的生活承擔責任。

團體諮商尤其適合於青少年。它提供了一個公開論壇，使他們能表達和探索種種相衝突的情感，並發現他們不是唯一擁有這些衝突的。團體情境允許公開地質詢和矯正價值觀，並提供機會實踐與同伴和成人的溝通技巧。在團體環境中，青少年能夠安全地體驗現實，檢查他們的侷限性，表達他們自己，並且感覺到有人來傾聽他們訴說。

青少年期未解決的問題，可從成人帶到團體的許多問題中表現出來。在我所領導的大多數團體中，一個最普遍性的主題是尋求認同：「我是誰？我是怎麼變成這樣的？我究竟意味著什麼？我將向何處去？我怎樣到達那裡？如果我到了那裡，它終究又意味著什麼呢？」成年人繼續努力解決認同問題，如果他們不能在青少年期達成一種自我認同感，他們將在成人生活當中的絕大多數領域遭遇到困難。除非他們認識到早年生活的未解決問題，否則他們不能有效地應付由其他生活階段所提出的挑戰。

階段6：成年早期——親密對疏離（20歲至35歲）

在艾里克森看來，我們在把握了青少年的矛盾衝突並建立起了穩固的自我認同之後，便進入成年期。在這第六階段，即成年早期（20～35歲），我們的認同感再一次被親密(intimacy)對疏離(isolation)的挑戰所檢驗。

心理上成熟的人的一個基本特徵，是能夠形成親密的關係。為了形成與別人真正的親密關係，必須對我們自己的認同感有自信，因為親密性涉及到承諾和發自內心的分享和給予的能力。不能形成親密性關係，會引起疏離和孤獨。人們在成年早期通常也會集中自己的興趣，開始開創自己的職業，開始形成一種自己滿意的生活方式。這是一個築夢踏實並策劃生活

的時期，同時也是一個多產的時期。

(一)對團體工作的啟示

在許多成人團體中，大量的時間會用於探索成員們的優先順序。團體
參與者掙脫對人際親密性的苦惱，談論他們自己未實現的夢想，詢問自己
自身工作的意義，預想自己的未來，重新評價自己的生活模式，以確定需
要作出什麼樣的變化。也許一個團體對於從事這些努力的人來說，最重要
的價值就是，為他們提供機會重新來省視他們的夢想和生活計畫，並確定
他們的生活在多大的程度上反映了這些願望。如果差別相當大，就鼓勵這
些團體參與者尋找改變這一狀況的方法。

通常說來，年輕的成人們帶到團體的問題都是與其他人共同生活及建
立一個家庭有關。這一時期的核心問題就是親密的危險性，即需要維護一
個人自身的獨立感與需要建立親密關係之間的矛盾衝突。這一親密性危機
的成功解決，涉及到達成小心照顧自己與主動關心別人之間的平衡。那些
不能達成這一平衡的人，有的只著眼於他人的需要，因而忽視了他們自己
的需要，有的過於自我中心，以致很少去關心別人。當然，年輕成人形成
人際關係的能力，是受他們早期生活中所發生的經驗所影響的。

階段7：中年期——生產對停滯（35歲至60歲）

第七階段的特徵是，需要超越自我和自己目前的家庭，實際參與到幫
助和指導下一代的努力之中。這些成熟的歲月可能是我們生活中最多產的
時期之一，但也會因須面對我們在成年早期預計實現的目標和我們實際完
成的結果之間差距而經歷痛苦體驗。

艾里克森在生產(generativity)與停滯(stagnation)之間的矛盾衝突中
發現了繼續成長的激勵因素。生產是一個很廣泛的概念，它表現出能夠適
當地去愛、去工作、去娛樂的能力。如果人們不能獲得一種成就感，就會
開始停滯不前，並在心理上死亡。當我們進入中年時期，我們開始越來越
明顯地意識到自己終將死亡的必然性。這種對死亡的認識是中年期危機的
核心特徵，並影響了我們對生活中所做的努力的評價。生活中頭一次我們
必須面對這一事實：我們將無法實現我們曾相信自己能做到的事，我們並

沒有履踐自己的早期願望。

㈠對團體工作的啟示

在這一生活時期所發生的種種變化，以及與它們相伴隨的危機和衝突，為團體工作帶來重大的契機。團體參與者通常被要求作出新的評價、調適和決策，以便能贏得新的機會並達到新的意義。例如，絕大多數父母不得不適應於與自己孩子的分離。如果他們把注意力大部分集中於自己的孩子，他們現在就需要從別的地方尋找目標和自我實現感。團體參與者可以探索尋找有成效的新的生活方式，團體領導者能夠在團體中探察許許多多成人在中年期所體驗的無望感，並幫助他們擺脫這種「這就是生活」的破壞性觀念。這種認識促成成員對自身發展關懷且有技巧的指導，以尋找新的意義，並以新奇的方式「塑造自己」。

階段8：生命晚期——統整對絕望（60歲以上）

在第八個也是最後一個生活階段中，人們所面對的一些重要發展任務，諸如：適應配偶或朋友的死亡；保持戶外活動的興趣；適應退休；接受生理與感覺機能的喪失。但最後這一階段的核心任務是重新評價過去，並作出結論。

按照艾里克森的見解，這一階段的核心危機——統整(integrity)與絕望(despair)的矛盾——的成功解決，取決於一個人如何回顧他的過去。自我統整性(ego integrity)是由這樣一些人所實現的：他們很少感到遺憾，把自己看作是生活得有收穫和有價值的，並且感到他們既享受了自己的成功也擋住了自己的失敗；他們並不痴迷於所擁有的東西，而是能夠從已有的東西中獲得滿足；他們把死亡看作是生命過程中的一部分，並能在最後的餘生中繼續尋找意義和滿足。

不能實現自我統整性，會導致絕望、灰心、內疚、怨恨、自我否定等種種體驗。持有這種觀念的人不斷意識到尚未解決的問題；他們渴望生活中再有機會，卻又知道那已經是不可能的了；而且因為他們浪費了自己的生命，故不能接受死亡的念頭。因此，他們絕望不已。

㈠對團體工作的啟示

以老年人為對象的團體越來越普及，對此波恩塞德在其傑出的著作《針對老年人的工作：團體歷程與技術》(Working with the Elderly: Group Processes and Techniques，Burnside, 1984)中介紹了相當廣泛的、能滿足老年人獨特需要的特殊團體。例如，現實取向團體(Reality-Oriented Group)是為已被診斷為患有慢性腦部疾病的退化老年人設計的。動機再生治療團體(Remotivation-Therapy Group)注重於日常生活的簡單問題，並討論對老年人有益的特殊問題。回憶式團體(Reminiscing Group)是設計用來幫助老年人回憶並重建自己的過去。諮商團體(Counseling Group)意圖探索那些老年人中普遍具有的問題，提供一個支持性環境，加強歸屬感，並提供檢驗現實的機會。

　　要想在老年人團體中有效的工作，團體領導者必須考慮到，他們為使老年人放棄那些只會加強絕望感的宿命論觀點而作的努力，效果是有限的。領導老年人團體的人必須抱持著現實的期望。雖然老年人發生顯著人格變化的可能性相當小，但變化——無論多麼小、多麼細微——的確可以發生，並對團體參與者帶來富有意義的有益影響(Corey & Corey, 1987)。

　　波恩塞德(Burnside, 1984)指出，針對老年人的團體工作，比針對其他年齡的團體的工作要求更多的組織和指導。由於老年人特殊的身體與心理狀況，團體領導者被要求能夠提供支持和鼓勵。在波恩塞德看來，針對老年人的團體工作最重要的元素之一是，領導者與成員之間的謹慎周到和有效的溝通。(針對老年人團體工作問題的進一步閱讀材料，請參見波恩塞德1984年的文獻。)

　　這一生活階段的重要問題，不僅對老年人的團體領導者、而且對與年輕或中年人工作的團體領導者，都有啓發。往往年輕人也會表達出對變老的恐懼。當他們開始發覺歲月流失時，他們感到一種越來越大的要為自己生活做些什麼的壓力。有些人擔心在他們老的時候會徹底孤獨，有些人擔憂在經濟上或生理上依賴於別人。團體領導者可以幫助這些成員認識到，建設性地應付這些恐懼的唯一方式，是現在就為老的時候能感到滿足而進行準備。一種良好的開端方法是提出這樣的問題：「當你進入老年的時候，你希望對你自己的生活說些什麼呢？」團體成員對這一問題的回答內容(對他們自己和對團體)，可以表明他們現在需要作出的抉擇，以及必須採取的

具體步驟，以便在以後的階段中實現統整性的意識。

心理分析團體理論的現代趨勢

心理分析理論並沒有固步自封或停滯不前，而是不斷地演化。佛洛伊德的觀點是以本我心理學(id psychology)為基礎，以有關基本需要滿足的矛盾衝突為特徵的。此後，社會心理學派的學者們背離佛洛伊德的傳統觀點，包容進文化和社會因素對人格的影響，促進了心理分析運動的成長和擴展。於是，自我心理學(ego psychology)被艾里克森和其他學者發展起來，強調整個人一生的心理社會發展。

對象——關係理論

心理分析理論與實踐的演化並不曾停滯。心理分析思潮的新趨勢在二十世紀七十和八十年代獨佔鰲頭。這些新的研究通常被歸納為自我心理學(self-psychology)或對象——關係心理學(object-relations theory)。對象關係指的是人們心理內部表徵的人際關係。對象(object)一詞被佛洛伊德用來指為滿足一種需要的東西，或是對一個人情感或驅力具有重要意義的人或事件。它和他人(other)一詞可交替地使用，後者指的是兒童或以後成為成人時所依戀的、具有重要意義的人。他人並不一定是具有獨立認同的存在個體，而是被看作為滿足自己需要的對象。因此，對象關係是人際關係，它們塑造了一個人與其他人的現時交往。對象——關係理論背離了傳統的心理分析，但仍有些理論家們試圖對這一思潮流派所特有的多樣化趨勢進行整合(St. Clair, 1986)。

心理分析思想的當代理論趨向注重於可預測的發展順序，自我的早期經驗，據此以擴展對他人認識方式的不斷轉變。一旦自我／他人模式被確立，那麼它們就影響著以後的人際關係，個人在人際上將不斷尋找某種最接近早期經驗所確立的模式。例如，那些過分依賴或者過分冷漠的人，會不斷地重複在他們蹣跚學步時與自己母親所建立的關係模式。簡而言之，

在現時環境中的行為很大程度上重複著早期的內在模式(Hedges, 1983)。這些新的理論對一個人的內在世界如何導致人在關係的現實世界中生活的困難，有所洞燭(St. Clair, 1986)。

馬勒的早期發展觀點

馬勒(Mahler, 1968)是對象──關係理論發展中的一個關鍵人物。她的研究重點放在兒童與母親在最初三年生活中的互動上，並創立了有關這些早期歲月內在心理事件的理論。馬勒認為，個體最初於一種與母親的融合狀態，逐漸向著獨立發展。分離與個體化過程及最初融合狀態的未解決的危機和殘跡，對以後的關係有著深遠的影響。個人在以後生活中的對象關係就建立在其與母親的早期關係的基礎之上(St. Clair, 1986)。心理發展可以被看作是個體使自己與他人相分離或分化的進化歷程。在團體工作中，團體參與者可以逐漸認識到他們是怎樣把自己早期的種種模式帶到現時人際交往中來的。

處理邊緣人格和自戀人格

也許近來心理分析理論的最重要發展集中在邊緣與自戀人格障礙。依據《心理疾病診斷與統計手冊》*(Diagnostic and Statistical Manual of Mental Disorders)*(American Psychiatric Association, 1987)，邊緣(borderline)人格的基本主要特徵是，對自我的不明確的看法，以及與他人關係的不穩定性。這些人處於神經症與精神病之間的邊緣區域。自戀(nar-cissistic)人格的主要特徵是擴散性的自傲自大，對別人的評價過於敏感，缺乏同理心。這兩種人格模式都起源於成年早期。在這一領域中最重要的理論家是克恩伯格(Kernberg, 1975, 1976)和庫哈特(Kohut, 1971, 1977, 1984)。庫哈特認為，人們是他們自己的保健專家，若他們能既感到獨立又體驗到依戀，從自身獲得快樂又幫助別人，便是處於最佳狀態。

對象──關係理論的觀點，為認識人格障礙帶來了新的曙光。克萊爾(St. Clair, 1986)認為，邊緣人格與自戀人格障礙似乎源自於分離／獨立階

段的創傷和發展紊亂。然而，這種人格與行為症候的充分表現往往是在成年早期發展起來的。自戀和邊緣人格症候，諸如：誇大能力、感情分裂（使不相容的情感相分離的防衛性過程）、自傲自大是早期被干擾或沒有完成的發展任務的行為反映(St. Clair, 1986)。

(一)對有關邊緣人格團體工作的啟示

　　邊緣人格障礙的特徵是不穩定性、周期性暴躁、自毀行為、衝動性憤怒、極端化情緒改變。處於邊緣人格的人通常體驗到長時間的覺醒，且被一種陶醉感所強化。人際關係通常強烈而不穩定；態度隨時間而明顯的變化；心境易轉移；會產生強烈的憤怒。常常出現衝動而不可預測的行為，可能引起身體損傷。有明顯的認同紊淆，通常為對自我形象、性態度、職業選擇、長期目標等生活問題感到模糊不明確。克恩伯格(Kernberg, 1975)把這些症狀描述為：缺乏明確的自我認同、缺乏對其他人的深刻理解、控制衝動的能力較差、不能忍受焦慮。近幾年來，對邊緣人格患者更明確的認識，尤其歸功於克恩伯格的工作。這些人更多被診斷為人格紊亂而不是神經症，但又比精神病患者有更強的統整性(Kernberg, 1975)。他們具有一種混亂的原始性人格。在緊張壓力狀況下，他們極不穩定，並且常常作出各種的自毀行為。

　　在對待來自少數民族的邊界人格患者時，柯馬斯—迪亞斯和閔拉斯(Comas-Diaz & Minrath, 1985)發現，把一種心理分析理論模式與社會文化情境相整合，對於有效的心理治療是非常重要的。社會文化因素往往使邊緣人格的動因複雜化，它們均與認同因素有關。這些患者中的許多人體驗到擴散性的孤獨感，並存在著這樣一個潛在主題：「我屬於什麼？」由於社會經濟和政治因素貫穿於這些患者的生活，柯馬斯—迪亞斯和閔拉斯認為，治療不能僅僅依靠領悟法。他們主張，對治療者要進入當事人的真實個人生活，嘗試全面理解當事人的生活情境。看起來，這些認同問題是可以在團體治療中得到恰當的解決的。

　　克萊許、高倫和瓦斯曼(Kretsch, Goren, & Wasserman, 1987)發現，邊緣人格患者經由參加團體治療表現出持續性的、顯著的改善，尤其是在改善自我功能方面：「團體或者是一個更強的刺激物，或是一個更適宜的環境，以引發所期望的自我功能的改變」(p.110)。耶樂姆(Yalom, 1985)對

有關邊緣人格患者團體治療的觀點，與這裡剛剛引述的研究是一致的。在他看來，這些患者的核心問題是在於親密性方面，團體提供了凝聚力和現實檢驗的治療性因素。耶樂姆主張，如果這些個體能夠接受由其他成員所提供的回饋和觀察，如果他們的行為不是高度紊亂的，團體就能為他們提供免於生活緊張壓力的支持性避難所。這些人的退化行為在團體中將大大減少。雖然邊緣人格患者可能歪曲現實並表現出舊有的、錯亂的需要和恐懼，透過團體歷程，他們被促使繼續面對現實，以使這些情感處於一定的控制之下。如果團體一開始忽視這些處於邊緣狀態下的成員，他們會採取偏差的角色並在團體中扮演它，治療終將歸於失敗。

(二)對有關自戀人格團體工作的啟示

　　缺少機會與人相分化，或沒有找到理想楷模的兒童，可能在成人以後患有自戀人格障礙。這種症狀的特點是，有一種誇張的自我重要性和對他人的利用性態度，它們具有掩飾脆弱的自我概念的作用。這種人往往愛自我表現，尋求別人的注意和讚賞，並且有一種極端自我專注的傾向。

　　克恩伯格(Kernberg, 1975)把自戀人格的特徵概括為：在與他人的交往中專注於自己；有強烈的被讚賞的需要；具有很膚淺的情感；利用與他人的關係、並時常建立與他人的共生性關係。他寫道：自戀的人有一種很膚淺的情緒生活，很少從生活中獲得快樂，而是從來自別人的讚賞中取得快樂，往往貶低那些很難使他們獲得自戀快樂的人。

　　庫哈特(Kohut, 1971)把自戀人格的特徵概括為：極度擔憂於保持他們的自尊；具有空虛和死亡感。這些人通常尋找一些可以讓他們滿足自我需要的對象(庫哈特用自我對象selfobject一詞指一個被用以促進自尊和自我幸福感的人)。他們尋找這樣一些人，因這些人而讚賞自己的能力，在與這些自我對象相聯結時，他們可把自己看作是有價值的。然而他們的內在空虛並不能被填補，因此他們從別人那裡尋求讚賞的努力永無止境。他們亦嘗試與有能力的或美麗的自我對象融合一體。由於他們貧瘠的自我概念以及自我與他人之間模糊不清的界限，他們很難區分自己與自我對象的思想與情感。

　　耶樂姆(Yalom, 1985)討論了有關自戀人格在團體中接受治療的問題。這些人必須在團體中與他人分享時間、了解和同理他人，導致與團體

中的其他人的關係出現種種困難。因為這些當事人有一種不斷要處於中心地位的需要，他們常常依據有多少時間被用於他們、從治療者那得到了多少注意力，來評價一個團體對他們的有用性。他們往往在其他人接受治療工作時感到厭倦和不耐煩，而且還傾向於將討論主題扭轉向他們自己。這些人對其他成員有著不現實的期望，因為他們覺得自己是特殊的並應當得到團體的注意，然而卻不願給予其他人注意。在耶樂姆看來，團體的一個重要任務就是要在團體中管理這些極度脆弱的人。團體領導者必須注重現時動力的性質，無論是意識的還是潛意識的，它們影響著自戀人格者與團體中其他成員相聯繫的方式。

對心理分析模式的評價

我認為在心理分析取向的團體中，有許多東西是極為有價值的。這種分析模式為理解一個人的歷史提供了一個概念架構，團體領導者即使並不從事心理分析的實踐，也可以學習以心理分析的方法思考。雖然有些心理分析技術可能對團體諮商員具有使用上的侷限，但許多分析概念的確有助於解釋在個體以及在整個團體中發生作用的動力因素。

心理分析取向的團體領導者要考慮到一個人的過去歷史，以便完整地理解一個人的現時行為。許多成員帶到團體中的矛盾衝突都根源於兒童早期的經歷。雖然我並不鼓勵人們專注於過去，挖掘它並大事強調它；但我認為，忽視過去歷史的影響會導致膚淺的團體工作。理解這種影響會使人們更好地控制他們現時的行為。

另一個我認為特別重要的心理分析概念是抗拒性。甚至在人們自己選擇加入一個團體時，我也發現有頑固的抗拒性存在，尤其是在一個團體的早期。這些抗拒性是各種恐懼的表現；除非它們被解決，否則它們不會自動退去。因此，我認為正視它們、充分探索它們是非常必要的。實際上，我通常要求成員們向團體袒露他們自己的抗拒性與干擾團體工作的方式。有些成員似乎相當了解他們將妨礙自己，並以合理化、過分關照別人、使自己相信自己的問題並不十分要緊，來抵制改變。如果成員們在抗拒行為

發生時認識到它們，他們才會有機會對其採取措施。

心理分析中的焦慮概念，以及為應付這些焦慮而產生的自我防衛機制，對團體領導者是極其有用的。雖然在有些團體中領導者並不著眼於解決這些防衛機制，但懂得尊重這些防衛機制，並認識到它們怎樣發展、怎樣在團體情境中表現出來，是非常必要的。處理這些抵抗焦慮的防衛機制，為密集式的團體工作提供一個有用的架構。團體成員們有機會挑戰他們的某些防衛性策略，並且，在成員學習如何以非防衛的方式進行交流的歷程中，還能學到新的反應方式。

移情和反移情對團體工作有著深刻的啟示。雖然並不是成員和領導者之間的所有情感都是移情過程的結果，但一個團體領導者仍必須能夠理解自身在團體中的價值和作用。我發現，對領導者和其他成員投射的分析式概念，對於了解一個人可以在團體中有效地解決的矛盾衝突，是很有價值的線索。

這種團體還可以被用於重創那些至今仍對人產生影響的早期生活情境。在絕大多數團體中，有一些人會產生誘惑、憤怒、競爭、迴避、攻擊等情感，這些情感可能很類似於成員在過去生活中對重要他人所曾經出現過的情感。因此，成員們極有可能在他們的團體中找到象徵性的母親、父親、兄弟姐妹、或戀人。團體中這些移情以及它們所特有的強烈情感，是進行探索的有效途徑。

古典心理分析實務的修正

整合佛洛伊德的心理性發展階段和艾里克森心理社會階段的研究，在我看來，對了解人格發展中的關鍵主題是極為有用的。我並不認為僅僅在一種認知層次上工作會導致改變；重要的是，要從種種社會文化因素與個人在其發展各個階段中的努力層進行探索。除非團體工作者能較好地掌握每一個發展階段的主要任務和危機，否則他們沒有什麼依據可以確定發展模式是否正常或異常。依據哈馬契克(Hamachek, 1988)的觀點，心理分析理論的重要優勢是，它承認人類是生物的、心理的、社會的存在，認為這些內在的和外在的力量交互性混合塑造了人類

對象關係理論和自我心理學，亦對團體治療者提供了有價值的概念。在針對邊緣人格和自戀人格所進行的團體治療工作方面，已經有了許多新的進展。正如我們已經看到的，在處理邊緣人格方面，團體比一對一的關係具有某些獨到的優勢。許多接受過傳統心理分析訓練的專職從業人員，修正了他們的分析概念和技術，以適應種種團體情境。我曾遇到許多治療者，依據心理分析觀念思考但卻依循其他治療模式工作。他們在各種工作中使用一些分析式概念，諸如：潛意識、防衛、抗拒性、移情和反移情，以及過去經歷的重要性，但他們也借用其他學派的技術。

在多元文化環境中應用心理分析方法

心理分析取向的團體治療，如果加以修正的話，可以適用於具有文化多樣性的團體。德‧拉‧康塞拉(De La Cancela, 1985)在他的一篇題為〈低收入少數民族的社會文化心理治療〉的文章中，具體地介紹了在治療的初期階段訓練當事人的重要性。他還指出，治療者要減小他自己與當事人之間的差距，他們要教育和促動當事人反省情感並袒露自己。柯馬斯—迪亞斯和閔拉斯(Comas-Diaz & Minrath, 1985)建議，對於那些在來自少數民族的邊緣人格患者中相當流行的擴散性認同感，既要從社會文化觀點、又要從發展的觀點予以考察。他們還建議，探討治療關係中種族與人種的意義，對於解決這些當事人的擴散性認同感是很重要的。艾里克森的心理社會取向在這方面似乎具有特殊的意義。柯馬斯—迪亞斯和閔拉斯認為，幫助患者重建他們認同感的一個方法，是強調優點而不是缺點。

許多文化團體強調家庭歷史。對一個當事人的過去以及這一歷史對現時功能所發生的作用作出評價，可作為一個團體的概念架構。以象徵性的方式進行工作也可能是有效力的，尤其是對那些不願談論自己個人問題的當事人。兒童遊戲治療的運用便是一個例子。另一個方法是使用當事人童年中不同時期的家庭照片。團體領導者可以說：「請選擇一張對你有特殊意義的照片。告訴我你對那一時期記得些什麼。當你看這些照片時，你產生了哪些想法和情感？」一旦團體成員們開始對別人談論他們對這些照片的回憶時，往往會更開放地處理情緒內容。

心理分析團體領導者所扮演的角色可以與不同人種當事人的價值觀和期望相呼應。許多當事人帶著這樣觀念參加團體治療：團體治療者應當扮演權威的角色，應當是幫助他們解決問題的專家。通常，心理分析團體領導者扮演了這些角色，因此這種關係模式可能很有效地幫助不同種族的當事人開始信任並相信他們能夠得到的幫助。

在應用心理分析理論於處理少數民族的當事人時，還可能會有一些困難。尤其是在長期的、深入的、內在心理分析的架構中工作時，可能會與某些當事人的社會體系和人際環境的觀點相矛盾。一個有系統的探索，包括：家庭的角色、一個人的交友圈、擴展的家庭、社會與環境因素等；會更適合不同種族的當事人。

心理分析治療的一個重要問題是所採用的時間長度。許多少數民族當事人來到團體意圖解決即時的迫在眉睫的問題。然而心理分析治療不關心短期的問題解決，而是長期的人格重建。因此，當事人也可能會對這種形式的治療很不耐煩。

正如柯馬斯—迪亞斯和閔拉斯(Comas-Diaz & Minrath, 1985)所指出的，偏見、歧見、內疚感的問題會產生於跨文化諮商中（在這種情境中諮商員們有著與當事人不同的文化、人種、種族背景）。因此，具有不同人種和種族背景的治療者需要認識並正視自己的成見和偏見。柯馬斯—迪亞斯和閔拉斯強調，少數民族當事人的矛盾衝突源於其心理與社會文化環境的交互作用，治療者常常會被這些當事人所提出的無數問題所吞沒。於是他們建議，治療者的任務可以是說明這些因素在當事人生活中的普遍性。如果這些社會文化因素得不到承認，許多少數民族當事人就往往會感到疏離於團體治療者和治療過程。

問題與討論

---

1. 在多大程度上心理分析團體適合於所有的社會文化和社會經濟團體？你認為它們對哪些族群最為適宜？你認為在哪些情況下它們是不適宜的？

2. 把團體中的心理分析與一對一的個別治療相比較和對照。團體分析相對於個別情境有什麼優點？其侷限性和缺點是什麼？

3. 你對替代性單元作為成員與團體領導者例行聚會的補充活動有什麼想法？沒有領導者的團體聚會理由是什麼？你在這種方法中看出什麼價值？在替代性單元中可能會有些什麼問題？

4. 一般來說，心理分析團體注重個體的內在心理動力，並強調把在團體中發生的一切事件與歷史決定因素聯繫起來。你對這注重個體動力的觀點有什麼看法？這項著眼點的優點與缺點是什麼？

5. 心理分析團體以某種方式重複團體成員原生的家庭。它所強調的重點是放在認識和探討團體中的多重移情，以此作為處理早期家庭問題的方法。這種著重點的潛在價值有多大？你認為在多大程度上這種做法可以是一種情緒上的矯正經驗？

6. 評價人類發展的心理階段和心理社會階段，以此構成佛洛伊德理論與艾里克森理論的整合。這些團體治療階段如何適用於你？在你的生活中是否有什麼關鍵的轉折點，它對你現在的狀況產生多大的影響？你認為這一發展體系對團體諮商有哪些應用價值？

7. 對於你自己作為一個心理分析團體中的成員，你有什麼想法？知道你對自己做了些什麼，你會體驗到哪些抗拒？你會怎樣表現出這些抗拒性？對於你在團體中處理自己的抗拒性，你是怎麼想的？

8. 你最有興趣把心理分析方法中的哪些概念和技術融合到你自己的團體領導方式中去？

9. 從心理分析角度來看，治療者不可能絕對擺脫反移情反應。你覺得哪些類型的團體成員會使你在治療工作中遇到最大的困難？你怎樣看待你對某些類型團體成員的反應與你自己的未解決問題的關係？

10. 心理分析團體領導者傾向於維持一種具有客觀性、溫和的超然態度、較隱匿身份特徵的姿態。你對這種風格有什麼想法？

參考資料

American Psychiatric Association. (1987). *Diagnostic and statistical manual of mental disorders* (4th ed.). Washington, DC: Author.

Arlow, J. A. (1984). Psychoanalysis. In R. J. Corsini (Ed.), *Current psychotherapies* (3rd ed.). Itasca, IL: F. E. Peacock.

Arlow, J. A. (1989). Psychoanalysis. In R. J. Corsini & D. Wedding (Eds.), *Current psychotherapies* (4th ed.). Itasca, IL: F. E. Peacock.

Bacal, H. A. (1985). Object relations in the group from the perspective of self-psychology. *International Journal of Group Psychotherapy, 35*(4), 483–501.

Balint, M. (1968). *The basic fault.* London: Tavistock.

Baruch, D. (1964). *One little boy.* New York: Dell (Delta).

Bion, W. R. (1959). *Experience in groups and other papers.* New York: Basic Books.

Blum, H. P. (1986). Psychoanalysis. In I. L. Kutash & A. Wolf (Eds.), *Psychotherapist's casebook.* San Francisco: Jossey-Bass.

Brabender, V. M. (1987). Vicissitudes of countertransference in inpatient group psychotherapy. *International Journal of Group Psychotherapy, 37*(4), 549–567.

Brenner, C. (1974). *An elementary textbook of psychoanalysis* (rev. ed.). Garden City, NY: Anchor Press.

Burnside, I. M. (Ed.). (1984). *Working with the elderly: Group processes and techniques* (2nd ed.). Boston: Jones & Bartlett.

Colson, D. B. (1985). Transference-countertransference patterns in psychoanalytic group therapy: A family systems view. *International Journal of Group Psychotherapy, 35*(4), 503–517.

Comas-Diaz, L., & Minrath, M. (1985). Psychotherapy with ethnic minority borderline clients. *Psychotherapy, 22*(25), 418–426.

Corey, G., & Corey, M. S. (1987). *Groups: Process and practice* (3rd ed.). Pacific Grove, CA: Brooks/Cole.

Corey, G., & Corey, M. S. (1990). *I never knew I had a choice* (4th ed.). Pacific Grove, CA: Brooks/Cole.

Day, M. (1981). Process in classical psychodynamic groups. *International Journal of Group Psychotherapy, 31*(2), 153–174.

Debbane, E. G., de Carufel, F. L., Bienvenu, J. P., & Piper, W. E. (1986). Structures in interpretations: A group psychoanalytic perspective. *International Journal of Group Psychotherapy, 36*(4), 517–532.

De La Cancela, V. (1985). Toward a sociocultural psychotherapy for low-income ethnic minorities. *Psychotherapy, 22*(25), 427–435.

Durkin, H. (1964). *The group in depth.* New York: International Universities Press.

Erikson, E. H. (1963). *Childhood and society* (2nd ed.). New York: Norton.

Erikson, E. H. (1964). *Insight and responsibility: Lectures on the ethical implications of psychoanalytic insight.* New York: Norton.

Erikson, E. H. (1968). *Identity: Youth and crisis.* New York: Norton.

Erikson, E. H. (1982). *The life cycle completed.* New York: Norton.

Ezriel, H. (1950). A psychoanalytic approach to group treatment. *British Journal of Medical Psychology, 23,* 59–74.

Fairbairn, W. R. D. (1954). *An object-relations theory of the personality.* New York: Basic Books.

Foulkes, S. H. (1965). *Therapeutic group analysis.* New York: International Universities Press.

Foulkes, S. H., & Anthony, E. J. (1965). *Group psychotherapy: The psychoanalytic approach* (2nd ed.). London: Penguin.

Freud, A. (1936). The ego and the mechanisms of defense. In *The writings of Anna Freud: Vol. 2.* New York: International Universities Press.

Freud, A. (1969). Difficulties in the path of psychoanalysis. In *The writings of Anna Freud: Vol. 7* (pp. 124–156). New York: International Universities Press.

Freud, S. (1949). *An outline of psychoanalysis.* New York: Norton.

Freud, S. (1955). *The interpretation of dreams.* New York: Basic Books.

Glatzer, H. T. (1978). The working alliance in analytic group psychotherapy. *International Journal of Group Psychotherapy, 28*(2), 147–161.

Goldman, G. D., & Milman, D. S. (1978). *Psychoanalytic psychotherapy.* Reading, MA: Addison-Wesley.

Grotjahn, M. (1984). The narcissistic person in analytic group therapy. *International Journal of Group Psychotherapy, 34*(2), 243–256.

Guntrip, H. (1969). *Schizoid phenomena, object-relations and the self.* New York: International Universities Press.

Hall, C. S. (1954). *A primer of Freudian psychology.* New York: New American Library.

Hamachek, D. F. (1988). Evaluating self-concept and ego development within Erikson's psychosocial framework: A formulation. *Journal of Counseling and Development, 66*(8), 354–360.

Hannah, S. (1984). Countertransference in in-patient group psychotherapy: Implications for technique. *International Journal of Group Psychotherapy, 34*(2), 257–272.

Hartmann, H., Kris, F., & Lowenstein, R. M. (1946). Comments on the formation of psychic structure. In *The psychoanalytic study of the child: Vol. 2* (pp. 11–38). New York: International Universities Press.

Hedges, L. E. (1983). *Listening perspectives in psychotherapy.* New York: Aronson.

Kaplan, S. R. (1967). Therapy groups and training groups: Similarities and differences. *International Journal of Group Psychotherapy, 17,* 473–504.

Kernberg, O. F. (1975). *Borderline conditions and pathological narcissism.* New York: Aronson.

Kernberg, O. F. (1976). *Object-relations theory and clinical psychoanalysis.* New York: Aronson.

Klein, M. (1975). *The psycho-analysis of children.* New York: Dell.

Kohut, H. (1971). *The analysis of the self.* New York: International Universities Press.

Kohut, H. (1977). *The restoration of the self.* New York: International Universities Press.

Kohut, H. (1984). *How does psychoanalysis cure?* Chicago: University of Chicago Press.

Kolb, G. E. (1983). The dream in psychoanalytic group therapy. *International Journal of Group Psychotherapy, 33*(1), 41–52.

Kretsch, R., Goren, Y., & Wasserman, A. (1987). Change patterns of borderline patients in individual and group therapy. *International Journal of Group Psychotherapy, 37*(1), 95–112.

Kutash, I. L., & Greenberg, J. C. (1986). Psychoanalytic psychotherapy. In I. L. Kutash & A. Wolf (Eds.), *Psychotherapist's casebook.* San Francisco: Jossey-Bass.

Kutash, I. L., & Wolf, A. (1983). Recent advances in psychoanalysis in groups. In H. I. Kaplan & B. J. Sadock (Eds.), *Comprehensive group psychotherapy* (2nd ed.). Baltimore: Williams & Wilkins.

Locke, N. (1961). *Group psychoanalysis: Theory and technique.* New York:

University Press.

Mahler, M. S. (1968). *On human symbiosis and the vicissitudes of individuation.* New York: International Universities Press.

Mahler, M. S. (1971). A study of the separation and individuation process. In *The psychoanalytic study of the child: Vol. 26* (pp. 403–422). New York: Quadrangle.

Mullan, H., & Rosenbaum, M. (1978). *Group psychotherapy: Theory and practice* (2nd ed.). New York: Free Press.

Nadelson, C. C. (1978). Marital therapy from a psychoanalytic perspective. In T. J. Paulino & B. S. McCrady (Eds.), *Marriage and marital therapy: Psychoanalytic, behavioral and systems theory perspectives.* New York: Brunner/Mazel.

Ormont, L. R. (1988). The leader's role in resolving resistances to intimacy in the group setting. *International Journal of Group Psychotherapy, 38*(1), 29–46.

Pines, M. (1981). The frame of reference of group psychotherapy. *International Journal of Group Psychotherapy, 31,* 275–285.

Pines, M. (1983). Psychoanalysis and group analysis. *International Journal of Group Psychotherapy, 33*(2), 155–170.

Poey, K. (1985). Guidelines for the practice of brief, dynamic group therapy. *International Journal of Group Psychotherapy, 35*(3), 331–354.

Rutan, J. F. L. S., Alson, A., & Molin, R. (1984). Handling the absence of group leaders: To meet or not to meet. *International Journal of Group Psychotherapy, 34*(2), 257–287.

St. Clair, M. (1986). *Object relations and self psychology: An introduction.* Pacific Grove, CA: Brooks/Cole.

Saravay, S. M. (1978). A psychoanalytic theory of group development. *International Journal of Group Psychotherapy, 28*(4), 481–507.

Scheidlinger, S. (1987). On interpretation in group psychotherapy: The need for refinement. *International Journal of Group Psychotherapy, 37*(3), 339–352.

Shaffer, J., & Galinsky, M. D. (1989). *Models of group therapy* (2nd ed.). Englewood Cliffs, NJ: Prentice-Hall.

Spitz, R. (1957). *No and yes: On the genesis of human communication.* New York: International Universities Press.

Spitz, R. (1965). *The first year of life.* New York: International Universities Press.

Tuttman, S. (1986). Theoretical and technical elements which characterize the American approaches to psychoanalytic group psychotherapy. *International Journal of Group Psychotherapy, 36*(4), 499–515.

Whitaker, D. S., & Lieberman, M. A. (1964). *Psychotherapy through the group process.* New York: Atherton.

Winnicott, D. W. (1957). *Collected papers.* New York: Basic Books.

Winnicott, D. W. (1965). *The maturational process and the facilitating environment.* New York: International Universities Press.

Wolf, A. (1963). The psychoanalysis of groups. In M. Rosenbaum & M. Berger (Eds.), *Group psychotherapy and group function.* New York: Basic Books.

Wolf, A. (1975). Psychoanalysis in groups. In G. M. Gazda (Ed.), *Basic approaches to group psychotherapy and group counseling* (2nd ed.). Springfield, IL: Charles C Thomas.

Wolf, A. (1983). Psychoanalysis in groups. In H. I. Kaplan & B. J. Sadock (Eds.), *Comprehensive group psychotherapy* (2nd ed.). Baltimore: Williams & Wilkins.

Wolf, A., & Kutash, I. L. (1985). Di-egophrenia and its treatment through psychoanalysis in groups. *International Journal of Group Psychotherapy, 35*(4), 519–530.

Wolf, A., & Kutash, I. L. (1986). Psychoanalysis in groups. In I. L. Kutash & A. Wolf (Eds.), *Psychotherapist's casebook* (pp. 332–352). San Francisco: Jossey-Bass.

Wolf, A., & Schwartz, E. K. (1962). *Psychoanalysis in groups.* New York: Grune & Stratton.

Wolf, A., Schwartz, E. K., McCarty, G. J., & Goldberg, I. A. (1970). *Beyond the couch: Dialogues in teaching and learning psychoanalysis in groups.* New York: Science House.

Wolf, A., Schwartz, E. K., McCarty, G. J., & Goldberg, I. A. (1972). Psychoanalysis in groups: Contrasts with other group therapies. In C. J. Sager & H. S. Kaplan (Eds.), *Progress in group and family therapy.* New York: Brunner/Mazel.

Wong, N. (1983). Fundamental psychoanalytic concepts: Past and present understanding of their applicability to group psychotherapy. *International Journal of Group Psychotherapy, 33*(2), 171–191.

Yalom, I. D. (1983). *Inpatient group psychotherapy.* New York: Basic Books.

Yalom, I. D. (1985). *The theory and practice of group psychotherapy* (3rd ed.). New York: Basic Books.

阿德勒式團體諮商

導言

　　就在佛洛伊德建立其心理分析系統時，對心理分析觀點同樣感興趣的其他精神醫學家分別獨立地從事著人格的研究。阿弗萊德‧阿德勒(Alfred Adler)和卡爾‧榮格(Carl Jung)便是其中的兩個人。這三位思想家試圖進行合作，但越來越明顯的是，佛洛伊德關於性和生物決定論的基本概念為阿德勒和榮格所不能接受。佛洛伊德相信，性壓抑導致神經性異常，而阿德勒卻主張，人們的基本問題與他們為成為所希望成為的人的努力有關。阿德勒強調個體心理學而不是變態人格心理學。在大約九年的合作之後，三個人分道揚鑣，但佛洛伊德仍享有被其他人尊敬的地位。

　　此後，有許多心理分析學家背離了佛洛伊德的觀點。在他們當中有一些很著名的人物；例如，霍爾尼(Karen Horney)、蘇利文(Harry Stack Sullivan)、佛洛姆(Erich Fromm)等人，基本上追隨阿德勒的概念；他們的理論體系和阿德勒一樣，在本質上具有強烈的社會性，和佛洛伊德的生物性（本能性）形成鮮明對比。即使蘇利文、霍爾尼、佛洛姆的觀點通常被稱為新分析學派，正如安斯貝克(Ansbacher)所建議的，把它們稱之為新阿德勒學派更為合理，因為他們從佛洛伊德的決定論觀點轉向阿德勒社會心理的人性觀。

　　佛洛伊德與阿德勒的另一個重要區別，是他們的工作所涉及的人群對象。佛洛伊德的心理分析著重於神經症病人的個體心理動力學。與此相照，阿德勒是一個政治和社會取向的精神醫學家，他對正常人表現出極大的興趣；他的部分使命就是把心理治療帶給勞動階層，並把心理學概念轉換為實踐方法，幫助各類的人應付生活的挑戰。

　　由於阿德勒針對人類社會性的基本假定，他對在團體情境中治療病人很感興趣。作為一個教育家，並建立家庭教育和兒童輔導診所，他把他的社會興趣和對人格的關心結合在一起。他花了大量的時間對父母和專業團體講述和說明他的理論對兒童治療的應用。經由與兒童、成人、老師以及家長在團體前交談，他倡導了生動的示範教學。

要充分評價阿德勒對心理學實務的發展，必須認識到德雷克斯(Rudolf Dreikurs)的貢獻，他把阿德勒的觀點介紹到美國而引起了重視。德雷克斯發展並修訂了阿德勒的概念，使之成為一個明確的、具有教育性的體系，可實際地運用於家庭生活、教育、預防性心理健康，尤其是團體治療中(Terner & Pew, 1978)。德雷克斯是在美國發展阿德勒式兒童輔導診所的關鍵人物。在團體環境中針對兒童和他們的父母工作，為德雷克斯開創性的團體心理治療開展了一條坦途。1928年他把團體引入到他繁忙的精神治療工作，以此作為節省時間的方法，但他很快發現，它們是比個別治療更為有效的與人接觸方法。他可能是第一個運用團體治療作為促進對個別參與者生活型態的領悟方法的人(Terner & Pew, 1978)。

　　阿德勒對諮商的貢獻，尤其是對團體諮商的貢獻，將在本章裡單獨討論，因為他的工作具有深遠的意義，也因為對阿德勒式理論和實務的興趣正在復甦。這一興趣的復甦表現在，越來越多國內和國際的機構和學會提供阿德勒式的技術訓練，包括：阿德勒團體諮商。丁克梅爾、丁克梅爾和斯佩里等人(Dinkmeyer, Dinkmeyer, & Sperry, 1987)討論了阿德勒式理論對各類人群的應用；例如，很小的幼兒、較大的兒童、青少年、大學生，以及成年人。他們還介紹了阿德勒式對教師、家長、家庭教育團體的諮商，家庭治療團體的諮商，以及婚姻諮商。

主要概念

阿德勒有關人的觀點

　　阿德勒體系強調行為的社會決定因素，而不是生物性方面，強調它的目標導向性，以及有目的性的本質。這種「社會目的論」的觀點意味著，人主要是由社會因素所驅動的，是努力於實現某些目標的。人的最高目標是努力尋求重要性是「一種向實現獲得獨特認同和歸屬目標的動力」(Dinkmeyer et al., 1987, p.16)。尋求重要性和我們自卑的基本情感有關係，這

促動我們努力於獲得控制、超越、權力，以及終極的完美。因此，自卑感可以是創造性的源泉；而生活的目的不是快樂，而是完美。

佛洛伊德的歷史／因果觀，把行為看成是由超出吾人控制範圍的力量所決定的。阿德勒的體系，則相反地強調自我決定和意識（而不是潛意識）是人格的核心。我們不是命運的犧牲品，而是有創造性、活動的、有決策力的生物，我們的每一個行為都是有目的和意義的。朝向目標的動力以及我們對未來的預期，比起我們在過去所經歷的一切，要重要得多。只有當一個人採取整體的認識態度，並從一個人所選擇的生活方式去考量所有的行為時，才可能了解這些行為。我們每一個人都有一種獨特的生活方式或人格，它最初建立於兒童早期，以彌補和克服某些知覺到的自卑感。我們的生活方式影響著我們對生活的體驗，和與他人的交往，它是由我們對自身和對世界的認識、以及由我們用以追求目的的獨特行為所構成。

由於強調責任性、強調努力尋求優越、強調尋求生活中的價值和意義，阿德勒的理論基本上是一種成長模式。尋求優越性的努力可理解為「從知覺為有缺陷的，向知覺為充實的方向轉移」(Ansbacher & Ansbacher, 1956)。阿德勒學派否定認為有些人是心理上「不健康」和需要「治療」的觀點。相反的，他們把治療工作看作是教導人們應付生活任務挑戰的較佳方法，提供指導，幫助人們改變自己的錯誤想法，並為那些沮喪的人提供激勵。

整體論

阿德勒學派，也就是所謂的個體心理學(individual psychology)，是以對人的整體認識為基礎的（個體一詞並不意味著注重治療團體中個別的當事人）。在個體心理學中，整體論是指，從統一的整體上看待一個人。整體論還意味著人格的統一性，它產生於個體選定了生活目標之後(Ansbacher & Ansbacher, 1956, p.189)。個體大於他的各個部分總和，思想、情感、信仰、信念、態度、行為，都是一個人的獨特性表現。這一觀點的啟示是，當事人被看作是社會系統的一個整合部分，對人際因素的注重更多於對個體內的因素的注重。治療者要去理解當事人的社會環境以及他或她

對這一環境的態度，從相對於社會系統的關係來看待人，這對於團體和家庭治療來說是很重要的。

創造性與選擇

　　從阿德勒的觀點來看，人並不僅僅是由遺傳和環境所決定的；相反的，他們有能力影響和創造事物。阿德勒相信，我們生來所具有的稟賦，並不如我們對自然稟賦的運用重要。阿德勒學派的確認識到這樣的事實，生物和環境條件限制了我們的選擇和創造能力。雖然他拒絕佛洛伊德的決定論立場，但並沒有走向另一個極端——不主張個體可以做他們想做的一切。阿德勒學派的觀點是一種「溫和的決定論」，它主張，實際上人是受遺傳和環境所限制的。然而，正如科西尼(Corsini, 1987)所說明的，阿德勒學派強調個體在超越由生物性和環境所侷限過程中的創造性。阿德勒的觀點是，在限制的範圍之內，我們自己有相當廣泛的選擇機會。

　　從阿德勒的觀點來看，健康的人努力成為自己命運的主人。阿德勒學派把實務建立在這樣的假定基礎之上：人是有創造性的、主動的、自我決定的。對於那種把病人置於被動犧牲品角色的觀點，他們幾乎不表贊同。為了說明這一觀點的啟發意義，請參考德雷克斯(Dreikurs, 1967)的典型面質式問話。他對一個抱怨自己妻子行為並試圖扮演一個無助角色的男人說：「那麼你做了些什麼？」德雷克斯建立了一種面質當事人的風格，激勵他們覺察到，他們在種種被其視為充滿問題的情境中是主動的參與者。他的治療目的是在向當事人說明，雖然他們不能直接地改變別人的行為，他們的確有能力改變自己對別人的反應和態度。

現象學

　　阿德勒也許是第一個強調治療的現象學取向的重要理論家。他的理論是現象學的，因為它注重人們藉以看待自己世界的主觀模式。這種主觀現實包括：個體的觀點、信念、知覺、結論。人們賦予自己的經驗一定的意義。而且，每一個人都寫作自己的劇本，製作它，導演它，並自行表演這

些角色。人是創造性的存在,他們在自己主觀知覺的基礎上決定自己的行為(Sherman & Dinkmeyer, 1987, p.8)。

正如你將在後面的章節看到的,許多現代理論家們融合了這種當事人對現實的主觀知覺或個人世界觀的觀點,以此作為解釋行為的一個基本因素。其他一些持有現象學觀點的團體理論有:心理劇、存在主義治療、個人中心治療、格式塔治療、認知治療、及現實治療等。

目的論

依據阿德勒的觀點,所有形式的生命特徵都有一種成長和發展的傾向。阿德勒用目的論的解釋取代了決定論的解釋:人的生存是有目標和目的,是受其對未來的預期所推動的,他們創造了意義。

個體心理學主張,經由探察我們向何處去以及我們正努力於實現什麼,我們可以得到最恰當的了解(Corsini, 1987)。因此,與佛洛伊德心理分析對過去歷史的強調相對照,阿德勒學派對未來感興趣,但並不貶低過去影響的重要性。時間的三個向度動態地交織在一起。我們的決定取決於我們過去的經驗、我們現時的情境,以及我們在生活中正發展的未來。簡而言之,阿德勒學派在當事人的生活中尋求連續性或模式,但總是強調所有行為的目的導向性。

社會興趣

根據馬納斯特和科西尼(Manaster & Corsini, 1982)的觀點,社會興趣,可能是個體心理學中最突出、最有價值的概念。社會興趣(social interest)一詞是指一個個體對待周圍其他人的態度,它包括努力追求人性更美好的未來。阿德勒把社會興趣與對他人的認同和同理相提並論。他借用了一位姓氏不明的英語作家的一段話,說道,社會興趣意味「以別人的眼睛去看,用別人的耳朵去聽,憑別人的心去感受」(Ansbacher & Ansbacher, 1956, p.135)。

個體心理學依據一項重要信念:我們的快樂和成功大都與社會聯繫性

有關。在社會中生存，我們有一種對別人有用，並在社會中建立有意義關係的需要。由於我們被包容於一個社會之中，我們不能以與社會相隔離的形式生活。我們主要是由歸屬感的動機所驅策的，只有在團體之中，我們才能實現自己的潛能。

阿德勒(Adler, 1964)寫道：我們有很強烈的欲望想要與別人相結合，只有在這時，我們才能夠有勇氣面對並應付生活中的問題。他認為我們必須成功地完成三個主要任務：我們與朋友的關係，我們的工作，我們的家庭（包括愛）。德雷克斯和莫薩克(Dreikurs & Mosak, 1966, 1967)討論了另外兩個生活任務：自我任務（與自己融洽相處）和精神任務。阿德勒主張，我們與他人成功地分享並關心他人福祉的程度，是我們總體人格和成熟的指標。換句話說，社會興趣是對心理健康的度量，它反映著我們給予和接受的能力，以及我們願意為他人的共同利益而合作(Sherman & Dinkmeyer, 1987, p.12)。

社會興趣這一重要概念對團體諮商有著重要啟示：團體的普遍目的是增強自尊和發展社會興趣。團體注重於發現成員所具有的、使他們無法感到有能力和對他人有興趣的錯誤假定。丁克梅爾(Dinkmeyer, 1975)運用了一種方法，讓成員們以說明阿德勒的三個原始生活任務為內容介紹自己。成員們說明他們：如何與朋友和熟悉的人一同發揮社會性功能——如何與他人和睦相處？體驗到什麼樣的歸屬感和接納感？如何在工作中發揮作用？包括他們的投入程度，從各方面所獲得的意義，以及他們能為別人做些什麼？如何與家庭以及他們所愛的人一同發揮功能？他們是否能得到愛並給別人愛？他們對自己的性別認同滿足嗎？他們生活中親密關係的質與量如何？

從我們對社會興趣所做的說明來看，很顯然人具有歸屬並在社會中找到一個有意義地位的強烈需要。馬納斯特和科西尼(Manaster & Corsini, 1982)認為，缺乏這種歸屬感和被需要感，是所有情緒中最具毀滅性的：「個體心理學聲稱，人不僅需要其他人，而且需要被人需要，需要有一種歸屬感」(p.47)。「阿德勒學派通常把社會興趣和心理健康相提並論。沒有社會興趣的人不可能是健康的，而具有社會興趣的人才可能是健康的」(p.50)。

這一概念對團體諮商的應用，可經由團體的結構組織，使成員們能夠

滿足他們與他人聯結的某些需要。疏離是社會興趣的對立面，它被看作是現代社會的主要問題。團體經驗結果所希望的是成員能夠越來越接受自己，即使他們並不完美。有了更大接受自己的能力，他們就越發能夠與他人建立起富有意義的關係，成為社會中有用的成員。

自卑／超越

在阿德勒的早期著作中，他論述了自卑感，這通常是兒童早期依賴於成人的地位所形成的。我們對求助的知覺就帶有自卑的特徵。阿德勒並不把自卑看作是一種消極力量；相反的，我們會從自卑之中，產生出想要控制環境的動機。我們嘗試尋找各種方式控制自己的生活，而不是被它們所控制，以此補償自卑感。正如比得(Bitter, 1987)所闡釋的，當自卑感變得如此之大，以至它們限制了我們的活動和我們的自我價值感時，它們就成為一種自卑情結。這一種情結可能是知覺到的消極影響的反應，或許是來自錯誤的認識和不正確的解釋。

我們的努力目標就是從自卑轉向超越。用安斯貝克(Ansbacher, 1974)的話說，自卑感和補償在阿德勒理論中已失去它們原來的重要性。在阿德勒的後期著作中，他更多地論述了成功的目標、實現理想和自我支配的願望，或是成為我們能夠成為的人。

家庭的角色

阿德勒對家庭過程極為強調，認為它在兒童時期的人格發展中扮演著重要的角色。家庭成員之間的關係氣氛被稱作家庭氣氛(family atmosphere)。家庭星座(family constellation)一詞是指家庭團體的心理與社會結構，這是一個關係系統，自我意識正是從這裡發展出來的。這一系統包括：個人、父母、兄弟姐妹，以及生活在家裡的其他所有人，並由這些人來維持這一系統的運作(Powers & Griffith, 1987)。

德雷克斯提出這樣的觀點，同胞手足關係比孩子與父母之間的關係對人格發展的影響力更大。此外，兒童融合了父母的許多個人特質，並且經

由與父母的觀察和互動中學到如何過生活(Sherman & Dinkmeyer, 1987)。

在阿德勒學派看來，人們對自己在家庭星座以及在兄弟姊妹之中所處的地位對個人的意義，要比兄弟姊妹們的實際年齡更為重要。家庭中每一個人的人格特質，家庭成員之間的情感關係，家庭的規模，同胞手足的性別，都是家庭星座中的形成因素。兒童在家庭中的地位和角色，影響著以後的人格發展(Powers & Griffith, 1987)。

帕沃斯和格里菲斯(Powers & Griffith, 1987)寫道：家庭成員一再重演著與他人相關聯的方式，這將成為他們生活方式中的一個重要組成部分。他們還寫道：家庭並不是一個與社會相隔離的孤立系統。一旦收集有關一個當事人的家庭星座材料，就可以作出摘述，從而進行解釋。這一摘述包括一個人的優點和缺點，並可用於幫助當事人更充分地認識他的家庭仍在繼續對他施加的影響。在建立一個當事人的家庭星座過程中，重要的是要考慮到諸如一個人的旁系家庭，在家庭外的角色楷模，在居住區域和學校中的經歷等因素。同樣重要的是，要考慮到當事人所報告的種族、宗教、社會及經濟環境。

尤其特別的是，帕沃斯和格里菲斯認為下列重要的主題應當被包含在對家庭星座的探討中：出生排行、家庭氣氛、家庭價值觀、男性行為準則（父親所獨具而母親所不具有的特徵、態度、興趣和能力）、女性行為準則（母親所獨具而父親不具有的特徵、態度、興趣和能力），當事人在家庭中所扮演的角色，各個同胞手足在家中所扮演的角色，角色楷模與聯盟，兒童期與青年期中在居住區域與學校中的經歷，青年期性需要方面的經驗，以及兒童期和青年期所遺留的尚未解決的重要問題。這些因素都會加強一個人的自我知覺和其世界觀，但並不是唯一的形成因素。

生活方式

生活方式是指一個人對生活的基本取向，和使他的存在具有特殊性的型態。它是受一個人的家庭星座和家庭氣氛影響的。在家庭中，尤其是兄弟姊妹之間的相處經驗，為當事人建立起一套生活的原則，它們最終形成

了生活方式(Sherman & Dinkmeyer, 1987)。阿德勒把我們自身看作是生活的演員、創作者、藝術家。在努力實現那些對我們有重要意義之目標的過程中，我們建立起一種獨特的生活方式(Ansbacher, 1974)。這一概念有助於解釋我們的所有行為如何相互協調，以使我們的活動能達成一致。我們所做的每一件事情都與我們生活的最終目標相關聯。

　　沒有哪兩個人會建立完全一樣的風格。在實現超越性目標的努力中，有些人發展他們的智力，而有些人發展他們的體力，諸如此類。我們的生活方式主要是在生命中的最初五年裡習得的。和佛洛伊德一樣，阿德勒認為，我們的最早的印象構成了我們生活方式的基礎。但是他強調，這些兒童期經驗本身並不是關鍵性的；我們對這些經驗的解釋才是具有重要意義。阿德勒強調，我們對早期影響的解釋可能會發展出一種不良的生活方式。雖然我們並不被過去所決定，但卻受到我們對這些過去歷史的知覺和解釋的重大影響。不過，我們並不注定要成為不幸經歷的犧牲品；一旦我們認識自己生活的模式和連續性，尤其是我們所發展出來的某些錯誤的看法，就可以矯正這些錯誤的看法，並作出重大改變。我們可以利用兒童期的經驗有意識地(consciously)創造我們自己的生活方式。

行為違常

　　阿德勒把情緒違常稱為「生活中的失敗」。心理與行為的違常都可以看作是不正確的生活方式或錯誤的作為所造成。它們包括：不良的生活方式，不正確的成功目標，及不健全的社會興趣。由於阿德勒學派主張當事人並沒有生病，只是灰心沮喪，不能解決由生活所帶來的問題和任務，故而治療是以一種教育模式而不是醫療模式為基礎。在應用於團體諮商時，它的這種強調意味著：團體中所進行的主要內容是，鼓勵當事人並教給他們更好的方法，以便使他們能獲得成功。

阿德勒理論對團體工作的應用

　　阿德勒和他的工作伙伴早在1921年便在他們的兒童輔導中心運用團體方法(Dreikurs, 1969)。正如前面所提到的，德雷克斯擴展並推廣了阿德勒的工作，尤其在團體應用方面，他在他的私人診所裡運用團體心理治療長達四十年之久。他運用團體方法的理由是：「由於人的問題和矛盾衝突反映出他們的社會性，團體便是一種理想的場所，不僅因為它揭示了矛盾衝突和功能失調的性質，而且提供了矯正性影響作用」(1969, p.43)。在團體中可以有效地對自卑情結提出挑戰並處理它，那些構成社會和情緒問題根源的錯誤概念，也可以被團體所影響，因為團體是一種價值觀形成的動力。

　　團體提供了一種社會背景，成員們可以在其中建立起一種歸屬感和一體感。丁克梅爾(Dinkmeyer, 1975)寫道：團體參與者開始看到，他們的許多問題具有人際性，他們的行為具有社會意義，他們的目標可在社會目的的架構中得到最恰當的了解。丁克梅爾在領導阿德勒團體中發現的一些特殊的治療因素如下所示：

- 團體為人的行為提供了一面鏡子
- 團體成員們可以從來自其他成員和團體領導者的回饋中獲益
- 團體為檢驗現實和嘗試新行為提供了機會
- 團體情境鼓勵成員們採取行動改變自己的生活
- 團體中所處理的事情有助於成員了解他們如何在工作和家庭中發揮功能，並教給他們怎樣在社會中找到自己的位置
- 團體的組織結構方式使成員們能夠滿足他們的歸屬感

　　依據丁克梅爾和他的同事們(Dinkmeyer et al., 1987)的看法，阿德勒學派的諮商有四個主要的目標，對應於治療過程的四個階段：

□ 建立起同理的關係
□ 了解信念、情感、動機、目標
□ 發展對錯誤目標和自我挫敗的行為的領悟
□ 找到替代方式，並作出新的選擇

阿德勒式團體的各個階段

和心理分析的團體方法一樣，阿德勒的團體諮商包括對一個人早期經歷的探索和解釋。然而，正如下面的討論所表明的，在阿德勒學派和佛洛伊德學派之間有一些重要的區別。

在論述阿德勒團體工作方法的特徵時，德雷克斯(Dreikurs, 1969)和桑斯特加德、德雷克斯、比得(Sonstegard, Dreikurs, & Bitter, 1982)歸結了四個團體諮商階段，它們對應於剛剛提到的諮商的四個目標，且相互之間有一定程度的重疊：

□ 建立並維持適宜的治療關係
□ 探索在團體中運作的動力功能（評估）
□ 對團體成員談論自我的了解（領悟）
□ 認識新的替代方法，並作出新的抉擇（重新定向）

階段1：建立並維持關係

在這一初期階段，注重點是放在一相互合作和尊重的基礎上，建立一種良好的治療關係。團體成員被鼓勵去積極參與這一過程，因為他們為自己參與團體承擔所有責任。創造一個積極的氣氛並不是那麼容易的，因為即使那些極其渴望有所改進的當事人，也可能不願去做為有效的團體參與所要求的工作，有可能決定要扮演無助的角色(Dreikurs, 1969)。德雷克斯把團體看成為具有引導良好的當事人與諮商員之間關係的作用。在團體情

境中有充分的機會解決信任問題,並加強成員與領導者之間的關係。而且,如果從同伴身上看到積極的變化,團體參與者們會看到團體工作有很大的作用。

阿德勒式的治療關係是一種平等的關係。團體中洋溢著一種民主的氣氛,而且有效的團體諮商關係是以相互尊重爲基礎的。然而,這並不意味著團體成員可以做任何他們高興做的事情,因爲友善氣氛的鞏固是所有團體諮商所必須的(Sonstegard et al., 1982)。桑斯特加德和他的同事們指出,贏得當事人的合作是有效的團體諮商所必須的。治療師和當事人向著共同的目標一起工作。建立一個契約也許是這種共同治療過程的一部分內容。在團體中,這種契約說明了當事人對團體的需要和期望,闡明了團體領導者和團體成員的責任。阿德勒學派認爲,無論個人或團體的諮商,只有當治療過程集中於當事人認爲具有重要個人意義的內容,以及他們想要探索和改變的方面時,才會有進展。有關阿德勒式治療關係的合作性以及約定當事人和治療師共同目標的必要性,德雷克斯(Dreikurs, 1967)說:

> 治療合作要求目標聯合一致。當病人與治療者的目標和興趣相衝突
> 時,不可能建立起令人滿意的關係。爲共同的工作贏得病人的合作,
> 是任何治療的前提;維持它需要保持警惕。當事人表現出抗拒的情
> 形,是源自於治療者目標與病人目標之間的分歧(p.65)。

階段2:分析與評價——探索個體的動力

第二階段的目的是雙重的,探索一個人的生活方式,並了解它如何影響著這個人在生活中各個方面的現時功能(H. Mosak, 1989)。團體領導者可以先從這兩方面入手:探索團體參與者如何在工作和社會情境中發揮功能,以及他們怎樣感受自身和性別角色的認同。

根據德雷克斯(Dreikurs, 1969)的看法,個體的目標和現時的生活方式在與團體其他人的互動中變得越來越明顯。而且,當事人在他們被團體中的其他成員所面質和被諮商員單獨面質時,可能有不同的反應。

阿德勒學派的團體諮商員使用大量的評價技術。團體成員的家庭星

座、關係困難、早期回憶、夢、藝術創作的過程評價，帶來了有關每一個人的生活目標和生活方式的線索(Sonstegard et al., 1982)。分析和評價大量當事人家庭星座的探索，包括評估一個人幼兒時期家庭的狀況，在形成生活方式、信念、基本看法中的作用。丁克梅爾和他的伙伴(Dinkmeyer et al., 1987)建立一個家庭星座問卷，它提供了對當事人的自我知覺、同胞關係、他們生活中的重要因素、他們所作出的關鍵決策的考察。

另一個評估方法，是請當事人報告他們的早期回憶，以及與這些兒童時期的事件相伴隨的情感和想法。這些早期回憶並不是只是一種報告，它們揭示了信念、基本錯誤、自我挫敗的知覺，以及心理活動的獨特法則(Dinkmeyer et al., 1987)。阿德勒學派主張，人們所回憶的只是那些與他們對自己的現時看法相一致的過去經歷(Adler, 1958)。德雷克斯(Dreikurs, 1969)補充，一旦人們建立起這樣的觀點，他們便只是知覺那些與自己觀點相適應的內容。這些自我概念加強了這個人的「私有邏輯」，這反過來幫助他維護他的基本信念。早期回憶是旨在於了解我們如何看待和感受自己、我們如何看待世界、我們的生活目標是什麼、我們的動機是什麼、我們的信念是什麼、我們的價值觀是什麼。

生活方式的探查，旨在探索一個人的家庭背景和生活歷史，揭示基本錯誤(basic mistakes)模式。莫薩克(H. Mosak, 1989)寫道：生活方式可以被看作為一種個人神話；人們作出種種行為，就好像這種神話是真的一般，因為對他們來說，它們就是真的。莫薩克列舉了五種基本錯誤：過度類化；不可能達成的目標；對生活及其要求的錯誤知覺；否定一個人的基本價值；錯誤的價值觀。

在這一評價階段，諮商員的主要任務是，整合並總結來自生活方式探查的資料，解釋錯誤的觀念和個人神話怎樣影響著他們。這一過程是以清晰、簡明的方式進行的，以便當事人能認識自己的動力，並確定自己的優點。對生活方式的分析是一種不斷進行的過程，幫助當事人和諮商員建立一個諮商計畫。在德雷克斯(Dreikurs, 1969)看來，生活方式以及它的心理動力因素分析，既可以對個體也可以在團體環境中進行，但團體環境提供某些明確的優勢：

與治療者作有限的互動相比,當事人的目標和活動在他與團體成員之間的互動中變得更為明顯。而且,治療者不再完全依賴當事人對他在團體之外與他人交往的口頭報告;治療者可在團體活動中觀察當事人的行為。通常當事人們在被團體中其他成員所面質時,會表現出相當不同的模樣,而非他與治療者單獨相處時的情景。他的人格中的某些方面可能會變得更為明顯或易見(pp.44-45)。

階段3:領悟

古典的分析觀點認為,人格是不能被改變的,除非有所領悟。與此不同的是,阿德勒認為領悟只是邁向變化的一個步驟,而不是變化的必要前提(Dreikurs, 1969)。而且,領悟本身不是目的,而是達到目的的手段。人們可以在沒有很多領悟的情況下,作出突然的重大的改變。莫薩克(Mosak, 1989)把領悟定義為「轉化為建設性行動的知覺」。他主張,佛洛伊德那種認為領悟必須先於行為變化之前的觀點,常常造成過長的治療,並鼓勵病人延緩採取行動作出改變。僅僅是理智的領悟會導致沒完沒了地玩「我知道我應停止,但……」這種「是的,但是」的把戲。

桑斯特加德和他的同事們(Sonstegard et al., 1982)認為,在幫助人們獲得領悟並重新調整他們的錯誤目標和錯誤觀念方面,團體比個別諮商更為有效。這些學者們認為,團體中的互動為了解自己提供了理想的環境。而且,這種在團體中建立起來的社會聯繫感,使成員們能夠在別人身上看到他們自己的影子。這些學者們主張,團體活動中的個人表露和解釋,不僅對當事人,而且對其他從中學習的團體成員,都有很大的價值。團體的優點之一是,其他團體成員的領悟和說明,常常比團體領導者所提供的觀察和解釋更為重要。

在團體情境中,領悟階段重在幫助團體參與者了解為什麼以他們自身現有的方式發揮功能。團體成員經由探索自己的目標、個人神話、生活方式來了解自己。德雷克斯(Dreikurs, 1969)主張,正是在這一階段以及下一階段,當事人從團體中獲得了最大的收益。團體促進了領悟的過程,因為

當成員體驗他們自身的抗拒時，他們也能在其他成員身上看到了抗拒行為。在所有的團體成員中，基本的錯誤態度和不良動機方面有著相當的共通性，使他們能夠在他人身上看到自己，並相互幫助。

解釋是一種促進獲得對個人生活方式的領悟過程的技術。解釋是探討團體成員此時此地行為方式的原因。經由提供外在的參照架構，諮商員幫助團體參與者從不同的角度看待他們自己的行為，從而獲得更為廣泛的替代方法(Dinkmeyer et al., 1987)。解釋不是強加給當事人，而是以假設的形式嘗試性地提出來：「它可能是？……」「我有一種印象，我很想與你分享……」「在我看來，那似乎是……」因此，解釋是開放式的表白，是可以在團體活動中探討的。這一過程的最終目的是當事人能夠理解自己在形成問題的過程中所扮演的角色，理解他們陷於問題的方式，以及他們能採取什麼樣的行動來改善這一狀況。

階段4：重新定向

團體歷程的最終結果是重新定向。重新定向階段涉及：考慮替代性的態度、信念、目標、行為。成員們被幫助去重新調整其錯誤目標和錯誤觀念。目的之一是教給團體參與者如何更有效地應付其生活任務。另一個目的是激勵和鼓舞當事人承擔風險和作出改變。

德雷克斯(Dreikurs, 1969)認為，在重新定向階段，團體尤其有幫助，因為它們刺激行為和新的取向。團體變成一種改變的動因，因為它使得團體成員中的人際關係得到了改變。團體歷程使成員們能夠在別人的行為中看到了他們自己，並認識到了他們所採取的錯誤的自我概念或錯誤的目標(Sonstegard et al., 1982)。

鼓勵(encouragement)是這一階段的基本概念。藉由鼓勵，當事人開始體驗自己的內在資源，以及為自己抉擇和指導自己生活的能力。這一階段的鼓勵，可實現團體的支持和它的平等主義性質，它消除了社會差距，減少了自我表露的風險。用德雷克斯的話來說，「正是這種平等的社會氣氛，使治療團體帶有獨特特徵，構成對每一個成員的最有效的治療性效果」(1969, p.47)。

重新定向是一個團體的行動階段，在這期間成員作出了新的抉擇，糾正了原來的目標。為了向自我限制的假定挑戰，成員們被鼓勵採取行動，儼然他們就是他們想要成為的那種人。他們被要求在不斷重複那些導致無效行為的舊有模式中「認識自己」。承諾是重新定向階段的一個重要成分；如果當事人希望有所改變，他們必須願意為自己確定任務，並針對他們的問題採取具體的行動。承諾的必要性還在於能把領悟轉化為具體的行動。

阿德勒式諮商員的角色和功能

隱匿身份的諮商員概念並不是阿德勒學派觀點中的內容。一個隱匿身份的諮商員可能會增加與當事人的距離，並干擾平等的、人與人的關係，而這些是阿德勒理論的基本內容。正如莫薩克(Mosak, 1989)所寫的：阿德勒式諮商員擁有情感和觀念，並可自由地表達它們。

其他阿德勒學派學者強調諮商員作為一團體參與者在合作式治療中的積極角色。丁克梅爾和他的同事們(Dinkmeyer et al., 1987)認為，團體領導者的角色是建立並維持團體歷程。他們寫道：成員們希望領導者為團體的推進承擔責任，「團體領導者必須積極地參與建立種種能促進成長和人際學習的規範。他有意地為團體確立一種組織結構，說明行為的指導原則，諸如：和諧、開放式互動、參與、非批判性接納、面質、承諾」(p.198)。團體領導者承擔了一個促進者的功能，他既創造且鼓勵治療條件的建立和發展，諸如：普遍性、支持、嘗試新行為的機會、回饋。這些歷程促進了人際學習、個體發展，以及團體凝聚力的形成。

阿德勒式諮商員的重要角色，另一方面表現在一些積極的手段；例如，面質、自我表露、解釋、以及對普遍性模式的分析。諮商員對當事人的信念和目標提出挑戰，並幫助他們把在團體歷程中所學到的內容轉化為新的信念和行為。丁克梅爾和他的同事們(Dinkmeyer et al., 1987)指出，諮商員為他們的當事人起了示範的作用，這些當事人往往不是從諮商員所說的內容，而是從他們所做的內容，包括在個人生活以及在團體中的行為，進行學習。這意味著，諮商員需要對他們自己的認同、信念、情感有一個

明確的認識，他們還必須認識到促成當事人的發展所必須的基本條件：同理、尊重、關心、真誠、開放、真摯、積極關懷、對行為動力的了解，以及能夠運用行為導向的技術致力於當事人的改變。

阿德勒學派的家庭諮商

阿德勒學派有很長的家庭工作和家庭動力學研究的歷史。阿德勒在維也納的兒童輔導診所裡為家庭團體提供示範。阿德勒式的方法獨到之處，是對同胞之間的關係以及一個人在其家庭所處的地位予以特別的關注。此外，由於阿德勒學派把絕大多數人類問題看作是社會性的，和個體的心理動力相比，他們更重視人與人之間的相互關係，尤其是在他們的家庭諮商中。

阿德勒家庭諮商的目標

這一方法的基本目標是，改善親子及其他家庭關係。這一目標的部分內容是，教導家庭成員如何更和睦相處，怎樣以平等的社會地位共同生活。丁克梅爾和他的同事們(Dinkmeyer et al., 1987)寫道：「這一目的的實現是經由向家庭團體說明民主地解決衝突的原理，重新引導家庭成員放棄破壞性的溝通模式，尤其重要的是，教導所有的家庭成員成為相互鼓勵的動力」(p.238)。

家庭成員在諮商過程中的責任

阿德勒學派的一個假定是，家庭諮商是自願進行的。家庭成員被要求參加一系列的聚會活動，並認真的完成家庭作業。可能會要求父母親參加一個研究團體，從中他們可以獲得改善家庭生活的知識。在這一過程中，家庭諮商員擔負一個教師的角色。諮商員負責幫助父母更能了解造成家庭中問題的種種因素，並且提出如何解決這些問題的建議。最終所希望的是，

家庭成員能夠表現出相互的尊重，學到解決他們在家庭中矛盾衝突和問題的有效策略，學習如何著眼於引起家庭糾紛的問題，以及如何達成新的共識或作出讓步，並且積極地參與負責任的決策過程。

家庭諮商的技術

在家庭諮商中運用的許多技術都是由阿德勒首先提出的，雖然其中有一些後來被證實並不是由他所發揚光大的，因為如今在美國所運用的絕大多數技術是德雷克斯的功勞。洛伊(Lowe, 1982)曾對這些基本的技術作過描述，以下是一個概要介紹。

初次訪談(initial interview)是家庭團體諮商過程的開始。它的目的是幫助諮商員評價兒童的行為，評定父母教養兒童的方法，了解這一家庭中的氣氛，以及能夠對這一家庭情境的改變提出具體建議。這一過程注重鼓勵和所有家庭成員的價值。重要的是，要建立起和睦的關係，以便能夠開展有成效的工作。在這一初次訪談中，對家庭星座特別注意。成員可能被問及他們通常怎樣安排日常活動，並促使他們開始進行對生活的某些觀察，這是以同胞之間的交往模式以及他們在家庭中的地位為基礎的。父母們還被問及如何看待自己的家庭狀況；例如，他們被要求談談他們對自己孩子的擔憂。家庭諮商員還對孩子的目標、家庭氣氛、訓練方法、各個家庭成員的優點，作出一個客觀評價。這一訪談以提議一系列對父母和其他重要他人的家庭作業作為結束。

在對家庭團體諮商的描述之中，桑斯特加德和他的同事們有提到(Sonstegard et al., 1982)，他們總是堅持讓家庭中所有的孩子都參與進來。孩子們的問題被看成是家庭之中人際問題的呈現。

角色扮演和其他行為導向方法是較常用的活動。解釋是阿德勒式諮商的基本內容，貫穿於所有的活動之中。諮商員在每一個家庭中，都向所有的參與者揭示和解釋人際動力學，這構成了創造新關係的基礎。諮商包括解釋和有關如何處理家庭問題的建議。所有這些建議的主要目標，是改變現存關係和對兒童的錯誤看法(Sonstegard et al., 1982)。解釋的目的是為家庭成員提供某些領悟，但更重要的不僅僅是使他們看到並了解他們現在

的所作所爲，而是鼓勵他們把其所學到的內容轉化爲行動。換句話說，不促成行動計畫和行爲改變的領悟，沒有什麼實際的價值。

對阿德勒式團體的評價

我的團體實務工作受到許多阿德勒式概念的影響，其中有一些我已融合到我的工作之中。對促動行爲的社會因素和對尋求支配、超越和能力的強調，便是其中的主要內容。另一項是對人們在與自己的父母和同胞關係中所發展出來的模式的興趣。另外，那種認爲我們係建立起一種獨特的生活方式來反應我們所知覺到自卑感的見解，也很吸引我。

阿德勒的研究許多方面背離了心理分析模式。絕大多數阿德勒派學者們認爲自己是與佛洛伊德主義大相逕庭的，並認爲阿德勒的大部分工作是獨立於佛洛伊德而完成的。然而，在這兩種理論之間有著某些重要的共通性，包括：注重發展的關鍵期、對早期回憶的興趣、對解釋的強調。正如我們所看到的，它們之間也存在著許多方面的分歧。

在我看來，阿德勒學派的理論優點之一是它的整合性。它是一種整體論取向研究，包括了人類經驗的所有方面，而且領導者以獨特且適於他們自己治療風格的方法對待當事人，有著極大的自由彈性。即使阿德勒派學者們接受了同樣的理論概念，他們並不整體劃一地看待治療過程。科西尼(Corsini, 1987)寫道：雖然這一哲學觀點和理論由所有的阿德勒派學者所確立和主張，但評估和治療方法卻有著實質的差別。有些阿德勒派學者主張較強的指導性，而有些阿德勒派學者則強調非指導性。有些人更願意袒露自己，而有些人則很少對他們的當事人作自我表露。那些受過阿德勒親自調練的阿德勒派學者往往只要求做一次早期回憶，而那些受德雷克斯訓練的人，則習慣在整個生活方式會談階段要求做六到十次回憶大量的早期回憶，形成了一種模式。而阿德勒式的學者並不拘束於某一特定的型式，他們也不限定於使用某些技術。幾乎有多少阿德勒派的治療者，就有多少方法。基本的標準是，治療技術要適合於理論和當事人。因此，治療者被鼓勵從個人和專業角度發展起創造性。

在多元文化環境中應用阿德勒理論

　　阿德勒理論非常適用於對具有文化多樣性的當事人開展工作。絕大多數阿德勒學派的原理都適於相當廣泛的文化團體的價值觀。例如，一種東方價值觀旨在促進相互依賴精神和為集體目標努力，這種強調內容正是團體諮商的目標之一。因此一個團體的機制可被用於幫助人們，以與他們文化價值觀相適應的方式幫助自己。雖然阿德勒理論被稱作為個體心理學，但其注重點是放在社會情境下的人。正如科西尼(Corsini, 1987)所說，阿德勒學派對團體的運用不同於其他任何體系的團體運用。阿德勒派學者們的興趣是在於幫助別人，在於社會興趣，在於歸屬感，在於集體精神，這正好與團體歷程相吻合。那些強調團體利益更重於個人利益的文化，那些強調家庭角色的文化，會發現阿德勒派學者對社會興趣的注重正與他們的價值觀相一致。

　　阿德勒學派強調人們看待並解釋自己世界的主觀形式，這促成對當事人獨特價值觀和知覺的尊重。阿德勒派學者並不為當事人決定他們應當作出哪些改變或他們的目標應該是什麼；相反的，他們以使當事人能夠實現自己所確定的目標的方式，與他們共同工作。

　　阿德勒學派的實務工作者們並不拘泥於任何特定的技術型態。相反的，他們認識使自己的技術適應於當事人需要的重要性。雖然他們應用相當廣泛的技術，其中絕大多數都導引出對一個成員生活方式的評價。這一分析高度集中於家庭內部的結構和動力。許多種族的當事人都慣於尊重他們的家庭發展，並重視他們的家庭對個人發展的影響。因此，這些當事人往往會對有關生活方式的探索特別敏感，因為這涉及到對他們自己在家庭中地位的詳細討論。

阿德勒心理學對其他理論的貢獻

　　從諸多重要的方面來看，阿德勒似乎為認知治療的現代發展奠定了基石。阿德勒的基本假設是，如果他們能改變當事人的思想，他們就能改變

他們的行為和情感，正如下列所說明的：

> 在對任何一個人的治療中，我們關心的首要內容是理智：努力去了解
> 當事人的思想。我們並不關心情感或是行為，而把這兩個方面看作是
> 依賴於思想的。所以，阿德勒的心理學是一種人格心理學。用簡單的
> 話說，我們可以這樣表達：因為人能思想，人才有情感和行為(Corsini
> , 1987, p.23)。

阿德勒理論的優點之一是，它的概念對團體有應用價值，無論是臨床
情境還是教育情境(Sonstegard et al., 1982)。正如我們已看到的，它對社
會因素的強調，使得它適用於針對團體中之個體的工作，包括：父母團體、
教育團體、教師團體、家庭諮商。

評價阿德勒對現代心理治療實務的貢獻，不是容易的事情。他的影響
超出了團體諮商的範圍，延伸到社區心理衛生運動。在安斯貝克(Ansba-
cher, 1974)看來，社區心理衛生趨勢，包括預防專家的應用，都是阿德勒
早期努力的結果。馬斯洛(Abraham Maslow)、富蘭克(Viktor Frankl)、
梅(Rollo May)都讚賞從阿德勒獲得的效益。富蘭克和梅都把阿德勒看作
是存在主義運動的先驅，因為他主張人類是有選擇的自由，並完全為自己
做的一切負起責任。這一觀點也使阿德勒成為對心理學主觀探索的先驅，
這一探索注重行為的內在決定：價值、信念、態度、目標、興趣、個人意
義、對現實的主觀認識、自我實現的努力。而且，阿德勒觀點與許多其他
現代心理學派別是相一致的；例如，格式塔治療、學習理論、溝通分析、
現實療法、個人中心治療、意義治療。所有這些方法，都把個體看作是有
目的的自我決定、努力尋求在世界的成長、價值，及意義(Terner & Pew,
1978)。

下列這些內容簡要概述了各個領域，可以從本書所討論的其他模式中
看到基礎的觀點：

  □ 心理劇(psychodrama)：注重此時此地的內容、人類努力的普遍
    性、早期經驗和家庭關係；運用自由討論和旁觀治療
  □ 存在主義取向(existential approach)：強調面對生活現實的需

求、尋找個體存在的意義和目的的重要性、承擔個人責任、尋找替代選擇和作出新的抉擇、努力獲得控制和自我實現、運用面質法

- 個人中心取向(person-centered approach)：對行為的整體觀，主張成長、主觀觀察，把人看成是永遠處於向著目標活動和努力的過程；強調同理、支持、主動傾聽、接納的重要性
- 格式塔(gestalt)：注重此時此地的內容、非語言溝通、學習冒險而充實地生活、處理僵局
- 溝通分析(transactional analysis)：注重個體的生活計畫，強調重新評價舊有的抉擇，並作出新的更適宜的抉擇、當事人與治療者之間的平等關係、目標聯合；運用治療契約作為聚會活動的方向
- 行為療法(behavior therapy)：強調鼓勵和正向增強化、具體化、問題解釋、決策；運用契約、分析、評價
- 理性情緒療法(rational-emotive therapy)：注重錯誤的態度、錯誤的觀念、學習新的定向需要；正視自我挫敗的內化句型；運用分析和行為方法
- 現實療法(reality therapy)：注重作為改變前提的約定、責任和力量；運用重新定向和現實檢驗；在現實療法中成功與失敗的概念與阿德勒模式的鼓勵與挫敗概念之間，有相似之處

當你完成你對其他治療模式的學習後，我鼓勵你繼續探討這些理論之間的相似之處和差異。這種比較觀察能加深你對團體歷程的理解，幫助你形成自己的團體工作取向，增進你作為一個團體領導者的工作實務經驗。

問題與討論

1. 阿德勒認為自卑實際上可以是成功的基礎，對此你有何看法？你能把追求超越的努力與你自己的生活聯結起來嗎？

2. 阿德勒認為家庭星座和出生排行是塑造個人人格的重要因素。這些概念對團體諮商有何啟發？一個團體怎樣複製一個家庭？這些觀念與你自

己的生活有何關聯？

3.社會興趣是阿德勒學派的一個主要概念。一個團體如何增進社會興趣？按照阿德勒學派的原理，團體怎樣成為一個施加介入措施的恰當形式？

4.在佛洛伊德和阿德勒之間你看到了哪些重要區別？你是否看到整合某些心理分析概念和阿德勒學派概念的依據？

5.在團體環境中你怎樣運用生活方式的概念開展工作？

6.阿德勒認為我們只能經由我們的目的和未來的努力而被了解，你對此有何評價？而且，你如何把這一觀點整合到團體的實務工作中去？

7.阿德勒學派把團體諮商看作是教育與學習的形式，因此他們運用建議與資料。你從這一方面上看到哪些優點和缺點？

8.有哪些阿德勒學派的主要原理你可能用於更清楚了解自己？

9.你對阿德勒式團體的四個階段有何感想？它們如何能運用於你可能要領導的團體中？

10.你認為阿德勒式團體最為適合於哪類當事人？你是否認為它們能適用於所有的人？請解釋。

參考資料

Adler, A. (1958). *What life should mean to you*. New York: Capricorn.

Adler, A. (1964). *Social interest: A challenge to mankind*. New York: Capricorn.

Adler, A. (1969). *The practice and theory of individual psychology*. Paterson, NJ: Littlefield.

Adler, A. (1973). *Superiority and social interest: A collection of later writings* (3rd rev. ed.) (H. L. Ansbacher & R. R. Ansbacher, Eds.). New York: Viking Press.

Ansbacher, H. L. (1974). Goal-oriented individual psychology: Alfred Adler's theory. In A. Burton (Ed.), *Operational theories of personality*. New York: Brunner/Mazel.

Ansbacher, H. L., & Ansbacher, R. R. (Eds.). (1956). *The individual psychology of Alfred Adler*. New York: Basic Books.

Bitter, J. (1979). An interview with Heinz Ansbacher. *Journal of Individual Psychology, 35*(1), 95–110.

Bitter, J. (1987). Communication and meaning: Satir in Adlerian context. In R. Sherman & D. Dinkmeyer (Eds.), *Systems of family therapy: An Adlerian integration* (pp. 109–142). New York: Brunner/Mazel.

Corsini, R. J. (1987). Adlerian groups. In S. Long (Ed.), *Six group therapies*. New York: Plenum.

Dinkmeyer, D. (1975). Adlerian group psychotherapy. *International Journal of Group Psychotherapy, 25*(2), 219–226.

Dinkmeyer, D. (1986). Adlerian family therapy: An integrative therapy. *Individual Psychology: The Journal of Adlerian Theory, Research, and Practice, 42*(4), 471–479.

Dinkmeyer, D. C., Dinkmeyer, D. C., & Sperry, L. (1987). *Adlerian counseling and psychotherapy* (2nd ed.). Columbus, OH: Charles E. Merrill.

Donigian, J., & Malnati, R. (1987). *Critical incidents in group therapy*. Pacific Grove, CA: Brooks/Cole.

Dreikurs, R. (1960). *Group psychotherapy and group approaches: The collected papers of Rudolf Dreikurs*. Chicago: Alfred Adler Institute.

Dreikurs, R. (1967). *Psychodynamics, psychotherapy, and counseling: Collected papers*. Chicago: Alfred Adler Institute.

Dreikurs, R. (1969). Group psychotherapy from the point of view of Adlerian psychology. In H. M. Ruitenbeek (Ed.), *Group therapy today: Styles, methods, and techniques*. Chicago: Aldine-Atherton.

Dreikurs, R., & Mosak, H. H. (1966). The tasks of life: 1. Adler's three tasks. *The Individual Psychologist, 4*, 18–22.

Dreikurs, R., & Mosak, H. H. (1967). The tasks of life: 2. The fourth task. *The Individual Psychologist, 4*, 51–55.

Lowe, R. N. (1982). Adlerian/Dreikursian family counseling. In A. M. Horne & M. M. Ohlsen (Eds.), *Family counseling and therapy*. Itasca, IL: F. E. Peacock.

Manaster, G. J., & Corsini, R. J. (1982). *Individual psychology: Theory and practice*. Itasca, IL: F. E. Peacock.

Mosak, B., & Mosak, H. (1985). *A bibliography for Adlerian psychology: Vol. 2*. New York: McGraw-Hill.

Mosak, H. (1979). Adlerian psychotherapy. In R. J. Corsini (Ed.), *Current psychotherapies* (2nd ed.). Itasca, IL: F. E. Peacock.

Mosak, H. (1989). Adlerian psychotherapy. In R. J. Corsini & D. Wedding (Eds.),

Current psychotherapies (4th ed.). Itasca, IL: F. E. Peacock.

Mozdzierz, G. J., Lisiecki, J., Bitter, J. R., & Williams, A. L. (1984). *Role-functions for Adlerian therapists.* Unpublished manuscript.

Powers, R. L., & Griffith, J. (1987). *Understanding life-style: The psycho-clarity process.* Chicago, IL: The Americas Institute of Adlerian Studies.

Sherman, R., & Dinkmeyer, D. (1987). *Systems of family therapy: An Adlerian integration.* New York: Brunner/Mazel.

Sonstegard, M., Dreikurs, R., & Bitter, J. (1982). The teleoanalytic group counseling approach. In G. M. Gazda (Ed.), *Basic approaches to group psychotherapy and counseling* (3rd ed.). Springfield, IL: Charles C Thomas.

Terner, J., & Pew, W. L. (1978). *The courage to be imperfect: The life and work of Rudolf Dreikurs.* New York: Hawthorn Books.

8

心理劇

導言

　　心理劇是由莫雷諾(J. L. Moreno)創立、發展起來的一種基本團體治療方法。爲獲得更深的理解和情緒宣洩，並培養行爲技巧，團體領導者把過去、當前或預期的生活情境以戲劇化角色表演出來。團體領導者引發有意義的事件來幫助團體參與者接觸未予認識和未表達的感受，提供一個充分表達感受和觀念的方法，並鼓勵新行爲的出現。作爲幫助人們更有效與周圍的人相聯繫的工具，心理劇方法是一種最好的設想。布拉特納夫婦(Blatner & Blatner, 1988)說：所謂「劇」這個術語，並不是指戲劇，而是指重新經歷我們的生活，就好像生活是戲劇情景，而我們是劇作家一樣。

　　心理劇起源於莫雷諾1921年在維也納創辦的「自發劇院」。參與該劇院的人們並不是職業演員，他們也沒有任何劇本。實際上，他（她）們以自發的方式表演報紙上每天刊登的事件或觀眾建議的主題。演出之後，觀眾在邀請下討論他們觀看表演時的體驗。莫雷諾發現，觀眾的個人問題以及由此產生的反應，不僅影響表演主題的選擇，而且影響參加者表演角色的方式。他還發現，參加演出的人們和觀看演出的觀眾，都體驗到被壓抑感受的心理釋放（宣洩）。自發劇院使他發展了一種團體方法和心理劇治療方法。

　　心理劇的目的，是經由角色扮演的方法幫助人們以一種自發的、戲劇化的方式表達感受。心理劇在團體工作中的意義是，使許多人扮演各種各樣的角色，並接受有關這些角色的影響力的回饋(Orcutt, 1977)。心理劇的方法成功地引導自己進行積極的團體互動，探討人際問題，嘗試接近生活中重要的人的新方法，並減輕個人的孤獨感（儘管心理劇治療的取向是人際性的，它也常常探討團體成員們個人的一些生活內容）。澤卡‧莫雷諾(Zerka Moreno, 1983)寫道：「心理劇代表了從單一個體的治療到團體內個體的治療、從語言方法的治療到行爲方法治療的重要轉折點」(p.158)。

　　心理劇在許多方面是其他團體領導者方法的先驅，包括：格式塔團體，會心團體，以及行爲治療團體的某些應用。這些團體領導方法經常採

用莫雷諾所提出的一些技術，在這些團體中採用的許多角色扮演和行為領導方法，也是莫雷諾創立的特殊技術的應用。

不了解其創始人，也就無法理解心理劇及其發展。在許多方面，心理劇領導方法是莫雷諾人格的反應。他對戲劇的興趣可以追溯到在他童年遊戲中所謂健康的誇大狂。大約二十歲那年，莫雷諾在維也納的公園觀察孫子們遊戲時，他的興趣受到了觸動。他開始給孩子們講故事，隨後孩子們將故事表演出來。他觀察到，當沒有劇本時，孩子們的表演具有高度的自發性和創造性(Blatner & Blatner, 1988)。

在這本書所討論的所有方法中，心理劇是最適合團體工作的理想方式。然而，心理劇的方法也可以有效應用於個別諮商和家庭治療。

主要概念

對人性本質的看法

莫雷諾強調個體應對自身的行為、自己的現狀和未來，負全面的責任。因此，我們將莫雷諾看作是亞伯特‧卡墨斯(Albert Camus)和詹‧保羅‧沙特(Jean-Paul Sartre)這些存在主義者的先驅。莫雷諾反對佛洛伊德的觀點，即認為人只有經過漫長的心理分析過程，才能擺脫壓抑他們的非理性動力。他也反對醫學模式，那種模式認為人在心理方面患有疾病。相反的，他認為團體成員在社會同化過程中受到了持續的傷害(Fine, 1979)。莫雷諾認為：採用心理劇的方法可以擺脫非理性力量的束縛而獲得自由，而這通常是以自發地、突然地方式實現的。不過應該注意，這些突破並不是必然使團體成員從潛意識力量的束縛中解脫出來。努力解決和整合問題都需要時間。

行動

　　莫雷諾認為，心理分析的方法是消極的，而他的行動取向方法是對心理分析方法的擴展。莫雷諾強調，心理分析方法限制了個體，而不是解脫個體。他深信，表演出自己的問題，而不是僅僅口頭上談論它們，具有治療的價值。在心理劇中，團體成員們把過去或預見的事件帶到現時中來，表演出自身的矛盾衝突。一般說來，團體領導者鼓勵他誇大所有的表情、行為和語言溝通，而不是減弱它們。然而，表演其感受的團體成員們需要學會一定程度的情緒控制。他們可能陷入情緒之中，並把它們作為一種防衛措施。因此，團體領導者可以運用心理劇教人們如何有效地表達情感，以及如何有效地控制情感。與心理分析相反的，心理劇強調個人的互動和會心，強調此時此地的內容，自發和創造性，充分表達情感，以及現實檢驗。

　　儘管莫雷諾反對心理分析的治療方法，但他的方法是以心理分析的概念為依據的。心理劇與心理分析不同之處，是在於它們的方法，而不是它們的目標。心理劇方法的特徵是，它幾乎可以應用於任何一種理論模式之中。

會心與傳心

　　會心(encounter)一詞是由格林伯格(Greenberg, 1974)所提出來的，其含義是，在心理劇的舞臺上，個體們即時性地、富有意義地面對自身或特定意義的與他人進行面質。這種互動總是發生在此時此地的背景中，不論行為是否與過去或預見中的事件有關。頗具效力的典型心理劇包括：在某人的生活中抽出一段時期，或是一個特定的情境，對它進行各個方面的擴展。經由這一過程，個體有機會重新體驗某一事件，或以一種新奇的方式經歷該事件。由此，他們認識了自己，並嘗試改變行為。

　　在1917年，莫雷諾編輯了一種文學雜誌，名為《魔鬼》(*Daimon*)，這是那一時期存在主義著作中的重要出版物(Treadwell ＆ Treawell,

1972)。他還寫了一本名爲《鼓勵會心》(*Invitation to Encounter*)的小冊子，在這本書裡，他常常引用這樣的句子：:

> 兩個人的會談，眼對著眼，面對著面
>
> 當你靠近時，我將摘取出你的眼睛
>
> 然後換上我的眼睛
>
> 你也取出我的眼睛
>
> 然後換上你的眼睛
>
> 於是，我用你的眼睛來看你
>
> 你用我的眼睛來看我

　　會心交流是心理劇的重要核心，因爲藉著這個過程，人們不僅相遇，而且在一個深刻而意義深遠的程度上彼此了解。有時會心交流會引人驚奇，因爲他們並未經過預演，也沒有受到強迫。會心交流包括移情和同理兩個方面，但有時效果卻遠遠不止於此。它在團體中建立起一種認同感，這種認同感促成了對有效治療工作極爲必要的信任。

　　與會心交流一詞有關的概念，是莫雷諾所謂的傳心(tele)，這是指心理劇團體中的成員們之間的感情的相互交流。傳心是一種人際交往，莫雷諾稱它是「彼此息息相通的情感，是使團體結合在一起的凝聚力」(1964, p. xi)。傳心一詞反映了一個人的看透、了解他人的能力，莫雷諾把它看作是「具有治療作用的愛」。傳心促進了情感的連續性和穩定性，產生了一種團體凝聚力。傳心是同理、移情和反移情的情感總和；它是造成團體成員之間密切交往的因素。人們可以從中發現解決人際衝突的創造性替代方式。在這種意義上說，傳心是一種與改變有關的治療因素。個體的治療正是在相互同理的情感過程中實現的。

自發性和創造性

　　莫雷諾認爲，自發性和創造性是自我實現的個體的特徵。他認爲它們是心理劇和健康生活的核心成分。按照他的觀點，自發性是對新情境的恰當反應和對舊情境的更新反應。自發性的本質包括：開放性，不斷更新探

索方法，願意採取主動，願意冒險，把外在現實與個體的內在情感和思想世界聯結起來。自發性不能與衝動混爲一談，因爲自發性包括一種爭取建設性成效的意向(Blatner & Blatner, 1988)。它影響當前的情境，也影響著過去情境的呈現。依據這種觀點，現在決定了過去，而不是過去決定了現在。

如果我們保持自發性，大多數人會有高度的創造性。莫雷諾在維也納觀察到，與成年人相反，孩子們能夠很容易地進入角色扮演和假想的情境，並能夠自由地表現他們的情感。隨著年齡的增長，人們的自發性日趨減少。爲了阻止這種傾向，莫雷諾和他的同事們提出自發性訓練的方法，旨在使人們從限制性的生活腳本和僵化的、一成不變的反應中解脫出來。他們採納了一些鼓勵觀眾們自由參與的技術，並強調人們需要經過表演引發特定情緒的情境，以此來接觸其情感和幻想。莫雷諾非常強調自發性的重要作用，以至於他認爲自發性訓練是一種特殊的方式，它能使人們在未來採取戲劇性措施，並能以新的觀點應付新的情境。

儘管自發性的提出在心理劇團體中很有價值，尼古拉斯(Nicholas, 1984)反對在實務中過早強迫人們使用，以免妨礙人們的自發性的表現。她建議團體領導者應和藹地、尊重地對待團體成員，當成員們認爲恰當時，由他們自己來選擇以什麼樣的方式參與團體的活動。她認爲提高自發性最重要的教育工具，是團體領導者示範自發性的能力。爲此，她建議團體領導者自己在心理劇中進行訓練，並體驗其他創造性的、表達情感的團體方法。爲了創造一種鼓勵自發性的氣氛，團體領導者有必要覺察到自己的情感，並用直覺的方法表達出自己的情感。

處理現時問題

心理劇強調表演當前的矛盾衝突或危機情境，這與僅僅以漠然的方式對人們進行語言說教形成了對比。不論個體正在應付過去發生的事件，還是正在考慮將來的事件，一個基本的信條是，每件事情均發生在此時此地。此一理論是將一段過去的情境重現出來，使團體參與者有機會檢驗那一件事當時如何影響了他，同時也使他們現在有機會以不同的方式處理該事

件。經由重演過去的一段事件，團體能夠賦予它新的意義，他們解決了未解決的事宜，為早期情境帶來了一個新的、有所不同的了結。經過扮演和隨後的宣洩，往往可以達成對事件的領悟。

從實務上說，心理劇鼓勵團體成員們用現在時態說話，並使用主動式語詞。不論真正的情境發生在什麼時候，讓團體成員們注重現時，往往可以減少他們的口語說明，並使團體成員們表現主動行為(Z. T. Moreno, 1987)。此外，莫雷諾(Zerka Moreno, 1983)認為在治療實務中，未來的一面普遍受到忽視。當心理劇的參與者表演預見中的事件——就好像這些事件發生在此時此地時，他們對於可獲得的各種選擇有了更多的認識。在這種意義上，心理劇可以看作是生活上的預演。

宣洩

宣洩出現於壓抑情緒最終被表達出來的時候。在心理劇中，經由語言、身體表演一個充滿情感的情境，團體成員們可以體驗到宣洩。當團體參與者應付真實生活中的情境，並自發地表達他們的感受時，被壓抑的情感釋放就更富有意義了。憤怒、悲傷、憎恨、狂怒、絕望，以及快樂、狂喜被開啟和釋放。儘管宣洩常常是心理劇過程的自然部分，但是認為宣洩本身便是結局，則是不準確的。體驗到被壓抑情感的釋放之後，團體成員們常常會以不同的角度對待舊有的問題，並對其產生不同的感受和想法。因此，他們開放自我，接受各種情境中以新而恰當的方式表現出行為的可能性。

領悟

領悟是指對問題情境達成更清晰的認識，它常常在情感宣洩之後產生。儘管宣洩往往在心理劇的激烈階段出現，領悟卻並不總是緊隨而來的。它可以在表演過程中產生，或在表演結束後、當團體成員們表達對舞台上所發生內容的情感和反應時產生；不過，它經常在演出一天、甚至幾個星期後才出現(Greenberg, 1986)。心理劇的參與者和觀眾中的成員可以體驗到宣洩，並由此產生領悟。一旦人們允許自己自由地釋放經常受到壓抑的

情感，他們就對這些一直受到忽視的情感開始有了重要的控制過程。這使他們提出了替代性的參照系統，並從新的觀念看待事件。隨後，成員們往往能夠開始意識到，他們是怎樣因為沒有處理好令人驚嚇的情感，從而使舊有的情境經常復活。他們逐漸產生了一種情緒性和認知性的理解，即他們不必按照過去那樣的方式繼續生活。

現實檢驗

由於心理劇團體由真實的人和現實生活情境組成，它為團體成員們提供了檢驗現實的機會。其他團體成員們可以檢驗某個人的假想觀念和想像是否正確，還可以提出一些該成員可能沒有考慮到的替代性行為。

請考慮以下關於心理劇團體如何為成員們提供檢驗現實方法的例子。一位年輕的女子認為父親對她很冷淡，從而陷入感情的劇烈痛苦之中。心理劇表演時，她告訴父親她那種喪失父愛的感受。此後，她可能仍然對她的父親感到憤怒，並希望父親首先作出改變。討論期間，團體中的其他成員們可以指出，她一直假想她的父親必須是首先改變父女關係的人。現實中，那位父親可能畏懼向女兒表示出慈愛和關心，認為女兒對這種父女關係不感興趣。團體可能有助於使她認識到，若想改變父女關係，她可能必須採取主動。

角色扮演

角色扮演意指當場扮演某個角色。一個角色的扮演不必帶有藝術性，它可以是一個人真實的或可能會有的感受、恐懼的表達。在某種意義上說，我們在日常生活中扮演著多重角色；有些角色是我們獨特個性的反映，而其他的角色使我們的個性受到限制，陷入矛盾之中。莫雷諾的基本觀點是，在我們如何扮演自己的角色方面，我們有能力擁有更強的意識和創造性。我們可以檢驗自己所扮演的角色，重新選定角色，用不同的方式扮演所選定的角色。在心理劇中，團體成員們可以自由地嘗試扮演多種角色，因此加深了他們對自身角色的關注。角色扮演也能使團體參與者接觸到自己以

前不曾注意到的一面。他們可以駁斥對待他人的一成不變方式，打破僵化的行為模式，為自我創造新的內涵。即使他們扮演某個角色失敗了，他們也知道還有許多重新嘗試的機會，一直到學會應付焦慮情境的新行為方式為止。

角色扮演是一種重要的技術，不過，它與心理劇並非是同義詞。它可以被各種理論取向的團體領導者所採納；例如，心理分析家、阿德勒派學者、羅傑斯派學者，以及折衷論者(Corsini, 1966)。正如你會看到的，不同形式的角色扮演常常被應用於格式塔團體、溝通分析、理性情緒治療法團體，以及行為治療團體中。例如，在行為治療團體中，重點往往在於練習特定的人際技巧。團體成員們可以扮演這樣一些情境中的角色；例如，工作面試、邀請約會，或堅持主見地對付一個急欲推銷產品的銷售員。在行為團體中，成員們致力於提出並練習能幫助他們有效應付各種人際交往情境的具體社會技巧。在心理劇中，角色扮演的典型特徵是情感的高度集中，並且常常導致宣洩和一定程度的領悟。為了使某個個體生活的某段情境得以重演，心理劇的各個成員們需要扮演不同的角色。格式塔團體也強調接觸、表達情感。但是，這裡要由某個特定成員假定具體情境中的所有角色，並交互扮演多重角色。在行為團體中，正如你將會了解到的那樣，角色扮演是一個核心過程，它幫助團體成員們消除舊有的、無效的行為模式，掌握新而有效的行為方式。然而，與心理劇團體相對比的是，行為團體並不是特別注重情感的宣洩，而是注重練習特定的技巧，練習既定問題情境中的具體行為。因此，儘管角色扮演是許多團體治療方法的基本成分，它對於不同的目的，具體的使用方法是不同的。

正如科西尼(Corsini, 1966)提議的，角色扮演在心理劇團體中具有三個主要的功能。其一，它是一種診斷方法。當團體成員們表演各種情境時，團體領導者能獲得了解成員們的機會，他們更清楚地了解到成員如何感受、如何思考、從事何種行為。角色扮演也是一種指導工具。在塑造角色的過程中，經由觀察因應問題的多種方法，團體成員們學習更有效的人際交往技巧。其三，角色扮演是一種訓練方法。由於積極地參與角色扮演，團體成員們常常獲得新的領悟和新的因應技巧。

心理劇方法的基本要素

心理劇的方法由以下要素構成：一位導演（這個人提取素材構成完整的作品，創作出心理劇）、一位主角（這個人表現出所要探究的問題）、配角（爲了幫助主角表演，這些人扮演主角生活中的重要人物）、觀衆（團體中的其他成員，問題在他們面前實際地接受探討，他們通常也參與表演）、舞臺。舞臺代表了主角的生活空間，並且它應該很寬敞，足夠主角、配角和導演走動。舞臺應該至少象徵性地模擬主角所回憶的每一個場景。如果沒有眞正的舞臺，可以把房間的一個部分指定爲所有行爲發生的場所。舞臺道具可以放在表演場所，當主角在團體中出現後，他就走到這個場所，開始創作心理劇。

導演

按照澤卡・莫雷諾(Zerka Moreno, 1987)的觀點，導演的功能是相當複雜的，涉及到藝術與科學的結合。她認爲培養一位導演至少需要兩年的時間。導演生活越充實，他就越能出色地發揮出心理劇所需的功能。

莫雷諾(Moreno, 1964)認爲，導演的角色是製作者、催化者／促進者、觀察者／分析者。導演們幫助選擇主角，隨後決定哪一種特定的心理劇技術最適合研究某一個人的具體問題。他們組織心理劇，爲活躍表演前的氣氛扮演關鍵的角色，並且密切注意劇中所出現的一切現象。因爲導演們幫助主角發展劇情，促進情感的自由表達，他們的功能就像催化劑一樣。有時，他們作出治療性解釋，以便幫助主角對一個問題獲得新的認識。哈斯科爾(Haskell, 1973)對心理劇導演的特定功能作了如下描述：

  ▫ 爲了使不同的團體成員們都有機會成爲主角，也爲了使表演的問題與團體的需要、興趣有關聯，導演應當擬定每次活動的計畫
  ▫ 提供接納的、寬容的氣氛，這種氣氛本身有利於與重要事件相聯繫

的情感的自發表達

□ 爲了使團體參與者從心理上作好準備，自由、充分地研究個人的問題和確認個人目標，導演應當在表演之前，帶動團體的氣氛

□ 爲主角提供支持和指導；這包括提出一些恰當的技術方面的建議，目的在於豐富表演

□ 鼓勵自發性和宣洩，並幫助主角解釋他在心理劇中的種種體驗

□ 提出可探討的人際關係，可供表演的情境，以及可以嘗試的實驗

□ 在必要的時候，暫停表演，進行必要的說明，確保各個角色正在恰如其分的表演。密切注意團體成員們的反應，如果看起來很正常，可設法使其團體參與者參與心理劇的情境之中；此外，幫助其他成員們從經驗中獲得治療性的效果

□ 保護主角免遭其他團體成員們的言論攻擊，或屈從於單純的指導和建議

□ 表演結束後，組織團體進行討論——這一功能包括：鼓勵成員們對主角作出回饋，鼓勵成員們表達心理劇中各自的體驗、收穫，以及他們認爲與主角相同的體驗和情感

□ 以討論和表演中獲得的回饋爲基礎，總結經驗，從而爲一種經驗作出完好的收場，並直接引入另一個探索情境。

科西尼(Corsini, 1966)認爲，有效的導演同時具備創造性和勇氣。他主張，指導角色扮演不僅涉及技術性，也涉及創造性的技術，同時他又明確地指出，導演必須關注諸多因素。他們不但必須依靠自己的創造力資源，而且必須尋求種種方法，以便開發團體內的創造性。他們必須確定一個心理劇的重要內容，並迅速地安排好演出某些情境。此外，他們必須能夠擔當起領導者的責任，能夠運用臨床的專業技術和知識，幫助個體保持清醒的頭腦，研究並克服各自的個人問題。導演還必須學會一些促使團體成員們參與主角作業的方法。有效的導演能夠創造一些技術，激發團體成員們的衝勁。他們必須能夠現場即興發揮，同時，他們的現場表演必須具備組織結構和意義。

導演還必須具有勇氣，因爲他們運用的許多技術含有一定程度的冒險

和未知的因素。當導演們與正在進行自我表露的主角工作時，他們必須以足夠的勇氣來承擔在公衆面前不成功的表演(Greenberg，1986)。儘管他們並不衝動，但好的心理劇領導者相信自己的臨床直覺，他們敢於嘗試那些對成員們產生強有力的效果的技術。

除了創造性和勇氣外，自信、自知等特質和專業技術也很重要。然而，喜歡將心理劇融入個人領導風格的團體領導者應該認識到，他們初次運用心理劇方法時，並不必做得完美無缺。我發現：一些剛出道的團體領導者在考慮如何有效地運用心理劇所需的個人特質和技巧時，總是感到不必要的恐懼。經由團體實務督導，以一個心理劇團體成員的身份體驗領導活動，加之專業化訓練，他們就可以熟練地掌握心理劇這種頗具效力的方法。

主角

主角是自願擔任或由團體和導演選出來的。心理劇的主題是由主角來選擇所要探究的事件。在過去的一個事件中，主角按照要求重演事件的本來面目，而不是嘗試回憶具體的對話和詞句。這裡鼓勵自發性，導演會鼓勵主角運用行爲動作而不是簡單地談論事件。儘管人物是象徵性的，但主角必須按照要求與過去事件中的重要人物互動。這種此時此地的表演，加強了情感體驗，並且提供了有關主角與過去事件中重要人物關係的新認識。在心理劇的表演中，主角的恐懼和想像浮現出來，使他能夠改變個人內心和人際之間的過程。

范恩(Fine, 1979)把主角描述爲歌劇的作曲家，因爲主角寫下了樂譜和歌詞。導演就像是歌劇中的指揮，遵從劇本，並協助闡釋歌劇。團體中的其他輔助人員就像是演奏樂譜的音樂家。

通常情況下，主角挑選扮演輔助性自我的團體成員。這些選擇是基於意識或潛意識的原因。有些選擇的依據是，某些團體成員的特徵與眞實事件中的重要人物特徵很相似。當這類選擇作出後，主角和配角的交流可能更具自發性，更爲眞實和有效。如果導演需要一位成員扮演具有特殊治療潛力的角色時，他們可以忽略上述規律。

主角的工作是教導配角如何扮演各自的角色。有時還爲配角提供用以

塑造角色的背景，並提示情感的表達型態。主角由親自表演該角色，教導配角將要塑造的重要角色的行為方式。

　　當主角表演一個情境時，他們具有探究重要情境（和人際關係有關）的任何一個方面的自由，這是非常重要的。進行探究和檢驗的是主角，而不是導演。而且，主角的決策受到尊重是很重要的。儘管導演可以鼓勵主角重述一個情境或應付一個預期的事件，但是，主角可以決定他們是否願意聽從導演的建議。此外，導演可以應用特定的技術，但主角有權聲明不願遵從這種指導。有效的心理劇需要導演和團體成員雙方敏銳地覺察出主角所要探究的事件和問題。

　　在一個情境的尾聲階段，主角或導演可以建議主角在同一情境中扮演另一個角色，以明確他自己能否更有效地作出反應。另一個建議是，藉由表演一年以後的可能情景，讓主角想像未來，並向觀眾表達他個人的想法。

　　莫雷諾提出的最基本的心理劇概念是，主角是團體的一個工具，當團體選出主角時，團體問題就會在主角身上得到最清楚的具體化表現。因此，心理劇是一種團體領導歷程，而不是團體內的個別治療。

配角

　　配角是指團體中輔助導演和主角進行心理劇創造的任何成員。配角常常扮演主角生活中具有重要意義的人物是主角的輔助性自我（auxiliary ego）。這些人可能活著，或已經死去，可能是真實的人或者是虛構的人。配角也可以扮演無生命的物體、寵物，或是與主角的心理劇有關充滿感情色彩的人或物。配角還有其他作用：至少在開始階段，表現出主角所持有的觀點；研究主角與他們所扮演的角色之間的相互影響；解釋這種相互作用和人際關係；作為一個治療導向，幫助主角改善人際關係(Z. T. Moreno, 1987)。有效的配角可以給予心理劇更強大的力量和密度。他們發揮這一作用的幾種方法是：以強化和反應主角的行為來幫助主角帶動表演前的氣氛。他們鼓勵主角更深入地參與此時此地的心理劇。

　　配角採用的重要意義訊息，是由主角透過角色轉換扮演傳遞過來的。導演有責任評估他們的角色扮演究竟是為主角服務還是服務他們自己。若

是後者，導演可以重要指導配角。在團體活動的公開表達階段，導演應當明確討論這一進展，因為它通常對配角具有重要的治療性啓示。應該強調的是，心理劇是一個團體歷程，輔助性工作有很大的治療潛能。允許配角在角色塑造時自由地表達情感，是一個很好的想法。扮演他人的角色常常可以使人接觸到自我的其他方面，而扮演自己的角色時，往往不能發現自我的這些方面。不過，澤卡·莫雷諾(Zerka Moreno, 1987)認為，當主角和配角的心理劇之間出現隔閡時，有可能會產生危險。她告誡說，配角和導演都不應該創作自己的心理劇，以免注重點偏離主角的心理劇。導演有責任確保心理劇不失去它的主要用意，為此整個團體參與的自發性在某種程度上，要受到目的和組織結構的約束。

觀衆

即使這些團體成員們在心理劇中既不充當主角，也不擔當配角，他們也能以間接的方式受益。他們可以與主角認同；可以經由同理心體驗自身情感的釋放；而且，可以領悟自己的人際衝突。這些其他團體成員——觀衆——為主角提供有價值的支持和回饋。行為情境表演之後，通常要進行整個團體的討論。其他團體成員表達他們自己對所觀察到的情境的體驗，並為主角提供因應情境的替代性方法的回饋。這裡鼓勵自發反應和個人表達；團體成員們通常被要求避免分析主角，避免提出適當的解決方案，避免提出批評，避免與個人無關的解釋。由於團體成員們的多重關係，觀衆的反應可以幫助主角認識到他對其他人的影響。

心理劇的各個階段

心理劇包括三個階段：暖身階段(或前表演階段)；表演階段；分享或討論階段。儘管心理劇並不必須包括「會後討論」階段，有些團體還是採用為第四階段(Greenberg, 1986, p.396)。

暖身階段

莫雷諾(Moreno)強調，暖身階段是使團體參與者為體驗作好準備的必要階段。這樣的準備涉及到：在誘導、促動下，形成個人目標，獲得安全感，足以使其信任團體中的其他成員。進行有效的暖身階段的方法有多種，例如：

▫ 導演簡要介紹心理劇的本質和目的，參與者在邀請下提出問題
▫ 導演與每一位成員簡要地會談。一個主要的問題可以是：「你想要更了解某種過去或現在的人際關係嗎？」如果團體中的每一位成員都回答了這個問題，那麼團體凝聚力的基礎就可建立起來
▫ 成員們可以兩兩構成多組，用上幾分鐘來表達他們正在體驗到的衝突和他們想要探究的內容
▫ 「輪流交談」的技術可以促進團體內的相互影響。導演要求每一位成員簡短地評述他當時的體驗。這種例行交流也可以使團體成員們著重他們這一在特定階段樂於從事的個人工作的某些方面
▫ 在對待特殊群體的長期團體中，非指導性暖身活動的目的往往在於使團體成員們為活動作好準備。導演可以簡單地要求成員們概要陳述活動前的感受，或評述他們對工作的準備狀態

除了旨在活躍團體活動前氣氛的結構性技巧外，還有一些非結構性技術，包括：在活動開始階段，主角經由某種過程從自發性互動中產生出來。主角描述所要探究的問題時，團體領導者要能夠密切地注意他的語言、非語言線索。例如，成員認為自己很保守、不合群，他可能使用一些具有豐富內涵的比喻或象徵性語言。在談到讓其他人接近他時，他可能隱喻地提到「盾牌」，這是他認真構築起來用以保護自己免遭受到拒絕之痛苦的工具。在心理劇的早期，導演引導主角建立起一些重要事件發生的場景。這時，導演可以鼓勵主角在介紹情境時利用各種重要的線索，包括：面部表情、言語態度和身體姿勢。暖身過程發生與主角建立情境的階段。

不論在熟悉階段採用什麼樣的技術，有一點很重要，即要讓團體成員

們了解到，他們不必被迫致力於自己不願探究的問題。在暖身階段，團體成員們需要確信，工作環境是一個安全的場所，他們自己決定揭露哪一事件，什麼時候揭露，並且可以按照自己的意願在任何時候終止活動。如果團體參與者有一種被迫表演的印象，並且迫於困擾，不得不表演超出自身意願的情景，則團體的士氣就會受到損害，團體成員們就會抗拒參與。士氣和暖身階段的目的，比技術更為重要，任何促進團體凝聚力和建立信任的方法，都是暖身階段的有利工具。

布拉特納(Blatner, 1973)認為，暖身階段最重要的任務是創立培養自發性的氣氛。按照他的觀點，自發行為出現的條件包括：

　　□ 信任感和心理安全的氣氛
　　□ 允許情感表達和直覺
　　□ 遊戲式氣氛
　　□ 願意探索和表達戲劇化行為

在布拉特納強調，導演自己的暖身對於創造鼓勵團體表現自發行為的氣氛很重要。在暖身階段，導演們須培養自己的自發性。經由真摯和溫暖的溝通，他們獲得了信任感，並對團體產生了信賴。同樣地，模擬冒險、自我表露、幽默、自發性、創造性、同理，以及情感表達、表演的可接受性，都有助於提高的凝聚力。於是，主題可能開始產生，主角可能由推選產生，並走上舞臺，準備表演。

表演階段

表演階段的內容包括：表演，有效地應付過去的情境、當前的情境或預期的事件。當主角步入舞臺時，表演開始。為了使主角儘快投入表演，推動過程是很重要的。導演可以幫助主角明確特定的問題。導演並不是讓主角囉嗦地介紹細節，導致心理劇可能喪失活力，而是對主角提出一些問題；例如，「此時，你生活中最難以相處的人是誰？」「用哪些詞或句子可以最恰當地描述你的父親（母親）？」「你的母親（父親）給你的主要訓誡是什麼？」「什麼時候你覺得受到妻子最強烈的批評？」「你丈夫告訴你的

哪些事情使你最感不安？」「你願意用哪些句子描述你的兒子？」「你最想聽到你女兒的哪些消息？」這些問題的主旨就在於避免細瑣的陳述，而是使主角集中於他自身的主要衝突過程。

一旦主角清楚地認識到他想要探究的問題，才可能創造情境，指導配角。明確目的之後，主角在舞臺上表演出他的問題和人際關係。單獨一個表演階段可能由一個至幾個情景組成，依據情景與自身問題的關係，主角構築、表演出情境。這些問題在本質上可能是個人內部的或人際性的，它們通常從一些邊緣性問題（表面問題）轉入到較爲核心的問題（眞正的或更深層的問題）。表演階段的時間長短各不相同，取決於導演對主角的參與表演的評價和團體參與的程度。

范恩(Fine, 1979)觀察到，有時作爲一個整體的團體，可以在整個活動期間都能有效地應付團體成員之間的人際障礙，或與團體已經形成的準則認同，或更改這些準則。在其他期間，一個共同的主題，例如，孤獨、對親密關係的恐懼、被拒絕或排斥的感覺，似乎遍及到團體中的每一個成員。在團體領導者的巧妙幫助下，每一個人都開始與他人進行圍繞現時問題的會心交流。

哈斯科爾(Haskell, 1973)爲導演們提出一些適用於心理劇表演階段的準則：

□ 儘快鼓勵主角表演與其人際衝突有關的情境
□ 所有的表演必須以此時此地爲焦點。因此，如果一個人現在正在應付過去的情境，說出「那時我告訴他」之類的話，導演就須打斷他，對他說，「你現在正在告訴他」
□ 主角要具有選擇事件、時間、地點和參加情境之人員的權力
□ 通常應該很明智地先處理意義較小的事件，隨後再重演對主角更具有創傷性的體驗
□ 應該要求主角儘可能忠實地重新建構情境，然而，爲了使表演流暢，不受阻礙，主角不應過分注重確切詞句的回憶。相反的，他們需要知道，回憶情境時，互動的本質才是最重要的
□ 應該鼓勵主角以語言和非語言儘可能充分地表達自己。然而，導演

要警告團體成員們，要象徵性地表達憤怒──如扔枕頭──不要造
成人員傷害

□ 爲主角提供扮演情境中每一個角色的機會(角色轉換)；這可以幫助
他們了解到別人如何看待、感受該事件

分享和討論階段

在心理劇的第三個階段，團體們分享和討論表演過程（有些持心理劇
觀點的治療者把分享和討論過程分開）。首先是公開表達，即陳述自己的非
判斷性看法。個人表達之後，是團體討論階段。導演要求團體參與者以一
種積極的、支持性的方式，向主角表達他們對心理劇的評述和反應。導演
的任務是，爲了獲得最大程度的回饋，組織一次由儘可能多的團體成員參
加的談論會。導演需要尋找機會分析主角，或者，當主角剛剛揭示了個人
生活體驗、正處於最易受到影響的敏感階段時，導演嚴厲地與其對質。給
予主角一定形式的了解個人經驗之機會是很重要的。如果他們已然公開揭
示自己，並表達出深層的情感，那麼，他們可能需要求助於團體的支持，
以便從心理上整合其體驗。如果在表達和探究體驗的意義時，沒有這樣的
機會，主角離開團體時可能有種迷失和被拋棄的感覺，而不是感到更自由、
更自信。

觀眾的表達必須是個人的、非判斷性的，而不是分析的、解釋性的。
這一點很重要。導演必須強化自我表露、支持、團體成員的情感參與等表
達形式。當成員們討論他們如何受到心理劇影響時，他們正在促進自身的
參與、透明化和成長。此時不適合爲主角提出建議，而那種試圖透過領悟
式的解釋心理劇以「治療」主角的想法，更不可取。如團體成員試圖分析
或提供解決方法，導演需要採取介入措施──例如，提出以下問題：

□ 「珍的體驗怎樣影響了你？」
□ 「當你參加珍的心理劇時，哪種情感使你感到震撼？」
□ 「你生活中的哪些經歷與珍的情境有關？」
□ 「你願意與珍分享某些情感體驗嗎？」

澤卡‧莫雷諾(Zerka Moreno, 1987)提出一些非常好的實用準則，這些準則使得分享階段成為一種具有治療性的經驗：

- 團體成員們應該代表自己講話，而不是分析主角
- 既然主角已經投身於公開分享的過程，他應該得到的，不應僅僅是冷淡的分析或批評
- 分享具有治療效果。治療來自於他人體驗的表露
- 領悟本身具有治療作用
- 當主角對外界影響已經不那麼脆弱時，可以開始解釋和評價過程

分享期間，由於團體成員們看到了共通性，團體凝聚力普遍增大。體驗普遍性的衝突狀況是聯結團體成員們的一個關鍵。因此，有效地表達彼此的體驗之後，主角不再會感到他們是孤獨地置身於一個不友好的世界孤軍奮戰。他們獲得一定的基礎以體驗被接受的情感，而其他團體成員們的回饋起了增強作用，促使他們繼續揭示個人問題。

團體活動的結束並不帶有強制性，這取決於團體參與者、情境和團體。如果團體成員們不再出席聚會了，那麼就有必要結束心理劇團體。然而，如果團體成員們仍有規律地聚會，領導者可以將團體的結束延遲到下一次例會。討論有助於在一個更高層次的認知成分使情感閘門關閉，也有助於幫助主角和觀眾綜合活動的關鍵部分。儘管表演的情感方面具有很高的治療價值，一定程度的認知整合則可以提高這些情感成分的功用。團體領導者可以要求主角表達他們學到的觀念（或知識、技能）和獲得的深遠的見識；鼓勵他們談論重演情境的個人意義，也是一個很好的嘗試。團體領導者可以激發他們思考如何應付再次被壓抑的情感，如何在將來更有效地應付類似的問題情境。

催化活動結束的一個有效方法，是安排行為練習。這使得主角將團體內所學得的內容應用於日常生活中。嘗試了大量新的行為之後，個人可以採用某些行為對待團體外的其他有重要意義的人，並且更有效地應付情境。為了促進行為訓練，主角須像最初在表演階段那樣表現情境。各種技術例如，角色扮演、未來投射、模仿和回饋等，常常被用來幫助主角更清楚地了解他新行為的影響作用（本章的後幾節將介紹這些技術）。

提醒活動即將結束是有必要的。幾位學者(Blatner, 1973; Goldman & Morrison, 1984; Greenberg, 1986; Leveton, 1977; Z. T. Moreno, 1987)討論了因應心理劇尾聲階段的未解決問題的重要性。在一次活動結束前，導演可以讓成員們用語言表達已經培養起來的、但並未說出來的情感。儘管並不是必須解決所有的問題，但在活動結束前提出這類未解決的問題是很重要的。事實上，儘管主角表露並有效地探究了一些問題，但是他可能仍然沒能解決這些問題。成功的分享階段之後，隨著團體中的其他成員們與他們剛剛形成的體驗認同，新的工作往往正在形成。當然，如果沒有大量的時間充分提出問題，那麼，在既定活動期間著手做新的工作，可能是不太明智的。

　　主角可能獲得大量的領悟，並且在處理困難的個人衝突方面採取一些有意義的措施，然而，他們還不能完成所有的工作。普遍說來，更深層次的探討和工作仍有必要進行，而且需要告誡團體成員們，在不成熟的情況下強制提前了解問題是有危險的。

　　萊維頓(Leveton, 1977)指出，某些團體領導者期望達到完美，除非解決好每一件事，否則團體領導者就會有失敗感。為了避免產生這種感受，他們可以在團體參與者處於繼續思考所發生事件的狀態下，盡力強制結束活動。對於任何一位導演來說，最有挑戰的任務之一是，學會如何結束一次聚會，而不是阻止團體成員們進一步的自我探索，因為這種自我探索對於深入解決他們各自的問題是極為必要的。

　　心理劇的一個選擇性階段是「會後討論」，這個階段為團體參與者之間的一些社交往來提供了機會。格林伯格(Greenberg, 1986)通常邀請那些參加心理劇的人再聚集在一起，喝杯茶或咖啡。此時，團體參與者們可以更加隨意的方式與其他人交談，可以講一些他們在團體活動中沒有機會談論的事情。這個階段也可以為人們提供進一步的機會，使他們從一次經驗中平靜下來。

心理劇的技術

　　心理劇採用一些特定的技術來強化情感，引導宣洩，促進自我了解。這種了解是經由有效地工作和整合心理劇的表面材料而獲得的。這些技術有利於心理劇過程的順利完成，技術本身不是目的，而是引導團體參與者自發地表達情感的手段。因此，莫雷諾(Moreno, 1978)告誡團體領導者們，不要僅僅為了激發戲劇性的表演而濫用技術。

　　導演可以自由地發明的技術或改革常規的技術。因為心理劇可以是充滿活力的，在運用技術、技巧時，團體領導者需要堅守自己的信念，時刻保持謹慎。有效的心理劇應不只是某些技術的使用。團體領導者們必須以一種具有良好訓練和教育的、敏感的、關心的和創造性的方式，學會了解和對待團體成員們的心理世界。

　　我建議當閱讀以下一些常規心理劇技術概括論述時，你要記位以上這些告誡。下列這些人的文獻具體介紹了常規技術：布拉特納(Blatner, 1973, 1989)，布拉特納和布拉特納(Blatner & Blatner, 1989)，萊維頓(Leveton, 1977)，J.L.莫雷諾(J. L. Moreno, 1958, 1964)，澤卡‧莫雷諾(Zerka Moreno, 1959, 1965, 1983, 1987)，格林伯格(Greenberg, 1986)，古德曼和莫里森(Goldman & Morrison 1984)，斯塔爾(Starr, 1977)。

　　布拉特納夫婦(Blatner & Blatner, 1988)對於如何選擇適當的技術探索特定的主題，提出了一些有用的指導原則：

- 只要有可能，採用身體動作來表達情境，而不要只是談論情境
- 採用直接對話，跟關係最近的人（或正在扮演角色的配角）講話，而不是談論他們
- 藉由促使其他團體成員們參加演出，尋找引起他們積極行為的途徑
- 藉由處理特定情景，使抽象情境更加具體化
- 鼓勵團體參與者使用以「我」開頭的句型，從而對他們本人作出面面陳述

□ 繼續鼓勵團體成員們應付過去或未來的情境，就好像這些情境發生
在現在一樣
□ 識別並開發當前重新抉擇、重新協商和治療性體驗的潛力
□ 關注互動中的非語言行為
□ 藉由角色轉換，使團體參與者直接體驗同理心的技術
□ 在情境中投入一定程度的遊戲、幽默和自發性色彩
□ 運用象徵和隱喻，促成人物化、生動化
□ 採用其他藝術化的表現手法；例如，動作，演技、舞臺道具、詩歌、
藝術和音樂
□ 為了研究更廣泛的反應，誇張或放大行為
□ 把暖身過程當作創造行為的先驅

自我介紹

為了向演員引薦，主角首先介紹自己。讓我們假定主角傑克想探討他
與女兒羅拉的親子關係。他首先須說明平常接近女兒的方式，使觀眾感受
他在父女關係中的自身體驗。在自我介紹的過程中，他可以按照自己的觀
點陳述問題，也可以談論他的女兒。

角色轉換

角色轉換的其中一種形式是「介紹他人」。除了自我介紹外，主角可以
引出另一個具有重要意義的人（例如，母親、父親、兄弟姐妹、情人、好
友、老師或親戚）。經由說明某個重要人物的行為方式，主角提出他對這個
人完全主觀的看法。主角為配角說明了提示詞，以便配角可以採用較接近
主角體驗的方式來表演情境。在適當的時候，當主角對另一個人的觀念別
有所感時，可以開始角色轉換。在暖身階段和情境表演階段，角色轉換也
很重要(Blatner & Blatner, 1988)。

莫雷諾(Zerka Moreno, 1983)認為，主角必須從他們自己的主觀態度

出發，表演出他們感受到的事件，而不管其介紹對其他團體成員們或導演來說顯得多麼歪曲。例如，傑克介紹他的女兒時，他更願意扮演羅拉的角色，並敍述她通常的反應方式。當傑克扮演他的女兒時，導演可以變通地與之交談。這個技術可以使導演和團體成員們更清楚認識到傑克如何看待羅拉，以及他認爲羅拉如何看待他。

經由角色扮演，導演鼓勵主角對他們生活中的重要人物產生同理心。由於他們必須在心理劇場景中扮演那個人的角色，他們開始對那個人的世界逐漸產生越來越深入的了解。在導演的指導下，配角使戲劇內容和主角對事件的看法保持一致。爲了減少配角表現其自身動力而干擾活動的可能性，團體領導者需要採取介入措施。

一般來說，當主角嘗試與他正在體驗到衝突的那個人「達成協議」而有所收穫時，導演便可以建議進行角色轉換。在傑克的例子中，他可以「成爲」他的女兒，由另一個成員來扮演這個父親的角色。經由扮演羅拉的角色，傑克可以更清楚地了解羅拉的感受。

角色轉換被認爲是最有效的心理劇工具之一，它提供了多種目的 (Fine, 1977)：

　　□ 它允許觀念的更替，以便主角能以新的方式看待情境
　　□ 他爲主角提供一種機會，體驗他人的觀念世界
　　□ 它允許團體成員們擴展知覺和行爲
　　□ 它鼓勵團體成員們爲其行爲和抉擇承擔責任
　　□ 它幫助主角面對現時人際行爲的影響

莫雷諾(Zerka Moreno, 1983)在書中寫道，角色轉換是心理劇團體所闡述的角色扮演理論的核心，她認爲，這一技術鼓勵儘可能表達衝突情境。主角對這些人際關係的歪曲信念可以被揭示、探究，並進行行爲矯正。經由角色轉換，主角可以重新整合、重新消化並超越束縛他們自己的情境。角色轉換使成員們能夠充分表達他們對現實的看法，得到其他人對其主觀態度的回饋，在一定程度上，修正他們已形成的錯誤觀念。在整個戲劇中，角色轉換可以用來改正或修改主要配角的形象，並且爲配角提供額外的訊息。更重要的是，在整個活動期間，角色轉換可以幫助主角提昇對其他重

要人物的深入認識。

獨白

　　有時，主角可以在想像他們自己單獨處在一個地方，可以自言自語地幻想一個事件或一種感受。演出某些情節時，導演可以打斷表演，讓主角暫停下來，表達他們當時的感受。或者是一旦覺察到另一主角的內心衝突，導演就可以中斷表演，讓他一邊圍繞舞臺走動，一邊述說當前的思想和感受。主角可以進行一種單獨的活動，如步行回家在這過程中，主角可以自言自語地與另一替身說話。替身可以幫助主角表達被隱藏的思想和情感。

　　在幫助主角澄清想法、更強烈地體驗情感方面，獨白是很有價值的（Greenberg, 1986）。這個技術可以幫助他們公開地表露他們正在思考、體驗但未用語言表達出來的感受。例如，導演可以要求傑克用語言表達他在角色轉換過程中的思想。這種獨白使他有機會覺察到，在他自己的觀念中，羅拉正在想些什麼、感受些什麼。他也可以在扮演自己之後自言自語，這種做法能使他歸結壓抑的思想，表達個人情感，更密切地檢驗情感。

替身技術

　　一個配角站在主角身後與主角同臺表演，或者甚至替主角說話，這個配角即是「替身」。替身可以模仿主角的內心思想和感受，並時常表達出潛意識內容。替身幫助主角覺察到內部心理過程，引導他表達出非語言思想和感受。替身輔助主角，並充當導演與主角之間的聯絡人。替身可以發揮整合作用，加強主角與配角之間的相互影響。對於替身來說，既表演出主角的姿勢，又表演出主角的態度，這是很有幫助的。也正是這些工具使替身幫助主角實現他們的目的。這個目的就是，幫助主角更清楚地覺察到他們自己的內心衝突和被壓抑的情感，甚至幫助主角表達情感。按照里昂·范恩的觀點（選自〈個人通訊〉，1988年6月），替身是主角的代理人，替身留意處理事件和此時此地的問題，並且，當主角轉換角色或扮演其他角色時，替身可以扮演主角。在傑克的例子中，如果傑克感到陷入僵局，或者

被女兒折騰得不知所措，那就可以使用替身來幫助傑克碰觸、表達他的情感。有效的替換常常導致互動層次的提昇，並且有可能為主角提供所需的催化劑，以便說出至今仍未表達的事件。

有時可以讓多重替身一起表演，以展現一個主角的多面性。他們可以表現主角的內部狀態、渴望、優點、缺點，或者他在生活中所扮演的各種角色(Goldman & Morrison 1984)。在傑克的例子中，一個替身可以表現傑克想念女兒、想表達關愛的一面，另一個替身可以作「冷漠」的父親，他真的不想和女兒有任何關係。這兩個替身可以同時講話。如果替換有效，父親對女兒的矛盾情感就會在舞臺上被成功地表現出來。傑克就可以看出他內心中哪一面更強大。此外，他也可以更清楚地了解到他想對羅拉表達的情感和態度。

鏡照技術

配角經由模仿主角的手勢、姿態、表演中的語言，來反映主角的角色。此一目的在於從觀察別人表演出來的自身感受，他可以像別人那樣來看待自己。主角背對舞臺，觀看現場錄影帶中的生動畫面，可以幫助主角形成更加準備、客觀的自我評價。從根本上說，鏡照是一個回饋過程，因為這個技術使他們對於別人怎樣看待他的現實更加敏感。回饋還可以幫助澄清他們的自我觀念和他們與別人溝通之間的差異(Goldman & Morrison 1984)。請想想傑克的例子，如果他被模仿成一個嚴厲的、挑剔的、不合群的、冷漠的父親，他可能想知道女兒是否也這樣看待他。如果團體中其他人對傑克的看法與他對自己的看法不同，或者他很難用言語、動作來表達他自己時，這個技術便特別有效。布拉特納夫婦(Blatner & Blatner, 1988)告誡說，鏡照可以是一種強有力的面質技術，必須慎重使用。模仿必須在關心和同理的氣氛中使用，而不應讓主角成為被別人譏諷的對象。

魔幻商店

「魔幻商店」常被當作暖身階段的一種技術，它也可以被運用於活動

過程的各個階段。這個技術常被用於那些不清楚自身價值觀、對目標感到迷惑、或很難判斷自身價值輕重的主角們。每一位團體成員都在適當的時候與「商店老闆」討價還價。配角或導演扮演這個充滿各種虛幻物質的魔幻商店的老闆。這位老闆有權滿足每一位成員們的最迫切的願望。這些物質不能出售，但可以以物易物。例如，傑克可能想用他的競爭意識換回慈愛地對待女兒的能力。這個技術可以幫助他擁有這些優越的特質，並認識到究竟是什麼妨礙了他們父女之間的關係。

未來投射

　　未來投射的技術用於幫助團體成員們表達、解釋他對將來的看法。團體成員們不只是討論這些看法，而且是把這些預期的事件擺到現時中，並表演出來。這些看法包括：希望和願望，對未來的恐懼，或是生活目標的方向。團體成員與被挑選出來的人共同構造一個未來的時空，把未來事件帶到現實，並對問題情境提出新的看法。例如，一個成員對即將到來的會談感到焦慮，為了達到因應恐懼的目的，導演就可以要求她表演出未來的情境。她不僅能接觸到自己的感受，而且可以清楚地認識到可能阻撓這次重要會談效果的行為。經由在會談過程中表達自己，她可以獲得回饋，還可以練習各種行為模式，從心理上為這次壓力經驗作好準備。她還可以表演出這次會談如何順利地進行，或會談的結果如何地糟糕。

　　一旦團體成員們明瞭他們對特定後果的期望，他們就能夠更有利地採取特定措施，以便實現期望中的未來。再回到傑克的例子中來。在導演的要求下，傑克用他所預期一年以後的口氣與女兒交談。他甚至可以轉換角色，「成為」他的女兒，說出他希望女兒對他說的所有事情。他也可以向前回溯，告訴女兒在過去的一年裡，他對她的行為發生了怎樣的改變。如果他更清楚地認識到自己希望與女兒形成何種人際關係，如果他願意為這種人際關係承擔自己的責任，那麼他就可以改變與女兒的相處方式。

導演的角色與功能

我們已經看到，心理劇團體的導演必須履行許多功能。對於這些功能，以下將作出概括的評述。既然心理劇是一種極有效的方法，導演就很有必要掌握關於心理劇方法的理論、技術、以及實務知識。他們不但要了解這些技術，而且必須掌握這些技術的理論和哲學基礎。為了充分了解這些技術潛在的價值和危險性，他們需要以參與者的身份，親身體驗這些技術。不熟練的團體領導者——例如，強迫人們投入到不願面對的情境——可能為團體參與者們帶來許多負面的後果。

儘管一些團體成員們充當配角的做法具有一定的價值，但也存在一些危險，即他們把自己的歪曲的觀念帶到所扮演的角色中去，從而使主角的生活變得複雜化。此外，團體成員們可能會把自己的衝突投射到主角身上，對棘手的問題提出倉促的解釋和解決方法。另外一個需要團體領導者妥善處理的關鍵問題，是聽取成員們的報告，以便成員們不致遺留下無效的未解決問題。基於以上所有原因，如果心理劇旨在治療，那麼導演的敏感性和專業技術是至關重要的。

對心理劇的評價

心理劇技術的價值

我欣賞心理劇方法和角色扮演的重要原因是，這些方法引導團體參與者直接體驗現時衝突。我的經驗說明，以超然地、講故事般地談論自己，團體成員們獲得的收益很小，因此，我很不贊同對問題無休止的談論。但是，對於那些想了解自己的團體參與者來說，角色扮演必須適合特定的情緒，而且必須運用某些角色扮演技術，以便使成員們進一步了解自己生活

的真實矛盾衝突。如果心理劇活動僅僅是為了使成員們了解這種戲劇本身，我很懷疑這樣的活動能有什麼成效。

當一位成員正在經歷的矛盾情境可以用某種形式表現或誇大出來時，我傾向於採用心理劇技術。我認為這些方法對主角和其他成員來說，都是很有效的。我對心理劇的運用通常引起其他成員們更加熱烈地參與活動。由於心理劇方法使人們覺察到他們自身的衝突與別人的衝突相同，這就使得人們凝聚在一起。

對待生活中有重要意義的人物時，人們常常不考慮其他的行為方式。在心理劇中，團體成員們可以述說其他的反應方式，並為主角提供不同的參照架構。例如，在角色扮演情境中，諾林列舉出她丈夫——羅傑——的所有缺點；例如，他很自私、不關心別人、不表露自己的感情，或者不與妻子真正分享他的個人生活。另一位成員可以向諾林講述一種不同的看法，這種看法不帶有譴責色彩，也不會使羅傑關閉自己的內心世界，無視妻子的抱怨。從而，諾林可以嘗試一種過去從未考慮過的新方法。

認知與情緒觀點的整合

並不是所有打算開展心理劇活動的團體領導者都必須採用本章所描述的行為取向方法。團體領導者可以把這些方法納入其他團體取向的架構中。儘管心理劇具有自身的價值，我還是發現，我曾經參加的一些心理劇活動帶有不必要的約束性。這些技術常常是相當有效和適宜的，但是，我不贊成把每一種互動方式都轉化為戲劇形式。如果將心理劇整合到其他體系中去，如一些行為治療的認知模式，那麼，心理劇就可以對其他體系常忽略的情緒問題進行深入的研究。藉由強調心理過程的認知因素，藉由深入研究宣洩體驗的意義，心理劇團體活動的價值可以得到提高。

儘管宣洩有一定的價值，我長期的團體經驗使我認識到，為團體成員提供一個理想的環境是極為重要的，在這個環境中，成員們可以了解到他們的壓抑情感對自己、對別人、對其人際關係發生怎樣的影響。然而，情緒宣洩和自我了解本身並不足以引起一個人思想／情感／行為方式的持續改變。我堅信只有當成員們學會如何將團體內習得的觀念、知識、技能，

應用於日常情境時，他們才會產生如此深刻的變化。敎導團體成員們保持這些積極的情緒、行爲變化的方法，也是非常重要的。具體地說，當成員們在環境中遇到挫折時，團體領導者應幫助成員們籌劃有效的因應方法。這個認知性工作和制定行動計畫的最佳時間，是每一個心理劇之後的表達階段的末期。當其他團體成員和主角有機會表達各自在心理劇期間的感受之後，這種認知性工作才可能出現。幫助團體成員們解決某些情感問題的好方法是，讓他們思考突顯出的情緒狀態的意義。可以鼓勵成員們對問題情境作出他們自己的解釋。此外，他們可以仔細地考慮其觀念和決策如何導致心理劇中重新體驗到的情感波動。

當人們遇到未來的困難時，僅僅鼓勵他們「碰觸自己的體驗」，並不足以促使他們進行革新。因而，表演出未來的危險，加之特定的、有幫助意義的回饋，對於那些試圖採用不同方法對待生活中重要他人的團體成員，具有眞正的價値。

按照布拉特納夫婦(Blatner & Blatner, 1988)的觀點，心理劇的主要貢獻在於，它支持了心理治療折衷主義的發展傾向。正如我們所看到的，心理劇的經驗方面與認知觀點適當地融合在一起。許多心理劇技術也可以用於其他的當代理論模式，包括：心理分析和對象——關係理論、行爲治療、多重模式治療、格式塔治療、阿德勒式治療、遊戲治療、想像療法、榮格療法、家庭治療、團體治療等（與其他理論的結合使用，詳見布拉特納夫的文獻）。

應用心理劇技術的倫理問題

布拉特納(Blatner, 1973)強調指出，心理劇不是萬能的。他告誡團體領導者們，將某一種方法理想化的做法是很危險的，這會使人們忽視該方法的侷限性，忽視其他方法的價值。他鼓勵讀者們在運用任何較複雜的心理劇技術之前，要接受有關心理劇的指導訓練。由於布拉特納認識到心理劇具有強大的處理效果，故而他強調團體領導者的知識以及應付所出現的問題的能力。此外，布拉特納夫婦(Blatner & Blatner, 1988)強調，儘管心理劇方法的應用看起來比較容易，然而，在一個激烈的心理劇中協調運用

這些方法的過程，需要有足夠的訓練。他們強調，正確的臨床判斷和隨後的追蹤觀察是非常必要的。他們認為，心理劇需要有效地研究、整合那些表演中反映出來的領悟。團體領導者的判斷是主要的因素，一位未經過訓練的團體領導者，無法有效地或治療性地使用這些技術。

萊維頓(Leveton, 1977)告誡團體領導者，切勿不負責任地使用心理劇方法。她說，熟練的團體領導者願意花必要的時間以發展個人技能，並且在一位有經驗的臨床工作者的督導下接受訓練。她描述了她遇到的一些「新學生」，他們的「頭腦裡的技術似乎已裝滿得溢了出來」，無論在什麼情境中，絲毫不畏懼使用這些技術。

莫雷諾和伊萊斯利(J. L. Moreno & Elefthery, 1982)贊同布拉特納夫婦和萊維頓的觀點，他們認為，心理劇是一種強有力的方法，如果一些未受過訓練的人使用這一方法，它會對團體成員們產生巨大的潛在危害。他們強調，非常重要的是，團體領導者要全面了解團體動態，認識到自身的侷限性，以及對特定群體所使用之方法的侷限性。他們寫到，對待用非語言行為表達思想的個體，受嚴重困擾的個體，或反社會的人時，應該謹慎使用心理劇；團體領導者在解決成員基本的心理疾病問題時，他們的知識和經驗顯得尤其重要。此外，團體領導者必須具有相當高的敏感度，以免強迫受困擾的團體成員進入治療階段。為了使成員們在打開舊傷口之後，還能使它彌合，團體領導者在構築情境時，要具備良好的判斷力，這也是極其重要的。除了心理劇方法的訓練和督導外，一位打算採用心理劇方法的團體領導者還應該具有相當多的主角經驗。如果團體領導者親身體驗了這些技術，他們就會更清楚地認識到何時需要運用特定的技術，更明確地預見領導效果。

布拉特納(Blatner, 1973)、莫雷諾和伊萊斯利(Moreno & Elefthery, 1982)都談到團體領導者為了滿足自我中心的需要而採取心理劇方法的危險性。團體領導者要認識到自身的個人問題和需要將會怎樣干擾其工作，這是很重要的。從這方面來看，團體領導者希望對團體產生治療影響之前，必須努力解決反移情問題。如果團體領導者的專業技術不紮實，他們可能很容易對團體成員們的「緩慢進展」感到不耐煩。為了加快成員們的進程，儘快看到更多的領導效果，他們可能求助於戲劇中大量的鼓動情緒的方

法。

　　儘管自發性是心理劇的一個基本概念，它也可能被濫用。一個團體領導者的自發性、創造性和嘗試新技術的勇氣，必須與一定程度的謹慎、對團體成員的尊重和對團體成員們的利益的關心相結合。古德曼和莫里森(Goldman & Morrison 1984)告誡治療者應該看到，與那些能自我開放的團體成員打交道固然很容易，但也要認識到幫助他們達成最終結果的必要性。他們還建議治療者使用特定技術時有一個明確的目標。他們提倡的一般原則是，「如有所懷疑，就要警惕以免出錯」(p.102)。

　　除了在團體中多次擔任主角外，團體領導者還應該經歷某種個別的心理治療。心理劇可以是一個治療性很強的技術，但也易於在反移情中被濫用。即使無法完全避免危害，接受過個別治療的團體領導者的個人體驗，也可以大大減少這種濫用技術的危險性。

心理劇在多元文化環境的應用

　　如果團體領導者認真留意本章談到的注意事項，心理劇就會在幫助不同種族和文化背景的群體方面發揮獨特的作用。例如，並不是僅僅讓一位母親訴說她與孩子們溝通的障礙，而是讓她在治療活動中扮演她的其中一個孩子的角色。當然，有一點很重要，即不要採用支配性技術，這可能過於迅速地開啟強烈的情感體驗，從而使一些團體成員對體驗感到恐懼，並可能退出團體。團體領導者並不是推動團體成員們激烈地表達情緒，而是尋找線索，確定將團體成員們引入某種行為或角色扮演的情境之最佳時機。

　　對於那些以英語作為第二語言的人，心理劇有一些有趣的應用。我和同事們經常要求團體成員們在角色扮演情境中用母語對其他有重要意義的人說話(Corey, Corey, Callanan, & Russell, 1988)。當他們用母語交談時，他們的情緒很快就表露出來了。我想起一位德國出生的團體成員，她在角色扮演情境中象徵性地應用英語與她的父親交談，她僅以一種疏遠、冷漠的態度扮演角色，她所說的話已經過一定程度的練習。我們於是要求她繼續與父親談話，但是要說德語。她在後來的談話過程中，很快就流露

出情感。當她說母語時，她很難控制強烈的情感體驗。團體領導者或其他成員們是否能夠理解她所說的具體詞句，並不重要。在這個例子中，過程比內容更重要。儘管屋子裡的其他人無法理解心理劇中的語言交流，但是，藉由主角的非語言表達和聲調，他們可以理解基本的情感訊息。她結束心理劇之後，我們讓她談談當時的體驗。她說，用德語交談生動地喚起了早期的情境，使她強烈地體驗到童年時代的經歷。這就幫助了其他不懂德語的人更好地理解劇情，也幫助她用認知的觀點看待自己的情感問題。下列一些問題往往很有效：「你父親對你說些什麼？在你過去從未向父親提過的事情中，你這次能將哪些事告訴他？在你和他談話的過程中，你何時感到陷入僵局？這引起了你所熟悉的哪種情緒？你今天對待你父親的方式與童年時代不同嗎？」幾個適時的、恰當的問題，可以幫助團體成員們找出自身的矛盾情感，充分地理解心理劇的功能。

請想想剛才提到的劇本的另一個方面。假定該成員正在用母語與她的父親交談，她陷入僵局，不知該說些什麼。這時有幾種可行的指導方法：可以要求她解釋劇情，這主要是為了使她擺脫僵局；可以要求她在僵局中停留片刻，並體驗那種感受；或者可以讓她與父親談談她目前的體驗與童年時的體驗有何類似；或者讓其他團體成員參與，並講述這個心理劇引起他們內心什麼樣的感受。然後，扮演角色的那位團體成員可以澄清、確認這些預見和解釋。

如果團體的目的在於探究個人問題和人際問題，旨在促進情感表達的心理劇技術，常常適用於具有多樣種族的團體成員們。但是，如果團體具有較強的說教性、教育性、知識性色彩時，這些技術就受到了較大的限制。如果團體成員們提出，他們在談論個人問題、在他人面前表現自己的情緒時，感到極不舒適，就不能採用心理劇方法。有些團體成員的文化背景禁止他們在團體中談論家庭問題，因而這些成員可能會抗拒涉及到「對母親或父親談話」的角色扮演。在運用這些技術之前，團體領導者必須充分研究團體成員們的文化價值觀，以及團體成員們可能對必須與某一家庭成員相對質的抗拒感，即使這種角色扮演只是象徵性的。很容易看出，一位未受過訓練、忽略文化背景的團體領導者，可能會產生反效果。

莫雷諾對團體治療發展的影響

　　最後，我想談談莫雷諾(J. L. Moreno)對團體治療領域的深遠貢獻。我對他所開創的技術了解越多，就越意識到他是一位團體實務的天才。若說他遠遠超前他的時代，並不足以概括出他的貢獻。他依據自己的見解，創造出將感情、想像和行為相整合的方法。正如布拉特納夫婦(Blatner ＆ Blatner, 1988)所寫到的，儘管他起了開拓的作用，莫雷諾的工作並沒有在美國得到廣泛的接受。心理學界的大多數專業工作者認為他是個異端，他的治療方法偏離了分析學派與非分析學派的軌道，他常常被描述為一個自以為是的自我陶醉者。布拉特納夫婦認為，基於時代的約束和個人的個性，莫雷諾的方法沒有得到公眾或專業界應有的賞識。

　　當莫雷諾運用心理劇方法時，他的熱情轉化為一種積極的領導角色。雖然他自己的風格過於誇張，但他富有熱情和直覺。他的妻子澤卡認為，可以採用一種不同的、但也很有效的方法。她的方法比她丈夫的方法更加溫和、精巧。

　　莫雷諾選擇了他自己的墓誌銘：「躺在這裡的人，將歡笑帶回心理分析治療界。」他帶著尊嚴、創造性和控制力，走向生命的終點。當他八十五歲時——已經歷了充實、富於活力的一生——他的身體衰弱了，於是，他選擇了自己的死亡方式，他停止進食，只是喝水。他證實了即使是在死亡的時候，他也是命運的導演和演員，因為他以自己的方式、自己的節奏，走向死亡(Fine, 1979)。

　　當你讀到其他團體治療方法時，你會發現許多心理劇的基本概念和技術出現在有時被稱為「革新療法」的方法中。正如我在本章開始時所提到的，許多經驗主義治療方法，大量借用心理劇，甚至認知、行為取向的方法，也常常使用角色扮演法。因此，學習心理劇方法是很有價值的，它可以從多種方式與本書介紹的其他治療方法相結合。

　　如果你願意更了解心理劇的實用價值及其應用，那麼，就不要侷限於只是從雜誌和書本上閱讀心理劇方法。應當尋求一些進階訓練和督導，參加一些有水準的團體，並以團體成員的身份體驗心理劇。你不僅能學到這

個治療方法在團體中如何發揮作用，而且還可以處理個人問題，並尋求解決問題的新途徑。

問題與討論

1. 從基本概念和治療技術來說，心理劇團體和心理分析團體有何顯著的區別？當你按照心理劇的架構領導團體成員時，你發現心理分析術語中的某些思考方式了嗎？

2. 你認為心理劇技術最適合於哪種群體？你不贊成哪些人參加心理劇活動？

3. 心理劇把過去和將來的事件當作目前正在發生的事件來處理，你怎樣看待這種做法？你認為這種現實中心(present-centered)的焦點有那些優點？對於團體成員們把所有的體驗帶入「現時」，並要求當事人重演過去事件或表演出預期的未來事件，你覺得有何問題？

4. 一位成員認為心理劇具有人為色彩，因而拒絕參加任何一種形式的角色扮演，你如何對待這位團體成員？如果這個人對你說：「你為什麼讓我回到過去，使我一生中痛苦的時代復甦呢？我已經盡力忘記了那些艱難的經歷。表露那些煩惱的往事對我有什麼好處呢？」你會怎樣回答？

5. 當你正在領導或將要領導團體時，你喜歡採用哪些心理劇技術？你如何將這些心理劇的基本概念和訓練技術，融入你心目中的團體諮商模式？

6. 如果你打算在團體中採用角色扮演的技術，或者為了解決成員的心理障礙，你想創編一齣心理劇，你會採用哪些步驟使成員們預演這些技術？為了使成員們獲得足夠的信心並參加團體活動，你想採用哪些方法帶動團體的氣氛？

7. 本章講述的有關倫理規範的內容中，提到一些運用心理劇的危險性。如果這些內容也適合於你，你怎樣看待這些告誡和注意事項？

8. 當你滿懷信心地使用本章中所學到的一些技術之前，你認為哪些訓練和經驗是必要的？

9.如果你想讓你所屬的機構允許你組織並領導一個心理劇團體，你怎樣著手做準備？在你的預料中，該機構的主管會提出何種觀點或反對意見？

10.如果你是一位心理劇團體的成員，當你接觸到剛剛學會的技術時，你推測你會產生何種反應？你會是哪種團體成員呢？

參考資料

American Board of Examiners in Psychodrama, Sociometry and Group Psychotherapy. (1987). *Directory*. Washington, DC: Author. (Pamphlet)

American Board of Examiners in Psychodrama, Sociometry and Group Psychotherapy. (Undated). *Examination information pamphlet*. Washington, DC: Author.

American Society of Group Psychotherapy and Psychodrama. (1981). *Code of ethics*. New York: Author. (Pamphlet)

Blatner, A. (1973). *Acting-in: Practical applications of psychodramatic methods*. New York: Springer.

Blatner, A. (1989). Psychodrama. In R. J. Corsini & D. Wedding (Eds.), *Current psychotherapies* (4th ed.). Itasca, IL: F. E. Peacock.

Blatner, A., with Blatner, A. (1988). *Foundations of psychodrama: History, theory, and practice* (3rd ed.). New York: Springer.

Corey, G., Corey, M., Callanan, P., & Russell, J. M. (1988). *Group techniques* (rev. ed.). Pacific Grove, CA: Brooks/Cole.

Corsini, R. J. (1966). *Roleplaying in psychotherapy*. Chicago: Aldine-Atherton.

Fine, L. J. (1979). Psychodrama. In R. J. Corsini (Ed.), *Current psychotherapies* (2nd ed.). Itasca, IL: F. E. Peacock.

Fox, J. (Ed.). (1987). *The essential Moreno: Writings on psychodrama, group method, and spontaneity*. New York: Springer.

Goldman, E. E., & Morrison, D. S. (1984). *Psychodrama: Experience and process*. Dubuque, IA: Kendall/Hunt.

Greenberg, I. A. (1974). *Psychodrama: Theory and therapy*. New York: Behavioral Publications.

Greenberg, I. A. (1986). Psychodrama. In I. L. Kutash & A. Wolf (Eds.), *Psychotherapist's casebook* (pp. 392–412). San Francisco: Jossey-Bass.

Haskell, M. R. (1973). *The psychodramatic method* (4th ed.). Long Beach: California Institute of Socioanalysis.

Kipper, D. A. (1986). *Psychotherapy through clinical role playing*. New York: Brunner/Mazel.

Leveton, E. (1977). *Psychodrama for the timid clinician*. New York: Springer.

Moreno, J. L. (1947). *Theatre of spontaneity: An introduction to psychodrama*. Beacon, NY: Beacon House.

Moreno, J. L. (1958). *Psychodrama: Vol. 2*. Beacon, NY: Beacon House.

Moreno, J. L. (1964). *Psychodrama: Vol. 1* (3rd ed.). Beacon, NY: Beacon House.

Moreno, J. L. (1969). *Psychodrama: Vol. 3*. Beacon, NY: Beacon House.

Moreno, J. L. (1978). *Who shall survive?* (3rd ed.). Beacon, NY: Beacon House.

Moreno, J. L., & Eleftery, D. G. (1982). An introduction to group psychodrama. In G. M. Gazda (Ed.), *Basic approaches to group psychotherapy and group counseling* (3rd ed.). Springfield, IL: Charles C Thomas.

Moreno, Z. T. (1959). A survey of psychodramatic techniques. *Group Psychotherapy, 12*, 5–14.

Moreno, Z. T. (1965). Psychodramatic rules, techniques, and adjunctive methods. *Group Psychotherapy, 18*, 73–86.

Moreno, Z. T. (1983). Psychodrama. In H. I. Kaplan & B. J. Sadock (Eds.), *Comprehensive group psychotherapy* (2nd ed.). Baltimore: Williams & Wilkins.

Moreno, Z. T. (1987). Psychodrama, role theory, and the concept of the social atom. In

J. K. Zeig (Ed.), *The evolution of psychotherapy* (pp. 341–366). New York: Brunner/Mazel.

Nardi, T. J. (1986). The use of psychodrama in RET. In A. Ellis & R. Grieger (Eds.), *Handbook of rational-emotive therapy: Vol. 2*. New York: Springer.

Nicholas, M. W. (1984). *Change in the context of group therapy*. New York: Brunner/Mazel.

Orcutt, T. L. (1977). Roles and rules: The kinship and territoriality of psychodrama and Gestalt therapy. *Group Psychotherapy, Psychodrama and Sociometry, 30*.

Shaffer, J., & Galinsky, M. D. (1989). *Models of group therapy* (2nd ed.). Englewood Cliffs, NJ: Prentice-Hall.

Starr, A. (1977). *Psychodrama: Rehearsal for living*. Chicago: Nelson-Hall.

Treadwell, T., & Treadwell, J. (1972). The pioneer of the group encounter movement. *Group Psychotherapy and Psychodrama, 25*, 16–26.

Yablonsky, L. (1976). *Psychodrama: Resolving emotional problems through role-playing*. New York: Basic Books.

9

團體的存在主義學派取向

導言

　　心理治療的主要方法可以劃分為三大類：心理動力學取向，它強調領悟，潛意識動機，以及人格重建；各種形式的行為取向治療，諸如：溝通分析、理性情緒治療、現實療法；那些通常被稱作「第三勢力」的。我出於方便起見把它們都歸在「存在——人本主義」的模式：存在主義治療、個人中心治療、完形療法，這裡只是提到了少數而已。這些方法大部分是注重體驗和關係，它們在哲學上和治療關係的性質上，有別於另外兩類方法。

　　在以往，哲學問題和心理治療之間的關聯是很微弱的。但是近年來，尤其是存在主義取向所作出的傑出貢獻，這種關聯變得具有相當豐富的實質內容、自由、責任、選擇，以及全人的含義，已成為重大關注的焦點。

　　存在主義取向的心理學家們，背離了主宰心理學多年之久的實證方法，認為人的行為不能僅僅靠客觀的方法予以理解——也就是說，從一種外在的觀點來研究人類。這些心理學家強調必須考慮到個體的內在參照架構和主觀體驗。

　　存在主義治療可以被理解為一種探索取向(approach)，或是一種哲學(philosophy)，治療家們以此進行工作。正因為如此，它不是一種具有特殊治療方法的分立學派或是一種被簡單定義的、系統化的模式。穆蘭(Mullan, 1979)在對存在主義取向與其他大多數團體方法相比較時，不把它看作一種系統。團體領導者不能假定他或她自己知道團體的目的；相反的，要讓每一個團體參與者都來揭示這一目的。在這一章裡，我將著眼於這一取向的基本主題，或是人們普遍所關心的問題，這些內容對存在主義取向的團體領導者有著重要的啟發意義。

　　非常重要的是，要記住存在主義方法是反對心理分析和行為主義這兩大重要學派而發展起來的。尤其是它反對這些取向對人類本性所採取的決定論觀點。心理分析把自由看作是由潛意識力量、非理性驅力，以及過去事件所限定的。行為主義把自由看作是由社會文化條件作用所限定的。與

此相反的，存在主義治療這一種動力的方法，強調四種根植於人類存在的最基本問題：自由、孤獨、死亡與無意義性(Yalom, 1980)。它建立於這樣的假定之上：我們是自由的，因此我們對自己的選擇和行為負有責任。我們是自己生活的開創者，為自己的生活方式勾勒藍圖。一個基本的存在主義前提是：我們不是環境的犧牲品，我們大都是自身選擇的結果。因此，這一治療過程的目的之一，是激勵當事人去發現各種替代方法並從中選擇。對許多當事人來說，了解到他們一向使自己變成犧牲品一般地位的做法，象徵著變化的開始。我們可以認識到，我們不必去作環境的被動犧牲品，有了這種認識，我們可以有意義地成為我們自身生活的建築師。

人本主義心理學與存在主義治療之間的關係

在我早期的著作中，我嘗試把人本主義心理學的某些主要概念與存在主義治療融合起來，結果發現，學生們一時很難區分這兩種方法。的確，有些持存在主義取向的作者主張存在——人本主義的取向 （見Bugental, 1978, 1987; Burton, 1967)。在這一修訂版裡，我決定在談及對團體的應用時著眼於存在主義的治療。但我希望做一個概要的討論，來澄清人本主義方法與存在主義方法之間的區別。

㈠人本主義心理學的焦點

人本主義心理學家們從各種多樣化的領域和途徑綜合他們的理論，強烈主張不能以分割的方式對人進行研究和理解。相反的，必須通盤考慮到他們如何與其他人和其世界互動，以此來研究人。創立發展人本主義心理學的一些重要人物包括：卡爾‧羅傑斯(Carl Rogers)，羅洛‧梅(Rollo May)，亞伯拉罕‧馬斯洛(Abraham Maslow)，詹姆斯‧布根塔(James Bugental)。從一開始人本主義運動就以注重人類的獨特能力——例如，愛、選擇、創造性、目的性、關係性、意義、價值觀、自我實現、自主、責任性、自我超越、幽默、自發性——為其特徵。在人本主義心理學家們看來，任何目的在於成長發展的治療，都必須考慮到人類的這些能力。本世紀六○年代、七○年代中的會心團體運動就是由人本主義勢力發源出來的。

不幸的是，正如許多運動一樣，人本主義心理學演變為反理性主義、不考慮未來目標而任性地生存、「做你自己的事情」等對生活的極端看法。在耶樂姆(Yalom, 1980)看來，人本主義心理學的某些重要人物從這一運動的反理性主義傾向迷茫中清醒過來。耶樂姆提到，一種朦朧的關係把人本主義心理學與存在主義心理治療聯結了起來，因為它們共有某些基本的信條和假定。而且，許多人本主義心理學家們持有存在主義理論取向，例如，馬斯洛、羅傑斯、梅、佩爾斯(Fritz Perls)、布根塔等。

(二)存在主義心理治療的焦點

存在主義是一種哲學思潮，起源於歐洲存在主義作家們，例如，海德格(Heidegger)和沙特(Sartre)並不直接專注於心理治療問題。存在主義傳統強調人類存在的侷限性和悲劇性因素。它源出於一種願望：要幫助人們應付現實生活中的種種困境，諸如：孤立、疏離、空虛，其著眼點是放在單獨生存於世界並面對這種孤立引起的焦點。它並不試圖建立起種種治療規則，而是努力理解這些深刻的人類體驗(May & Yalom, 1989)。

存在主義注重了解人的主觀世界觀，因此是一種現象學的研究。治療被當成是治療者和當事人的一次旅行，一次深刻考察當事人所認識和體驗的世界的旅行。但這種類型的探索要求治療者也能接觸到他或她自己的現象學世界。布根塔(Bugental, 1987)論述過改變生活的心理治療，旨在努力幫助當事人檢查他們回答生活中現存問題的方式，並激勵他們以能促成真實生活的方式來修正某些答案。

存在主義治療最好是理解為邀請當事人認識他們沒有獲得真實生活的方式，並作出使他們成為有能力成為的那種人的決策。這種方法並不注重治療疾病，或是僅僅運用問題解決技術於真正生活的複雜任務。在寫到有關存在主義心理治療的任務時，布根塔(Bugental, 1986)集中專注於發掘當事人潛在活力的過程：

> 我們不教給他們如此一大堆東西，以便他們更好地傾聽那些他們已經
> 知道但並沒有注意的東西。這種觀點與作為拯救一個懊喪或破滅者的
> 治療相矛盾。(p.233)

負責把存在主義從歐洲帶來、並把主要概念轉換為心理治療實務的重

要人物之一是梅(May)。他的著作對存在主義理論取向的專業者們產生了重要的影響。在梅看來，成為一個人不是一種自動的過程，何況人們的確有一種要實現自身潛能的願望。這需要有勇氣，並且我們的選擇決定了我們會成為哪種類型的人。在我們內心有一種無休止的掙扎。雖然我們意欲朝著成熟和獨立發展，我們會認識到，這種發展通常是一個痛苦的過程。因此，這種掙扎是依賴的安全感與成長的快樂和痛苦之間的掙扎。和梅一樣，布根塔(Bugental, 1987)和耶樂姆(Yalom, 1980)是另外兩位當代存在主義理論的重要創始者。

(三)存在主義團體的目的

　　存在主義團體代表了一個微縮的世界，在這裡它的參與者得以生存並發揮功能。它的成員為了尋找自己是誰這一目的而聚在一起，採用的方法是公開袒露他們自己的現實問題。一個存在主義團體可以被描述為一群訂定計畫進行一次自我探索旅行的人。這種團體為成員提供了開始傾聽自己並關注自己主觀體驗的勇氣。這種內在探索的過程旨在強調當成員的意識不被治療者所指引時，他們所能發現的內容。由於願意公開表達並探索普遍性的個人問題，團體成員們建立起相互共鳴感，他們相互之間所感到的這種密切聯繫，給他們提供了許多機會從生存的其他方面運用這種團體文化。簡而言之，一個存在主義團體是這樣一種場所，在其中人們能以一種具有深刻意義的方式共同相處，而沒有那種許多其他團體所有的膚淺特徵。

　　在寫到存在主義團體的目的時，穆蘭(Mullan, 1979)作了澄清：每一個團體成員必須經過痛苦的過程，去發現他或她自己的目標。最初團體經驗是痛苦的，因為還缺乏規則和例行程序，成員還在搜索但仍尚未發現要扮演的角色。他們發現，他們在團體之前的行為在這個治療團體中並不起作用，他們會常常問到領導者的角色以及這個團體對於他們的價值。穆蘭主張，在他們成為更為真實的人的旅途中，通常在面對他們的現狀時，體驗到痛苦和絕望。最後，他們的壓抑被平靜和快樂的時刻所取代，但道路仍然曲折坎坷。

主要概念

　　在這一章裡，我們將探察存在主義取向的某些主要概念，以及它們對團體實務的啓發意義。這些概念是：自我覺察、自我決定和責任、存在的焦慮、死亡與不存在、尋求意義、尋求真實性、孤獨／關聯性。這一章並不著重介紹團體技術，而是強調理解這些主要概念如何運用於一個團體。

　　在貫徹這種想法的過程中，我從自己對存在主義取向的觀點來寫這一章。焦點放在絕大多數存在主義學者和實務工作著所關注的概念上。將某些貫穿於各種不同人本主義著作中的重要主題加以總結，並應用於團體實務中。

自我覺察

　　自我覺察的能力使我們與其他動物有所區別，並使我們能夠作出自由選擇。我們的覺察越強，我們的自由可能性越大。即使我們無奈於社會文化條件的決定力量以及遺傳稟賦強加給我們的種種限制，我們仍然能夠在這些限制性因素的認識基礎上作出選擇。正如梅（May, 1961）所說，「無論使人類痛苦的力量有多大，人們有能力知道他正在忍受煎熬，並因此以某種方式影響他與宿命的關聯。」（pp.41-42）不僅如此，由於我們的自我覺察，我們開始認識到與這種自由相聯繫的選擇和行動的責任。

(一)對團體工作的啟示

　　正如我們前面所提到的，存在主義治療的基本目的是擴展自我覺察，並因此增加選擇的潛在可能性。在團體中，這一目標是經由幫助成員發現他們是這世界中的獨特存在來實現的。團體成員會問自己一些問題，設法定義自己，並進而認識自身存在的核心內容：「在多大程度上我認識到我是誰以及我要去往何方？我是怎樣體驗自己的世界的？我對我所經驗的事件賦予什麼意義？我怎樣才能增強我的自我覺察？擴展的意識以什麼樣的具體方式來增加我的選擇範圍？」

按照梅(May, 1983)的說法，治療的任務是要闡明存在。當事人努力儘可能充分地認識自己的存在，包括實現自己的潛能，並學習在它們的基礎上採取行動。存在主義的一個核心主題，是嚴肅的對待存在問題。

　　在團體情境中，團體參與者有機會表達他們自己的獨特體驗以及他們主觀的世界觀。他們也會受到其他人的直率的面質，並由此學習處理他們的焦慮，此種焦慮產生於人們不得不選擇使日常生活中角色的秘密被揭開。正如我們將在本章後面的篇幅中詳細讀到的，存在主義們從積極的意義來看待焦慮。焦慮有助於使我們「團體化」，使我們覺察到我們不過是做了別人要我們成為的那種人，它反映了我們是獨特的，並且有潛能實現我們的特殊能力。

　　但焦慮畢竟是令人不舒服的。希望避免與不斷增長伴隨自我覺察的焦慮，會促使團體參與者運用自己的自由實際地減少自我覺察，並因此從生活中退縮。肯普(Kemp, 1971)寫到，為了逃避焦慮，當事人們會放棄自己的認同（通常是潛意識的），使自己淹沒於團體之中，毫不抗爭地屈服於生活情境，以及試圖靠實現他人的期望而生存。其結果是，他們放棄了與自己的交流，放棄了他們的個體性。

　　因此我相信，團體領導者需要告誡他們團體中的成員，他們必須為尋求更大的自我覺察付出代價。當人們的覺察變得越來越強時，他們發現此時已是越發難以「回到從前」了。如果不考慮一個人的生活品質而生存，也可以帶來一定程度的滿足，或者，至少是安全的。當我們打開先前關上的門，我們既可能看到強化我們生活質量的潛能，也會遭遇到更多的苦惱。這種體驗可能是激動人心和令人快樂的，但也可能是令人驚恐的，而且有時是令人壓抑的。這一問題應在團體的早期階段予以說明，以便成員們了解這種需要，即是否他們願意付出為增強自我覺察所需要的代價。

　　較高層次的自我覺察能使我們認識到哪些選擇？下面列出的是部分內容：

　　　□ 我們可以選擇去擴展我們的覺察，或者我們選擇去限制自己的視野
　　　□ 我們可以決定自己的生活方向，或者我們可以讓其他人或環境力量
　　　　來為我們決定這一方向

□ 我們可以運用我們行爲的潛在能力，或者我們選擇不做任何行爲

□ 我們可以選擇與別人建立起富有意義的聯繫，或者我們選擇孤立自己

□ 我們可以尋求自己的獨特性，或者我們允許自己的身份消失在順從之中

□ 我們可以創造和發現自身生活的意義，或者我們可以作爲一種空虛和毫無意義的存在

□ 我們可以從事某種冒險，並體驗與自我決策相伴隨的焦慮，或者我們可以選擇依賴所帶來的安全感

□ 我們可以接受終將死亡這一不可避免的事實，最大限度地獲益於現實，或者我們可以因這種現實所產生的焦慮而把自己隱藏起來，對其視而不見

□ 我們可以使自己投入運用自己的全部潛能的努力之中，或者我們可以勉強接受憑我們一小部分能力所發揮的功能

(二)舉例

下面所舉的例子是要說明團體中的成員們怎樣逐漸地達到較高的覺察。這個例子以及描述這一章中其他主要概念的例子，均引自我在我所領導的團體中的經歷。爲對當事人的身份保密起見，我更改了姓名和具體的事實細節，並且我所選擇的例子都具有一定的普遍性——也就是說，它們是經常在一個團體中發生的。

當水晶第一次進入這個團體時，她不能理解表達強烈的情緒有什麼價值，並堅持說，無論如何，她必須保持理智。她努力試圖在任何情況下都約束自己的情緒，因爲她擔心一旦她允許自己帶上強烈的情緒體驗，她會「發瘋」。這種嚴密控制情感的需要，以多種方式表現出來。例如，當其他團體成員吐露出痛苦的情緒事件時，她變得很驚慌，並試圖離開房間，她也時常反對團體中的其他成員表達強烈的情緒。然而，在一次團體聚會上，另一個成員的作爲引發了水晶某些非常痛苦的回憶，由於某種原因，這使她充分地感到，她要讓自己說出她童年時與父母離婚有關的一副景象。突然地，她再一次變成了那個受驚嚇的孩子，竭力懇求她的父母留在一起，

以致「完全失去情緒控制」。

這次意料不到的經歷使水晶覺察到：她一直是在壓抑自己的強烈情緒體驗，她為避免「過多痛苦」而採取的防衛姿態，使得她很難與其他人相親近，難以表達憤怒，也難以證明她聲稱目前在自己的家庭中所體驗的愛。她還了解到，她不會因允許自己體驗內心深處的情感而「發瘋」。在那些經歷之後，她便選擇使自己接受種種感情，也不再因擔心自己不能承受其他成員的強烈情緒而跑出房間。

自我決定與個人責任

另一個存在主義的主題是，我們是自我決定的存在，有自由在各種可能性中作選擇，因此有責任指導我們自己的生活並決定我們的命運。存在主義者們的觀點是，雖然我們被推進這個世界，但我們怎樣生活以及成為什麼樣的人，是取決於我們自己的選擇。正如沙特(Sartre, 1971)所指出的，我們的存在是被決定的，但我們沒有、也不能有一種固著的、被設定的「屬性」或「本質」。我們不斷地面對著必須確定我們要成為哪種人的選擇，而且只要我們活著，我們就必須繼續作選擇。沙特說：「被宣告具有自由的人類，在雙肩上承受著整個世界的重負；他對這個世界和對自己負責，以此作為生存的方式」(p.533)。在沙特看來，我們不過是我們行為所表現出來的內容，我們的作為並不是過去歷史的結果，從這層意義上說，我們是自由的。然而，我們又時常要作出辯解，因此是以「不誠實」的方式行動的。

羅素(Russell, 1978)指出，在沙特看來，這個世界上沒有什麼具有獨立於我們的意義，我們負責使這個世界成為一個具有重要意義的場所。羅素寫到：「每當我們採取行為時，我們都以自己想要成為的那種人來選擇並創造我們自己，而這一過程從無止境——我們從不確定自己究竟是什麼——但卻在每一次塑造我們的行為中被創造」(p.262)。我們對自己行為的結果、對任何行為上的無能負責：「我賦予我的現實以重要性，我譜寫我自己世界的意義。……當我把自己看作是行動主宰，以及（相應地）我賦予我的世界重要性時，我為此獲得一種更強烈的責任感」(p.261)。

維克特‧富蘭克(Viktor Frankl)是一位存在主義精神醫學家，他強調

自由與責任之間的關係，認為我們的自由不可能被取替，因為我們至少還可以選擇我們對任何特定環境的態度。為了支持這一觀點，富蘭克(Frankl, 1963)引述了他自己在德國集中營的經歷，在那裡的囚犯被剝奪了任何形式的外在自由。他主張，即使在這一種極度無能為力的情境中，人們終究仍可以是他們自己的主宰，因為他們對自身所遭遇之痛苦的態度是他們自己的選擇：「歸根究底，生活意味著承擔責任去尋找問題的正確答案，並去實現這一不斷擺在每一個人面前的任務」(p.122)。富蘭克的存在主義治療，又稱作意義治療(logotherapy)，它意味著當事人自己造成了他們所體驗的痛苦。對於限制他們自由和充分生活之能力的種種症狀，他們負有責任（但並不因此而受譴責）。導致他們悲慘現狀的，不僅僅是境遇或他人的行為，因為他們自己也創造了自己的環境。重要的是，當事人要認識並接受他們在造成自己的痛苦中所引發的作用，只有如此，他們才有可能改變自己。如果他們要等待其他人去改變或是環境作改變，而不是採取行動去促成改變的話，那麼，他們會更加劇自己的悲慘和絕望。

(一)對團體工作的啟示

存在主義團體的成員一再地面對著這樣的事實：他們不能逃避自由，他們對自己的存在負有責任。接受這一自由和這種責任會產生焦慮，與作出抉擇相伴隨的風險和不確定性，同樣也帶來焦慮。存在主義團體的另一個目標，是幫助團體參與者正視並應付這些焦慮。關於自我決定這一問題，團體領導者的主要任務是幫助成員正視自身的自由這一現實。團體參與者通常以受害者的形象出現，談論他們的無助和無能感，為他們的悲慘現狀指責別人或環境。簡而言之，當事人們通常並不意識到，他們的確作出了種種決定，或是他們嚴重地限制了可能的選擇範圍。對成員們來說，在走向更大程度的自我決定的道路上，一個良好的開端是，認識到他們對自己的自由所給予的限制，認識到他們計畫要扮演的角色。當人們開始相信他們能指引自己的命運時，他們最終實現了對自己生活的控制。

耶樂姆(Yalom, 1980)主張，團體為針對個人責任的治療工作提供了最佳條件。如果這個團體有此時此地的專注焦點，成員們就能被鼓勵去觀察他們怎樣使自己處於受害者一般的地位。在耶樂姆看來，成員對他們在團體環境中所採取的人際狀況負責任，也可以從中窺見他們在生活情境中的

行為。對那些把自己描述為外界環境受害者的成員們，可以給予挑戰。經由回饋，成員們學習從別人的眼光來看待自己，而且也了解自己的行為影響他人的方式。進一步地，他們學習到團體情境如何反映著日常生活中的情境。在這些發現的基礎之上，他們也看到自己的行為是怎樣影響他們對自己的認識和評價，並且能對促成變化承擔責任。

從耶樂姆(Yalom, 1980)的觀點來看，存在主義團體領導者鼓勵成員為團體是否發揮功能而承擔責任。在這種情況下，團體成員們學習到為自己生活承擔更大責任的方法：

> 互動式治療團體強調責任承擔，承擔的方法既包括使成員覺察到他個人在造成令人不滿的生活情境中所引發的作用，也要強調成員在團體行為中的作用。其指導原理是，如果成員為團體的功能承擔責任，那麼他們會意識到他們有能力（和責任）在生活的所有領域中承擔責任(p.240)。

(二)舉例

愛德華不願意參加我的一個團體。我說「不願意」是因為他對參加一個團體的價值有相當嚴重的疑慮。在五十二歲時，愛德華作為一個成功的商業經理，開始一種單調的、穩定的，但卻是舒適的、安逸的生活方式。當他參加團體時，他以這樣的陳述來表白自己：「我不知道是否這個團體會對我有什麼好處。坦率地說，我認為我已經太老了，不會有什麼變化了，我目前所擁有的，是我希望從生活中得到的最佳狀況。我相信一切事情恐怕都只會如此維持現狀罷了。」儘管他作出這樣的表白，儘管他的生活井然有序且安逸，他覺得他正在「枯萎」，生活已失去了情趣。他打算要有所改變，儘管他並不能確信這種改變是否還有可能。

經由參加那個團體，愛德華開始認識到，他的確還有選擇餘地——比他想像的可能性要大得多。過去他一直因為他不能改變工作和以自己想要的生活方式去生活而抱怨妻子、他的三個兒子和女兒。當然，他是把眼光放他的家庭期望上，來避免為他自己的問題承擔責任，而不是考慮他們期望他做的事情。

其他團體成員和我促使愛德華去考慮一下他自己：他希望怎樣去改變

他的生活。我問他這樣的問題：「如果你要繼續按你現在的方式度過你的餘生，沒有任何重大的變化，你會對此有什麼樣的感受？」「假設你的家庭願意朝向你希望的生活方式作改變，一年之後你的生活會和現在有什麼不同？五年之後呢？」「現在你能採取哪些步驟來幫助你作出所需要的某些改變？妨礙你採取這些步驟的因素是什麼？」

當愛德華離開團體時，他至少看到，他不必以一種「毫無任何滋味的生活方式」生活。雖然他並沒有對改變自己作出任何重要的承諾，他的確感到，如果他想要有所改變的話，他是能夠改變的，而且，如果他願意冒風險的話，他的生活會更為豐富。在我看來，他認為他的確有選擇餘地的這種認識，要比他作出具體的選擇更為重要。作為一個團體領導者，我的任務不是迫使他作出我認為理想的選擇，而僅僅利用團體中的力量幫助他認識到他既是自由的，也是對自己的生活方向負有責任的。團體領導者的核心功能，是幫助人們接受自己生活態度的基本挑戰。

在我的另一個團體中，一個成員拒絕為她缺乏指責父母的自由承擔責任。當指責她的依賴性時，薇奧麗特自我防衛地說：「如果我會為生活擔憂的話，那是因為在我小的時候，他們沒有給予足夠的關心。我現在害怕男人是因為我父親是個冷血動物，從來不使我感到可愛和有價值。假如我母親一向督促我靠自己做更多的事情，而不是一切事情都替我做了，也許今天我有自信靠我自己的能力自立。」薇奧麗特一直把自己的精力投入到尋找為什麼她害怕生活、為什麼為自己的問題指責父母，而不是努力弄清楚她現在實際能做些什麼事情來充實自己的生活？

基本說來，我在團體中對薇奧麗特所做的工作包括：讓她正視現實，只要她一味依賴過去而為不願自己作出決策辯解，她就會繼續感到無助。她被鞭策作出決定：是否她仍要繼續做這個「被害者」，還是要開始鍛煉自己為自身設計生活的自由，以便她能有效的生活。在那個團體結束以後，薇奧麗特報告說：

> 有時我想知道如果我從沒有參加過團體、了解我對自己所做的一切，那將會是怎樣。在那時我感到安逸多了，因為和現在相比，我那時所面對的選擇少得多。以前，這個世界是一塊荒蕪之地——在那裡我看

不到任何快樂——但是那卻很安全，很少有挑戰。即使我能夠返回到那個安全、依賴的時代，我想我也不會那樣做的。我已經走得太遠，不可能返回了。儘管有好幾次我問自己，是否這一切都是值得的。

存在的焦慮

從存在主義觀點來看，焦慮是人類的一種基本特徵。因此它並不一定是病態的，相反的，它可能是促進發展的一種強大動機力量。正如前面所說的，焦慮源於不得不在沒有明確的指導、不了解將會產生什麼後果的情況下作出決策，源於意識到我們最終要對自己行為的結果負責。用祁克果(Kierkegaard)的話來說，焦慮是「自由的眩暈」。從某種程度上我們知道，為了使自我產生新的因素，我們舊有的部分必須死亡。為了成長，我們必須將熟悉的安全方式與新的、未知的方式相交換，這種認識本身就是一個焦慮來源。梅(May, 1983)斷言「焦慮是對急迫的喪失存在恐懼的體驗」(p. 109)。雖然我們可能不歡迎這種焦慮，它卻是我們成為我們所能夠成為的存在過程，所必須付出的代價。

焦慮是一種成長的催化劑，它鼓勵我們採取行動作出改變。它象徵我們的活動正變得蒼白無力、了無生趣，說明我們可以作出一些改變。西德尼‧喬拉德(Sidney Jourard, 1968a)寫道，正是在我們發現自己的存在空虛和厭倦的時候，我們大膽地嘗試新的存在方式而超越自身的侷限。我們知道當我們體驗到停滯不前、壓抑、罪惡、甚至絕望時，我們已作好準備予以改變。喬拉德指出，我們可以選擇如何對這一焦慮作出反應。我們可以讓自己充分體驗種種情緒，以便使我們知道「所有這一切都是不好的」，並因此認識到改變的需要。或者我們可以壓抑它們並忽視這些信號，以便我們繼續生活在自己陳腐的安全生活之中，避免改變。喬拉德說，「如果你幫助我放棄舊的、現在不再令人滿意、愉快或值得實現的計畫，並鼓勵我大膽嘗試新的計畫，你就是在幫助我成長」(1986b, p.12)。當我們麻木於存在的焦慮，我們即束縛了生活並限制了自己的選擇。因此，我們所付出的代價的確是極高的。

(一)對團體工作的啟示

　　布根塔(Bugental, 1987)的看法很類似喬拉德,他把針對存在焦慮的治療工作描述爲去除防衛性,就像剝洋蔥一樣。當事人所述及那些潛在的與其體驗的焦慮相聯繫的人類生存狀況,正是深入治療的核心。這些存在焦慮的來源必須被正視,並在治療中予以處理;它們涉及到認識我們的獨立和我們對其他人的需要,認識我們對不能眞正地生活的罪惡感,認識到普遍的空虛和缺乏意義,認識到爲自己作出抉擇的責任重擔,認識到我們對死亡和不存在的恐懼。隨著治療的展開、抗拒性被驅除,當事人常常痛苦地認識到他們曾花費多大的精力去維持一個他們自身不可能實現的理想形象;他們還會看到,他們必須讓舊的、導致限制存在的想法消除。當這些團體成員們放棄他們虛假的角色時,即能夠給自己的生活帶來新的質變。他們舊有的自我消失了,爲一種新的經驗騰出了空間。然而這一過程通常也是引起焦慮的過程,因爲它意謂著當事人要放棄他們業已熟悉的生活方式。正如布根塔(Bugental, 1978)所說:「從一種非常現實的意義上說,當事人必須至少在一個短暫脫離控制的時期,因爲以前控制所依賴的方式已經與舊的存在模式聯結在一起了。除非它們被眞正地擺脫,否則它們不可能被取代。」(p.79)。

　　由於焦慮是令人不適的,我們有時嘗試減輕或乾脆逃避它。但即使我們努力逃避焦慮,產生焦慮的條件狀況並沒有魔術般地消失。因此,團體領導者的任務之一,是鼓勵團體參與者把焦慮看作是促進發展的動力,幫助他們鼓起面對並徹底解除焦慮的勇氣。下一步是鼓勵成員作出一個行動計畫。經由團體領導者和團體中其他成員的支持,成員們可以被鼓舞去探索未知的途徑,並考察自己新的層面。這種探索甚至會導致更大的焦慮,但是如果這個人處於發展過程之中,他或她知道團體成員並不必是破壞性的,而是一個人束縛性的存在模式所必須付出的代價。

　　在我的團體中,我總確保成員們理解存在的焦慮與神經症焦慮之間的重要區別。存在性焦慮可以是促進發展的一個強大的動機力量,而神經症焦慮「產生於一個人不能正視存在性焦慮,並針對它作出積極的抉擇,反而去逃避存在焦慮」(Shaffer, 1978, p.29)。因此神經症焦慮與一個解脫性因素的作用相反,進一步限制了人的生活。

(二)舉例

　　對其大部分生活來說，安娜總是讓別人為她作出決定。她從不批判性地接受她父母的宗教價值觀，一向依賴教堂為她作出決策。在她這一階段生活中，她苦苦地遵循她賴以生長起來的價值觀，經由在團體中的工作，安娜開始越來越清楚地看到，如果她想要成長，她必須對她自己的抉擇承擔更多的責任。因此，她決定在她自身去尋找力量和方向。這一決定給她帶來極大的焦慮，她急促詢問自己：「我正在做的事情是正確的嗎？」，「如果我現在靠自己所作出的道德抉擇是錯的，將會怎樣？」

　　安娜花了很長一段時間才開始信任自己，並渴望放棄那種靠某些權威來解答自己問題和保證自己安全的需要。雖然每次只有一點點進步，但無論如何，她開始體驗一種新的能力感，為感到能支配自己的生活而欣喜，即使她總要和與此相伴隨的衝突和懷疑做抗爭。的確，如果她繼續依賴外在指導的話，她會更舒服一些。然而當她認識到，她一向讓別人為她作大部分的重要決定時，她也看到了她是如何放棄對自己生活的支配權。在為自己選擇時，她仍然體驗到不能確保她所做的是正確事情的焦慮。

死亡與不存在

　　存在主義者把死的概念看作是揭示生活的意義和目的的工具。死，就其本身的全部內容來說，是這樣一種事實，它使現有的時光具有格外重要的價值(May, 1983)。對我們自身限制性的認識，給我們的存在賦予意義，因為它使得每一個行為都十分重要。生活是有意義，正因為它是有終點的。現實是寶貴的，因為它是我們所真正擁有的一切。正是我們這種非永恆的世俗本性，使我們有一種急迫感，要讓我們的生活有所作為，要在兩者之間作出選擇，或是成為我們有能力成為的人而肯定生活，或者讓生活從我們身上溜走而最終發現我們從沒有真正地活過。耶樂姆(Yalom, 1980)對這一問題總結說：

死和生是相互依存的，雖然死在肉體性上摧毀了我們，但在觀念上卻拯救了我們。對死的認識促進了對生活的深刻認識，提供了生活觀的根本轉變，並使一個人從閒散、平靜、很少焦慮的生活模式，轉入一種更爲眞實的模式(p.40)。

穆蘭(Mullan, 1979)提出這樣的觀點：死是不可避免的，在存在主義團體中總要處理並接受它，因爲它總是現實的。團體成員要面對這一問題，並處理由它所帶來的焦慮，絕不可忽視它。依穆蘭看來：

死亡主題是令人警醒和具有挑戰性的，但並不是像有些人所說的，是可怕的和虛無的。藉由它的運用，患者們自身日常追求的卑微性受到轟擊。他們的日常習俗、慣例、傳統、習慣，都被付之一炬。一旦他們面對自己不可避免的死亡，許多人便不再做過去歷史的犧牲品。過去他們的父母具有無理的權威；突然地，他們發現，他們現在必須行動起來，激發前所未有的力量(p.173)。

因此，人是唯一具有強烈未來意識的生物，需要應付生命的結束，海德格將此稱爲「可能性休止」。由於我們當中許多人害怕面對自己死亡的現實以及由此產生的焦慮，我們往往嘗試逃避覺察這種現實。但試圖逃避面對死亡的代價是慘重的。用梅(May, 1961)的話來說：「否定死亡的代價是無窮的焦慮，與自我疏離。要完全徹底地了解自己，人就必須面對死亡，覺察到個人的死亡。」(p.65)。富蘭克(Frankl, 1963)對此表示贊同，並補充道：決定我們生活品質和意義的，並不是我們活了多長，而是我們怎樣生活。

(一)對團體工作的啟示

對死亡和由它所產生的焦慮的認識，對團體工作實務有著重大的啓示意義。對充實的生活而不是僅僅對生存的關心，是許多團體中一再出現的主題。通常，我處理這一問題的方法是，鼓勵團體成員眞誠地詢問自己，他們對自己的生活品質有何感受，然後，我讓他們假設他們知道自己就要死去，再來回答同樣的問題。這兩個回答有什麼區別？他們是否還有什麼沒有實現的決定？或者是否他們忽視了作出改變的機會？經由反省自己未

解決的問題，團體參與者可以了解到，他們並沒有按照他們所喜歡的生活方式去生活，然而他們有能力找出這一令人不滿的現實的原因。有時，有關一個人死亡的夢，也象徵著一個生活階段、某些興趣、工作、或關係的終結。

我發現，把軀體死亡的概念擴展到其他種類的死亡，是很有用的。即使我們的肉體仍然活著，在生活的某些重要方面，我們可能已經死亡或正在死亡。或許我們已對自己的情感麻木不仁，或陷入一種麻木的角色。我們可能已經失去對生活理性的好奇和探索，也許我們與重要他人的關係已失去尋常生命力的活動特徵，我們所做的一切已失去了意義。一個團體可以是一很好的場所，讓我們認識到自己已趨於陳腐，使我們正視自己所願意去做的事，以便有所改變和重新充實。

改變的過程永遠會招致我們的一部分消亡，以便為新的成長開闢空間。而成長往往要求我們願意放棄熟悉的生存方式。我們可能需要在能夠發展並建立新的模式之前，為我們的喪失體驗一個階段性的痛苦。團體提供了一個安全的場所，讓成員得以體驗這種哀傷，探索與變化相伴隨的不確定性，嘗試新的生存方式。

(二)舉例

在我另一本名為《我從不知道我可以選擇》(*I Never Knew I Had a Choice*)(Corey & Corey, 1990)的書裡，我討論了死亡之自由(freedom in dying)的概念——這一命題是指，即使行將死亡，關於我們怎樣面對和處理所發生的一切，我們仍然有所選擇。正當我在寫本書的這一節時，我的一個朋友，一位前任團體成員，吉米死了。他允許我使用他的真實姓名並公開他死前的某些重要事情。

吉米二十五歲。他生活得很充實，似乎會有一個光輝的前途，在他發現他患有一種罕見的癌症之前。在團體中，他談論他對死亡的恐懼，表達他對這一現實的憤怒：他再也不能去大量運用他所學到的東西，因為他的時間太有限了。正如他所說的，「我終於了解到，我還可以做很多事，我是可愛的。我真希望能在此刻停留，讓所有愛我的人快樂！」

他的天賦和對生活的興趣，以及他的諮商和團體經驗，使他能夠勇敢地面對死亡，並對它注入新的意義。即使在他得知他的病是絕症時，他仍

繼續在大學裡修課程，因爲他喜歡與這裡的人接觸。他決定不再留在醫院裡，不再接受化學治療，主要是因爲如果他不能充實地生活的話，他不想延長他的生命。吉米作出決定，接受上帝進入自己的生活，這使他感到安詳和平靜。他做了絕大多數他想要做的事，對生活和他周圍的世界保持著一種積極的興趣。和我所認識的其他任何人相比，吉米更關心他的未解決的問題。他說出了他想對家庭和朋友說的所有事，並爲他的葬禮做了一切安排，包括邀請我的妻子瑪麗安致悼詞。

吉米向我表明，他的死亡方式和他的生活方式並沒有什麼區別，藉由他，我對死亡和生存學到了許多東西。就在彌留之際，吉米告訴我，他對自己所有過的生活沒有任何遺憾，因爲在這短短的二十五年裡，他比許多年長的人生活得都更充實。他還講到，雖然我們對死亡中所失去的一切沒有選擇的餘地，但我們仍然能選擇我們對死亡的態度。

尋求意義

努力尋求生活中的重要意義和目的感，是人類的一個獨有特徵。我尋求意義和個人認同，並提出種種有關存在的問題——「我是誰？我要去哪裡？爲什麼去那裡？爲什麼我在這裡？我生活的目的和意義從何而來？」對存在主義者來說，生活本身並沒有什麼積極的意義；它有賴於我們去創造意義。當我們在這個常常看來毫無意義甚至荒唐可笑的世界中努力抗爭時，我們對以前從沒有懷疑過的價值觀發起挑戰，我們發現自己新的方面，我們試圖緩解矛盾和分歧，而且，通過這種做法，我們創造出我們在世界中的意義。

富蘭克把他的一生都奉獻於發展以生活中的意義爲基礎的存在主義治療取向。在他看來，人的核心問題是揭示那賦予一個人生活方向的意義。在他的臨床工作和研究的基礎上，富蘭克總結道：缺乏意義是現代社會中存在的壓力和焦慮的主要來源。他把存在的神經症看作爲空虛的體驗。許多人尋求治療是因爲他們有一種存在的空虛(existential vacuum)，或是一種內在空虛感，它來自不追求任何意義。因此，依據富蘭克的觀點，治療應當被設計爲幫助當事人尋找他們生活的意義。

富蘭克(Frankl, 1963)說道，有許多尋找意義的方法——經由工作、經由愛、經由創傷、經由為別人效勞。在他看來，治療者的作用並不是告訴病人他們生活中的特殊意義應當是什麼，而是鼓勵他們為自己發現意義。他相信，即使創傷也可以是成長的源泉，而且如果我們有勇氣體驗我們的痛苦，我們能夠從中找到意義。痛苦可以因我們採取勇敢面對的立場而轉化為成就。面對痛苦、絕望、死亡，及努力了解它們對我們的意義，我們把生活中的消極的方面轉化為成功的喜悅。

㈠對團體工作的啟示

尋找意義的問題，以及相關的懷疑，乃至摒棄已不再有意義的價值觀問題，都是團體中常常探索的。摒棄舊的價值觀但不尋找新的、更適宜的價值觀來替代，是許多團體成員們所共有的問題。有些人依憑一種他們從不懷疑的、被傳遞給他們的、僅僅是被調和的價值系統生活。另一些人屈從於團體壓力而喪失他們自己的認同，因而拒絕他們自己的內在真實性，以便符合社會習俗。

這種治療過程的任務之一是，使當事人正視這一現實：他們正憑恃不加檢驗的、不再貢獻於有意義的生存價值觀而生活。我們也許不必對已有的、並不有助於我們探求意義的價值觀負責任，但我們無疑須對依賴於它們而不能尋找新的價值觀負有責任。在團體環境中可以探討的一些有益的問題如下所列：

  □ 「你喜歡你的生活方式嗎？如果不的話，你對此採取了什麼措施？」
  □ 「你生活中的哪些方面最使你感到滿意？」
  □ 「什麼東西妨礙著你去做你真正想要做的事情？」

憑藉團體的支持，團體參與者可以找到力量去懷疑和摒棄某些價值觀，並創造出一種發自內在的、與其生存方式相一致的價值系統。這一過程往往會產生，至少會持續一段時間，而且人們會在缺少明確價值觀的情況下徘徊。團體領導者的工作是提醒這些人，學習建立起為探索自我所必須的自我信任、發現一個自己的價值觀、並憑藉它們生活，這是一個漫長而艱苦的過程，需要有堅定性和耐心。

(二)舉例

　　以下的例子描述了團體成員們在嘗試重新定義他們的生活，並建立起自己的價值系統的時候，所面臨的挑戰。

　　西拉是在極為傳統的價值系統中被教養的，而她從沒有真正檢驗過這些價值觀。她感到不得不無時無刻做一個「淑女」，似乎她的父母總是在上面監督著她。無論什麼時候她想做她想做的事，她的父母都不會同意，她似乎「在聽母親和父親發言」，告訴她應該(should)做什麼、應當(ought)怎樣。在各種團體經歷中，西拉「變成她的父母」並代他們發言，教訓我們所有的人應該怎樣改變我們的方式。

　　有一次，我希望她做得好像她不做任何選擇，而只是一直保持她那父母希望她成為的窈窕淑女的形象，並讓她在幾次團體活動中誇張這種淑女般的行為。後來，她報告說這種做法「讓她噁心」，並且要有所改變，無論改變將會是多麼艱難。雖然西拉仍然尊重她在家庭中曾經學到的某些重要價值觀，她需要有擁有自由來維繫某些價值觀、摒棄其他價值觀而不感到內疚。她在團體內和團體外的努力，為她帶來新的自由，以建立她自己的價值體系——這些價值觀對她有重要意義，使她能夠憑恃自己的，而不是別人的期望而生活。

　　當赫爾曼加入團體時，他抱怨說，他感到空虛和無聊，他把自己看作是一塊石頭——缺乏生氣且不可能穿透。自從赫爾曼對他的生活意義提出懷疑後——他堅持認為自己的生活毫無意義、空虛、消亡——我的協同領導者和我邀請他接受我們看作為死之願望的東西。我們說：「既然你說你絕大多數時間裡覺得麻木和空虛，讓你自己現在死在這好了。躺在那邊，想像你已死過去了。我們會用一塊布把你蓋起來，我們都來談論你，就好像你已經死了——談論我們怎樣看待你？我們對你有何感想？我們還會為你致悼詞。躺在白布下，讓你自己充分體驗你如此頻繁地提及的死亡。請你自己決定什麼時候你想扔開白布重新開始生活。」

　　赫爾曼在好幾次團體集會中都躺在那裡，當他終於「恢復生命」的時候，他帶著深刻的情緒把這種體驗與團體聯結在一起。結果，他開始明白他是怎樣把自己和別人截然隔離開來，以及他是怎樣促成這種麻木的。於是他能夠探索和鑒別種種新的方式，使自己與他人相聯繫，與人相接觸，

克服他心理的和情緒的麻木。

我想強調的是，我們對赫爾曼所使用的技術是相當有效力的，它能引起強烈的情緒。重要的是，團體領導者要具有後續的治療技術，謹慎且有效地對待由這一技術所可能產生的任何後果。同樣重要的是，在使用這樣的技術之前，在成員與團體領導者之間要有高度的信任度，因為它可能被當事人看作是具有傷害性的。

尋求真實的生活

神學家保羅‧提里克(Paul Tillich, 1952)使用這樣一個片語「生存的勇氣」(the courage to be)，來表達肯定自己，並發自內心地生活的精神實質。發現、創造、保持我們自身的深層內涵，是一種艱巨的、永無止境的努力。

要真實地活著，意味著去做一切能證明我們自己的事。金(Keen, 1970)說道，「真正的生命產生於焦慮」，這種焦慮是源於我們從不知道是否我們作出了「正確的選擇」，從而表現出行為的勇氣。「究竟選擇此一或彼一行為，或在認知上模稜兩可的情境中選擇此種或彼種價值觀，是要由人自己來掌握，要成為一種力量，樹立自己的正確性」(p.65)。

當我們進入一種真實的生活，我們便永恆地成為我們有能力成為的人。真實的生活還包括認識並接受自己的侷限性。「酒癮者的禱告」對這種認識和接納提供了一個很好的例子：「上帝授予我安詳，接受我不能改變的事，給我勇氣改變我能改變的事，賜我智慧認識這種差別。」

富蘭克喜歡以特別的手法引用的一個例子是歌德(Goethe)的勸誡：「如果我們對待一個人就如他現在這樣，我們會使他變壞；但如果我們以他應該成為的那種人對待他，我們便幫助他成為他能夠成為的那種人。」富蘭克認為，治療者的任務是，激勵當事人參與生活和作出承諾，而成為充實的真正的人。意義治療由於關心人們精神因素和較高的抱負，為不斷追求欲真實地生活所必須的意義，提供充分的鼓舞。

我們可能因放棄尋求自我定義、因為在團體中喪失我們的認同、因允許其他人來確定我們是誰以及我們將成為誰，而失去真實的生活。我們不

是相信自己能尋求和找到內在答案，而是成為其他人期望我們所成為的人，從而我們背叛了自己，在這一過程中，我們成為自己的危險敵人。定義自己，可用我在夏威夷所見到的一個格言來描述：「你是誰，是上帝給你的禮物；你使自己成為誰，是你給上帝的禮物。」

那些往往在常年追求從眾的過程中忽視自己內在動因的人，會在別人的價值觀和標準中喪失自己。團體中的人所表達最常見的恐懼之一是，如果他們以一種真誠的眼光看待自己，他們會發現自己不過是空虛的軀殼，沒有任何內容和實質。因此，他們害怕揭下這些面具和偽裝，因為，一旦它們沒有了，也就什麼都沒有了。

與不真實性相關聯的一個概念就是罪惡感。存在的罪惡感(existential guilt)是來源於一種無能感和這樣一種認識：我們並沒有利用我們的所有潛能——換言之，是源自陷入了一種非真實的生活。根據存在主義者的觀點，這種對潛能的忽視會導致束縛自己的生活；雖然它可能幫助我們應付未知的東西，但它的確妨礙我們的發展。最終，這種存在感的喪失會成為心理疾病。從我們不能實現潛能的程度上說，我們是不健康的。

在這個連續體的另一端，是馬斯洛(Maslow, 1968, 1970, 1971)所謂的自我實現(self-actualizing)的人。在馬斯洛看來，人努力尋求自我實現，這是一種成為我們所能夠成為的人的傾向。雖然所有的人都有一種發展他們獨特性和實現他們潛能的自然傾向，但這種自我實現的過程並不是自動的。因為成長包括一種在我們對安全和依賴的渴望、與我們對自我實現的渴望之間的掙扎，我們必須決定要將自己投入這一掙扎的哪一邊。

馬斯洛對自我實現的人格特徵做了說明，其中一部分是：內在指引、能抗拒被別人所限定、有耐性、甚至容忍不確定性、接納別人和自己、對環境有保持新的知覺、自發性和自然性、自律、有隱私和獨處的需要、深切地關心別人並有能力與別人形成親密關係、有幽默感、在自我內部沒有人為的二分法（諸如：虛弱／強壯、愛／恨、工作／嬉樂）。

(一)對團體工作的啟示

努力尋求真實性對團體工作有著深刻的啟示。一個團體提供了有效的背景，在這裡成員可以探察自我，判定一個人是否充分發揮了功能、而不是反映了別人的期望，並考慮哪些決定是一個真實的自己。在團體環境中，

成員們能夠公開的表達他們以非自我實現的方式生活的恐懼，並開始認識
到他們是怎樣損害自己的整合性。

(二)舉例

瑪塔在四十五歲時把她的絕大部分生活都奉獻給了她的家庭，她的事
例反映許多婦女的典型情境，他們曾是我團體以及個人發展工作坊中的成
員。在她的大部分生活中，瑪塔完全依賴她妻子、母親、家庭主婦的角色，
以作為認同的來源。隨著她的女兒和兒子進入高中、大學而後最終離開家
庭，瑪塔越來越頻繁地問自己：「生活還有沒有超出我所做的這一切的內
容？除了我已經負責地承擔所有角色之外，我還可以是誰？我想在我的餘
生裡做寫什麼？」

瑪塔回到大學，獲得了人群服務與心理學文憑，這是她生活中的轉折
點，因為她的文憑為她打開了許多大門。她參加了許多豐富生活的活動，
包括從事針對老年人的特殊工作。她也參加了幾個密集的個人發展進修
班，這使她有機會提出並探討這樣一些問題：「我有勇氣證實我是否為自
己創造了一個新的認同嗎？我能夠承受來自家庭要我保持他們期望於我的
風格的壓力嗎？我能做我自己嗎？」這些問題表明瑪塔的成長意識，即她
需要做一個主宰她自己的人，她要過一種真實的生活。她的自我詢問還表
明，她懂得作出抉擇意味著懷疑和努力，這是一個人必須為自己解決的。

在我的一個進修班上，西德大聲地宣稱，他不健康，厭倦做一個「取
悅他人的偽君子」。他痛苦地覺察他需要討好所有的人，並不惜一切代價贏
得讚賞，他非常害怕因努力實現別人對他所寄予的希望而喪失自己的認同
感。在團體中我們的工作順著這樣的路線展開：

杰里：　　西德，我希望你盡你最大的努力取悅我們每一個人。因為你內心
(領導者)　裡總是想討好別人，把它大聲說出來不會是很難的事。你願意做
　　　　　這個嘗試嗎？

西德：　　是的但我憎恨去嘗試討好這裡的每一個人。我想擺脫這種做法！

杰里：　　好的。但也許這會是一個開端。站起來輪流對我們每一個人談話，
　　　　　告訴我們你想像中要對我們所說的、能取悅我們並得到讚賞的確
　　　　　切內容。從我開始。

西德：　　好吧，杰里。如果我是個自我表露者，一個決定爲自己做事；並
　　　　　進而履踐這一決定的勇於冒險的人，你就會對我感到高興。

杰里：　　很好。現在繼續輪下去。

西德：　　蘇，如果我是個沒用的人，讓你保護我，你就會讚賞我。弗萊德，
　　　　　我知道如果我告訴你我認爲你是多麼棒的小伙子，你就會喜歡
　　　　　我。還有你，瑪利亞，如果我走過來直率地說我的感受而不是去
　　　　　設想你可能想要什麼，你會喜歡我的。

　　在西德表露了他想像出的可能討好我們每一個人的內容後，他有機會
向我們表達他在經歷這種嘗試的感受。他從其他人那裡得到重要的回饋，
他說，這給他一個清晰的圖畫，讓他看到自己是怎樣因試圖不顧一切地贏
得普遍的讚賞而失去他自己。我請西德在團體中實際地表現他可能取悅別
人的方式，並鼓勵他在休息時走到其他成員面前說：「現在，我需要你的
讚賞，我想，我可以做到這一點，如果……」所有這一切的目的，是誇大
西德尋求別人的讚賞方式，使他最終能夠從他自身、而不是別人那裡得到
讚賞。

孤獨與關聯

　　存在主義者認爲，最終我們是孤獨的——我們只是賦予自己的生活一
種意義，決定我們如何生活，尋找自己的答案，決定自己的存在。因爲對
我們終將孤獨的認識可能是很令人驚恐的，有些人試圖迴避它，把自己投
入種種因果關係和瘋狂的活動中，相信它們能麻痺我們的恐懼和痛苦。

　　我們還可以選擇體驗孤獨，並試圖在自身找到意義和指導核心。只有
當我們作出這樣的選擇，並成功地確立我們作爲一個個體的認同時，我們
才能眞正有意義地與別人聯結在一起。我們必須在我們能眞正與別人站在
一起之前，先自立起來。

　　這是一個矛盾的命題：我們實際上是旣孤獨又與他人相關聯的。然
而，正是這種矛盾，反映了人的處境。我們是社會性存在，因我們的人性
而依賴於人際關係。我們有相互親近的願望，希望能對別人的世界有意義，

並渴望感到別人的存在在我們的世界中是重要的。但除非我們能夠自立並在自身之中找到我們的力量，否別，我們不能培養與別人的關係，既要有所滿足，又要無所喪失。

(一)對團體工作的啟示

在團體中，參與者們有機會以有意義的方式與他人相聯繫，學會在與別人共處之中保持自身風格，並在他們所建立的關係中找到酬償和養份。他們還了解到，他們不能在別人身上找到有關生活的重要性及目的的答案。如果他們為自我覺察所做的努力是成功的，他們就會認識到，無論那些關係多麼有價值，他們最終是依賴自己。

團體參與者在團體中所建立的友誼之所以是有價值，是因為它給人們在團體之外與別人相聯繫的學習機會。在團體中，人們在別人身上看到自己的努力，通常會產生一種聯結。雖然他們可以接受他們最終實際上是孤獨的，他們也會理解，他們在自己的努力方面並不孤獨，別人也是如此在勇敢地審視自己，並努力建立自己的認同感。

(二)舉例

扎克的例子顯示，一個人可能雖與別人共處，卻同時又體驗到極大的孤獨。在團體活動中，扎克說，他感到與團體中的每一個人格格不入，並把自己描述為一個「似乎處於局外的旁觀者」。我問他是否願意實驗真正與團體分離開來，並從遠處觀察我們。他同意離開屋子，坐在走廊裡，由窗戶觀察裡邊所發生的事情。我請他去意識坐在那觀察所想到和感受到的內容。扎克在準備好談出他坐在外邊所體驗到的東西時，被叫進屋來。

在他回來時，他說，這是他第一次認識到對他來說使自己保持一個旁觀者的角色是多麼安全，他開始憎惡這一角色，他已打算要有所改變。我問扎克，是否他想輪流問團體中的每一個人，說出這樣兩句話：「我與你保持一定距離的一種方法是藉著……」；「我能夠更接近你的一個方法是藉著……」在他輪流交談過幾次之後，他描述了他通常感到孤獨的情景，說出了他欲達成親密感的願望和對接近他人的恐懼。他在團體中的工作加強了他保持自身孤立的嘗試，但最終導致作出改變的願望。

團體領導者的角色和功能

　　和許多其他的團體理論不同，存在主義模式更強調讓當事人在當前時刻的體驗，而不是運用一些特殊的技術。梅(May, 1983)強調，技術要從理解而來。這意味著，治療者的基本關心焦點是和當事人共處，並理解他或她的主觀世界。有關治療技術的問題隸屬於對理解的追求。在這種研究中，無所謂什麼「正確」的技術，因為任務是由當事人與治療者之間的治療性接觸完成的。

　　在存在主義觀點中，治療是治療者和當事人之間的一種伙伴關係和共同冒險。為了建立這種伙伴關係，治療者注重人與人的關係中人性的一面。從存在主義觀點來看，治療者必然把自己的主觀性帶到他們的工作中，重要的是如果他們要想和成員建立一種有效的工作關係，他們就要表現出即時回應。存在主義團體領導者的一個核心作用，是創造一種治療性的同盟，因為根據假設，改變是來自於這種關係本身。如果團體領導者保持一種嚴格的客觀態度，在心理上脫離於團體之外，僅僅是一個有技術但缺乏人性的技師，那麼這種促成改變的氣氛就不會出現。布根塔(Bugental, 1987)優美地闡述了這一思想：

> 治療同盟是一種非常有效的聯合力量，它給漫長的、艱難的、有時是痛苦的改變生活的心理治療工作注入力量和支持。在這裡，治療者的概念並不是指一個不動聲色的觀察技師，而是當事人的一個充滿活力的人性伴侶。從這一意義上說，我的觀點明顯不同於傳統的觀點——即把治療者看作是治療過程中一個有技術但客觀的指導者(p.49)。

　　在團體情境中，成員的變化不僅是來自於其與團體領導者的關係，而且是經由與其他成員們的關係產生的。因此，團體領導者的一個基本角色，是促成團體參與者之間的有意義關係。這可以讓他們注重關鍵的生存問題，並提供一種可以充分探討這些問題的氣氛來實現。因此，一個治療團體是建立在共同努力的基礎之上的。成員們作出約定相互正視他們未發揮

的潛能和不恰當的行為，並在共同的努力中相互支持，敞開自己的心懷。

　　團體領導者為團體確定基調，但不是藉由引入種種技術、採取某種行動(doing something)，而是要作(being)一個人，成為(becoming)一個人。穆蘭(Mullan, 1978)描述了團體領導者如何致力於成員的人格變化（包括：思想、情感、行為上的變化）。團體聚會往往動搖成員們看待世界的傳統方式。但他們的現實狀況發生動搖時，他們有更好的面對自己和發生改變的機會。穆蘭對這一問題這樣總結到：「所以，這就是存在主義團體治療者的作用。他為加強每一個成員的意識、指導他們面對他們的人性狀況(human condition)，建立種種條件」(p.379)。

　　威廉斯和法伯里(Williams & Fabry, 1982)強調團體領導者的一些功能：激勵團體成員從他們現在的狀況轉向他們想要去的地方，使他們看到從失敗中學習的機會，探察一次危機的發展邊緣，認識自己逃避個人責任的風格，超越他們現時的有限視野，達到他們可以到達的境界。團體是由成員主動的參與和投入，而不是等待領導者來處理團體中的矛盾。團體領導者向成員說明每一個人所具有的重要性，而不是說教式的探討和解釋。團體成員了解到，幫助別人的最好方法是，說明自己是怎樣處理矛盾衝突和現實的問題。

對存在主義取向的評價

　　從概念立場上說，我重視存在主義方法中的許多特點，並把它們融合到我自己的實務中來。我的工作是基於這樣的基本假定：人是有能力不斷增強自我覺察的，覺察的擴展導致選擇生活方向上的更大自由。我接受存在主義者的觀點，即我們並不是一堆本能的集合體或是制約作用的產物。因此，我的團體工作建立在這樣的前提之上：人不是他們過去或外在世界的犧牲品，他們有能力為自己作出抉擇和採取行動，因而，他們的生活是自己的，而不是對外在期望的反映。

　　我重視這一理論，因為它把人重新帶到核心焦點上，因為它把自己訴諸於做一個人意味什麼的重要問題。它把人描述為不斷實現和改善自己能

力的存在。

　　存在主義理論的另一個貢獻是，它強調治療關係中人與人的本質。這種強調使心理治療具有人性，減少成為一種由技師所掌握的機械過程的可能性。我尤其重視布根塔(Bugental, 1987)所強調的，治療者要充分貼切地投入治療性接觸之中。這種充分的即時回應意味著能夠具有個人的情感並適時適宜的表達它們。在布根塔看來，心理治療的藝術與治療者的內在過程有很大的關係。經由治療者的關心、敏感度、即時回應，當事人被鼓勵袒露他們正感到苦惱的重要生活問題。如果治療者不能在工作中展現出人性，他們的當事人在忍受發生重大生活改變所必然的痛苦和令人驚恐的自我面質時，就得不到支持。

　　這一理論鼓舞和激勵我作為一個團體領導者去反省，把我的個人體驗和我的真實人性帶到工作中去。它使我舊有的存在模式公開地接受挑戰，因為我不可能真誠地對待別人或幫助他們面對存在問題，如果我在自己的生活中不能同樣做到這一切的話。我願意公開自己的苦惱，這在一定程度上決定了我可能對團體中的其他人具有重要性和積極的影響。

　　我讚賞存在主義的這一觀點，即技術從理解而來，因為它減少了濫用技術的危險。團體領導者們經常僅僅為了在團體中「讓事情有所變化」而使用技術。當其注重點是在於理解團體參與者的世界時，團體領導者的首要關心內容是真誠地把握住別人的主要苦惱，並進而採取某些技術幫助他們在團體中更充分地探索這些問題。在我自己的工作中，我發現存在主義觀點的確為理解普遍的人類問題提供了一個架構。這些問題一而再、再而三地出現於團體，包括：全力應付個人自由的問題，解決自我疏離和與他人相疏遠的問題，面對死亡和不復存在的恐懼，尋找勇氣憑依自己的內在本性生活，尋求生活的意義，發現個人的價值體系，能夠建設性地處理焦慮和罪惡感，作出自我實現的抉擇。

　　在另一面我認識到，存在主義理論有其侷限性。許多存在主義的概念相當抽象，難以應用與實踐。存在主義理論家們，諸如：祁克果、尼斯基、海德格、沙特，並沒有為團體諮商員和治療者寫過任何著作！正如我在這一章開頭所提到的，存在主義最初是一種哲學運動，雖然它最終導致了心理學和精神醫學中的存在主義研究，它的哲學性質仍然主導著它的模式。

無論初學的還是熟練的團體領導者，如果思想上繞不過哲學的彎子，往往會覺得許多存在主義的概念很玄虛、抽象，難以理解。即使那些對這一觀點的核心思想有共鳴的團體諮商員們，也常常在應用這些概念於團體實務時不知所措，因為很少有作家們論及存在主義對團體實務的應用。

存在主義理論在多元文化環境中的運用

許多文化注重在危機時刻運用一個人自己的家庭資源。在需要的時候，許多人受到他們文化禁忌的影響，把問題留在家裡。人們不願對專業人員公開極其個人性的苦惱。因此，有些少數民族當事人只是在他們通常的應付策略失效時才尋求治療。他們常常體驗到心理痛苦，經常面臨危機並體驗到的無助。由於這種無助感，他們覺得生活並不由自己所控制。這樣的當事人可以考慮在自己的困難所產生的作用，開始重新喚起他們的力量。領導者可以告訴他們的確擁有的自由範圍，以及他們的行為結果。

雖然的確有些少數民族的當事人可能沒有體驗到自由感，他們的自由可以由對所面對的環境限制的認識而增加。當事人可能受政治機構或自己的家庭所妨礙。實際上，要想把個體的自由與家庭結構背景相分離是很困難的。對一個正掙扎於被家庭情境限制了情感的當事人，可以請她檢查以下她在這一過程中所擁有的部分。例如，一個被丈夫虐待的婦女可能使自己相信沒有別的選擇，她必須接受對她所面臨的任何嚴酷待遇。她甚至可能不願考慮把排除這種虐待關係看作是為她的孩子和她自己應該做的事。

一種團體經驗可以是一種力量，幫助這一婦女考慮種種其他選擇，並檢驗她為維持這一關係所付出的代價，以及她放棄這種關係所可能付出的代價。這一情形說明在這個婦女的價值觀和在這一團體結構所固有的價值觀之間，可能存在矛盾衝突。她可能認為，無論她和丈夫的生活多麼可怕，她必須簡單地懂得接受這一現狀。她的價值觀可能使得放棄這種關係或離婚的可能性很遙遠。然而在團體中，她可以聽到為自己抉擇以及採取行動改變悲慘現狀的重要性。在這樣的情況下，探討當事人的潛在價值觀，並幫助她判定是否其價值觀對她和家庭發生作用，是很有用的。最後，要由她自己來決定她將以什麼方式來改變她的處境。但是，基本的矛盾仍然是

在於，一方面她感到幾乎沒有什麼可做的事來改變她的現狀，另一方面團體又邀請她去探索她能夠做些什麼來主動促成變化。

重要的是，要牢牢記住當事人在進入這個團體時的目的。她的目標是什麼？她想從團體諮商尋求到什麼？如果他們認真地注意當事人告訴我們他們想要的東西，我們就能在存在主義的架構中運作。於是我們的任務變成鼓勵他們權衡種種選擇並探索生活作為的結果。採納一種存在主義的理論取向，並不意味著我們必須向成員們鼓吹自我覺察、選擇、責任性的重要性；相反的，我們可以幫助他們看到雖然壓制力量嚴重地限制了他們的生活品質，他們並不僅是環境的犧牲品。就在這些當事人被教以改變外部環境方法的同時，他們還被激勵在自身尋找他們對自己的苦難所發生的作用。經由團體經驗，他們可能找到能使其處境有所改變的新的行為方法。

存在主義理論在運用於團體環境中的多元文化人群時，有某些侷限性。有些當事人乾脆相信他們毫無選擇，或者即使他們的確有某些自由，社會因素也嚴格限制著他們為自己作出選擇的能力。存在主義取向的團體領導者可以善加說明限制這些選擇的種種社會因素。例如，在對待來自西班牙或猶太人聚集區的少數民族當事人時，處理他們的生存問題是非常重要的。這些當事人可能主要被安全和生存的需要所影響，因此往往尋求幫助使其基本需要得到滿足。他們可能需要知道如何妥善照顧他們的孩子，如何應付住屋危機，如何有效地應付失業。簡單地告訴當事人說他們有機會使自己的生活更美好，是沒有用的，這往往會產生消極影響。這些極其現實的生活問題為團體工作提供了一個很好的焦點，假如團體領導者願意處理它們的話。這一理論的另一個問題是缺乏團體領導者對當事人的指導。如果當事人正是要尋求團體領導者對迫在眉睫問題提供具體解決方法，他們可能會得不到答案。團體領導者可以嘗試從當事人的利益角度深入地了解他的世界，同時還要幫助他們採取行動，即使那只是邁向變化的一小步。

問題與討論

1. 心理分析與存在主義理論之間的主要區別有哪些？你是否看到什麼依據心理分析與存在主義的概念整合起來運用於團體諮商的實例？

2. 存在主義理論有哪些主要的概念對你具有重要的個人意義？如果有的話，哪些基本思想最能融合到你自己的團體工作架構中來？

3. 在這一章裡有這樣的說法：焦慮源於在沒有明確的指導，和未能對可能的結果有所了解的情況下，不得不作出決策。如果你接受這種對焦慮的觀點，對於你作為一個團體領導者有什麼啓示？在你看來，焦慮在團體中扮演什麼角色？

4. 穆蘭(Mullan, 1979)作出這樣的闡述：「死亡是一個要觸及、面對和接受的問題，如果治療者不忽視它的話，就要在存在主義團體中提到它。」(p.173)。在多大程度上你認為你面對了自己的侷限性？你是否有意迴避思考你自己的死亡？你如何看待你現在的覺察將會影響到你解決團體中出現的有關死亡問題的能力？

5. 一個存在主義的論點是，我們有自由選擇各種替代方式，我們有責任指導我們的生活並塑造我們的未來。你在多大程度上認為，在塑造現在的你的過程中，你採取了積極的姿態？你曾經作出的某些重大抉擇是什麼？這些抉擇對現在的你產生了什麼影響？你認為在你對這些問題的回答，與你處理成員之苦惱的方法之間，有什麼關係？

6. 根據富蘭克的觀點，治療者的工作並不是要告訴當事人生活應當具有哪些特定的意義，而是鼓勵他們為自己去發現其中的意義。你能指出有哪些方法可以用來鼓勵成員發現自己生活中的意義？對於那些仍然尋求你的回答和指導的成員，你會怎樣對待？

7. 有些存在主義治療者假定，在許多人際關係背後的驅動因素是現實的孤獨。如果你接受這種觀點，即認為人類最終在這個世界上是孤獨的，這對你的團體諮商有什麼啓發？在多大程度上團體能幫助成員迴避他們的孤獨？一個團體怎樣幫助個人減少孤獨和疏離感？

8.在存在主義團體中有這樣的假定，只有當治療者放棄團體成員的選擇、固定的規則、慣例、技術等嚴格冷酷的做法，才能產生較好的效果(Mullan, 1979)。作為一個團體領導者，你覺得這種取向有多大的適宜性？你是否認為你可以既運用團體技術，同時又堅持對團體工作的存在主義觀點？請解釋。

9.根據耶樂姆(Yalom, 1980)的觀點，有四個根本性的問題構成了存在主義治療的核心——自由、孤獨、死亡、無意義性。從你的觀點來看，這些存在主義主題對你具有什麼樣的個人意義？這些人類的問題與你的生活和苦惱有什麼關係？以你的生活經驗為基礎，你希望能夠告訴你的成員一些什麼內容？這些存在主義的問題對於你在所領導的團體所探討的重點有什麼意義？

10.對於那些花大量時間要使你相信他們不必對自己的生活承擔責任的成員，你會怎麼對他們？如果他們試圖讓生活中的其他人為他們的現實問題承擔責任，你準備在團體中說些或做些什麼？

參考資料

Bugental, J. F. T. (1978). *Psychotherapy and process: The fundamentals of an existential-humanistic approach*. Reading, MA: Addison-Wesley.

Bugental, J. F. T. (1986). Existential-humanistic psychotherapy. In I. L. Kutash & A. Wolf (Eds.), *Psychotherapist's casebook* (pp. 222–236). San Francisco: Jossey-Bass.

Bugental, J. F. T. (1987). *The art of the psychotherapist*. New York: Norton.

Burton, A. (1967). *Modern humanistic psychotherapy*. San Francisco: Jossey-Bass.

Corey, G., & Corey, M. (1990). *I never knew I had a choice* (4th ed.). Pacific Grove, CA: Brooks/Cole.

Frankl, V. (1963). *Man's search for meaning*. New York: Washington Square Press.

Frankl, V. (1965). *The doctor and the soul*. New York: Bantam.

Holt, H. (1986). Existential analysis. In I. L. Kutash & A. Wolf (Eds.), *Psychotherapist's casebook* (pp. 177–194). San Francisco: Jossey-Bass.

Jourard, S. (1968a). *Disclosing man to himself*. New York: Van Nostrand Reinhold.

Jourard, S. (1968b). Growing awareness and the awareness of growth. In H. Otto & J. Mann (Eds.), *Ways of growth: Approaches to expanding awareness*. New York: Viking.

Jourard, S. (1971). *The transparent self* (rev. ed.). New York: Van Nostrand Reinhold.

Keen, E. (1970). *Three faces of being: Toward an existential clinical psychology*. New York: Appleton-Century-Crofts.

Kemp, C. G. (1971). Existential counseling. *The Counseling Psychologist, 2*(3), 2–30.

Maslow, A. (1968). *Toward a psychology of being* (2nd ed.). New York: Van Nostrand Reinhold.

Maslow, A. (1970). *Motivation and personality* (2nd ed.). New York: Harper & Row.

Maslow, A. (1971). *The farther reaches of human nature*. New York: Viking.

May, R. (1953). *Man's search for himself*. New York: Norton.

May, R. (Ed.). (1961). *Existential psychology*. New York: Random House.

May, R. (1967). *Psychology and the human dilemma*. New York: Van Nostrand Reinhold.

May, R. (1983). *The discovery of being: Writings in existential psychology*. New York: Norton.

May, R. (1987). Therapy in our day. In J. K. Zeig (Ed.), *The evolution of psychotherapy* (pp. 212–220). New York: Brunner/Mazel.

May, R., & Yalom, I. (1984). Existential psychotherapy. In R. Corsini (Ed.), *Current psychotherapies* (3rd ed.). Itasca, IL: F. E. Peacock.

May, R., & Yalom, I. (1989). Existential psychotherapy. In R. J. Corsini & D. Wedding (Eds.), *Current psychotherapies* (4th ed.). Itasca, IL: F. E. Peacock.

Moustakas, C. (1987). Phenomenology, discovery, and meaning. *Michigan Journal of Counseling and Development, 18*(1), 21–24.

Mullan, H. (1978). Existential group psychotherapy. In H. Mullan & M. Rosenbaum (Eds.), *Group psychotherapy: Theory and practice* (2nd ed.). New York: Free Press.

Mullan, H. (1979). An existential group psychotherapy. *International Journal of Group Psychotherapy, 29*(2), 163–174.

Ohlsen, M. M. (1987). Humanistic group counseling. *Michigan Journal of Counseling and Development, 18*(1), 28–31.

Russell, J. M. (1978). Sartre, therapy, and expanding the concept of responsibility. *The American Journal of Psychoanalysis, 38,* 259–269.

Sartre, J. P. (1971). *Being and nothingness.* New York: Bantam.

Shaffer, J. B. (1978). *Humanistic psychology.* Englewood Cliffs, NJ: Prentice-Hall.

Shaffer, J., & Galinsky, M. D. (1989). *Models of group therapy* (2nd ed.). Englewood Cliffs, NJ: Prentice-Hall.

Tillich, P. (1952). *The courage to be.* New Haven, CT: Yale University Press.

Williams, D. A., & Fabry, J. (1982). The existential approach: Logotherapy. In G. M. Gazda (Ed.), *Basic approaches to group psychotherapy and group counseling* (3rd ed.). Springfield, IL: Charles C Thomas.

Yalom, I. D. (1980). *Existential psychotherapy.* New York: Basic Books.

團體的個人中心學派取向

導言

　　團體諮商的個人中心學派取向(也就是最初所謂的當事人中心治療)，是由卡爾・羅傑斯(Carl Rogers)創立的。它是以這樣的假定為基礎：人類傾向於朝向著健康和自我實現發展；無論是作為整體的團體，還是個體成員，都能在團體領導者或催化者極少的幫助下，找到他們自己的方向。個人中心理論強調團體領導者的個人品質，而不是領導技術，因為催化者的主要功能是在團體中創造一種有益的、有治療作用的氣氛。這種治療最好被理解為一種「存在方式」(way of being)而不是「行為方式」(way of doing)。關於這一方法的實質，羅傑斯作了這樣的闡述：

> 個人中心學派主要是一種存在觀點，尋找適當的態度和行為的表達，
> 而這些態度和行為乃是能夠創造出促成成長的氣氛。它是一種重要的
> 生活哲學，而不是一種簡單的技術或方法。當這種哲學被生活採納時，
> 它幫助人推動他或她自身能力的發展。當它被採納時，它還激勵了其
> 他改變。它賦予人能力，而當這種個人能力被感覺到時，經驗證明它
> 往往被運用於個人的和社會的轉變(1986b, p.199)。

　　在團體中的治療氣氛是由催化者創造一種關係來建立的，這種關係的產生是以某些態度為基礎，諸如：準確的同理了解、接納、非佔有式的溫暖、關心、真誠。當催化者表現這些態度、出現了接納性的和關心式的氣氛時，團體成員就會放棄他們的防衛性，朝向著具有個人意義的目標努力，這一過程最終將會導致適宜的、有益的行為改變。

　　現代團體諮商的個人中心學派最好被理解為不斷地保持對變化和改善的開放性過程的結果。某些思潮可追溯到五十年前。早在四〇年代，羅傑斯建立了被稱之為非指導性諮商(nondirective counseling)的方法，部分原因是對過分指導性的、解釋性的個人治療的反應。當他對那種傳統的把諮商員看作是專家、當事人處於被動角色的基本假定提出挑戰時，引起了極大的騷動。他還懷疑那些被廣泛使用的治療方法的有效性，諸如：建議、

忠告、指導、教育、對話、解釋。產生於他的早期作品並始終貫穿於他所有著作的一個普遍主題，是一種基本信念：當事人有能力向著建設性的方式轉變，如果促進成長的適宜條件存在的話。根據他的說法，自然界有一種促進成長的趨勢(formative tendency)，或是一種能量的核心源泉，它尋求成就和實現，包括維護和加強個體。雖然個人中心式治療隨年代發生了變化，這一觀點卻始終是它的基礎。

從四〇年代早期開始，當事人中心治療法便被採用作爲一種個別諮商和心理治療的方法，並在這一年代後期擴展到團體治療。當事人中心治療的原理是由羅傑斯(Rogers, 1951)創造的，而後由霍布斯(Hobbs, 1951)和高爾頓(Gordon, 1951)應用於團體治療中。在五〇年代和六〇年代，這些原理被用於各種團體：身體殘障的兒童和他們的父母，智障兒童的家長，參與公共服務的母親，接受個別諮商的當事人，精神病患者，養老院中的老人，心理健康專業人員的專業培訓團體，以及遊戲治療團體(Raskin, 1986a, p.27 7)。霍布斯(Hobbs, 1951)曾寫道：「團體中心式心理治療」是當事人中心式個別心理治療的擴展。他強調團體領導者接納和了解團體中個體的重要性。他還看到了團體治療相對於個別治療的獨特優點。從他的觀點來看，能夠被其他同樣也在尋求更完善生活過程中表露感情的團體同伴們了解和接納，是使團體本質上有別於個別治療的因素。高爾頓(Gordon, 1951)把當事人中心概念運用於團體領導者和管理。他強調團體中心式領導，是與所有的團體成員共享團體的發展。團體中心式領導者拒絕爲團體承擔責任，但經由提供同理、溫暖、積極關懷、接納等治療條件，鼓勵團體成員們承擔這一責任。

在五〇年代，羅傑斯建立了人格的系統理論，並把這一自我理論運用於個別諮商實務，這促成他把他的方法更名爲當事人中心治療(Rogers, 1951)。這時他主要專注於個別治療。他在1957年有關產生治療性變化的必要和充分條件的假設，比這一時期之前和之後的任何思想，都更促進了有關心理治療過程和結果的研究(Cain, 1987a)。他和他的同事們開展治療的過程和結果的研究，繼續檢驗這一當事人中心方法的潛在假設。有關當事人中心治療的大部分研究是在五〇年代和六〇年代進行的。

當事人中心方法被擴展應用於團體治療、教育、工作坊中的情感／認

知學習，以及組織的發展與領導。在六〇和七〇年代，羅傑斯做了大量的工作倡導基本的會心團體和個人成長團體的發展。隨著應用領域的多樣性發展，當事人中心治療(client-centered therapy)被更名為個人中心學派(person-centered approach)。正是在這一時期，羅傑斯的興趣從個人轉向團體治療。他還拓展了他的強調範圍，不只注重治療者準確反映當事人所體驗內容的能力，而且強調治療者要願意更投入到治療中去。他的基本會心團體很難將「治療」和「成長」加以區別，它們對治療實務的革命有極大貢獻。

　　羅傑斯(Rogers, 1980)說明了治療團體與會心團體的相似之處。人們是否相聚在一起，或者因為他們尋求幫助解決嚴重的問題（團體治療），或者因為他們欲尋求個人成長（會心團體）。這一過程有很大的相似性。促進這些團體的個人中心方法被應用於各種群體，諸如：治療病人、諮商員、學校系統的教師、教育家、管理者、醫學院的學生、衝突團體、吸毒者及他們的治療者、具有不同文化和語言的人、工作訓練團體。隨著團體運動的發展，個人中心方法越來越涉及到減輕人的痛苦、跨文化意識，乃至在國際間的衝突解決(Raskin, 1986a, p.285)。

　　在1973年，羅傑斯和他的部分同事創立一種新形式的個人中心式團體，叫作大規模團體(large community group)。在這些團體中，五〇到一百甚至更多的人（短期團體甚至到二千人）共同工作和生活兩星期。最近，羅傑斯(Rogers, 1987c)注重大團體中的學習和這種過程對減緩社會和政治緊張壓力的啟示，他針對世界上不同地區的各種類型的人群運用了許多型式的團體。他的思想還被用於管理、少數民族團體、社區關係、種族與跨文化、國際關係等(Rogers, 1977)。

　　或許羅傑斯最近的主要貢獻是在於個人中心方法對世界和平的功用。在他生命的最後幾年裡，他集中大量精力於消除地球上的核子毀滅(Rogers, 1984)。他表達了使世界擺脫威脅人類生存的不安定的願望。他尋求種種能減少妨礙不同黨派之間溝通的心理障礙的方法（見Rogers, 1987c; Rogers & Malcolm, 1987）。

　　個人中心治療法與存在主義理論有著共同的基本原理和某些基本概念。正如你會從前一章回憶起來的，羅傑斯是五〇年代人本主義心理學運

動的重要人物之一。

主要概念

團體歷程中的信任

羅傑斯(Rogers, 1986b)明確指出：個人中心治療法的基礎是對人類充分實現其自身潛能傾向的基本信任。同樣地，個人中心式治療是對團體順著建設性方向活動實現它的潛能的深切信賴感。在羅傑斯(Rogers, 1987d)看來，消除疑慮是絕對重要的；學會建立信任會伴隨風險，因為信任並沒有什麼保障：

> 我認為信任永遠是一種賭博。你越是玩這種賭博，你就越能發現是否
> 它有所報償。我並不認為它總是有報償的。但在許多重要的情況中，
> 它確會帶來報償。如果你相信別人，他們也會報以信任。因此我認為，
> 願意做這種賭博是建立信任的關鍵之一(p.46)。

要想推動一個團體向前發展，必須建立一種可接受的信任氣氛，使團體成員們在其中表現出他們通常隱藏起來的部分，並轉向去作出新的行為。例如：

- □ 從扮演角色轉為更直接地表達他們自己
- □ 從對經驗和不確定性持較保守的態度，轉為更開放地接受外在現實和忍受不確定性
- □ 從不能觸及內在的主觀體驗，轉為能覺察到它
- □ 從在自身的外部尋找答案，轉為願意向內指導他們自己的生活
- □ 從缺乏信任、封閉、畏懼人際關係，轉為對別人更具開放性和善於表達自己

成長的治療性條件

羅傑斯(Rogers, 1980)曾概要說明團體工作的個人中心方法的基本信條：「團體具有促進他們自我了解，以及改變他們的自我概念、基本態度、自我指導行為的巨大能力；如果在團體中能夠提供一種具有明顯促進性的心理氣氛，這些能力就能被激發出來」(p.115)。依羅傑斯(Rogers, 1986b)的說法，那種能夠解放出我們促進成長或自我實現傾向的必要氣氛，是以治療者的三種重要態度為特徵的：真誠，無條件積極關懷（如今被稱為「非佔有式的溫暖」），同理心。這三個因素將在此予以介紹，並在這一節的後半部分詳細討論。

第一個因素是真誠(genuineness)，即真實性，或治療者（團體的催化者）的一致性。這個催化者投入團體的程度越大，不擺出專家的架子，團體成員改變和成長的可能性就越大。真誠意味著團體催化者覺察到他們自己的情感和態度。在他們內在所體驗的內容與他們對團體成員們所表達的內容之間有著一致性。這意味著催化者可以表達他們所堅持的情感，即使這樣做是有風險的。它還意味著，一個團體的過程同樣受到催化者個人與團體成員的個體性所影響。

第二個因素是稱為無條件積極關懷(unconditional positive regard)的態度，這是指對團體成員的接納和關心。當團體催化者對成員表現出積極的、非批判性的接納態度時，成員產生治療性變化的可能性便更大(Rogers, 1986b)。正如我們將在後面看到的，這種來自團體催化者的關心，是非佔有性的，因為團體成員們是被充分地而不是有條件地讚賞。

第三個促進性因素是對團體成員們的內在主觀參照架構同理的了解(empathic understanding)。催化者們這種同理心的表現，是在於他們能夠準確地感受到團體成員們所體驗的情感和個人意義，同時要能夠表達出對團體成員們的這種了解。

當成員們知覺體驗到治療者對他們的真誠、溫暖的關注、準確的同理，治療性人格改變和成長便會產生(Braaten, 1986)。羅傑斯(Rogers, 1987d)認為，這種假設已被投入於對各類團體、不同文化、不同國家中相當廣泛

情境的檢驗。而且，從1949年到現在已有了大量的研究證據，都支持這一觀點(Rogers, 1986b)。

羅傑斯(Rogers, 1986b)補充了能夠促進成長關係的另一個特徵，對此他認為還有待進一步的實驗研究：立即性回應(presence)。他聲稱，當一個團體催化者處於最佳狀態時，他會觸及到他內心不熟悉的層面，他的內在精神伸展出來並與當事人的內在精神相接觸。這種關係超越了它自身，成為某種更大內容的一部分。這種超然的心理交流促成最深刻的成長和治療。

納提羅(Natiello, 1987)補充了另一個治療者的條件，她認為這是個人中心式治療實務的重要組成部分：個人能力(personal power)。這是指一種狀態，在其中一個人能夠覺察並執行他自己的內在情感、需要、價值，而不是在自身之外尋求指導。治療者所具有的自主程度越高，他們就越少會去嘗試控制別人、他們就越能幫助當事人激發自我指導的能力源泉。這種能力並不與催化者的權威和專門技術相關聯；相反的，它是信任人們有能力指導自己的生活，並解決他們的問題。在訓練其他個人中心式療法的團體催化者時，納提羅發現，他們常常會覺得將個人能力的概念轉化為實現方面有所困難。他們苦惱於在多大程度上公開袒露自己，他們害怕會取代別人的能力。這種擔心有時會導致他們放棄自己的能力或否定它。在接受自己作為治療者的能力，和與當事人分享權力之間取得平衡，是一件很難的事情。

(一)對訓練團體領導者的啟示

一般所謂個人中心式治療者是自我禁忌的、被動的、不投入的、僅僅是鏡照式地對他人的行為作出反應的說法，純屬虛構(Natiello, 1987)。相反的，他們以行動的方式表達出重要的治療態度，這包括願意建立一種有助於促進團體的風格，是他們自身風貌的一種延展。羅傑斯(Rogers, 1986b)寫道：治療者們與當事人在尋求自我發現的旅途中結成為伙伴。當個人中心學派的存在方式在治療中被採納時，它導致一種自我探索的過程，這種過程造成人格和行為上的建設性改變。

應當澄清的是，團體領導者的能力大都取決於他們是誰而不是他們所具有的種種介入措施技術。這一觀點對訓練團體領導者有著重要的啟示。

雖然布拉頓(Braaten, 1986)同意特拉克斯和卡可夫(Truax & Carkhuff, 1967)的觀點，即同理心可以是習得的，但在某種程度上，他認為學生們能否被教導為具有真正的接納性和真誠性，很值得懷疑。接納別人的現狀、在他們的世界中了解他們、在人際交往中表現出真誠，不是技術問題，而是生存方式問題。因此，訓練計畫應當注重幫助學生們覺察到他們自己的態度、從個人意義上發展自己。更多的重點應該是放在自我探索和自我發展上，而不是技能、技術、領導策略的掌握上(Bozarth & Brodley, 1986)。

真誠

根據羅傑斯的觀點，治療關係的核心特徵是一致性(congruence)，這一術語是指：治療者是真實的、透明的、真誠的。真誠意味著：治療者外在所表達的內容，與他或她的內在體驗是一致的，至少在治療期間是如此。換句話說，真誠的治療者在他們並不感興趣的時候，不假裝是有興趣的，不假裝注意或了解，不說言不由衷的話，不採取旨在贏得讚賞的行為。他們可以不把自己掩飾在專業角色背後而發揮他們的專業角色。

按照納提羅(Natiello, 1987)的說法，為了保持真誠，治療者們必須有高度的自我覺察、自我接受、自我信賴。真誠是一種真實的狀態，它產生於對自我的深刻探索和願意接受這一探索的種種真相。在納提羅幫助專業人員接受個人中心訓練的工作中，她發現，一致性是很複雜和難以實現的，因此它是常常被忽略的條件。她主張，沒有真誠性，其他治療條件就不是以真實的方法提供的，且變為單純的技術，那是毫無意義的、造作的、和控制性的。

(一)對團體領導者的啟示

真誠的團體領導者並不是不加分辨地開放，雖然他們在團體中的人際交往基本上是誠實的，他們知道恰當自我表露的界限。儘管真誠意味著團體領導者內在的一致性（這意味著他們不是自我欺騙的），他們並不總是公開他們所有的情感和思想，因為在有些時候那可能是不適當的或無治療性的。他們認識到為他們在團體中所表露的情感承擔責任的重要性，以及與當事人探討可能阻礙他們充分達成心理上接近的情感的重要性。藉由他們

自己的真實性，具有一致性的團體領導者提供了一個榜樣，它幫助當事人們向更大的誠實努力。

有些團體領導者很難做他們自己(being themselves)。通常這種困難來自於這樣的錯誤認識：真誠意味著表達一切(every)現時的思想或情感，或不考慮任何約束，或不考慮個人反應的恰當性和適時性。另一項困難的來源是，團體領導者由於要表現「真實性」，而過份詳細地討論他們的個人問題而成為團體的注意焦點。正如布拉頓(Braaten, 1986)所指出的，並不是每一種真誠都對當事人有促進作用。很顯然，正如上面所指出的，對於真誠的表達要有所分辨地予以把握。團體領導者需要誠實地檢查他們討論個人問題的動機，並詢問他們自己究竟這種公開表白是滿足當事人的需要還是他們自己的需要。如果團體領導者有一種和當事人相似的體驗，公開對這種體驗的感受，對當事人可能是有治療意義的；然而，一個真實的團體領導者並不須大量地自我表露，尤其是關於個人生活方面的問題。當一個團體領導者進行自我解剖時，重要的是，要把著眼點放在當事人身上，而不是限制他們探索自己的問題。領導者若經常使自己成為團體討論的焦點，會使團體成為公開討論自己個人問題的場所。

無條件積極關懷和溫暖

正如我們已經看到的，個人中心團體的目標是創造一種氣氛，在其中基本的實現傾向可以自由地在每一個團體參與者和作為整體的團體中表現出來。要想使這種成長力量從個人和團體中釋放出來，無條件積極關懷是第二個必要因素。

根據這種觀點，正如前面所提到的，積極關懷是指：表達一種無條件的、不對當事人的情感和思想評價和判斷的關心。換句話說，團體領導者重視並接納團體成員，對這種接納不附帶任何條件和期望；他們對當事人說「我接受你的本來狀況」而不是說「只有當……時我才接受你」。然而，接納不可與讚賞混淆；治療者可以對他們的當事人視為獨立的人而接受和尊重他們，接受他們的獨立性，但不必讚賞他們的某些行為。

和這種積極關懷態度相關的，是非佔有性的關心和溫暖的態度——也

就是說，一種不依賴於治療者贊成和欣賞的需要，可以用微妙的方式如，手勢、目光接觸、語調、面部表情等表達的態度。真誠表達的關心可以被當事人感覺到，並促進他或她的發展；虛假做作的溫暖可以被很容易的覺察出來，且往往抑制當事人的改變和成長。很明顯，一旦一個當事人覺察到治療者所表現的溫暖是較為技術性的而不是真實的情感，這個當事人便很難相信這個治療者其他反應的真實性。

布拉頓(Braaten, 1986)曾寫下了他對無條件積極關懷概念，乃至積極關懷(positive regard)這一術語的苦惱。他代之以溫暖關懷(warm regard)這個片語，它包括正向和負向情感的表達。他相信，這種關注必須包括願意對有重要意義的人公開全部自我，包括個人的憤怒和可能的拒絕。羅傑斯(Rogers, 1987b)主張，在個人中心方法中，治療者有機會表達那些被一再體驗到的負向情感。這意味著，不僅同情、而且厭煩和憤怒，都可以表達出來。

因此，真誠和維持無條件狀態之間可能產生潛在的矛盾(Lietaer, 1984)。很少有哪個治療者能夠一視同仁地對每一個當事人提供真誠而無條件的接納。雖然無條件不是不可能的，但它卻不是必然的。無條件積極關懷可以被理解為一種對當事人的主觀和經驗世界的接受性態度。從李塔爾(Lietaer, 1984)的觀點來看，無條件意味著：治療者重視一個人深層的本質內容。提高治療者的無條件性，當事人們感覺到治療者是站在他們一邊，他們並不會因為現時的困難而被貶底。從它的最佳形式來說，無條件並不是一種無動於衷的態度；相反的，它表現出對別人深刻的信任。有關無條件積極關懷這一有爭議概念的學術探討，請參見李塔爾的文獻(Lietaer, 1984)。

和無條件積極關懷、關心、溫暖接納團體成員的概念相關聯的，是建立一種接受團體為一整體的態度。正如羅傑斯相信個體有能力找到他或她自己的方向一樣，他也相信，要接受一個團體自在狀態，不要試圖對它強加指導：「從我的經驗來看，我知道如果我嘗試把團體推向更深的層次，從長遠效果來看，它反而不會奏效」(1970, p.48)。

很顯然，羅傑斯堅信團體有能力憑它自己的動力向前發展，雖然他注意到焦慮和煩亂會因缺乏外在組織而產生。羅傑斯(Rogers, 1970)允許他

的團體自行決定怎樣利用它們的時間，他還舉行一次開放式的聚會，聲明「我們可以在這個團體裡體驗任何我們想體驗的內容。」羅傑斯論述了一個多受過高等教育、習於以理性的表面化方式不停地談論一些瑣碎內容的行政官員們的團體經歷。他們既堅持自己的哲學觀，也不在乎厭倦和煩惱的體驗，於是羅傑斯聽任這些參與者繼續喋喋不休地嘮叨他們的社會問題，而他自己也有權利不去忍受它──他撇下這團體，自己睡覺去了。

當然，羅傑斯的解決方法是符合他的哲學觀的：重視個人中心的團體工作方法，卻不必忍受過多毫無收效的煩亂。因此如果你要想推動羅傑斯所描述的這個團體，你也許希望讓它正視你作爲參與者／團體領導者的感受。這種對質可以採取下面的任何一種形式：

- 我希望你們每一個人都談談，迄今爲止你們在團體中都有哪些感受
- 我覺察到我有時不夠耐心，有厭煩情緒。看起來，我們只是停留在很表面的層次上，不願意多談一些有關我們自己的個人問題
- 我很想知道你們當中有多少人覺得這個團體現在就該結束了。我有一種很不舒服的感覺，我們正在迴避任何有成效的工作

作爲一個團體領導者要鼓勵成員們著眼於他們所做和沒做的內容；做一個真誠的團體領導者，常常要表達自己對現時所發生事情的感受。歸根究底，團體成員們有能力向或不向深入的層次發展，而領導者可以鼓勵他們審視自己的行爲，並決定他們要做些什麼不同於平常的事。在我看來，似乎團體領導者可以是團體變化的催化劑，同時又不必觸犯個人中心學派的原理和精神。

(一)對團體領導者的啟示

我的經驗是，接受訓練的團體領導者們常常苦惱於他們感到極其艱巨的工作，即如何能接納別人或表現出積極關懷。有些人往往是自己背上不現實的期望的包袱，認爲他們必須永遠都表現出接納、必須一貫地在所有的情境中都作出溫暖的反應。因此，我的另一個經驗是，團體領導者需要建立一種對他們自己的接納態度──接受這樣的事實：有時他們並不體驗到溫暖或無條件積極關懷。在任何時候都具有高度的溫暖和積極關懷，並

不是做一個有效的團體領導者所必須的。這些態度不是一種非此即彼的狀況；相反的，它們產生於一個漸進的連續體上。做一個有效的團體領導者，首先要接受自己，繼而要牢記：越是重視、關心、接納一個當事人，促進這個當事人改變的機會就越大。

同理和傾聽

正如我們在前面已提到過的，個人中心式團體方法的第三個核心概念是正確的同理，基本上，這是指能進入一個人的主觀世界，能夠表達這種了解。羅傑斯(Rogers, 1961)把同理定義為能夠採納一個人的內部參照架構而了解他的世界：「感受到當事人的個人世界，就好像它是你自己的一樣，但又不失去這種彷彿的性質——這就是同理，它對治療來說是必不可少的」(p.284)。但只是感受甚至了解當事人的個人世界仍然不夠。諮商員還必須能夠向當事人有效地表達這種了解。

羅傑斯(Rogers, 1975)認為，對許多團體領導者來說，同理可考慮為「一種非評價的存在方式」。他主張把同理看作為促成當事人學習和自我指導的變化的最有力因素之一，因此他注重這個當事人，而不是專家的能力。羅傑斯對有關同理的一些普遍性的研究成果作了如下說明：

——許多不同理論取向的治療者們一致同意，嘗試從其他人的觀點立場敏感而準確地了解他們，是做一個有效團體領導者的重要因素。

——同理的主要功能之一是，促進當事人的自我探索。當事人開始由一種他們從中感到自己是被別了解的關係，達到更深層次的自我了解。研究表明，感到被治療者了解的當事人，會更多地表白他們自己。

——同理解除了疏離，因為接受到同理的人感到自己是與別人相聯結的。而且，那些接受到同理的人了解到，他們是被重視的、關心的，自己的現狀是被接受的。羅傑斯(Rogers, 1975)對這一點做了這樣的說明：「同理提供了必要的證明：一個人的確是作為一個獨立的、有價值的、具有統整性的個體存在」(p.7)。

——表現出同理的能力取決於治療者的個人發展。羅傑斯(Rogers,

1975)曾總結到：「治療者越是在心理上成熟和高度整合，他所提供的關係就越有幫助」(p.5)。

——做一個熟練的診斷者並作出解釋，與同理並無太大關係，充其量而言，它不過是具有接受性和非評價性而已。實際上在羅傑斯看來，「真正的同理是脫離任何評價的或診斷的性質」(Rogers, 1975, p.7)。

羅傑斯認為，同理是完全可能的，因為畢竟只是存在著有限數量的情感。雖然我們可能從來沒有遇到別人所處的特殊情境，但卻有可能曾在不同的情境中體驗過相類似的情感。我們體驗憤怒、愉快、恐懼、愛的能力，使我們有可能進入別人的內心世界，即使這個人的情境可能和我們自己的處境有所不同。羅傑斯對此澄清，同理是一種主動積極的過程，然而它常常被膚淺地看作是一種被動的姿態，只是坐在那聽別人說話。

> 要真正使自己進入另一個人的內在世界，是我所知道最為主動性的、
> 最困難的、最辛苦的工作之一。然而它卻值得去做，因為它是我有重
> 要理由去做的所有事情中最有放鬆作用、最有治療作用的事情之一。
> 這正是我喜愛進行治療的原因之一；它也是我喜歡處理非常困難的情
> 境——例如，南非的種族矛盾的原因之一(1987d, p45)。

正確的同理是個人中心學派的重要內容。對治療者來說，它是一種鼓勵當事人更深刻地體驗他們正在感受的內容、聽取當事人所表達出的個人意義的方法。因此，當這些前認知(precognitive)的意義被催化者所了解和共鳴時，這些當事人便擴展了他們的意識(Natiello, 1987)。

一種特殊形式的、以一個人的全副身心去傾聽的做法，是實現同理的重要組成部分。敏感的傾聽要求不對別人做判斷。它既不是用來獲得個人優勢，也不帶有隱蔽的動機。相反的，這種傾聽的真誠興趣，是欲與別人由了解他的現實而進行有重要意義的交流(Barrett-Lennard, 1988)。布拉頓(Braaten, 1986)發現：他的主動傾聽涉及隨時隨地把握當事人的認知和情感的訊息，並試圖與他的當事人證實他的了解。他聲稱：個人中心式治療者的獨到之處，在於他們認真地探察以確定是否把握了當事人的意思。

主動積極的、敏感的傾聽正是羅傑斯在催化一個團體時所運用的。「我盡我所能仔細地、準確地、敏感地傾聽每一個人表達他們自己。無論那種表達是膚淺、表面化的，還是有重要意義的，我都認真傾聽」(1970, p.47)。顯然，羅傑斯所謂的「傾聽」超乎字面本身的意義；他還聽到了語言的和非語言內容背後所隱含的意義。在這一方面，他所關心的是促進當事人主觀體驗的最真實表達。用凱恩(Cain, 1987a)的話來說，羅傑斯最深遠、影響最廣泛的貢獻，是說明傾聽的重要性，不僅針對治療關係，也針對任何其他的關係。羅傑斯擴展了傾聽的含義，說明它對人們深切的治療效果。凱恩覺得，羅傑斯應被紀念為一位溫暖而敏感的治療師，他為後輩治療者證明了與人聲息相通、認真傾聽的極致重要性。有關同理心在個人中心學派中所扮演角色的學術討論，請參見波扎斯 (Bozarth, 1984) 的文獻；有關傾聽的富有見地的討論，請參見巴雷特——雷納德(Barrett-Lennard, 1988)的文獻。

(一)對團體領導者的啟示

　　正如前面所建議的，同理的了解對建立一種成功團體所必須的接納和信任的氣氛，是十分重要的。有效表達同理的能力，依賴於真誠的關心態度和了解別人世界的真誠願望。有了這一正確的態度作為前提，同理心便是一種可以發展的技術———一種有效的團體領導者需要發展的技術。正如卡可夫(Carkhuff, 1966)所指出的，一種治療關係可能是「有益的或有害的」，治療者有能力積極地或消極地影響他的當事人，而同理心的了解則尤其是一種能影響當事人在他們的世界中發揮作用的技術。

　　在與團體諮商者共同工作時，我發現有許多人錯誤的假定，除非他們直接體驗到團體成員們所提到的同樣問題，否則他們不可能同理。這樣的假定嚴重限制了團體領導者影響作用的程度。很明顯的，一個人不必去經驗亂倫才能夠對一個成員因回憶這種痛苦經歷而表現出的悲傷同理。一個人不必曾被父母遺棄才能感受和體驗被拋棄的哀傷。人們也不必曾離過婚，才能分擔一個當事人對離異的憤怒、痛心、哀傷。這些體驗可來自很多形式，具有不同的深度，而且是我們所有的人常有的。重要的並不是某種特殊的經驗，而是團體領導者要願意正視他或她自己獨特的生活問題。在每一個人的生活裡都會有種種情境促發孤獨、憤怒、憎恨、內疚、哀傷、

失落、拒絕的情感——這還只是說出了在團體中可能表達出的情感的一小部分。只要對自己的情緒保持開放性，只要允許自己的情緒被別人的情緒所觸及，只要重新體驗某些艱難的經歷，團體領導者就能增加他們在心理上與別人聲息相通的能力。

有效治療的障礙

在團體領導員的訓練工作坊中，參與者們通常領導各種團體並從團體成員和督導接受到回饋。我的學生中有許多體驗到無法做團體領導者的感受，以及挫折和失望感；他們在自己的團體成員身上看不到什麼變化，他們覺察到當事人是抗拒的、不樂於參加團體。在許多情況下，困擾這些學生的問題可以追溯到這一事實：他們的團體中在某種程度上缺乏主動傾聽、同理、積極關懷的條件。以下列出的，是種種不利於團體歷程的具體問題：

(一)缺乏關注和同理

通常這些未來的團體領導者們的表現是沒有真正地傾聽；他們醉心於想要傳達給團體成員的訊息，並利用團體作為灌輸理論的工具。或者他們提出許多封閉式問題，且專注於問題解決，而不是對問題的理解。簡而言之，我們的許多團體領導者學員說得太多，聽得太少。有時我們觀察到，團體領導者具有高度的審判性和批評性，他們在「我們」（即治療者）與「他們」（即病人之間）製造了分裂。他們有時不是與自己的當事人形成同盟，而是把成員們看作是對手。

(二)缺乏自我表露

有些機構或組織鼓勵甚至要求保持一種冷漠的非袒露式的團體領導者角色。團體諮商員被授以這樣的指令：「避免個人化」，「不要被捲進去」，「要避免公開你自己的任何私事，即使它能促進關係的建立」。團體領導者被指望能改變成員們的行為，但他們也被要求保持自己不與成員們交往——顯然是一種不合理的自我妨礙要求。

(三)缺乏積極關懷、溫暖、接納性

　　有些團體諮商員不能容忍那些被要求幫助的人，往往規定他們的當事人是固定類型的人。這種成見使當事人很難有所改變。的確，要想對那些因為虐待妻子、虐待孩子、謀殺等行為而接受治療的人保持積極關懷、溫暖、接納性，會是相當困難的。事實上，領導者完全不必要寬恕這些行為，甚至也不太可能去迴避對已經犯有這些行為過失的人的負向情緒。但重要的是，領導者至少要努力在團體活動中控制自己的反應，而且儘可能從「虐待兒童者」、「反社會人格者」、「罪犯」等以外的意義上看待這些人的。與缺乏積極關懷相關聯的，是對當事人的不耐煩、冷漠、無禮、輕視、嘲諷，以及敵意。除非諮商員知覺到這些態度，否則便不太可能矯正它們，而會繼續造成毫無成效的團體。

(四)對治療過程缺乏信心

　　支持積極關懷與納接概念的，是相信人們能夠改變並改善他們自己的狀況。在我們的在職團體歷程工作坊中，我們經常遇到一些領導者，他們領導團體僅僅因為他們被要求去做這個工作，而他們自己並不相信團體治療的效果。在一種缺乏熱情、動機、對團體信心的氣氛中，領導者往往會發現他們的團體並不成功。我們怎麼能夠指望團體成員們去相信連團體領導者自己都不相信的某種作用呢？無怪乎團體成員不會有什麼變化發生，或者因抗拒而不願參加這樣的團體了。

團體領導者的角色和功能

　　羅傑斯(Rogers, 1970)對運用各種技術促使團體發展，並不持熱衷的態度。他認為，即使運用一些技術，也必須出自團體本身一方的需要：

> 我試圖避免使用任何預先策劃的方法；我覺得這種人為的方式很成問題。即使要嘗試任何預先計畫方案的話，成員們自身也應當完全是它的促動者，並且應當由他們自己來決定想要使用那種方法(p .56)。

　　羅傑斯還告誡團體催化者當心作出解釋性的評價。他覺得這些評價往

往會使團體壓抑自我意識，減緩團體歷程。因此他認為，如果要對團體歷程進行觀察的話，它們應當是來自團體成員，這種觀點與他強調成員對團體所承擔責任的哲學是相一致的，催化者(facilitator)一詞反映了團體成員之間互動的重要性。催化者的作用是要創造一種氣氛，在其中使團體成員自我實現的傾向能得到釋放。個人中心式團體鼓勵成員們探索他們的信念和行為與他們內在感情和主觀體驗的願望之間的不一致性。隨著團體成員們開始越來越多地覺察到他們自身的這些不一致性，他們對自己的看法得到了擴展，他們願意傾聽自己的內在激勵，依賴自己作為自身行為的基礎(Meador, 1975)。

個人中心學派假定：團體成員們需要環境和時間來表達他們日常所不敢表達的東西。有了這種非結構式的方法，再加上一個摒棄了傳統的指導式做法的催化者，那些一向習慣於遵從權威的成員們，最終就必然依賴他們自己確立目的和方向。團體成員們得到了一個不以專家和救世主自居的催化者的幫助，開始會去傾聽自己和其他團體成員。他們被激勵去努力表達他們自己，從這種努力中，他們學習到如何相信自己。科松(Coulson, 1970)對這種催化者的角色和它對團體的影響作了如下總結：

> 一個會心團體的領導者若欲嘗試刻意使團體有所變化，便犯了錯誤。他的錯誤在於喪失了機會來發現那些人在不被操縱的情況下實際是怎樣的；他的錯誤在於剝奪了團體成員們僅有的做自己想做的人的機會；他的錯誤還在於，製造這些互動事件根本是不必要的。我十分確信，我們每一個人都有某些屬於純粹個人性的事，如果這就是我們所需要的，那麼一旦有機會與別人處在一個不致太混亂的場合，它就會適時地顯現出來(p.10)。

在討論催化者在個人中心團體中的角色時，波扎斯(Bozarth, 1981)列舉出以下主要特徵：

　　□ 催化者願意作為一個成員參與團體
　　□ 他們表現出願意努力了解並接納團體中的每一個成員
　　□ 他們願意在自己的個人問題出現時，公開自己的苦惱，如果這種做

法恰當且時機合適的話

▫ 催化者願意放棄控制權力和專家的形象；相反的，他們尋求發揮個
人影響的方式

▫ 他們相信團體成員們有能力在沒有建議的情況下向著積極健康的方
向發展

為了描繪個人中心學派與其他治療模式之間的區別，我列出了下面一
些不被認為是催化者要使用的方法：

▫ 給予建議
▫ 促發行為的技術
▫ 診斷與評價
▫ 組織結構與指導性干預
▫ 給團體成員們指定在團體活動之外完成的任務

相反的，個人中心學派強調某些態度和技能，把它們視為催化者的風
格中所必須的：

▫ 以主動和敏感的方式傾聽
▫ 反映
▫ 澄清
▫ 摘要
▫ 分享個人經驗
▫ 與團體中的其他人相接觸和交往
▫ 對團體成員們表現出非評價式的關心，表現出他們的尊重
▫ 支持團體成員
▫ 跟隨團體的自然發展，而不是試圖指導團體的發展方式
▫ 肯定團體成員們自我決定的能力

需要提到的是，有效的個人中心式團體催化者並不拘泥於嚴格的規
則，他們常會做比標準的催化者行為內容更多的事。這一方法的基礎是把
團體成員們而不是領導者看作為團體的中心。個人中心式團體的成員通常

具有像團體領導者同樣的、甚至更大的促進作用。對這一點，李伯曼、耶樂姆和邁爾斯(Lieberman, Yalom, & Miles, 1973)作了如下闡述：「團體中的變化並不是源出於獨一無二像太陽般的團體領導者；有力的證據表明，團體中的心理關係在變化過程中扮演著極為重要的角色」(p.428)。與這種看法相似，伍德(Wood, 1982)對催化者角色的實質闡述道：「成功的標誌不是在於催化者如何卓越地賦予基本的態度，而是在於團體的創造性成長稟賦如何被釋放出來，以及團體成員如何從成長中獲益。如果團體能夠創造一種促進性的氣氛，成長傾向自然會完成其他任務」(p.257)。

羅傑斯(Rogers, 1970)把氣氛環境看成是團體催化者的主要功能。羅傑斯所希望建立的這種氣氛，能夠幫助團體參與者的心理安全感（他所謂的「安全」並不意味著團體成員們可免於新領悟的痛苦）。羅傑斯對所謂建立一種心理安全的氣氛和「與人相處」的含義作了如下說明：

> 我希望人們感覺到，無論對他發生了什麼或他體驗到了什麼，我都能在痛苦或快樂或這兩者兼而有之的時刻，在心理上與他共處，而那常常是成長的標誌。我認為，我常常能感覺到一個當事人何時受到驚嚇或痛苦，正是在那時我給他某種訊號，語言的或非語言的，我認識到這一點，在他處於痛苦和恐懼中時，我是他的伙伴(1970, p.48)。

總之，個人中心團體領導者將他們自己作為團體中改變的工具。他們的核心功能是建立一種治療氣氛，在其中成員們能以真誠而有意義的方式的相交往。很顯然，團體領導者的態度和行為——不是他們所運用的技術——是能夠導向真正溝通的、接納性的團體氣氛的有力決定因素。

個人中心式團體歷程

團體的特徵

　　個人中心式團體的典型規模是八到十二人。這種團體可能每個星期不固定地聚會兩到三個小時。另一種團體模式是在週末或更長的一段時間裡密集式聚會。小型個人成長團體和會心團體的人員構成，使團體成員們有機會處理煩擾他們的個人問題，並使團體成為一個整體。雖然這些團體通常在從星期五到星期日的時間裡聚會，除去吃飯和睡覺的時間，他們仍能相處十天到兩個星期。

　　在討論組織和引導一個個人中心式團體的機制時，米德(Meador, 1975)和伍德(Wood, 1982)都寫到，在選擇團體成員方面並沒有什麼規則。由於這種方法的個人性，如果催化者與當事人雙方都一致同意該當事人有可能獲益於這種經驗並有利於團體的話，即可接納該當事人成為團體成員之一。此外，團體中也沒有需要聲明團體成員必須遵守的基本規則。當人們在團體中相聚時，他們為他們自己的聚會制定規則。伍德(Wood, 1982)指出，團體通常採納它們自己的規則來禁除暴力、確定聚會時間、控制對新成員的接受、確定結束團體的方法。而且，團體可以要求每一個成員參加每一次完整的團體聚會。

團體的階段

　　羅傑斯(Rogers, 1970)依據他大量的團體經驗，描述了某些過程模式，它們發生於任何類型的個人中心式團體之中，其中包括了本章前一部分所討論的絕大部分條件。需要強調的是，下列這些過程模式或傾向，並不是絕對以階段分明的形式發生，而且它們也因不同的團體而有相當大的不同。

——成群兜圈子(milling around)。缺乏團體領導者的管理不可避免地引起某些初始時期的混亂、挫折、亂轟轟兜圈子的狀態——行為上的或是言論上的。在這一階段有一些特殊的問題，反映了所感到的擔憂：「誰在這裡負責？」、「我們在這裡做什麼？」或者「我們應該做些什麼？」

——對個人表達和探索的抗拒(resistance to personal expression or exploration)。團體成員們最初表現出公共性的自我——他們認為能被該團體接受的自我。他們害怕並且不願揭露他們私密性的自我。

——過去體驗的描述(description of past feelings)。儘管對團體的可信任度仍有懷疑，儘管祖露自己有風險，但成員已開始表達個人情感——然而是相當猶豫和模糊地。通常，這些祖露涉及團體之外的事件；團體成員們往往以不關痛癢的「彼時彼地」方式描述情感。

——負向情感的表達(expression of negative feelings)。隨著團體的推進，逐漸向著表達現時情感的方向轉變。通常這些表達採取了攻擊團體領導者的形式，指責其沒有提供成員所需的指引。一般來說，這種針對團體領導者或其他人的負向情感的表達，先於正向情感的表達。（這種現象一個可能的原因也許是，團體成員們正在檢測該團體，看看究竟它是否是一個表達所有情感的安全場所。）

——具有個人意義內容的表達和探索(expression and exploration of personally meaningful material)。如果負向情感的表達被團體成員們看作為是可被團體接受的，便產生了信任的氣氛。由於這種信任感，團體成員們決定冒險去祖露自己的個人隱私。在這時候，成員們開始認識到：這個團體正是他們自己所締造的，他們開始體驗到自由。這種認識使成員願意讓其他人了解他們自己更深層的部分。

——對團體中現時人際情感的表達(expression of immediate inter-personal feelings in the group)。團體成員往往表達出對別人的正向和負向的情感。通常這些情感是在這一階段被探討的。

——團體中治療能力的發展(development of a healing capacity in the group)。接下來，團體成員們開始自發地相互接觸，表達關心、支持、了解和擔憂。換句話說，團體成員們開始以有促進作用的方式相互聯結而具有治療性。在這一階段，幫助性關係常常在團體中形成起來，為成員在

團體之外開始更有建設性意義的生活提供支持。

——自我接納並開始改變(self-acceptance and the beginning of change)。自我接納代表成員們變化的開始。在這一階段，成員開始接受他們曾經被自己拋棄或歪曲的方面；他們更加接近自己的情感，並因此不再那麼僵化，更容易改變自己。隨著團體成員接受他們自己的優點和缺點，他們接觸了自己的防衛，並樂於改變——這個過程促進了進一步的改變。

——表象的潰裂(cracking of facades)。這時成員們開始對團體的要求作出回應：除去面具和偽裝。一些團體成員作出對深隱自我的表露，證實了這種理論：當人們冒險深入表面的交往之下時，富有意義的互動便會產生。在這一階段，團體努力向著更深的溝通發展。

——回饋(feedback)。在收到正向和負向的回饋過程中，團體成員們獲得了大量有關別人如何看待他們，以及他們對別人有什麼影響的訊息。這些訊息通常會導致新的領悟，幫助他們決定自身的哪些方面是他們需要作出改變的。

——面質(confrontation)。成員們常常在涉及正向和負向回饋時，會在強烈情緒性的過程中相互面質。面質可以看作是前一階段所描述的互動的進一步發展。

——團體活動之外的互動關係(the helping relationship outside the group sessions)。到了這一階段，成員們開始在團體之外進行接觸。這時，我們看到階段七所描述的過程的擴展。

——基本的會心交往(the basic encounter)。由於團體成員們在團體中開始了比日常生活中一般情形更為親近、更為直接的相互交往，產生真誠的人與人的關係。在這時，成員們開始體驗到，當團體向著共同約定的目標和整體感努力時，會產生什麼樣的關係。

——正向情感和親密性的表達(expression of positive feelings and closeness)。隨著團體活動的發展，由於團體參與者對自己和對他人的情感表達的真實性，在團體中越來越多地發展起溫暖和親密性。這種具有治療性的親密感，促成了最後的最重要過程。

——團體中的行為改變(behavior changes in group)。隨著團體成員體驗到越來越容易表達他們的情感、行為、風格，甚至他們的面貌都開始

改變，他們往往採取開放的行為方式；表達出對他人的更深刻的情感；達到對自己更豐富的了解；對自己的問題有了新的認識；以更為有效的方式與別人共處。如果這些改變是有效的，成員們就會把這些新的行為貫徹到他們的日常生活中去。

正如前面提到的，據羅傑斯(Rogers, 1970)的文獻所改編的個人中心式會心團體的階段，並不必然是以整齊劃一的預定順序發生的。重要的是要牢記，每一個階段描述了一個過程，每一個過程都可能會在團體中和個別成員中產生所欲求的改變。

團體經驗的結果

羅傑斯(Rogers, 1987d)探討了許多在具有成功團體經驗的個人身上發生的改變。由於他們在團體中感受到較多的了解和接納，他們較少需要自我防衛，因此變得更具開放性。由於他們更多地意識到自己的情感和周圍所發生的一切，他們更為現實、更為客觀，往往比在獲得團體經驗之前更像他們所需要的自我。他們不再很容易受驚嚇，因為團體的安全感改變了他們對自我和對他人的態度。一方面，在團體之中，對別人有了更多的了解和接納；另一方面，他們變得更為欣賞自己的本性，變得更具自我指導性；他們賦予自己能力為自己的生活負起責任；他們在更大程度上相信自己，感到被別人信任，而且能夠反過來信任別人。團體成員們亦會變得更有創造性，因為他們願意接受自己的獨特性。

大規模團體工作坊

正如我們曾看到過的，隨著大規模團體在六〇年代開始流行，當事人中心式團體的理論和實踐有了新的發展。基本會心團體相對較小，通常由不超過十二個人和一個催化者組成。而後，個人中心團體方法被應用於處理較大的團體，通常一個團體參與者有上百人之多。這些大型團體最初由羅傑斯和他的同事於1973年在加州拉尤拉(La Jolla)的個人研究中心所開

創，最終被用於全世界的許多地方。這些團體工作坊持續時間約四天到兩個星期，設計用來建立社區共同體、促進成員們的自我探索、以及紓解成員之間因面對多元文化而產生的緊張氣氛。這些大型團體催化者的目標基本上類似於小規模團體——也就是說，建立一種接納性和信任的氣氛，以鼓勵成員們發現和接受他們自己的情感，激發那些建設性的行為，以導致他們在團體外的生活作有意義的改變(Bozarth, 1981)。這些團體的特徵包含有各式各樣的參與者，使用多樣的語言和文化。這些大規模團體聚會和團體工作坊提供了大量資料，協助了解當事人中心式方法所倡導的理念如何能消除跨文化和國際差異(Raskin, 1986a)。

對個人中心治療法的評價

由於個人中心治療法是一種具有相當現象學色彩的方法，是以當事人的主觀世界為基礎的，我把它看作為任何一種類型團體初期階段的極好基礎。這種方法所強調的內容，放在從當事人的內部參照架構來真正地傾聽並深刻地了解當事人的內在世界。批判性的評價、分析、判斷是不被提倡的，重點是要把握由他人所表達出來的種種情感和思想。我把這種傾聽和了解的形式看作為任何一種團體方法的前提，尤其是在早期的各個階段，這時最重要的是團體成員們要感到能自由去公開探索他們所關心的問題。除非團體參與者感到他們是被了解的，否則任何技術或干預計劃當然都會遭到失敗。

我在接受訓練的團體領導者中（正如我在本章的前一部分曾討論的）發現許多問題，都源自於不能達到對成員們主觀世界的理解，這種理解須藉助於認真仔細的傾聽和約束那種追求過快解決問題的傾向。

團體領導者許多種被羅傑斯視為十分重要的態度，是所有治療模式共有的基礎內容。例如，對當事人的尊重和關心是任何正向發展所發生的必要前提；沒有它們，團體勢必陷於困境。我不相信有哪種方法會懷疑羅傑斯所強調的基本治療條件的價值，雖然不同的治療對特殊條件的重要性賦予不同的價值。

羅傑斯對團體領導者個人的強調，對我來說有著很大的意義。在訓練和督導團體領導者時，我發現，他們渴求獲得一些能在團體中出現某些問題時加以運用的技術，對於了解他們這種類型的人會對團體的歷程發生怎樣的影響，則相對缺乏興趣。因此，我聽到許多這樣的問題：

- 如果沒有人願意在這團體中下工夫，我該怎麼辦？
- 我該怎樣控制一個攻擊性的成員？一個沈默寡言的成員？一個具有獨佔性的人？一個不願開放自己的人？
- 我怎樣做才能促動那些不想待在團體中的人？
- 當團體中的某些事做得太過分時，我該怎麼辦？

　　我建議，團體領導者們最好對有關自己以及態度的問題多培養一些興趣，諸如這樣的問題：

- 我是眞誠地對人們感興趣嗎？
- 我做一個團體領導者正在滿足我的哪些個人需要？
- 在團體中我是眞正的自己嗎？或者我隱藏在團體領導者的角色背後？
- 我能接受別人嗎？或者我有一種要指導他們生活的需要？
- 我願意花時間去了解別人嗎？或者我迫使他們遵從我的安排？
- 我是否爲我所期望的團體中的成員提供了適當的榜樣？
- 我是怎樣的一種榜樣？

　　有些人認爲，爲了實踐個人中心治療法的精神，一個人必須忍耐過分的紛亂和一種徹底開放式的結構。我自己並不容忍這種情境。我發現，當一種組織結構，既提供了某種指導又保證團體成員們的自由時，我是最有效力的，而團體似乎也是最有成效的。因此，我通常在一個團體的初期和最後階段提供最大程度的組織指導。我一般使用種種技術加強和突顯團體中的現有成果，尤其是運用它們推動事件的發展。雖然我不喜歡運用技術去誘導情緒，但我的確運用它們來幫助團體成員們深入他們對某些情緒的體驗，以及探索他們的情感或問題。例如，我不大會運用幻想作爲產生某些情感的催化劑，諸如：孤獨。然而，當團體成員們談論生活中孤獨的日

子並隨之悲傷起來時，我往往請他們做某些事件，例如，看看屋子裡的其他人並直接對那個人談談他的悲傷，就好像那個人是一個非常重要的人，或者重新再呈現出過去的經歷，就好像它是現在發生的一樣。當成員們把一種苦惱或他生活中某些重要他人的未解決問題提到現實中來時，無論正體驗著什麼，都會是很強烈的。經由提供某些治療性組織結構，我給予這種成員他們需要的鼓勵和支持，使他們忍受住個人痛苦並作出必要的改變。這些技術或嘗試產生於現實的情境，是設計用來促進更深層次的自我探索，這大大有別於迫使團體成員體驗某些情緒。

由於原創性和引導性是適合於我風格的部分內容，我發現我因嚴格地墨守一種強調傾聽、了解、反映、澄清的模式，而受到過分的限制，我認為這些做法是有用的，但卻是不夠的。這其中的要點是，無論一個人運用或迴避什麼技術，無論一個人採用或避免何種風格，所使用的方法應適宜於團體的具體需要以及成員的需要，同時，應當適合於團體領導者的人格和風格。每一種方法都可提供某種價值；其中的專業藝術是要意識到各種模式中有那些適合於我們和不適合於我們。值得稱許的是，個人中心式方法給團體領導者留有相當大的餘地，發展自己的治療風格來運用該模式的基本概念。

一些初任領導者的人在運用個人中心治療法的方式上會遇到困難；為了做一個被動的傾聽者，他們也會隱藏自己個人性的一面。這種不能自我把持的行為部分是源於害怕犯錯誤。但無論是什麼原因，過分被動的方法會導致把領導者的獨特性埋沒於膽怯的態度之下。毫無疑問，和指導性強的人相比，那種指導性弱的人對別人造成傷害的可能性要小得多。但自然也產生了一個問題，如果領導者變得高度注重團體成員，以至忽略自己作為促成改變的有力動因，他們又能好到哪去呢？而且，我還要補充一點，這種個人中心式方法的錯誤應用，是與羅傑斯對團體領導者真實性的強調相悖的。

在奧里立(O'Leary, 1987, p.3)一篇題為〈一個追隨者對非指導性方法的抱怨〉的文章裡指出，個人中心學派是一個豐富的理論，它並不侷限於特定的技術或存在方式。他補充道，這種方法的非指導性容易受到批評。他指出兩點：

□ 在團體中，這種方法給那些虐待兒童者、嚴重錯亂者、極度自戀者
種種炫耀的機會，卻使團體領導者放棄自己的職權

□ 這種方法會挫傷那些治療者的創造性，而他們善於言辭，富於想像，
他們的挑戰精神原本能促動人們直率的證實生活的行動

儘管如此，奧里立對他自己使用個人中心式方法的經驗做了這樣的總
結：

> 當我缺乏經驗時，我的風格不帶有指導性，因爲我害怕，且無所適從。
> 隨著經驗越來越多，我變得自信起來，總想對人有所幫助，指導性也
> 就越來越強。隨著經驗的進一步增加，我又變得不那麼富於指導性了，
> 因爲我發現很多人雖然希望得到有見地的幫助，但他們更渴望得到理
> 解性的關注(p.3)。

我對個人中心式方法——我視之爲一個很好的開始方法但不是一個很
好的結束方法——的主要批評，並不在於它所包括的內容，而在於它所忽
視的內容。我並不拘泥於那種認爲策略性技術和知識並不重要的觀點；我
相信行動的價值、治療性指導的價值、時機恰當的解釋的價值、以及比個
人中心式方法中所能看到的更具指導性技能的價值。我的理由是，雖然我
認爲如果當事人要體驗某些重大的變革，積極的支持是非常必要的，但我
認爲，他們也能夠從將認知轉化爲行動方案的過程中獲益。因此，我喜歡
提出一些家庭作業，讓當事人激勵自己在日常生活中做些艱巨的工作。雖
然我通常要求當事人自己提出他們的家庭作業，但我並不反對作出一些建
議，或以邀請的方式提出一些作業。當他們願意改變與其所愛的人的關係
時，我常常建議他們在團體中象徵地談談這個人，做角色扮演的練習。這
種組織結構提供了一種安全感，雖然他們所愛的人並沒有在團體中實際地
看或聽到他們，然而這些團體成員能夠因嘗試各種替代的方法而獲益，他
們還能從其他人的回饋中獲益。所有這些行爲取向的介入，無論在團體內
還是團體外的，都是用來使團體成員們能夠抉擇他們怎樣才能有所改變、
怎樣才能從不同的思想、情感、行爲中獲得鍛鍊。

值得一提的是，個人中心治療法的近期發展，在使成員公開他們的感受、以關心的方式與成員面質、在治療過程中採取主動等方面，提供了更大的自由度(Lietaer, 1984)。目前個人中心治療者的角色，更強調讓成員表達他們的現時體驗，這會激勵成員在更深的層次上探索自己。雖然治療者的接受態度仍然被看作是具有核心重要性的，卻並不排斥採取主動以便激勵成員的體驗過程。重要的是要保持成員的經驗參照系統，而給治療者以更大的餘地，為成員提供回饋，表達自己的認識和感受，與成員面質。里塔說道，甚至「家庭作業」和其他輔助性技術也能夠以個人中心式的方法所採用，如果成員的體驗仍然被繼續當作試金石的話。

個人中心治療法在多元文化環境中的應用

和其他模式相比，個人中心式方法被更多地在發展相互了解的目的之下，把來自多元文化的人組織在一起。在1948年，羅傑斯(Rogers, 1987c)開始建立一種減緩敵對團體間緊張關係的理論，他堅持這項工作一直到他1987年去世。在七○年代，他和同事帶領了旨在促進跨文化溝通的團體。例如，在1978年，來自二十七個國家的一百七十三名參與者在西班牙參加了一個為期十天的研修班，他們在結束時產生了深厚的團體情感。尊重和相互了解取代了團體外部環境中所特有的衝突和敵意。羅傑斯還指導了類似的研修班，包括在：義大利、波蘭、巴西、日本、墨西哥、法國、菲律賓、南非、前蘇聯、美國等具有各種不同類型的黨派分歧的國家所開辦的研修班。例如，1984年在匈牙利的研修班，它包括了三百名參與者，既有來自美國的公民，又有來自東歐和西歐集團國家的公民。在1982年和1986年，羅傑斯和同事們舉行了大規模的多種族研修班，目的是促進這些種族之間的溝通。使不同種族之間不再出現恐懼、憤怒、痛苦、懷疑、罪惡情感(Rogers, 1987c)。

就在他去世前不久，羅傑斯指導了一個四至六天的包括前蘇聯的莫斯科人和第比力斯(Tbilisi)人的研修班。羅傑斯認為，這些由前蘇聯的心理學家、教育家、研究人員組成的大規模研修班證明，他們的問題與美國類似的專業團體所感受的問題沒有多大的區別。他發現，一種在美國、拉丁美

洲、歐洲、南非會產生某種可預見結果的心理氣氛，在前蘇聯產生了同樣的結果(Rogers, 1987a)。

個人中心學派在日本受到極大的歡迎，研究者們對這些團體進行了大量的研究。從1970年到1986年，在日本發表了一百六十五篇有關催化者的技術和跨文化研究的文章(Murayama, Nojima, & Abe, 1988)。這些作者指出，這些團體中的成員們普遍在團體活動中表達自己的觀點時體驗到自卑感。日本人如果感到自己與別人有所不同，便會很難表達自己，這主要是由於他們對於表達自己的差異有一種羞怯感。個人中心式研究表明，日本人往往隱藏他們的情感體驗而不是表達它們。由於這種保留自身體驗的個人性傾向，團體活動往往處於長時間的沉默，成員們都希望別人先帶頭表達情感。日本的團體催化者往往比較獨裁，部分原因是成員們都希望由他們來開個頭。村山和他的同事們(Murayama et al., 1988)總結到：「個人中心式團體在指導日本社會中的個人生活方面已經成為一個重要因素。個人中心理論的應用促進了更為成熟和有知識的人類發展。」(p.490)

正如我們已經看到，個人中心式治療的主要焦點是放在主動傾聽上，這是有效團體工作的一項重要貢獻。這種方法強調傾聽成員帶到團體中訊息的深刻內容。同理、敏感地傾聽、即時回應、尊重當事人的價值觀，是不同種族當事人團體中尤其重要的態度和技術。例如，在針對某些日本人工作時，團體領導者應了解他們在表露自己情感方面的猶豫。個人中心式團體領導者應當尊重這種有關表達個人情感的文化規範，不要試圖強加那種隨意表達情感的價值觀。他們應幫助成員在他自己的價值體系中解決問題。

雖然個人中心式方法對具有多樣性的社會、政治、文化背景的團體工作有重大貢獻，在社會機構環境和門診診所裡採用這一體系工作也有某些侷限性。許多到社區心理健康診所的病人或接受過某些其他類型門診治療的病人，可能需要較為結構化的團體經驗，例如，短期團體、成員變化比較迅速的開放式團體、任務導向團體、包含有多元文化人群的團體。少數民族病人常常尋求專業協助，來解決某些現時的危機，減緩某些心理症狀，或是學習某些因應技能(例如，壓力控制)。當這些病人來尋求專家幫助時，常常已是他們的最後一步，因此要求專家的指導。少數民族病人通常等待

團體領導者的主動探問或等候邀請才開口。他們希望有一個指導性的團體領導者，卻很可能被那種不提供某種組織結構的團體領導者所耽擱(Chu & Sue, 1984)。

少數民族病人退出團體的比率相當高，結束團體時的人數只有最初活動時的52%(Mokuau, 1987)。對這種明顯不滿專家諮商的現象，一種解釋是，這些病人很快作出這樣的評價：他們不可能從這種諮商關係中得到他們正在尋求的幫助。這就是為什麼在第一次團體聚會中討論成員的期望和目標問題至關重要的原因。如果簡單地等候成員們自己提出這些問題，也許就太晚了。因為他們可能下一次就不再來了。因此，這就需要有比一般個人中心式方法中更為積極、組織性更多的工作，在團體中尤其如此。我的觀點是，成員可以從被教導有關什麼叫團體、如何更好地參與團體等內容中獲益。成員們可以從著重討論團體歷程的一般目標和方法，以及團體如何有助於解決他們的生活困擾而有所收益。領導者促進有關成員期望的討論，是增加團體人數保持率的有效方法。

團體領導者往往發現，有些文化團體中的成員希望他以專家的身份發揮作用。具有某些文化背景的個人並不想自己解決他們的問題，而是希望專業人員在諮商過程中採取主動和指導性的角色(Chu & Sue, 1984)。我認為，個人中心學派各種主要的治療條件是領導團體的基礎，但團體領導者宜採取適當的介入和在領導或催化中以積極的角色加強這一團體歷程。他們還可以設計一些特定主題的結構化團體，和既有治療又有教育目的的團體。個人中心式治療的一個侷限是，它很難把那些核心條件操作化。例如以下的這些問題：溫暖怎樣能具體的表現出來？領導者怎樣從行為上表現出他的真實性？他們怎樣體現出無條件積極關懷？他們怎樣知道在多大程度上成員們正體驗著這種無條件的接納？

團體領導者向他們的成員說明這些核心條件的方式，必須與成員們的文化架構相一致。有些團體成員可能習慣於間接式的溝通，因此可能對團體領導者的開放性和直接性感到不舒服。有些團體領導者經由碰觸他們的當事人來表示他們的溫暖，他們可能並沒意識到有些成員會因這類行為而感到遭受冒犯。溫暖在不同的文化背景下有著不同的解釋。正如朱和蘇(Chu & Sue, 1984)曾觀察到的，身體接觸在東方文化不像在西方文化中那

麼隨便，尤其是在異性交往方面。因此，團體領導者需要認識到什麼時候與誰進行這種接觸，尤其是在與異性互動的情況下。朱和蘇提供一條指導原則，他們論述到：團體工作者必須對少數民族當事人的文化價值觀非常敏感，同時又要避免個人的固有成見，以了解和讚賞成員在團體中存在的豐富多樣性來表現出尊重。

把個人中心式方法運用於少數民族當事人的另一個問題是，它讚賞內在取向評價的重要性。然而有些少數民族團體注重外在評價的價值。例如，他們可能從家庭傳統中尋求答案，他們往往受到家庭期望的極大影響，卻不易被自己的個人偏愛所促動。

雖然僅憑個人中心式觀點對少數民族成員進行工作會有一些特殊的限制性，卻不應武斷地認為這種方法是不適合這些成員的。在任何團體中的人都有極大的多樣性，因此，各式各樣的治療風格都有其適用性。雖然有些成員喜歡指導性和主動性的領導風格，另一些人則偏愛指導性較少的領導者。文獻說明，諮商風格的適宜性和有效性，大都取決於一個個體所特有的文化價值觀和世界觀(Mokuau, 1987)。以為某一種團體領導者風格能對所有的少數民族成員都有效的假定，是錯誤的。目尾(Mokuau)曾觀察到，指導性諮商風格對亞裔美國當事人的指導很有限，因為它是以對亞洲人的世界觀和價值觀的單一文化認識為基礎的：

> 我們再也不能認為，注重組織結構、解釋、具體服務、非平等關係的指導性諮商風格，比那種注重當事人的自我表露和情感、平等式關係、當事人自我引導的非指導性諮商風格更為有效。結論是，指導性諮商風格、非指導性諮商風格，以及這兩者之間的變體，都可能是有效的，取決於當事人的問題和價值取向(1987, p.335)。

我越來越相信，個人中心式治療為與具有民族多樣性團體成員的良好關係提供了理想的基礎。團體領導者往往發現利用某些組織結構是必要的，但是同時也須鼓勵成員們的自我引導。

研究成果

　　從1946年到1952年，諮商研究出現了有關個人中心式團體的大量文獻(Raskin, 1986b)，大部分是以原文逐字稿作為主要的資料來源。研究者們發現，當事人朝向著更為積極、領悟、自我協調、體驗更多的自由的方向上作改變(Raskin, 1986b, p.404)。

(一)早期研究

　　下列研究發表於1946年到1952年之間，是有關當事人中心式團體治療的最重要一部分文獻：霍布斯、帕斯卡(Hobbs & Pascal, 1946)，派力司(Peres, 1947)，泰爾肖(Telschow, 1950)，高洛(Gorlow, 1950)，高洛、霍奇、泰爾肖(Gorlow, Hoch, & Telschow, 1952)，海默維茲、海默維茲(Haimowitz & Haimowitz, 1952)。從許多方面來看，這些研究都是值得關注的，以下是對它們的總結性介紹。

- 在團體治療領域這些研究是有關團體歷程和效果的最早研究成果
- 這些研究的分析主要是以團體聚會的逐字記錄為依據的。它們還運用了人格適應測驗、行為評估以及社會計量評定
- 它們為羅傑斯在這一時期所提出的治療條件，提供了支持性證據
- 在團體中的行為變化，與在治療環境外的變化有關
- 發現自我態度構成當事人行為的一個重要部分，支持自我概念的人格改變理論
- 提供了鑑別較成功的和較不成功的當事人的具體依據

(二)對住院病患的研究

　　隨著團體治療的當事人中心式方法發展，越來越多的證據顯示，極度紊亂的病人也可因此而得到幫助。證據還表明，個人在這些團體中的發展，與團體領導者所提供的條件例如，同理、真誠一致、溫暖有關(Raskin, 1986b, p.404)。以下一些研究是為評估團體工作的當事人中心式方法而進行的：貝赫(Baehr, 1954)，安茲、佩奇(Ends & Page, 1957, 1959)，特拉克斯(Truax, 1961)，巴雷特—雷納德(Barrett-Lennard, 1962)，特拉克斯、

卡可夫(Truax & Carkhuff, 1967)，戴斯(Dies, 1973)，梅、湯普森(May & Thompson, 1973)，亞伯拉默維茲、亞伯拉默維茲、羅拜克、傑克遜(Abramowitz , Abramowitz, Roback, & Jackson, 1974)，克爾曼、豪威爾(Kilmann & Howell, 1974)，克爾曼、亞伯特、索泰爾(Kilmann, Albert, & Sotile, 1975)，斯特拉斯伯格、羅拜克、安哥爾、亞伯拉默維茲(Strassberg , Roback, Anchor, & Abramowitz, 1975)，布拉頓(Braaten, 1982)。拉斯金(Raskin, 1986b, p.400)曾對這些研究作了評價和概括，在他看來，它們的重要意義在以下幾個方面：

□ 當事人中心團體可以對嚴重紊亂患者有療效
□ 有證據表明，個別式的當事人中心治療、團體治療、以及這兩者的結合，都同樣有效
□ 當事人中心團體治療的正向療效，與同理、真誠、溫暖等治療條件有關。團體氣氛、與此有關的凝聚力，都與團體參與者的進步有關
□ 由較為嚴重紊亂的患者所表現出的進步，可以從他們的自我概念和經驗性質的變化方面予以說明。成員有一種從固執僵化的行為向自發性開放行為轉變的傾向
□ 證據顯示，治療團體的指導性程度，與團體參與者的控制取向因素有關。內在控制取向的成員們似乎對指導性較少的團體反應更佳
□ 治療者的自我表露與關懷、尊重，和治療的正向結果有關
□ 有關控制取向與自我表露的研究，包括會心團體和傳統的每週聚會式團體

(三)研究結果概觀

值得稱道的是，羅傑斯一致性地表現出一種意願，聲明他的理論是可檢驗的假設，並使他的假設遵從研究結果。的確，個別治療方面尤其是如此，而且從某種程度上說，個人中心式方法對團體的應用也是如此。他的治療和個人人格改變理論具有極大的啟發效果，而且，雖然對這一方法有許多爭議，連他的批評者也稱讚他對心理治療的過程和結果所做的大量研究。伍德(Wood, 1982)指出，有關個人中心團體的研究受到自然情境之研究方法發展緩慢所阻礙。然而伍德認為，迄今所有的研究支持團體治療個

人中心式方法的理論和實踐。

　　羅傑斯和他的同事們曾對本章所介紹過的基本會心團體的效果，進行了評估研究。羅傑斯(Rogers, 1970)描述了一種系統化的追蹤觀察研究，以此評估他自己和同事所指導的小團體效果。他們以一份追蹤考查問卷——實質上是一個自陳報告工具，既用來鑑定將團體中所學到的內容應用於日常生活情境的價值，也表現對團體參與的反應——分發給五百名團體參與者，在團體結束三到六個月後進行。以下是這一研究的一般性結果：兩個參與者感到這種經驗是極具破壞性的，以消極的方式改變他們的行為；少數的人認為團體經驗是中性的，在參加過團體後，行為上幾乎沒有什麼改變；另外少數的人感到團體只是稍稍改變了他們的行為；絕大部分團體參與者認為他們的團體經驗具有深遠的意義，且對他們的行為具有重大而持久的影響，並產生了積極的結果。

　　應當提到的是，偏愛評價個別與團體諮商效果之實驗方法的心理學家們，批評羅傑斯的研究的自陳報告方式過於主觀。然而，自陳報告方法是與個人中心式理論的基本假定相一致的，即只有個體能確定一種治療經驗的意義。對於進一步的細節以及羅傑斯對會心團體所進行效果評價方法感興趣的讀者，我建議參見羅傑斯(Rogers, 1970, pp.126-134)的文獻。

問題與討論

　　1. 個人中心團體領導者認為那些特殊的態度會幫助他們了解和對待具有文化多元性的人群？

　　2. 從你對自己的了解來看，你認為做一個非結構式團體情境中的領導者感覺怎樣？如果對團體沒有任何進一步的計畫、沒有議程安排、沒有預定的組織結構，並且約束自己不使用任何技術促進事件發展，你會怎樣作為一個團體領導者去發揮作用呢？

　　3. 把個人中心方法運用到強迫型團體的工作之中，你看到哪些啟發？你能想出有哪些方式可運用個人中心的主要概念對那些猶豫的非自願當事人進行諮商？

4.你對選擇參加團體的成員有何想法？你能想到沒有篩選、選拔程序的優點和缺點嗎？

5.團體催化者不是專業心理治療師的優點是什麼？缺點又是什麼？對於你欲參加之團體的團體催化者，你希望他具有什麼樣的品質？

6.你認為個人中心方法中的哪些主要概念和基本態度，可以有效地整合到其他的團體理論中去？

7.你是否認為，你能既採納個人中心哲學，同時又把來自指導性治療的技術融合到你的團體領導中去？你能既從個人中心觀點對待人，同時又在團體中扮演一個較為主動的核心角色嗎？請解釋。

8.你對個人中心式團體催化者的角色有何看法？做一個你所領導或催化的團體的成員，你會覺得舒服嗎？在什麼意義上你可以是一個團體成員？你如何能與其他成員有所不同地發揮作用？

9.請評價個人中心式團體領導者的基本態度（眞誠、無條件積極關懷、同理）。這些態度中，有哪些會使你在使用或轉化為行動上所持有的信念時遇到最大的困難？

10.你認為個人中心方法對哪些人、對哪些團體會最為有效？在哪些情況下，你認為這一方法會不適合或無效？

參考資料

Abramowitz, C. V., Abramowitz, S. I., Roback, H. B., & Jackson, C. (1974). Differential effectiveness of directive and nondirective group therapies as a function of client internal-external control. *Journal of Consulting and Clinical Psychology, 42,* 849–853.

Aspy, D. N., & Roebuck, F. N. (1988). Carl Rogers' contributions to education. *Person-Centered Review, 3*(1), 10–18.

Baehr, G. O. (1954). The comparative effectiveness of individual psychotherapy, group psychotherapy and a combination of these methods. *Journal of Consulting Psychology, 15,* 179–183.

Barrett-Lennard, G. T. (1962). Dimensions of therapist response as causal factors in therapeutic change. *Psychological Monographs, 76*(43, Whole No. 562).

Barrett-Lennard, G. T. (1988). Listening. *Person-Centered Review, 3*(4), 410–425.

Bozarth, J. D. (1981). The person-centered approach in the large community group. In G. Gazda (Ed.), *Innovations to group psychotherapy* (2nd ed.). Springfield, IL: Charles C Thomas.

Bozarth, J. D. (1984). Beyond reflections: Emergent modes of empathy. In R. F. Levant & J. M. Shlien (Eds.), *Client-centered therapy and the person-centered approach: New directions in theory, research, and practice* (pp. 59–75). New York: Praeger.

Bozarth, J. D. (1987). Person-centered workshop. *Person-Centered Review, 2*(3), 311–314.

Bozarth, J. D., & Brodley, B. T. (1986). Client-centered psychotherapy: A statement. *Person-Centered Review, 1*(3), 262–271.

Braaten, L. J. (1982, July). Individually perceived group atmosphere and goal attainment: A methodological pilot study. *Proceedings of the First International Forum on the Person-Centered Approach,* Oaxtepec, Mexico.

Braaten, L. J. (1986). Thirty years with Rogers' necessary and sufficient conditions of therapeutic personality change: A personal evaluation. *Person-Centered Review, 1*(1), 37–50.

Cain, D. J. (1986). Editor's introduction to the *Person-Centered Review. Person-Centered Review, 1*(1), 3–14.

Cain, D. J. (1987a). Carl R. Rogers: The man, his vision, his impact. *Person-Centered Review, 2*(3), 283–288.

Cain, D. J. (1987b). Carl Rogers' life in review. *Person-Centered Review, 2*(4), 476–506.

Carkhuff, R. R. (1966). Toward explaining success or failure in interpersonal learning experiences. *Personnel and Guidance Journal, 44.*

Chu, J., & Sue, S. (1984). Asian/Pacific-Americans and group practice. In L. E. Davis (Ed.), *Ethnicity in social group work practice.* New York: Haworth.

Corsini, R. J. (1970). Issues in encounter groups: Comments on Coulson's article. *The Counseling Psychologist, 2*(2), 28–34.

Coulson, W. R. (1970). Major contribution: Inside a basic encounter group. *The Counseling Psychologist, 2*(2), 1–27.

Coulson, W. R. (1972). *Groups, gimmicks, and instant gurus.* New York: Harper & Row.

Dies, R. R. (1973). Group therapist self-disclosure: An evaluation by clients. *Journal of Counseling Psychology, 20,* 344–348.

Ends, E. J., & Page, C. W. (1957). A study of three types of group psychotherapy with hospitalized male inebriates. *Quarterly Journal of Studies in Alcohol, 18,* 263–277.

Ends, E. J., & Page, C. W. (1959). Group psychotherapy and concomitant psychological change. *Psychological Monographs, 73*(Whole No. 1480).

Evans, R. (1975). *Carl Rogers: The man and his ideas.* New York: Dutton.

Fischer, C. T. (1987). Beyond transference. *Person-Centered Review, 2*(2), 157–164.

Gordon, T. (1951). Group-centered leadership and administration. In C. R. Rogers, *Client-centered therapy.* Boston: Houghton Mifflin.

Gorlow, L. (1950). *Nondirective group psychotherapy: An analysis of the behavior of members as therapists.* Unpublished doctoral dissertation, Columbia University, Teachers College, New York.

Gorlow, L., Hoch, E. L., & Telschow, E. F. (1952). *The nature of non-directive group psychotherapy.* New York: Bureau of Publications, Columbia University, Teachers College.

Haimowitz, N. R., & Haimowitz, M. L. (1952). Personality changes in client-centered therapy. In W. Wolff & J. A. Precker (Eds.), *Success in psychotherapy.* New York: Grune & Stratton.

Hill-Hain, A., & Rogers, C. R. (1988). A dialogue with Carl Rogers: Cross-cultural challenges of facilitating person-centered groups in South Africa. *Journal for Specialists in Group Work, 13*(2), 62–69.

Hobbs, N. (1951). Group-centered psychotherapy. In C. R. Rogers, *Client-centered therapy.* Boston: Houghton Mifflin.

Hobbs, N., & Pascal, G. (1946). A method for the quantitative analysis of group psychotherapy. *American Psychologist, 1,* 297.

Horwitz, L. (1986). An integrated, group centered approach. In I. L. Kutash & A. Wolf (Eds.), *Psychotherapist's casebook* (pp. 353–363). San Francisco: Jossey-Bass.

Howard, G. S. (1987). The person in research. *Person-Centered Review, 2*(1), 50–63.

Kilmann, P. R., Albert, B. M., & Sotile, W. M. (1975). The relationship between locus of control, structure of therapy, and outcome. *Journal of Consulting and Clinical Psychology, 43,* 588.

Kilmann, P. R., & Howell, R. J. (1974). Effects of structure of marathon group therapy and locus of control on therapeutic outcome. *Journal of Consulting and Clinical Psychology, 42,* 912.

Lambert, M. J. (1986). Future directions for research in client-centered psychotherapy. *Person-Centered Review, 1*(2), 185–200.

Levant, R. F. (1984). From person to system: Two perspectives. In R. F. Levant & J. M. Shlien (Eds.), *Client-centered therapy and the person-centered approach: New directions in theory, research, and practice* (pp. 243–260). New York: Praeger.

Levant, R.F., & Shlien, J.M. (Eds.) (1984). Client-centered therapy and the person-centered approach: New directions in theory, research, and practice. New York: Praeger.

Lieberman, M. A., Yalom, I. D., & Miles, B. B. (1973). *Encounter groups: First facts.* New York: Basic Books.

Lietaer, G. (1984). Unconditional positive regard: A controversial basic attitude in client-centered therapy. In R. F. Levant & J. M. Shlien (Eds.), *Client-centered therapy and the person-centered approach: New directions in theory, research, and practice* (pp. 41–58). New York: Praeger.

May, D. P., & Thompson, C. L. (1973). Perceived levels of self-disclosure, mental health, and helpfulness of group leaders. *Journal of Counseling Psychology, 30,* 349–352.

Meador, B. D. (1975). Client-centered group therapy. In G. Gazda (Ed.), *Basic approaches to group psychotherapy and group counseling* (2nd ed.). Springfield,

IL: Charles C Thomas.

Mearns, D., & McLeod, J. (1984). A person-centered approach to research. In R. F. Levant & J. M. Shlien (Eds.), *Client-centered therapy and the person-centered approach: New directions in theory, research, and practice* (pp. 370–389). New York: Praeger.

Mokuau, N. (1987). Social workers' perceptions of counseling effectiveness for Asian American clients. *Journal of the National Association of Social Workers, 32*(4), 331–335.

Murayama, S., Nojima, K., & Abe, T. (1988). Person-centered groups in Japan: A selected review of the literature. *Person-Centered Review, 3*(4), 479–492.

Natiello, P. (1987). The person-centered approach: From theory to practice. *Person-Centered Review, 2*(2), 203–216.

O'Leary, C. J. (1987). A lover's quarrel with the non-directive method. *Renaissance, 4*(4), 1–3.

Peres, H. (1947). An investigation of nondirective group therapy. *Journal of Consulting Psychology, 11,* 159–172.

Raskin, N. J. (1986a). Client-centered group psychotherapy, Part 1: Development of client-centered groups. *Person-Centered Review, 1*(3), 272–290.

Raskin, N. J. (1986b). Client-centered group psychotherapy, Part 2: Research on client-centered groups. *Person-Centered Review, 1*(4), 389–408.

Raskin, N. J., & Rogers, C. R. (1989). Person-centered therapy. In R. J. Corsini & D. Wedding (Eds.), *Current psychotherapies* (4th ed.). Itasca, IL: F. E. Peacock.

Rogers, C. (1951). *Client-centered therapy.* Boston: Houghton Mifflin.

Rogers, C. (1957). The necessary and sufficient conditions of therapeutic personality change. *Journal of Consulting Psychology, 21,* 95–103.

Rogers, C. (1961). *On becoming a person.* Boston: Houghton Mifflin.

Rogers, C. (1970). *Carl Rogers on encounter groups.* New York: Harper & Row.

Rogers, C. (1975). Empathic: An unappreciated way of being. *The Counseling Psychologist, 5*(2), 2–9.

Rogers, C. (1977). *Carl Rogers on personal power: Inner strength and its revolutionary impact.* New York: Delacorte Press.

Rogers, C. (1980). *A way of being.* Boston: Houghton Mifflin.

Rogers, C. R. (1984). One alternative to nuclear planetary suicide. In R. Levant & J. Shlien (Eds.), *Client-centered therapy and the person-centered approach: New directions in theory, research, and practice* (pp. 400–422). New York: Praeger.

Rogers, C. (1986a). Carl Rogers on the development of the person-centered approach. *Person-Centered Review, 1*(3), 257–259.

Rogers, C. (1986b). Client-centered therapy. In I. L. Kutash & A. Wolf (Eds.), *Psychotherapist's casebook* (pp. 197–208). San Francisco: Jossey-Bass.

Rogers, C. (1986c). Reflections of feelings. *Person-Centered Review, 1*(4), 375–377.

Rogers, C. R. (1987a). Inside the world of the Soviet professional. *Counseling and Values, 32*(1), 46–66.

Rogers, C. R. (1987b). Rogers, Kohut, and Erickson: A personal perspective on some similarities and differences. In J. K. Zeig (Ed.), *The evolution of psychotherapy* (pp. 179–187). New York: Brunner/Mazel.

Rogers, C. R. (1987c). Steps toward world peace, 1948–1986: Tension reduction in theory and practice. *Counseling and Values, 32*(1), 12–16.

Rogers, C. R. (1987d). The underlying theory: Drawn from experience with individuals and groups. *Counseling and Values, 32*(1), 38–45.

Rogers, C. R., & Malcolm, D. (1987). The potential contribution of the behavioral scientist to world peace. *Counseling and Values, 32*(1), 10–11.

Shlien, J. M., & Levant, R. F. (1984). Introduction. In R. F. Levant & J. M. Shlien (Eds.), *Client-centered therapy and the person-centered approach: New directions in theory, research, and practice* (pp. 1–16). New York: Praeger.

Smith, D. (1982). Trends in counseling and psychotherapy. *American Psychologist, 37*(7), 802–809.

Strassberg, D. S., Roback, H. B., Anchor, K. N., & Abramowitz, S. I. (1975). Self-disclosure in group therapy with schizophrenics. *Archives of General Psychiatry, 32,* 1259–1261.

Telschow, E. F. (1950). *The role of the group leader in nondirective group psychotherapy.* Ed.D. project, Columbia University, Teachers College, New York.

Truax, C. B. (1961). The process of group psychotherapy: Relationships between hypothesized therapeutic conditions and intrapersonal exploration. *Psychological Monographs, 75*(14, Whole No. 511).

Truax, C. B., & Carkhuff, R. R. (1967). *Toward effective counseling and psychotherapy.* Chicago: Aldine-Atherton.

Watson, N. (1984). The empirical status of Rogers's hypotheses of the necessary and sufficient conditions for effective psychotherapy. In R. F. Levant & J. M. Shlien (Eds.), *Client-centered therapy and the person-centered approach: New directions in theory, research, and practice* (pp. 17–40). New York: Praeger.

Whiteley, J. M. (1987). The person-centered approach to peace. *Counseling and Values, 32*(1), 5–8.

Wood, J. K. (1982). Person-centered group therapy. In G. Gazda (Ed.), *Basic approaches to group psychotherapy and group counseling* (3rd ed.). Springfield, IL: Charles C Thomas.

格式塔治療法

導言

　　格式塔治療法是存在主義治療的一種形式，是由弗里茲・佩爾斯(Fritz Perls)開創的，它的基礎前提是，個體必須在生活中找到他們自己的道路，並接受個人責任。其注重焦點是放在當事人在現時中的體驗內容，以及他為達到對此時此地的充分認識所必須克服的障礙。格式塔團體的基本目標是激勵當事人去認識怎樣為自己的覺察負責任，並鼓勵他們尋求內部的而不是外部的支持。對個人經驗及障礙的即時覺察，本身就具有治療性的。

　　隨著當事人獲得現時中心意識，及對自身的障礙和矛盾衝突具有更為清晰的知覺，一些對個人具有重要意義的未解決問題會浮現出來。此學派假定，成為一個自主的人的方法，是鑒別並解決源自過去而干擾現時功能發揮的未解決問題。經由重新體驗過去的矛盾衝突，就像它們在現實中發生一樣，當事人擴展了他們的覺察層次，有時是漸進式地，有時是爆發式地，並能夠面對和整合他們自身被否定的、支解的部分，由此而變得統一化和整體化。

　　這種格式塔的觀點是，我們對自己的矛盾衝突負有不可推卸的責任，我們有能力處理自己的問題。因此，格式塔團體的方法基本上是非解釋性的。團體成員們作出他們自己的解釋，並發現自身經驗的意義。團體領導者避免干預當事人的解釋，而是注重於當事人此時此地所體驗的任何內容。格式塔團體領導者傾向於採取主動，運用多種行為導向的、設計用來加強團體成員的情感和體驗的技術。

　　格式塔治療法被描述為是現象學與行為主義的整合(Zinker, 1978)。在一方面，它處理當事人知覺的主觀世界(subjective world)，或是此時此地的體驗。格式塔治療者們嘗試了解人們在世界中的生存方式，從這種主觀的立場出發，試圖幫助當事人擴展他或她的世界版圖。在另一方面，格式塔治療法也是一種行為主義方法，因為它基本的方法學工具是實驗(experiment)。團體成員們被不斷地鼓勵嘗試新的行為方式，使他們處於多眠狀態的人格各個方面得到表現，並檢驗各種替代性的行為模式，以便拓展他們

對環境作出反應的能力。根據辛克爾(Zinker)的看法，格式塔實驗注重團體成員們的生活經驗，就像他們在現實情境中一樣。預先構想的、沒有經驗作基礎的、被強加給團體的活動，不屬於現象學和格式塔治療法所涉及的範圍，因為它們不是產生於團體的真實情境。

主要概念

治療目標

格式塔治療法有很多重要的目的。其中之一是激勵當事人從「環境支持」轉為「自我支持」。根據佩爾斯(Perls, 1969a)的說法，治療的目的是「使病人不再依賴別人，使當事人從即刻起認識到：他能夠做許多事情，遠比他認為他能做的事多得多」(p.29)。

正如前面曾提到的，格式塔治療法的基本目的是獲得覺察。覺察本身就被認為是有治療作用的。沒有覺察，當事人就沒有掌握人格改變的工具。有了覺察，他們便有能力了解他們所造成的困境和障礙，從自身尋找解決自己問題的必要資源，並尋找可能改變的條件。正是由於覺察，使得當事人能夠認識並重新整合自己的、曾經被他們否定的各個部分，由此而成為統一而完整的人。

治療目標這一問題，可以從每一個團體成員的個人目標和團體目標的不同角度來考慮。辛克爾(Zinker, 1980)描述了以下的一些個人目標：

- 整合個人內在的種種傾向
- 與自我及他人進行接觸
- 學習自我支持而不是尋求別人的支持
- 逐漸覺察到一個人現時所感覺、體驗、思考、幻想，以及所做的行動
- 明確地定義一個人的界限

□ 把領悟轉化爲行動

□ 樂於從事創造性的嘗試來了解自己

團體成員們在團體層次上要實現的目標有：

□ 學習如何明確而直接地尋找自己想要或需要的東西

□ 學習在面對衝突時如何處理人際關係

□ 學習相互給予支持和幫助

□ 能夠相互激勵突破安全的和已知的範圍

□ 創造一個以信任爲基礎的團體，從而使人們能進行深層次的有意義
  活動

□ 學習如何運用團體內部的資源，而不是依賴團體領導者作爲管理者

此時此地

　　佩爾斯的最重要的貢獻之一是，他強調學習充分地欣賞和體驗現實：
此時是唯一重要的時刻，因爲過去的已經過去了，未來還沒有到來。然而
他又指出，對絕大多數人來說，現實的力量已經喪失，因爲他們不是存在
於現實之中，而是沉湎於過去，或是忙碌於對未來作無休止的計畫和決策。
隨著他們把自己的精力指向已經有的或可能有的內容，他們把握現實的能
力戲劇性地消失了。

　　佩爾斯(Perls, 1973)明確地論述到，格式塔是一種經驗主義的(experi-
ential)治療，不是語言式或解釋性的治療，它的目的是在於幫助當事人在即
刻的現實中與自己的經驗進行直接的接觸。在格式塔觀點看來，如果我們
思考並談論一種經驗，我們就干擾了現時中心式的經驗，從而離開我們自
己。

　　這種著眼於現時的做法，並不表示對過去缺乏興趣。過去是重要的，
但只有在它與我們的現時功能相聯結的意義上才彰顯其重要性。在格式塔
團體中，團體參與者把過去的問題情境提到現實中來，重演那些情境，就
好像它們發生在現時一樣。例如，如果一個團體成員開始談論她年輕時曾

有過的困難，以及曾怎樣嘗試和她父親相處，治療者往往就會採取介入，要求她「此時此地」與她父親相處，並直接對他說話。治療者會說：「現在把你的父親帶到這間屋子中來，然後使你自己回溯到你曾是個孩子的年代。現在對他說話，好像他就在這裡，你就是那孩子，你最可能說的是什麼？」

不足為奇的是，團體成員們常常會詢問領導者把過去事件帶到現時中來重演的目的和價值。團體成員們很可能會問：「我覺得讓我坐在那張空椅子上對我父親說話，就好像我在十歲時所做的那樣，真是很傻。為什麼我不能對團體談談我對那時的回憶？」（用格式塔的術語來說，這是所謂的「大約主義」（aboutism），而不是直接經驗。）雖然團體領導者若對這種現時中心技術的理由進行長篇大論解釋，可能是不明智的，但領導者應當確保成員對這一著重點的原因有一個明確的理解。團體領導者可以某種簡要的方式對這種技術提供簡單的說明，或可以邀請成員在團體中更充分地討論她的這種愚蠢感，以及這種感受如何會妨礙她從事可能是頗有效力的實驗。

對團體領導者來說，認識到成員們帶到團體中來的許多問題，都和他們生活中的未解決問題有關，這會是很有用的。例如，前述的那個成員會懷有對男性的憤恨和不信任感，是因為她覺得，男人們根本不會在她需要幫助的時候出現。她可能把這種現時情感與她過去對她酗酒父親的感受聯結在一起，她父親總是讓她失望，並給她的生活帶來許多痛苦。基於以前她不再信任男人的決定，她會把她的負面情感投射到現在的所有男人身上。她的結論是，既然她的父親不能提供愛和保護，那麼無疑其他男人也不會更值得信任，於是她現在尋求證據來支持她的假設。格式塔團體領導者會邀請她以某種方式在此時此地象徵性地對待她的父親。她可以與他進行對話，既扮演她父親又扮演她自己。她現在可以說出所有的、她在自己童年時想對父親說、但又因為害怕而一直藏在心裡的話。她還可以告訴父親她那時最想從他那裡得到的東西，以及她現在仍然需要的東西。

當然，在團體中有許多具有創造性的機會。她可以審視團體中的男人，對每一個人表達她的某些憤恨。在與團體中的每一個男人相接觸的過程中，她可以表達她所幻想的所有他們可能使她失望的方式，或是她現在想

從他們那裡得到、但又不敢提出來的內容。這一技術的理論依據是根源於這樣的假定：曾在她孩提時壓抑她的情緒，會以某種歪曲或否定的形式重現。格式塔團體領導者鼓勵她重新體驗這些過去經歷，讓它們在此時此地重現，以便那些被壓抑的情緒能夠浮現出來。憑藉團體領導者和其他團體成員們的支持，她可以允許自己去體驗那些她一直排擠於意識之外的情感，並且她現在能夠解決這些始終使她陷於困擾的情感。經由挑戰她有關男人的假定，她能夠建立起一個新的與男人相聯繫的基礎。

再現一種情境的技術，可以應用於未來事件。如果上述的那個團體成員害怕未來與她的父親相對，可以請她此時此地表演出她的預期，在團體中直接對她父親說話，表達她的恐懼和希望。因此，她可以對她父親說：「我想告訴你我是多麼希望與你親近，但我害怕那樣，因為即使我那樣做了，你也不會在意。我害怕說錯什麼話，使你更加遠離我。」

佩爾斯(Perls, 1969a)認為，我們往往沉湎於過去，以便使我們能很合理地不願為現時的生活承擔責任。藉由停留於過去，我們可以無休止地玩那種指責別人的遊戲。同時我們從不面對自己改變生活方式的能力，我們陷入邪種忙於為我們了無生氣的狀態做合理化的過程。我們寧願做任何事情，都不願去意識到自己是在怎樣使自己失去充實的生活。

由於格式塔治療法注重現時的能力，絕大多數格式塔技術都是設計用來促使當事人更密切地接觸現時的體驗，和增進其意識到此時此地的感受內容。然而這種此時此地的著眼點也有一些缺點，如當事人可能貶低輕忽了他的過去和未來。鮑斯特(E. Polster, 1987a)觀察到，過於強調此時此地，會排斥其他一些問題，諸如：行為的連續性、一個人行動的意圖、依賴性、對別人的反應性等。

覺察與責任

覺察是指認識我們所思想的內容，我們所體驗、感受和正在做的行動的過程。覺察是一種不斷進行的過程，可以針對於我們的情感、價值觀、需要或期望。覺察不應與內省或領悟混淆；實際上，「就本質而言，覺察是一種不斷地更新一個人自我的工具。……它總是存在著，像是一股地下的

溪流,一旦需要便隨時準備被開掘出來,使體驗得到更新和恢復活力」(Polster & Polster, 1973, pp.211-212)。

格式塔團體中成員的任務,是對他或她經驗的結構予以注意,並意識到這種體驗是什麼,如何體驗的。這和注重於我們為什麼做,而不注重於我們怎樣做的心理分析理論不同,格式塔團體領導者提出「是什麼」和「如何」的問題,而不僅僅是「為什麼」的問題。佩爾斯(1969a)指出:「為什麼」這個語詞是格式塔治療法中所忌諱的,因為它會導致合理化。當事人所提供的是漂亮的解釋,但從來不是了解。佩爾斯補充道,相反地,注重於人們在現時環境中所體驗的內容,以及他們如何體驗的,能增強當事人對現實的認識。經由注意意識的連續性——也就是說,駐留在此時此地的體驗之中——當事人將發現到他們是如何在世界中發揮功能的。

根據佩爾斯生動的描述,格式塔治療法的兩個重點是「現在」和「如何」。格式塔理論的實質均寓意在這兩個語詞中:現在包容了所有的存在,它是覺察的基礎;如何包括了行為和不斷延續的過程所涉及的內容。佩爾斯主張,其他的一切都是無關緊要的。為了幫助當事人著眼於現時,並更強烈地體驗到他們即時的情感,格式塔團體領導者提出一些促成現時中心式的問題:

- □「你現在正體驗著什麼?」
- □「在你說話的時候,你正在想些什麼?」
- □「你現在如何體驗你身體中的焦慮?」
- □「此刻你如何嘗試退縮?你正在怎樣避免接觸不愉快的情感?」
- □「當你坐在那裡,試圖說些什麼的時候,此刻你正感受到什麼?」
- □「當你現在正在對你的父親說話,你的聲音會是什麼樣的?」

為了獲得我們對此時此地的覺察,格式塔治療法注重顯而易見的內容——外顯的行為,其方法是:集中注意當事人的活動、姿勢、語言模式、語調、手勢以及與別人的互動。由於許多人看不到什麼是顯而易見的內容(Perls, 1969a),格式塔治療者激勵當事人學習如何充分運用他們自己的感覺,覺察到他們是怎樣忽略顯而易見的內容的,如何變得能夠看到現在發生在眼前的內容。鮑斯特和鮑斯特(Polster & Polster, 1973)也指出注重

行為外在表現的重要價值，並強調治療者需要提供一種氣氛，使當事人在其中能夠更為清晰地注意他們隨時變化的意識。

格式塔治療法的核心，在於幫助團體成員們為他們所體驗和所做的任何內容承擔責任，而不是因他們自身的現狀去指責別人。在佩爾斯看來，個人責任不同於完成義務。他的觀點是，成熟的個體並不努力去滿足別人的期望，或以對別人盡義務的方式生活；相反的，他們關注如何依自己的期望而生活，真正成為他們自己。

故此，簡單地說，承擔責任的關鍵是，我們能意識到每一時每一刻的體驗，並看到我們如何為這種經驗提供了意義。這意味著，我們避免擺佈他人，不因為我們所感受和所做的一切而責怪他人，並沒有什麼人使我們感到無可奈何，或使我們採取任何特別的行動方式。它還意味著，我們能夠為自己提供支持，並不指望別人以各種方式提供這種支持而使自己無助。我們能促進較強的個人責任感的方法之一，是覺察到我們以怎樣的方式放棄自己的能力，而讓別人為我們承擔責任。另一種方式是把我們自己的期望和別人對我們的期望分離開來，而後做出有意義的決定：依我們自己的期望生活。

未解決的問題和迴避

所謂「未解決的問題」，包括未表達的情感——諸如：不滿、憎恨、憤怒、痛苦、傷心、焦慮、內疚、憂鬱——以及種種事件和記憶，它們在背景上徘徊，吵鬧著要求得到解決。除非這些未解決的問題和未表達的情緒被認識到並加以處理，否則它們會一直干擾現時中心性的意識，和我們有效地發揮功能。在論述未解決的問題作用時，鮑斯特和鮑斯特(Polster & Polster, 1973)說道：「這些未完成的事件尋求被完成，當它們獲得足夠能量的時候，個體就會被偏見、衝動行為、憂慮、壓制的活力、大量自我妨礙的行為所困擾」(p.36)。

一個與未解決的問題相關的概念是「迴避」，它是指人們用以使自己免於面對未解決的問題、免於體驗與未解決問題相伴隨的令人不適情緒的方法。佩爾斯(Perls, 1969a)指出，絕大多數人寧願避免體驗痛苦的情緒，而

不願做必要的改變。因此，他們變得僵化，不能擺脫困境，阻礙了他們的
成長機會。

由於我們有一種傾向，總想避免面對和充分體驗我們的焦慮、憂傷、
內疚，以及其他令人不適的情緒，這些情緒便成為一種使人煩惱不已的潛
流，妨礙我們充滿活力地生活。佩爾斯曾這樣論及這種我們憑幻想作出的、
使我們心理上僵滯的災難性期望：「如果我充分表達出我的痛苦，人們會
很厭煩，他們和我並沒有什麼關係」；「如果我要表達出我對生活中有特別
意義的人的憤怒，他們就會拋棄我」；「如果我允許我為了損失而哀痛，我
恐怕會更深陷於那從來都未曾跳出的抑鬱深淵。」

佩爾斯認為，這些幻想使我們失去活力，因為我們使用它們來避免承
擔必要的風險，而那是成長所要求的。因此，格式塔治療者鼓勵在現時的
治療過程中表達這些強烈的、以前從來沒有被直接表達出的體驗。如果一
個當事人對團體說，她害怕觸及她的憎恨和厭惡感，她會被治療者鼓勵表
現她憎恨和厭惡的一面，並對每一個團體成員表達這些負面情緒。藉由體
驗她自身一直被她努力否認的一面，這個成員開始一個整合過程，並使她
能夠擺脫一直束縛她的發展之困境。

在一次團體活動中，如果一個團體成員說道：他感到空虛和無精打
采。領導者往往會鼓勵他停留在這些不舒適的體驗中，甚至誇大它們——去
「空虛」吧！去「無精打采」吧！這種理論是說：如果這個人能夠忍受並
真正體驗他的深層情感，他就可能會發現，無論他對這些情感有著怎樣的
災難性預期，都不過是幻想而不是現實，他的無助感和空虛感並不會毀滅
他。體驗可怕的情緒會導致整合和成長。經由擺脫我們的迴避傾向，我們
有可能處理那些干擾著我們現時生活的未解決問題，由此我們將朝向著健
康和統整發展。

神經症層次和防衛模式

佩爾斯(Perls, 1970)把成人人格的發展比喻成剝洋蔥皮。對個體來說，
為了達到心理成熟，他們必須蛻下五層神經症。這些附帶於成長之上的功
能失調是：虛偽；恐懼；僵滯；內向爆發；外向爆發。我們遇到的第一

層，是虛偽層(phony layer)，是指以刻板的不眞實方式對別人作出反應。在這一層次上我們遊戲生活，喪失我們自己的角色。我們的行爲使我們看上去並不是原來的自己，經由這種方式，我們試圖使自己生活在一種由我們或其他人所創造的幻想之中。一旦我們意識到這種遊戲的僞裝性，我們便體驗到不快和痛苦。

我們遇到的下一個層次是恐懼層(phobic layer)。在這一層次上，我們嘗試迴避因看到自身那些曾予以否定的方面而產生的情緒痛苦。在這時，對於接受我們實際上的本來面目，開始出現抗拒。我們有災難性的恐懼，認爲如果我們認識到眞正的自我並表現出我們的那些方面，別人必定會拒絕我們。

在恐懼層之下，是僵滯層(impasse)，或者說，在這時我們的自我成熟處於停滯狀態。就是在這個時候，我們確信自己無法再生存下去，因爲我們使自己相信自身不具有那種能力在沒有環境支持的情況下擺脫這一停滯局面。在這一時期典型的情形是，我們嘗試操縱環境，爲我們去看、去聽、去感受、去思想、去決定。在這一僵滯期，我們常常有一種麻木感，感到我們是一片虛無。如果我們希望感到有活力，我們就必須打開這一僵局。

如果我們允許自己充分體驗死亡感，而不是否定它或逃避它，那麼內向爆發層(implosive level)便會出現。佩爾斯(Perls, 1970)說，爲了達到眞正的自我，穿過這一內向爆發層是必要的。藉由接觸這一層次，或者，觸及我們的麻木感，我們暴露出自己的防衛，並開始與我們的眞實自我相接觸。

佩爾斯主張，剝開內向爆發層，便進入外向爆發狀態。當我們接觸到外向爆發層(explosive layer)時，我們便擺脫了虛偽者的角色和僞裝，我們釋放出因掩蓋了自己的眞實面目而被積抑的巨大能量。要成爲一個有活力的眞正的人，實現這一釋放是必不可少的，它可以爆發爲痛苦、快樂、憤怒、悲傷，或是性慾。

與這些人格層次有關的一個概念是抗拒和自我防衛機制。從格式塔觀點來看，抗拒是指我們建立起來用以保護自己免於以充分眞實的方式體驗現實的防衛手段。這五個層次的神經症反映了一個人把能量禁閉起來保持僞裝性的風格。還有一些防衛機制，它們防止人們表現眞實的自我。格式

塔治療法所指出的五種主要抗拒形式是：內射、投射、反轉、聚合、轉向。

內射(introjection)是指以不加批判地吸收與我們自身並不協調一致的方式，不加批判地接受別人的觀點和標準的傾向。這些內射物與我們是相異的，因為我們並沒有去分析、重建它們。當我們內射時，我們被動地接受環境所提供的東西，很少花時間澄清我們的要求或需要。在一個團體的早期階段，內射是很普遍的，因為團體成員往往尋求團體領導者提供組織結構和指導。在這一團體的初期階段，成員們往往對領導者的介入或規則沒有任何懷疑。隨著團體進入工作階段，成員往往較少囫圇吞棗地接受團體領導者的建議。

投射(projection)是與內射相反的過程。經由投射，我們否定自身中的某些方面，把它們歸咎於外界。當我們進行投射時，我們很難區分內在世界和外在世界。我們人格中那些與自我形象不一致的方面被否定掉，並被移花接木地擺放在別人身上。經由在別人身上看到那些我們拒絕承認在自己身上所具有的種種特質，我們迴避為自己的體驗和我們現在所成為的那種人承擔責任。當然，投射是移情的基礎。隨著移情，種種情感在團體中浮現出來，其中的動力學原因可以被充分地探索。當團體成員試圖對領導者和其他成員們有所認識時，他們往往把那些實際上屬於他們自己生活中重要他人的特徵，歸結到這些成員身上。在這一轉換階段，當諸如有關權力和能力的競爭成為重心時，投射便成為一種主要的接觸型式。但這時，團體成員們會否定他們想控制團體的需要。這一階段所產生的矛盾衝突是很難解決的，除非這些投射自己控制需要的成員們認識並承認自己的投射(Frew, 1986)。

反轉(retroflection)是指我們轉而對自己做出那些我們原想對別人做的事情。例如，如果我們痛斥或傷害自己，往往是因為我們害怕把攻擊的矛頭指向別人。通常說來，這些功能失調的方式是在我們的意識之外進行的。格式塔治療法的部分過程就是幫助我們找到一種自我調節的系統，以便我們能現實地應付環境。在一個團體的初期階段，很容易從某些成員們沉默、很少表達情緒、「自我抑制」的傾向中觀察到反轉的現象。

聚合(confluence)是指把對自我與環境之間的區別意識弄得模糊不清。在那些聚合型的人看來，內部體驗與外在真實之間，並沒有明顯的界

限。或是認為所有的人都體驗到同樣的情感和思想。這種處世風格是那種具有高度被人接受、被人欣賞之需要的成員所具有的特徵。對那些依靠聚合作為處世風格的人來說，人際的衝突是很強的焦慮因素(Frew, 1986)。聚合使人們很難擁有他們自己的思想，並為他們自己說話。這種情形使得以後的真誠交往幾乎不可能。

轉向(deflection)是對覺察的阻斷，從而很難維持一種持久的人際接觸感。採用轉向防衛的人，試圖以過度幽默、抽象的概化、發問而非陳述等方式擴散與人的交往(Frew, 1986)。轉向意在消除情緒體驗。採用轉向的人是把話題推給別人，或為別人說話。

內射、外射、反轉、聚合、轉向，代表了抗拒交往的方式。諸如：抗拒(resistance)或界線紊亂(boundary disturbance)這樣的術語，是用來概括那種嘗試控制其環境的人。格式塔治療法認為，人際接觸既是正常的也是健康的。因此，對這些抗拒交往方式的討論，就著重於這些過程對於個別成員的意義。接受格式塔治療法的病人，往往被鼓勵去不斷地覺察其阻礙交往的主導風格。

能量與能量的阻礙

由於成員在團體活動中需要能量，格式塔團體領導者特別注意哪裡有能量、如何使用它，以及它會受到怎樣的阻礙。受阻礙的能量可以被看作是抗拒，它可以藉由許多方式在身體上表現出來。一個成員可能感到他的頸部和肩膀非常緊張，另一個成員可能感到呼吸急促，還有的人常常會在說話時受到發音限制而音量減小。其他一些阻礙能量的表現形式，諸如：嘴巴緊抿(就好像害怕自己會出現口誤一樣)；無精打采；眼睛直盯著地上或天花板，以避免和別人目光接觸；情緒淡漠；體驗到某些身體感覺，例如，喉嚨裡有東西堵著、嘴角發顫、臉紅、發熱、手腳顫抖，或者眩暈。

辛克爾(Zinker, 1978)在評價治療工作中注重當事人能量的意義時，指出：病人可能並沒有覺察到他們的能量或者他們在什麼地方，而且他們可能以一種消極的方式體驗它。在他看來，團體治療最好是「一種點燃當事人內在意識與接觸之火的活躍過程」(p.24)。這一過程係以一種不消除當事

人能量的方式喚醒和豐富病人。辛克爾主張：治療者的工作就在於幫助當事人看到他們阻礙自己能量的方式，並幫助他們把這些被阻礙的能量轉換到更適應的行為中去。在治療者不將抗拒看成是當事人拒絕合作的時候，治療工作可收到最好的效果。實際上，治療者必須學會歡迎抗拒，並運用它作為深入治療過程的一種方法。團體成員們可以被鼓勵去認識抗拒是怎樣在他們身上表現出來，而不要刻意地試圖去擺脫某些身體症狀。實際上，他們可以充分地探究這些緊張狀態，從允許他們誇大地緊閉嘴、顫抖腿，他們能發現自己是怎樣消耗能量和使自己喪失精力的。

雖然談話可以是具有刺激性的，但最直接接觸體驗的方法是借助身體感受。憑藉身體意識，當事人被要求報告失去活力的身體感受，或是阻礙活力發揮的種種障礙(Smith, 1985, p.103)。運用身體意識作業，是一種發動當事人的活性、使他們為自己的治療承擔主動責任的方法。史密斯論述了軀體在治療中的作用，他的許多觀點都對團體工作有應用價值。他描述了對軀體開展工作的「軟技術」。例如，如果一個成員以一種封閉性的姿態坐在那兒，團體領導者可以邀請他或她體驗一下不要雙臂交叉在胸前的感覺，然後再交叉雙臂。經由邀請當事人改變一種特定的姿勢，嘗試一種新的姿勢，可以促進當事人的覺察。無精打采的、抱怨的、低自尊的成員，可被要求誇大一種特定的姿勢或手勢，以此作為一種更了解他們自己的方法。簡而言之，注意軀體和軀體中的能量阻礙物，可以是一種有效探索這些體驗之意義的方法。

在格式塔團體中，軀體工作法可以有效地和其他技術結合起來。在有關能量及其阻礙的工作中，里奇(Reich)式軀體工作的概念和技術尤其有效。里奇(Reich, 1949, 1967, 1969)的中心思想是：情緒是身體能量運動的一種表現，慢性的緊張壓力阻礙了這種能量的流動，因此阻礙了情緒。他把抗拒的形式和「肌肉緊張」的特定模式聯結起來，強調以一種分析的方式解決心理問題，以及放鬆和解除這種肌肉緊張的重要意義。里奇解釋道，放鬆這些肌肉緊張模式能夠釋放出被封閉的情緒。在他的治療工作中，他注意非言語的行為，諸如：當事人的一般面貌、面部表情、身體各部位的緊張，以及姿勢。他請患者誇張表現某一特殊緊張部位的習慣行為，作為幫助他們增強對自己軀體和人格特質的瞭解的一種方法。里奇的軀體工作

強調以一種自發的放鬆方式呼吸。加深患者的呼吸方法，導致情緒的開放，解除肌肉緊張，例如，腭部、頸部、口部，或眉部等過於緊張的部位。里奇的工作主要是以觀察軀體為基礎，是以一種系統化的方法進行的，從眼部開始，到骨盆結束。這些治療工作大都放在經由軀體工作釋放出的強烈情緒上，諸如：愉快、憤怒、恐懼、痛苦、焦慮等。他發現，在被壓抑的情緒表達之後，慢性肌肉與心理緊張也能夠得到解除。

值得注意的是，佩爾斯曾是里奇的一個患者和學生，在他的著作中，他讚譽里奇對格式塔治療法的概念和技術有著重要的影響。同時他也告誡道：在領導者考慮在一個格式塔團體中融合某些里奇的軀體技術之前，他們應當就這些技術接受大量的訓練和監督。即使格式塔團體領導者也可能沒有這樣的訓練，不過，他們仍然可以經由了解如何考察成員們的軀體、對能量及其阻礙予以注意，從而運用這些概念的部分內容。而且，團體成員們可以被教以如何注意他們在自己的軀體裡所體驗到的內容，以便能夠從軀體傳給他們的訊息中有所收穫。

團體領導者的角色和功能

也許描述格式塔治療者或團體領導者的功能的最好方法，是回顧一下格式塔治療法的過程。(請注意，以下討論既適合於個別治療，也適合於團體治療。) 根據佩爾斯(1969a)的看法，治療的目標是當事人的成熟和去除「妨礙人們自立的障礙」。為了實現這一目標，治療者幫助當事人找到癥結，完成從外部支持到內部支持的轉換。佩爾斯把困境看作為人們陷入僵滯的地方——這時，他們迴避體驗可怕的情感，藉由玩弄無助、失落、困惑、愚笨的遊戲，來操縱別人。這些遊戲使他們停留於僵滯之中，從而避免做他們為解決緊迫的未解決問題所必須做的事。

治療者的功能之一是，激勵當事人走出困境，從而使其有可能成長。這的確是一項很困難的工作，因為當事人在困境之中會認為他們沒有生存的機會；他們乾脆不相信自己能夠找到繼續發展的方法。因此他們放棄運用自己的眼睛和耳朵，絕望地試圖利用別人來代替他們看、代替他們聽。

如果治療者不留心，他們會很容易被當事人所利用。如果治療者努力表現出「很有幫助」的樣子，他們會增加當事人的依賴性和無助感，並強化當事人認為自己沒有能力應付生活的觀念。於是當事人就會產生一些災難性的預期，避免正視使其陷於僵滯的恐懼。

治療者必須與當事人正面交鋒，以便他們能面對自己的現時行為，並決定他們是否將開發自己的潛能。這種面質是要激勵當事人充分體驗自身的阻塞或障礙，並與種種因體驗這種僵滯所產生的沮喪相接觸。

雖然格式塔團體領導者鼓勵成員們為提高自己的意識層次負起責任，他仍然可以在創造性實驗中扮演積極的角色，幫助成員開發其自身的資源。辛克爾(1978)寫道：治療者就像是一個藝術家一樣發揮著作用，發明各種實驗，與當事人討論其行為。他還說：團體領導者並不全是發明實驗的人，他的功能是創造一種氣氛和結構，使團體能夠產生自身的創造和發明。例如，在團體中可能提出孤獨的問題。這時，領導者的核心任務是，把成員們相互聯結起來，尋找方法以在團體中討論孤獨，從而促成成員對這一主題的共識。

格式塔治療者運用相當廣泛的技術，幫助當事人獲得覺察，並充分體驗他們的衝突。然而應當澄清一點，雖然熟練而恰當地運用技術是治療者的重要工作，格式塔治療法並不僅僅是矯正技術的堆積。技術不能和使用它們的治療者的人格分離，過分使用技術會使治療者被掩蔽起來，導致「妨礙成長的偽治療」(Perls, 1969a, p.1)。

鮑斯特和鮑斯特(Polster & Polster, 1973)認為治療者的角色不遜於一個藝術家，他的任務是創造新的生活。然而，在格式塔學派中，正如絕大多數其他學派一樣，所存在的危險是，治療者可能失去對治療過程之真正意義的了解，而變成一個單純的技師。治療者應當運用自己的經驗作為治療過程的一個基本成分，他們遠遠不僅只是反應者、回饋給予者，或是自身並不改變的催化劑(Polster & Polster, 1973)。由於當事人／治療者的關係是治療過程的核心，技術的運用永遠不應破壞這種關係的真實性。技術必須因人而異地施用於每一個當事人，它們必須是治療性交往的結果——這種交往是以當事人和治療者的相互體驗為基礎的。

鮑斯特(M. Polster, 1987)以這樣的方式描述了實驗的性質和目的：

「實驗是一種格式塔技術，目的在於恢復對一個人生活中僵滯點的回憶。這一種方法爲個人提供機會，把行動帶到治療室，更新思考與自發行爲間的聯繫」(p.318)。經由這些實驗，當事人在治療環境的安全氣氛中接觸令他們煩擾的種種關係，從而能夠勇敢地面對自身生活中的危機。鮑斯特介紹了某些格式塔實驗可能採取的形式：戲劇化地重演出痛苦的記憶、想像一次可怕的遭遇、扮演一個人的父母、在一個人自身的兩種角色之間進行對話、注意一種被忽視的姿勢，及誇張某種姿勢。治療者的作用之一是觀察這種實驗對當事人而言是否過於安全或過於危險。

治療者可自由發明技術（或是實驗），技術的應用基本上是他們人格的擴展。因此，治療者既要即時回應當事人的要求，又要以自己本身爲依據，與自己相協調。如果當事人要成爲眞實的人，他們就需要在眞誠的我／你關係基礎上與眞實的治療者相交往。謝弗德(Shepherd, 1970)總結道：治療者建立我／你之間現時關係的能力，是有效地運用格式塔技術的基本前提。根據謝弗德的說法，這些技術是由接受訓練的準治療者與資深的治療者和督導共同工作獲得的治療經驗建立起來的。

在辛克爾(Zinker, 1978)看來，有創造性的治療者擁有豐富的個人背景，能使自己開放接受廣泛的生活經驗，能夠充分地讚美生活。簡而言之，他們對自己就像是一個治療者對待一般人那樣發揮功能。有創造性的治療者不僅是成熟而統整的人，而且擁有特殊的能力、技術和技能。除了他們的實驗能力，他們運用自己、其他成員、團體環境中的客體和事件，爲成員創造嶄新的景象。辛克爾介紹某些與創造性治療者的功能有關的特殊技能如下：

- 探討團體成員自身的能量，並運用這種能量推動發展的能力
- 在適當的時機，以適當的方式進行實驗
- 放棄某些陳舊的主題，進入更具活力的領域，從而促進保持彈性的能力
- 願意推動和面質成員，以便他們能完成自身的工作，同時能夠知道治療者應於何時撤出
- 有能力幫助成員表達他們的情感，並在他們完成一項實驗後，總結

他們所學習的內容

□ 有智慧了解何時讓成員停留於困惑之中，以便他們能夠學習以自己的方式澄清問題

從對格式塔團體領導者的角色和功能的討論，應當很清楚這樣一點：熟練的團體領導者絕不是僅僅在格式塔的錦囊中提取一個又一個的技術來使用。團體領導者是怎樣一個人，他或她在團體中怎樣發揮功能，創造性地運用技術，是決定領導效力的關鍵因素。

應用與技術

正如我們在前面所提到的，格式塔治療法運用豐富的各類行動導向的技術，它們是設計用來幫助團體成員在現時活動中體驗的。格式塔治療法鼓勵「體驗一種衝突」或「成為我們所體驗的對象」，而不是僅僅口頭上談論衝突、問題或情感。這些技術必須適宜於團體中的成員以及某種特定團體情境的獨特背景，如果只是機械地運用或不恰當地運用，這些技術就會成為一些把戲，它們會導致成員們高度的防衛性，甚至會使他們的生活更加缺乏真實性。西姆金(Simkin, 1982)反對任何形式刻板活動的運用，主張在格式塔團體中加強自然的創造性實驗。然而，他承認有些格式塔治療者運用結構化的活動。例如，在一次活動的開始，領導者可能要求成員輪流發言，每一個成員都對他或她此時此地所意識到的內容作一番概述。成員們被詢問是否想要探討任何個人的問題，或者想從這次活動中獲得些什麼。這種方式由於著眼於共同的主題，活動的時間可以被最大限度的利用。

對於團體活動(exercise)和團體實驗(experiment)加以區分，是很有用的。就團體活動來說，領導者在團體聚會之前便準備好某些結構化的技術，成員可能被要求配對交談，或是在團體中引入一種催化劑，為團體工作提供具體的重點。相反的，團體實驗是一種創造性的過程，它產生於團體歷程；它不能被事先確定，結果也是無法預期的(Zinker, 1978)。因此學習者須牢記，這一章裡所描述的技術不可被武斷地強加給一個團體，以企圖造

成某種效果。這些技術並不是被用作為催化劑以激起團體中的活動，它們最好被看作是各種實驗，是產生於團體成員們之間不斷的交互作用的。

為了增加團體成員們從格式塔技術中獲益的可能性，領導者需要說明這些技術的一般目的，並創造一種實驗的氣氛。「讓我們來做些嘗試，來檢查和理解它是否適宜」，這種說法可被領導者用來表明進行這一實驗的態度。這種訊息還說明，領導者並不試圖證明什麼，成員們可以自由地嘗試新的東西，自行決定它是否有效。在討論說明使用技術之目的必要性時，帕森斯(Passons, 1975)發現：當事人可能對某些格式塔活動困惑不解——例如，被要求對一張空椅子說話，或是「進入他們的悲傷狀態」，或是去覺察他們現在正在對自己的身體所「說」的內容——但是，簡要的解釋可以消除這種困惑，並使他們更願意從事這種實驗。額外的解釋還可以促進成員對團體領導者的信任，使成員們了解這種活動有其治療目的，而不是嘗試要「戲弄」某人。

辛克爾(Zinker, 1978)把實驗看作是在團體情境中矯正成員行為的一種方法。正如我們已經看到的，他聲稱格式塔治療法是現象學和行為矯正的結合。他認為治療工作是根植於團體成員們的主觀認識；同時，實驗是以一種使行為能夠得到適時矯正的方法進行的。作為體驗學習的基礎，實驗將針對一種情境的談論轉化為實際的行動，反對空洞的理論，主張憑興致和想像嘗試新奇的行為。辛克爾強調，一個實驗的每一個部分，都是以當事人的發展準備性為前提的。從這個意義上說，實驗可以被看作是以行為之具體矯正為目的的逐漸實現的活動。

很清楚地，格式塔強調的重點是放在邀請（inviting），而不是命令團體成員們去檢驗他們的行為、態度、思想。領導者可以鼓勵成員們檢查某些不協調性，尤其是他們的語言和非語言表達之間的差異。因此，格式塔團體的特點是挑戰和正向面質。這種面質的目的幫助成員們注意他們此時此地正在做和體驗的內容，而不是嚴厲地或批判性地要求他們必須與原來的自己有所不同。而且，面質並不必然是針對弱點或負向特質；成員們可以被挑戰去認識阻礙自己能量的方式，和不能以他們的潛能充實地生活的方式。從這個意義上說，面質可以是一種真誠關心的表現，它促成成員的積極改變，而不是對毫無防衛能力的成員作粗暴的攻擊。當然，不能過分

要求團體成員們必須準備好參加實驗。他們需要了解到，他們可以選擇繼續進行，也可以在有需要的時候決定停止。其根本精神是，不要強迫成員進行實驗，而是永遠都要邀請他們發現自己的新領悟。

學習者要牢牢記住這些導論式的評價，然後再開始閱讀以下的篇章，它們介紹了幾種常用的技術，這些技術的原理，及其在團體情境的運用。和所有其他的技術一樣，專業工作者要把這些活動整合到他或她自己的治療風格中去，以便它們能夠展現出領導者的人格特質。我的討論是基於各種資料來源——其中有，萊維斯基、佩爾斯(Levitsky & Perls, 1970)，帕森斯(Passons, 1975)，佩爾斯(Perls, 1969a)，佩爾斯、海弗萊恩、古德曼(Perls, Hefferline, & Goodman, 1951)，鮑斯特、鮑斯特(Polster & Polster, 1973)，史蒂文斯(Stevens, 1971)，以及辛克爾(Zinker, 1978)。請注意，我已修改了其中的某些技術，以適合於團體情境。

語言活動

格式塔強調語言模式與人格之間的關係。它建議：我們的語言模式常常表達了我們的情感、思想、態度，藉由關注我們的外在言語習慣，可以增強我們的自我覺察(Passons, 1975)。語言可以使我們接近自我，也可能使我們背離自我。以下的格式塔方法，就是使我們更意識到語言模式的某些方面，加強自我覺察，使我們更接近自我。

除非團體成員們在領導者的幫助下能夠看到他們語言風格的影響價值，否則他們會覺得，他們所說和所做的一切，都是不必要仔細檢查的。

㈠它

談論「它」是一種去個人化語言的形式。藉由使用它而不是我，我們與自己的經驗形成了一定的距離。當成員們說：「如果加入這個團體的話，它會令人感到害怕。」這時可以要求他們把這個句子改成「我害怕加入這個團體。」把非個人性的陳述改爲個人性陳述，是一種對我們所說的內容承擔責任的方式。

㈡你

往往成員們會說一些這樣的話：「當有人拒絕你時，你會感到受傷害。」

他們在談論中使用「你」，便把自己和他們可能感受到的內容分離開來。因此，成員們被要求注意該陳述和下面這個陳述的區別：「當有人拒絕我時，我感到受了傷害。」經由把「你」的陳述改為「我」的陳述，他們嘗試表露自己，並且為他們所說的內容擔負責任。以「你」這個詞開始一個句子，往往使別人採取防衛姿態，並否定自己的經驗。

(三)問題

在一個格式塔團體中，成員會因為被詢問問題而感到不快。問題把團體的注意力指向某人，並會很容易使他採取防衛的姿態。而且，問題通常要求被詢問的人表露他們自己，而發問的人則讓自己安全地躲在審問的角色中。愛提問題的團體領導者應嘗試以下任何一種方式：

　□ 不要提問題，而是對個人做直接陳述，並公開你發問的動機
　□ 避免問「為什麼」一類的問題，因為它們引起「為什麼／因為」的交換連鎖。要代之以「如何」、「是什麼」這類的問題
　□ 練習做「我」的陳述。以這種作法為你的姿態、你的觀點、你的偏好承擔責任

(四)修飾詞和否定詞

成員藉由注意他們對自己的陳述所加的修飾詞，可以增強他們對如何削弱自己表達力量的覺察。一個普遍的例子是：「我常常感到抑鬱，但是我不知道該做些什麼來改變這種狀況。」「我認為這個團體是對我有幫助的，但是團體之外的人與這裡的人差別太大。」在所有這些例子裡，「但是」這個語詞實質上都否定了它前面的陳述。領導者不必使成員們過分地自我意識，但仍然可以鼓勵他們注意修飾詞和否定詞的運用所造成的影響。而且，成員們可以被要求用「而且」這個詞替代「但是」這個詞，並嘗試省略修飾詞，諸如：「也許」、「有些」、「可能」、「我猜想」、「我假定」等，從而把模稜兩可的訊息修正為明確的直接陳述。

(五)「不能」的陳述

團體成員們常常說「我不能」，但實際上他們真正的意思是「我不願」。莎莉說「我簡直不能對我父親說話，告訴他我的感受；他從來不了解我。」對莎莉來說，也許下述的表達更為精確和真實：她不願嘗試與她父親交

談。實際上，她是不樂意（不願）冒風險，或是把它看成是不值得努力。如果領導者友善地堅持讓成員們把不能換為不願，就能幫助他們接受自己的能力、為自己的決定承擔責任。

㈥「應當」和「應該」

有些團體成員似乎受「應當」和「應該」所支配：「我應當對這團體中的其他人所說的內容感興趣。」「我應該關心每一個人，如果我不能的話，我會感到很可怕。」「我應當只表達正面情感。」如此等等。這一類的「應當論」，無論在日常生活中還是在團體中，皆不勝枚舉。團體成員們至少可以意識到他們使用「應當」和「應該」的頻率，以及與這種用法相伴隨的無力感的體驗。

人們因採用「應當」的標準所造成對覺察的限制，其處理方法，是嘗試改變語言的表達，諸如將「我不得不」、「我應當」，改為「我選擇」(I choose to)。例如，如果弗萊德說「我討厭待在學校，但我不得不這樣，因為父母希望我這樣。」他可以換成如此說：「我不喜歡學校，我選擇待在學校是因為我不想給父母找麻煩。」

非語言表達

佩爾斯主張：當我們自身人格的某一方面受到阻礙的時候，這一被否定的部分會尋找表達它的方式——例如，藉由我們的動作、手勢、姿勢、音調等方式。因此，熟練的治療者不僅傾聽語言字面的表達，而且能更為深刻地聽出字面背後隱含的訊息或弦外之音，它們通常是由語調、音高、音量、表達的速度等所傳達的。

團體環境提供了許多機會以探索非語言表達的意義。當成員們表達出與他們字面上所說的內容不一致的非語言線索時，這種探索尤其有用。例如，富蘭克對團體領導者說，他對於自己被領導者忽視感到憤怒，但在他說到「憤怒」時，他卻在笑。領導者就應讓富蘭克注意他憤怒的話和他的笑之間的分歧。於是富蘭克可以被要求在他的話語和他的笑之間進行對話；或者可以讓他再笑一次，給這個笑一個聲音：「你的笑正在說什麼呢？」這種方法使富蘭克有機會發現自己這種分歧的意義。實際上，他可

能在說「我想讓你知道，我很不高興你忽視我，但我不想冒險因讓你知道我是多麼憤怒而使你責備我。」

下面的另一個例子，也說明了非語言表達的探索怎樣能增強成員們覺察他們在此時此刻真正所體驗的內容。

——丹尼常常作出懶散的姿勢。團體領導者說：「請注意你的姿勢，在團體中轉一圈，對團體中的每一個人說說你的姿勢，它正在說什麼？請完成這個句子『我就是這個樣子（擺出姿勢），至於我正在對你們說的是……』」

——瑪麗蓮習慣於以很柔軟的音調、緊抿著嘴巴說話。領導者請她對團體說一段話，並有意識地誇大這些說話方式。她可以「成為她那緊抿的嘴」，說些這樣的話「我正在從你那裡收回我的話和我自己。我不想張開，如果你想從我這裡得到東西，你必須撬開我。」

——約翰給人一種好像總是在為別人上課、好為人師的印象。團體成員們都認為他的語調和他說話的方式在他和別人之間築起了一道鴻溝。領導者可以邀請他站在團體面前作一次講演，或許就是談論教訓別人的價值。

有關一個人怎樣處理非語言線索的例子不勝枚舉。有創造性的團體領導者能發明出許多種自發性的技術，用以幫助團體成員們更能意識到他們整個身體以及他們的目光接觸、舉止、微妙的手勢、語調、手的動作等所表達的內容。團體領導者可以避免作出唐突的解釋——例如，一個人雙臂交叉意味著這個人是封閉型的——而是鼓勵成員們專注於他們所忽視的非語言線索。

承擔責任的技術

格式塔治療法強調為自己承擔全部責任——也就是說，我們要意識到自己的思想、情感、行動，並避免讓別人為我們所經驗的東西承擔責任。承擔責任還意味著認識到我們的投射，重新鑑別它們，並成為我們所經驗的內容(Perls, 1969a)。

團體成員們通常逃避他們自己的責任，而去指責別人。他們會說，這個團體令他們厭煩，或者，這個團體裡有人使他們很生氣。一種設計用來幫助成員認識自己的情感，而不是把它們投射到別人身上的格式塔活動，是所謂的「我為⋯⋯負責」。保玲說她感到這個團體正在排斥她，使她覺得像個局外人。領導者可以建議她直接對幾個成員作這樣的陳述：「我感到被團體所排斥，我要對這種被排斥感負責。」或是「我覺得像個局外人，我要對我的感受負責。」

不願承擔責任是一個普遍存在的問題，無論是在團體中還是在生活中。曾幾何時，當我們感到恐懼、憤怒、不滿，或是困惑時，我們就會說「是你使我有這種感覺的。」我們把控制權讓給別人，拒絕為自己的生活承擔責任。格式塔團體領導者始終要使成員們正視他們不願承擔責任的問題，以便他們能夠認識並接受他們的體驗，而不是把責任投射到別人身上。

對話實驗

由於格式塔治療法的目標是實現統整的功能，並接受一個人曾被否定和拒絕的人格各個方面，治療者須對人格功能的分離和極化予以密切的注意。幻想式對話是用來促進對內在分離的覺察和最終的人格整合。這些對話可以採取多種形式——例如，一個人自身相對立的兩方面或兩極之間的對話（就像溫柔／粗魯，男性化／女性化，愛／恨，進取／退縮），以及與父母或其他有重要意義的人、想像中的人，或無生命之客體的對話。

了解種種相反的極性傾向如何與內在衝突相聯繫，是格式塔治療法的核心。各類的對話實驗可以幫助成員們增加他們對自身兩極化的意識，並幫助他們描述自己那些看似相反的人格因素。我們的自我概念通常排斥對我們自身兩極傾向的痛苦覺察。我們寧願把自己看作聰明的而不是愚鈍的，友善的而不是冷酷的，可愛的而不是可惡的，敏感的而不是漠然的。典型的情形是，我們會拒絕「看到」自身中那些我們不願接受為自己一部分的內容。雖然我們可以認識自身利他性的一面，但會擔心看到自我中心的一面。理想上，隨著我們在心理上越來越成熟和健康，我們能認識到自身絕大部分的極化傾向，包括那些為社會所禁忌的思想和情感。隨著我們

逐漸能夠接受自身的複雜和矛盾，那種花大量精力拚命否定我們本性中所不想接受的內容的傾向，大大減退。

對話實驗是一種很有用的接觸。我們本性中一直努力對自己和對別人保持神秘的內容。例如，學習如何在自身的女性化一面和男性化一面之間進行對話，便是一種把這兩種極性之間的內在衝突反映出來的方法。另一方面，盡我們所能去扮演其中的每一個方面，是體驗我們人格中這兩個部分的一種方法。

對話實驗通常被用於加強對內射和投射的覺察。正如我們在前面介紹過的，內射是我們非批判性地接受別人，尤其是父母的種種方面，把它們融合進我們的人格的過程。非批判性地、無所選擇地接受別人的價值觀為自己所擁有，其危險是會妨礙人格整合。格式塔技術的目的是把這些內射公開出來，以便我們能夠仔細考察那不加消化、生吞活嚥下去的是些什麼。

例如，經由對話實驗，哈爾開始意識到他曾不加懷疑地接受的某些看法：一個人必須是注重實用的；一個人應當尋求安全性，不須嘗試新的方式，除非他仔細評價過所有的可能性；只有不負責任的人才會為開玩笑而開玩笑——換句話說，一大堆「是」、「不是」、「應該」、「不應該」使得他無法享受生活。最終，哈爾認識到：他一直聽命於別人的這些指導，把指導自己生活的權力交給了別人。他還認識到：他要重新收回這一項權力。一些幫助他更清晰地看到自己的內射的想像式對話，是在他自身的不同方面之間進行的。

這類對話還可以用空椅技術或雙椅技術進行。例如，哈爾坐在一張椅子上，開始成為他的一個內射體——也就是成為他那沒有任何樂趣的一面。哈爾用現在式的表達來「成為那很嚴肅的一面」。他說：「你不能放任自己，你會墮落到無底的深淵，一事無成。要嚴肅；要注重實際；要擺脫愚蠢的念頭。」然後，哈爾換了一把椅子，「成為他風趣的一面」。他對那嚴肅的一面說：「你既乏味又嚴肅。如果我聽你的，我永遠都不會覺得我能得到娛樂的權力。讓我告訴你如何放鬆下來找點樂趣。」這種對話一來一往地進行，目的都是在於使哈爾增進覺察，了解哪一方面是主導的，它對成為另一種角色有何感想。這一目的不是要擺脫任何一方面，而是要整合這些不同的極性傾向。如果實現了這個目標，哈爾就能認識到他既可以

是嚴肅的又可以是活潑的，他是一個能經由覺察實現這一結果的人。

投射是把自己的觀念、情感或態度視爲是別人所擁有的做法——尤其是那些一個人不願在自己身上看到和接受的觀念、情感或態度。在處理投射時，成員們必須辨識並扮演他們歸咎於別人的某種特徵。例如，如果辛迪說她不能信任這個團體——她覺得，即使她表白自己，沒有人會關心她，甚至沒有人知道她在說些什麼——那麼，可邀請她扮演一個不值得信任的人的角色。藉由扮演那個人，她也許能夠發現這種不信任在多大程度上是肇因於需要信任的一面和不能信任的一面之間的內在衝突。在「扮演投射對象」的過程中，辛迪被要求走到其他成員們面前，扮演不值得信任的人的角色，並完成這樣的句子：「你不信任我，因爲如果你信任我，我會……」這種聯結可以使她更強烈地體驗內在的衝突，並更清楚地看到她自身的兩個方面。

輪流交談

在這種練習中，一個人輪流走到每一個成員面前說一些他或她通常不用語言表達的內容。例如，假設拉里把他自己看作是一個自我塑造的人，不需要別人的任何幫助。雖然他不會這樣談論自己，但「我自己能做」的想法總是貫穿在他的生活之中。爲了使他看到這種想法怎樣實際上決定他所做的一切，領導者可以請他站在每一個成員的面前，對那個人談論些有關自己的內容，然後說「……而且（或但是）我自己可以做一切事情。」於是，拉里走到蘇面前說「我從不請求別人的情緒支持，我有時感到很孤獨……但我能靠我自己做任何事情。」他又走到瑪利亞面前說「我對自己的事情做出所有的決定……我能夠自己做一切事情。」這種實驗的目的是讓他充分體驗到靠自己做任何事情意味著什麼。最終，他可以決定繼續靠他自己做一切事情，但須意識到這樣做所付出的代價。或者他可能理解到他並不必完全靠他自己，他可以時常讓別人爲他做一些事情，但自己仍保持獨立性。

以下是其他一些進行這種輪流交談的例子：

□ 保羅說,他害怕女性。他可以輪流對每一個婦女說「我害怕妳,因為……」;或者「如果要接近妳,那麼……」

□ 蘇珊擔憂自己使團體中的其他人厭煩。可以請她輪流對每一個人交談,完成這個句子:「我可能使你厭煩的方式是……」或者「你可能會厭煩我,如果我……」

□ 帕美說,她覺得與團體中的其他人很疏遠,但是她想要有一種認同感。此時可以請帕美輪流與人交談,嘗試完成這樣的句子:「我感到與你疏遠的方式是……」或者「我們不同的地方是……」

想像法

在團體中實驗各式各樣的想像情境可以促成有意義的發展。想像可以從各個方面促進個人覺察,正如下面的簡要介紹所說明的。

——當團體成員過於害怕以一項具體的方式處理問題時,可以使用想像法。例如,不敢作出決斷的成員可以想像自己處於其中會很果斷的情景。這樣,他們可以比較處於被動時的感受,和他們能夠要求所要的東西時的感受。

——想像法在對付那些常常導致麻木感的災難性預期方面很有效。對那些害怕對所愛的人表達思想和情感的成員,可以引導他們想像一種想說出心中的話但又害怕表達的情景。讓他們在團體面前以此時此地的語式對著所愛的人說話(就好像所愛的人就在眼前一樣)。團體領導者可以說:「你的母親(或者對他有重要意義的人)就坐在那張空椅子上。走到椅子前,說你最想讓她聽而你又從沒有告訴她的話。現在你有什麼感受?你是否願意說出你自己的感受?告訴她你所想像的、如果對她說那些一直沒有對她說的話而可能發生的可怕事情。」在想像法的安全性下處理這些情感是有心理價值的,因為這個人有可能釋放出潛伏的已經分裂的情感。請注意,這個人並不須要在真實生活中表達這些情感;實際上,那樣做可能是不明智的。

——想像法還可用於表達和探索羞恥和內疚感。在使用一種叫做「我

有一個秘密」的技術時，團體領導者要求成員想像一個保守得很好的秘密。不要求他們在團體中揭穿這個秘密，而僅僅是想像他們自己把這個秘密公開給別人。團體領導者可以問：「人們對你有什麼看法？」「讓別人知道你的秘密，你有何感受？」

——想像法是探究成員們對參加團體的恐懼一種很有用的安全方法。團體成員們可以被要求想像他們最害怕在團體中發生的事情。例如，如果有些成員害怕被這個團體拒絕，可以引導他們去想像每一個人都故意拒絕他，然後處理與這種想像相伴隨的情感。

在團體中所嘗試過的富有建設性的想像，也可以在團體之外運用。有時，成員們可以被邀請想像他們自己，就好像他們真的處於人際關係之中一樣。他們可以在團體中大聲地公開自己的想像，彷彿他們以有力的、活潑的、有創造性的、有推動性的方式在體驗著自己。然後可以請他們在團體中表現自己，就好像他們是想像中的自己。如果這種嘗試成功，團體成員就會感到鼓勵，足以在真實生活情境中嘗試新的行為。

預演

在佩爾斯看來，我們的思想絕大部分是在預演。我們預演著我們認為被別人期望去扮演的角色，而且擔心自己可能沒有說出「恰當」的話或表現得「恰如其分」。內在的預演消耗著大量的能量，並往往抑制個人的自發性。這裡的預演技術請成員大聲地說出他們正在默默思考的內容。當團體成員們很明顯地正在做著大量的阻礙和監督性活動、他們所說的內容顯然是在估量某種特定效果的時候，預演實驗尤其有用。例如，在我的一個團體的初期階段，喬恩很沉默，似乎正在確立一種觀察者的姿態。當我問她是否她能說說她想說的事情，她搖搖頭拒絕了。於是我請她大聲地表達出她默默地坐在那裡時腦中隨意想到的某些內容。

當一個團體成員預見到某些未來問題的時候，預演也是很有成效的。假設山姆想要告訴他的老闆，他需要老闆能肯定他的成就。在想像中，山姆可以描繪自己就站在老闆面前，準備好對老闆說他想要說的話。山姆的

大聲預演可以以這樣的方式進行：「我站在這裡像個傻瓜。如果我惹了麻煩，會怎麼樣？他不會聽我的想法，而我根本也沒什麼好說的。我怎樣才能讓他知道我在想什麼？現在我覺得失去了控制，我想要辯解。」

在格式塔團體中，領導者彼此之間會共同進行預演，以便更能意識到他們在所扮演的社會角色方面的種種準備。藉由這種做法，他們更能意識到他們怎樣努力取悅他人，在多大程度上想要被接受和讚賞，在何種範圍裡，他們在努力避免與他人疏遠。而後，他們可以決定這種角色扮演是否值得努力。

翻轉技術

有些症狀和行為常常代表了潛在的或隱含的衝動的反面。翻轉技術要求團體參與者成為他們很少或從不表現出來的那一面，那是他們不想看到和接受的自己。支持運用這種技術的理論是：當人們允許自己潛入引起焦慮的事件，與他們自身那些被埋沒、被拒絕的部分相接觸時，就有可能實現統整。團體為使用翻轉技術提供了豐富的適當機會。

我記得這樣一個案例，一個年輕男子過分友善，過於殷勤，總是試圖為別人「做事」。我建議他嘗試請團體中的其他人為他做些事。他起初很難照我的意見去做，但最終他成功了。這個練習使他意識到接受別人的給予是怎樣的不舒服。而且，他更意識到自身被否定的一面，並有機會整合它。

翻轉方法的另一些例子是：請那些幾乎什麼都不說的人扮演霸道者的角色，總是故意干擾團體；請那些有自卑感的人扮演監督者的角色；建議那些愛對別人說讚許的話的人對團體中的每一個人說些不中聽的話。我一次又一次的發現，這種技術的確幫助人們意識到並調解他們自身的兩極傾向。

就像空椅子實驗給成員們機會扮演他們自身相反的特質一樣，這種表達出被隱含因素的實驗也是如此，它常常促成兩極傾向的創造性整合。例如，習慣於表現出堅強外表的人很可能害怕觸及他敏感的另一面。如果他被請求嘗試扮演他一向拚命努力否定的那一面，他可能會在擴展自己的情緒和行為廣度中找到快樂，而且如果他不喜歡這種嘗試的結果，他總可以

回到他那「堅強的傢伙」的角色中去。

誇張活動

這項實驗是指更強地覺察到那些從身體語言所發出的微妙訊號和線索。動作、姿勢、手勢都可以被誇張呈現，以便它們所表達的意義更為清楚明確。經由反覆地誇張動作或姿勢，一個人可以更強地體驗到與這種行為相伴隨的感受，並更能意識它的內在意義。

例如，如果團體領導者注意到珊迪在別人說話時一向以贊同的方式點頭，他或她可以請珊迪走到每一個成員面前，不停地點她的頭，且伴隨著這個動作說些什麼。另一個藉助於誇張技術的行為例子是，習慣在表達痛苦的或負向情緒時，顫抖、握緊拳頭、跺腳、雙臂緊緊交叉、用手指著別人，可是臉上卻習慣地帶著微笑。

一個我稱呼為吉兒的團體成員說，「我覺得在這裡聽別人的問題讓我心情很沉重！」在一次早期聚會上，她和弗萊德僵持起來，因為她過早地干預他，試圖使他在解決家庭的矛盾糾紛問題上感覺好一些。她表白說，在她的童年期，她總是充當家庭仲裁人的角色，總是盡力緩和她家庭裡的糾紛。吉兒最終說到，她感到不好受，厭倦於背負別人的包袱，因為它壓得她透不過氣來，使她有一種沉重感。

解決吉兒的問題的技術是，請她審視團體中的每一個人，挑選一些沉重的對象擔起他們的包袱來，並邀請她自己去體驗這種負荷感和沉重性。例如，當挑起某些負擔時，她可以在團體中與成員交談，完成這樣的句子「看看你，我正操心……」或者她可以對每個成員說這樣的話，「現在，讓我承擔你的所有負擔；我真的很高興解決所有人的問題，我簡直不知道，如果我沒有這些負擔壓著我的話，我該做什麼！」即使她說她感到難受，厭倦於為人解決負擔，我們還是鼓勵她允許自己體驗她的那種角色，感受負擔並嘗試告訴別人這樣做的好處。這其中的理由是：如果她能夠充分地體驗到負擔，她就大有可能體驗到卸除這些負擔的輕鬆感。同樣的，這種技術和預演實驗、空椅子實驗有關，都要求團體成員扮演兩極化角色。發現我們自身想要更多體驗的部分的最好方法，通常是讓自己處於我們想迴

避的那一面。

夢

　　與其非解釋性精神相一致的是，格式塔治療法並不解釋和分析夢。關於夢的意圖是把夢帶回到現實生活中來，重新創造它、重現它，就像是現在發生一樣。對格式塔治療法有關夢的工作感興趣的讀者，有些很好的資料可以參閱：唐寧、馬默斯坦(Downing & Marmorstein, 1973)，佩爾斯(Perls, 1969a)，雷恩沃特(Rainwater , 1979)，辛克爾(Zinker, 1978)。以下是對這一方法的概要介紹。

　　團體成員並不以過去時態報告他們的夢；而是以現在時態重現它們，表演它們。佩爾斯認為：一個夢的每一個成分都是個人的投射，所有這些不同的部分，便是一個人自己的矛盾和不協調方面的表現。因此，夢包含著現實的訊息。它們反映了我們的矛盾衝突、我們的希望，以及我們生活中的關鍵主題。經由列舉一個夢的所有細節——回憶每一個人、事件、心境——並進而盡可能充分地扮演出（「成為」）每一個部分，一個人能越來越意識到自己相對立的方面，以及自己的情感世界。最終，這個人開始讚賞並接受他或她自己內在的種種差異，並整合這些衝突的因素。格式塔避免分析和解釋這些夢，而是注重從它的所有方面去重演和體驗它，當事人將更接近這個夢的真實意義。佛洛伊德把夢稱為「通向潛意識的忠實途徑」；佩爾斯(Perls, 1969a)把夢稱為「實現整合的忠實途徑」(p.66)。

　　雷恩沃特(1979)為探究夢的意義提供了一些頗有幫助的建議：

□ 注意是風景還是環境
□ 成為夢中所有的人。他們之間有誰是有重要意義的
□ 注意任何有聯繫和連接作用的物體，例如，電話線和高速公路
□ 鑑別任何神秘的物體諸如：一封未打開的信或一本未讀過的書
□ 注意任何有力量的特性比；例如，海嘯
□ 成為任何兩個相對立的對象例如，一個年輕人和一個老年人
□ 注意任何夢中所消失的內容。如果你記不得你的夢，就對你失去的

夢說話

□ 警惕在夢中出現的任何數字，變成這些數字，探究與它們的關聯

雷恩沃特建議，在對待一個夢時，你要注意當你醒來時有何感受。你的感受狀態是恐懼、快樂、哀傷、沮喪、驚奇，或是憤怒？鑑別這一感覺可能是找到夢的意義之關鍵。在以格式塔方式來處理夢時，她提議，做夢者可以注重下列這樣的問題：

□ 你在夢裡正在做什麼？
□ 你的感受是什麼？
□ 你在夢裡想要什麼？
□ 你與夢中的其他物體和人的關係是什麼？
□ 你現在可以採取哪些行動？你的夢告訴了你什麼？

團體實驗可以產生於團體成員的夢。辛克爾(Zinker, 1978)建立了一種方法，他稱之為戲劇效果的夢作業(dream work as theater)，它不止是處理一個人的夢；而是在一個夢被報告和處理之後，創造一個團體實驗，以便其他成員們能夠治療性地獲益於這個做夢者的所有原始表象。辛克爾認為，所有的團體成員都共有某種原型主題，一個夢中不同的形象可以用於加強自我了解。每一個人都可以扮演這夢中的一個角色。這些成員提供了許多機會表現夢中的某些既與做夢者又與他們自己的生活相關聯的部分。

例如，假設一個團體成員喬恩做了一個夢，夢中有一輛毀壞的汽車，一個男人在向車裡的人射擊，一個婦女試圖解救車裡的人。成員可以選擇扮演那個射擊者的身份，另一個成員可以扮演車裡的被射擊者的身份，還有一個人是那被毀壞而不能開的汽車。每一個成員都可以選擇扮演他或她的角色，而做夢者則可以幫助理解夢中的人物或客體。團體領導者可以將這個夢作為促進整個團體的戲劇性和治療性的體驗效果。這種方法在增進團體凝聚力和使一個成員的工作與其他人相關聯方面，有許多優點。

夢可能使成員對他們在團體中的感受有所啟示(Polster & Polster, 1973)。在上面提出的例子中，喬恩可以發現，她在團體中感到害怕而想要逃避。她可能感到受一個或多個成員的攻擊（被射擊），只有一個婦女來解

救她。在這種情況下，她可以在團體中選擇她覺得最嚴厲攻擊她的人來扮演她的夢，並直率地與那個人交談。而後她可以成爲那輛損壞的汽車——沒有用處的逃脫工具——並看看這種關係可以帶來哪些聯繫。她還可以選擇團體中她覺得最支持她的成員，與她對話。她也可以轉換角色，成爲那個射擊的人。以這種方式處理夢對於解決團體中其他人的未解決問題亦提供豐富的潛能。

格式塔團體的風格

　　格式塔治療法可以用許多的方式進行，無論是針對個人還是在團體中進行。在團體中，其特點是一個時刻裡只專注於一個成員。基本上說，這種方式是在團體環境中的個別治療，在這種治療中，團體成員和領導者一起工作，而其他成員則觀察這一過程。當領導者和那個成員的交談結束後，領導者通常要求其他成員們給予回饋，並把他們自己的感受與所發生的內容相聯繫。在這種形式的格式塔治療法中，並不鼓勵團體中直接的自發性交往的。一個自願者坐在「電椅」上，盡可能地專注於此時此地的問題，團體領導者則運用前面介紹的格式塔技術加強這個人的現時中心式的覺察。

　　格式塔取向的團體還會以不那麼純粹的形式發揮作用。這些團體的特徵是有更大自發交往自由。拉特納(Latner, 1973)指出，格式塔治療法有不同地區的風格。美國西海岸的治療者們受佩爾斯的影響較大，傾向於注意自我覺察、中心化和責任問題。在美國東海岸，格式塔學者們傾向於採取更爲互動化的模式，安排較長期的團體，更注意治療過程的認知方面，以及採取更爲多樣化的個人風格。

　　鮑斯特(Polster & Polster, 1973)描述所謂的「漂移的電椅」，這種技術鼓勵其他團體成員們以自發的形式參與一個成員的治療作業。這種方法係認識到：團體中無論發生什麼，對於成員之間的交往都是有關的和重要的。在這種情形下，成員們能避免被動地觀察一個成員的工作和等待輪到他們。促進這種交互作用的方法是，團體成員們都可以被另一個人的工作

所觸及，能夠利用這一工作轉而探索他們自己個人的問題。

在克利夫蘭(Cleveland)格式塔研究所倡導的團體歷程中，注意力是指向個體內的、人際間的和團體層次的功能。在辛克爾(Zinker, 1978)看來，追隨佩爾斯的純粹格式塔派並不鼓勵在團體中建立一種溝通。雖然他同意人們可以藉由觀察團體領導者與一個成員的工作而得到替代性學習，但他主張使他們感受到彼此之間的親近和交流。在辛克爾看來，團體變成以觀察這一過程的觀眾進行個別治療。這種傳統風格的缺點之一是，治療者做了所有的工作而不允許成員負責情境的發展。與此相反，克利夫蘭風格的格式塔團體歷程依據多項重要原則運作：現時團體經驗的作用、產生團體覺察的過程、團體參與者之間積極互動的價值，以及由積極參與的團體領導者所倡導的交互作用實驗。無論團體成員們做什麼，他們都被鼓勵去隨時隨地地覺察他們作為一個社會成員和他們在團體中的角色。

對格式塔方法的評價

我對格式塔治療法的評價

我把格式塔治療法的許多思想融合到我自己的團體領導者風格中。在進行團體工作時，我經常運用格式塔促進強烈情緒的表達和探索的技術。這些技術是非常有用的，常常促成即時感受的表達和以往感受的重新體驗。這種注重於現時的做法的確加強了成員的作業。他們不僅僅談論他們的問題，亦在現時活動中體驗著他們的苦惱。正像心理劇技術的運用一樣，格式塔技術為個別治療和團體中的參與者們都帶來了一定的活力。

格式塔治療法另一個突出特點是它注重軀體的表現。領導者並不對團體成員們做解釋，而是鼓勵他們注意他們在軀體上所感受到的內容。這種注重點可以為成員們想要迴避的方面提供豐富的線索，而且也為他們提供了一種面對焦慮的途徑。尤其重要的是，要避免告訴成員們關於他們的手勢、姿勢、軀體癥狀的意義。相反的，一個有用的出發點是，讓成員們保

持他們所體驗的內容，並找到他們自身的含義。

由於格式塔治療法是以存在主義原理為基礎，故而強調團體領導者的真誠，以及領導者和成員（及團體成員之間）治療關係的性質。在這一方面，格式塔方法與存在主義和個人中心式方法有某些共同的特性。我認為這是格式塔治療法的一個主要優點，因為這一章裡所介紹的技術在它們被一個真實的、著眼於團體成員利益的領導者所運用時，最為有效。許多格式塔治療者強調治療關係的重要性，並把技術看作是次於這一關係的性質（參見M. Polster, 1987; Polster & Polster, 1973; Yontef & Simkin, 1989; Zinker, 1978）。治療者的即時關心和與病人形成良好關係的能力，無疑是與使用技術的熟練技能同樣重要的。格式塔治療法是存在主義方法的一部分，我／你關係被看作是治療成功的關鍵。最好的實驗產生於團體領導者所創造的信任關係。這種方法鼓勵真誠的嘗試，並允許領導者和成員們大量的創造性（參見Zinker, 1978）。

某些侷限性

我認為傳統格式塔治療法的侷限性之一是，它傾向於貶低諮商的認知層面。在很大程度上，佩爾斯採納了反理智的觀點，貶低人格中的理智因素。他的聲明「放棄你的理智，走進你的感覺」，反映了他反對心理分析方法的認知治療態度，表現了他對治療中體驗作用的重視。由於專注於體驗感受和軀體，佩爾斯從那一時代的傳統治療走到了另一個極端。追隨著這種指導，導致一些格式塔團體領導者忽視團體中概念化(conceptualizing)的價值。

強調感受和軀體，而以放棄認知因素為代價，並不促成最佳的治療平衡。為了消除這種侷限性，我也採納了認知和行為方法（溝通分析、行為治療、理性情緒療法、現實治療），幫助團體參與者發現他們情緒體驗的意義，是產生那種能夠延伸於團體之外的人格改變的重要因素。雖然格式塔發展的早期階段並不注重認知過程，但目前的趨勢似乎是越來越注意這些因素，整合了人類體驗的情感性和認知性因素（參見E. Polster, 1987a; M. Polster, 1987; Yontef & Simkin, 1989）。

另一個針對格式塔治療法的批評是，評價其有效性的研究很貧乏。關於這個問題，西姆金(Simkin, 1982)寫道：「絕大多數格式塔治療者都忙於實踐的藝術，而不是評價其有效性。因此格式塔治療法領域的傳統研究迄今仍寥寥無幾。這在八〇年代也許有所改變」(p.376)。從我所看到的情形來看，這種情形在八〇年代並沒有改變。

一些告誡和倫理問題

格式塔方法很有激發性、推動力，但並不是所有的人都這麼認為。恰當地運用格式塔治療取決於何時、對誰、在什麼情境中等因素(Shepherd, 1970)。西姆金(Simkin, 1982)說：「格式塔治療法是對那些『腦筋靈活的人』的選擇性治療。它不適合於那些憑衝動行事的人。它被有能力、有良好訓練的治療者所運用時，效果最好」(p.377)。謝弗德(Shepherd, 1970)寫道：一般說來，格式塔治療法對於過度社會化的、拘謹的、壓抑的個體最為有效，他們常常被描述為神經症、恐懼症、過分挑剔、無能、抑鬱。在另一方面，謝弗德指出，針對缺乏組織性、嚴重紊亂或精神病患者的治療很棘手，需要謹慎、敏感和耐心。

我對格式塔治療法的一個主要擔憂是濫用技術的潛在危險性。通常說來，格式塔治療者具有高度主動性和指導性，但如果他們不具有辛克爾(Zinker, 1978)所提到的那些品質——敏感、適時、創造性、同理、對當事人的尊重——實驗很可能會反被其誤。而且，成員們可能起來指責領導者在為他們創造實驗中的主動性，而質疑不是讓他們自己提出實驗。

要能對團體成員產生有力的作用，無論建設性的或破壞性的，都要求領導者在倫理方面有適當的訓練和督導。格式塔或任何其他治療最大的侷限性是治療者本身的技能、訓練、經驗和判斷。也許格式塔技術的最有效運用，是產生於領導者專業進修，以及與有能力的治療者和督導老師共同工作，而獲得個人的治療經驗之後(Shepherd, 1970)。

格式塔治療法可能是危險的，因為治療者有能力藉由技術操縱當事人。不合格的治療者可能利用強有力的技術激起成員的情感並表露出成員一直避免徹底覺察的問題，一旦他們引發了成員戲劇性的宣洩之後，便拋

棄成員。這樣的團體領導者不能幫助成員們解決他們所體驗的內容。

格式塔治療法似乎也為團體領導者提供了一個誘人的方法，隱藏他們的個人反應和忘卻佩爾斯所論及的我／你關係。藉由使用面質技術，他們可以把壓力指向團體成員。事實上，治療者要願意以自己的真誠和即時的回應與當事人相交往，並有能力挑戰當事人操縱運用他們的症狀，而不是拒絕它們(Shepherd, 1970)。對格式塔治療者來說，學習如何以一種讓當事人願意探索抗拒的方式進行接觸，是一項重要的任務。

有些格式塔治療者犯了這樣的錯誤：過於嚴屬，提出許多的規定，例如，「給予其他成員即時回應」，或是「為自己承擔責任」。在有些情況下，打斷成員當前的作業而請他們把某些內容提到現時焦點上來，是相當有害的。真正整合了格式塔方法的團體領導者十分敏感，能夠以相當有彈性的方式從事工作。他們努力幫助當事人盡可能充分地在現時體驗他們自己，然而並不受教條的僵化束縛，也不是在任何成員偏離現時焦點的時候即時地採取指導性干預。團體領導者須敏銳地與成員的體驗內容保持接觸，能夠注重個人而不是注重於機械地運用技術。

格式塔治療法在多元文化環境中的運用

對於格式塔團體領導者來說，有許多機會可以在多元文化環境中實踐他們的創造性。有些少數民族當事人可能在很大程度上以非語言方式而不是語言方式表達他們自己。例如，團體領導者可以請成員們注意他們的手勢、面部表情、對自己軀體內部的體驗。如果一個當事人說他正體驗到驚恐，領導者可以請這個人注意他的軀體反應。從注重自己的手勢和軀體感覺，可以產生出一些很有創造性的工作。如果這個當事人正因為他自身的兩個相互衝突的部分而苦惱，一隻手代表衝突的一個方面，另一隻手代表衝突的另一個方面。如果這個當事人的確體驗到對領導者和其他團體成員的信任和安全感，他可能願意進行某些格式塔實驗，作為突出他自己的現時問題並對自己的苦惱獲得明確認識的方法。進行格式塔實驗的優點之一是，它們能夠因人而異地適合於個別成員的知覺和他或她的文化模式。

如果當事人有充分的準備訓練，如果在團體中有較高程度的信任，幻

想與想像的運用具有很大的潛力。例如，如果一個當事人正在解決與其所愛的人死亡有關的未完成問題，她可能採取某些特別的非常手段來解決這一未竟事務，把那個死去的人象徵性地搬到團體中，試圖現在來解決它。團體領導者的個人重要性不可過分誇大。如果團體領導者是被信任的，他或她的請求往往是會被當事人所接受的。

的確，和絕大多數其他方法相比，格式塔治療法在更大程度上存在著危險，尤其是如果過快地把某些格式塔技術運用於少數民族當事人的話。正如這一章裡所說明的，這些技術往往產生較高程度的強烈體驗，這種注重情感的做法顯然不適用於那些受文化影響習慣於約束和保守其情緒經驗的當事人。有些少數民族當事人習慣於相信公開地表達情感代表軟弱，是一個人脆弱的表現。強迫情緒宣洩的團體領導者往往會發現這種當事人變得越來越抗拒，這類成員可能最終會退出團體。

即使在具有種族多樣性的團體中運用格式塔技術，仍有某些侷限性，這並不表示格式塔對多元文化環境毫無價值。團體領導者時機不當的介入固然會使這些當事人的抗拒升高，但適時的格式塔式介入可以幫助當事人解決他們深層的抗拒和苦惱。

問題與討論

*1.*格式塔治療法、個人中心式療法，和存在主義方法具有某些共同的特徵，然而它們在團體中運用相當不同的技術。雖然它們對人性有著某些共同的哲學觀，格式塔依靠治療者的指導和技術，而個人中心式治療不強調技術和治療者的指導。你是否曾發現主動／指導式格式塔團體領導者可以融合某些個人中心式概念？為什麼如此或為什麼不行？

*2.*你是否認為有可能以心理分析的術語思考，而運用格式塔的技術？有哪些方式你覺得可以整合心理分析的概念和格式塔的概念與方法，作為你的領導風格的一部分？

*3.*心理戲劇團體與格式塔團體之間有哪些基本的相似之處和不同之處？同樣地，你是否發現在你所領導的團體中可能融合這兩種理論及方法

的途徑？

4.格式塔治療法注重人們隨時隨地所感受和體驗的內容。你是否認為這種對情感的強調妨礙了治療工作中的思想性與概念化？請解釋你的看法。

5.對於佩爾斯的格言「放棄你的理智，走進你的感覺」，你有何感想？

6.你認為有哪些重大的倫理問題應當在格式塔團體工作中予以強調？你認為有哪些安全措施可以預防格式塔團體所伴隨出現的最普遍性的危險？

7.有哪些關鍵的格式塔概念和實驗可以運用於了解你自己？你會怎樣運用某些格式塔技術作為增強自己的覺察和促進自己人格改變的方法？對於自己是否要加入一個格式塔團體，你如何看待？

8.如果你要在團體中運用格式塔技術，你將以什麼樣的方法訓練你的團體成員，以加強他們對接受這些技術的準備度？若一個成員問道：在此時此地重現一個事件，而不是談論一個過去的問題，這有什麼好處？對此你會說些什麼？

9.你可能會在治療中採用哪些方法針對軀體內容進行工作？在你引入軀體取向的技術之前，你可能需要哪種訓練？如果可能的話，你是否在融合軀體作業而不侷限於語言的方法上，看到有什麼優點？你是否看到軀體作業有什麼危險？

10.對於格式塔方法在團體環境中探究夢，你有何感想？

參考資料

Downing, J., & Marmorstein, R. (Eds.). (1973). *Dreams and nightmares: A book of Gestalt therapy sessions.* New York: Harper & Row.

Fagan, J., & Shepherd, I. (Eds.). (1970). *Gestalt therapy now.* New York: Harper & Row (Colophon).

Feder, B., & Ronall, R. (Eds.). (1980). *Beyond the hot seat: Gestalt approaches to group.* New York: Brunner/Mazel.

Frew, J. E. (1986). The functions and patterns of occurrence of individual contact styles during the development phase of the Gestalt group. *The Gestalt Journal, 9*(1), 55–70.

Harman, R. L. (1984). Recent developments in Gestalt group therapy. *The International Journal of Group Psychotherapy, 34*(3), 473–483.

James, M., & Jongeward, D. (1971). *Born to win: Transactional analysis with Gestalt experiments.* Reading, MA: Addison-Wesley.

Kempler, W. (1982). Gestalt family therapy. In A. M. Horne & M. M. Ohlsen (Eds.), *Family counseling and therapy.* Itasca, IL: F. E. Peacock.

Kepner, E. (1980). Gestalt group process. In B. Feder & R. Ronall (Eds.), *Beyond the hot seat: Gestalt approaches to group.* New York: Brunner/Mazel.

Latner, J. (1973). *The Gestalt therapy book.* New York: Bantam.

Levitsky, A., & Perls, F. (1970). The rules and games of Gestalt therapy. In J. Fagan & I. Shepherd (Eds.), *Gestalt therapy now.* New York: Harper & Row (Colophon).

Passons, W. R. (1975). *Gestalt approaches in counseling.* New York: Holt, Rinehart & Winston.

Perls, F. (1969a). *Gestalt therapy verbatim.* New York: Bantam.

Perls, F. (1969b). *In and out of the garbage pail.* New York: Bantam.

Perls, F. (1970). Four lectures. In J. Fagan & I. L. Shepherd (Eds.), *Gestalt therapy now.* New York: Harper & Row (Colophon).

Perls, F. (1973). *The Gestalt approach and eyewitness to therapy.* New York: Bantam.

Perls, F., Hefferline, R., & Goodman, P. (1951). *Gestalt therapy: Excitement and growth in the human personality.* New York: Dell.

Polster, E. (1987a). Escape from the present: Transition and storyline. In J. K. Zeig, (Ed.), *The evolution of psychotherapy* (pp. 326–340). New York: Brunner/Mazel.

Polster, E. (1987b). *Every person's life is worth a novel.* New York: Norton.

Polster, E., & Polster, M. (1973). *Gestalt therapy integrated: Contours of theory and practice.* New York: Brunner/Mazel.

Polster, M. (1987). Gestalt therapy: Evolution and application. In J. K. Zeig (Ed.), *The evolution of psychotherapy* (pp. 312–325). New York: Brunner/Mazel.

Rainwater, J. (1979). *You're in charge! A guide to becoming your own therapist.* Los Angeles: Guild of Tutors Press.

Reich, W. (1949). *Character analysis.* New York: Noonday Press.

Reich, W. (1967). *The function of the orgasm.* New York: Bantam.

Reich, W. (1969). *Selected writings.* New York: Noonday Press.

Shaffer, J., & Galinsky, M. D. (1989). *Models of group therapy* (2nd ed.). Englewood Cliffs, NJ: Prentice-Hall.

Shepherd, I. L. (1970). Limitations and cautions in the Gestalt approach. In J. Fagan & I. L. Shepherd (Eds.), *Gestalt therapy now* (pp. 234–238). New York: Harper & Row (Colophon).

Simkin, J. S. (1982). Gestalt therapy in groups. In G. M. Gazda (Ed.), *Basic approaches to group psychotherapy and group counseling* (2nd ed.). Springfield, IL: Charles C Thomas.

Simkin, J. S., Simkin, A. N., Brien, L., & Sheldon, C. (1986). Gestalt therapy. In I. L. Kutash and A. Wolf (Eds.), *Psychotherapist's casebook* (pp. 209–221). San Francisco: Jossey-Bass.

Simkin, J. S., & Yontef, G. M. (1984). Gestalt therapy. In R. Corsini (Ed.), *Current psychotherapies* (3rd ed.). Itasca, IL: F. E. Peacock.

Smith, E. (1976). *The growing edge of Gestalt therapy*. New York: Brunner/Mazel.

Smith, E. (1985). *The body in psychotherapy*. Jefferson, NC: MacFarland & Co.

Stevens, J. O. (1971). *Awareness: Exploring, experimenting, experiencing*. Moab, UT: Real People Press.

Yontef, G. M., & Simkin, J. S. (1989). Gestalt therapy. In R. J. Corsini & D. Wedding (Eds.), *Current psychotherapies* (4th ed.). Itasca, IL: F. E. Peacock.

Zinker, J. (1978). *Creative process in Gestalt therapy*. New York: Random House (Vintage).

Zinker, J. (1980). The developmental process of a Gestalt therapy group. In B. Feder & R. Ronall (Eds.), *Beyond the hot seat: Gestalt approaches to group*. New York: Brunner/Mazel.

12

溝通分析

導言

溝通分析（transactional analysis，略作TA）是一種互動式治療方法，它的基本假定是：我們是基於過去的前提作出現時的決定──這些前提曾經在某一時刻適合於我們的生存需要，但現在可能已不再有效了。TA強調認知／理性／行為等方面，更具體地說，它強調一個人改變決定的能力，旨在增強覺察能力，使人能夠作出新的抉擇（重新決定），並因此改變他們的生活進程。為了實現這一目標，TA團體參與者學習如何從功能上識別三種自我狀態（父母、成人、兒童）。他們還學習現時行為如何受到他們在兒童時所接受和融合的規定與原則的影響，以及他們怎樣能確認決定他們行動的「生活腳本」。最後，他們開始認識到現在可以重新決定，並開始一種新的生活導向，改變那些已不發生作用的、卻妨礙他們正常發揮功能的部分。

TA為團體提供了一種互動的契約式方法──所謂互動是從它強調人們之間處理事務的動力而言，契約則是指團體成員們建立起明確的將改變什麼、以及如何改變的聲明。這些約定確立了團體的目標和方向。

歷史背景

溝通分析最初是由艾里克‧伯恩(Eric Berne, 1961)提出來的，他曾接受過佛洛伊德式心理分析和精神醫學家的訓練。TA是伯恩因不滿有關心理分析治療之患者療效較慢而演化出來的。從歷史上看，它是作為心理分析的擴展，其概念和技術是特別用來進行團體治療的。伯恩發現，藉由運用TA，他的患者得到明顯的改善。隨著其人格理論演進，他與心理分析分道揚鑣，將自己全心投入於TA的理論和實務中去(Dusay, 1986)。

伯恩說，他由注意當事人談話內容，建造了TA的絕大部分概念。他開始看到一種與當事人童年期經歷有關的自我表象，他認為其中存在著一種兒童的自我狀態，不同於「成長」的自我狀態。此後，他提出個人有兩種

「成長」的狀態：一種似乎是其父母的翻版，他稱之爲父母的自我狀態(parent ego state)；另一種是個人的理性部分，他命名爲成人自我狀態(adult ego state)。

伯恩的貢獻之一，是他關於兒童怎樣爲其生活發展規劃以作爲心理生存方法的觀點。他覺得，人們是在他們最初的幾年生活開始，即遵循著他們爲自己所規劃的生活脚本而發展。

就像這本書中的其他許多理論一樣，TA理論的基本概念和伯恩個人生活之間有著密切的關係。克勞德·斯坦納(Claude Steiner, 1974)認爲，伯恩自己曾處在一個生活脚本的影響之下，即他曾遭遇過一個傷心的死亡事件。很顯然，伯恩對於愛別人和接受別人對他的愛有著強烈的禁忌。他的生活特點可以被概括爲工作取向的，他的強烈動機是要寫一部有關創立一個新理論(TA)的書，並爲人們提供治療。在論及伯恩的生活脚本時，斯坦納評述了他對那些有心臟病史的人的興趣。伯恩死於冠狀動脈閉鎖，那時他六十歲，他的母親也正是在這個年齡死於冠狀動脈閉鎖的。斯坦納認爲，這樣一種限定壽命的生活脚本絕非偶然，從伯恩的情形來看，他的心臟在完成他想要寫的最後兩本書後便已經不行了。

在這一章裡要介紹TA的兩個派別。一個是古典的或伯恩學派(classical or Bernian approach)，它強調現時的溝通分析，把團體看作爲一個微縮的世界，處理四種分析方式（結構分析、溝通分析、遊戲分析、生活脚本分析）。這些分析方式將在這一章的後一部分予以展開。古典的溝通分析主要是在六〇年代發展起來的。

現代TA治療者沿著不同的路徑發展，修改了許多伯恩所創立的基本概念。由於有許多不同的TA模式，很難討論應用所有這些模式的實驗。在這一章裡主要介紹瑪麗和羅伯特·高爾丁(Mary & Robert Goulding, 1979)對伯恩理論的發展，他們是TA的重新決定學派(redecisional school)的領袖人物。這兩位學者在許多方面不同於古典的伯恩學派，他們把TA與格式塔治療、家庭治療、心理劇、行爲治療的原理和技術相結合。重新決定學派幫助團體成員們體驗他們的困境或是他們感到僵滯的部分。他們重現其早期作出抉擇的情境，若發現其中有些抉擇已經無效，他們即作出新的有效抉擇。重新決定治療的目的，是在於幫助當事人挑戰自己，找出他

們以犧牲者般的角色看待自己的方式，並自己決定他們將如何改變，從而
擔起自己的生活責任。

基本假定

TA團體治療工作的基礎前提是，覺察是改變我們的思想／情感／行
為方式的第一步。在一個團體的初期階段，各種技術的目的是在於增加團
體參與者們對自己的問題以及對其使自己的生活作出實質性改變之選擇的
覺察。

TA的另一個基本假定是，我們每一個人都對我們所做的內容、我們的
思考方式、我們的感受方式負有責任。羅伯特·高爾丁(Robert Goulding,
1987)聲稱，別人並不能使我們以某種方式去感受；相反的，我們主要是憑
自己的抉擇去對情境作出反應。他認為治療者的任務是趨策當事人去面對
他們放棄個人責任的方式，並堅持要他們在治療過程中承擔起責任：

> 經由這種方式，我們幫助人們認識到他們對自己、對其思想、情感、
> 行為、軀體是負有責任的。除非我們能夠使他們宣稱他們是自主的，
> 否則他們沒有別的途徑能重新作出有效的抉擇。因此我們堅持認為並
> 且教導人們，我們每一個人都是自主的，即使我們可能覺得自己像是
> 個犧牲者(p.306)。

人們能夠了解他們過去的抉擇，能夠在現時作出影響其未來的新抉
擇，由此人們能夠超越他們的早期規劃和選擇。瑪麗·高爾丁(Mary Gould-
ing, 1987)認為：

> 個人自主性的概念——這個概念是指，我自己對於我的思想、信念、
> 情感、行為是負有責任的——是改變的重要基礎。只要一個人還在為
> 她自己的命運指責別人，花費大量精力去試圖改變別人，她就根本不
> 可能在其生活中作出她所希望的改變(p.287)。

團體的理論背景

　　TA的應用非常適合於團體。伯恩認為，團體治療所帶來的有關一個人個人生活規劃的訊息，遠遠多於個別治療。正如高爾丁夫婦所實踐的，重新抉擇治療是在團體情境中進行的，在其中，團體成員們可以重現他們的早期記憶，和在團體中與其他人相互交往，從而體驗他們自己的脚本是怎樣影響生活的。從重新決定觀點來看，團體治療是一種作選擇的治療。和個別治療相比，人們能夠作出更為迅速的改變，而且團體似乎在治療中增加了人情味(R. Goulding, 1987)。有許多方法可從分析團體中的互動，而實現自我了解。和格式塔以現時內容發揮作用的方法一樣，TA團體也把過去的問題帶到現時中來。團體成員們的即時回應促進了行為效應，因為有許多人可以來扮演他們過去和現在的家庭成員，由於團體中的這種交互作用，TA團體成員們得到了許多機會重新評估和勇敢地面對其過去抉擇，並嘗試新的抉擇。在羅伯特·高爾丁看來，團體的一個理論基礎是，它提供了一種團體成員們可以對其家庭、朋友、社會所產生的經驗。

　　TA團體強調教導方法（說教法），團體成員們被要求掌握一套TA概念的基本詞彙，諸如：父母(parent)、成人(adult)、兒童(child)、撫慰(strokes)、決定(decision)、重新決定(redecision)、遊戲(games)、脚本(scripts)。成員要熟悉TA的這些主要概念，並為團體作好準備，可藉由閱讀下列一些著作：包括《經由重新決定治療改變生活》(*Changing Lives through Redecision Therapy*)(Mary & Robert Goulding, 1979)；《人們的生活脚本：生活脚本的溝通分析》(*Scripts People Live: Transactional Analysis of Life Scripts*)(Steiner, 1974)；《人們所玩的遊戲和說了Hello之後？》(*Games People Play and What Do You Say After You Say Hello?*)(Berne, 1964, 1972)；《天生贏家：以格式塔實驗溝通分析》(*Born to Win: Transactional Analysis with Gestalt Experiments*)(Muriel James & Dorothy Jongeward, 1971)；《重新決定治療：擴展的視野》(*Redecision Therapy: Expanded Perspectives*)(Leslie Kadis, 1985)。團體成員們還被鼓勵參加介紹TA的課程、工作坊、研討會等。

主要概念

自我狀態

　　正如曾經介紹過的，人們是在三種動力性自我狀態上運作行為的，每一種狀態都包含了人格的重要部分，這三種狀態是：父母、成人、兒童(P-A-C)。這些自我狀態被認為是TA治療的基本特徵(Dusay, 1986)。根據TA的觀點，人們始終不停地從一個狀態到另一個狀態之間轉換，在任何一個時刻，他們的行為都與當下的一種自我狀態相關聯。

　　父母自我狀態融合外在的來源，主要是父母式的態度和行為。在外表上看，這種自我狀態是在對他人表達批評和照顧的行為。從內在上看，它是舊有的父母始終存在並影響著內在兒童的方式。哈里斯(Harris, 1967)描述到，在一個人的早年，父母「被知覺為這個不加懷疑的頭腦中的種種記錄，或被強加上外在事件的巨大匯集體，這個時期我們大致界定為生活的頭五年」(p.40)。當我們處在父母自我狀態時，我們是按照我們想像父母會怎樣作出反應而對環境作出反應的，或者我們按照父母對待我們的方式對待別人。這種父母自我包括了所有的「應當」、「應該」以及其他生活規則。當我們表現那一狀態時，我們的行為方式會相似於我們的父母或我們早年生活中其他重要他人的行為方式。我們可能使用他們的某些語言，或者我們的姿勢、手勢、聲音、舉止可能重複了我們在父母那裡所經驗到的內容。這種行為發生於我們的父母自我狀態，有可能是出於肯定的狀態（養育關懷的父母），也可能是否定的狀態（批評的父母）。

　　成人自我狀態是我們人格中客觀而類似電腦的部分，它是作為一個資料處理者來發揮功能的：它計算種種可能性，在可能的資料基礎上作出決策。這種狀態既不是情緒性的也不是判斷性的，僅僅是處理事實和外在現實。這種成人自我指向當前現實，客觀地收集訊息，並且與實際年齡無關。

　　兒童自我狀態包括：情感、衝動、自發行為。這種狀態包含所有作為

一個兒童所自然產生的衝動，而且也包括早期經驗的「記錄」。這種兒童自我可以是自然的兒童(natural child)——也就是說，是我們每一個人本性中自發性的、衝動的、開放性的、活潑的、善表達的，且常常是可愛但未加教化的一面；或是順應的兒童(adapted child)——被馴化的自然兒童，以及我們自身學習適應別人的期望以便獲得接受和讚賞的部分。伯恩把順應的兒童描述為「在父母自我的影響下矯正自己行為的兒童。他的行為遵從父親對其行為的期望，或者，他由退縮或哭訴來調適自己」(Berne, 1964, p.26)。伯恩所謂的這種矯正通常源出於創傷性經歷、要求、訓練，以及有關如何獲得注意或其他形式的「撫慰」的決策。

在一個TA團體中，團體成員首先被教予怎樣識別他們正處在三種自我狀態的哪一種上發揮功能，目的是要使他們能夠有意識地決定是否此一狀態或其他狀態最為適宜或最有用。例如，一個通常以批評式父母風格對別人作出反應、決定要對別人變得更具忍耐性的團體成員，必須在採取任何尋求改變的步驟之前，認識到他或她自己的習慣化自我狀態。瑪麗和羅伯特‧高爾丁(Mary & Robert Goulding, 1979)對覺察自我狀態的重要性作了如下描述：

> 隨著人們學習更深入意識他們所表現的自我狀態，他們學習更好地把握其情感，更確認他們在生活腳本中所處的位置，更明確的覺察到他們的適應行為，適應於其內在父母之自我和外在世界。在獲得覺察之後，他們能夠清醒地選擇去採用或不採用該自我狀態(p.26)。

對撫慰的需要

TA理論的一個基本前提是，人需要得到身體和心理的撫慰，以便建立起對環境的信任感和愛他們自己的基礎。斯坦納(Steiner, 1974)寫到：「撫慰對人類生活是必要的，正像其他生物的基本需要如食物、水、掩蔽物一樣——這些若不能滿足便會導致死亡」(p.132)。而且，的確有大量的證據表明，缺乏身體接觸不僅會妨礙嬰兒的成長和發展，而且，在極端的情況下會導致死亡。心理撫慰——接受和認可的語言和非語言表達——作為對

人們價值的肯定，也是必須的。

撫慰可以是肯定性的或否定性的。肯定性的撫慰表達溫暖、愛心、讚賞，可以是語言的，也可以是注視或微笑、接觸或姿勢，它們被認為對發展為心理健康的人是必須的。否定性撫慰使人們感到被輕視、被貶低，它們被認為是有礙於健康的心理發展的。有趣的是，儘管它們有不良的作用，但擁有否定性撫慰總比完全沒有撫慰好——那是意味著被忽視。我們都熟悉那種兒童的情形，他們感到被忽視、被遺忘，作出行為引起他們父母的否定性撫慰，因為那是他們所能得到的唯一關注形式。

肯定性的撫慰可以以非條件性或條件性方式獲得。非條件性撫慰——也就是說，這種撫慰是不必以某種方式證明接受者的存在——往往引起這一種情感：一個人就因為他存在，因而是有意義的。條件性是肯定性撫慰——即需要有各式各樣的約定，它們必須被滿足，否則得不到撫慰——通常引起這樣的情感：一個人只有當他滿足某些期望時，才能被接受。

TA團體成員被教予如何識別他們需要的撫慰動機，並敏感地覺察他們否定自己的方式。例如，一個團體成員叫薩拉，她一直以自我輕視的評價貶低自己。對於她從團體中其他人那裡得到的積極回饋，她或是聽不進去，或是很快忘記。當得到一個真誠的讚賞時，她總是找些方法蔑視它或取笑它。如果成為積極關注的焦點，或是接受任何和藹、愛心、關懷的表示，她會變得極為不舒服，然而她記住並貯存了所有的批評性評價，並感到抑鬱。正如斯坦納(Steiner, 1974)所解釋的，她聚集了「冷酷的荊刺」而不是「溫暖的絨毛」。

在她的TA團體中，薩拉被促使面對這一事實：她貶低她的價值，不允許其他人給她以肯定性的撫慰。她還被激勵去決定是否她要改變這種行為。如果她接受作出這一變化的挑戰，團體便能夠幫助她學習任何尋求並接受肯定性撫慰的行為方式。

高爾丁的團體治療方法是設計用來幫助人們作出新的決策，把這些新的決策確定在適當的位置，積極地促動這些變化(R. Goulding, 1987, p. 303)。高爾丁堅持這種形式的行為治療工作，他聲稱，團體治療的一個主要優點是當成員們接受到撫慰時所產生的治療力量，這種撫慰既來自於治療

者，也來自於其他團體成員。TA團體還教予人們如何撫慰他們自己。高爾丁夫婦在他們的馬拉松式團體的開始階段，用相當長的一段時間請團體成員們思考這樣的問題：「對你自己，你喜歡些什麼？」這樣做的目的是要創造一種氣氛，在其中當事人能夠意識到被忽視的力量，它們應當得到自發性的肯定性撫慰。高爾丁夫婦的工作前提是，當事人可以經由自愛、而不是自恨，在更大程度上實現他們的治療計畫(M. Goulding & Goulding, 1979)。

禁令與反禁令

　　高爾丁夫婦的重新決定作業是以TA的禁令和早期抉擇的概念為基礎的(M. Goulding, 1987, p.288)。禁令(injunction)是指父母的命令，它們產於其父母親的兒童自我狀態。這些命令通常表現為失望、挫折、焦慮、不滿，及由此建立的「不應該」的準則，兒童藉此學習如何生存。基於父母親自己的病態，他們對其子女發出如下的禁令：「不准」、「不要」、「不要太接近」、「不要離開我」、「不許嘗試性遊戲」、「不想」、「不需要」、「不准想」、「不准感受」、「不要長大」、「別像個孩子」、「不要成功」、「由不得你」、「不要健全」、「不要出色」、「不要歸屬」(M. Goulding, 1987; M. Goulding & Goulding, 1979)。

　　按照瑪麗‧高爾丁(Mary Goulding, 1987)的說法，兒童們須決定要接受這些父母的命令，或者是與它們對抗。如果他們接受這些命令，他們就要確切地決定怎樣接受它們。以接受這些禁令為基礎，兒童們作出了種種決定，構成了他們長久性格結構的基本內容。

　　與禁令相對應的是另一些父母的命令，它們來自於父母親的父母自我狀態，被稱之為反禁令(counterinjunction)。這些命令表達了「應當」、「應該」、「需要」等父母的期望。這些反禁令的例子有：「要堅強」、「要追求完美」、「盡你的最大潛能去努力」、「按照我對你的期望去做」、「快點」、「努力做」、「讓我高興」、「要仔細」、「要有禮貌」。這些反禁令的問題是，兒童要想遵從它們去生活，幾乎是不可能的；因此，無論一個人怎樣拚命努力去使人滿意，他們注定要感到自己總是做得不夠。

在TA團體中,成員們探究「應當」、「不應當」、「做」、「不許做」等這些他們曾被父母訓練要藉此生存的內容。使一個人擺脫那些往往是不合理的、不加批判地接受父母旨意的行為,第一步就是要意識到一個人在兒童時所接受的具體禁令和反禁令。一旦成員們意識到這些內化的「應當」、「應該」、「不許」、「必須」,他們便進入一種更恰當的位置,對禁令作批判性地檢查,決定是否願意繼續依照它們生活。

決定與重新決定

正如前面所指出的,溝通分析強調認知/理性/行為因素,尤其是我們有能力意識到支配我們行為的抉擇,意識到作出新的、有益改變我們生活進程的抉擇能力。這一節著眼於由父母禁令和反禁令所作的決定,探察TA團體成員如何學習重現這些早期抉擇,並作出新的抉擇。

下面是一個由父母禁令所決定的例子。一個TA團體成員名叫比爾,他顯而易見地接受了父母的指令:「不要相信任何人。」由這一禁令所造成的行為抉擇,反映在比爾的許多個性及其言論之中:「如果你不讓別人來照顧你,你就不會受傷害。」「如果我不與人交往,我對別人也就不會有所求。」「無論什麼時候我需要別人的幫助,我都受到傷害。和別人打交道乃至接近別人,根本不值得。」的確,在團體活動中,可以很明顯地看到,由於接受了他父母不要相信別人的禁令,比爾一貫作出使自己迴避他人的決定。為了支持這些決定,比爾能夠找出一大堆理由——包括在團體中和其日常生活中的——來維護他的觀點:信任將不可避免地導致傷害。結果,他繼續且通常是不知不覺地遵從父母的禁令。

在TA團體中,比爾不僅有機會意識到他的抉擇以及其背後的禁令,而且還得到協助去覺察是否這些抉擇仍是適宜的。在某一時期,這些迴避別人的禁令對於比爾的身體與心理安全——重要的生存問題——來說可能是必要的。在團體中比爾可以詢問是否這些抉擇現在還能有任何作用,並決定是否它們已反過來阻礙了他的發展。他作出了新的抉擇:信任別人,待他們為朋友而不是敵人。

伯恩(Berne, 1964, 1972)提出這樣的觀點:在很大程度上說,人們是

其自己的禁令及其抉擇的犧牲品。在伯恩看來，人們如何被他們的父母決定其長期生活的脚本，決定了其生活規劃。高爾丁夫婦不同意伯恩的決定論的犧牲主義觀點，而是主張：人們並不是被動地被決定其生活脚本的，因爲「禁令並不是像電極一樣被安放到人們的頭上的。……每一個兒童都作出抉擇，以反應現實的或想像的禁令，從而決定他／她自己的生活脚本」(R. Goulding & Goulding, 1976, p.42)。

在另一處文獻中，高爾丁夫婦(Goulding & Goulding, 1978, 1979)又指出：禁令和反禁令固然帶有父母的權威性，但只有兒童們接受了這些旨意，它們才能對他或她的人格產生影響。高爾丁夫婦還說：許多兒童所遵從的禁令並不是來自父母，而是產生於兒童自己的想像和誤解。重要的是必須注意：一個單一的父母禁令可能促成兒童各種不同的抉擇，從合理的到病態的都有。例如，「別做蠢事」這條禁令可能導致各種抉擇：「我再也不做那個了」、「我將讓別人來做決定」、「我很笨，我永遠都是笨的」。類似地，「別現出你的眞實面目」這條禁令可能引起各種不同的抉擇：「我將隱藏我的眞實面目」、「我會扮演別人的角色」、「我什麼人都不是」、「我將消滅我自己，這樣他們就接受我並愛我了」。

無論人們接受什麼樣的禁令，無論由此導致的生活抉擇是什麼，溝通分析認爲：人們可以透過改變自己的抉擇——學習重新抉擇——改變自己。在高爾丁夫婦的團體中，他們建立起一種氣氛，在其中成員們從一開始就被激勵爲自己作出新的抉擇。在團體歷程的早期，高爾丁(Robert Goulding, 1975)這樣發問：「你曾作過哪些決定弄糟了你的生活？現在你決定怎樣來恢復它？」(p.246)。

與作出新的抉擇相關聯的團體工作，常常要求成員們重返童年時他們作出自我侷限之抉擇的情景。團體領導者可以從以下種種介入措施促進這一過程：「在你說話的時候，你覺得自己有多大？」、「你現在所說的內容是否使你想起童年的任何一個時刻？」、「你的頭腦中現在正在閃過什麼畫面？」、「你能誇張你臉上緊蹙的眉嗎？你現在有何感受？當你體驗到你在皺眉時，你腦海裡浮現出什麼情景？」瑪麗•高爾丁(Mary Goulding, 1987)說：有許多方法可以幫助一個成員重返她童年的某些關鍵時刻。「一旦到了那兒，」她說，「當事人便重新體驗到那種情景；於是她以某些新的方式

在想像中重現它，這新的方式使她能夠否定舊的抉擇」(p.288)。在團體成員以這種想像作業經歷到一個新的抉擇後，他們設計一些實驗以便能夠實踐新的行為來加強他們的抉擇。

一個團體成員名叫海爾嘉，在團體中重現出從前與她父母相處的種種情景，那時，她每逢失敗便得到肯定性的撫慰，而逢到成功卻得到否定性的撫慰。很顯然，在那時她接受了「不要成功」的禁令。團體鼓勵她檢查是否過去曾是有作用的甚至是必要的抉擇仍適用於現在。她可以重新決定「我要做它，而且我會成功，即使那不是你想要我做的。」

另一個團體成員叫加里，他能夠理解他是藉由決定保持無助的和不成熟的狀態，來對他父親「不要長大」的禁令作出反應的。他回憶起他的學習經驗：當他表現出獨立性時，他父親對他訓斥，但他無助時，父親給予他關注。由於他需要父親的讚賞，加里決定「我要永遠做個孩子。」在一次團體活動中，加里回憶起一幅童年時的情景，那時他因為無助而被撫慰，現在他以一種他在童年時從未用過的方式對他父親說：「爸爸，即使我仍然需要你的讚賞，我並不需要它來生存。你的讚賞值不上我所付出的代價。我有能力自己作出抉擇，能夠靠我自己的雙腳自立。我要成為我想要成為的人，而不是你想要我成為的那個孩子。」

在這種重新抉擇的作業中，海爾嘉和加里都回到了過去並創造了想像的情景，在其中他們能安全地放棄舊的現在已不適宜的抉擇，因為他們都在現時獲得了一種理解，這使他們以一種新的方式重現那情景。根據高爾丁夫婦的看法，完全有可能對那些在其中作出舊抉擇的情景賦予新的結局(new ending)——這種新的結局常常導致新的開始，它們使當事人以重現活力的方式去感受、思想、行動。瑪麗·高爾丁(1987, p.290)總結了怎樣教予當事人為舊的情景創造新的結局：

當事人經由否定並超越她兒童期的抉擇，重新構造了她的內在自我。她消除了她苛刻的批判性父母自我(critical parent)，加強了她自身的自我教養，從她的思想中除去了種種觀念，允許她自己成為一個自由的孩子(free child)。她使自己從過去的種種自我限制和自我毀滅的束縛中解脫出來。隨著她的改變，她把新的自我帶到現實中，以更為愉

快健康的方式與他人聯繫在一起。

遊戲

　　遊戲是指一系列不斷進行的吸引人的事件，直到有人感到厭倦為止。從本質上說，這些遊戲是設計來防止親密性的。遊戲由三個基本元素構成一系列互補的事物，表面上看起來似乎是有理的；一個內隱的事物，是個隱含的主題；一個負面的報償：它結束這個遊戲，並且是這個遊戲的真實目的。伯恩描述各式各樣常用的遊戲，包括：「是的，但」、「自責」、「煩惱的」、「如果那不是為你」、「殉難者」、「那並不可怕」、「我只是想設法幫助你」、「喧囂」、「看看你對我做了些什麼！」遊戲總是有某種報償的（否則它們就不會被人們採納），一種最常見的報償是對前一節所描述之決定的支持。例如，那些判定自己是無助的人，可以玩「是的，但」的遊戲。他們尋求別人的幫助，然後歡迎任何建議，但卻列舉一系列原因，說明為什麼這些建議不發生作用。對「自責」遊戲上癮的人往往是那些認定被拒絕的人；他們使自己聽憑別人的虐待，以便他們能夠扮演那種沒有人喜歡的犧牲者角色。

　　經由進行這些遊戲，人們接受到種種撫慰，以維持和防衛他們早期的抉擇。他們尋找證據來支持他們的世界觀，累積起種種不良情緒。人們在遊戲之後所體驗的這些不愉快的情感是痛苦的經歷(rackets)。它們和人們在童年時所體驗的情感有著同樣的性質。這些痛苦的經歷在現實中選擇種種支持它們的情境而得到維持。因此，那些往往感到抑鬱、憤怒或厭煩的人，可能主動地累積這些情感，並使它們形成一種長期的體驗模式，通常導致刻板的行為方式。他們還專門選擇那些能夠在其中維持他們痛苦經歷的遊戲。當人們「情緒不佳」時，他們常常因為自己低落的心境而得到別人的同情或控制別人。

　　團體情境提供了一個理想的環境，使團體參與者們覺察到：他們以怎樣的具體方式選擇了玩遊戲的策略，作為迴避真誠接觸的方式，以及如何選擇了種種最終導致自我妨礙的思想／情感／行為模式。團體成員們可以

分析他們在團體中的反應與他們在童年早期對生活情境的反應有著怎樣的關聯，以及從觀察團體中其他人的行為，來了解他們自己的遊戲和困境。經由運用他們現時在團體中所做的遊戲，成員們開始了解到：雖然遊戲常常看上去呈現出親密性關係，但實際上它們的作用是造成人們之間的距離。此後，隨著成員們意識到玩遊戲中更微妙的層面，他們開始了解，遊戲妨礙人與人之間的親密交往。因此，如果成員決定他們想要與別人建立更親密的關係，他們必須決定不再玩任何遊戲。

最終，團體成員們被教予在他們童年時所玩的遊戲與他們現在所玩的遊戲之間找到關聯——例如，他們在過去怎樣試圖獲得注意，以及這些過去的嘗試與他們現在為獲得撫慰所玩的遊戲之間有著怎樣的關係。這種TA團體歷程的目的是要為團體成員們提供機會，停止種種遊戲，作出真誠的反應——這種機會可以促成他們找到改變否定性撫慰的方式，並學習給予和接受肯定性的撫慰。

基本的心理生活觀與生活腳本

有關一個人的自我、一個人的環境、一個人與別人關係的決定，是在生命的前五年裡形成的。這些決定是形成一個人生活觀的基礎，這種生活觀發展為生活腳本中的重要內容。一般說來，一旦一個人選定了一種生活觀，就會有一種維持固定不變的傾向，除非遭受到某種干預，例如，治療，來改變其潛在的種種決定。遊戲通常被用來支持和維護生活觀，並排演出生活腳本。人們透過維繫他們所熟悉的東西來尋求安全，即使這種所熟悉的內容可能相當令人不快。正如我們在前面曾看到的，諸如「自責」這樣的遊戲可能是令人不快的，但它們具有使遊戲者能維持在生活中所熟悉的觀點的好處，即使這種觀點是消極的。

溝通分析區分別出四種基本的生活觀，它們都是以兒童期經驗的結果所產生的決定為基礎的，它們都決定著人們對自己有著怎樣的感受、怎樣與其他人相關聯：

　　□ 我很好——你很好。

□ 我很好──你不好。

　　□ 我不好──你很好。

　　□ 我不好──你不好。

　　──我很好──你很好(I'm OK ─ You're OK)這種觀點通常是非遊戲式的。它的特點是：信任和坦率的態度，願意給予和接受，接納別人的現狀。在這種情況中，沒有贏者，也沒有輸家。

　　──我很好──你不好(I'm OK ─ You're not OK)的觀點是人們把自己的問題投射到別人身上，並指責別人、貶低別人、批評別人。強化這一觀點的遊戲有一個自我封爵的監督者（即「我很好」者），他把憤怒、厭惡、輕蔑投射到一個特定的劣勢者或替罪羔羊（即「你不好」者）。簡要地說，這是那種需要有一個處於劣勢的人來維持自己良好感覺的人所持的觀點。

　　──我不好──你很好(I'm not OK ─ You're OK)是那些抑鬱者的觀點，他們覺得和別人相比之下自己很無能。通常這種人在滿足別人的需要，不是自己的需要，往往感到自己是犧牲者。支持這種觀點的遊戲是「自責」和「殉難者」──這些遊戲支持別人的能力而否定自己。

　　──我不好──你不好(I'm not OK ─ You're not OK)是這樣一些人所持的觀點，他們放棄了所有的希望，對生活失去了興趣，把生活看作是毫無希望的。這種自我毀滅的態度是無能力應付現實環境的人的特徵，可能導致極度退縮，返回到幼稚的行為，或是產生致使自己或別人受傷害或死亡的暴力行為。

　　與這些基本的心理生活觀概念相關聯的，是生活脚本，或稱為生活規劃。正如我已看到的，這種生活脚本是在生活早期父母教養（諸如：禁令和反禁令）以及在童年期所做的早期抉擇的結果而建立起來的。這些抉擇之一是決定我們在生活脚本中所表演的基本的心理生活觀，或戲劇角色。的確，生活脚本是和戲劇舞臺作品相像的，有角色、有劇情、有場景、有對話、有沒完沒了的排演。從實質上說，這種生活脚本是一幅藍圖，告訴人們他們正走向生活中的什麼位置，以及在他們到達時該做些什麼。

　　據伯恩(Berne, 1972)認為，從我們早期與父母和其他人的交往，我們

接受到一種撫慰模式，它既可能是肯定性的，也可能是否定性的。在這個撫慰模式的基礎之上，我們對自己作出重要的現實生存的決定；也就是說，我們採納上面所介紹的四種觀點之一。這種生存抉擇進而受到我們在自己生活中不斷受到的（語言的和非語言的）訊息所加強。它還被我們的遊戲、煩擾的困境、對事件解釋的結果所強化。在童年歲月中，我們還作出是否人們很好和值得信任的判定(Berne, 1964; Harris, 1967)。於是，經由這種關於我們自己和他人的判定過程，我們的基本信念系統被塑造成型。如果我們想改變我們正沿而行之的生活旅程，我們須理解這個大量決定了我們思想／情感／行為模式的脚本的各個成分。

TA團體的一個功能是：幫助成員們由所謂的脚本分析(script analysis)意識到他們怎樣獲得了自己的生活脚本，並更清晰地了解他們的生活角色（基本的心理生活觀）。脚本分析幫助成員們看到他們以怎樣的方式被驅策去排演出他們的生活脚本，並為他們提供了可替代的生活選擇。換個方式說，這一團體歷程幫助團體參與者們紓解強制性活動，不必去做那些證實生活脚本中所需要行為的遊戲。在這裡應當提到的是，高爾丁夫婦(Goulding & Goulding, 1979)反對那種相當被動的「脚本」的概念。他們主張，我們作我們自己的脚本，而且我們可以重新改寫它。因此，高爾丁夫婦並不在他們的團體中過多地處理脚本問題。

除了脚本分析之外，TA團體還提供了機會使一個人實際地體驗一種不熟悉的主導生活的觀念。例如，那些使自己置於「我不好」的角色的成員們可以做類似「自責」(kick me，直譯作「踢我吧」)的遊戲，由此他們抬高別人而使自己感到自卑和抑鬱，這樣他們能意識到他們是怎樣與團體中的其他人相處的。一旦他們意識到他們怎樣使自己成為犧牲者，他們能運用團體情境去體驗「我很好」的角色。有了對習慣化無效行為的意識和新獲得的有效行為的經驗作為武裝，成員們便能更好地促成他們經驗的變化。簡要地說，在這種情況下，TA團體的目的就是提供一種工具，使團體成員們發展起「我很好——你很好」的生活觀。

團體領導者的角色和功能

　　從古典（伯恩式）方法的觀點來看，團體領導者是作為一個教師發揮功能的。雖然TA是設計用來發展情緒和理性的覺察的，但焦點明確是放在認知方面。哈里斯(Harris, 1967)說道：治療者是一個「教師、訓練員、有能力的人、著重積極參與」(p.239)。作為一個教師，TA治療者解釋種種概念，諸如：結構分析、腳本分析、遊戲分析。正如前面所說明的，TA強調當事人／治療者平等關係的重要性，這種平等是團體領導者與團體成員就他們在治療過程中所扮演的角色達成協議而表現出來的。因此，治療者的角色是應用他或她的知識完成由當事人所制定的契約。

　　從重新決定療法的觀點來看，團體領導者的功能是創造一種環境，在其中人們可以自己發現其所做的遊戲怎樣支持著他們的長期不良情緒，以及他們怎樣把持著這些情緒支持其生活腳本和早期抉擇。TA治療者的另一個作用是激勵成員們尋找和嘗試更為有效的生存方式。簡而言之，治療者的角色是幫助成員們獲得有效的改變所必要的工具。

　　高爾丁(Robert Goulding, 1975, 1987)主張以當事人的自主為目標的迅速果斷治療；他反對那種促成依賴、消除病態的漫長團體治療。他鼓勵當事人依靠自己的內在資源，而不是不斷尋求治療者的指導。高爾丁把他自己看作是一個嚮導，而進行旅行的是當事人自己。

　　TA團體中治療者的風格傾向於促進團體環境中的個別治療，而不是促進團體成員之間的交往，因此鼓勵成員自己的治療。在TA團體中，團體領導者作為促成改變的主要動因，扮演著積極的角色(Kapur & Miller, 1987)。其注重點傾向於放在團體領導者與個體成員之間的交互作用上。治療者在團體中處於中心位置，輪流對每一個當事人展開治療。高爾丁(Robert Goulding, 1986)寫道：「我們的團體治療模式是，治療者是催化者，要求當事人在團體中開展工作而促成改變」(pp.26-27)。烏拉木斯和布朗(Woollams & Brown, 1978)由此對TA團體治療者的角色做了這樣的說明：「我們對團體中當事人的工作模式是，在一個時刻只把焦點主要放

在一個當事人身上，幫助她完成她的個人契約」(p.259)。

治療程序與技術

這一節討論執行契約，這是TA治療過程的第一步，還要考量TA團體治療中的兩個主要變項。應當提到的是，並不是所有的TA治療者都按照這裡所描述的程序和組織結構領導其團體。

契約：治療關係的結構

溝通分析很大程度上是基於團體參與者能夠並願意理解和設計一個治療契約，這種約定要求他們聲明其意圖，並確立個人目標。契約是所有TA團體的關鍵，它們是具體量化的，包含對團體參與者意欲達到的目標和用以確定這些目標怎樣及何時達到的標準的詳細說明。契約為團體成員們規定了責任，明確地定義了他們想要實現的變化內容、方式、時間。因此，從一開始，團體成員們便了解到，治療是由雙方共同分擔責任的，他們不能被動地等待團體領導者領導團體。簡而言之，團體成員的契約為團體活動確立了出發點。

團體成員們同意在團體中針對具體的問題進行工作。例如，一個以高度批判性的方式對別人作出反應的婦女，可以設計一種能夠導致改變這種行為的契約。她的契約描述了她將在團體中採取什麼行動，來改變她的行為和體驗，什麼時候採取行動，需要多少次。隨後，這個約定可以擴展到包括在團體之外的情境。

杜塞(Dusay, 1983)聲稱，一個明確的治療契約能明確地反映出是否當事人獲得了他們想要從治療中得到的內容。他說，這樣一種約定實際上是對治療者的問題作出可接受的回答，這個問題是：「你怎樣知道、以及我怎樣知道你什麼時候得到了你來這個團體中想要得到的東西？」由於在團體中的每一個人都知道其他成員的契約，在團體活動中便可以確立一個有成效的集中焦點。TA治療過程主要注重於由契約所確立的變化，在治療者

和當事人之間有一種成人對成人的、有關這一治療過程和所期望目標內容的協議(Dusay & Dusay, 1989)。

契約的本意是要作為治療的工具，幫助人們改變自己。正因為如此它們不能是僵化的，而應當是可以隨時改變的。長期的契約是有其限制的；因此，通常有效的做法是，建立一些逐步式的約定，隨著團體成員深入到他們所要尋求改變的領域，可以隨時修正。而且，人們有時可能作出一些後來被證實為不可接受的契約。

不可接受的契約包括：父母角色約定，旨在改變他人的約定，遊戲約定，「永久式」約定，隱含的約定(M. Goulding & Goulding, 1979)。父母角色約定通常是基於當事人覺得他們應當改變的內容，而不是基於他們自己想要改變的內容。旨在改變他人的約定根本是不可行的，因為我們不能改變別人，我們只能改變自己。在遊戲約定中，當事人尋求治療者贊同那些實際上致使當事人感到傷害或不快的行為。隱念的約定（治療者和當事人之間的有礙當事人實現他們目標的契約）是對當事人權力的否定。高爾丁夫婦認為，治療者要注意其語言模式怎樣會表現出對當事人自主的否定。當治療者使用了諸如：嘗試(try)、能夠(can)、也許(perhaps)的字眼時，他們無異是對當事人的缺乏自主性再給予增強。

古典的伯恩式方法

伯恩(Berne, 1961)為治療團體建立了四種技術，以此作為執行團體領導者和團體參與者之間制定的契約的方法：結構分析；溝通分析；遊戲分析；生活脚本分析。

㈠結構分析

結構分析(structural analysis)是一種工具，藉此，成員們意識到其父母、成人、兒童的自我狀態內容功能。結構分析的目的是，幫助成員學習如何鑑別和分析他們自己的自我狀態，以便能夠改變他們感到僵滯的行為模式。這一過程使團體參與者們能夠發現他們的行為係以哪種自我狀態為基礎。反過來說，又使他們能夠找到他們可能有的選擇。

伯恩(Berne, 1961)討論了兩種可以由結構分析來考察的、與人格結構

有關的問題類型：排斥性；混雜性。第一個問題「排斥性」(exclusion)表現為一種刻板的態度，在種種威脅的情境中被僵化地堅持著。換句話說，排斥性反映出嚴格的自我狀態的界限，它們不允許自由的活動；也就是說，一種自我狀態「阻礙」著其他的自我狀態。有三種形式的排斥性：恆定的父母自我、恆定的成人自我、恆定的兒童自我，在這些形式下，一個人分別主要同父母、成人、兒童相聯繫。恆定的父母自我(constant parent)排斥成人和兒童自我，典型可見於那種義不容辭型的人，有時又稱作「被動工作狂」(為免遭辭退而工作過分賣力的人)。這種人通常對別人採取批判性的苛刻態度，很難有時間娛樂。恆定的成人自我(constant adult)排除父母和兒童自我，見於那種極度客觀性的人——也就是說，他們往往只是專注和關心事實，通常具有情緒號召力和計算機式的自發行為。恆定的兒童自我(constant child)排斥父母和成人自我，典型地見之於拒絕成長和面對現實要求的人，不願自己作出抉擇，而是喜歡維持對別人的依賴以避免為自己的行為承擔責任。

混雜性(contamination)是指一種自我狀態的邊界與另一種自我狀態的邊界相重疊，這兩種狀態的內容相互攙雜在一起。或者父母自我，或者兒童自我，或者這兩者，都可能和成人自我相混淆。成人自我與父母自我相混淆的一個例子可見於這樣的陳述：「記住你是什麼樣的人，千萬不要與你『不同的』人混在一起」，或者「當心！別人會欺騙你。」成人自我與兒童自我相混淆的例子可見於這樣的陳述：「從來沒有人像我一樣；所有的人都挑剔我。」或者「我應得到我想要的任何東西——刻不容緩。」

(二)溝通分析

溝通分析基本上是人們對別人所做和所說內容的描述，依照伯恩(Berne, 1961)的說法，最適宜在團體中進行。當人們，例如，一個團體中的成員進行交往時，實際上是在他們的自我狀態之間進行互動。伯恩描述了三種類型的溝通：互補式的；交錯式的；隱含式的。

——互補式溝通(complementary transactions)。見於這樣的情形：來自一個特定自我狀態的訊息，收到了來自另一個人特定自我狀態的預期反應。例如，弗萊德的兒童自我說「我們跳舞去」，而沙倫的兒童自我回應

說「好啊，太棒了！」，這就是一種兒童／兒童自我之間的互補式溝通。

——交錯式溝通(crossed transactions)。產生於這樣的情形：對一個人所發出的訊息產生了未預料到的反應——例如，沙倫的父母自我對弗萊德相約跳舞的邀請（源出於他的兒童自我），回答說「我不想讓我自己成為舞池中的傻瓜！」

——隱含式溝通(ulterior transactions)。較為複雜，因為它們涉及到兩種以上的自我狀態，以及一種偽裝的訊息。例如，弗萊德可能說，「我們跳舞去吧——也就是說，如果你不覺得我們會使自己成為傻瓜的話。」這時，訊息是從弗萊德的兒童自我傳至沙倫的兒童自我（見前例），並且有一個從弗萊德的父母自我至沙倫的兒童自我的偽裝的訊息，反映出更為修飾的行為。

(三)遊戲分析

伯恩(Berne, 1964)的《人們所玩的遊戲》(*Games People Play*)一書探討了人們用以防止親密性和操縱別人，以便得到他們想要得到的東西的防衛策略和「把戲」。正如前面曾說明的，遊戲總要有某種報償——通常來說，是遊戲者體驗到一種「糟糕」的感受，並強化了生活腳本的抉擇，諸如：「沒有人愛我」，或「無論我怎麼努力嘗試，我都做不好」。伯恩(Berne, 1964)強調學習觀察和理解為什麼會發生遊戲、它們的結果是什麼、如何使人們相疏遠的重要性。

古典的TA團體用許多時間幫助成員們意識到他們發明並參與的種種遊戲，以便他們能夠建立起親密的非操縱性關係。詹姆斯和榮格瓦德(James & Jongeward, 1971)論述了當事人認識到遊戲並明瞭自己在遊戲中的角色的重要性。關於幫助當事人學習如何終止和避免遊戲，他們明確指出：「可以拒絕進行遊戲，或拒絕付出任何代價來取消遊戲」(p.208)。

(四)生活腳本分析

前面說過，生活腳本實際上就是種種，確立於早年生活的規劃，旨在滿足我們在這個世界中以自己的生活觀作為基礎的種種需要。簡要地說，生活腳本分析(life-script analysis)是指TA治療過程中用於鑑別一個人生活風格的部分，它與溝通分析和遊戲分析都有關。今以一個例子說明，(Berne, 1961)描述了一個常見的悲劇腳本，一個女人嫁給了一個又一個酒

鬼。通常說來，這種脚本安排一個女英雄／妻子藉由一種神奇的療法拯救酗酒的丈夫，這類男人是他無法控制的環境的犧牲者。幾乎不費什麼想像就可以看到這齣劇中各種可能的遊戲和父母、成人、兒童自我的狀態，以及多種情感的交流。

脚本分析有助於說明成員們是以怎樣的方式獲得一個脚本，以及說明他們如何運用這個脚本的基礎判斷其行為的策略。其目的是要幫助成員們獲得改變早期規劃的機會。團體參與者們被要求回憶他們童年時所喜歡的故事，明瞭他們是怎樣適應於這些故事和寓言，了解這些故事是怎樣融入他們現在的生活經歷的。

對一個團體成員的生活脚本分析是以他或她原生家庭的經歷為基礎的。經由在團體活動中重演他們生活脚本的各個部分，成員們了解到他們在童年時不加批判性地接受的種種禁令、他們對這些指令的反應所作出的抉擇、他們現在為維持這些早期抉擇的存活所運用的遊戲和騙局。團體領導者可以從了解成員們兒童期的經歷收集有關其家庭劇本的資料。可以詢問成員們，如果他們的家庭被推上舞臺，可能會上演哪種戲劇。其他成員們可以在這齣家庭劇中被分派扮演各種角色。

這些以及其他認知和情緒性技術常常幫助團體參與者們回憶起其早年經歷和與相伴隨的感受。團體環境提供了支持性的機會，來探索這些過去的情境以怎樣的方式影響著團體參與者。作為其他團體成員自我探索過程的一部分，每一個成員大為增加深入了解自己未解決的心理問題的機會。

諸如卡普曼戲劇三角關係的教導過程（見Karpman, 1968）可以被用於幫助團體成員分析脚本和遊戲。這種三角關係中，有一個「迫害者」(persecutor)，一個「拯救者」(rescuer)，一個「受害者」(victim)。迫害者批判別人，讓別人充當受害者的角色。拯救者依靠幫助或「搭救」別人而使自己感覺愉快。如果別人不扮演受害者的角色，那麼拯救者也就無法做他們照顧別人的遊戲。受害者處於一種被動的無助狀態，始終表現出他們沒有能力改變，除非別人先來改變。值得一提的是，同一個人可以在不同情境、不同時間在所有這三種角色中轉換。然而，絕大多數團體成員們在生活中有一種最喜歡的角色，這可以從他們在團體活動中的行為方式中表現出來。例如，貝蒂可能會迅速地去拯救任何一個體驗到哀傷的成員。貝蒂會

盡她的最大努力為這些成員的複雜問題提供現成的解決方案。在她的團體之外的生活裡，貝蒂可能相當依賴於別人對她的需要，以便她能夠拯救他們免於痛苦。另一個團體成員吉米可能充當受害者的角色，他不停地抱怨他所受的傷害有多麼痛苦，認為如果別人先作出某些改變，他才會有所改變。團體情境使成員們能夠分析他們通常採取的角色，以及他們所玩的遊戲，無論是在團體中還是在日常生活裡。結果，團體參與者能夠採取積極的步驟衝破自我妨礙的模式。隨著團體成員們從TA的觀點分析自己的生活，他們能尋求來自團體領導者和其他成員們的回饋，來檢查他們自我解釋的準確性。

脚本分析可以通過脚本查核表來進行。斯坦納(Steiner, 1967)建立了一個生活脚本問卷，它可被用作為團體情境中的催化劑，幫助成員探索他們生活脚本中的、他們自身的生活觀和遊戲中的重要成分。在完成這些脚本查核時，成員們提供了基本的訊息，諸如他們生活的一般導向，他們生活中的榜樣，他們的禁令性質，他們在生活看到的報償，以及他們對生活所預見的悲劇結局。

用於團體的重新決定方法

重新決定模式(redecision model)是由高爾丁夫婦建立起來的，它在許多重要的方面不同於古典的伯恩式團體。下面對TA團體重新決定方法的概述，是改編高爾丁夫婦一些主要著作(Goulding & Goulding, 1976, 1978, 1979, 1982, 1987)。這種方法的工作核心，是幫助那些正處於兒童自我狀態的當事人作出重新抉擇。具體做法是使他們重新體驗早期情境，就像它們在現時重演一樣。僅僅是談論過去的事件或從成人自我狀態理解早期體驗和抉擇，並不足以使他們擺脫僵滯於其中的困境。幫助團體成員走入他們的兒童自我狀態，並從那一角度出發作出新的決定計畫，可以從重新決定團體治療的各個階段得到最好的了解。其各階段如下所述。

(一)團體的初期階段

團體歷程的第一步是建立起良好的關係。在很大程度上，團體成員們的收穫取決於領導者與成員建立的關係性質，以及領導者的能力。即使團

體領導者與成員做了很好的約定且很有能力，高爾丁(Robert　Goulding, 1982)發現，成員最重要的症狀並不是一開始就顯現出來的。他發現，團體參與者有時說出他們認為是重要的內容，但又迴避說明更多的有關問題。因此，高爾丁試圖查明當事人最主要的抱怨。很明顯的，團體中的信任因素與成員願意說出他們的主要問題有很大關係。

團體歷程的下一個步驟是審查成員們有關改變的實際契約。一個典型的問題是：「你今天準備怎樣改變你自己？」請注意，並不要求團體成員們聲明他們希望改變什麼，或治療者做些什麼來促成改變；他們也不被問及他們希望將來有那些改變。強調的重點是放在當事人現在要採取行動做一些能夠促成改變的事。

(二)團體的工作階段

在完成了種種契約之後，高爾丁團體著眼於各種痛苦的經歷——從實質上說，是人們在做遊戲時所體驗的不愉快感受，和他們用來配合的生活腳本以及其抉擇的混合(M. Goulding & Goulding, 1979)。其目的是暴露成員的痛苦經歷，使他們為自己承擔責任。例如，一個具有「憤怒的痛苦經歷」——處於長期的憤怒之中——的人可以被問及「做了些什麼來維持你的憤怒？」從最近的事件開始，這個人被引導回他或她的整個生活，嘗試回憶起引起憤怒的早期情境。正像在格式塔方法中一樣，團體成員被要求回到這些情境中去——不是作為一個觀察者，而是作為一個現時的參與者回憶它們。團體成員們被要求既重現出他們自己的反應，也重現出在那一情境的其他重要他人的反應。

正如我在前面說過的，羅伯特‧高爾丁聲稱，人們對自己的體驗負有責任，他們有時基於過去的痛苦經歷，而以刻板的可預知的方式作出反應。因此，從最初的活動開始，團體參與者們被就教導：他們是自主的，無論對其行為還是他們的團體，都負有責任(R. Goulding, 1975, p.240)。

在團體工作的這一階段，高爾丁夫婦還注重於遊戲。對遊戲進行分析，主要是了解，它們怎樣支持和維繫著痛苦的經歷，以及它們怎樣融入一個人的生活腳本之中。基於這種關係，大量的工作被用於尋找參與者早期抉擇的表現，尋找構成這些早期抉擇的原始禁令，以及一個人接受了那種撫慰來支持原始的禁令。

TA團體領導者的一個重要功能是，提醒成員為自己的思想／情感／行為承擔責任。但團體成員們使用「退避式的語言」時，諸如：「不能」、「或許」、「如果不是」、「試試」，或是其他使其不能堅定自己能力的言辭，他們就要受到質問。團體領導者還創造一個團體氣氛，在其中成員們迅速地意識到他們怎樣經由自己的行為和想像維繫著自己長期的不良情緒。治療者的任務正是在於激勵他們發現替代性的選擇。

高爾丁夫婦提出這樣的觀點，當事人可以作出迅速的改變，不需要長年的分析。因此，他們強調TA治療的重新抉擇方面，所基於的假定是：當當事人認識到他們對自己的早期抉擇負有責任時，他們自己也有能力去改變這些抉擇(R. Goulding & Goulding, 1976)。這種方法強調幫助參與者重新體驗早期經歷以及高度情緒性的情境，以便產生能量衝破他們僵滯於其中的困境(M. Goulding & Goulding, 1979)：「絕大多數有效的治療是集中幫助病人突破種種根源於其童年期的困境，以及他們對這些內容曾作出的抉擇」(p.6)。依照高爾丁夫婦的說法，這種改變通常要求參與者回憶並重現具有真實父母形象的情景。藉由運用想像，成員重新感受他們的父母有著怎樣的音容、舉止，而治療者則創造出一種心理氣氛，使成員們能夠體驗到他們在童年作出原始抉擇時體驗到的同樣情感強度。高爾丁夫婦強調，如果團體參與者要想成功地擺脫困境，他們必須處於兒童自我狀態中實際地以心理方式重現早期的情境，而不是處在他們的成人自我狀態，僅僅思考一些新的訊息或見解(M. Goulding, 1987, p.305)。

(三)團體的後期階段

一旦從兒童自我狀態重新作出一個抉擇，團體中所有的人都會發現這個人的聲音、軀體和面部表情的變化。然而，高爾丁(Robert Goulding, 1982)強調當事人和團體中的其他人對這一重新抉擇給予增強的重要性。團體歷程對以新的方式開始體驗和行動的成員們提供了支持。成員們被鼓勵在團體中報告新的經歷以替代舊的故事，他們通常接受到支持其新抉擇的語言和非語言的撫慰。團體成員們可能設計出在團體外其他支持系統也得到關注的方式。對於團體成員們來說，設計出具體的能夠改變他們的行為、思想、情感和軀體的方式，也是十分重要的。團體工作最後階段中的焦點，是激勵成員把他們在治療情境中的改變轉換到他們的日常生活中去，並支

持他們的這些改變。在成員們自行作出改變之前，重要的是他們要想像這些改變可能會怎樣引起其他的改變。對他們說來，最好使自己有所準備，接受他們離開團體後所面對的新情境，並建立起支持系統，以便能夠幫助他們創造性地應付新的問題情境和他們所獲得的新的成功（例如，由這些成功所產生的舊焦慮）。

對溝通分析方法的評價

溝通分析為團體工作提供了一個認知基礎，這在有些存在主義取向的團體中常常是被忽視的。這種方法主張，要讓成員們擺脫他們受害者般的狀況，認識到他們並不必被他們過去所作的決定所束縛。我認為這對於有效的治療是十分重要的。在我看來，TA，尤其是重新決定治療，提供了一個很有用的概念網絡，以理解早期抉擇是怎樣形成的，它們怎樣和現時的自我妨礙生活狀況相聯繫，遊戲怎樣促成了種種不良情緒，以及我們的生活怎樣受制於舊有的規劃和腳本。重新抉擇治療被稱作為「心理治療理論和方法的真正革新」(Madison, 1985)。高爾丁夫婦所建立的重新決定治療，起始於心理分析，包括有伯恩體系中的重要概念，融合了佩爾斯格式塔治療的技術，故而以種種新奇的方法整合了所有這三個體系(Madison, 1985; McCormick & Pulleyblank, 1985)。

我認為TA的主要貢獻之一，是強調要認識到過時的早期抉擇。許多人被這些早期抉擇所奴役；他們恪守父母的訓令，依照種種不加檢驗的禁令生活，甚至常常意識不到他們生活在其心理的桎梏之中。因此，重新決定治療為他們提供了工具，使其可以藉此從陳舊的生活腳本中解脫出來，獲得一種成功的有意義生活。

從個人角度來說，我欣賞把TA的概念和實踐與格式塔的技術整合起來。當然，這正是高爾丁夫婦所實現的。在TA所提供的理論為基礎的工作中，他們運用了一系列技術方法的結合，包括：心理劇、幻想和想像、格式塔技術、行為治療、減敏感法、家庭治療方法，以及心理綜合技術。例如，高爾丁夫婦在情緒體驗中所發現的重要意義，強調使當事人重新體驗

他們作出抉擇的早期情境。與此同時，他們特別強調幫助成員們認知地理解過時的思想、情感、行為模式如何交互關聯著，以及這些模式怎樣影響著他們現時的生活。他們主張，純粹的格式塔治療可能不能提供這樣的認知回饋，純粹的TA治療也不大能鼓勵那種突破妨礙進一步發展的僵滯困境的強烈情緒治療。

TA概念與格式塔技術的整合，在一定程度上減少了我對這兩種治療方法分別所持有的異議。在我看來，格式塔治療並沒有充分強調認知因素，因此它傾向於使團體參與者遺留下許多對他們來說幾乎毫無意義的體驗。與此相反，TA傾向於過分強調認知因素，以致造成一種理性上很活躍、但情緒上卻很貧乏的治療。

公平地說，我應當指出，有些學者反對把溝通分析與格式塔治療相結合。西姆金(Simkin, 1979)曾警告：這種整合可能導致無效的治療，除非這種整合出自有天賦的治療者的手筆。在西姆金看來，出色的治療工作鼓勵當事人經由覺察整合行為，而不是干擾體驗過程以注重認知解釋。他還說：「把認知—理性方法(TA)的重要內容與體驗—現時方法（格式塔治療）相結合，就像是把水和油攪和在一起——它們根本不可能很好地混合，除非你總是不停地搖晃它們。一旦你停下來，它們又開始分離」(p.277)。西姆金和揚提夫(Simkin & Yontef, 1984)認為：當以一種分析的、認知的風格運用格式塔技術時，這些技術就不再是格式塔治療了。

儘管對於結合TA理論和格式塔技術存在這些批評，也有一些研究支持這種觀點。在李伯曼、耶樂姆、邁爾斯(Lieberman, Yalom, & Miles, 1973)所研究的會心團體中，一種團體經驗的正向結果被視為是意義歸因(meaning attribution)（解釋、澄清、為變化提供一個認知架構、說明、協助成員了解情緒體驗的意義）和情緒喚起(emotional stimulation)（宣洩、面質、高度自我表露、強烈的情緒性、情緒性情境的重新體驗）的結合。這些研究者發現：雖然情緒體驗可以和學習有關，但只是這些體驗本身還不夠，有影響力的體驗還需要和某些形式的認知學習相結合。

像我們前面曾討論過的絕大多數其他治療團體的方法一樣，對TA的批評可能來自這一情形：它的理論和方法並不能充分地接受實驗的證實。的確，伯恩所發展的許多概念，是一種無法設計出實驗研究來檢驗的。看

起來其絕大部分主張的成立都有賴於臨床觀察和證實。進行設計完善的研究來評價團體治療的過程和效果，顯然不是TA的長處之一。這並不是說，沒有人曾嘗試研究TA團體治療的效果。在《溝通分析雜誌》的各期中載有一些調查研究。有些TA治療者主張：具體契約的運用提供了內在的說明，測量可用於確定在多大程度上團體成員們實現了他們的契約和獲益於團體治療。在我看來，TA的益處在於把這些契約納入到行為治療所特有的研究中去。

正如我所介紹過的，這種團體領導者往往注重團體中的個別治療，而不是促進團體成員們之間的自由交流。我的個人見解是，這種團體領導者風格並沒有最佳地運用團體歷程中所特有的交互作用性質。卡普爾和米勒(Kapur & Miller, 1987)建議：對TA團體的進一步研究最好能測量TA治療者對團體獨特性質的欠缺注意方面。基於他們的研究，卡普爾和米勒希望看到TA治療者能變換其治療技術，而鼓勵凝聚力和統整性過程。他們還建議，團體領導者應採取非中心式角色，更多地強調促進團體成員之間的自發性交往。在卡普爾和米勒看來，需要進行進一步控制化的研究設計，以便確定治療技術的精細改變對團體歷程和效果的影響。

我對溝通分析的最後一個問題是，有些治療者運用這一體系的結構和術語避免與當事人作真誠接觸，或避免暴露他們自己的感受。TA的結構可以被治療者用於避免人對人的交往，而只是注重於認定自我狀態、設計契約、指導相互溝通。而且我還觀察到，有些團體成員似乎在使用TA術語欺騙自己，認為他們正在自我實現，可是實際上他們不過是學會了幾個新的名詞來認同舊的過程。有些TA當事人還傾向於把術語的運用作為一個理智的面具，他們可安全的掩藏在後面。公正地說，我應當強調，陷於TA結構與術語的危險是可以減少的，如果治療者在成員們誤用這一模式時讓他們及時正視這一問題的話。我重視TA模式的價值，尤其是一些治療者願意把TA理論與其他模式的概念和治療技術相結合。

TA對多元文化環境的應用

這種契約式治療方法對多元文化環境有很大的應用價值。正如我們在

這一章中看到的，TA的當事人自己決定他們願意什麼樣的變化。他們的約定能保護其防止治療者強加予他們文化價值觀的作用。

TA提供了一種結構方法，告訴當事人關於他們的早期抉擇怎樣以具體的方式影響著現實的行為。這種結構使當事人看到他們在家庭中習得的內容與他們對別人的態度之間的關係。由生活脚本分析所提供的結構可以作為團體中探索的有用催化劑。少數民族當事人往往發現這種類型的結構很有用，因為它有助於理解他們的文化怎樣影響著他們。

就我的思考方式來說，TA團體的兩大主要財富是，注重文化和家庭禁忌，強調早期抉擇。請考慮一下以下這些禁忌，如果你接觸少數民族當事人的話，你就有可能聽到它們其中的某些內容：「別哭，至少不要在大家面前掉眼淚。」、「不許頂撞你的父母。」、「不要辜負父母和家庭對你的期望。」、「別太關心你自己了。」、「不要暴露你的弱點。」、「不要對陌生人談論你的家庭或家庭問題。」、「不要把自己的利益置於社會利益之上。」這些文化禁令為在團體環境中進行探索提供了極好的開端。對團體領導者來說，重要的是要尊重當事人的文化禁忌，但同時又能創造一種氣氛，使這些當事人能夠在一定程度上開始懷疑他們所接受的這些信條，由此可以更好地判定他們想要以怎樣的方式有所改變，以及他們想要怎樣突破自身的侷限。有些禁忌以及以它們為基礎的有些抉擇可能不必要被改變的，如果當事人判定這種改變是不必要的話。一條告誡是，治療者應當避免過快地與當事人面質，以便減少他們中途退出的可能性。

TA應用於多元文化團體治療的一個侷限性是，它的術語對於有些少數民族當事人來說可能有些陌生。即使TA治療者聲稱TA是簡單而易於理解的，許多當事人會很難把握那些概念的複雜性，諸如：交錯式溝通、遊戲的結構和動力功能、各種自我狀態的次級成分。在TA團體治療者對少數民族成員的生活規劃提出質疑之前，他們最好先確認團體中已經確立起一種信任的關係，並且這些當事人表現出準備好對其家庭傳統提出疑問。在有些文化中，懷疑家庭傳統被看作是禁忌，更不用說在非家庭團體裡談論這個問題了。

問題與討論

1. 在多大程度上你認爲兒童是「被規劃好了的」，進而被注定按照這一脚本開展他們的生活？你是否認爲兒童眞的對他們所接受的指令作出抉擇，還是認爲他們不加批判地接受這些禁令？你的回答如何影響著你在團體中開展工作的方式？

2. 對結合TA理論與格式塔技術，你認爲有多大的可能性？如果有的話，這種理論的融合有哪些優點？

3. 你曾經接觸過哪些主要的禁令，無論是語言的還是非語言的？哪些禁令仍然對你發生著影響？

4. 在你的童年時期，你對自己以及其他人作過哪些抉擇？在多大程度上這些抉擇仍然是你生活中的影響因素？你是否覺察到要對你的早期抉擇作出任何改變？

5. 如果你參加一個TA團體，你認爲自己應該制定哪些契約？在你看來，讓所有的團體成員都確立一個治療契約這種主張，有哪些好處和弊端？

6. 請考慮一下，你自己有多大的可能性成爲一個TA團體領導者。對於你的遊戲、困境、早期抉擇的內容可能影響你對待你團體中某些成員的方式，你有何看法？根據你對自己的了解，你是否認爲有某些類型的團體成員會使你的治療中遇到特殊的困難？

7. TA基本上是一種教導式的團體治療模式。如果你要在這種方法中發揮作用的話，你是否對扮演這種教導的角色以及進行組織工作感到舒適？這種教育模式的哪些方面可以融合到你自己的團體領導者風格中去，即使你並不採納TA的理論？

8. TA是指導性的，作爲一個團體領導者，你將要和團體參與者談論他們所做的遊戲以及他們沉溺於不良情緒的方式。你是否認爲你能夠指導性地對待你的團體成員，使他們認識到他們的遊戲，並幫助他們爲可能的改變設計契約？

9. 就團體領導者的角色和功能，比較和對照TA與心理分析治療。哪種

角色更適合於你的團體風格和對團體諮商的觀點？爲什麼？

10.正如你所知道的，契約是TA團體的一個基本成分。你覺得你將怎樣說服一個或更多拒絕達成約定的團體成員？對於那種認爲約定過於嚴格刻板的團體成員，你會怎樣對待？

參考資料

Berne, E. (1961). *Transactional analysis in psychotherapy*. New York: Grove Press.

Berne, E. (1964). *Games people play*. New York: Grove Press.

Berne, E. (1966). *Principles of group treatment*. New York: Oxford University Press.

Berne, E. (1972). *What do you say after you say hello?* New York: Grove Press.

Dusay, J. M. (1983). Transactional analysis in groups. In H. I. Kaplan & B. J. Sadock (Eds.), *Comprehensive group psychotherapy* (2nd ed.). Baltimore: Williams & Wilkins.

Dusay, J. M. (1986). Transactional analysis. In I. L. Kutash & A. Wolf (Eds.), *Psychotherapist's casebook* (pp. 413–423). San Francisco: Jossey-Bass.

Dusay, J. M., & Dusay, K. M. (1989). Transactional analysis. In R. J. Corsini & D. Wedding (Eds.), *Current psychotherapies* (4th ed.). Itasca, IL: F. E. Peacock.

Goulding, M. M. (1985a). The joy of psychotherapy. In L. B. Kadis (Ed.), *Redecision therapy: Expanded perspectives* (pp. 4–8). Watsonville, CA: Western Institute for Group and Family Therapy.

Goulding, M. M. (1985b). A redecision exercise. In L. B. Kadis (Ed.), *Redecision therapy: Expanded perspectives* (pp. 65–67). Watsonville, CA: Western Institute for Group and Family Therapy.

Goulding, M. M. (1987). Transactional analysis and redecision therapy. In J. K. Zeig (Ed.), *The evolution of psychotherapy* (pp. 285–299). New York: Brunner/Mazel.

Goulding, M., & Goulding, R. (1979). *Changing lives through redecision therapy*. New York: Brunner/Mazel.

Goulding, R. (1975). The formation and beginning process of transactional analysis groups. In G. Gazda (Ed.), *Basic approaches to group psychotherapy and group counseling* (2nd ed.). Springfield, IL: Charles C Thomas.

Goulding, R. (1982). Transactional analysis/Gestalt/redecision therapy. In G. Gazda (Ed.), *Basic approaches to group psychotherapy and group counseling* (3rd ed.). Springfield, IL: Charles C Thomas.

Goulding, R. (1985). History of redecision therapy. In L. B. Kadis (Ed.), *Redecision therapy: Expanded perspectives* (pp. 9–11). Watsonville, CA: Western Institute for Group and Family Therapy.

Goulding, R. (1986). Discussion of therapist transparency. *International Journal of Group Psychotherapy, 36*(1), 25–27.

Goulding, R. (1987). Group therapy: Mainline or sideline? In J. K. Zeig (Ed.), *The evolution of psychotherapy* (pp. 300–311). New York: Brunner/Mazel.

Goulding, R., & Goulding, M. (1976). Injunctions, decisions, and redecisions. *Transactional Analysis Journal, 6*(1), 41–48.

Goulding, R., & Goulding, M. (1978). *The power is in the patient*. San Francisco: TA Press.

Harris, T. (1967). *I'm OK—you're OK*. New York: Avon.

James, M., & Jongeward, D. (1971). *Born to win: Transactional analysis with Gestalt experiments*. Reading, MA: Addison-Wesley.

Kadis, L. B. (Ed.). (1985). *Redecision therapy: Expanded perspectives*. Watsonville, CA: Western Institute for Group and Family Therapy.

Kapur, R., & Miller, K. (1987). A comparison between therapeutic factors in TA and psychodynamic therapy groups. *Transactional Analysis Journal, 17*(1), 294–300.

Karpman, S. (1968). Fairy tales and script drama analysis. *Transactional Analysis*

Bulletin, 7(26), 39–43.

Lieberman, M. A., Yalom, I., & Miles, M. (1973). *Encounter groups: First facts.* New York: Basic Books.

Madison, P. (1985). Redecision therapy: What it is, how and why it works. In L. B. Kadis (Ed.), *Redecision therapy: Expanded perspectives* (pp. 20–25). Watsonville, CA: Western Institute for Group and Family Therapy.

McCormick, P., & Pulleyblank, E. (1985). The stages of redecision therapy. In L. B. Kadis (Ed.), *Redecision therapy: Expanded perspectives* (pp. 51–59). Watsonville, CA: Western Institute for Group and Family Therapy.

Saper, B. (1987). Humor in psychotherapy: Is it good or bad for the client? *Professional Psychology: Research and Practice, 19*(4), 360–367.

Simkin, J. S. (1979). Gestalt therapy. In R. J. Corsini (Ed.), *Current psychotherapies* (2nd ed.). Itasca, IL: F. E. Peacock.

Simkin, J. S., & Yontef, G. M. (1984). Gestalt therapy. In R. J. Corsini (Ed.), *Current psychotherapies* (3rd ed.). Itasca, IL: F. E. Peacock.

Steiner, C. (1967). A script checklist. *Transactional Analysis Bulletin, 6*(22), 38–39.

Steiner, C. (1974). *Scripts people live: Transactional analysis of life scripts.* New York: Grove Press.

Woollams, S., & Brown, M. (1978). *Transactional analysis.* Dexter, MI: Huron Valley Institute.

行爲團體治療法

導言

在團體治療中，行爲方法越來越爲流行。這種普及性的原因之一是，這些方法強調教導當事人自我管理的技能，用以控制他們自己的生活，有效地應付現在和未來的問題，並在治療之後的日常情況下良好地發揮功能。行爲主義取向的學者們，諸如華生和薩普(Watson & Tharp, 1989)寫下了許多著作，論述如何幫助人們發展「自我指導的行爲」，這一目標是經由廣泛的各種認知和行爲技術來實現。這些治療技術絕大部分是當事人自己可以運用的方法，以解決人際的、情緒的、決策的問題。

伯克維茲(Berkowitz, 1982)對當代行爲治療的主要特徵作了如下的討論：

□ 注重選擇要改變的目標行爲，並確定所期望的改變性質
□ 研究環境中維持行爲的明顯事件
□ 明確地說明可以矯正行爲的環境變化，以及介入策略
□ 堅持以數據資料爲基礎對治療效果作評估和評價
□ 提出這樣的問題：「一旦確立了一種新的行爲，如何能夠維持一段期間，並推廣到新的情境？」

行爲治療(behavior therapy)是指以各派學習理論爲基礎的多樣化技術和方法的應用。由於沒有哪種單一的理論支持現代行爲治療的實務，嚴格地說，也就沒有一種團體模式可被唯一稱之爲「行爲團體」。反倒是有各式各樣的團體依據行爲和學習原理建立的。關於這個問題，古德弗雷德和戴維森(Goldfried & Davison, 1976)主張，不可指望把行爲治療這個名稱侷限於一個唯一的、以一套特定概念和方法所定義的治療「學派」；他們認爲，行爲治療最好被理解爲一種一般性的臨床治療傾向，它是以研究行爲的實驗方法爲基礎的。

行爲觀點的一個基本假設是：所有的問題行爲、認知、情緒，都是習得的，它們可以經由新的學習歷程而被矯正。羅斯(Rose, 1980)主張，雖然

這種矯正過程通過常被稱為「治療」，但更恰當地說，它是一種教育歷程，在這之中，個體參與一種教育／學習過程。之所以說它是教育性的，是因為人們被教導如何看待自己的學習過程，建立一種有關學習方法的新觀點，嘗試更為有效的、改變其行為、認知、情緒的方法。各種不同理論取向的團體（諸如：理性情緒療法、現實療法、溝通分析）所運用的許多技術，同樣也持有這一基本假定，即把團體治療看作是一個教育過程，而且強調團體情境中所固有的教育／學習價值。

行為理論的另一個假定是，當事人所表現出的行為就是問題（而不僅僅是問題的症狀）。這些問題行為的成功解決，也就解決了問題本身，新類型的問題產生並不是必然的。這種行為主義的觀點與關係取向和領悟取向的方法正相對立，後兩者尤其強調，當事人獲得對自身問題的領悟，是產生改變前提。領悟取向的方法假定，如果當事人理解了他們症狀的性質和原因，他們就能更好地控制自己的生活；而行為主義取向的方法假定，改變可以在沒有領悟的情況下發生。行為治療者的工作基於這樣的前提：行為改變可以先於對自己的了解而發生，而且行為的改變可以很好地引導更高層次的自我理解。

從行為主義觀點出發的團體領導者採取相當多樣化的介入措施，它們衍生於社會學習理論，諸如：增強、示範作用、行為塑造、認知重建、減敏感、放鬆訓練、教導、行為預演、刺激控制、辨別訓練。然而，行為主義團體領導者也可以從多樣化理論觀點建立起其他的策略，它們已被證明在滿足治療目的方面是有效的。因此，這些團體領導者藉由在所有介入措施之前、之中、之後不斷收集資料來追蹤觀察團體成員們的進步。這種方法既為團體領導者、也為團體成員們提供了有關治療進展的連續回饋。從這個意義上說，行為主義團體領導者既是治療者，又是科學家，他們關心檢驗自己技術的績效。

主要概念

行為治療有某些獨特的特徵，使它有別於這本書中所介紹的其他多數

團體方法。它以科學方法的原理和程序為基礎,從實驗基礎上產生出來的學習原理,被系統地運用於幫助人們改變適應不良的行為。行為主義治療者的突出特點,是他們系統地堅持詳細的說明和測量。實際上,除非問題和目標被具體說明和記錄,否則就沒有真正的行為治療(Kuehnel & Liberman, 1986)。概念和方法是被明確陳述出來的,實驗性地檢驗的,以及被隨後修訂的。評價與治療是同時進行的。研究被認為對於提供有效的治療和推行現時的治療工作十分重要。總而言之,行為治療的具體特徵是:進行行為評估;確切地說明治療的目標;確立適合於特定問題的具體治療方案;客觀地評價治療的結果。

行為評估

庫內爾和里伯曼(Kuehnel & Liberman, 1986)把確認和說明一個當事人行為問題的過程描述為行為治療的核心,並且,他們區分出進行行為評估的六個步驟。第一個步驟是鑑別那些被認為是適應不良的或有問題的行為,並評定這些行為的頻率、強度、持續時間。行為評估的下一個步驟是確定當事人的資源和優點。第三個步驟是把收集到的訊息納入到問題行為所發生的情境背景中,這其中包括說明行為問題可能的前因與後果。第四個步驟要確定一套方法來測量所鑑別出的每一個問題行為的基準,它可以作為一個參照點,以便確定介入措施的效果。在第五個步驟裡,對當事人的潛在增強物進行測量,以確定哪些人、活動、事件可為治療和治療結束後維持變化提供動機。第六個也是最後一個評估過程的步驟是確定治療目標。當事人和治療者合作探索可以導致有效處理問題情境的替代行為。

庫內爾和里伯曼指出,這種評估涉及到當事人在情感、認知、行為、人際關係方面的功能。他們把治療者的任務看作是運用人類學習的原理促進以更為適應的行為取代適應不良的行為。雖然他們沒有具體地論述行為的團體諮商,但剛剛介紹的這一評估過程步驟可以很容易地運於團體治療。

明確治療目標

在絕大多數行為治療團體中，最初的階段都被用於使當事人作出他們想要達成的個人目標的具體說明，以此擴展他們行為評估的最後步驟。團體成員們說出他們想要改變的具體問題行為，和他們想要學習的新技能。當事人通常所確定的目標包括：減少測驗情境中的焦慮，排除干擾有效地發揮功能的恐懼，減輕體重，擺脫種種習癖（吸煙、酗酒、吸毒）等。當事人通常想要獲得的新技能包括：

- 學習如何明確直率地提出他們的要求
- 形成種種引起身體和心理放鬆的習慣
- 形成一些具體自我控制的方法，諸如：常規訓練、控制飲食模式、消除緊張壓力
- 學習不帶攻擊性地堅持自己的觀點
- 監視行為和認知，使它們發生改變
- 學習給予和接受正向與負向回饋，能夠認知並勇敢地面對自我妨礙的思想模式或不合理的自我陳述
- 學習溝通和社交技能
- 形成種種問題解決的策略，以應付日常生活中所遭遇到的各類情境

團體領導者的任務，是幫助團體成員們把泛泛的一般性目標，化為明確的、具體的、可供測量的、能夠以有規律的方式實現的目標。例如，如果一個團體成員說，他希望在社交情境中感到更泰然自若，團體領導者可以問：「在哪些具體的方面你感到不適？你所感到不適的具體情境是什麼？你能告訴我一些具體的例子，說明你感到不適的情境嗎？你希望以哪些具體的方式改變你的行為？」可利用團體來幫助成員們對這些困難的問題作出回答。

治療計畫

在團體成員們明確了他們的目標之後，可以建立一個實現這些目標的治療方案。行為技術是行動取向的；因此，團體成員們被要求在行動上完成種種事情，而不僅僅是被動地思考、僅僅是在口頭上談論他們的問題。最普遍使用的技術是一些引導他們進行團體互動的技術，諸如：示範作用、行為預演、教導、家庭作業、回饋、訓練、資料提供，這些技術將在這一章裡予以介紹和討論。

客觀評價

一旦目標行為已被明確地指明，治療目標已被確立，治療方法已被確定，便可以對治療的效果進行客觀的評價。由於行為團體強調評價他們所運用的技術效果的重要性，對當事人達成其目標進展的評價是不斷進行的。例如，如果一個團體要進行為期十個星期的社會技能訓練，在最初的團體活動中要獲得這些技能的基本資料。然後，每一次團體聚會都要評價一次行為變化，以便成員們能夠確定他們的目標得到了怎樣的進展。為團體成員們提供持續的回饋，是行為團體治療的一個重要內容。

決定使用哪些技術，取決於它們所表現出的效果。這些技術涉及的層面相當廣泛，許多行為取向的團體諮商員所選擇的治療方法是折衷式的。拉扎勒斯(Lazarus, 1986, p.65)指出，持久的改變是技術、策略、方式相結合的結果。雖然他擁護技術折衷主義(technical eclecticism)的優點，但他又說，團體諮商員要避免憑主觀偏好和印象隨意的混合種種技術。他強調，行為治療的目的是形成一個一致性的概念網絡，它能夠：具體說明目標和問題；明確說明實現這些目標和解決這些問題的治療技術；對這些技術相對效果作有系統的測量。

團體領導者的角色和功能

　　由於行為團體諮商被看作是一種教育，團體領導者擔負著教育功能。他們被要求在團體中扮演一種主動的、指導性的角色，並運用行為原理的知識和技能解決問題。因此，他們仔細地觀察行為，以確定與特定問題相關聯的情境和能夠促進改變的條件。

　　在討論治療中由示範作用和模仿所發生的社會學習時，班都拉(Bandura, 1969, 1977, 1986)指出：從直接經驗所進行的絕大部分學習，也可以經由對別人行為的觀察而獲得。在班都拉看來，當事人學習新行為的一個基本過程，是對由治療者所提供的社會示範的模仿。因此，團體治療者需要覺察到他們自己的價值觀、態度、行為對成員們的影響。如果他們覺察不到他們在影響和塑造當事人行為方式中的實際作用，他們就會否定自己在治療過程中作為影響核心的重要性。

　　除了這些廣義的功能之外，行為取向的團體領導者還被要求執行一系列具體的功能和任務：

　　——團體領導者與未來的團體成員進行接案會談，這時要作初步的評估和對團體的準備訓練。

　　——團體領導者的另一個功能是，教導成員了解團體歷程以及如何從團體中獲得最大收益。團體領導者解釋團體的目的，使成員們適應於團體聚會中的活動和組織結構，評估團體成員的期望，就團體如何能對個人有所幫助提供建議。

　　——團體領導者對成員的問題進行不斷的評估。藉由種種方法，諸如：初次會談、選擇測驗和問卷調查、團體討論，團體領導者幫助每一個成員鑑別將要在團體活動中處理的目標行為。這種評估包括：團體成員想要改變的行為的摘要，以及每一個團體成員的重要優點、興趣和成就的摘要。

　　——團體領導者運用一系列廣泛的、設計用來實現團體成員預定目標的技術。

——團體領導者收集資料，以確定對每一個成員的治療效果。

——團體領導者的一個重要功能，是為適宜的行為和價值觀提供一個榜樣。而且，團體領導者訓練和教導成員怎樣以角色扮演練習如何在一種特定的情境中作出反應。

——團體領導者對成員的即使是很小的進步，都要予以明確肯定，以此增強成員們新發展出的行為。

——團體領導者角色的一個基本內容是告訴成員們，他們有責任積極地投入到團體中來，有責任在治療之外補充一些新的行為。行為主義方法要求對改變作出行動和規劃。團體領導者幫助成員了解語言和領悟還不足以產生改變；要想擴大他們的適應性行為的內容，成員必須採取行動，在團體中進行實驗，在現實生活情境中練習他們的家庭作業。

——團體領導者幫助團體成員們為結束作好準備。成員們事先被提醒團體即將結束的日期，以便有充分的時間討論他們的感受，鞏固他們所學到的內容，並實踐他們希望運用於家庭和工作的新技能。當合理的目標並沒有實現時，要給予適當的參考資源。對於能夠幫助成員們推廣其在團體中所學到的內容的社會活動，提供建議。

對於團體領導者來說，一個很好的做法是，隨著團體的進展，逐漸減少它的組織性。根據羅斯和埃德勒森(Rose & Edleson, 1987)的觀點，團體成員們應當有機會在團體中扮演別人的討論指導者和治療伙伴，以便改善他們的自我管理技能。羅斯和埃德勒森建議把許多指導的責任授予團體成員。

行為團體治療的一個基本假定是：團體領導者和團體成員之間的良好工作關係是必要的，但還不是發生改變的充分條件。若認為行為治療者扮演著冷漠的、沒有人情味的角色，或認為這種角色把治療者貶為執行計畫的機器，這種看法並不公正；但有一點是確實的，即絕大多數行為取向的團體領導者並不賦予治療關係以完全重要的作用。在梅肯保(Meichenbaum, 1985)的壓力管理訓練中，他強調在當事人和訓練者之間建立一種合作的治療關係的重要性。他聲稱，治療在多大程度上是成功的，要取決於當事人感到在多大程度上被訓練者所接受、了解和喜愛。

拉扎勒斯(Lazarus, 1989)寫道：對治療者來說，非常必要的是要建立一種尊重和信任的氣氛，以便當事人吐露出個人的、具有重要情緒意義的材料。他從一個連續體上評價當事人—治療者關係，這個連續體的一端是正式的交易關係，另一端是親密的溫暖關係。他建議，只有當有理由認為當事人—治療者關係妨礙了治療過程時，才適宜討論這種關係。拉扎勒斯(Lazarus, 1986)還發現，有些人格特質與成功的治療者有關，這些治療者對人具有高度的真誠尊重、彈性、責任性、非批判式的觀點、溫暖、良好的幽默感，願意親身實踐他們所倡導的事務，有一致性和真實感。簡而言之，行為團體領導者必須是富有技能的治療者，他們也擁有各種人性化品質，這些品質促成信任和關心的氣氛，而這對於治療技術的有效運用是必須的。

行為治療團體的階段

多重方法的團體取向

「多重方法團體取向」是由羅斯和他的同事們發展起來的（參見Rose & Edleson, 1987; Rose, Tallant, Tolman, & Subramanian, 1986）。之所以稱作為多重方法團體，是因為它運用各種的因應策略來解決特殊的問題：訓練團體成員系統化地解決問題、認知重建、肯定訓練、放鬆訓練、行為預演，以及其他適用於特定問題的策略和方法。這種方法逐漸促進團體成員的參與和投入，包括：設定目標、計畫、決策、相互幫助。這一過程從團體領導者較高程度的組織，進化為較低程度的組織。每一個當事人都被幫助來建立個體化的目標和因應技能。團體通常具有普遍的主題，諸如：壓力控制、憤怒控制、或痛苦控制。治療目標並不只是在團體環境中表現出改變；而是，最終的目標是把變化轉換到真實生活中去。後期團體活動的組織，是要使學習的內容更有可能推廣於真實生活中。

最後，這一方法的特點是資料的運用貫穿於團體的整個歷史。在評估

治療的具體重點，作出臨床抉擇，確認團體歷程的問題，評價結果的過程中，都要依據這些資料。多重方法取向還利用資料鑑別團體中的問題。這些資料被團體領導者和團體成員們解釋時，可以不必總是達成同樣的結論(Rose, 1986)。這些團體資料的一個重要來源，是在每一次團體活動結束時所做的問卷。這種問卷可以突顯出團體中的許多問題(Rose, 1984)。這些問卷涉及自我表露，團體成員之間的相互關係，以及所知覺到的團體凝聚力的程度。團體參與者被要求描述他們在團體中的心境。當成員間存在一種持久的消極態度模式時，應被鼓勵在團體中討論這一問題。團體成員們還被要求評價他們在團體中的滿意程度，這種評價工具包括許多開放式的問題，揭示究竟團體成員們認為什麼是有用的，究竟他們更需要什麼、不需要什麼，以及團體應當採取什麼指導方向。這種問卷大約需要三分鐘即可完成，是一種很有用的探察團體中問題的方法，並為團體的組織結構所必須的調整，提供了指引（在這本教材的學生手冊裡印有團體成員們用的團體活動後問卷和類似的團體領導者問卷）。

羅斯和埃德勒森(Rose & Edleson, 1987)對多重方法取向的各階段做了概述。這些階段有時在時間和內容上是相互重疊的，是由團體領導者所引導的。每一個階段團體領導者都注重於不同的任務。

——在團體治療的計畫階段，團體領導者確立團體的目的，評估未來的團體成員，招募成員，決定團體的組織結構。

——使當事人和其他重要的人適應團體治療的可能性和侷限性，這是治療的早期工作。如果團體要想發展出凝聚力，這一過程是很重要的。不充分的適應準備，常常導致較高的退出率。

——對提出的問題和當事人能力的評定是行為團體的一個基本內容。在治療之前、治療之中、治療一結束之後，以及在團體結束後的某一個時刻，必須要系統地收集資料。

——種種介入措施被設計用來以各種的行為取向方法實現改變，對問題情境進行分析，產生可能的解決方法。認知和行為方法普遍被用於推行實現改變的計畫。家庭作業被設計用來要求當事人在真實的環境中實踐他們對問題情境的解決方法，這些作業在隨後的團體活動還要提出來作檢

查。

　　——發展起種種策略，以使得成員們能夠把在團體中所學到的內容轉換到日常情境中去。團體成員們得到訓練準備結束團體，為他們提供進一步發展的其他資源。團體結束後幾個月的「促進活動」，為團體成員們提供了一個機會，討論他們所學到的內容，以及如何處理他們可能產生的任何新問題。

　　以下有關行為取向的團體各階段的材料，主要是以謝爾頓·羅斯的著作(Sheldon Rose, 1977, 1980, 1982, 1983, 1986)和羅斯、埃德勒森(Rose & Edleson, 1987)的著作為基礎的。

初期階段

　　由於未來的團體參與者通常對行為訓練沒有什麼了解，在他們加入團體之前，要為他們提供所有有關團體歷程的訊息。團體前的個別會談和第一次團體活動，都用於探討未來團體成員的期望，並幫助他們決定是否將加入該團體。那些決定加入團體的人要制定一個治療契約，既說明當事人可期望從團體領導者得到什麼，也明確規定團體領導者在整個團體歷程中對團體成員的期望。

　　在團體的初期階段，注重點放在建立凝聚力，逐漸熟悉團體治療的組織結構，鑑別需要被矯正的問題行為。由於凝聚力的建立是以一個團體發展的初期階段中的有效工作為基礎，故而團體領導者在建立信任關係方面具有核心的作用。根據羅斯(Rose, 1980)的觀點，團體領導者必須主動地努力使團體對它的成員有吸引力；要創造種種團體情境，使團體成員發揮出社會能力；要創造出多種功能角色，使團體成員可以在團體中扮演；以逐漸的和適當的方式把指導責任授予團體成員；提供種種情境，使團體成員在其中相互作為治療伙伴發揮作用；控制不恰當的團體衝突；尋找各種方式使所有的團體成員都投入到團體的互動之中。評估是這些早期活動中的一個重要內容，因為在治療能實施之前，必須以具體的行為術語對問題作出說明。複雜的問題是不可避免的，但必須被分解為較小的單位。

在各種目標已被確認之後，團體領導者開始選擇策略來實現這些目標。科米爾和科米爾(Cormier & Cormier, 1985)建議：諮商員要從當事人那裡拿到一項約定，說明爲實現其目標所必須做的工作，且最好是以書面契約的形式呈現。這個契約說明了選擇目標的方法，和實現這些目標的策略。建立這樣的書面契約有許多理由。按照高特曼和萊伯勒姆(Gottman & Leiblum, 1974)的說法，合乎倫理的治療要求是，在任何形式的治療中，當事人都有權利詳細了解他們正在使自己承諾怎樣的約定。一個明確的約定可以促進信任，從而有助於建立治療同盟關係。而且，約定加強了當事人對自己在治療中扮演積極參與者角色的意識，並具有把具體的治療方案與具體的目標相聯結的作用。

工作階段：治療計畫和技術的運用

治療計畫是指，從已被證明對實現行爲改變有效果的具體策略中，選擇一套最爲適宜的方法。應當予以強調的是評估(assessment)與評價(evaluation)持續貫穿於整個工作階段。團體領導者絕不可滿足於他們從團體前會談和最初的團體活動中所獲得的資料。他們必須繼續評價團體活動的收效程度，以及多大程度上接近了治療目標。爲了在工作階段進行這一評價，他們須繼續收集有關的訊息，諸如：參與情況、團體成員的滿意程度、出席率、團體活動之間達成的作業的完成狀況。這些評估還包括收集資料，以確定是否團體中存在著問題，以及團體目標在多大程度上得到了實現。在一個團體的整個歷程中，每一個人監控著他們自己的行爲以及行爲所發生的環境。經由這種方式，他們能夠迅速確定所運用的策略是否有效或無效。這一連續不斷的評價過程，無論團體成員還是團體領導者，都獲得了檢查替代性的更爲有效的策略依據。我們接下來介紹一些通常在工作階段中所運用的策略：增強、暫時契約、示範作用、行爲預演、教導、回饋、認知重建、問題解決、壓力免疫、因應技術、同伴系統。

(一)增強

增強(reinforcement)是行爲團體中一個重要的介入方法。除了團體領導者提供的增強之外，其他團體成員藉由表揚、讚賞、支持、關注，也相

互提供增強一個很好的主意是，每次活動的一開始由團體成員們報告他們的成功經驗，而不是他們的失敗經驗，這就在團體中確立了一種積極的氣氛，為那些的確在日常生活中做得很出色的人提供了增強，同時也向整個團體說明，改變是可能的。各種有關成功的報告，無論那種成功的嘗試是多麼的簡單，都是很重要的，尤其是在團體成員們正在有所改進但還未達到他們的期望、在他們目前的行為改變正遭遇到來自日常環境中的阻力的時候。在這些情況下，如果成員們要想維持他們所獲得的改變，團體的增強和支持是極為重要的。

如果社會增強是塑造理想行為的有力方法，那麼自我增強同樣也是。團體參與者們被教導如何在自己的進步過程中增強自己，以便增加自我控制能力，逐漸減少對他人的依賴。

㈡暫時契約

暫時契約(contingency contracts)說明了需要表現、改變、終止的行為；與完成這些目標相關聯的獎賞；獲得種種獎賞的條件。只要有可能，契約還要說明表現出所期望行為的具體時間表。有效的暫時契約應當具有以下特徵：明確地描述出在約定中要表現出的具體行為；說明可得到團體增強和立即增強；明確說明對作業進行檢查、測量和記錄的方法(Rose & Edleson, 1987)。暫時契約通常被用於兒童，但也有些成人認為它們是很有幫助的。

㈢示範作用

角色示範(modeling)是團體領導者可以運用的最有力的教育工具之一。正如我們在其他方法中已經看到的，團體諮商較之於個別諮商的一個優點是，它為團體成員們提供了可以效法的各種角色楷模。示範作用是由團體領導者和其他團體參與者來提供的。

有效楷模的特徵是什麼？研究(Bandura, 1969)表明：一個在年齡、性別、種族、態度上和觀察者相似的楷模，和一個在這些方面與觀察者不相似的楷模相比，更容易被效仿。具有一定程度的威信和地位的楷模，和那些威信程度較低的楷模相比，更容易被效仿。如果當事人與楷模在這些特徵的許多方面相差太大，當事人往往會把楷模的行為看作是不現實的。而且，表現具有相當能力和溫暖的楷模，往往會增強示範作用的效力。要盡

最大的可能做到：示範應在觀察者在場時加以強調，觀察者亦應因其仿效了所示範的行為而得到增強。具體行為的示範作用是經由團體活動的角色扮演所表現，並以生動的形式所實踐的。例如，亨利很難主動與女性相接觸，希望在自己的班上能更自在地與她們相接近。他可以觀察另一個成員至少以一種方式示範怎樣有效地開始與女性交談，然後他可以在團體活動中練習，運用他從楷模中所學得的技能。隨後，亨利可以作出一個約定，在他班上的真實生活中主動地進行幾次交談。在肯定訓練團體以及訓練當事人如何作出更有建設性的自我陳述和改變認知結構方面，示範作用尤其有效。示範作用的效果可以經由三種其他的方法得到加強：行為預演、教導、團體回饋(Rose, 1982)。

㈣行為預演

行為預演(behavior rehearsal)的目的是，訓練團體成員在團體之外、在楷模的提示無法存在的情況下，表現出所期望的行為。新的行為在一個模擬真實世界的環境中得到實踐。不僅團體成員們在其學習中得到保護，免遭團體以外的不良結果所傷害，而且他們還能獲益於正向的增強，這種增強往往促使他們更願意在日常生活中實驗這些新的行為(Rose, 1977)。科米爾和科米爾(Cormier & Cormier, 1985)指出，理想行為的實際練習應當在這樣的條件下進行：它們盡可能相似於當事人實際生活中所發生的情境，以便可以實現從團體到真實生活環境最大限度的推廣。

行為預演可以被看作是一種逐漸的行為塑造過程，它是傳授社會技能的一種有效技術。正如古德弗雷德和戴維森(Goldfried & Davison, 1976)所指出的，有效的社會互動包括許多行動能力，而不僅僅是知道在一種特殊的社會情境中說些什麼。一些特殊的因素，諸如：音質、語言的速度、手勢、身體姿勢、目光接觸，以及其他的方式，都是重要的部分。古德弗雷德和戴維森建議，聰明的做法是，在一次行為預演中，每一次只選擇這些特殊行為中的一小部分。他們還說，在行為預演中，回饋是一種很有用的調整機制，這種回饋可以包括：團體成員們自己的主觀評價（這可以借助於重放行為預演的錄音或錄影帶），團體領導者的評價，以及其他團體成員們的反應。古德弗雷德和戴維森認為，只要有可能，就要讓當事人評價他們自己行為預演的效果，因為這樣可以幫助他們學會對自己的行為更為

敏感，並在團體活動之間採取矯正行動。一旦成員在團體情境中獲得了成功，他們需要認識到，在真實生活中加以運用是他們行為預演的重要內容。要實現這一點可以有許多方法：提醒團體成員完成家庭作業的重要性，在每一次團體活動中花一些時間確定適宜的作業，在每一次團體活動的開始時慣例性地檢查每一個成員的作業。

(五)教導

除了示範作用和行為預演之外，團體成員們有時還需要教導(coaching)。這一過程是指為有效地使成員實現所期望的行為，而提供一些一般的原理。在當事人正在進行行為預演時進行教導，效果似乎最佳。當一個成員陷於僵局，不知道該如何進一步發展時，其他成員可以悄悄地提供建議。然而，重要的是，教導要隨著角色行為的逐漸實踐而減少，團體成員在真實環境中嘗試新的角色之前，要能獨立地預演。

(六)回饋

在團體成員們於團體環境中實踐了一種新的行為之後，正如前面所提到的，其他人對其表現藉由語言提出他們的反應。這些印象可以來自於其他成員或團體領導者。回饋有兩個典型的作法：對行為的讚賞和鼓勵，對改正或矯正錯誤的具體建議。回饋是學習新行為的有效工具，尤其是當它具有建設性、具體性、正面性時。羅斯和埃德勒森(Rose & Edleson, 1987)對如何為成員行為預演的表現提供回饋，提出了以下指導原則：

  □ 首先要提供肯定性的回饋，以便團體成員能夠立即得到增強
  □ 在批評一種行為時，觀察者要說出怎樣以不同的方式來表現
  □ 有效的回饋是具體的、著眼於行為的
  □ 在早期團體活動中，對觀察者要提供如何給予回饋的具體標準
  □ 無論團體領導者還是團體成員們，都可對回饋作出評價

(七)認知重建

一個人的認知過程往往對他的行為改變有許多意義。的確，團體成員們通常報告說，在他們發現自己處於緊張壓力狀態時，常有自我妨礙的思想和不合理的自言自語。認知重建是這樣一種過程：它鑑別和評價一個人的認知，了解某些思想對行為的消極影響，學習以更為現實、更為適宜的

思想取代這些認知。艾利思(Ellis, 1962)以及艾利思、哈普爾(Ellis & Harper, 1975)描述了鑑別自我妨礙思想的具體方式,阻止、解除這些不合理觀念的方法,以及學習如何以合理的觀念取代不合理想法的方法。

　　羅斯(Rose, 1986)介紹在團體中使用的幾種認知重建的形式。有些當事人患有極度的焦慮,因為他們缺乏正確的訊息,或是難以控制種種思想,或是墨守一些不合理的、自我妨礙的觀念,或是因為他們給自己貼上了一些自我貶低的標籤。要想控制這些焦慮,他們可以使用某些策略來改變其認知過程。這些方法包括:獲得正確的訊息,學習控制其思想,去除不合理的觀念,重新標定自己。認知重建還被用於幫助焦慮患者應付考試焦慮、言語焦慮、社交焦慮、抑鬱、緊張壓力等(Rose, 1986)。

　　在另一個文獻裡,羅斯(Rose, 1983)論述了認知重建應用於團體治療的過程。最初,可以經由團體訓練教導成員如何區分自我妨礙和自我促進的陳述。然後,他們彼此相互為認知分析提供回饋和種種示範。下一個步驟是鼓勵團體成員提出自我促進的、有助於問題解決或有效行動的陳述。在團體成員決定了一系列現實的認知主張之後,運用一些認知模擬,在其中成員們想像自己處於緊張壓力的情境,並以自我促進的陳述取代自我妨礙的評價。運用認知重建的原因是,一個當事人的「自我交談」會影響行為效果。自我妨礙的觀念會導致情緒痛苦,會干擾行為效果;建設性的自我陳述能促成行為效果的改善。在認知重建中,團體成員們模仿楷模,並從團體中其他人那裡得到回饋。在團體中多次嘗試之後,他們被指定作業,在真實的環境中嘗試新的行為方式之前,先在家庭裡實踐新的陳述。在認知重建的最後階段,每一次團體活動結束時都要指定家庭作業,並在下一次團體活動一開始進行檢查。隨著團體成員們不斷取得進步,作業可以循著困難程度不斷提高。

(八)問題解決

　　問題解決(problem solving)是一種認知—行為方法,它使當事人能夠建立起一種行為模式來處理各種困難。它的主要目的是,找出解決問題的最有效的方法,針對那些能夠幫助當事人獨立地藉以應付真實世界的認知和行為技能,提供系統的訓練。古德弗雷德和戴維森(Goldfried & Davison, 1976)對問題解決過程的各個階段作了如下說明:

──以對問題的一般性導向作為訓練的起點。在這時，幫助當事人去了解為什麼某些問題情境有可能出現，同時使他們明瞭他們可以掌握有效地應付這些問題的方法。

　　──下一個步驟是，既要具體的描述導致問題情境的內在(internal)事件（思想和情感），又要說明引起問題情境的外在(external)事件。當事人確定問題情境，然後找出對他們造成這一問題情境的各個因素，並制定自己的目標。

　　──在說明了存在的問題之後，提供各種選擇的建議。指導當事人們各顯神通地構思可能的解決方案，並提出多樣化的應付問題情境方法。不提倡讓他們對任何可能的解決方案作出評價，除非所有的建議都已經擺了出來。

　　──團體幫助成員們依據各種建議的相對風險、適宜性、可能的效果，對它們進行評價。當事人的任務就在於，預測哪種可能的選擇是最值得採納的，並在這一選擇性策略的基礎上作出決定。在作出這一決策時，當事人可以考慮執行一種特殊行動方案的可能結果。

　　──在制定決策階段之後，當事人應當被鼓勵依據其決策採取行動，並繼而證實其行動方案有多大的有效性。這一證明階段旨在使當事人觀察和評價他們的行動在真實世界中的效果。

　　示範作用、教導、增強等方法，也在問題解決訓練中加以運用。經由這一治療過程，當事人被教以自我控制的技術，並且被鼓勵強化他們自己成功的行為。進一步地，一旦當事人有機會觀察治療者（或其他楷模）示範有效的問題解決方法，他們便可望承擔更為積極主動的角色。在這時，治療者的功能主要是一個諮詢者，提供引導，給予回饋，並鼓勵和評價在真實生活中的應用(Rose, 1986)。

(九)壓力免疫

　　壓力免疫(stress inoculation)最初是由梅肯保(Meichenbaum, 1977, 1985, 1986)設計出來的，它為團體成員們提供了一套有效應付未來壓力情境的技術。這一方法包括三個階段：第一個階段是概念化階段(conceptionalizaiton phase)，它設計用來給當事人提供了一個理解壓力反應的

概念架構。這一階段是以後的介入措施的基礎，因為它在團體成員和訓練者之間建立起一種合作的工作關係。在這一階段運用了各種的方法，包括：會談、想像性回憶、自我監督、行為評估、心理測驗，藉此收集有關當事人緊張壓力的訊息，以認識當事人的壓力反應。在第二個階段，當事人練習具體的認知和行為因應技術，並重複新的技能。這一階段的主要目的是幫助他們建立和鞏固各種的人際交往技能，所實施的一些介入措施包括：放鬆訓練、認知重建方法、問題解決、自我指導訓練。在最後一個階段，團體成員們把他們所學到的訓練內容、新的認知和行為的技能運用於日常生活遭遇到的各種壓力情境。訓練者所運用的各種技術包括：想像預演、行為預演、角色扮演、示範作用、逐步暴露、復發防範、追蹤觀察。壓力免疫訓練可以運用推進活動和追蹤觀察延伸到未來的時間。

(十)因應技術

無論在因應具體的或一般的焦慮中，還有一些更為普遍的行為策略，例如，放鬆訓練。梅肯保(Meichenbaum, 1977)也建立了一種治療方法，用以教導因應技術(coping-skills techniques)。首先，當事人暴露於引發焦慮的認知情境之下；然後對他們的認知或自我陳述進行合理的重新評價；最終，當事人在合理的重新評價之後，對自己的焦慮程度將得到新的體認。

(士)同伴系統

羅斯(Rose, 1977, 1986)把同伴系統定義為團體成員們之間的一種治療性同盟。通常說來，一個當事人被指定或自己選定另一個人在整個團體治療過程中作為監督者和教導者。成員們在團體中相互監督，在團體活動之間相互提醒堅持約定和完成作業，在團體之中和團體之外扮演支持性角色。這種同伴系統對於在自然環境中建立起一個支持系統是非常有用的。同伴們被訓練對成就給予增加，給予和接受批評。治療的最重要部分是發生在團體之外，在完成家庭作業的過程中，這種安排給團體成員們提供了機會，能夠對別人有所幫助，並實踐自己新學到的指導技能。這種同伴系統成為一種自助網絡，能在團體結束之後發揮作用(Rose ＆ Edleson, 1987)。

最後階段

在行為團體的後期階段，團體領導者主要關心使成員們把在團體中所表現出來的改變轉化到日常環境中去。模擬真實環境的訓練活動被用於促進這種轉化。團體成員們不斷重複他們想要對生活中有重要意義的人所說的內容，並練習種種替代性行為。來自團體中其他人的回饋和教導，在這一最後階段可以具有至關重要的價值。團體活動被系統化的設計，以便新的行為逐漸地應用於日常生活。雖然變化的推廣和維持的訓練準備在這一階段被予以特別的重視，但它也是團體所有階段的特徵。

把治療團體中的改變轉化到日常生活中去，主要是藉由團體領導者採取以下一些行動來實現的(Rose & Edleson, 1987)：

□ 鼓勵團體成員們為自己的治療承擔起來越多的責任
□ 為團體成員提供各種多樣化的練習情境
□ 在訓練情境中模擬真實環境
□ 訓練團體成員們勇敢地面對非接納性的環境，並應付可能的退化
□ 針對所期望的目標行為對團體成員們進行過度訓練
□ 團體領導者們練習進行行為擴展

自我責任在團體的整個歷程中都應強調，但它在準備結束的階段尤其重要。羅斯(Rose, 1986)主張，團體領導者在這最後的階段，從指導性的治療者轉變為諮商輔導者。團體成員們通常被鼓勵參加各種非治療性的團體，在那裡，他們能夠在較少像團體所提供的那種控制性條件下，實踐並發展他們新獲得的技能。此外，他們被教予各種自助的認知技能，諸如：自我增強、問題解決，以此作為訓練他們適應在團體中從未遇到過的情境的方法。如果他們想要獲得能力有效地應付新問題的自信的話，團體成員們這種逐漸獨立於團體的發展，是非常重要的。隨著團體結束的時刻越來越近，許多早期的評價方式被予以重複，以此作為評定團體訓練的效果。

結束團體和追蹤觀察，是行為取向的團體領導者特別關心的問題。因此，常安排各種短期和長期的追蹤會談，其目的有許多種：比較當事人諮

商之前和之後的效果，確定多大程度上他們能夠在自己的環境中運用他們所獲得的新行為而不依賴於諮商，確定他們在多大程度上維持了理想的行為而避免了非期望的行為(Cormier & Cormier, 1985)。

羅斯和埃德勒森(Rose & Edleson, 1987)聲稱，追蹤會談和團體活動對於維持已改變的行為和繼續從事自我指導的改變，都具有維持與推進效果的作用。追蹤考察聚會通常是在團體結束後兩個月進行一次，此後四到六個月再進行一次，據文獻研究，這種安排比較適宜，且越來越得到支持。這些聚會活動為團體成員們提供了豐富的機會評估他們所學到的內容，並鼓勵他們對自己的改變或是否缺乏改變作出說明。由於知道要在團體中作出說明，促使成員們維持並運用他們在團體中所學到的原理，並運用他們的同伴或尋找其他替代性的資源(這可以包括其他團體或其他形式的諮商)來繼續他們的發展。

應用與技術

正如前面所提到的，行為團體治療者系統化地運用各種特殊的技術，其結果可以被客觀的評量，因此，這些技術可以因治療效果而得到不斷的改善。這些技術的運用因不同成員或團體所要解決的不同問題而有所不同：有控制焦慮和壓力的；有處理憂鬱的；有控制具體的行為諸如：過度飲食、吸煙的；有教導成員們如何更有效地進行人際交往的；也有治療特殊的恐懼的——不一而足。團體中的行為治療可被應用於各類的環境，如學校、精神病院、門診治療中心、社區診所，以及監獄。

在這一節裡，我要介紹一些常見的、適用於團體治療的行為技術。基於這一討論目的，這些技術依據五種普遍性的行為團體類型作了分組：社會技能訓練團體；肯定訓練團體；壓力管理團體；自我指導的行為改變團體；拉扎勒斯所建立的多重模式團體治療。

社會技能訓練團體

　　社會技能訓練是一個廣義的範疇，涉及到一個人在各種社會情境中有效地與他人進行交往的能力。團體中的社會技能訓練運用到這一章前面所介紹的許多行為技術。根據羅斯(Rose, 1986)的觀點，對發展新的社會技能，團體較之於個別諮商有著獨到的優勢。以下便是他在組織社會技能訓練中所運用的方法的概述。

　　在社會技能訓練過程開始之前，團體領導者與成員討論該團體的一般目的，以及可能運用的主要方法。對團體成員們提供各種的實例，並鼓勵他們提出問題，以及嘗試介紹曾經運用過這些方法的團體成員們的經驗。如果團體成員們沒有任何有關角色扮演的經驗，團體領導者通常要對他們提供一些訓練。然後，在團體中設置一些情境，讓曾在以前的團體中有過經驗的成員介紹、示範如何進行角色扮演。一旦團體成員們掌握了角色扮演的技能，他們就可建立起各種使自己進行社會技能訓練的情境。在團體中受過建立問題情境的訓練之後，成員們被要求堅持記日記，記錄下每一個星期裡所發生的事情。在每個星期裡，每一個成員至少要提一件事在團體中討論，在說明這件事時，須說明他或她的目標，或是重新針對這個事件確立目標。在目標確立並達成一致後，其他的成員們被要求為這個當事人提出具體的建議，以有助於實現他或她的目標。在所有的建議都提出之後，團體須幫助這個當事人評價這些建議，評價的依據有：從事一個特定的行動方案所可能有的風險，適當性，與這個人人格的協調性，得到有效結果的可能性。即使其他團體成員提出種種建議，最終作出整體決定的是當事人自己。

　　團體領導者或團體成員，都可以簡要的示範形式為所期望的語言和非語言行為作出榜樣。隨後，當事人便可在這一情境中運用一致贊同的行為實踐他們的角色。如果當事人在這種預演中使用某一策略遇到困難，他們可以得到團體領導者或其他團體成員的教導。當進行教導時，它通常要在隨後的預演中結束。在每一次預演之後，當事人接受來自團體有關他們的優、缺點的回饋，為自己指定要在真實世界中完成的家庭作業。在他們完

成這些家庭作業時，他們被要求在新的情境中觀察自己，並記錄下他們每日所遇到的問題。一些行為方法，諸如：示範作用、預演、家庭作業，都被用於重建認知。

肯定訓練團體

　　一種正在日益流行起來的行為方法，是教導人們如何在各種社會情境堅持自己的主見。阿爾貝蒂和伊蒙斯(Alberti & Emmons, 1986a)對自我肯定的行為做了如下操作定義：「自我肯定的行為促進人類關係的平等性，使我們的行為能夠符合自己的最大利益，堅持自己的見解而沒有任何不必要的焦慮，表達自己的真實情感，（並且）在不否定別人權利的情況下實現自己的權利」(p.7)。

　　支持進行肯定訓練的基本假定是：人們有權利——而不是義務——表達他們的情感、思想、觀念、態度。肯定訓練的目標是增加團體成員的行為能力，以便他們能作出堅持或放棄主張的選擇。肯定訓練的另一個目的是教予人們如何以一種反映出對他人的情感和權利的敏感方式，表達他們自己。真正有主見的人並不是不惜一切代價僵化地堅持自己的見解，踐踏別人的感情和觀點。

(一)肯定訓練團體的目的

　　自我肯定訓練能有助於那些不能向別人要求他們所需要東西的人；有助於那些不能拒絕不恰當要求的人；有助於那些既難以表達煩躁、憤怒、不滿，也難以表達愛、讚賞、支持性情感的人；有助於那些覺得自己沒有權利擁有自己的情感和思想的人。阿爾貝蒂和伊蒙斯(Alberti & Emmons, 1986a)指出三種妨礙自我表達的特殊困難：人們不相信他們有權利堅持自己的主見，或有權利表達自己的思想和情感；人們可能對堅持自己的主見感到高度的焦慮或恐懼；人們有時缺乏有效地向別人表達思想和情感的技能。肯定訓練嘗試使當事人獲得有效應付各種人際情境所必要的技能和態度。這一訓練的特殊最終目標包括：

　　　□ 認識並改變有關一個人自我肯定權利的自我妨礙或不合理的觀念

□ 發展出一種態度，強調一個人表達自己的權利和尊重他人權利的重要性

□ 學習如何鑒別和區分堅持主見的行為、攻擊行為、無主見的行為

□ 增強一個人的自尊，能夠採取積極主動的姿態

□ 能夠在特殊的人際情境中應用新學到的表達主見的技能

㈡指導肯定訓練團體的原則

以下介紹的是在肯定訓練團體中通常所採用的團體訓練方法。有各種不同的方法組織這樣的團體；以下的描述是根據阿爾貝蒂和伊蒙斯(Alberti & Emmons, 1986b)在其肯定訓練手冊中所介紹的方法改編的。他們運用肯定／社會技能訓練團體於各種的環境，例如，私人診所、大學諮商中心、心理健康診所。

在一個肯定訓練團體的第一次活動中，團體成員們聽取有關訓練性質簡要的介紹評述，相互之間進行了解，觀察行為預演的一個簡短示範，聽一段有關思想如何影響行為的介紹，接受一份家庭作業，進行一項放鬆訓練。行為預演示範是這一初期階段的核心。團體領導者提出一個簡短常見的情境，然後角色扮演一個片段，以示範無主見行為、攻擊性行為、肯定行為風格之間的區別。在團體成員們觀看這個示範時，請他們鑒別出行為的具體成分，並對訓練者每一種風格的有效性提供回饋。

在這第一次聚會活動中還有一個講座，內容是關於認知重建過程以及思想上的變化如何導致一個人對肯定行為態度的改變。團體成員們被要求堅持記錄有關進展的日記，包括具體詳細的例子，不斷追蹤追溯焦慮的來源。團體成員們參加一種放鬆練習，以此作為第一次團體活動的結束。

在此後的團體聚會中，基本活動形式是一樣的，雖然注重的焦點更集中於行為預演和實踐在團體活動中新獲得的技能。這些團體活動依據下列方式加以區分：

□ 對每一個團體成員家庭作業的完成情況進行檢查

□ 進行一段教學指導，處理一些認知問題或每一次活動的技術

□ 提供各種機會在具體的情境中實踐種種技能

□ 教導團體成員們如何進行應付焦慮和壓力的練習

□ 指定在兩次團體活動之間要完成的家庭作業

　　隨著自我肯定訓練在近來這幾年裡已十分流行，有責任心的團體工作者表達出對可能濫用這種諮商技術的擔憂。某些方面的擔憂涉及不合格的訓練者，不合法的目的，在不恰當的環境中應用該技術。阿爾貝蒂和伊蒙斯(Alberti & Emmons, 1986b)提出了一個「肯定行為訓練的倫理實務準則」的聲明，這是由一批享有國際名望的肯定訓練專家們確立的。這些原則的概要內容列述在與這本書相配合的學生手冊上。

　　如果有人有興趣了解計畫、設置、指導、評價肯定訓練團體，這一章的參考文獻一節列出了許多很有用的資源 (尤其參見Alberti & Emmons, 1986a, 1986b)。

團體中的壓力管理訓練

(一)進行壓力管理訓練的基本假定

　　壓力 (即高度的緊張狀態) 是現代生活中的一個基本成分。由於假定壓力可以被徹底消除是不切實際的，因此，一個很好的想法是，設計種種方法以幫助人們有效地應付其在日常生活中所體驗到的多重壓力。正如梅肯保(Meichenbaum, 1985)所觀察到的，壓力管理訓練的目的並不是要根本杜絕壓力，而是告訴當事人它的性質作用，並教會他們各種建設性地應付它的個人和人際的技巧。壓力管理訓練的一個基本假定是：我們並不只是壓力的犧牲品；相反的，我們所做和所想的內容，主動地影響著我們怎樣體驗著壓力。換句話說，我們如何評價生活中的事件 (包括我們如何思想、感受、行動)，決定著壓力是否將正面或負面地影響著我們。如果這一假定是正確的，人們就能被教以種種概念和技能來建設性應付他們在各種情境中所遇到的各種要求和壓力。

(二)壓力管理訓練的因應技巧取向

　　下面討論的主要基礎是：羅斯、托爾曼、托蘭特(Rose, Tolman, & Tallant, 1985)所設計的團體中的壓力管理訓練計畫，和梅肯保(Meichenbaum, 1985)建立的壓力免疫訓練計畫。由於許多壓力的來源是產生於社

會情境，最好當然是運用團體環境來訓練人們如何控制壓力。

羅斯和他的同事們發展出一個控制壓力的多重方法團體訓練計畫，它已被運用於各類的機構。這一計畫通常是八個星期、每星期兩個小時的團體聚會的形式，外加團體前、團體後個別評估會談各一次和一次追蹤團體集會。評估包括：用以鑑定壓力來源和程度的個別會談，運用一些紙筆測驗，當事人對自己在壓力情境反應的日常自我監督。

壓力被體驗為一種生理喚起，並伴隨認知和行為的相關產物。壓力的體驗既受到一個人的環境、也受到自身觀念的影響。因此，訓練應當包括社會——心理各方面。由羅斯、托爾曼、托蘭特提出的訓練方法包括教給當事人處理由壓力所引起的生理喚起的放鬆方法。在評價環境事件方面的認知扭曲，是經由各種認知重建技術來治療的。當事人得到幫助，以社會技能訓練來應付社會環境中的壓力事件。由羅斯和他的同事們建立起來的壓力管理認知訓練，注重運用來自三個方面的原理和方法：艾利思的理性情緒療法（這是下一章的主題內容），貝克(Aaron Beck, 1976)的認知治療，以及梅肯保的認知—行為方法（下面就要介紹到）。

(三)梅肯保的壓力免疫訓練

梅肯保(Meichenbaum, 1985, 1986)考慮到，不能僅僅只是教給人們具體的因應技巧，還須訓練當事人接受介入措施，並促動他們有所改變，這涉及到諸如：抗拒和復發等問題。壓力免疫訓練（stress-inoculation training,略作SIT）是由各種成分綜合構成的，包括：訊息給予、蘇格拉底式的討論、認知重建、問題解決、放鬆訓練、行為與想像預演、自我監督、自我指導、自我增強、改變環境狀態。這種方法是設計用來教授因應技巧，可被應用於處理現時問題和未來的困難。以下是梅肯保提議的一些臨床指導原則，它們是針對壓力減輕與預防訓練提出的：

□ 進行評估，以確定有哪些個人的和人際的因素抑制了當事人應付壓力的能力

□ 號召當事人的合作和參與：建立起合作式的評估、介入、評價訓練計畫的方法

□ 在各個因應技巧方面訓練當事人，要考慮到個體的和文化的差異；

促進一種具有彈性的應付能力

　□ 詳細說明應付過程中的認知和情感因素

　□ 認眞地選擇訓練任務

　□ 訓練如何將學到的內容進行轉換和推廣

　□ 訓練應當是以未來爲導向的，即要預見可能的挫折和壓力性生活情
　　境，應當考慮到舊病復發的可能性

　□ 多層次、多方面的訓練是最有效的。如果有可能的話，應當在各種
　　環境中進行訓練

　□ 爲當事人的活動績效提供回饋

　□ 如果有可能，安排一些後援活動、追蹤評估，以及追蹤訓練

　　梅肯保(Meichenbaum, 1985)爲SIT設計了一個三階段模式：概念階
段；技能獲得與預演階段；應用與追蹤階段。

　　在SIT的最初階段（即概念階段），主要焦點是放在幫助當事人對壓力
的性質獲得更好的理解，並以社會互動的術語重新認識它，從而與當事人
建立起一種工作關係，並對當事人進行有關壓力與因應的相互作用分析的
教育。他們了解認知和情緒在造成和持續壓力中所扮演的角色。在一個當
事人於其中扮演主動角色的評估過程之後，他們確立指導他們的短期、中
期、長期治療目標。自我監督就從這一時期開始，並一直持續於所有的階
段。當事人通常要堅持做開放式的日記，在其中系統地記錄他們具體的思
想、情感和行爲。許多當事人開始治療這樣的感覺：他們是那些自身無力
控制的外在環境、思想、情感、行爲的受害者。訓練包括要教予他們逐漸
意識到他們自身在造成自己的壓力中所產生的作用，這爲他們提供了一個
基礎，以便學習種種減緩壓力的消極作用的方法。

　　SIT的第二個階段是技能獲得與預演階段(skills　acquisition　and
rehearsal)，注重於幫助當事人發展和鞏固各種個人的和人際的因應技能。
這些特殊的技術部分包括：放鬆訓練、認知重建、問題解決、社交技能訓
練、時間管理、自我指導訓練，以及生活風格的改變，諸如：重新評價優
越性、建立支持系統、採取直接行爲改變壓力情境。當事人被介紹以各種
的放鬆方法，並被教以運用這些技術減低由壓力引發的喚起。經由教學、

示範和有指導的實踐，他們學會了逐步放鬆的技術，並被要求有規律地實踐這些技能。當事人需要了解，放鬆並不是浪費時間，他們必須授權給自己從事種種自我放鬆的活動。這些活動也可以包括：冥想、瑜珈、緊繃和鬆弛肌肉，以及呼吸控制技術；還可以包括：散步、慢跑、從事園藝、編織，或是其他體力活動。梅肯保強調，重要的是，無論當事人還是訓練者都要了解，放鬆在同等程度上既是一種心理狀態，又是一種身體狀態。

教導當事人各種認知策略是SIT第二階段的主要內容。這些介入措施包括：認知重建、問題解決策略、指導性的自我對話。在認知重建中，當事人覺察到自己的認知和情緒在造成和維持壓力中所扮演的角色。SIT中所運用的這些認知重建方法，是以貝克(Beck, 1976)的工作為基礎的。他的認知治療的目的是：找出當事人不真實的、適應不良的觀念模式，並以合理的、適應性的思維模式取代之。他著重強調當事人發現這些適應不良的觀念模式的能力和責任，在教導具有建設性的認知和因應技能時，他系統化地運用了種種方法，諸如：示範作用、行為預演、逐級遞進的指定作業。在處理與壓力有關的問題時，SIT運用三種核心技術，是由貝克、拉許、蕭、埃米里(Beck, Rush, Shaw, & Emery, 1979)所闡述的：引發出當事人的思想、情感和對事件的解釋；收集有關當事人支持或反對這些解釋的證據；指定家庭作業來檢驗這些解釋的有效性，並收集進一步的訊息以供討論。經由認知治療技術，當事人學習如何探察消極的、引起壓力的觀念，還學習勇敢地面對自己的「自主觀念」和絕對化的思維方式──這些正構成了他們的壓力。當事人還接受自我指導訓練，在這種訓練中，他們學習有目的的自我對話技術，以此取代消極的自我陳述。經由訓練，當事人建立起一套新的因應性自我陳述，可在遭遇壓力事件時予以運用。根據假設，如果當事人的思維是使他們的處境越來越糟的主因，他們能夠採取一套不同的自我陳述來減緩、避免、或建設性地利用壓力。

在SIT的第三階段，應用與追蹤階段(application and follow-through)，著重點是放在認真地安排治療情境中的改變，使之轉化和維持到真實環境中去。這裡的假定是，在團體中所練習的因應技能，不會自動地推廣泛化到日常生活情境中去。為了鞏固在訓練活動中所學到的內容，當事人要參與各種的活動，包括：想像和行為預演、角色扮演、示範作用、

逐步練習。當事人被要求記錄下他們願意去完成的家庭作業或是個人嘗試。這些作業的收穫要在隨後的團體聚會上仔細的檢查，而且，如果當事人沒有徹底完成它們，訓練者和團體成員們要合作探討這些失敗的原因。追蹤觀察和後援活動通常是在團體結束後的三、六、十二個月進行，以此激勵當事人繼續實踐和改善他們的技能。SIT並不被看作是一種限制性的介入措施，它可以是持續不斷的壓力管理計畫的一部分，使得訓練的效益可以延伸到未來。有關這一治療階段通常所採用的技術的更詳細討論，請回顧前面有關行為團體的後期階段中所介紹的技術討論。

㈣對治療實務的啟示

　　壓力管理訓練對相當廣泛的問題類型和當事人都有潛在的應用價值，無論是壓力障礙的治療還是預防。梅肯保(Meichenbaum, 1985)對有關SIT的運用文獻進行了整理，把各種方法和特定類型的當事人對應起來。接受過壓力管理訓練的目標問題和當事人群體包括：

- 有關憤怒的問題：有難以控制憤怒問題的成人和青少年、施虐的家長
- 有關焦慮的問題：考試焦慮、人際焦慮、演出焦慮、成年人重新進入學校的焦慮
- 有關恐懼的問題：動物恐懼、飛行恐懼
- 一般壓力反應：A型人格者、醫療門診病人、社區心理健康中心的病人
- 醫療問題：訓練病人準備手術、訓練兒童做牙科檢查、控制疼痛、幫助癌症病人應付恐懼
- 受害者群體：遭強暴的受害者、恐怖者襲擊的受害者
- 專職人員群體：護士、教師、學校心理學家、觀護人、警務人員、傘兵、教練、潛水人員

　　羅斯和他的同事們(Rose et al., 1985)以其在指導壓力管理訓練團體方面的經驗為基礎，認為這種訓練方法是有廣泛適用性的。他們已針對各種類型的人指導了壓力管理團體，包括：養父母、虐待配偶者、學生、心臟病復健中心的病人，以及來自相當廣泛人群的病人。他們幫助社會工作

者處理其壓力，教給他們可運用於當事人的種種技術。因應技巧訓練並不須是單獨實施的，可以與其他治療技術整合在一起。

有關各種組織壓力管理團體方法的詳細介紹，請參見羅斯、托爾曼、托蘭特(Rose, Tolman, & Tallant, 1985)的手冊；關於疼痛控制團體，請參見羅斯、蘇伯拉梅尼安(Rose, & Subramanian, 1986)的手冊。

自我指導行為改變團體

當前有一種「分享心理學」的潮流——這是指有一種教導人們如何在其日常生活中運用人際技能的傾向。這種傾向意味著，心理學家將和消費者們分享他們的知識，以便人們能逐漸自我指導地生活，不必依賴於專家便能有效地應付他們所面臨的問題。持有這種觀點的心理學家主要關心教導人們所需要的自我指導的技能。

行為取向的團體為那些想要學習自我管理技能的人提供了極大的包容度。一個人可以學習以控制行為促成自我指導改變的方面有：過度的飲食、酗酒、吸煙，以及在工作或學校中自我約束不足。有些人不能在自己的工作中實現某些目標，因為他們的努力受到缺乏組織的妨礙；他們不知道怎樣開始一項計畫，怎樣維持其努力，以及怎樣在他們不能實現自己的目標時避免體驗讓人喪失鬥志的沮喪。正是在這些以及其他相似的方面，自我指導改變的行為團體提供了促成改變所必須的指導原則和計畫。

有一些有關自我指導的行為及其在團體治療中應用的非常出色的書籍。華生和薩普(Watson & Tharp, 1989)所著的《自我指導行為：個人適應的自我改變》 *(Self-Directed Behavior: Self-Modification for Personal Adjustment)*，是最優秀的著作之一。另一篇極好的文獻是康福爾和蓋里克(Kanfer & Gaelick, 1986)所撰寫的一章，題為〈自我控制方法〉*(Self-Management Methods)*。

多重模式團體治療

前面所介紹的各種行為團體治療模式往往是短期的（六至十二次活

動)，且大都是針對的同質群體。例如，肯定訓練團體是短期的，團體成員都是要學習自我肯定的方法。壓力管理訓練由八次活動組成，疼痛控制訓練進行十次活動。同樣的，許多自我指導團體也是同質性的，治療程序也較爲簡單。團體成員們被敎予種種技能，一旦他們完成這些特殊的訓練，他們便能加以運用。與此形成對照的，多重模式團體技術往往時間比較長，在組織上更類似於其他長期團體治療的形式。

多重模式治療廣泛取向的一個重要前提是，一個人在治療中所學習的應付方法越多，舊病復發的可能性就越小(Lazarus, 1987a)。雖然絕大多數有關多重模式治療的文獻都來自於個別心理治療，拉扎勒斯的觀點可以運用於團體諮商和治療 (參見Lazarus, 1982)。這一方法之所以被放在這一章，是因爲它潛在地包括了團體治療中的所有重要方面的人格功能。多重模式團體治療考慮到了整體的人(whole person)。拉扎勒斯強調，由於每一個當事人都是獨特的，治療就必須是因人而異，必須小心地避免使當事人就範於某一種預設的治療模式。在多重模式治療中，治療者須非常小心精確地確定哪種類型的關係以及哪些治療方法，可能對哪一個當事人、在哪種特定情況下最爲有效。一個基本的問題是，誰或什麼最適合於這個特定的當事人？治療的彈性和多樣性在多重模式取向中受到極大的重視(Lazarus, 1986, 1987b, 1989)。

多重模式技術的實質是這樣的一個假設：人類是複雜的，因爲他們有動機、有感覺、有想像、有思想，且相互聯繫在一起。根據拉扎勒斯(Lazarus, 1986)的觀點，有七個方面的重要人格功能：行爲、情感反應、感覺、想像、認知、人際關係、生物功能。雖然這些型態是相互作用的，它們可以被看作是具有分離的功能，並各有其不同的用途(Roberts, Jackson, & Phelps, 1980)。

多重模式治療者們持有這樣的觀點：一個完整的評估和治療方案，必須符合BASIC ID (基本身份) 的每一個型態，它們分別代表著行爲、情感、感覺、想像、認知、人際關係、藥物／生物因素。因此，BASIC ID是認知圖，確保人格的每一個方面得到明確的系統性關注(Lazarus, 1981)。進一步地說，完善的治療包括對不合理的觀念、偏差的行爲、不愉快的情感、厭煩的想像、緊張的關係、負面的感覺、可能的生化失衡等方面的矯正。

根據假定，由於當事人被許多特殊的問題所煩擾，最好的辦法是運用許多特殊的治療。如果治療者不能針對當事人的現時型態對症下藥，當事人往往會感到被誤解。不言自喻的是，治療者應當從當事人的現狀入手，由此推向治療進程更有成效的方面(Lazarus, 1989)。持久的變化被認為是取決於技術、策略、方式的組合。

還有其他一些支持多重模式治療的基本假定。其一，治療者必須是有影響力的人；其二，他們需要有相當廣泛的技能和技術，以應付當事人所提出的相當廣泛的問題；其三，他們必須採取「技術折衷主義」，也就是說，他們應當能夠運用任何一種已被證明在處理特殊的問題中有效的技術(Roberts et al., 1980)。

根據拉扎勒斯(Lazarus, 1986, 1987b)的觀點，在理論上採取折衷，存在著一些重要的問題，因為在各種治療體系之間有一些相對立的觀點。在採取理論折衷時，拉扎勒斯贊同在一種能開放的接受證實和否定的理論結構中運用各種不同的技術。他還說，有用的技術可衍生於許多來源，而在使用上可能背離於它們的根源。在提倡技術的（或系統的）折衷主義方面，他並沒有提出像理論折衷主義那樣的爭論。多重模式治療主要是以班都拉(Bandura, 1969, 1977, 1986)的社會學習理論(social-learning theory)的原理為基礎(Lazarus, 1986)。拉扎勒斯(Lazarus, 1987b)認為這種技術折衷主義是必要的、是科學的，且具有其他三種特性：廣度、深度、明確性。

在多重模式團體治療中，治療過程是從全面評估人的功能的所有型態開始。BASIC ID評估治療者們能夠在特定情況下運用對當事人最有幫助的介入措施。理想的是，多重模式治療者們接受廣泛的訓練，以便對個體、夫婦、家庭、團體都能進行治療；他們還應在特殊的行為、情感、感覺、想像、認知、人際關係、軀體技術方面具備專長（參見Lazarus, 1981年的文獻，其中列舉了三十九種最常使用的技術）。以下是拉扎勒斯(Lazarus, 1982, 1986)在這一團體治療第一階段描述的摘錄。團體成員們被問及有關BASIC ID的種種問題：

——行為(behavior)。這一型態主要是指外在的行為，包括各種可觀察和測量的活動、習慣、反應。被詢問的問題有：「你喜歡有什麼樣的變化？

你希望減少或去除哪些行為？你希望增加或獲得哪些行為？你的主要優點是什麼？有哪些具體的行為妨礙你得到你需要的東西？」

——情感(affect)。這一型態是指情緒、心境，以及強烈的體驗。時常問及的問題有：「你最常體驗的情緒是什麼？什麼使你開懷大笑？什麼使你悲傷？對你來說有哪些情緒構成問題？」

——感覺(sensations)。這一項是指五種基本感覺：觸覺、味覺、嗅覺、視覺、聽覺。要問及的問題有：「你是否有什麼不愉快的感覺，例如，疼痛、頭疼眩暈等等？有哪些你特別喜歡或不喜歡看、聞、聽、觸、嘗的東西？」

——想像(imagery)。這種型態是指我們描繪自己的方式，包括記憶和夢。一些問及的問題有：「在你的夢裡和記憶中出現哪些令人煩惱的事？你如何評價自己的身體？你現在怎樣看待自己？你希望將來能怎樣看待自己？現在正煩擾你的過去、現在或未來的心理景象是什麼？」

——認知(cognition)。這一項是指領悟、生活哲學、觀念、判斷，它們構成一個人的基本價值觀、態度和信念。有關問題包括：「在你的生活中哪些價值觀最為重要？你滿足理智所需的方式有哪些？你對自己說哪些否定性的事情？你的某些主要的不合理觀念是什麼？在你的生活中主要的「應該」、「應當」、「必須」的內容是什麼？它們是否妨礙你有效地生活？你的思想如何影響著你所做的事情以及你的現時感受？」

——人際關係(interpersonal)。這一項是指與其他人之間的相互交往。所問及的問題可以是：「你對於在生活中具有重要意義的人有什麼期望？他們對你有什麼期望？你給了這些人什麼？你從他們那裡得到了什麼？你是否希望與別人的任何關係有所改變？如果是的話，你希望有什麼樣的改變？」

——藥物／生物(drugs/biology)。這一型態包括的內容遠不止是藥物；它涉及到一個人的營養習慣和活動方式。所問及的某些問題是：「你的健康狀況如何？你是否有任何醫療上的問題？你是否服用任何被禁止的藥物？你的飲食和活動習慣是怎樣的？」

不能夠把以上所列出的內容看作是BASIC ID的一個完整架構，這只

是對一個當事人的BASIC ID作一個初步的調查，但這樣一個調查可以產生一些重要而有意義的主題，它們可以在團體中進行有成效的探討。在這個初步詢問調查之後，是一個詳細的生活經歷問卷。一旦確立出一個人BASIC ID的基本輪廓，下一步就要檢查各種不同型態之間的交互作用。這第二階段的工作突顯了一個人問題的各個部分，使得團體治療者能夠更充分地了解這個人，並設計有效的因應和治療策略。

拉扎勒斯(Lazarus, 1982)認為，團體最好在有關問題的領域和目標方面相對而言是同質的。團體成員組成的例子有：有興趣學習如何更肯定的人，擔憂體重減輕問題的人，關心如何在相互關係中改善溝通的夫婦，以及想要戒煙的人。當有理由認為其他人的存在會加強學習、中止學習與再學習過程的時候，團體治療被認為是尤其適宜的（可選擇的治療）。如果BASIC ID評估顯示，當事人有否定性的自我想像和不恰當的情感，那麼多重模式治療會是很有用的。同樣對於那些評估顯示有人際關係障礙的當事人來說，團體治療可比個別治療提供某些獨特的優點。

拉扎勒斯(Lazarus, 1982)的觀點是，限定期間的團體（大約二十次活動）似乎是最適宜的形式。當團體結束時，團體成員們可以參加個別治療或成為另一個團體的成員。拉扎勒斯發現，這樣的方式鼓勵最為積極主動的學習、中止學習、再學習，而這正是多重模式技術的基礎。從團體活動中所運用的方法來看，拉扎勒斯贊同折衷的觀點。因此，討論、角色扮演、放鬆練習、行為預演、認知重建、示範作用、肯定訓練、鑒別情感，只不過是所運用技術的一小部分。然而，拉扎勒斯強調，最具實質性的改變是發生在團體之外；因此，他很大程度上依靠家庭作業和其他以績效為基礎的方法，而不是單一地運用語言和認知方法（有關這些方法更為詳細的討論，請參見Lazarus, 1981的文獻）。

多重模式治療者往往在團體活動中相當主動。團體領導者是作為訓練者、教育者、諮詢者、催化者，以及角色楷模而發揮功能的。他們提供訊息、指導和回饋。團體治療者還在團體中示範自我肯定的行為，挑戰自我妨礙的觀念，提供有建設性的批評和建議，提供正向的增強，進行恰當的自我表露，從而產生重要的作用。這種團體工作的多重模式方法，要求團體治療者在使用各種方法和團體領導時具有變通性。

布魯內爾(Brunell, 1978)對多重模式治療方法進行了討論，把它作為精神病院中針對具體問題設計方案的基礎。根據布魯內爾的觀點，在醫院環境中，這一派別的重要優點是，為統整認識病人所提出的問題提供了一個系統的架構。這一派別包含了具體的目標，實現這些目標的具體治療技術，並提供了系統地評價這些治療方法相對效果的依據。多重模式技術的另一個優點是，精神病院中所有可能的大量治療資源都可以被用以滿足病人的各種需要。

拉扎勒斯的多重模式治療方法還被應用於整個臨床服務系統(Roberts et al., 1980)。門診治療訓練的整個治療計畫，都要接受多重模式評價。只有那些通過了多重方法分析的合格治療介入措施，才能在計畫中被採用。整個治療計畫包括：團體治療、家庭治療、婦女團體、溝通團體、夫婦治療、舞蹈治療、肯定訓練、放鬆訓練，以及其他傳統的治療。至今已發現，從管理和組織的角度來看，多重模式方法在應用於服務系統時，對於產生重要的評估分析和研究非常有用。

總之，多重模式技術對團體工作的價值之一是，它的確提供了一種評估和治療的全面性觀點。它允許融合各種的技術，如果一種技術證明對一個特定的問題是有療效的，它就可以成為多重模式治療者技術的一部分。因此，這種模式似乎促進了實務工作者們的開放性。

對行為團體治療的評價

行為團體取向的貢獻

行為治療對於這本書中所介紹的其他任何一種治療的優越之處，是在於它對技術的效果研究所作出的貢獻。那些不再發揮作用的方法被排除了，新的技術不斷地得到改善。羅斯(Rose, 1983)對這一優點作了極好的說明：「在確定哪種介入措施最適合於哪種問題方面，行為治療進行了最大限度的實驗研究」(p.102)。

羅斯還討論了行爲團體治療的另外兩個貢獻。其一，治療方法是針對每一個團體成員因人而異的，是以在團體環境中對一個具體個體的評估爲依據的，這種做法使這一學派具有很大的適用性和靈活性。其二，一個行爲團體是人本主義方法實際運用的具體範例，個體與團體爲共同確定的目標建立契約，團體成員們自身也參與目標和治療方案的選擇過程。在許多團體中，團體領導者把指導的功能轉給團體成員，幫助他們逐漸自立；團體領導者扮演著爲成員積極諮詢的角色，幫助他們最有效地實現預定的目標。如此一來，治療團體變成這樣一種場所，在其中，團體成員們學習如何進行學習，並被鼓勵發展能有效解決離開團體後可能遇到的任何未來問題所必要的技能。

當許多因素均已被考慮周到之後，行爲方法便較之許多其他的方法更爲優越，而且它允許介入措施的進一步發展。由於注重研究，這些技術可以變得越來越精確，以便它們能適用於各種特殊當事人的各種特殊問題。不論哪些模式影響領導者的團體領導風格，行爲治療的思想都能鼓勵團體領導者努力承擔起應有的責任，而不是簡單地依靠治療工作正在收效的自信和直覺。

團體諮商和團體治療的認知—行爲模式運用各種方法的組合，包括：認知重建、問題解決、社會技能訓練、因應技巧訓練、示範作用、行爲預演、團體回饋、增強，以及其他用以改變行爲的工具。對這些團體治療的每一個方面，都有實驗的支持，而且，初步的資料證明，認知—行爲團體模式爲各種類型的病人提供了一系列可行的治療方法(Rose, 1983)。

行爲團體取向的優點

羅斯(Rose, 1977, 1986)和羅斯和埃德勒森(Rose & Edleson, 1987)曾指出，幾乎所有可施用於個別治療的問題，也都可以在團體環境中得到解決，如果它們具有社會的、人際的因素的話。最爲基本的假定是：其他當事人的存在提供了一種獨特的機會，能夠在一種受保護的環境中和同伴們實踐新的社會互動技能(Rose, 1986)。

適用於進行行爲團體治療的當事人包括具有以下一種或多種問題的

人：缺乏社會技能、抑鬱、恐懼症、焦慮、壓力、性障礙、疼痛控制、壓力控制、憤怒控制、體重控制、物質濫用、兒童管理(Rose, 1986)。拉扎勒斯(Lazarus, 1986)又補充了：衝突情感、錯誤訊息、喪失訊息、適應不良的習慣、人際關係紊亂、缺乏自尊，以及生物功能失調。許多問題似乎更適於團體治療，比個別治療具有某些突出的優點。以下列出的是對這些優點的部分整理，是以羅斯(Rose, 1977, 1982, 1983, 1986)和羅斯、埃德勒森(Rose & Edleson, 1987)的文獻為基礎的。

——團體在練習新獲得的行為和把這一實踐轉換到日常生活中這兩著之間，為團體成員們提供了一個中介步驟。這樣的團體是學習建立良好社會關係技能十分重要的自然實驗室。

——團體環境提供了控制個體行為的有效規範。例如，一些積極的治療性規範有：按時出席、願意自我表露、對自己的問題進行評價和解決、接受別人的鼓勵、堅持一項能夠促成認知和行為改變的計畫。

——團體治療為準確的評估提供了一個環境，因為團體成員們可以學習如何經由不斷從其他團體成員和團體領導者獲得的回饋而影響其他人。團體成員們可以相互就具體的行為提供有效的回饋，這種來自團體成員的回饋要比來自團體領導者的回饋更容易被迅速接受。

——團體治療的一個獨特的特徵是，存在著來自同伴之間的增強。

——有關行為與認知—行為團體治療各種成分的實驗性證據，越來越多。團體治療和個別治療相比，至少效果是一樣的，但從治療者的收穫來看，效率更高(Rose, 1986)。

行為團體取向的缺點

團體的確也有它的缺點，可能發展出反治療的規範，這可能會抵制有效的治療。和個別諮商相比，團體中的不良風氣和攻擊性可能更容易成為問題。當團體是高度結構化時，正如行為團體通常所形成的局面，當事人個人需要的滿足可能會受到妨礙。即使團體要獲得最小的效果，也都得要求團體領導者訓練和領導有素，要求具有相當豐富的技能(Rose, 1986;

Rose & Edleson, 1987)。

對行為團體取向的批評

　　對行為治療的批評通常傾向於針對斯金納心理學中所固有的決定論觀點。的確，傳統的行為主義反對人類的自由，儘管如此，很明顯的是，現代行為治療明確強調認知因素的作用，以及當事人的自我控制或獨立性(Bandura, 1986; Goldfried & Davison, 1976; Kanfer & Goldstein, 1986; Lazarus, 1971, 1981; London, 1985; Mahoney & Thoresen, 1974; Meichenbaum, 1977, 1985, 1986; Rose, 1977, 1980, 1982, 1983, 1986; Thoresen & Mahoney, 1974)。目前有一種開拓行為治療的範圍但同時維繫其原有本質特徵的趨勢。例如，行為治療者正從認知和社會學習方面重新建構他們的技術，以取代傳統的制約作用觀點。這一章已經列舉了大量的例子，說明那些主要設計用來增加當事人的控制程度和在日常生活中具體方面的自由度團體。

　　對團體治療的行為方法的另一些批評指出，這一模式忽視了現時行為的歷史原因，在治療過程中沒有著眼於過去經歷。這一批評在一定程度上是對的。例如，請考慮羅斯(Rose, 1977)的聲明：「行為治療者關注具體的行為，作為變化的目標，但不重視早期生活歷史的相對意義。和其他心理治療者相比，這類治療者很少強調主觀體驗、領悟、態度，也很少注意夢的解析」(p.3)。看起來，行為治療者反對傳統的心理分析方法，後者假定，早期的創傷性事件是現時功能失調的根源。正如我們所看到的，心理分析理論主張要揭示原始的根源，引發當事人的領悟，解決過去的創傷。行為治療者承認，不正常的反應有其歷史的根源，但他們主張這些反應仍然在發揮作用，因為他們被增強刺激所維持。他們假定，過去事件很少維繫著現時的問題，因此，他們把強調重點放在為當事人提供新的學習經驗上。很明顯的，行為團體的焦點是在於學習新的反應並改變環境條件，以此作為行為改變的必要前提。

　　雖然我認為指責行為治療者們忽視歷史或貶低歷史是不公平的，但我的確相信，他們沒有充分地研究歷史。在我自己的工作中，發現團體參與

者們的絕大多數現時苦惱似乎都有其兒童時期的固有根源。雖然我並不提倡重回過去經驗，我發現對團體成員們來說，似乎有必要在進行新的學習之前，重現某些過去經驗，解決某些自兒童期以來一直懸而未解的重要矛盾衝突。除了比大多數行為治療者對過去歷史給予更多的關注之外，與他們相比，我還在更大程度上重視主觀的體驗（諸如：情感和夢）。

行為模式的侷限性之一是，如果它被過於僵化地運用，它會使治療者喪失對團體成員們的了解，過分地注重於技術和團體成員們具體問題的細節。在我看來，這種對問題和症狀的重視會導致不能理解一個個體行為背後所隱藏的含義。這並不是說，團體治療應當注重解決行為的「基本原因」。然而，我樂於處理一個人外在環境中可能引發為問題的種種因素，以及一個人對這些環境因素的內在反應。例如，在治療一個對與女性交往有高度焦慮的男性病人時，我的興趣可能是在於了解他的環境中哪些特定的情境造成了這種焦慮，我會關心他對這些情境的反應。當他出現在婦女面前時，他會有什麼樣的感受？當他遇到女性時，他對自己說些什麼？在不同的情境中他怎樣看待女性？我可能想要與他探索這一焦慮的意義，我還會鼓勵他重現某些早期的、痛苦的、與女性有關的經歷，並促進更深入的表達體驗和自我探索。公平地說，現在絕大多數行為治療者都探討情境與反應，他們有興趣探索當事人問題背景中認知的、以及一定程度上情感的要素。換句話說，行為治療者們的興趣，已不再僅僅是消除問題行為的症狀。

行為方法在其他模式中的運用

一個治療者並不必完全侷限於行為治療，以便從特殊行為技術的運用中得到實際收益。實際上我認為，有些存在主義和人本主義的方法，可以經由系統化地在其關係取向的架構中，融合某些行為和認知的技術而得到加強。我相信，對團體中發生作用的種種學習原理的理解，對於有效的團體領導者來說是非常重要的，無論一個人的理論取向如何。

例如，行為原理是某些治療方法如示範作用和增強的依據，而這些方法被用於幾乎所有的團體。團體成員們在他們的各種嘗試諸如：誠實、冒險、實驗新行為、主動性、創造性、充分地參與團體等方面，都得到支持

（增強）。而且，這一方法的具體性幫助團體成員們把模糊不清的目標轉化為具體的行動計畫，並幫助團體領導者明確地把這些計畫放在著眼點上。行為模式的另一個貢獻是，團體參與者們可以運用相當廣泛的技術說明他們的目標，並發展出實現這些目標所需要的技能。這些技術，諸如：角色扮演、教導、具體指導下的實踐、示範作用、回饋、逐步學習、家庭作業，都可以被組合到任何一個團體領導者的技術寶庫中去，無論他或她有怎樣的理論取向。

行為治療在多元文化環境中的應用

行為團體治療在對多元文化群體的工作中有一些明顯的優勢。來自某些文化和種族背景的當事人持有的價值觀，與團體中自由地表達情感和公開有關家庭問題的個人事件的價值觀相抵觸。由於行為團體不強調體驗強烈的情感和情緒宣洩，那些覺得公開種種情感很令人不快的當事人，便不會再被促動情緒的做法所嚇跑。

行為團體常常是短期的、高度結構化的，因此當事人有很好的機會在同意參加團體時了解他們究竟要做什麼。行為團體領導者通常花時間訓練團體成員們適應參與這種團體經驗，告知團體成員們對於實現自己的具體目標可做些什麼。這一團體歷程並不神秘，因為團體規範是明確訂定的。

行為團體通常有一個具體的注重焦點，正如我們所看到的。使行為方法有益於團體工作的其他因素包括它的：具體性、任務導向性、注重客觀性、注重認知和行為，以及問題解決的取向。當事人學習因應策略並獲得生存技能。由於少數民族通常不能承受長期的內省性治療，這種問題解決方法正適合於他們。由於行為治療採取短期的形式，適合於少數民族當事人所面臨的各種實際問題，而且這種時間架構使它有可能處理當事人逐日帶到治療中來的具體問題。

然而，對於團體領導者來說，重要的是要幫助當事人評估他們新獲得的某些社會技能的可能結果。例如，有些當事人會發現，當他們表現出更為堅持主見的行為時，他們的生活甚至變得更為複雜化。因為他們的文化可能對遵從傳統予以褒獎，而如果一個人決定仍然保留他或她的文化的

話，堅持主見可能會造成某些問題。因此，團體領導者需要留意文化價值怎樣影響著當事人的行爲，而且還要盡力幫助這些成員們評估建立一種更肯定風格的種種優點和不利。還有一點很重要是，隨著團體成員們在自己的家庭和工作環境中有所改變，他們有機會在團體中談論所遇到的實際問題。

問題與討論

1.行爲團體有哪些特徵使它有別於本書所介紹的其他許多模式？在什麼程度上你認爲你能夠把某些行爲概念和技術融合到關係取向的治療和經驗性治療中？

2.「評估」在一個行爲團體中扮演著什麼角色？請解釋評估如何能成爲一個持續不斷的過程，請談談這一過程的價值。再請問，你如何能夠把這種注重評估的做法融合到其他治療模式中去？

3.有哪些行爲技術你最想在你所領導的團體中採用？你如何以融合認知的和行爲的方法，來拓展你領導風格的基礎？

4.團體前會談和追蹤考察個別會談與團體活動有哪些實際的優點？你可能以什麼樣的方式把這些納入到一個團體的設計中去？

5.請選擇一個你可能有興趣組織的特定類型團體。請從行爲的觀點思考一下，從你一開始公布這一團體到最後一次團體活動，有哪些因素你會予以考慮？在這個團體的每一個階段，你怎樣進行設計？請考慮如何與你班上的其他同學討論你的建議。

6.請說明一些有關行爲團體治療的倫理問題。哪一個問題你認爲是最重要的？

7.你對行爲治療的焦點——注重行爲而不是情感和領悟，興趣在於現時問題而不是探索過去歷史，關心客觀因素而反對主觀因素，依靠對結果的實驗證實而不是臨床直覺——有何感想？

8.盡你所能，從行爲觀點中找出可在任何一個團體中運用的成分。例如，試討論示範作用、社會增強、回饋在一個團體中的作用。系統地注意

這些因素會怎樣加強一個團體的成效？

9.行為模式的主要缺陷和侷限性是什麼？你對這一理論運用於團體工作的主要批評是什麼？

10.對於行為模式最重要的某些貢獻，你有什麼看法？

參考資料

Alberti, R. E., & Emmons, M. L. (1986a). *Your perfect right: A guide to assertive living* (5th ed.). San Luis Obispo, CA: Impact.

Alberti, R. E., & Emmons, M. L. (1986b). *Your perfect right: A manual for assertiveness trainers.* San Luis Obispo, CA: Impact.

Bandura, A. (1969). *Principles of behavior modification.* New York: Holt, Rinehart & Winston.

Bandura, A. (1977). *Social learning theory.* Englewood Cliffs, NJ: Prentice-Hall.

Bandura, A. (1986). *Social foundations of thought and action: A social cognitive theory.* Englewood Cliffs, NJ: Prentice-Hall.

Beck, A. T. (1976). *Cognitive therapy and the emotional disorders.* New York: New American Library.

Beck, A. T., Rush, A. J., Shaw, B. F., & Emery, G. (1979). *Cognitive therapy of depression.* New York: Guilford Press.

Berkowitz, S. (1982). Behavior therapy. In L. E. Abt & I. R. Stuart (Eds.), *The newer therapies: A sourcebook.* New York: Van Nostrand Reinhold.

Brunell, L. F. (1978). A multimodal treatment model for a mental hospital: Designing specific treatments for specific populations. *Professional Psychology, 9*(4), 570–579.

Brunell, L. F., & Young, W. T. (Eds.). (1982). *Multimodal handbook for a mental hospital: Designing specific treatments for specific problems.* New York: Springer.

Burns, D. (1981). *Feeling good.* New York: New American Library.

Comas-Diaz, L. (1981). Effects of cognitive and behavioral group treatment on the depressive symptomatology of Puerto Rican women. *Journal of Counseling and Clinical Psychology, 49*(5), 627–632.

Cormier, W. H., & Cormier, L. S. (1985). *Interviewing strategies for helpers: A guide to assessment, treatment, and evaluation* (2nd ed.). Pacific Grove, CA: Brooks/Cole.

Ellis, A. (1962). *Reason and emotion in psychotherapy.* New York: Lyle Stuart.

Ellis, A., & Harper, R. (1975). *A new guide to rational living.* Englewood Cliffs, NJ: Prentice-Hall.

Emery, G. (1981). *A new beginning: How you can change your life through cognitive therapy.* New York: Simon & Schuster (Touchstone).

Emery, G., Hollon, S. D., & Bedrosian, R. C. (1981). *New directions in cognitive therapy.* New York: Guilford Press.

Goldfried, M. R., & Davison, G. C. (1976). *Clinical behavior therapy.* New York: Holt, Rinehart & Winston.

Gottman, J. M., & Leiblum, S. (1974). *How to do psychotherapy and how to evaluate it.* New York: Holt, Rinehart & Winston.

Haaga, D. A., & Davison, G. C. (1986). Cognitive change methods. In F. H. Kanfer & A. P. Goldstein (Eds.), *Helping people change: A textbook of methods* (3rd ed.). New York: Pergamon Press.

Hall, J. A., & Rose, S. D. (1980). Assertion training in a group. In S. D. Rose (Ed.), *A casebook in group therapy: A behavioral-cognitive approach.* Englewood Cliffs, NJ: Prentice-Hall.

Kanfer, F. H., & Gaelick, L. (1986). Self-management methods. In F. H. Kanfer & A. P. Goldstein (Eds.), *Helping people change: A textbook of methods* (3rd ed.). New

York: Pergamon Press.

Kanfer, F. H., & Goldstein, A. P. (Eds.). (1986). *Helping people change: A textbook of methods* (3rd ed.). New York: Pergamon Press.

Kindy, P., & Patterson, P. M. (1980). Behavioral-cognitive therapy in a group for the prevention of obesity. In S. D. Rose (Ed.), *A casebook in group therapy: A behavioral-cognitive approach.* Englewood Cliffs, NJ: Prentice-Hall.

Kuehnel, J. M., & Liberman, R. P. (1986). Behavior modification. In I. L. Kutash & A. Wolf (Eds.), *Psychotherapist's casebook* (pp. 240–262). San Francisco: Jossey-Bass.

Lazarus, A. A. (1971). *Behavior therapy and beyond.* New York: McGraw-Hill.

Lazarus, A. A. (1981). *The practice of multimodal therapy.* New York: McGraw-Hill.

Lazarus, A. A. (1982). Multimodal group therapy. In G. M. Gazda (Ed.), *Basic approaches to group psychotherapy and group counseling* (3rd ed.). Springfield, IL: Charles C Thomas.

Lazarus, A. A. (1986). Multimodal therapy. In J. C. Norcross (Ed.), *Handbook of eclectic psychotherapy* (pp. 65–93). New York: Brunner/Mazel.

Lazarus, A. A. (1987a). The multimodal approach with adult outpatients. In N. S. Jacobson (Ed.), *Psychotherapists in clinical practice.* New York: Guilford Press.

Lazarus, A. A. (1987b). The need for technical eclecticism: Science, breadth, depth, and specificity. In J. K. Zeig (Ed.), *The evolution of psychotherapy* (pp. 164–178). New York: Brunner/Mazel.

Lazarus, A. A. (1989). Multimodal therapy. In R. J. Corsini & D. Wedding (Eds.), *Current psychotherapies* (4th ed.). Itasca, IL: F. E. Peacock.

Lazarus, A. A., & Fay, A. (1984). Behavior therapy. In T. B. Karasu (Ed.), *The psychiatric therapies* (pp. 483–538). Washington, DC: American Psychiatric Association.

London, P. (1985). *The modes and morals of psychotherapy* (2nd ed.). New York: Hemisphere.

Mahoney, M. J., & Lyddon, W. J. (1988). Recent developments in cognitive approaches to counseling and psychotherapy. *The Counseling Psychologist, 16*(2), 190–234.

Mahoney, M. J., & Thoresen, C. E. (1974). *Self-control: Power to the person.* Pacific Grove, CA: Brooks/Cole.

Masters, J. C., Burish, T. G., Hollon, S. D., & Rimm, D. C. (1987). *Behavior therapy: Techniques and empirical findings* (3rd ed.). New York: Harcourt Brace Jovanovich.

McMullin, R. E. (1986). *Handbook of cognitive therapy techniques.* New York: Norton.

Meichenbaum, D. (1977). *Cognitive behavior modification: An integrative approach.* New York: Plenum.

Meichenbaum, D. (1985). *Stress inoculation training.* New York: Pergamon Press.

Meichenbaum, D. (1986). Cognitive behavior modification. In F. H. Kanfer & A. P. Goldstein (Eds.), *Helping people change: A textbook of methods* (3rd ed.). New York: Pergamon Press.

Perry, M. A., & Furukawa, M. J. (1986). Modeling methods. In F. H. Kanfer & A. P. Goldstein (Eds.), *Helping people change: A textbook of methods* (3rd ed.). New York: Pergamon Press.

Rios, J. D., & Gutierrez, J. M. (1985/86). Parent training with non-traditional families: An unresolved issue. *Child and Family Behavior Therapy, 7*(4), 33–45.

Roberts, T. K., Jackson, L. J., & Phelps, R. (1980). Lazarus' multimodal therapy model applied in an institutional setting. *Professional Psychology, 11*(1), 150–156.

Rose, S. D. (1972). *Treating children in groups*. San Francisco: Jossey-Bass.

Rose, S. D. (1977). *Group therapy: A behavioral approach*. Englewood Cliffs, NJ: Prentice-Hall.

Rose, S. D. (Ed.). (1980). *A casebook in group therapy: A behavioral-cognitive approach*. Englewood Cliffs, NJ: Prentice-Hall.

Rose, S. D. (1982). Group counseling with children: A behavioral and cognitive approach. In G. M. Gazda (Ed.), *Basic approaches to group psychotherapy and group counseling* (3rd ed.). Springfield, IL: Charles C Thomas.

Rose, S. D. (1983). Behavior therapy in groups. In H. I. Kaplan & B. J. Sadock (Eds.), *Comprehensive group psychotherapy* (2nd ed.). Baltimore: Williams & Wilkins.

Rose, S. D. (1984). The use of data in resolving group problems. *Social Work with Groups, 7,* 119–130.

Rose, S. D. (1986). Group methods. In F. H. Kanfer & A. P. Goldstein (Eds.), *Helping people change: A textbook of methods* (3rd ed.) (pp. 437–469). New York: Pergamon Press.

Rose, S. D., & Edleson, J. (1987). *Working with children and adolescents in groups: A multimodal approach*. San Francisco: Jossey-Bass.

Rose, S. D., & Feldman, R. (Eds.). (1986). *Research on groups*. New York: Haworth Press.

Rose, S. D., & Subramanian, K. (1986). *A group leader's guide to pain management training*. Madison, WI: Interpersonal Skill Training and Research Project.

Rose, S. D., Tallant, S. H., Tolman, R., & Subramanian, K. (1986). A multimethod group approach: Program development research. In S. D. Rose & R. Feldman (Eds.), *Research on groups*. New York: Haworth Press.

Rose, S. D., Tolman, R., & Tallant, S. H. (1985). *A group leader's guide to stress management training*. Madison, WI: Interpersonal Skill Training and Research Project.

Rose, S. R. (1987). Social skills training in middle childhood: A structured group approach. *Journal for Specialists in Group Work, 12*(4), 144–149.

Shaffer, J., & Galinsky, M. D. (1989). *Models of group therapy* (2nd ed.). Englewood Cliffs, NJ: Prentice-Hall.

Thoresen, C. E., & Coates, T. J. (1978). What does it mean to be a behavior therapist? *The Counseling Psychologist, 7*(3), 3–21.

Thoresen, C. E., & Mahoney, M. J. (1974). *Behavioral self-control*. New York: Holt, Rinehart & Winston.

Turner, S. M., Beidel, D. C., Hersen, M., & Bellack, A. S. (1984). Effects of race on ratings of social skills. *Journal of Consulting and Clinical Psychology, 54*(3), 474–475.

Upper, D., & Ross, S. M. (Eds.). (1979). *Behavioral group therapy 1979: An annual review*. Champaign, IL: Research Press.

Upper, D., & Ross, S. M. (Eds.). (1980). *Behavioral group therapy 1980: An annual review*. Champaign, IL: Research Press.

Upper, D., & Ross, S. M. (Eds.). (1981). *Behavioral group therapy 1981: An annual review*. Champaign, IL: Research Press.

Watson, D. L., & Tharp, R. G. (1989). *Self-directed behavior: Self-modification for personal adjustment* (5th ed.). Pacific Grove, CA: Brooks/Cole.

Williams, R., & Long, J. (1983). *Toward a self-managed life style* (3rd ed.). Boston: Houghton Mifflin.

Wilson, G. T., Franks, C. M., Kendall, P. C., & Foreyt, J. P. (1987). *Review of behavior therapy: Theory and practice*. New York: Guilford Press.

Wolpe, J. (1958). *Psychotherapy by reciprocal inhibition*. Stanford, CA: Stanford University Press.

Wolpe, J. (1969). *The practice of behavior therapy*. New York: Pergamon Press.

14

理性情緒團體治療法

導言

　　亞伯特·艾利思(Albert　Ellis)在1950年代中期創立理性情緒治療(rational-emotive therapy, RET)，為強調認知角色對行為影響力的先驅者之一。他是一位精力充沛、極具效能的人，在忙碌的專業生活中，艾利思平均每週處理八十個個案，並帶領五個治療團體領導者，每年還得對社會大眾和心理專業人士作二百次左右的演講和工作坊。此外，他出版了超過五十本書及六百篇的文章，主要多為討論RET之題材。無庸置疑地，他已在近期的認知行為治療領域中，扮演著核心的角色。

　　艾利思(1979c)曾描述其年輕時期的情緒問題，以及連帶的壓抑行為，其中之一是他對公開演說的恐懼。為了克服其焦慮，艾利思曾發展出一種認知取向的做法，結合系統減敏感法和家庭作業練習，使自己能在廣大人群前公開演說，而不再有不舒服的感覺。藉由此種認知行為方法，艾利思認為他幾乎已經成功地克服了這些心理障礙。

　　艾利思曾接受過三次心理分析治療，成為其心理分析學術訓練的重要經驗。因此，每當他開始進行心理治療時，都會安排患者躺在沙發上，以正統心理分析的方法來處理。即使結果看來不差，他並不滿意這個方法。依據心理分析的典型技術，他必須忍受長時間且無助益的沈默，他只能斜拿著鉛筆閒坐一旁 (Ellis, 1962)。於是，他開始背離古典心理分析，成為較傾向新佛洛依德學派(neo-Freudian therapist)的治療師。然而，他仍舊不滿意他所觀察到的現象。因此，他嘗試說服並迫使當事人去做他們最害怕做的每一件事，諸如：冒著被重要他人拒絕的風險等。逐漸地，艾利思變為較折衷、較主動與指導性的治療者。由於曾受惠於古希臘哲學家的啟發，艾利思認為RET的哲學基礎之一即是現象學(phenomenological)的觀點，他並且引用伊比鳩魯(Epictetus)的說法：「造成你困擾的原因不是發生在你周遭的事件，而是你對這些事件的看法。」(Weinrach, 1980)。因此，艾利思開始主張當事人情緒和行為困擾的根源，在於他們主觀地反應現象並理解現象所致。

起初艾利思強調理性治療，亦即諮商中的認知元素，時值1950年代中期，當時此一觀點已與其他治療理論大異其趣。後來，RET逐漸擴展為同時涵括認知和行為取向，在他早期著作《心理治療中的理性與情緒》(*Reason and Emotion in Psychotherapy*，Ellis, 1962)一書中可以探得脈絡。艾利思新近對RET的修正，包括增加其他的行為技術，諸如：放鬆、想像法、減敏感法、洪水法，以及羞恥攻擊演練(shame-attacking exercises)等（見Ellis, 1986a; Ellis & Grieger, 1986; Ellis & Harper, 1975)。因此，吾人可將RET視為一種認知取向的行為治療法，且已演化為一綜合性且折衷性的治療方式，強調思考、判斷、決定和行動，唯仍保留艾利思高度教導性的特質，關注思考層面甚於情感層面。

RET強調思考和情感並非純粹單一的狀態，二者互有影響(Ellis, 1962)。例如，「這件事我失敗了！」的想法，僅引發輕微的情緒，甚至毫無情緒；「我不喜歡失敗！」的溫和或評價性想法，會引發較大的情緒；而「我不應該失敗，一旦失敗，那就糟透了！」的強烈想法，則會導致困擾的情緒。因此RET著重於改變想法，特別是當「理智上」看到某人的非理性想法並不能使其維持良好的功能時，會強烈地企圖改變它們。在此情形下，RET主張強而有力的駁斥，以及反覆引述當事人的敘述，來改變其非理性信念。在重視認知層面的同時，RET也應用許多強力的、戲劇性的情緒層面策略，在此一觀點上，RET比起其他認知行為治療法，其實是更為情緒性的。

RET所持的基本假定是：每個人與生俱有理性、直線思考與非理性、曲線思考的潛能。情緒困擾所肇因的非理性信念可能源自外在事件，而吾人常以一種自我灌輸的歷程，維持這些自我挫敗的信念。為能克服這類導致非理性思考的灌輸歷程，RET治療大量應用主動性與教導性的技術，諸如：教授、建議、說服，及指定家庭作業等，同時他們也會挑戰當事人，促使其以理性的信念體系來取代非理性的信念體系。

理情治療法並不視治療者與當事人之間的關係為重要的治療歷程，強調的重點是治療者的技巧和挑戰、面質、探測當事人的態度，在實務工作中（包含治療的進行與治療之外的情境）使當事人信服，這都能引導當事人思考與行為的結構性改變。此一治療法重視實際行動以獲得領導，藉由

持續不斷地演練新行為，並挑戰舊有無效的行為，即可獲致行為改變的效果。

　　RET的實務工作者也經常應用團體歷程進行治療工作，團體可以為參與者提供絕佳的機會，挑戰其自我毀滅性的思考，並演練各類不同的行為。

主要概念

RET的基本假設

RET的一些基本假設可歸納如下(Ellis, 1986a, 1987a, 1987b)：

- 情感、思考和行為持續地互動，並互相影響
- 情緒困擾肇因於複雜的生理和環境因素
- 人們受到周遭的人和事所影響，而他們也同時意圖影響其周遭的人。人們有意義地決定或選擇困擾自己（或不去困擾自己），以反應其周遭體系的影響力
- 人們在情緒、認知和行為上困擾自己。他們經常以挫敗自己和社會團體其他人的方式來思考
- 當不幸事件發生時，人們傾向於產生非理性信念，其特徵是絕對性和教條式的思考。通常這些非理性信念會過於強調能力和成功、愛和贊同、公平待遇，以及安全和舒適
- 不幸事件本身並不會導致情緒困擾；而是由於非理性信念產生人格適應的問題
- 大部分的人有使自己陷於情緒困擾的強烈傾向，因此他們覺得不容易維持良好的心理健康。除非他們清楚且實際地認清這個事實，否則他們極可能會妨礙自己行為改變的動力(Ellis, 1987b)
- 當事人在行為上表現自我挫敗時，他們確有能力省視其生活中的事件，並瞭解到其信念正對自己造成負面的影響。基於這個瞭解，他

們也有能力駁斥其非理性想法，並改變爲理性的想法。藉由改變這些對特定事件所持的信念，人們也能改變其不適當的情感和自我挫敗的行爲

□ 一旦發現非理性信念時，即以一項結合認知、情緒和行爲的方法相對抗。RET有許多技術提供人們減低其自我妨礙的想法、情感和行爲

□ RET的當事人必須有意願；認清他們須爲其困擾的想法、情緒和行爲負責；省視自己應如何思考、感覺和行動才不會困擾自己；以及努力改變自我

情緒困擾的根源

依據艾利思的說法，焦慮、憂鬱、憤怒、排拒、罪惡，以及疏離等情緒，都是來自於自我挫敗的信念體系。該信念體系乃由於兒童時期不加判斷地吸收非理性觀念所致，而人們不斷對自我作負面、絕對性和不合邏輯的陳述，則更加支持其自我挫敗的信念。下列是艾利思所界定的一些自我語言陳述與潛意識所持的哲學觀：

□ 「因爲我強烈渴望能在重要工作上有優異且成功的表現，我絕對必須表現得盡善盡美！」

□ 「因爲我強烈渴望能受到我視爲重要的人們所贊同，我絕對必須獲得他們的讚美！」

□ 「因爲我強烈渴望人們能體諒我並且公平地相對待，他們絕對必須在一切狀況下均能持續如此對待我。」

艾利思指出，尚有許多因素也會使得情緒困擾問題持續存在，諸如：人們的忽視、愚蠢、毫無覺察、僵化、防衛、極端樂觀主義，以及專注於改變情境而非改變自己。

A-B-C理論

　　人格和情緒困擾的A-B-C理論，是RET理論和實務之核心。依據艾利思(1979c)的說法，人們會「建構自己的情緒和行為，使之與自己所信仰的理念與哲學相一致。」(p.35)。這些理念受到吾人的社會環境所塑造，艾利思接著談到：「形成人格特質或困擾問題的原因不是情境本身，而是人們反應周遭情境所持的理念。」(p.35)。A-B-C理論主張：當人們在某些觸發事件（Activating event，簡稱A）發生之後，隨即產生情緒反應（即情緒結果，emotional Consequence，簡稱C），這並非該事件本身導致此情緒狀態，而是人們對該事件所持的信念系統（Belief system，簡稱B）產生的情緒結果。例如，你對工作上得不到升遷的事件(A)感到被排拒和受傷害(C)，這並非沒有升遷的事實使你受到傷害，而是你對此事件的信念(B)導致你有不愉快的情緒。由於你相信未獲得升遷代表你是一個失敗者，同時你的努力不被賞識，而你認為它們應該被欣賞，於是你建構感到被排拒和傷害的情緒結果。因此，人們應為自己所建構的情緒困擾負擔大部分的責任，人們係藉由與其生活事件相關聯的信念，建造了自己的情緒困擾。

　　艾利思(1986a)認為人們有能力改變其認知、行為和情緒。如果個人能發揮人類以不同方式思考和行動的潛在選擇能力，他們即可以很快地改變困擾—建造的組型，成為建設性的生活方式。依據艾利思的看法，人們可以藉由避免事件A的盤據在心，認清並抗拒停留在無休止的情緒結果C之誘惑，而達成改變的目標。他們能選擇去檢驗、挑戰、修正和根絕B——對觸發事件A所持的非理性信念。艾利思強調，因為人們能思考，自然也能訓練自己改變或淘汰其自我妨礙的信念。這種訓練可藉由練習自我教導、尋求客觀理性思考者的協助、體驗個別治療工作坊或團體治療，以及藉由閱讀RET書籍或聆聽錄音帶等來達成目標。

面質與打擊非理性信念

　　RET治療歷程，始於教導當事人A-B-C理論。當他們看到其非理性信

念和價值觀如何影響其情緒和行為困擾時，即可駁斥（Dispute，簡稱D）這些信念和價值觀。D是將科學原則應用於挑戰自我挫敗的哲學觀，並棄置不合現實和無法辯證的假設。

艾利思(1988)認為吾人大多數的非理性信念，可被化約為三項主要的形式，他稱之為必須信念(musturbation)。

——我必須做得很好，且受到重要他人的贊同。如果我做不到我應該或必須做的，我就真的會墮落不堪了。

——其他人必須、理當、應該能體諒地、公平地、甚至特別地對待我。如果他們無法如此這真是糟透了，他們罪有應得應該下地獄永不得超生。

——我所生活的情境必須被妥善安排，以使我能立即輕易且無須任何努力，即可獲得我想要的。

RET的重要概念之一，是當人們困擾自己時，他們大多會接受或創造此類絕對性或必須性的非理性信念。協助人們減少其情緒困擾的有效方法，是向他們示範如何主動且強而有力地駁斥(dispute)這些非理性信念，直到袪除殆盡為止。這種駁斥的歷程包括三個D：探測(detecting)非理性信念，並看到其不合邏輯和不符合現實的地方；辯駁(debating)這些非理性信念，提醒自己它們是不被任何證據所支持的；區辨(discriminating)非理性思考和理性思考(Ellis & Bernard, 1986)。

在D之後，E即隨之而至。所謂E指的是駁斥的效果(Effect簡稱E)——拾棄自我毀滅的思想，獲致較理性與合於現實的生活哲學，以及對自我、他人和日常生活中不可避免的挫折能有更大的包容力。如此，此一嶄新的生活哲學便可產生具體的效果。上述的例子中，E將使原事件轉譯為一理性結論：「是的，我未獲得升遷誠然是太糟了，但這並不是世界末日。我可能還會有其他的機會。此外，未獲得升遷並不意謂我是個失敗者，所以我不必一直告訴自己一些毫無意義的想法。」另外，某個人也許會轉變為理性的陳述，如：「我想要獲得這個工作，但失敗了，我很遺憾。然而這並不糟糕、可怕或恐怖。失去這個工作固然不順利，我無須讓自己也跟著淒風苦雨的。我是很失望，但這並不可怕，除非我讓它變得可怕。」依據RET理論的說法，最終結果將是個人清除了憂鬱和被排拒的感覺。

自我評價

艾利思(1979b)認為,吾人有一強烈的傾向,不只是以「好」或「壞」來評量吾人的行動和行為,同時更以「好」或「壞」來評量我們整個人的表現。個人的自我評價會影響其情感和行動,因此自我評價的過程是情緒困擾的主要來源之一。RET治療者會教導當事人如何區分他們對自己行為和整個自我的評價,以及如何接納自己而不問自身的不完美。某些自我評價的例證為:

- 「我犯錯的事實意謂我是無能且無價值的。」
- 「我已做了『錯誤的』行為,所以我是不好的、邪惡的、令人羞恥的。」
- 「如果每個人都不接納我和贊同我,我就是一個很差勁的人。」

艾利思以為這類自我評價不可避免地會導致許多問題,其中自我中心和自我意識,責備自己與他人的傾向,一事無成的感覺,試圖操縱他人,以及阻礙自己的目標等,均是常發生的問題。

團體中的理情治療法

RET為一教育性模式

如前所述,理情治療法強調認知重建,以治療歷程的教導性層面為基石,治療的進行大多在情緒和理智上的重新教育。一如大多數的教學形式,RET經常在團體情境中運用,許多RET的實務工作者都使用團體技術進行治療工作。理情團體治療常利用視聽媒體演示,配合讀書療法,以影片和電視錄影帶作課程教授,以及其他的教學方法。

艾利思(1977c)對團體中RET的看法如下：「我強烈假設這種團體處遇策略，較諸當代其他心理治療形式，更可能針對人類無所不在的幼稚要求和長期性的困擾阻礙，提供較迅速、較深入和更好的解決方式。」(p.280)為了達成此一解決方式，團體成員必須學習分辨其理性信念和非理性信念，並瞭解自己與他人情緒困擾的根源。參與者被教導要能釋放其非理性生活哲學，以便能更有效地發揮其功能；學習更適當的反應方式，才不致對生活現實產生不必要的沮喪感。在這種學習歷程中，團體成員也能有互相幫助和相互支持的機會。

目標

RET團體的目標是教導當事人改善其不適應的情緒和行為，並處理其生活中可能產生的各種不愉快事件(Wessler, 1986)。RET的理想在於發展下列心理和情緒健康的特質：自我興趣、社會興趣、自我導向、容忍、接納曖昧和不確定、有彈性、科學式思考、履行承諾、冒險、自我接納、廣泛的快樂主義、願意接受不完美，以及為個人自身的情緒困擾負責等(Ellis, 1987a)。

RET可以減輕或免除團體成員不適當的情緒困擾(如憂鬱和焦慮)，以使他們獲得更豐富和滿意的生活。為了達成這項基本目標，RET為成員提供實際的方法，認清固有的錯誤信念，並以建設性的信念取而代之。

艾利思以為理情治療法在大團體中（五十或一百或更多成員）能以工作坊的形式作有效的運作，也可應用於十至十三個成員的小團體中。艾利思(1982b)敍述小團體的目的如下：

　　▫ 協助成員瞭解其情緒和行為問題的根源，並將此種領悟運用於克服其癥候，學習更好的個人與人際問題處理方式
　　▫ 團體參與者學習如何了解他人的問題，並發揮治療性的協助
　　▫ 成員學習降低生活環境干擾和非理性反應的方法，俾能減少自尋煩惱的機會
　　▫ 團體參與者學習達成行為改變和基本的認知改變，包括：學習如何

處理不愉快的情緒，去除自我挫敗的思考並以理性思考替代之，以及停止自我評價，學習接納自己成為「孰能無過」的正常人

基本上，團體成員被教導為自己的情緒反應負責，經由自我語言陳述及改變信念和價值觀，即能改善其情緒困擾；如果他們獲得嶄新且更合於現實的生活哲學，則能有效處理生活中大多數的不幸事件。雖然RET的治療目標對個別治療和團體治療而言，本質上是相同的，但二者在某些特定方法和技術的運用上仍有些差異，本章稍後將提出說明。

理論基礎

艾利思累積了超過三十年帶領RET團體的經驗，更加確信團體對於協助參與者重塑建設性的人格和行為改變時特別有效。艾利思(1977c)討論團體中運用RET的許多優點，簡要說明如下：

——團體成員可彼此提醒接納現實，共同致力於正向的改變。

——由於RET強調嚴格地打擊自我挫敗的思考，其他成員能扮演有力的角色，以挑戰個人的扭曲思考。

——團體成員可提供建議、評論、假設，以及增強某些領導者的論點。

——活動取向的家庭作業指定，是RET的重要元素，其在團體中的運用，較諸一對一治療中的運用，更來得有效。

——團體的進行是主動性與指導性的程序，諸如：角色扮演、肯定訓練、行為預演、楷模示範，以及冒險練習等，提供改變行為的良好環境。

——團體可作為一個行為實驗室，行為可在活動中直接被觀察操作。

——RET的當事人常被要求完成家庭作業報告書，經歷沮喪情境的A-B-C過程，然後學習如何修正錯誤的思考和行為。團體參與者藉由聆聽其他成員的報告以及學習他們克服這些類似情境的方法，參與者較能處理他們自己的問題。雖然指定家庭作業也可在個別治療中運用但團體形式則更為有效，因為成員可以一起練習他們想在真實世界中增進或抑制的行為。

——團體成員會發現，由於他們的問題不是獨一無二的，他們無須因為這些問題的存在而責備自己。

——經由團體中其他成員的回饋，參與者開始看待自己如同他人看待他們一般，且清楚地留意到行為改變的可能。在團體單元以及團體後的社會化過程中，他們也能學習到社會技巧。

　　——當成員的敘述顯示其錯誤思考時，其他成員和領導者能立即促使該成員注意到這些錯誤，以修正其原有的思考模式。

　　——藉由觀察其他成員，參與者能夠看到RET的治療策略是有效的，人們能改變，能採取行動協助他們自己，同時成功的治療是努力與奮發不懈的產物。

　　——在團體中，當事人有機會廣泛探索解決其問題的可能性，較諸一對一的治療來得有利。

　　——表露個人認為羞愧的私密性問題，本身即具有治療性。自我表露能促使參與者瞭解到冒險的代價。他們會瞭解到「洩露」自己的隱私通常不會出現他們所害怕的後果；即使真的有人批評他們，也不是世界末日的災難。

　　——由於RET具有高度的教育性和教導性，它通常包括訊息的提供和問題解決策略的討論。就經濟上與實務上的考量而言，在團體中進行比個別情境更有裨益。團體尚提供一教學、學習、討論與演練的環境，鼓勵參與者主動投入治療之中。

　　——RET團體單元的時程（$2\frac{1}{4}$小時與團體領導者合作，另一小時在團體結束後與助理領導者共同討論），將提供足夠的時間嚴格挑戰自我挫敗的信念。

　　——團體程序對於受舊有功能不彰的行為組型所桎梏者，特別有助益。因為團體情境提供必要的挑戰，以重新評價這些組型，並採行比較健康的行為組型。

　　艾利思用這麼多理由來支持RET特別適用於團體工作的觀點，這些相同的理由也可以用來支持本書所涵括的大部分治療模式在團體中的應用。因此，艾利思所提及的各點，對任何處身於發展團體諮商課程理論基礎的團體實務工作者而言，均應是有所啟發的，即使他們所採用的理論取向並非RET。

團體領導者的角色和功能

　　RET團體所施行的治療性活動圍繞著一個中心目的，即協助參與者內化理性的生活哲學，就像他們曾經內化社會文化環境或自己創發所得的一組教條式或錯誤的信念一般。為能朝向此一終極目的，領導者負有一些特定的功能和任務。首要任務是向團體成員顯示他們自己如何創造自己的困境。這可藉由澄清其情緒／行為困擾，與其價值觀、信念和態度之間的連結關係，來達成此一目的。由於治療者的協助，成員將看到他們是如何毫無評斷地接納且創造一系列的「應該」、「必須」和「理當」。領導者向成員說明這一系列非理性想法根源於從未被質疑的接納，並且加以面質，證實他們正以毫不檢驗的假設持續地向自己灌輸非理性信念，並說服成員致力於反傳輸的活動。

　　艾利思在描述其帶領團體初次聚會的個人風格時，提到他可能會作如下的陳述（引自Donigian & Malnati, 1987, p.88）：

> 根據我在往後各單元中所要應用的心理治療和團體治療方法的觀點，
> 你們所有的人，正如絕大多數人類一般，強烈地傾向於高度的強制性
> 信念。你們經常會錯誤而自我挫敗地認為你們絕對必須做得很好，並
> 受他人所讚同；其次，你們應該且必須受到你親近的人的體諒和公平
> 對待；以及第三，這個世界理當和必須為你提供最好的情況——迅速
> 且輕易地給予你任何所想要的東西，並避免給予你就你看來非常可憎
> 的事物和情境。

　　為了協助團體成員不僅只體認到他們已將許多非理性信念融入想法中，且正持續地以不合邏輯思考維持自己的情緒沮喪，治療者須更進一步致力於修正成員的思考。RET假定人們不合邏輯的信念相當根深蒂固，以致無法輕易改變。所以，領導者的角色係教導成員如何挑戰其假定，以及如何停止自我評量和自我責備歷程的惡性循環。

　　然而，杜絕困擾的癥候並不足夠。如果僅僅處理特定的問題或癥候，

其他不合邏輯的恐懼隨時可能重視。就像頭痛醫頭，腳痛醫腳，並不能根除真正的毛病。所以，治療歷程的最後步驟，是教導成員如何避免成為未來非理性信念的犧牲者。治療者須打擊當事人非理性思考的核心，並教導他們應用邏輯思考以處理未來的問題。

雖然RET運用許多認知性和情緒／戲劇性技術，艾利思(1987a)認為這些技術最好能以指導性的態度實施，治療者扮演著教師的角色，而非與當事人密切關聯的夥伴。雖然艾利思並未視人性化的治療關係為治療的首要條件，但RET的治療者事實上須對當事人表現出尊重的態度。當事人會了解治療者並無不贊同的想法，他們可以信賴治療者是積極主動的協助者。RET特別強調治療者無條件的接納當事人，即使當事人在治療內或治療外的行動表現不佳，亦須無條件接納。依據魏思樂(Wessler, 1986)的看法，RET團體領導者並不試圖建立支持性的氣氛，以避免增強人們對愛和贊同的神經性需求，取而代之的是鼓勵團體成員表達對彼此的完全接納。

瓦倫和麥克里蘭(Warren & McLellarn, 1987)所進行的研究，曾論及RET的治療者在與當事人的互動中，一般說來傾向於指導性和面質性，而不細膩溫和。他們之中絕大部分習慣於行為的教導和勉力說服當事人在日常生活中表現其教導的行為。就個人特質而言，他們傾向於哲學的、理智的、剛強的、面質的、教導性的、指導式的、說服力強的、具有冒險性、能容忍、實際的、科學的、不神祕的，以及折衷的。

治療技術和歷程

艾利思(1974, 1986a)強調，理情治療法借用廣泛的行為和認知性方法，以引發行為改變。這些方法與RET的教導性質相當接近，同為指導的、面質的、哲學的，以及主動的取向。RET是以在具體情境中改變當事人特定想法的特定技術為重心，據此，其他團體成員也能應用這些技巧於處理其個人所關注的事項上。所以，一個RET團體，比之其他治療法更能將學習遷移於其他成員的個人事項。即使每一次僅處理一個人的問題，其他人也能在同時學習如何致力於其個人自身的改變。

RET處理的問題

RET團體可以處理廣泛的行為異常問題。以下所列的是RET治療者較常處理的臨床問題：焦慮、憂鬱、憤怒、婚姻問題、拙劣的人際技巧、親職技巧、人格異常、強迫型異常、飲食異常、身心症、上癮症，以及精神異常等(Warren & McLellarn, 1987)。對於非志願的當事人，必須以某些方法激發其求助意願，如展示經由嚴格的RET治療而得到裨益的例證(Wessler, 1986)。

RET使用的介入型式

RET治療者相信，由於人們有強烈傾向陷入情緒沮喪和行為的功能失調，由於他們以自我挫敗的方式來思考、感覺和行動，即使在已出現正向改變後仍然窩藏著自我毀滅的想法，因此將能受益於這種高度主動性和指導性的治療(Ellis, 1979b)。由於RET運用了廣泛的認知、情緒和行為介入策略於團體單元進行中及團體後，故頗有折衷治療的意味。

在一項針對RET治療者的國際性調查中，發現最常被使用的技術是幽默、RET理論的教導性演示、理想行為的認知預演，以及無條件的接納等(Warren & McLellarn, 1987)。同一研究中亦發現下列的團體技術也為RET治療者所常用：強而有力的語言駁斥、肯定訓練、社會技巧訓練、角色扮演、行為預演、教導理性的自我陳述、理性情緒想像、楷模示範、放鬆訓練、理性角色轉換、問題解決訓練、想像減敏法、偶發事件契約、操作性方法、Beck的認知治療、實境減效法，以及訊息提供等。

RET團體的認知策略

認知層面的RET，係向當事人強調其信念和自我對話是使他們困擾的原因。RET提供許多技術以消除這些自我挫敗的認知，也教導人們如何獲得理性的生活方式。在RET團體中，非常強調思考、駁斥、辯論、挑戰、說服、解析、說明和教導。以下將介紹RET團體常用的技術。

(一)教導RET的A-B-C理論

如前所述，RET的A-B-C理論需在個別或團體治療中教導當事人。無論成員最初如何和從那裡獲得其非理性的「應該」、「理當」和「必須」，他們現在均有力量開始拋棄這些功能不彰的信念。成員可從領導者的演示中知道如何將A-B-C理論應用於日常生活所遭遇的實際問題上。

(二)駁斥非理性信念

前曾提及，D代表駁斥，可進一步細分出其他三個D：探測非理性信念，並清楚地省視它們是如何地不合邏輯和不符現實；對無意義的不合邏輯信念則加以辯駁；以及區辨非理性信念與理性信念之分野(Ellis & Bernard, 1986)。

RET教導當事人應用邏輯—經驗方法檢查並修正其對自我與他人的價值觀和態度。理情治療者向當事人陳述如何探測其絕對性的「應該」和「必須」，他們的凡事「可怕化」，以及他們的「自我貶低」。RET領導者的教導性角色功能如同教師和治療者，焦點為駁斥當事人的非理性、邏輯上不一致、絕對性、災難化，以及合理化的想法。他們向當事人證實這些想法如何導致不必要的困擾，並說服當事人改變或放棄這些功能不彰的行為。他們也教導團體參與者，憑著真實證據駁斥其他團體成員的自我困擾思考。

(三)因應式的自我陳述

團體成員被教導如何以有意義的自我陳述來對抗非理性信念。藉由寫下並分析其語言的特質，他們學習監控自己說話的態度。例如，成員可能告訴自己：「我必須表現得很好，意即追求完美。如果我犯了任何錯誤，無疑是非常可怕的。當我不能立即做到盡善盡美時，我就無法忍受。人們

只有在我很完美時，才會給我讚美和愛，我絕對需要他人的接納來證明我是有價值的。」藉著明瞭其話語的絕對性和要求性特質，便能學習到他告訴自己的一番話如何設定了失敗的結果，而以因應式的陳述來取代上述自我毀滅的陳述。例如，「即使我並不完美，我仍能接納自己。雖然我喜歡盡我所能做到最好，但我不必驅使自己達到超乎現實的高度表現。此外，即使我失敗了，我仍能接納自己，我不必擁有普遍的讚美來證明我是個有價值的人。」

(四)心理教導方法

RET團體常鼓勵成員閱讀書籍和利用錄音帶。最受歡迎的兩本書是《理性生活的新指南》(*A New Guide to Rational Living*，Ellis & Harper, 1975)，以及《如何擇善固執地拒絕陷入任何困境——是的，任何困境》(*How to Stubbornly Refuse to Make Yourself Miserable about Anything-Yes, Anything!* Ellis, 1988)。艾利思也錄製了許多錄音帶，包括：擇善固執地拒絕為任何事羞愧的方法、停止焦慮的方法、征服對愛的迫切需求，以及克服低挫折容忍度。成員被鼓勵於團體治療單元之外也能努力地實地演練，以作為通向人格改變的途徑。

(五)認知性家庭作業

參與RET團體的當事人，都有機會接受認知性的家庭作業，包括應用RET的A-B-C理論處理日常生活中的問題。成員可能須完成「RET自助單」(RET self-help form)，寫下觸發事件、結果（諸如：困擾的情緒或自我挫敗的行為），以及非理性信念。另一欄中則寫下對每一非理性信念的駁斥陳述，並記錄有效的理性信念，以替代非理性信念。最後，成員並記錄其獲致有效的理性信念之後所經歷的感覺與行為。例如，「我必須受到生命中所有重要他人之讚美和接納」的陳述，可以這樣的陳述來駁斥：「雖然我想要受到我尊重的人所讚美，但並沒有證據證明我絕對必須受他人所讚美。」在這星期期間，團體成員利用時間記錄並思考他們的信念如何引發其個人的問題，以及致力於根絕這些自我挫敗的認知。當他們回到團體時，則在團體中提出他們做得很好或經驗到困難的特定情境。團體成員經常以「RET自助單」所呈現的材料為基礎，彼此學習駁斥信念的方法。

RET團體對有強烈抗拒的當事人特別有效，因為在團體中，其他成員

通常會挑戰其僵硬刻板的思考，當成員受到同時來自領導者和其同儕的面質時，他們較可能放棄其無效的思考方式。他們觀察團體中其他人有效運用RET的認知策略，因而受到鼓勵而能將這些方法應用於處理自己的問題。進而言之，當其他團體成員給予某一個人家庭作業時，他或她更可能去完成這項作業，比起治療者的指定作業更有益於該成員(Ellis, 1984c)。

(六)幽默的使用

在理情治療法所運用的許多技術中，幽默是最受歡迎的一種(Warren & McLellarn, 1987)。艾利思(1986a)相信人們對待自己常太過於嚴肅。RET使用大量的幽默，作為其主要的技術之一，用以對抗導致人們陷於麻煩中的誇大思考。藉著向當事人顯示其緊抓不放的無稽觀念是如何彼此矛盾和荒唐，幽默無疑可減少這些無稽的觀念。使用幽默的一個例子，是讓團體成員看著《理性歌曲選集》(*A Garland of Rational Songs*，Ellis, 1977b)中的歌譜唱歌。某些當事人發現，當感到焦慮或憂鬱時，唱唱這些輕鬆愉快的歌曲，確實頗有助益。

RET團體的情緒策略

RET是個多模式取向的治療法，因為常常會併用多種情緒、行為、及認知技術 (Ellis, 1986a)。其中所採用的情緒技術包括：無條件接納、理情角色扮演、理情心像、及羞惡攻擊演練。

無條件接納（unconditional acceptance）——不管團體成員們在治療中或治療外的行為有多惡劣，RET都會完全無條件地接納他們。治療者會鄭重向團體成員們表明，即使他們的行為顯得「不道德」或「愚蠢」，他們絕不是無可救藥的「爛人」或「呆子」。這種無條件接納所創造出來的氣氛使成員們感受到自己被別人接納，即使他們的一些信念與行為在團體中很可能會受到猛烈的批判 (Ellis, 1984c)。

理情心像（rational-emotive imagery）——RET會教導成員們如何去想像出一些最不堪的事情，接著會訓練他們以適當的情緒去替換負面的情緒。在要求下，成員們想像自己處於特定的情境中，在此情境中他們會產生習慣性的不當感覺；接著則積極進行替換工作，把不當的感受轉為適

當的感受，然後隨著改變他們在情境中的行為。例如，治療者會說服抗拒心理強的團體成員們去生動地想像自己因一直失敗而受到責罵，於是產生強烈的無能感；接著再鼓勵他們將自己毫無用處的感覺改為遺憾與不滿意。依照這個程序，讓成員們連續演練至少三十天直到他們在失敗時自己能自動地把無用的感覺轉為遺憾與不滿意 (Ellis, 1984c)。

羞惡攻擊演練 (shame-attacking exercises) ──RET團體的治療者常會鼓勵成員們冒險去做一些自己不敢做的事情，藉以挑戰害怕難堪的神經質恐懼感。這種羞惡攻擊演練的目的在於教導他們學習接受自己，而不要去顧及別人的反應；此外，也能培養他們成熟的責任感 (Wessler, 1986)。從這種演練中，團體成員們瞭解到，不管別人是否贊同或恥笑，他們都沒有什麼不同；換句話說，恥笑並不能影響他們自身的價值或改變他們，並且，擔心別人恥笑的恐懼感也不能阻止他們去做自認正確的事情。

團體成員們常會承認說，由於擔心別人的想法，使他們往往不敢去做自己想做的事情。在團體的情境中，團體成員在嘗試冒險性行為時，其他成員會施予治療性壓力及提供支持，而這些行為的嘗試首先在治療團體中進行，然後移往日常生活中的情境。(Ellis, 1984c) 指出，有一些演練可以在大庭廣眾前進行，包括：穿戴奇裝異服、向陌生人借錢、及在行駛的火車或巴士中對著車窗外面大叫幾聲。Ellis認為，如果能夠重複表現這些行為，同時並調控自己的感受，則人們就不再會有羞恥感，並能克服因擔心別人的想法而不敢去做自己想做的事情之心結。他建議，若能把這些羞惡攻擊演練搭配認知技術的家庭作業，則能產生更好的效果。此外，羞惡攻擊演練的其他例子包括：

- 散步於公園中，以高音階高歌一曲
- 在一擁擠的電梯中，告訴人們你很高興你能躬逢其盛參加這次重要的聚會
- 和動物談話，並假裝牠們也正在回答你的話
- 乘坐擁擠的電梯時，面向後方，與多數人面對面
- 在香蕉上繫著蝴蝶結，並帶著它在街上散步

□ 在公衆場合大聲喊出正確時間，例如，高聲大喊：「現在時間是十一點十一分二十秒。」
□ 到一家藥局大聲向藥劑師說：「我要十二打保險套，而且因爲我買這麼多，你應該給我特別的折扣。」(這是艾利思最喜愛的一個)
□ 在餐廳飽餐一頓後，說：「喔！我覺得我快要放屁了！」(這是我最喜愛的一個)

角色扮演——涵括情緒性和行爲性元素。協助當事人經驗和處理害怕的方法之一，是讓他轉換角色。例如，如果成員對即將到來的工作面談感到焦慮，他可以擔任主試者的角色，他也能以害怕的態度和以自信的態度二者來扮演自己的角色。在此一角色扮演情境中，可以對當事人的情感、想法和行爲，有一綜合性的處理。

RET團體的行爲策略

㈠指定家庭作業

稍早，我們已討論過認知性的家庭作業指定，包括：閱讀、聆聽錄音帶，以及進行書面的A-B-C-D-E分析。理情治療也經常應用活動取向的家庭作業，以協助人們更理性地思考、感覺和行動。RET的一項主要信條：除非當事人將其哲學上的重建付諸實際檢驗，否則重建的效果將無意義也不持久，因此RET的格言是：「未經一番寒徹骨，那得梅花撲鼻香？」(There's little gain without pain.)。RET不僅只是「談話治療」，而且強調除非當事人願意表現不同的行爲，否則不可能發生有意義的認知改變(Walen, DiGiuseppe, & Wessler, 1980)。行爲取向的家庭作業，可包括：讀書治療、冒險練習、放鬆演練、書面的A-B-C-D-E分析，打擊羞恥感練習、理性—情緒想像、自我執行的獎賞和懲罰，以及聆聽治療單元的錄音帶(Warren & McLellarn, 1987)。這些由領導者與其他團體成員所提供的作業，可能在團體中或團體外施行，並向團體報告結果。以下所列是團體的一些練習：

□ 鼓勵一個與女性相處會非常害羞的男士，接近女性團體成員，並以漸進的步驟，有系統地挑戰其害怕和期待

□ 一位因自認為無所貢獻於團體而在團體中極少發言的女士，會被要求簽訂契約以確實做到每一單元至少參與團體討論一次。她也可能會被勸告致力於改變其無能力貢獻於團體的非理性觀念

□ 若成員將團體領導者視為應該被信仰而無可置喙的超人時，他們將會被邀請於團體中挑戰領導者，並處理他們對於權威人物的態度。此一作業可讓當事人省視他們如何藉著在權威人物面前維持無助的態度，而阻止了自己的成長或成為有力量的人

(二)增強和懲罰

RET經常利用增強和懲罰兩種方法協助當事人的改變。增強可以包括：閱讀小說、觀賞電影、聽音樂會、或品嚐喜愛的食物等。當事人可以在他們實踐了一項特定的家庭作業之後用自己喜歡的事物增強自己，這項家庭作業可能是他們已承諾自己去做，卻一直逃避去做的事。RET的實務工作者，也會向當事人示範如何運用操作制約的方法去完成一些他們認為很困難或害怕去做的事。RET的目標之一，是教導當事人較佳的自我管理方法。成員最終的成功，端賴他們在團體單元之外能有效地管理其生活。增強原則的運用，常有助於持續地應用理性原則處理他們所遭遇的新問題。於是，他們成為自己的治療師，並持續不懈地教導自己如何管理自己的生活。

RET對於未完成家庭作業的當事人則加以懲罰(Ellis & Grieger, 1977; Ellis & Whiteley, 1979)。特別是抗拒的當事人，懲罰常是嚴屬的，目的是讓當事人同意當他們承諾完成家庭作業卻未做完時，須嚴格地懲罰自己。這類懲罰可能包括繳交一百元罰款，清掃廁所一小時，拜訪一位令人厭煩的親戚，或做些不喜歡的例行公事等(Ellis, 1984c)。

(三)角色扮演和楷模示範

團體情境對一些認知行為方法特別適用，例如，肯定訓練、行為預演，以及冒險練習等，均適宜在團體中實施。某些成員可能不習慣在團體中表露自己，因為他們害怕如果開放自己，團體中的其他成員會排拒他們。團體為這些不敢表露自己的成員提供了一個冒險自我表露的機會，讓他們看看會發生什麼樣的結果。有的成員可能在與生活中重要他人直接相處時會

有困難。在團體中，他們可藉由角色扮演的方式，學習與重要他人作直接而自我肯定的相處，並利用團體情境試驗和預演這些新的方法。

RET的團體中，角色扮演也包括對所經驗之情感和信念的認知性評價。所以，假如成員欲嘗試與要求完美而持拒絕態度的父親有效地相處，他可以採用一種迥異於平常的角色，在這個角色中，他不再感到成為缺乏父親讚美的犧牲者。隨後，該成員須針對角色演練中的情緒經驗進行認知性分析。為了達到效果，他可能要試著回答下列問題：

- 「我需要依靠父親的讚美生存嗎？」
- 「我能夠達到父親所要求的完美水準嗎？」
- 「即使我終將不會完美，我能接納自己嗎？我能避免因為不完美而作破壞性的自我評量和自我責備嗎？」
- 「我是需要父親的讚美，或者我只是單純地想得到讚美？
- 「如果我沒有獲得他的讚美，這會可怕、難堪和恐怖嗎？」
- 「在我能接納自己以前，我真的必須很完美嗎？」

艾利思(1977c)強烈相信，如果在經驗之外能伴隨態度的認知重建，角色扮演會更為有效。

經由楷模示範和模仿所獲得的學習，與角色扮演的學習頗為類似。班度拉(Bandura, 1969)首先提出社會示範和模仿學習的理論與實務，作為行為改變的指引。藉由楷模者的示範，繼而重組我們的行為，我們能獲致思考、情感和行為上的改變。

依據艾利思的看法，有效的治療經常包括模仿和示範。在團體中，領導者和其他成員均可被視為楷模。例如，某一團體成員發現改變自我破壞的思考、感覺和行為模式的方法，他可以因證實建設性改變的可能性，以及示範他獲致所期許之改變的實際方法，而成為其他參與者的有效楷模。

在RET團體中，楷模示範也包括認知性的元素。艾利思(1979b)曾說：「當人們明顯知道，如何利用楷模示範時，較之對利用模仿學習所知甚少或毫無所知，更能輕易地和徹底地協助自己。」(p.131)

㈣技巧訓練

RET與自我管理訓練有關的是訓練當事人獲得他們想要擁有的特定

技巧（如，肯定、社會化，以及研讀等）。其假定是：當事人藉由獲得先前所缺乏的技巧，他們會對自己感到更有信心，而且在其思考、感覺和行為的方法上會經歷到有意義的改變。艾利思(1979b)曾談到：「這些改變不僅來自於他們增進的技巧，而且來自於他們對新獲得能力的知覺和自我評量。」(p.133)他們歸納結論為：「正如技巧訓練促使當事人能改變其對自身能力的知覺一般，協助他們對自己有不同的看法，亦能促使他們獲得更好的技巧。」(p.133)。例如，如果當事人相信他們能與他人有效的接觸，實際上他們很可能就會如此；或者當他們在特定場合未能成功時，他們至少較不會有負向的情緒。

(五)回饋

回饋(feed back)幾乎是任何團體歷程的一部分，RET團體也沒有例外。成員能從團體中獲得有關無效表現、非理性思考，以及自我毀滅性觀念、陳述和行為等回饋，利用這些回饋，他們將以全新的或修正過的假定為基礎，練習新的行為。

雖然回饋大多對團體歷程有顯著的貢獻，但有些時候也會迫使團體歷程陷於泥沼困局，如艾利思(1982a)的觀察：

> 出於善意而提供回饋的成員，可能在不相關的事件上浪費時間；將呈現問題的人帶領上錦簇的花園小徑；岔開和衍伸治療者的主要話題或論點；由於他們過度尋求其他團體成員的讚美，而對回饋有所保留；提出他們自己和他人次要的困難問題，而避談主要難題；以及在許多非治療性的細枝末節上高談闊論等。(p.394)

所以，治療者應對整個團體歷程善加留意和追蹤。

RET團體的特殊形式：RET馬拉松團體

艾利思(1969)發展出一種特殊的團體治療形式，他稱之為「理性會心周末營」(a weekend of rational encounter)。因為此一馬拉松團體，應用其他形式RET團體的認知行為原則，它與強調此時此地感覺和不重視思考的會心馬拉松團體截然不同。RET馬拉松分成兩部分：第一部分包括持續

十四個小時的理性會心治療，接著休息八個小時；第二部分則再包括十小時的治療。

初期階段主要是直接的口語和非口語活動，以協助參與者認識彼此。在這早期階段期間，成員被安排投入冒險性的程序以及打擊羞恥感練習，諸如與團體分享其最感到羞恥的經驗。這個階段主要是利用一些程序引導情緒的表達，並未嘗試作問題解決和決策。隨著馬拉松的進展，其他RET形式中類似的認知性和行為性策略則一一被採用。

馬拉松的後期階段，是在高度的認知架構內探索深層的個人問題。在馬拉松將要結束的時間中，團體成員和領導者通常須一一檢視並找出尚未將任何難題付諸討論的成員(Ellis, 1969, p.212)。這些成員會被詢問為何甚少談論自己，並被鼓勵尋找一個主要難題，將其帶進團體中公開討論。在馬拉松結束之前，領導者通常會詢問一些問題，例如：

□ 在這次馬拉松期間，你所獲得最有意義的經驗是什麼？
□ 你學習到關於自己的什麼？
□ 是否有些事你未曾向團體或向其他團體成員說起，而現在你願意說出來？

離開馬拉松團體之前，參與者會有一些特定的家庭作業。在馬拉松之後的六至八個星期，會舉行一次團體後的聚會，以檢驗參與者實踐其家庭作業的進步狀況，以及評鑑成員發揮其功能的情形。

艾利思(1969)曾熱情地記述馬拉松形式團體的價值。他說，馬拉松是「特別設計以向團體成員顯示其根本的自我挫敗哲學為何，以及他們如何能致力於改變這些哲學，無論在此時此地或以後均然。」(pp.126-127)。

理情團體治療的評價

RET的價值

　　RET在幾個方面極具價值，我認為可以將它應用在我的團體實務經驗中。我的確相信吾人過去經驗中的事件和重要他人，對形成吾人目前自我的信念，扮演著關鍵性的角色，我也同意艾利思的看法，即吾人須為維持自我破壞和非理性的信念負責任。事實上，我們可能已經學到，除非我們是他人期待的每一種人物，否則我們絕不可能希望被愛和被接納。然而即使我們曾經毫無置疑地接受某種前提，並未使我們現在能豁免掉詳細檢查這些非理性假定的責任，以及以更理性假定來取代非理性假定而獲致不同且更有效行為的責任。

　　我經常詢問團體成員，請他們表達其經驗的難題背後所隱涵的信念或假定。最普遍的一個回答是：犯錯是一件可怕而難以釋懷的事，同時，我們應該妥善安排我們的生活才不致犯錯。在調查出該成員如何接受這樣一個信念之後，我通常會以其他問題來追擊之，例如，「這個信念現在對你真的有意義嗎？如果你持續依循這個假定生活，想想看你的生活會像是什麼呢？如果你能夠改變這類的基本信念，你認為你會和以前不同嗎？若然，會有什麼不同？在這個團體以及你的日常生活中，你可以採取什麼行動協助你改變你所持有的信念呢？」

　　簡而言之，RET強調思考和概念化，我認為甚具價值。至於有些團體方法玷污了思考的角色，視之為「隔離的分析」（detached analyzation）及「抽象的頭腦旅行」（abstract head-tripping），則有招人批評之處。在某些團體中，處理的焦點集中於「體驗感覺」或「此時此地的反應」等情緒性經驗，思考或任何解析情緒經驗之意義的嘗試，通常被視為接觸感覺的阻礙。我的確發現經驗的淨化作用和表達鬱積情感，相當有價值；然而我也發現，為了使情緒經驗能有意義和持久的效果，試圖瞭解這類經驗的

意義是相當必要的。而RET確實為這核心的認知向度，提供了省視的架構。

就像任何行動取向的治療法一般，RET堅持新學得的領悟須付諸行動。家庭作業即是一種絕佳的管道，將領悟轉移至具體的行動方案。在我自己帶領的團體中，我經常建議的家庭作業是能在團體中履行，並允許當事人與不同風格類型的人練習新的行為和實驗。例如，我記得一個在團體中總是逃避女性的年長男士唐諾，他說他非常確定女士們並不想浪費時間和他談話。我問唐諾是否想要改變他的行為方式，他說是，他非常盼望能和女性接觸。所以我建議在某一個下午時間，他要找到團體中他最想談話的三位女士，並開始和她們交談。我所建議的行為是實驗性的、嶄新的，而且可以讓他看到會發生什麼事，以及自行決定是否想要持續這個不同的行為類型。須留意的是，這些作業並不必然是由領導者所給予的，成員也可為自己訂定會促使他們練習新假定和獲致新行為的任務。

RET更易於處理願意為自己困境而負責任的當事人。作為一項治療法，它輕易地結合其他體系所發展出來的特定技術（如，行為團體，認知治療，和阿德勒學派治療），實際應用於團體工作中。這種多面性和廣泛應用於處理生活中神經症問題的功能，是RET的主要優點(Wessler, 1986)。

艾利思(1987a)承認RET有其限制，但他對這個主題的討論，較多是來自於當事人本身的限制（如抗拒），而非RET理論和實務的任何限制。他提到RET的一些優點為：

□ 本質上這是一個短期治療，在幾個單元中，有意願付諸行動的當事人，通常會經驗到顯著的收獲

□ 它的功能不只有效，而且效率也高。許多認知、情緒和行為技術，可能對不同的當事人各有其獨特的效能

□ RET融合了教育、商業和傳播，因此其技術可被使用於非治療情境中。艾利思認為RET的未來發展趨勢，係由個別和團體治療，演進至教育和大眾傳播治療的一般領域中。他認為RET應用於家庭、學校、大專院校、社會機構、社區中心，以及醫院中均十分適合

多元文化情境中的理情治療

　　RET在跨文化團體情況中有某些優點。假如成員沒有太快受到挑戰，他們即可有效地檢驗他們行為的前提。例如，一個團體中有成員來自特殊文化的地區。該文化重視盡己所能、合作、人際依存、尊重家人，以及努力工作。則這些成員可能會掙扎於羞恥感和罪惡感之中，因為他們可能會知覺到他們並未達成其父母和家人所設定的期望。學生如果在課堂中只得到「B」的成績，他們可能會感到辱沒了門楣。領導者如對這些當事人的文化價值太快給予面質，則很可能收到反效果；事實上，這些當事人可能會感到被誤解而提前終結了治療關係。一位敏銳的RET團體實務工作者應能鼓勵這些當事人開始去質疑：他曾如何不加選擇地將所有來自文化的訊息接受為事實。在未鼓勵他們放棄對文化遺產的尊重的情形下，團體領導者仍能挑戰他們檢驗其信念，並瞭解其結果。

　　正如行為學派的團體領導者，RET的團體領導者亦以教師的角色發揮其功能。這個形象對某些宗族而言是相當理想的，因為它減低了「心理疾病」可能帶給當事人的恥辱，而聚焦於生活中的難題。假如當事人學到更好的方法思考其遭遇的難題，則生活可以更為圓滿。運用A-B-C模式的團體領導者會教導當事人是如何變成目前的困擾狀況。領導者的功能之一，是教導當事人駁斥其非理性思考和改變其自我挫敗的生活型態。由於治療者和其他團體成員的協助，當事人可以學得新的思考和行為方法，並獲致新的感覺。

　　此處需再強調的是，由於RET是強力指導性的治療法，治療者在向當事人挑戰其信念和行為時，必須特別謹慎小心。那些從治療者看來是非理性的信念，對該當事人而言，可能是長期懷抱著、具重大影響力的價值觀。當事人可能會說：「這一生我一直被教導要尊敬父親，雖然我確實尊敬他和愛他，但我也在想，我希望對自己的生活作一些抉擇，而這會迥異於父親為我做的決定。我一直告訴自己，我不能讓父親失望，所以我只好壓抑自己的希望和夢想，並順從他的意願。」一位不夠敏感的領導者會苦思該當事人信念中的非理性特質，然而這並未尊重當事人的價值觀。即使質疑

他的信念，對他而言可能是具有治療性的，然而治療者不應該將其個人的標準強加諸當事人身上，而鑄下錯誤。

RET團體治療對少數族群當事人的一項主要限制，是他們可能會依賴團體領導者決定什麼是構築理性的標竿。對於未經良好資格訓練以承擔高度指導性角色的領導者而言，很容易會造成當事人的被動態度。假如治療者大部分時間都在高談闊論，則成員大部分時間只能洗耳恭聽。所以，雖然RET領導者是主動且指導性的，教導成員質疑並在治療歷程中承擔主動的角色，應是相當重要的。

關於RET的一些個人觀點

我認為RET的主要限制是潛藏於治療者面質性和指導性地位中的危險性。由於治療者從說服和指導性而來的高度權力，洗腦或其他形式的心理傷害更可能發生於RET中，比諸其他較少指導性的治療法尤有過之。如RET團體的領導者會在決定某人的信念屬非理性之後，即致力於將該成員轉變為「合理的思考」。先撇開什麼構成理性思考和誰是評判者的最關聯問題不談，我懷疑僅僅為了採用一組新的、可質疑的信念而放棄一非理性信念體系的價值觀，特別是如果這些新的價值觀受到團體領導者或其他團體成員所「強迫」時，更值得疑慮。所以，基本上RET實務工作者應對自己及其動機有高度的覺察，而且避免將其價值體系強行加諸於當事人。這意謂著治療者的訓練、知識和技術層次、覺察力，以及判斷的正確性，在RET中尤其重要。也許一項道德上的保護措施是，使用RET程序的團體領導者應能開放性地討論價值論題，並警惕成員宜留意當進行與其價值體系完全背離之改變時，所承受的壓力。

在RET團體中我所見到的另一項危險性，是團體壓力可能加諸於抗拒某些改變的成員。如前所述，回饋在團體中極具價值，但最終應由獲得回饋的該成員決定要做什麼。如果有些成員巧言慫恿、強迫、要求、說服，以及企圖幫其他成員思考，其結果至少是可疑的，因為其賭注的是個別成員的人格尊嚴。

無論如何，如果RET係遵照艾利思的指示態度進行，這些危險性會明

顯減少。艾利思很少質疑其當事人的慾望、喜好、價值或道德觀。他所質疑的是當事人的「必須」、「應該」，以及非理性的需求。因此，假如某人說：「我盼望浪漫的愛情」或者「我寧願禁慾」時，艾利思很少會不同意。然而，如果這個人說的是：「我必須擁有浪漫的愛情」或者「我必須在任何情況下都禁慾」，他會挑戰此類必須性觀念，並鼓勵當事人將其改變為強烈的喜好。艾利思相信，藉由讓當事人明白：即使是理性都只是「可欲求的」，而非「必須的」，RET治療法可以將冥頑不靈、絕對主義，以及情緒困擾——包括成員和領導者的潛在性絕對主義——減至最少。

至於有關RET權威式及教條式風格的論題，已有其他作者提及。克雷諾(Kleiner, 1979)斷言RET威權主義的程度，取決於RET治療者所表現的威權主義程度。當他宣稱他更能覺察其自身的信念和偏見之後，他已成為甚少教條和威權的治療者，因此克雷諾認為治療者應該鼓勵當事人信賴自己，並能質疑、挑戰，甚至拒絕治療者一些聽起來並不真實的觀點。克雷諾也談到對抗教條主義和威權主義最好的保護措施，是治療者持續不斷地檢驗其自身的基本信念和價值觀。

此處尚須強調的是，RET可以由許多人以不同於艾利思風格的態度進行。由於艾利思實在太醒目了，因此有必要將RET的原則和技術與艾利思較為面質性的用法，加以明確區分。治療者可以柔婉溫和地談話，但仍然運用RET的概念和方法。

RET的研究成果

RET和認知行為治療已累積了許多實驗研究，雖然這些研究中仍有許多方法論上的缺失，如有些研究缺乏控制組，或無法與別的治療形式作比較等(DiGiuseppe, Miller & Trexler, 1979)。許多研究聚焦於將認知視為情緒困擾的主要因素，或以治療結果為研究重心。無論如何，如魏思樂(Wessler, 1986)所述，很少研究探討到團體治療本身的性質。

無論團體或個人進行RET實務研究，主要的難題是，RET並非仰賴於單一技術的應用。治療者通常運用認知、行為和情緒的綜合性方法，在某單次聚會中與特定當事人進行治療。如果某一特殊技術似乎不產生效果，

治療者可能迅即轉變爲其他技術。此一技術上的折衷性，以及治療上的彈性，很難進行控制研究(Wessler, 1986)。

在一項對RET從1977年至1982年研究結果的文獻探討中，馬葛文和西佛門(McGovern & Silverman, 1986)報告一般性的發現多支持RET的效能。在四十七項研究中，有三十一項均獲得顯著的結果支持RET。其餘研究中，RET處遇組也顯示了進步與改善，而且沒有研究發現另一項處遇技術優於RET。

艾利思和懷特利(Ellis & Whiteley, 1979)蒐集了一些有趣的篇章，討論RET不同且經常具爭議性的層面。這些討論超出了本書的範圍，但你可能有興趣閱讀他們書中所呈現的生動辯論。

問題與討論

*1.*在你自己作爲團體成員或團體領導者的經驗中，什麼是你最常聽到的一些非理性信念？團體提供什麼機會挑戰這些信念？

*2.*RET促使當事人檢驗並打擊對生活的不合邏輯假定。假如以打擊認知結構爲焦點，你相信人們會改變其情緒和行爲層次嗎？

*3.*作爲一個教育性模式，RET重視教導、學習、練習新的技巧，邏輯思考，履行家庭作業，以及閱讀。身爲一位團體領導者，你對這些教育性焦點的滿意程度如何？

*4.*將RET與完形學派作比較和對照，二者主要的差異爲何？你是否發現任何可能性以統整這兩項治療法的不同角度？若然，哪些因素可能可以結合於你所帶領的團體中？

*5.*你採用什麼標準以判定團體成員的想法是否理性？你如何判定某些假定是否爲自我挫敗或建設性的假定？

*6.*你認爲團體領導者的價值觀會成爲RET團體治療中心部分的程度爲何？你認爲領導者和成員所持的價值觀如何影響團體的進行？

*7.*某些人可能會批評RET團體治療，因其參與者易於受到來自領導者和其他成員的不當壓力。這類壓力可能出現的形式爲說服、給予勸告，以

及期待成員完成某些單元外作業等。你對這些批評有何反應？

8.RET要求一位主動／指導性的團體領導者。將這個角色與個人中心團體領導者的角色作比較，誰可能提供成員最多的領導？那一個領導者角色讓你感到舒服？你認為這相對比的領導風格，將會如何改變一個團體？

9.就像任何行動取向治療法一般，RET堅持新學得的領悟必須付諸行動，大部分係經由家庭作業的指定。在團體單元之外，你能想到什麼楷模以作為行動的基石？

10.你認為成員和領導者之間的私人性與溫暖的關係，在什麼程度上會是RET團體治療的關鍵因素？

參考資料

Bandura, A. (1969). *Principles of behavior modification*. New York: Holt, Rinehart & Winston.

Beck, A. T. (1976). *Cognitive therapy and the emotional disorders*. New York: New American Library.

Beck, A. T. (1987). Cognitive therapy. In J. K. Zeig (Ed.), *The evolution of psychotherapy* (pp. 149–178). New York: Brunner/Mazel.

Beck, A. T., & Weishaar, M. E. (1989). Cognitive therapy. In R. J. Corsini & D. Wedding (Eds.), *Current psychotherapies* (4th ed.). Itasca, IL: F. E. Peacock.

DiGiuseppe, R. A., Miller, N. J., & Trexler, L. D. (1979). A review of rational-emotive psychotherapy outcome studies. In A. Ellis & J. M. Whiteley (Eds.), *Theoretical and empirical foundations of rational-emotive therapy*. Pacific Grove, CA: Brooks/Cole.

Donigian, J., & Malnati, R. (1987). *Critical incidents in group therapy*. Pacific Grove, CA: Brooks/Cole.

Ellis, A. (1962). *Reason and emotion in psychotherapy*. New York: Lyle Stuart.

Ellis, A. (1969). A weekend of rational encounter. In A. Burton (Ed.), *Encounter: The theory and practice of encounter groups*. San Francisco: Jossey-Bass.

Ellis, A. (1973). *Humanistic psychotherapy: The rational-emotive approach*. New York: McGraw-Hill.

Ellis, A. (1974). The group as agent in facilitating change toward rational thinking and appropriate emoting. In A. Jacobs & W. W. Spradlin (Eds.), *The group as agent of change*. New York: Behavioral Publications.

Ellis, A. (1977a). The basic clinical theory of rational-emotive therapy. In A. Ellis & R. Grieger (Eds.), *Handbook of rational-emotive therapy: Vol. 1*. New York: Springer.

Ellis, A. (1977b). *A garland of rational songs*. New York: Institute for Rational-Emotive Therapy.

Ellis, A. (1977c). Rational-emotive therapy in groups. In A. Ellis & R. Grieger (Eds.), *Handbook of rational emotive therapy: Vol. 1*. New York: Springer.

Ellis, A. (1979a). Rational-emotive therapy. In A. Ellis & J. M. Whiteley (Eds.), *Theoretical and empirical foundations of rational-emotive therapy*. Pacific Grove, CA: Brooks/Cole.

Ellis, A. (1979b). Rational-emotive therapy: Research data that support the clinical and personality hypotheses of RET and other modes of cognitive-behavior therapy. In A. Ellis & J. M. Whiteley (Eds.), *Theoretical and empirical foundations of rational-emotive therapy*. Pacific Grove, CA: Brooks/Cole.

Ellis, A. (1979c). The theory of rational-emotive therapy. In A. Ellis & J. M. Whiteley (Eds.), *Theoretical and empirical foundations of rational-emotive therapy*. Pacific Grove, CA: Brooks/Cole.

Ellis, A. (1982a). Rational-emotive family therapy. In A. M. Horne & M. M. Ohlsen (Eds.), *Family counseling and therapy*. Itasca, IL: F. E. Peacock.

Ellis, A. (1982b). Rational-emotive group therapy. In G. Gazda (Ed.), *Basic approaches to group psychotherapy and group counseling* (3rd ed.). Springfield, IL: Charles C Thomas.

Ellis, A. (1984a). Is the unified-interaction approach to cognitive-behavior modification a reinvention of the wheel? *Clinical Psychology Review, 4*, 215–218.

Ellis, A. (1984b). Maintenance and generalization in rational-emotive therapy. *The

Cognitive Behaviorist, 6(1), 2–4.

Ellis, A. (1984c). Rational-emotive therapy (RET) approaches to overcoming resistance III: Using emotive and behavioral techniques of overcoming resistance. *British Journal of Cognitive Psychotherapy, 2*(1), 11–26.

Ellis, A. (1985). *Overcoming resistance: Rational-emotive therapy with difficult clients.* New York: Springer.

Ellis, A. (1986a). Rational-emotive therapy. In I. L. Kutash & A. Wolf (Eds.), *Psychotherapist's casebook* (pp. 277–287). San Francisco: Jossey-Bass.

Ellis, A. (1986b). Rational-emotive therapy and cognitive behavior therapy: Similarities and differences. In A. Ellis & R. Grieger (Eds.), *Handbook of rational-emotive therapy: Vol. 2.* New York: Springer.

Ellis, A. (1987a). The evolution of rational-emotive therapy (RET) and cognitive behavior therapy (CBT). In J. K. Zeig (Ed.), *The evolution of psychotherapy* (pp. 107–132). New York: Brunner/Mazel.

Ellis, A. (1987b). The impossibility of achieving consistently good mental health. *American Psychologist, 42*(4), 364–375.

Ellis, A. (1988). *How to stubbornly refuse to make yourself miserable about anything—Yes, anything!* Secaucus, NJ: Lyle Stuart.

Ellis, A. (1989). Rational-emotive therapy. In R. J. Corsini & D. Wedding (Eds.), *Current psychotherapies* (4th ed.). Itasca, IL: F. E. Peacock.

Ellis, A., & Bernard, M. E. (1986). What is rational-emotive therapy (RET)? In A. Ellis & R. Grieger (Eds.), *Handbook of rational-emotive therapy: Vol. 2.* New York: Springer.

Ellis, A., & Dryden, W. (1987). *The practice of rational-emotive therapy.* Secaucus, NJ: Lyle Stuart.

Ellis, A., & Grieger, R. (Eds.). (1977). *Handbook of rational-emotive therapy: Vol. 1.* New York: Springer.

Ellis, A., & Grieger, R. (Eds.). (1986). *Handbook of rational-emotive therapy: Vol. 2.* New York: Springer.

Ellis, A., & Harper, R. A. (1975). *A new guide to rational living.* Englewood Cliffs, NJ: Prentice-Hall.

Ellis, A., & Whiteley, J. M. (Eds.). (1979). *Theoretical and empirical foundations of rational-emotive therapy.* Pacific Grove, CA: Brooks/Cole.

Grieger, R. M. (1986). The process of rational-emotive therapy. In A. Ellis & R. Grieger (Eds.), *Handbook of rational-emotive therapy: Vol. 2.* New York: Springer.

Haaga, D. A., & Davison, G. (in press). Outcome studies of rational-emotive therapy. In M. E. Bernard & R. DiGiuseppe (Eds.), *Inside rational-emotive therapy.* Orlando, FL: Academic Press.

Harrell, T. H., Beiman, I., & Lapointe, K. (1986). Didactic persuasion techniques in cognitive restructuring. In A. Ellis & R. Grieger (Eds.), *Handbook of rational-emotive therapy: Vol 2.* New York: Springer.

Kleiner, F. B. (1979). Commentary on Albert Ellis' article. In A. Ellis & J. M. Whiteley (Eds.), *Theoretical and empirical foundations of rational-emotive therapy.* Pacific Grove, CA: Brooks/Cole.

Lange, A., & Jakubowski, P. (1976). *Responsible assertive behavior: Cognitive-behavioral procedures for trainers.* Champaign, IL: Research Press.

Mahoney, M. J., & Lyddon, W. J. (1988). Recent developments in cognitive approaches to counseling and psychotherapy. *The Counseling Psychologist, 16*(2), 190–234.

Maultsby, M. C. (1981). Rational behavior therapy in groups. In G. Gazda (Ed.), *Innovations to group psychotherapy* (2nd ed.). Springfield, IL: Charles C Thomas.

McGovern, T. E., & Silverman, M. (1986). A review of outcome studies of rational-emotive therapy from 1977 to 1982. In A. Ellis & R. Grieger (Eds.), *Handbook of rational-emotive therapy: Vol. 2.* New York: Springer.

McMullin, R. E. (1986). *Handbook of cognitive therapy techniques.* New York: Norton.

Nardi, T. J. (1986). The use of psychodrama in RET. In A. Ellis & R. Grieger (Eds.), *Handbook of rational-emotive therapy: Vol. 2.* New York: Springer.

Walen, S., DiGiuseppe, R., & Wessler, R. L. (1980). *A practitioner's guide to rational-emotive therapy.* New York: Oxford University Press.

Warren, R., & McLellarn, R. W. (1987). What do RET therapists think they are doing? An international survey. *Journal of Rational-Emotive Therapy, 5*(2), 71–91.

Warren, R., McLellarn, R. W., & Ellis, A. (1987). Albert Ellis' personal responses to the survey of rational-emotive therapists. *Journal of Rational-Emotive Therapy, 5*(2), 92–107.

Weinrach, S. G. (1980). Unconventional therapist: Albert Ellis. *Personnel and Guidance Journal, 59*(3), 152–160.

Wessler, R. A., & Wessler, R. L. (1980). *The principles and practice of rational-emotive therapy.* San Francisco: Jossey-Bass.

Wessler, R. L. (1986). Rational-emotive therapy in groups. In A. Ellis & R. Grieger (Eds.), *Handbook of rational-emotive therapy: Vol. 2.* New York: Springer.

15

團體的現實治療法

導言

　　像大多數本書中所介紹的治療法開創者一樣，威廉‧葛拉塞(William Glasser)也曾受過心理分析的訓練；不過他很快就不滿意這種方法，並開始致力於開拓新的學說，後來即創出了現實治療法(reality therapy)。

　　葛拉塞早期的工作，著重在要求當事人去察覺自己目前所作所為，並為之負責，而非停留在追悼過去的行為、思想或感受。為了說明這種強調此時此地(here-and-now)的治療法，葛拉塞以一位從小未獲雙親照顧的年輕女士現身說法為例來解析(Evans, 1982)。這位女士把所有自身的問題均歸咎於一項事實，也就是雙親不在身邊，她由祖母撫養長大。最後，葛拉塞告訴她，他對於她過去的故事已不感興趣，如果兩人要繼續合作下去的話，她必須談她現在生活的計畫。

　　現實治療法著重在解決問題，以及迎合社會中現實的要求。因此，治療者強調當事人在行為上實際能夠做到那些改變，以滿足其需求。人們透過一種誠實的自我檢查歷程，而改善生活的品質。當事人必須先陳述出自己的慾望與需求，接著接受評價自身行為的挑戰，並擬訂一份改變的計畫，然後認同該計畫並付諸執行。藉著不找藉口、不責怪別人，以及評價自己正做些什麼以滿足欲望，這些當事人可以提高自己控制生活的能力。

　　在葛拉塞治療方法中有一項基本假設，即每個人都有一股「成長驅力」(growth force)；這股驅力迫使我們發展出一種「成功認同」(success identity)（視自己為值得愛而且有重要性的人）。進一步的假設是，這種認同上的任何改變，是行為改變的一項情境變項。跟行為治療法、溝通分析，以及理性情緒治療法一樣，現實治療法是主動的、引導性的，以及教誨性的治療法，強調目前的行為，而不是強調態度、領悟力、過去歷史，或潛意識的動機。

　　近年來，葛拉塞對實務的興趣甚於發展理論。他一直在各種不同的場合中實踐現實治療法的理念，包括：矯治機構、學校、社區、軍方單位等。最近，葛拉塞(1985)已發展出著名的「控制理論」(control theory)。該理

論中的原理原則在應用上並不限於心理治療醫師，舉凡為人父母者、牧師、醫師、及已婚者，均可用來改善人際關係。

伍伯丁(Wubbolding, 1988b)曾對現實治療法的精義簡潔描述如下：

> 現實治療法是一種協助人們控制生活的方法。它幫助個人確認和澄清自己的欲望與需求，然後評估自己是否能夠切合實際地滿足這些欲望；它協助人們去檢視自己的行為，並以清晰的準則評價這些行為。接著擬訂出積極性的計畫，協助人們控制其生活，並滿足其實際的欲望與需求。其結果是使當事人的自我強度增加，變得更有自信，擁有更好的人際關係，以及依個人的計畫過著更上軌道的生活。因此，現實治療法為人們提供一種自我幫助的工具，使他們每天都能用以面對逆境，促進個人成長，並且更能控制自己的生活(p.173)。

主要概念

人類的需求與有目的之行為

現實治療法所根據的觀念是，人類的行為均有其目的，並且行為的驅力來自個體的內在而不是外界的因素。葛拉塞(1980)曾指出人類有四種重要的心理需求——隸屬(belonging)、權力(power)、自由(freedom)與娛樂(fun)——及一種生理需求，即求生存(survival)。葛拉塞的控制理論即在闡述人們如何試圖去滿足這些蘊含強大驅力的需求(Glasser, 1985)。

雖然人們都擁有這些需求，但滿足的方式並不一定相同。一般人的內心都會發展出一本特定欲望的「相片簿」(picture album)，裡面涵括許多人們想要如何滿足其欲望的相片。現行的現實治療法有一項主要目標是，教導人們滿足其欲望的較佳途徑，並協助人們從生活中有效地獲得他們所要的東西。依葛拉塞的話來說，「我想告訴人們控制體系如何運作，並教導人們運用現實治療法的概念，除了使人們有更好的行為之外，並使他們能

夠評價與改善自己的知覺與內心世界。」(1981, p267)。人們須負的責任包含學習如何實際地滿足這些心理需求，而治療的本質也包含著教導人們去接受上述責任。人們的行為均有一項目的：依他們內心想要的影像去塑造他們的環境，就如同雕刻家塑造泥塊一樣。唯有透過辛勤的工作，這些目標才能達成。(Wubbolding, 1986b)。

存在與現象學導向

在許多方面，葛拉塞的治療方法是奠基於現象學與存在的前提。他認為我們知覺到的世界是以自己的需求為背景，而不是以真實形象為背景。治療者須瞭解當事人是同時活在外在世界和自己內心界之中。

除了著重主觀世界之外，當代的現實治療法仍有很強的存在導向(existential orientation)。也就是說，人們能選擇自己的目標，並為自己所創造出來的世界負責；並且每個人都不是無助的罹難者，而是能夠創造出更好的生活。葛拉塞(1985)並不接受「苦難只發生在我們身上」的說法，並認為苦難的產生是因為我們所做出的某種選擇。他觀察到，患者通常很快就會抱怨說，他們之所以不高興，是因為在他們的生活中，別人並未依他們的期望去表現。人們必須學習的重要一課是，我們選擇了我們所有的行為，包括感到悲哀以及認為自己是受害者。我們之所以選擇悲哀，是為了減少挫折感（即某一特定時間點上，我們所希望的與我們所擁有的之間的差距）。當人們選擇悲哀，並表現一連串「受傷」行為時，這是因為那些行為乃當時他們能夠產生的最佳行為。但是選擇悲哀有何意義呢？葛拉塞在回答上述問題時，討論了以下四個理由：能夠控制憤怒；使別人來協助我們；為我們不願意從事某種更實際的行動找藉口；以及獲得強而有力的控制。葛拉塞認為人們使自己憂鬱或憤怒，而不是受到外界的壓抑或激怒。依這個觀點而言，憂鬱可以解釋為我們主動所做的一項選擇，而不是被動受害的結果。此一「憂鬱」的歷程，使憤怒受到抑制，並同時能讓我們要求別人幫助。葛拉塞主張，只要我們固守著自己是消沈受害者的想法，以及悲哀是因為某種事情發生在我們身上的想法，我們就不能夠有更好的改變。唯有認清現實，並採取因應行為，我們才能夠改變。

統合行爲

根據葛拉塞的控制理論(1985)指出，我們總是能夠控制自己所做的行動。在澄清此基本前提之前，須先瞭解我們的統合行爲(total behavior)，其中包括了四個要素：行動（或稱爲主動性的行爲；例如，講話或慢跑）、思考（自願性的思想或自我陳述）、感覺（例如，憤怒、高興、憂鬱、或焦慮）、以及生理反應（例如，流汗、頭痛，或其他受心理影響而表現在生理上的癥狀）。雖然這些行爲是交互影響的，但通常其中之一會比其他顯著突出。伍伯丁(1988b)以「手提箱」的類比，來說明統合行爲的觀念。在提手提箱時，你會去抓住最容易抓的部位，也就是把手。統合行爲就像手提箱一樣，而把手就是「行動」的部分。提起把手之後，手提箱就會跟隨你左右。其次序是行動、思考、感覺與生理反應。通常，迫使我們自己去「做」某件不一樣的事情，會比去感受或思考某件不一樣的事情要來得容易。

控制理論的假設是，我們不可能選擇了一種統合行爲，而未選擇其所有要素。如果我們希望改變一項統合行爲（例如，使自己沮喪而體驗到情緒上與生理上的結果），則必須改變我們正在做以及正在想的事情。舉例來說，如果求職失敗，我們可能感到不愉快，然後迫使自己沮喪。如果不改變我們正在做以及正在想的事情，我們無法直接單獨地改變我們的感受。但是不論我們可能會有何種感覺，我們仍有幾近完全的能力去改變我們的行爲，也有部分的能力去改變我們的思考。因此，改變統合行爲的關鍵在於改變行動上的選擇。如果我們明顯地改變行動這個要素，則思考、感覺、與生理反應等要素也會隨著改變(Glasser, 1985, pp.50-52)。

成功認同與正向強化

正如上面所提過的，現實治療法的一個主要目標是協助人們獲致一種成功認同。擁有成功認同的人，是視自己爲能愛與能被愛、對別人具有重要性、能感受到自我價值、能關懷別人，以及能在不犧牲別人的情況下滿足自己需求的人。

那些尋求治療的人，通常都具有「失敗認同」(failure identity)：他們視自己為不被愛、遭別人拒絕、不受歡迎、無法與別人擁有親密關係、無法固守承諾、以及無助的人。人們之所以尋求治療是因為心理困擾，而且從生活中得不到他們所要的東西。通常具有失敗認同的人在面臨挑戰時，會以「我無法……」的心態去應對，這種負面的自我預言往往導致失敗，而失敗又接著支持其負面的自我評價，最後則使他們視自己為沒有希望的失敗者。因為現實治療法假設人們是最終能自我決定的人，也就是說，人們對於自己想成為怎樣的人有決定權，因此其治療的方法是要改變那些孕育失敗認同的行為，並發展那些能導致成功認同的行為。

控制理論的本質

控制理論的前提是，「行為」是「知覺」的「控制」樞紐。雖然我們也許無法控制現實世界中的實際情形，但是我們的確能夠試著控制我們的知覺。從我們試著去控制滿足自己需求的知覺中，我們的行為最能夠被瞭解。依照這個歷程，我們創造了自己的內心世界。雖然我們必須以某種方式表現行為，但是我們不需要侷限在任何一種行為模式中。

葛拉塞(1985)主張，我們任何的行動、思考和感覺都產生自我們的內心。換句話說，我們如何去感覺並不是受到別人或外在事件的控制。我們不是別人的心理奴隸，除非我們自己做此選擇。不管外在環境如何，我們的行動、思考與感覺在當時總是最能夠滿足內在驅力的。不論行為有無效能，我們總是不可避免地落入葛拉塞所稱的「我們腦海中的相片」：

> 你的相片簿──裡面你可以找到愛、價值、成功、樂趣，以及自由──是你喜歡悠遊的世界，在那裡你所有欲望均能以某種方式獲得滿足，即使是彼此衝突的欲望亦然。沒有一個人的相片簿中存在不良行為的影像。我們有時候也許會有自我毀滅的行為，但是我們做這些事情並不是真的要毀滅自己(1985, p.30)。

前曾提及，現實治療法著重在改變我們目前的行為。在團體諮商中，領導者能協助團體成員認清他們目前的行為對他們是沒有益處的，協助他

們接受自己是個有用的人，以及引導他們擬訂實際的計畫，表現出更好的行為。現實治療法並透過一種有技巧的詢問歷程，協助會員評價自己的欲望。這些問題包括：「你想要改變？」、「你最希望如何改變你的生活？」、「生活中還有那些是你希望獲得而未如願的事情？」、「如果能改變，你的生活可能有何不同？」、「如果改變了，你會感覺更好嗎？」、「如果能改變，你的生活會擁有那些東西？」、「為了使改變發生，你現在必須做些什麼？」。成員如果逐漸明瞭他們現在的行動、思考與感覺並不是純然地發生在他們身上，而事實上是他們自己所做的選擇，那麼他們就可以更容易地選擇更好的行為。

團體領導者的角色與功能

現實治療法團體實務工作者的重要任務在於介入成員的問題之中，然後協助他們面對現實。根據葛拉塞(1986c)的說法，當人們能為他們所選擇的行為負責時，最能夠創造出成功認同，他說：

> 現實治療法諮商者的角色，在於建構一諮商環境，使能：協助個案避免找藉口，並接受其應負的責任；增加個案心理的強度；讓個案有機會學習並嘗試新的且更實際的行為選擇(p.20)。

為能扮演上述的角色，領導者須執行以下的功能：

- 扮演楷模的角色，示範負責的行為與成功認同的生活表現
- 以關懷和尊重的態度與個案建立起治療關係，如此方能鼓勵與要求對方表現出負責任與實際的行為
- 主動與個案討論其目前的行為；當對方找藉口時則主動表達不贊同的態度
- 建立一個評價歷程，使個案瞭解何者是他實際上可以滿足的欲望
- 教導成員擬訂並執行改變其行為的計畫
- 建立團體聚會的結構與限制

□ 以開放的心態挑戰及探索個人的價值觀，並與團體成員分享
　　□ 鼓勵成員們介入彼此問題中，讓別人分享自己的經驗，並以負責任
　　　的態度彼此合作去解決問題
　　□ 協助成員設定治療的時間長度與範圍
　　□ 教導成員將在團體中所學的應用到每天的生活中

　　現實治療法團體的領導者，在言語上須負主動與指導的角色。強調的是成員們的潛能，而不是他們的失敗。現實治療法假設，若強調成員們的限制、問題與失敗，將強化他們的失敗認同與無效的控制。因此，他們會迫使成員去探討未使用過的潛能，並研究如何去創造出成功認同與有效的控制。

　　團體領導者能否培養出自己的治療風格是一件重要的事。在執行治療功能時，誠懇與和悅是極重要的特質。葛拉塞有以下說法：

> 不管是何種風格，諮商員必須表露願意提供協助的誠意，並且須能令當事人感到輕鬆舒適。尋求治療的人對這兩點均極為敏感。如果當事人知覺到諮商員並不是很誠懇，他就不會產生歸屬感，而這種歸屬感在現實治療法的過程中是很重要的一部分。而且，如果諮商員無法令人感到和藹可親，則當事人會認為諮商員技巧不夠，因而對整個諮商歷程缺乏信心。

現實治療法團體之實務

　　現實治療法的實務歷程是有名的「諮商循環」(cycle of counseling)，它是由兩個要素所組成：諮商環境與引導行為改變的特殊處理程序。諮商的藝術在於交互應用這兩項要素，以引導當事人去評價其自身的生活，並決定採取有效的行為。

　　有幾個重點須緊記在心。第一，雖然本節所討論的觀念也許相當簡單明瞭，但是在轉換到實務工作時卻頗為困難，需要有相當程度的技巧與創

造力才能應用到團體中。第二，雖然任何合格的現實治療師遵循的原則均相同，但是在應用時，卻依治療師的風格與個人特質而有不同的表現。第三，雖然本派理論在運用上是依循序漸進的方式進行，但是這些原則不應視為彼此分離的部分，而是彼此之間有著相互依存關係，因此應整合在一起，才會使整個治療歷程發揮效果。

葛拉塞(1986c)所發展出來的原則與作法，已形成現實治療法的核心。他強調，現實治療法的實務是一種歷程，因此，若以按圖索驥的「食譜」方式來運用這些治療原則，是非常錯誤的作法。他又說，現實治療法是一門藝術，徹底瞭解原理原則固然重要，接受廣泛的訓練卻是無可替代的方法。

為了讓讀者瞭解現實治療法的基本觀念如何運用在團體歷程中，本節以一群因各種罪名而受到拘押的男性犯罪少年團體為例，提出較詳細的解說。基於示範說明的目的，我們假設這些少年犯大多數均具有失敗認同，團體諮商聚會每星期舉行數次，每次至少一個小時。

有關現實治療法實務的討論，是將各方面來源的素材加以整合摘要，並作適度修改而成(Evans, 1982; Ford, 1982; W. Glasser, 1965, 1969, 1976b, 1980, 1981, 1984a, 1984b, 1985, 1986a, 1986b, 1986c; Wubbolding, 1988b)。

諮商環境

㈠對當事人的人際介入

現實治療法的實務在一開始是，諮商員努力創造出一支持性的環境，使當事人在此環境中開始進行生活上的改變。為了營造出這種治療的氣氛，諮商員必須與當事人成為朋友，介入他的生活，並以彼此之間融洽的相處奠定治療關係的基礎。諮商員必須以當事人的立場來理解外在的世界。然而伍伯丁(Wubbolding, 1988b)提過，有技巧地詢問比反映式的傾聽，更能達到高度的同理心層次。這個階段是最重要而且最吃力的時候，因為如果個人無法介入，就無從作有效的治療。當現實治療法失效時，往往是這種個人的介入未能順利完成。若治療者能付出真正的關懷，可以非

常有效地獲得當事人的信賴，如此當事人才可能為自己在行為方面的正向改變許下承諾。

　　為了使人際介入順利完成，領導者必須具有某些個人特質，其中包括：親切、善體人意、容易接納別人、關懷、尊重別人、開放，以及樂於接受別人的挑戰。為了發展這種親和力與治療上的友誼，最佳途徑之一是傾聽對方的講話。此外，談論各種廣泛的話題也有助於這種人際的介入，至於可談的內容包括：與團體成員們有關的話題、與他們每天的行為相關的話題、以及令他們悲哀的經驗與過去的失敗事件等。一旦與成員建立起這種介入關係之後，領導者可接著以現實的情形及他們「目前」行為的結果來面質團體成員們。此一持續進行的面質，乃現實治療團體的重心部分。

　　因為當事人有機會與治療者之外的其他成員建立關係，所以現實治療法若應用在團體中，會有許多的優點。團體環境可以促進成員相互之間的關懷與介入；團體中的同伴對於檢視一個人的生活，可以提供支持與誠實的挑戰；而團體中那種不帶任何懲罰色彩的氣氛，可以促進成員自我接納與擬訂計畫尋求更好行為的欲望(Glasser, 1976b)。團體中的互動關係對於打破成員失敗經驗的惡性循環，尤其具有重要性，因為人們若孤立自己，則不可能獲致成功認同及更實際的行為控制。為了獲得成功，個體必須滿足其歸屬感的需求，並與他人建立和諧的關係(Glasser, 1976a)。

　　此種人際介入的原則如何運用到稍早曾經敘述過的犯罪少年團體呢？首先我們應注意到，這些遭拘押的犯罪少年團體當中，有許多人從不曾與其他成員有過具意義性的正面介入。在這種情形之下，領導者如何能夠與這些少年建立起和諧的友誼，並促進他們之間彼此的融洽與人際介入？首先，領導者可藉著表達真正的關懷，以及將成員視為有潛力成為成功與負責任的人，而在成員的心目中建立起信賴感。關懷對方是人際介入的礎石，缺乏此一礎石，參與者的行為獲得正向矯正的可能性將會降低——或甚至深信他們不可能改變——如此一來，這些少年犯的無助感將會有增無減，並且必然會抗拒正面地看待自己。

　　領導者應該注意的是，對於少年犯所組成的非自願團體，創造治療氣氛的有效的方式是，由領導者向成員們說明這種團體歷程對他們的價值性。例如，如果參與者瞭解到他們可以從此一團體學習到避免重蹈失敗行

為之覆轍，他們可能就會踏出融入團體的第一步。成員們的融入是受到現實治療者的影響，治療者宜主動地界定團體的性質與目的，以及團體活動的限制。

(二)諮商員的態度與行為

現實治療法取向的團體領導者，會一直強調成員目前正在做的事情。他們儘可能不讓成員去談論過去的事件，除非這些事件與目前的處境有著密切的關聯性；他們同時也避免討論成員的感覺或生理反應，而是將成員的感覺或身體上的癥狀，與他們目前的行為及思考聯結在一起，因為後者是成員較能直接加以控制的。雖然現實治療法強調統合行為中的行動部分，但也認為談論感覺與認知是相當自然的事。他們的假設是，改變行動要素之後，感覺的要素也會隨之改變，因為行為是統合的。

諮商員希望教導當事人學會為自己的統合行為負責任的態度，因此，對於任何不負責任的行為，例如，承諾要做而未做，諮商員均不接受任何藉口。如果當事人未依計畫改變其行為，諮商者不會去質問「為什麼」？等等無建設性的問題，而是教導當事人瞭解找藉口是一種自我欺騙的形式，也許能讓人暫時獲得紓解，但是最終仍會導致失敗，並成為失敗認同的幫凶。伍伯丁(Wubbolding, 1988b)曾指出，諮商員若接受藉口，所傳達給當事人的訊息是：「你的行為是可以有藉口的，因為你很脆弱而且無法控制你的行為。要你去改變生活，事實上是做不到的。」相反的，如果拒絕接受藉口，傳達的訊息是：「你是堅強的，而且可以控制自己的行為。你能夠做出一個更好的計畫，並且能夠改變你的生活。」

現實治療法認為，懲罰並不是改變行為的好方法。治療者須迫使當事人瞭解與接受其行為所導致的合理結果。以上述少年犯的團體為例，治療者不應因成員未出席團體聚會而逕予責備，而應引導對方瞭解因其未出席聚會，可能影響其最後被釋放的機會。藉著不使用批判性的陳述、不接受任何藉口、以及不做價值判斷，治療者可以詢問當事人是否真的想要有所改變。治療者同時可要求當事人再作評價，以決定是否依然想貫徹其承諾。

即使當事人執行其行為改變計畫的進展很少，諮商員也要儘量維持當事人有能力過更負責任生活之信念，這一點極為重要。如果諮商員放棄了，則往往進一步強化當事人的信念，即認為沒有人會對他伸出關懷的援手

(Glasser, 1976a, 1986c)。那些有失敗認同的人，會有別人將放棄他們的預期。當事人的態度如果是抗拒、被動、不合作、含有敵意，以及冷淡得無動於衷，則要求治療者不輕易放棄他們，是項真正的挑戰。不管當事人說什麼或做什麼，治療者若不放棄他們，總能為成員提供某種治療上的助益。治療者若認為當事人不可能改變或已無可救藥，則治療結果也將是徒勞無功的。因此，團體領導者必須堅持相信，人們都有改變的能力。

這種不放棄的觀念，在上述少年犯的團體中可有相當的助益。這些少年犯的犯罪行為有一項主因是，很多人曾放棄過他們，並且對他們爭取成功的能力毫無信心。在該實例中，團體領導者堅持不放棄的原則，並且鍥而不捨地接近這些青少年。當成員相信領導者與其他成員不會放棄他們時，歸屬感就會油然而生。這就使治療工作可以繼續進行，接著成員們可以培養出對於自己的信心，因為他們知道他們不再孤獨。雖然未來的生活方式由他們自己來做決定，但是他們同時也覺悟到自己的確有能力解決其問題，並且能對他們的思考、感覺與行動，做某種顯著的改變。

除了上面所述，諮商的態度會創造出一個有助於當事人改變其行為的諮商環境之外，伍伯丁(Wubbolding, 1988b)強調，團體領導者願不願意再找其他有實務經驗的人來搭配，也是一項重要的因素。伍伯丁認為，不論一個人的實務能力多麼強，總還是有可作改善的餘地。

引導改變的作法

(一)探索欲望、需求與知覺

現實治療法的治療者常會問，「你想要什麼？」。透過治療者有技巧的詢問，能鼓勵當事人確認、界定與澄清他們希望如何滿足其需要。現實治療的一項重要工作在於探索當事人內心裡面的「相片簿」，以及他們設法使外在世界接近於個人內心世界之欲望的行為方式。在團體歷程中，成員會有機會去探索他們生活中的每一層面，包括他們希望從家庭、親人、朋友與工作上得到什麼。除此之外，由成員來界定他們對領導者和自己的期望與要求，也很有用處(Wubbolding, 1988b)。即使這種對欲望、需求與知覺的探索係發生在治療關係中的初期，但事實上在整個團體歷程中均應持續

進行，因爲成員的內心影像會有所改變

　　在團體中，成員可以探討他們想要什麼、擁有什麼，以及缺乏什麼。這種評估恰恰可作爲進行明確改變的基礎，使他們能因改變而減少挫折感。有效的問題可以幫助他們確實明白他們希望獲得什麼，這些問題包括：「你希望自己成爲那一種人？」、「如果你已擁有了你所要的東西，那麼你擁有的東西是什麼？」、「如果你的欲望與家人的欲望能夠配合，那麼你的家庭會是何種模樣？」、「如果你的生活方式如你所願，那麼你會做些什麼？」。在成員探索其欲望的相片簿與需求之後，治療者應要求他們檢視自己的行爲，以確定他們所做的是否能獲得他們所想要的東西。隨著團體歷程的進行，成員會被問及，是否他們目前的行爲方向令自己感到滿意？

(二)強調目前的行爲

　　現實治療法強調目前的行爲，如果成員關心到過去的事件，則是因爲這些事件影響到成員現在的行爲。領導者應該注意的是，如果討論過去對於協助成員規劃更好的明天有幫助的話，則這種討論是可以進行的。領導者需要協助成員接受一項事實，即他們的問題是自己的行爲所致。因此領導者會一再地以「你正在做些什麼？」這個問題來面質當事人。

　　在團體歷程的初期，討論成員正在進行的整個方向是個重點。這種探討是接下去進一步評價該方向是否令人滿意的基礎。領導者扮演的功能如同拿著一面鏡子在成員面前，並詢問「你從自己的現在與未來當中看到了什麼？」。這種深度的反省會使成員變得較能夠表達他們的知覺，不過在臻此境地之前，是需要花費一段時間的(Wubbolding, 1988b)。

　　現實治療法著重在改變統合行爲，而不僅是改變態度和感覺而已。不過這並不意味著態度並不重要而可以忽略，而是說行爲的改變比態度的改變容易，並且在治療的歷程中有較大的價值。當事人表達出彷徨無助的感覺時，治療者不會去詢問有關這種感受的理由，也不會鼓勵當事人去探索這些理由。雖然有時候治療者可能會鼓勵當事人去討論某些感覺，但是其重點也會置於鞭策對方確認哪些行爲造成上述的感覺。換句話說，現實治療的目的在於協助當事人瞭解「他們」應爲自己的感覺負責任。爲達此目的，以下是可以詢問的問題範例：

□ 你現在正做些什麼？

□ 你上一個星期中實際做些什麼？

□ 你上一個星期裡曾想要做些什麼不同的？

□ 什麼原因使你無法去做你說你想要做的事情？

□ 你明天將做些什麼？

根據葛拉塞的說法(1980, 1981, 1985)，我們正在做的事情很容易理解，而且在治療中可以成為適切的焦點。因此，現實治療法並不是不探索當事人的感受與思想，但是若僅討論這些而未將它們與當事人目前正在做的事情作強烈的聯結，便無法達到預期的效果(W. Glasser, 1980)。

領導者須促使成員們專注在他們目前的行為，並教導他們有意識地控制自己的行為，能夠做選擇，以及能夠改變自己的生活。在這個歷程中，他們必須學習為自己的問題負起責任。雖然他們也許想要談論自己是如何地未能如願，以及如果世界有所改變，他們將會如何地快樂等等，這種論調只會強化他們自以為是受害者的想法。因此，簡要地說，現實治療法團體的焦點在於使成員們意識到他們目前的統合行為，並協助他們培養出正面的自我形象(self-image)。

因此，以犯罪少年團體的實例而言，團體領導者不應把焦點放在他們的犯罪事實上，也不應討論成員們目前對自己與別人的感覺和態度之背後原因。相反的，領導者應鼓勵成員們去討論那些導致他們受到刑罰的行為，並迫使他們去追溯與面對他們那些行為所導致的實際結果——簡而言之，也就是促使他們去評價他們的行為，並接受他們應為行為的結果負責任。

葛拉塞曾探討過犯罪行為，在他最近的陳述中，他已發展出「未能有效控制行為」的概念。他主張，當人們面臨痛苦的處境時有三種選擇，第一種選擇就是乾脆放棄；第二種選擇是在各種行為當中作一抉擇，這些行為包括：反抗犯罪與社會病態行為，與發展受心理影響的生理症狀（偏頭痛、潰瘍及身體疼痛）；第三種選擇被描述為一種負面沈溺的形式（吸毒或酒精麻醉），是人們在尋求愛、自我價值與成功歷程中受到挫折的一種逃避方式。根據葛拉塞的說法，如果人們能瞭解其目前的行為是由於他們所做的負面選擇，並導致他們逐漸喪失自我價值與自尊時，他們就可以轉而做

出正面的選擇，並培養出一種成功的認同。

(三)促使當事人評價其行為

　　根據葛拉塞的說法(1986a, 1986c)，現實治療法的核心在於要求當事人作以下的評價：「你目前的行為有合理的機會使你獲得現在所想要的東西，並且能帶領你往你所想要的方向前進嗎？」。治療者的任務在於，以當事人的行為結果來面質他們，並促使他們去判斷其行動的品質。事實上，除非當事人最終能去判斷自己的行為，否則他們將不會改變。在當事人對行為品質作判斷之後，將能確定自己失敗的原因，並確認他們可以從事那些改變以追求成功。

　　重要的是，治療者對於當事人的行為不應作價值判斷，也不應負起為當事人作這些價值判斷的責任。相反的，治療者若能迫使當事人停下來反省自己與傾聽他人的意見，則對他們的幫助最大。如果治療者能刺激當事人自我質問——「我現在正做些什麼？」、「我目前的行為能帶領我往我所想要的方向前進嗎？」、「我的行為對我有幫助嗎？」、「我所做的是否為建設性的選擇？」——則當事人比較可能開始進行改變。要求當事人評價其統合行為中的各個要素，是現實治療法的一項主要任務。當治療者詢問一位「沮喪的」當事人這種沮喪的行為對他的未來是否有益時，就是在引導當事人作其他選擇。評價行動、思考、感覺與生理反應等要素，是屬於當事人本身該負責任的範疇。(Thatcher, 1987)。

　　從治療者的觀點而言，在治療的初期對某個當事人施予指導是可以接受的。我的意思是說，現實治療法的實務工作者若表達他們的想法，有時候對情況是有幫助的。舉例來說，在輔導酒癮兒童或甚至酒癮成人時，必須直言何者有用以及何者無益。某些當事人在他們的控制系統中缺乏思考的行為，所以無法作一致性的評價。這些當事人的心中相片很可能受到污損，並且不一定知道他們的欲望或這些欲望是否實際。當事人有所成長，並且持續與治療者互動之後，他們可以在較少的協助下學習作自我評價(Wubbolding, 1988)。

　　有些當事人會堅持說他們沒有問題，而且其行為也不會使他們惹上麻煩。此時治療者必須認清的是，當事人的行為是根據其內心世界的知覺，而其所知覺的內容很可能與真實情況有一大段距離(Glasser, 1986a,

1986c)。在這些情況下，葛拉塞建議治療者應持續將治療聚焦於當事人目前的行為上，並以不同的方法重複詢問核心的問題。他說，耐性對輔導這些棘手的當事人是很重要的，他們也許需要花相當長的時間才會瞭解某些類型的行為並不能滿足其欲望。

評價的歷程不僅把焦點放在行為上，也同時放在當事人的欲望上。在治療者的協助下，當事人可以澄清他們想要什麼，並反映出他們的欲望切合實際的程度有多高。治療者常須詢問，「你的欲望是否切合實際？」。葛拉塞說(1986c, p.21)，當事人通常要直到兩項先決條件達成之後，才會去改變其行為。這兩項先決條件是：當事人首先必須藉著自己的評價，確認自己目前的行為不能滿足其欲望，而且方向也不對；當事人必須深信自己還可以選擇其他行為來合理滿足其需求。

以犯罪年團體的例子來說，團體領導者可能會詢問他們：「你的行為使你獲得想要的東西嗎？」、「你的行為指引你通往何方？」、「你的行為傷害了你或別人嗎？」、「你的行為滿足你的需求嗎？」。更具體地說，一位因吸毒需要而偷竊被捕的少年犯，治療者會要求他去評價如果持續此一偷竊行為的後果會是什麼，並面質他如果被捕入獄的可能後果又是什麼。在治療者的協助下，這些少年犯的責任在於確認與評價其行為的結果，接著決定自己是否想改變其行為。治療者既不能為當事人作這種行為改變的決定，也不能「要求」當事人放棄吸毒習慣與偷竊行為以過更有意義的生活，這些都不是治療者的任務。簡而言之，治療者協助當事人自己決定「什麼」必須改變，以及「為什麼」必須改變。

(四)規畫與行動

現實治療法大部分的工作，在於協助成員們確認那些明確的途徑，可以改變其失敗行為而轉為成功行為。一旦成員對其行為作價值判斷並決定改變之後，治療者即協助成員擬訂改變行為的計畫。這種規畫的藝術在於建立實際可行的短期目標，使之有很高的達成可能性，因為目標達成的成功將正面強化成員往更長期的目標而努力。

規畫負責任的行為是輔導過程中的重點，這是治療的一個指導階段。因此，治療者最好提供各種新資訊給成員，並協助他們找出更實際的行為方式，以得到他們想要的東西(Glasser, 1981)。治療者須將部分的治療時間

放在擬訂計畫，並檢查這些計畫是否可行有效。在團體的背景下，成員透過與其他成員和領導者的互動接觸，可以學習如何實際與負責地擬訂計畫。在團體氣氛的鼓勵之下，成員可以去嘗試新行為，嘗試達成目標的不同方式，並執行行動計畫。很重要的是，這些計畫不能太好高騖遠，因為成員需要有機會能體驗到成功的滋味。計畫一旦執行成功，自尊的感覺就會增加。因此，有益的計畫在開始階段不要太難，並且要清楚指明該做些什麼、何時做、以及間隔的時間多長。簡而言之，計畫的意義性在於鼓勵成員將他們所說的話與意圖轉換成行為。

能滿足欲望與需求的計畫，是有效的團體諮商之重心所在。制訂與執行計畫的歷程，使人們獲得控制其生活的能力。伍伯丁(Wubbolding, 1988b)曾探討過有效規畫的特徵，我們摘要如下：

——計畫應儘可能密切地與成員的需求相結合。有技巧的團體領導者會協助成員們確認計畫中的那些部分，可使成員獲得滿足其需求的報酬，並協助成員們評價這些計畫的功效。

——良好的計畫必須簡單而且容易理解。雖然計畫必須明確、具體、並且可以衡量出結果，但是也應具有彈性，俾當成員進一步瞭解他想改變那些明確的行為時，可以有修改計畫的空間。總之，應由成員來運作這些計畫，而不是用計畫來控制成員。

——計畫應該切合實際，而且可以達成。領導者應協助成員瞭解，即使是小計畫對其行為改變也會有大作用。這種觀念就如同中國諺語所說的：「登高必自卑，行遠必自邇」。

——有效的計畫強調去做某些事，而不是不要去做某些事。也就是說，計畫必須陳述成員應該從事那些正面性的行為。

——執行的計畫應與別人的所做所為無關。亦即，領導者的任務在於強調成員們自己，而不是他們所無法控制的外在的世界，團體成員們將因此學習到，對於自己的欲望世界、自己的行為以及知覺系統，係他們能夠自己控制的。如果成員等待著別人發生改變，那麼他們行為上的改變就等於受到別人的控制。良好的計畫必須明確而且具體。透過有技巧的詢問，團體領導者可以協助成員們培養這種明確性。領導者通常會以「是什

麼？」、「在那裡？」、「跟誰去做？」、以及「多久做一次？」等問題來協助成員們澄清其計畫。

——有效的計畫具有重複性。也就是說，即使不是每天做，也必須定期地做。為了克服成員們的負面癥狀，諸如：沮喪、焦慮、負向思考，以及因心理因素導致身體疼痛等，必須以正面癥狀來取代，包括：愉快與信任的感覺、理性的思考、健康的活動、飲食控制與運動，以及促進個人成長的種種特質。唯有在意志力的驅使下，並藉著持續重複的正面性習慣來帶動，人們才可能有行為上的改變。

——計畫應該帶有急迫性。也就是說，應該儘快付諸行動。領導者可以用問題來詢問團體成員們，諸如：「你願意今天就開始改變你的生活嗎？」、「你說你喜歡有更多一點的娛樂。因此，你現在要去做些什麼來娛樂自己？」。這些問題背後的訊息是，團體成員們藉著立即的改變，的確有能力控制其生活。

——有效的規畫須包含以歷程為中心的活動。例如，成員們也許說他們可以做下列的事情：給小孩子三項讚美、每天慢跑三十分鐘、以有營養的食物代替垃圾食品、每星期撥出二小時做義務性工作，以及去旅行一趟。

——在成員們執行其計畫之前，最好在團體中評價該等計畫，並從其他成員和領導者身上獲得回饋。提計畫的人該自問其計畫是否實際可行，以及是否與其欲望及需求相關。計畫在現實生活中執行之後，再次評價該計畫也很有益處。成員們可以重回團體中，談論其計畫成功的程度。藉著其他成員們的回饋訊息，成員可以想到計畫具有那些缺失，如何才能做得更明確，以及該以何種方式加以修改。

——為了使成員對計畫許下承諾，最好以書面的方式寫下來。並且，領導者與其他成員可以提供增強作用，使成員擬訂出一份更有效的計畫。

大多數的團體成員，並不能如上所述地擬訂出理想的計畫。然而，擬訂的計畫越妥善，成員越有機會達成其欲望。基於此目的，成員必須承諾徹底執行擬訂的計畫。

計畫的擬訂與執行是成員本身的責任，但是領導者須創性出一種接納性與支持性的氣氛，使成員們順利地規畫其計畫。須強調的是，在整個規

畫的歷程中，領導者應不斷地要求成員們負起做選擇與執行的責任，即可以不時地提醒他們，在這個世界上沒有人會替他們做事或代替他們過生活。讓成員們擬訂負責任的計畫，需要相當程度的技巧與創造力。

㈤承諾

具有失敗認同的人，通常很難去做出承諾及信守承諾。很顯然，如果成員並無執行的意願，則擬訂出再好再實際可行的計畫也只是白費時間。計畫可以寫成契約的形式，如此可督促成員履行契約，並由其他成員作擔保，負起執行的連帶責任。

此時可以立即看出團體的價值。一旦各個成員訂好計畫並在團體中宣告之後，團體的立場就變成是協助成員評價其計畫，並提供支持與鼓勵。如果有成員不做承諾或未能執行其計畫，此等事實無法瞞住別人，更無法欺騙自己。如果有些成員能徹底執行計畫，他們就能扮演楷模的功能。其他人很可能會想，既然別人都做得到，我應該也能夠做得到。

基本上，對於不願意做出承諾的成員，領導者應協助他探索與表達心中的恐懼。也許該成員有許多阻力，而且害怕遭人拒絕。在此一階段，團體的支持就顯得特別重要。治療者可以鼓勵該成員在每次的聚會中，報告他一星期以來的活動，包括：他在執行計畫時所遭遇的困難，以及嘗試新行為方面所獲得的成功。正如同行為治療團體所採用的同伴制度一樣，現實治療法也鼓勵團體成員在履行承諾上發生困難時，彼此在下一次聚會之前就相互接觸切磋。

當然，總是會有那種不願意做出「任何」承諾的人。我們前面曾提過，治療者無法強迫成員改變。但是治療者可以協助這種成員檢查自己是什麼原因而無法做出改變的承諾。有時候人們會認定自己無法改變，無法做出任何決定，或是認定自己是無可救藥的失敗者。在這些情況下，治療者必須協助成員清楚地瞭解不做改變的後果，並引導他擬訂非常短期、目標極容易達成的計畫。成員必須獲得某程度的成就感，並且必須能夠深信自己的確有改變的能力。以這個基本原則而言，計畫的性質與範圍都沒有比承諾改變來得重要。即使所承諾的是範圍很有限的計畫，也是一項重要的承諾。

承諾使得改變的責任落在成員身上。如果團體成員一再地說，他們希

望改變而且想要改變，領導者可以詢問的問題包括：「你將會去做嗎？」及「你什麼時候會去做？」。當然，領導者所冒的危險是，如果成員未能完成計畫，可能加深他們的挫折感與失敗認同。因此對於不合理與不太可能達到的行動計畫，不要求成員做出承諾，如此就可避免上述的問題(Glasser, 1981)。

現實治療團體中的特殊技術

本節敍述四種現實治療團體可能運用到的特殊技術：有技巧地詢問；個人成長計畫中的自助技巧；使用幽默；矛盾的技術。在《現實治療法之運用》*(Using Reality Therapy)*一書中，伍伯丁(1988b)以傳統的方法延伸這些特殊的技術。當然，這些技術並無專利權，因此其他治療法均可借用。這些特殊技術可以提高團體歷程的品質，同時也能協助成員達成其個人目標。儘管這些技術有其潛在的價值，但是如果領導者所受的訓練不夠，或領導者沈迷於滿足其權力需求而未顧及整個團體的福祉，則這些特殊技術也有誤用的可能。

㈠技巧性詢問的藝術

因為現實治療法比其他治療法使用更多的詢問，所以團體領導者必須培養廣泛的詢問技巧。詢問的主要目的有四：進入團體成員們的內心世界；蒐集資訊；給予資訊；及協助成員更有效地控制其生活(Wubbolding, 1988b)。團體諮商的藝術在於領導者確實掌握：詢問「那些」問題、「如何」詢問，以及在「什麼時機」下詢問。

團體領導者如果不加留意常會濫用詢問技術。有些領導者所問的問題範圍太大，因此成員只好一直漫談下去。有些領導者採用一問一答的技術，主要原因是他們不知道還能做些什麼。這些情形當然是錯誤的作法，而且會導致成員的防衛心態與抗拒。唯有時機正確而且具策略性的詢問，才有助於促使成員們思考他們想要什麼，以及促使他們去評價其行為是不是朝著自己所想要的方向去做。在下一節裡，我會提供一些技巧性詢問的範例。（有關詢問技巧方面的進一步資料，請參閱Long, Paradise, & Long, 1981）。

(二)個人成長計畫中的自助技巧

現實治療法的貢獻之一是，成員可以從團體中學到各種自助技巧。正如上一節所討論的，成員們可以在團體的場合中，擬訂計畫並在每天的生活中執行那些剛從團體中學來的行為。伍伯丁(1988b)提出以「替代方案」(replacement program)來促進個人的成長。此方案界定出各種影像的類別，這些影像呼應著個案內心世界的欲望及行為，對每個人而言都是明確而且唯一的。根據伍伯丁的說法，「替代」包括以：「實踐行為」(do-it behaviors)取代「放棄行為」(give-up behaviors)；以「正向癥狀行為」(positive-symptom behaviors)取代「負向癥狀行為」(negative-symptom behaviors)。這種替代方案協助成員們確認出哪些行為既能滿足其欲望與需求，又能接近他們所冀望的行為。在治療團體的背景下，這種自我改善的方案是一種促進成員發展的歷程。

前面我們曾討論過失敗認同。具有失敗認同的成員，一連串的放棄行為是其行為的特徵。舉例來說，他們也許會反抗、侵犯別人的權利、或體驗到各種痛苦的癥狀，例如，憂鬱與焦慮。這些人往往有沈迷於藥物、不節制飲食與賭博的傾向。替代方案能協助成員們學會實踐行為與正向癥狀行為。團體領導者常會以詢問來協助成員們評價其欲望，諸如：「你真的想要改變你的生活嗎？」、「如果現在你已擁有你所想要的東西，你試著想像你的生活會有何不同？」、「如果你嘗試做改變，你的生活可能變得更好嗎？」、「什麼是你想要而在生活中似乎是得不到的東西？」、「你認為是什麼原因使你無法做你想要的改變？」。以下的一些問題可以協助成員們思考他們正在做些什麼：「請具體地描述一次你有成就感的情形，那個時候你正做些什麼？」、「請具體地描述一次你善盡責任的情形，那個時候你正做些什麼？」、「哪些事情是你正在做，但心裡希望不要再做下去的？」、「你希望現在生活的哪些方面不同於去年的生活 ？」、「如果你只剩下一年的壽命，那麼你會去做哪些不同的事情？」、「哪些你做過的事情曾帶給你很大的滿足感？」。

在協助成員們以正向癥狀行為取代負向癥狀行為方面，團體扮演著工具性的角色。對於讓成員們探索其目前的行為，詢問問題可以成為良好的催化劑。所有下列的問題都可用來增強正向癥狀行為：「你說你希望在課

堂上更積極一點，那麼在上個星期裡，你有多少次主動參與討論？」、「你說你希望生活中能多一點的娛樂，那麼這幾天裡，你做了那些具有娛樂性的事情？」、「請敘述一次你充滿自信心的情形，那時候你正做些什麼？」、「你可以做哪些不同的事情來改善你的家庭生活？」、「告訴別人你有多麼沮喪，這會對你有什麼影響？」、「請描述一次可能帶給你挫折感而你並未逃避的場合，那時候你正做些什麼？「、「如果你進行改變，那麼可能會發生那些最好的事情(或最壞的事情)？」、「試想像一下如果現在你所希望的改變都已經做到了，那麼你會是怎樣的人？採取那些步驟可以使你往那個方向邁進？」。

此等有技巧的詢問，可以協助成員把注意力放在他們正做些什麼、思考什麼，以及感覺到什麼。策略性的詢問在效果上能夠促使成員釐清明確的行為途徑，以成功認同取代失敗認同。除了不再沈迷於負向行為之外，成員們可因此培養出投入正向行為的習慣。(投入正向行為方面的進一步資料，請參閱Glasser, 1976a；替代方案的討論，則請參閱Wubbolding, 1988b)。

(三)使用幽默

許多其他的治療法都以幽默的使用作為一種介入工具，以促進建設性的改變（諸如：阿德勒治療法、心理劇、存在治療法、完形治療法、溝通分析，及理性情緒治療法）。許多時候團體成員會感受到「沈悶」，以至於在他們的生活情境中看不到幽默的事物。當他們固定在負向癥狀時，他們的心中容納不下輕鬆。若干專業人員已著書論述歡樂與幽默在心理治療中的角色(Ellis, 1977; Greenwald, 1975)。當然，幽默的使用在時機上必須恰當。團體領導者可能在未建立起治療關係之前，因調侃當事人而鑄下錯誤。在團體中必須培養出信任的氣氛，如此成員才會變得自然，並能無拘束地消遣自己與別人。一旦團體有足夠的凝聚力之後，幽默的使用就更能產生正面性的結果。具有治療效果的幽默並不是諷刺或譏笑，也不能顯露出對別人不尊重。治療性的幽默具有一種教育性和矯治性的意味，並且能協助當事人將情境留佇於腦海中。一旦成員們經過治療歷程之後，他們也許能夠以腦海中的幽默情境來理解事物，並且甚至會輕鬆地看待他們以前在團體中曾經傷心落淚的事情。

歐肯奈(O'Connell, 1981)的「自然高度治療」(natural high therapy)頗強調幽默技術的運用，視之爲實踐歷程中的基本準則。根據歐肯奈的說法，幽默感是一種融合價值感與歸屬感，加上對人性基本矛盾的欣賞之結果。不論是用在個別輔導或團體諮商中，均可使用幽默技術達成內在與外在的改變，以鼓勵當事人透過自尊與社會興趣的演練，在實踐的歷程中成爲主動的推動者。

但是幽默在治療中也有若干的缺點，必須加以注意。根據雪波(Saper, 1987)的說法，不當的幽默會使當事人的問題惡化、毀損其個人價值，並使他們感到忿恨。這種形式的幽默包括使某個成員成爲替罪羔羊，以及藉著嘲諷折損別人。至於損及自尊的玩笑，以及令人羞恥的嘲笑，更不用說，這種幽默絕不能在團體諮商中出現，團體領導者應予阻止。

布洛區、布朗寧和馬奎斯(Bloch, Browning, & McGrath, 1983)曾描述過一些幽默在團體中誤用的情形。領導者有時候會使用幽默來抵擋其內心的焦慮。當他們混淆了團體的目的時，幽默可以僞裝他們的不安全感。團體成員也常會誤用幽默以轉移他們的焦慮，藉著自嘲以逃避問題，或藉著扮演小丑來吸引別人注意，或減輕自己的焦慮。團體本身也可能共謀濫用幽默，以避免專注在嚴肅的問題上，或藉以避免衝突的情況發生。

然而這些潛在的危險與誤用，應不致遮掩治療性幽默在團體中的明顯優點(Blochel al, 1983)。團體治療者應示範自發性與善意的幽默，並以幽默表達他對團體成員的瞭解。從團體成員的觀點來看，幽默的使用具有敞開心懷的效果，使他們能嘗試自我表達的新方式，並且以嶄新的眼光來檢查自己。有些人習慣擺出冷峻與嚴肅的態度，此時幽默可以非常有效地協助他們克服那種誇張的認眞態度。此外，微笑、大笑，以及能夠欣賞人際關係中的可笑之處，對於人際技巧的增進頗有助益。當成員能完全共享幽默時，一種心靈受到淨化的感覺就會出現，接著心胸也會隨著敞開。最後，布洛區及其同事還提到一項觀點，認爲幽默有助於提高團體的凝聚力。

如果讀者想閱讀更多有關歡笑與幽默在治療歷程中所扮演的角色，有幾項來源可供參考。雪波(Saper, 1987)曾討論幽默對個案的優缺點。布洛區及其同事的文章(1983)曾討論幽默在團體治療法中的角色。其他來源包括艾利思(Ellis, 1977)、古林渥(Greenwald, 1975)、麥得思(Mindess,

1976)、及歐肯奈(O'Connell, 1981)。

㈣使用矛盾技術

在現實治療法進行中，成員通常會被鼓勵以直接的作法去改變其行為。但是有時候有些成員似乎特別抗拒擬訂計畫，或是擬訂之後拒絕加以完成。這些成員當中又有一些人，會跟團體中的其他成員說，他嘗試過實行計畫，但是產生不了效果。為了因應這些情況，現實治療法的專業人員有時候會做些令人預期不到的事情。伍伯丁(1988b)主張，在現實治療法的理論當中，存在著許多矛盾對立之論，為了領會這個治療法，在思考上也必須採取矛盾的意向。有時候促成改變的最好方式是採取間接迂迴的方式，以某種令人預期不到的方法處理問題。這種做法是以反面的觀點來看待成員的行為，倒果為因及倒因為果。

在一個為期一週的諮商團體中，亞雷似乎熱衷於贏得每個人的贊同。在他每天的生活當中常會擔憂自己做得不夠好。他厭倦自己為了贏得家人與朋友的贊同，而做得如此辛苦。然而，亞雷間接迂迴地尋求團體成員與協同領導者的贊同，很明顯可以看出他非常在意他們的看法。在指定作業時，我建議他更加努力地贏得我們每個人的贊同。當然，他說他不想去贏得別人的贊同，更不想為此而拚命。接著，協同領導者和我要求他去做一件他更不想去做的事情。我們甚至建議他說出「我非常希望你能喜歡我，而且我需要你的接納，以證明我是個有價值的人」這樣的話，來贏得我們大家的贊同。此後當他想獲取別人的贊同時，他變得相當開放與直接，甚至到達那種要求我們告訴他如果去做什麼事情就可以取悅我們的地步。然而最後，他很快就厭煩於如此拚命，只為了要贏得別人贊同的做法。他看清楚為了使別人喜歡他，他間接做了如此多的事情。到了最後一天，他開始嘲諷自己如此在意別人的接納而不惜代價地蠻幹。他更能夠意識到他傳送給別人的訊息，也更能夠在他自己不十分贊同的情形下，意識到自己內心的對話。有趣的是，當他不那麼在意別人的認同時，他所說的與所做的逐漸變成是在取悅他自己。他所啟動的歷程是，開始重視自己的贊同，甚過重視別人的認可。雖然我們所用的策略，在亞雷這個個案中已然奏效，但並不代表也同樣能用到其他情況中。此一案例中領導者與他已建立起良好的諮商關係，而且團體的信任感也在持續增進。雖然他並不確定是否已

取得團體中每個人的贊同，但是他的確感受到領導者與其他成員在乎他。他順著我們指定的作業做下去，因為他並未感受到我們在嘲笑他，最後終於能以幽默感來回顧自己的情況。

矛盾的技術是種強而有力的介入方法，並且唯有在實務工作者已受過足夠訓練，而且有督導者的情況下才可以使用。這方面的研究指出，這種技術可以用在處理憂鬱、失眠、恐懼及焦慮等情況。對於那些具有抗拒心態，而且行為問題頗為明確的成員，這種技術顯得特別有效(Weeks & L'Abate, 1982)。

總之，矛盾技術的價值，大部分決定於從業人員所受的訓練與經驗。矛盾技術適用的情況，是團體領導者用以激盪成員的價值觀，或是在所有方法都無效的情況下，才拿它來作為最後的秘密武器(Weeks & L'Abate, 1982)。如果團體已發展至適當的階段，以及選對施用的時機，矛盾技術可以成為強而有力的治療工具，不僅提高團體的凝聚力，亦可引導團體成員往正面的方向改變其行為。

適當地使矛盾技術的效果頗類似幽默技術之運用，能夠協助成員以全新的視野來思考其問題。正如同亞雷的案例，成員可以真正學習到如何嘲諷自己的弱點，這麼一來，行為的改變就更加容易了。道得和密恩(Dowd & Milne, 1986, p.278)建議，在使用矛盾技術時，需要考慮如下的命題：「在何種情況下採用何種技術？面對何種個案？想促成何種改變？」。除此之外，尚須考慮的問題包括：「身為團體領導者，我跟成員之間，是否已建立起高度的信任？」、「團體的凝聚力已到達何種程度？」、「使用矛盾技術會不會產生反效果而傷人，使成員因意識到被人調侃而增加抗拒？」、「團體成員對其他技術的反應如何？」、「傳統的做法對於促進改變的效果如何？」、「我是否明白為什麼要使用矛盾技術？」、「我是否清楚知道我要完成什麼？我是否能夠完全掌握成員對這種做法可能產生的反應？」。

如果讀者想進一步瞭解有關矛盾技術的使用，可參考伍伯丁(Wubbolding, 1988b)、維克斯和拉貝特(Weeks and L'Abate, 1982)、道得和密恩(Dowd & Milne, 1986)、哈列斯頓和伊戈斯(Huddleston & Engels, 1986)、及富蘭克(Frankl, 1960)的文獻。

現實治療法的評價

現實治療法的貢獻

　　現實治療法的特色中，我個人特別偏愛強調負責任的部分。例如，當團體成員表達想改變某些行為的欲望時，領導者會進而面質他是什麼因素使他無法如此去做。我所欣賞的事實是，評價成員行為以及決定是否想去改變的責任，都在成員自己的身上，而不是由領導者來負擔。

　　一旦做出行為改變的決定之後，現實治療者接著會協助成員們作成明確的計畫，擬訂行動的契約，以及評價其執行的成效水準。在大多數我個人所帶領過的團體中，我發現採用這些行動導向的做法極有效果，成員可因此將他們在團體中所學習到的行為，融入他們每天的生活中。同時我也會要求成員們，在團體中清楚地陳述他們行為契約中的各項所欲改變行為，隨後並報告他們努力執行的成果。現實治療法令我讚賞的其他特點，包括不接受任何未履行契約的藉口，以及避免任何形式的懲罰與責備。就我個人的經驗而言，如果成員未能完成一項計畫，則重要的是與他們討論執行過程中的障礙。也許他們所訂的目標太高，或也許他們所說的與真正想要改變的事情存在著一些差距（通常我們可以相信行為，但不能太相信人們所說的話）。

　　我同時喜歡現實治療法認為單憑領悟並不能使改變出現的說法；相反的，一旦成員確認他們的行為無益之後，則必須開始做一些不一樣的事情。我逐漸懷疑情緒傾洩作用作為治療媒介的價值性，除非受壓抑的情緒在釋放之後，能形成某種形式的行動計畫。我的同事和我在團體中曾碰過一種人，他們過度沈迷在負向的情緒中，但是不願意採取行動來改變，使自己宛如一灘滯流不動的死水。因此，我們持續促使這類成員自己去察看，如果只等待別人改變，情形會是如何於事無補。我們也要求成員去假設他們周遭的重要他人在其生活中也許永不改變。這意味著成員們在塑造其命運

的過程中，將必須採取一種更為積極的態度。

　　團體成員必須省察自己的內心世界，並尋找其他替代方案。因為其他成員和領導者並不允許他們那種失敗認同的行為，所以他們被迫要去選擇是否要有所改變。以上述犯罪少年的團體而言，我們可以立即瞭解到，領導者將不允許這些人不停地抱怨，諸如：受到雙親的拋棄、生活中的噩運，以及許多失敗的經驗等等。不論因任何理由使他們現在受到壓迫，他們必須自己去看清目前的行為會帶領他們通往何處。我個人認為，有技巧的詢問是現實治療法的一項主要長處。當然，領導者要以開放式的問題讓成員往自己內心去尋求答案，並避免那種呆板的詢問方式，否則當事人會有被一連串問題所砲轟的感覺。

　　現實治療法鼓勵當事人去察看他們確實擁有的自由範圍，以及隨著這些自由而來的責任。依這個觀點而言，現實治療法是存在治療法的一種形式，強調內在的欲望、需求、以及當事人的選擇(Wubbolding, 1988b)。因為現實治療法著重認知與行為系統，所以亦可視為一種認知行為治療法。現實治療法的特色是，強調要去瞭解當事人主觀的內心世界，這種現象學上的觀點有助於治療者更完全瞭解當事人是如何去知覺其世界，並且這種視野對於建立起良好的治療關係，是一種良好的手段。瞭解當事人的內心世界，並不意味著治療者必須採取「軟性」的治療法；相反的，治療者藉著不放棄當事人的態度，而顯現他的關懷。治療者若持續希望當事人有所改變，這種態度就像催化劑一般，可以將樂觀的訊息傳達滲透到當事人的心中去。

　　現實治療法的優點是，採取直接而清楚的做法。雖然其主要原則都很簡單、基本，而且非常實際，但是這種方法並不一定能夠很容易地應用到團體諮商的場合。其中有一些技術必須精熟而且需要反覆加以演練。為了有效地使用這個治療法，訓練與督導是需要的。

　　依我個人的意見，這些現實治療法的特點非常適合用在危機諮商的情境上，作為一種短期的介入策略，並且也適用在犯罪少年的身上。此外，對於那些視自己是別人行為的無辜受害者之當事人，現實治療法也有其療效。舉例來說，跟一個酒癮者共同生活於一個家庭的成員，常會感覺自己是受害者。假設你現在正帶領一個團體，該團體成員都是想幫助其酒癮妻

子的先生們。這些男人可能不停地抱怨說，他們已竭盡所能去幫助妻子，但對於改變妻子已感到束手無策，而且他們的不快樂都是妻子的酗酒行為所造成。在現實治療團體中，這些男人會被要求去省察他們自己在這種情境中的角色。最後他們可能會瞭解到，他們雖不能直接改變妻子，但是可以改變他們在這種情境下所體驗到的影響，而不再那麼專注於妻子做什麼以及不做什麼，他們的注意力可以開始放在選擇自己的行為改變上。

對於家中有行為偏差小孩的父母團體，現實治療法的優點也可見於一斑。這些父母親的共通點是，他們都感覺到其生活因兒女的不良行為而陷於一團混亂之中。治療者可以教導這些父母親，如何將現實治療法的原則，持續用在處理小孩的事情上；同時教導這些父母親將更多的注意力放在選擇自己行為的改變上，而不要一天到晚都只想著如何把小孩「擺平」。除此之外，對苦於處理學生問題的教師團體、認為自己的生活方式毫無效益的市民團體、有過犯罪行為的虞犯者團體，現實治療法似乎都能夠提供顯著的療效。但須注意的是，這些團體並不適合接受長期的治療，因為時間一長，往往流於廣泛探索過去經驗和潛意識層面。

多元文化情境中的現實治療法

現實治療法的核心原則是，幫助來自不同文化背景的當事人，使他們自己去評價其欲望是否切合實際，以及他們的行為是否對自己有益。一旦當事人評價之後，他們可以擬訂出與其文化價值觀協調一致的實踐計畫。這樣的做法可以很清楚地激勵當事人。團體領導者須避免決定成員的那些行為應該要改變，這是一種對成員表示尊重的態度。現實治療法的領導者所肩負的角色，在於促使成員自己去思考其目前的行為能否滿足其欲望。透過技巧性的詢問，領導者可以協助其他種族的成員去決定他們想融入優勢社會的程度，並評價做此決定之後，他們的欲望與需求可以滿足至何種程度。他們很可能因此找出一個平衡點，既保有他們的種族認同，亦整合了一些優勢社會的價值觀與風俗習慣。同樣地，團體領導者並不替這些成員作決定，而是督促他們去找尋自己的答案。

在具有文化差異的治療團體中，領導者會發現，有些成員在團體形成

的初期不願意分享他們的感受。其他種族的成員在探討他們正在做什麼以及想要什麼時，會有較積極的合作態度，但在探討他們感受到什麼時則否。例如，有些成員也許體驗到憂鬱與焦慮，並希望在團體中紓解這些癥狀的。如果從現實治療的觀點來思考這些癥狀，領導者可以引導成員去檢視自己正做些什麼（或不做些什麼），以致有這些情緒狀態產生。在團體中體驗一種傾洩作用及情緒運作是沒有壓力的，成員們最後會瞭解到，他們自己「正在憂鬱與焦慮」，而不是這些事物正巧發生在他們身上。一旦他們省悟某些行為對他們的目標並無幫助時，他們可以做改變，以導致不同的行為結果。

跟認知行為治療法一樣，現實治療法常會以契約的方式來進行，團體成員得以確認造成困難的問題所在，並在團體中探討這些問題。因此，團體諮商通常有一教導與學習的歷程，這對於許多其他種族的成員是具有吸引力的。也就是說，某種行為類型會成為治療處理的明確目標。現實治療領導者的興趣，在於協助成員找出更好的途徑來滿足其需求。為達此目的，現實治療法提供各項工具，使成員們能做有益的改變。在擬訂計畫的階段，情形尤為明顯，而擬訂計畫正是現實治療法的團體歷程核心所在。在其他成員與領導者的協助下，成員可以擬訂出明確可行的行動計畫。少數族群的成員亦可以在團體中採取明確而特定的步驟，使外在世界能接近其內心世界的欲望。如果他們在真實生活中的計畫無法成功地執行，則這些成員們可以將具體的情況帶回團體中討論。這種明確性以及有效計畫的方向性，對於處理少數族群成員的問題，具有甚大的效益。

在利用現實治療原則處理其他種族與少數族群成員的問題時，其中的一項限制是，這些成員可能認為這種治療法並未考慮外在環境的因素，而壓迫著他們每天生活的正是這些因素。舉例來說，歧視與種族主義是外在世界中不幸的真實情況，並且這些外在因素的確限制著許多少數族群成員在生活中獲得他們想要的目標。如果團體領導者不接受這些環境的限制，成員們很可能感受到自己未被瞭解。有一種危險的情況是，領導者可能過度強調這些成員控制其生活的能力，這些成員很可能將領導者的詢問理解成「如果你的努力足夠的話，你終將可以由麻雀變成鳳凰」。團體成員們若感受到這種訊息，他們可能會提早離開團體，並認為領導者及其他成員並未完全瞭解他們每天所須面對的掙扎奮鬥。這不是現實治療法有問題，而

是治療者本身的限制。

　　另一項問題是，有些其他種族成員非常不願意說出他們的欲望。他們的文化不曾鼓勵過他們直接去陳述欲望，並且事實上，他們所受的社會化過程是去思考什麼是對社會團體有益的，而不要顧及自己個人的欲望。具有這種文化背景的成員可能會調頭而去。

現實治療法的限制

　　批評者反對現實治療法的理由，多認為它過於簡單而且膚淺。我必須承認，過去我也曾以這些理由批評過現實治療法；不過，如今我發現這項批評是不正確的。葛拉塞雖承認現實治療法是簡單直接的做法，但是將這些簡單的原則應用到實務工作上來，卻不是一件簡單的事。因此，我尚擔心治療者以過於簡單的方式，將現實治療法應用到實務工作上，而可能會產生的一些危險。其中的一種危險是，治療者扮演「傳道者」的角色，以道德專家的身份自居，並對於成員應該如何改變作個人的價值判斷。很顯然，如果團體成員接納領導者的行為標準，而不去自問與掙扎，他們就不必去反省自己的價值觀。依我個人的觀點，這是非常不理想的結果。(此處容我補充一點，也就是葛拉塞認為，如果治療者扮演道德專家的角色，並試圖將自身的價值觀加諸於當事人身上，就不是依循著現實治療法的精神行事)。同理，若某一成員未經思索地模仿其他成員，或模仿團體領導者，這也不具治療效果。當然，在團體的協助下，成員也許會產生一些標準來評價其行為，但是最終還是須由每一個成員自己去作此一評價。葛拉塞(William Glasser, 1980)在這方面說得很清楚：「每個人最終都必須為自己的生活負責，為自己在一個比治療團體更大的生活世界中負責。」(p.53)。因此，若人們批評現實治療法的治療者，對成員的生活方式與行為扮演價值判斷的角色，這顯然是一種誤解。葛拉塞(1980, 1981)強烈指出，成員必須自己作價值判斷。

　　儘管我承認行動計畫是改變行為的要件，我個人的偏好是將更多的注意力放在感覺的表達與探索上。一旦與團體成員建立起良好關係，我傾向於給予成員更多機會去表達那些可能積壓許久的「感覺」。將注意力放在感

覺的部分，可以使治療的工作更爲深入。因此，我借用了完形治療法與心理劇中的技巧，作爲協助當事人「體驗」自己感覺的一種途徑，而不是純然地談論他們的感覺或處境。此外，我也配合溝通分析、理性情緒治療法及認知行爲治療法，強調「思考」是行爲的一項主要決定因子。許多行爲上的問題，與自我挫敗的陳述語句有關聯，而我們常以這些陳述語句重複地對自己灌輸。因此，除了鼓勵成員們全面接觸自己的感覺之外，我同時設法讓他們去檢視自己的想法與信念，這些都是其情緒與行爲問題的促成因素。

我所看到的另一項限制是，現實治療法往往將有效的觀點引導至無效的極端。舉例來說，雖然專注於過去會逃避現在的責任，但是輕忽過去所扮演的角色，卻可能導致對某些問題採取膚淺的看法與治療方法。不過，有些現實治療法的治療者事實上在實務中也談論過去，如果他們認爲成員的過去與現在具有關聯性的話(Wubbolding, 1988b)。例如，有一位成員在他小時候曾受過虐待，此治療者很可能會協助這位成員回想過去被虐待的情形，因爲事實上這並不是純然過去的事件，縱使發生在許多年以前，它卻是目前痛苦的根源。同理，雖然專注於行爲的意識層面有其優點，但若推至極端，則等於否定潛意識在人類經驗中的地位。

從行爲治療的觀點來看，現實治療法值得非議之處是缺乏實證研究來證實其做法的正確性。正如福特(Ford, 1982)所主張的，實證評價與研究一直都不是現實治療法的主要項目。他從觀察中指出，現實治療法最受實務工作者的歡迎（特別是教育、藥物濫用、矯治等領域），而不是研究中心及大學。因此，那些尋求實證資料的人，會批評現實治療法缺乏實證研究的支持。

總而言之，雖然我認爲單一使用現實治療法於團體諮商中，是存在著一些限制，但是我的確肯定其獨特的價值與貢獻。我承認現實治療法的原則與觀念有其價值，並且若能與本書中所討論的幾種治療法合併使用的話，效果更爲可觀。此外，正如上面所述，現實治療法可以在各種不同的團體中有效地運作，目前已有斐然成績的情境包括：教育機構、矯治機構、心理衛生機構及私人診所。其原則可以廣泛地爲父母親、社會福利工作者、諮商員、婚姻與家庭治療師、學校行政工作者、牧師、及青少年工作者所

採用。但是跟其他治療法一樣，實務工作者必須檢視現實治療法的原則與觀念，以決定其中哪些要素可以有效地整合在個人的治療風格中。

問題與討論

1. 控制理論所根據的前提是，我們能夠控制我們的行動與思考，以及如果我們改變現在的行動與思考，則很可能可以同時改變我們現在的感覺。你同意此一假設嗎？此一觀點對於處理一位沮喪的個案有何涵義？此一假設符合你個人的偏好嗎？

2. 控制理論假設，我們所思考、所做、及所感覺的每一件事情均產生自我們的內心。因此，治療的焦點不是討論外在的世界，而是處理個人內在的世界。由此一觀點來看，對於你從事團體諮商工作有何涵義？此一觀點如何影響你在團體中的介入技術？

3. 界定與澄清欲望有何重要性？界定清楚、不模糊而且實際的欲望，其涵義為何？

4. 在各取向的治療法中，現實治療法與心理分析治療法在許多方面都處於兩個極端位置，你能將這兩種方法予以對照比較嗎？葛拉塞反對心理分析的觀點，你同意嗎？

5. 將現實治療法應用在團體中，較諸應用到個人身上，會有那些優點？在團體中，其他人如何能夠協助某位成員評價其行為、擬訂計畫、及對行動計畫許下承諾？

6. 試比較與對照現實治療法與經驗治療法（如，個人中心治療、完形治療法、心理劇及存在治療法）。你個人認為現實治療法與這些治療法在實務上可以整合至何種程度？

7. 有一些較認知導向的治療法（如，溝通分析、理性情緒治療法及認知行為治療法），強調一個人的想法、價值觀、信念及態度的角色，並認為是行為的重要決定因子。相反的，現實治療法著重在行為，而不是認知領域。對這項觀點，你的想法如何？

8. 有人批評現實治療法過於簡單，你的看法如何？葛拉塞認為，雖然

做法可以很容易地討論，但是應用至實務工作上卻需要相當的治療技巧與創造力，你同意其看法嗎？

9.現實治療法要求成員們誠實地評價其目前的行為，並決定是否對自己有益。假設你是團體領導者，則實際上令成員們作這種價值判斷時，可能會產生那些問題？

10.從你對自己的瞭解，你想你可能傾向於替團體的成員們作價值判斷嗎？你想你的價值觀可能影響你在團體中的做法至何種程度？

參考資料

Bloch, S., Browning, S., & McGrath, G. (1983). Humour in group psychotherapy. *British Journal of Medical Psychology, 56,* 89–97.

Donigian, J., & Malnati, R. (1987). *Critical incidents in group therapy.* Pacific Grove, CA: Brooks/Cole.

Dowd, E. T., & Milne, C. R. (1986). Paradoxical interventions in counseling psychology. *The Counseling Psychologist, 14*(2), 237–282.

Ellis, A. (1977). Fun as psychotherapy. *Rational Living, 12,* 2–6.

Evans, D. B. (1982). What are you doing? An interview with William Glasser. *Personnel and Guidance Journal, 60*(8), 460–465.

Ford, E. E. (1982). Reality therapy in family therapy. In A. M. Horne & M. M. Ohlsen (Eds.), *Family counseling and therapy.* Itasca, IL: F. E. Peacock.

Frankl, V. E. (1960). Paradoxical intention: A logotherapeutic technique. *American Journal of Psychotherapy, 14,* 520–535.

Geronilla, L. (1985a). Handling patient non-compliance using reality therapy. *Journal of Reality Therapy, 5*(1), 2–13.

Geronilla, L. (1985b). Helping clients assess and evaluate their needs. *Journal of Reality Therapy, 5*(1), 31–36.

Glasser, N. (Ed.). (1980). *What are you doing? How people are helped through reality therapy.* New York: Harper & Row.

Glasser, W. (1965). *Reality therapy: A new approach to psychiatry.* New York: Harper & Row.

Glasser, W. (1969). *Schools without failure.* New York: Harper & Row.

Glasser, W. (1976a). *Positive addiction.* New York: Harper & Row.

Glasser, W. (1976b). Reality therapy. In V. Binder, A. Binder, & B. Rimland (Eds.), *Modern therapies.* Englewood Cliffs, NJ: Prentice-Hall.

Glasser, W. (1980). Reality therapy: An explanation of the steps of reality therapy. In N. Glasser (Ed.), *What are you doing? How people are helped through reality therapy.* New York: Harper & Row.

Glasser, W. (1981). *Stations of the mind.* New York: Harper & Row.

Glasser, W. (1984a). Reality therapy. In R. Corsini (Ed.), *Current psychotherapies* (3rd ed.). Itasca, IL: F. E. Peacock.

Glasser, W. (1984b). *Take effective control of your life.* New York: Harper & Row.

Glasser, W. (1985). *Control theory: A new explanation of how we control our lives.* New York: Harper & Row (Perennial paperback).

Glasser, W. (1986a). *The basic concepts of reality therapy* (chart). Canoga Park, CA: Institute for Reality Therapy.

Glasser, W. (1986b). *Control theory in the classroom.* New York: Harper & Row (Perennial paperback).

Glasser, W. (1986c). *The control theory–reality therapy workbook.* Canoga Park, CA: Institute for Reality Therapy.

Glasser, W. (1988). CHOICE: A new drug education program. *Journal of Reality Therapy, 7*(2), 33–34.

Greenwald, H. (1975). Humor in psychotherapy. *Journal of Contemporary Psychotherapy, 7,* 113–116.

Huddleston, J. E., & Engels, D. W. (1986). Issues related to the use of paradoxical techniques in counseling. *Journal of Counseling and Human Service Professions, 1*(1), 127–133.

Kaltenbach, R. F., & Glasser, W. (1982). Reality therapy in groups. In G. M. Gazda (Ed.), *Basic approaches to group psychotherapy and group counseling* (3rd ed.) (pp. 276–318). Springfield, IL: Charles C Thomas.

Long, L., Paradise, L. V., & Long, T. J. (1981). *Questioning: Skills for the helping process.* Pacific Grove, CA: Brooks/Cole.

Mindess, H. (1976). The use and abuse of humour in psychotherapy. In A. J. Chapman & H. C. Foot (Eds.), *Humour and laughter: Theory, research, and applications* (pp. 331–341). London: Wiley.

Nishio, K., & Bilmes, M. (1987). Psychotherapy with Southeast Asian American clients. *Professional Psychology: Research and Practice, 18*(4), 342–346.

O'Connell, W. E. (1981). Natural high therapy. In R. Corsini (Ed.), *Innovative psychotherapies* (pp. 554–568). New York: Wiley.

O'Donnell, D. J. (1987). History of the growth of the Institute for Reality Therapy. *Journal of Reality Therapy, 7*(1), 2–8.

Parish, T. S. (1988). Why reality therapy works. *Journal of Reality Therapy, 7*(2), 31–32.

Saper, B. (1987). Humor in psychotherapy: Is it good or bad for the client? *Professional Psychology: Research and Practice, 18*(4), 360–367.

Thatcher, J. A. (1987). Value judgments: A significant aspect of reality therapy. *Journal of Reality Therapy, 7*(1), 23–25.

Weeks, G. R., & L'Abate, L. (1982). *Paradoxical psychotherapy: Theory and practice with individuals, couples, and families.* New York: Brunner/Mazel.

Whipple, V. (1985). The use of reality therapy with battered women in domestic violence shelters. *Journal of Reality Therapy, 5*(1), 22–27.

Wubbolding, R. E. (1981). Balancing the chart: "Do it person" and "positive symptom person." *Journal of Reality Therapy, 1*(1), 4–7.

Wubbolding, R. E. (1984). Using paradox in reality therapy—Part 1. *Journal of Reality Therapy, 4*(1), 3–9.

Wubbolding, R. E. (1985a). *Changing your life for the better.* Johnson City, TX: Institute of Social Sciences and Arts.

Wubbolding, R. E. (1985b). Characteristics of the inner picture album. *Journal of Reality Therapy, 5*(1), 28–30.

Wubbolding, R. E. (1985c). Legal, ethical, and professional issues in reality therapy. *Journal of Reality Therapy, 5*(1), 14–15.

Wubbolding, R. E. (1985d). Paradoxical techniques in reality therapy—Part 2. *Journal of Reality Therapy, 4*(2), 3–7.

Wubbolding, R. E. (1985e). Reality therapy: Principles and steps. *The West Virginia School Counselors Newsletter.*

Wubbolding, R. E. (1986a). Cycle of counseling (chart). Adapted from W. Glasser, *Basic concepts of reality therapy.* Canoga Park, CA: Institute for Reality Therapy.

Wubbolding, R. E. (1986b). Professional ethics, informed consent and professional disclosure in reality therapy. *Journal of Reality Therapy, 6*(1), 30–35.

Wubbolding, R. E. (1987a). A model for group activities related to teaching reality therapy. *Journal of Reality Therapy, 6*(2), 23–28.

Wubbolding, R. E. (1987b). Professional ethics: Handling suicidal threats in the counseling session. *Journal of Reality Therapy, 7*(1), 12–15.

Wubbolding, R. E. (1988a). Professional ethics: Intervention in suiciding behaviors. *Journal of Reality Therapy, 7*(2), 13–17.

Wubbolding, R. E. (1988b). *Using reality therapy.* New York: Harper & Row (Perennial Library).

PART

III

應用與整合

16

團體實務說明——各學派的觀點

➤ 樣本團體

➤ 主題的出現

➤ 澄清個人目標

➤ 創立並維持信任感

➤ 處理恐懼和抗拒

➤ 處理孤獨和孤立

➤ 解決依賴—獨立的衝突

➤ 克服對親密關係的恐懼

➤ 處理沮喪

➤ 尋求生命的意義

➤ 挑戰和澄清價值觀

➤ 處理團體活動的終結

爲了更能理解各種學派在實務中是如何發揮作用的，本章將具體闡述一個團體實例，探討不同理論派別的領導者處理團體工作特定問題的不同方法。完整地描述所有理論在一個團體（由十位成員和兩位領導者組成）中的應用法是很繁瑣的。故而爲了簡化這一過程，我將簡短地介紹團體成員及其問題，然後說明每一實例中幾種治療方法是如何發揮功能的。爲達到這個目的，我選擇了許多團體中出現的典型主題，提出每種主題相關的資料，隨後說明一些團體方法如何處理這些議題。需要強調的是，本章反映了我對所選擇團體實例的自身經驗和片面看法，以及我個人對於種種團體領導者及其團體工作者的解釋。自然地，任何一個特定樣本團體的實際領導過程，團體領導者的技術及風格與我的描述並不完全一致。

樣本團體

　　我們的樣本團體是一個由十位成員（五男五女）和兩位領導者組成，封閉式且有時間限制的團體，情境是一個社區心理衛生中心。我們的團體是團體治療項目的一部分（該項目爲那些無法有效應付日常生活任務的成年人提供服務）。在術語中，這些成年人被稱爲「常態的神經症患者」；儘管他們當中無人遭受嚴重的障礙，但他們都經歷了相當多的焦慮，需要靠治療來解決個人問題。

　　所有的團體成員均自願地加入團體，並且願意參加所有的聚會（每週進行兩次）。團體活動共需二十週時間，在此期間不許新成員加入。成員們在決定加入團體、並出席所有聚會之前，先參加一個預備會議，會中成員們與領導者互相認識，並決定他們是否希望擁有這種團體經驗。

主題的出現

從許多主題中，我摘選出團體領導過程常出現的典型主題，包括：

- 澄清個人目標
- 創立並維持信任感
- 處理恐懼和抗拒
- 處理孤獨和孤立
- 解決依賴—獨立的衝突
- 克服對親密關係的恐懼
- 處理沮喪
- 尋求生命的意義
- 挑戰和澄清價值觀
- 處理團體活動的終結

經由描述具體方法如何應用於樣本團體的所有成員，我開始考慮這些議題。對於每項議題，我精選出不同階段團體聚會中成員們的探討成果。隨後，我將講述團體領導者如何利用各種治療方法來處理這些議題、個別成員和整個團體相關的問題。最後講述如何應用各種學派的技術和概念去處理領導活動末期的某些問題。

澄清個人目標

眾所周知，在多數團體領導活動中，開始階段的聚會旨在探討團體的目標和澄清成員的個人目標。我們的樣本團體中，每位成員都希望從團體活動中有所收穫。下面所摘選的是他們的期望：

——艾米莉(Emily)（三十二歲，未婚，大學生，與父母生活在一起）：

我希望獲得勇氣，獨立地取得成功。儘管約束感使我不願與父母生活在一起，但我不得不承認那種生活是很舒適的。

——艾德(Ed)（六十歲，工程師，兩次離婚，現獨居，長期性酗酒）：我害怕受到孤立，也怕遭到拒絕。我希望學會：不依賴酒精，如何對待這些恐懼以及我的焦慮、沮喪。

——貝絲(Beht)（五十五歲，喪夫，與兩個十多歲的兒子生活在一起，大部分時間用於照顧她的兒子和其他人）：也許我可以學會要求，而不感到內疚。

——羅伯特(Robert)（二十八歲，未婚，社會工作者，難以與他人形成親密的人際關係，對女子有恐懼感，總想「使用」她們）：有時我有種死亡和麻木的感覺，我想知道我能否發生改變。在與女子接觸方面，我希望能得到幫助。

——珍妮(Joanne)（三十五歲，有三個孩子，婚姻不美滿，最近返回校園）：我曾決定在孩子考入高中和我修完大學課程之前，仍與我的丈夫生活在一起。我打算重新考慮這個決定，想想是否付出的代價太大了。

——山姆(Sam)（三十四歲，已婚，對自己維修性質的工作感到厭倦，試圖尋求轉變，但對於能否轉變感到信心不足）：除了作出一些職業上的決策，我希望離開團體時，我對自己以及自己的能力都有更好的感覺。

——莎倫(Sharon)（二十五歲，行政秘書，在父母反對的情況下，仍與一位男士同居）：我不知道自己想從團體活動中得到什麼幫助。父母的失望使我感到內疚，但我不知道團體活動能否幫助我。

——藍迪(Randy)（四十七歲，高中教師，妻子帶著孩子離開了他）：我不能集中精力做其他事情。我總是想到妻子和孩子。我希望能應付經常感受到的憤怒和痛苦。

——朱迪(Judy)（三十八歲，未婚，大學教授，一直努力尋求生活的意義）：我不斷問自己：「這就是生活的全部嗎？」我認為我該對現實感到慶幸，但我卻總覺得空虛。我希望重新評價自我的價值，考慮它們是否適得其所。

——鮑德(Boyd)（二十二歲，大學生，處於恐懼、焦慮和短時的沮喪狀態）：我多次產生自殺的念頭，這種想法令我恐懼。我希望能了解一些自己

的情感。我也希望了解到，並不是只有我一個人有這種感覺。

治療取向

　　持行為主義、溝通分析或現實治療理論的領導者，首先可能讓每位成員儘可能清晰、具體地闡述個人目標。領導者會幫助成員們制定出自己的工作契約，該契約將引導團體活動的方向。例如，處理羅伯特問題時，領導者讓他認識到，對女性的恐懼究竟是什麼，以及他如何看待自己與女性保持疏遠的事實。這種嘗試可以讓他制定出下述團體契約：「我同意公開探討我對女性的態度，並與團體中的女性共同討論。經由處理我對團體中女性的感受，我可以更清楚地了解自己通常對女性的態度。」又例如，貝絲——她難以提出自己的需要——可以在團體幫助下列出自己的需要項目，並制定契約，探究她對於滿足自我需要的感受。

　　行為取向團體的一種形式是多重模式治療方法，該方法對個人作整體考慮。綜合性團體治療包括對：非理性信念、偏差行為、不愉快感受、煩憂意像、壓抑關係、負面感受，以及可能的生化失調的矯正。從這種觀點來說，團體歷程可以由一個廣泛的評價來標示其特徵，該評價包括如下問題：「你的主要長處是什麼？是什麼阻止你達到目的？你想學會或克服何種行為？你有那些情緒障礙？目前你如何看待自己？何種價值觀賦予你生活最重要的意義？你與他人的人際關係有什麼特點？你為別人做了些什麼？你從別人那裡得到些什麼？你的健康狀況怎樣？」這個初期的評價過程為團體帶來了重要而有效的中心線索。它引發成員們開始思索：他們的生活中正在發生什麼事情？並鼓勵他們制定出指引團體活動的個人目標。

　　按照現實治療的觀點，團體領導者可以幫助成員們認識到：他們正在進行的活動不是自我滿足，並鼓勵他們對自己的行為特質作出有價值的判斷。成員們認識到：當他們想改變自身的某種行為時，就能夠制定出轉變該行為各方面的實際計畫。如果成員們覺察到他們正在做、想和感受的事件不僅僅發生了，而且他們自己正在作出現實的選擇，這時，就可以引導成員選擇良好行為的目標。在開始階段，領導者可以讓成員們思考這些問題：「你現在正在做什麼？你想尋求哪些方面的轉變？你正在從事的活動

眞的對你有利嗎？你想從這個團體中學到什麼？」

在阿德勒團體中，團體領導者應強調成員的目標與領導者的目標相結合。如果出現了行爲的改變，合作和對共同治療任務的關注是非常重要的。團體的注意力應集中在那些干擾成員們應付生活挑戰的信念與錯誤觀念上。阿德勒團體的前提假設是：只有團體領導者針對那些成員們試圖探究和改變的重要事情時，團體活動才會有效。因此，制定契約時（在團體活動的開始階段），成員們應確立參加團體的動機和期望。

創立並維持信任感

團體一旦開始進行，很快就會暴露出信任感的問題。成員們對於能否信任領導者、其他成員、甚至他們自己，常會抱懷疑的態度。

朱迪（教授）說：「我不怕我在團體中所說的話會留在團體內讓人談論，在團體中我沒有理由不相信他人。而且，我在團體中揭示自我時有一定的保留。」

莎倫表現出對自己的不信任，她說：「過去我從未參加過團體活動，我不知道自己是否適合待在團體中，或者什麼才是適合的。我的意思是，我甚至不知道如何讓別人了解我的處境，而且，別人如果眞的了解了我，恐怕會感到乏味。」

鮑德懷疑領導者能否解決他所謂的「沉重感」如，自殺的衝動。他說：「我擔心你們這些人只是使我感到振奮，或者只是告訴我，我眞的瘋了。此外，我擔心其他成員看待我的方式。」

正如以上例子所述，一般在團體活動的開始階段，團體領導者會將重點放在信任感問題上。很顯然，如果成員們打算解除防衛、表露自己——事實上，這是團體領導產生效力的必須條件——他們需要確信團體是一個安全的場所。更重要的是，他們需要一個表露自己的理由。因此，成員們必須明白：經由公開和冒險的方式，他們會更充分地認識自己。

幫助團體建立信任氣氛是領導者的主要任務，此外，他們採用的團體領導方法也很重要。以下我將總結各派領導者在團體早期可能表現出的觀

點。請注意經由確立團體的目標和具體通程，領導者們如何試圖促進信任感。也請注意他們的觀點如何清晰地表明了各自的理論傾向。

治療取向

下面總結了各派團體領導者們為了建立團體內的彼此信任，而在首次聚會上對團體成員們發表的談話。

(一)心理分析團體

本團體是一個安全的場所，你們可以在這裡研究自己已被壓抑的感受、事件和經歷。我們將幫助你順利解決那些在團體互動中暴露出來的、過去的未完成事件。我們的任務是創造一種可接受的、寬容的氣氛，以促進你的積極參與。

(二)阿德勒式團體

在這個團體中，你的行為會表現出你的生活型態，因此，我們將著重於研究你的生活型態。我們也會關注你的早期回憶，以及在記憶中你在家庭狀況和位置如何影響你。團體是社會的縮影，因此，它也是你進行生活改變的理想場所。這裡，我們將鼓勵你嘗試新的行為，經由團體和日常生活的檢驗，將你的思想投入到實踐中。

(三)心理劇團體

在這個團體中，你將表演出——而不是談論——你的衝突，你將帶著情緒色彩重新表演有意義的情景。藉由釋放被壓抑的情感，你會獲得更多的領悟，你會嘗試更為自發的行為方式。

(四)存在主義團體

在這裡你們每個人都會發現你們是怎樣限制了自己的自由。我們的主要任務是：激發你承擔起自我選擇的責任，促使你探索更加真實的存在。我們希望與你共享這一過程。

(五)個人中心團體

我們的工作是幫助，而不是指導這個團體。這部分意味著幫助形成一個可接受的、互相關心的團體。既然我們假定你們能夠知道自己的需要，我們也可以假定：一旦你們認為這是一個安全的場所，你們就會放下各種

藉口，表現出眞實的自我。我們相信，你們最終將學會相信自己，並信賴自己的判斷力。

(六)格式塔團體

現在，我們在此盡力解決阻止你保持現時覺察的所有事情。我們著重於行爲的「什麼」和「怎樣」，而不是「爲什麼」。這一著重點會幫助你表達出自身已被否定的事情。基於此，我們希望你最終會更加完整。總之，我們在此將幫助你從阻止當前功能的過去情境中識別出未完成的事情。

(七)溝通分析團體

在你們自己的治療過程中，你們每個人都是我們的同事。我們並不是斷然地認爲自己具備有關的特殊知識，而是認爲你們將依據自己在這裡的工作過程作出決定。藉由契約確立你試圖改變的目標和改變方法。

(八)行爲治療團體

我們認爲如果你已學到了無效行爲，你也能夠學到新的、建設性的行爲。團體將爲你提供一個學習的環境，我們的任務是教給你新的因應技巧，你的任務是在團體內外實踐這些技巧。爲了使你的改變成爲自身的完整部分，團體將支持你統整這些變化。

(九)理性情緒團體

儘管別人大量爲你灌輸自我挫敗的信念，我們認爲你有責任對這樣的自我抱持保留態度。我們讓你批判性地評價你擁有的自我灌輸的思想。團體工作的目標是，用一種理性的生命哲學觀念替代你當前的非理性觀念系統。

(十)現實治療團體

既然我們認爲你們都在追求成功，我們團體活動的主要目標就是幫助你確定當前行爲是否有利於成功。如果你發現並非如此，而且決定嘗試改變，你就有責任制定出一份旨在推動自我革新的行動計畫。團體將爲你提供一個實施革新計畫的場所，同時，團體外作業會幫助你把這些改變帶到你的日常行爲中。

處理恐懼和抗拒

在團體的早期階段，成員們普遍表露出對參與的恐懼，並且抗拒任何深入探究個人問題的嘗試。一些成員把這種恐懼感埋在心中，而另一些成員似乎急於表達出他們的恐懼，並且放下恐懼感，以求進入團體工作狀態。不論是否表達出恐懼感，他們都可能遇到如下矛盾，即渴望表露自己與不願表露自己相抗衡。下面是對一些矛盾現象的典型描述：

□ 為什麼我不得不在團體中揭示自己的私人感情？這樣做會有什麼好處？

□ 我害怕參與，因為我可能使自己變成傻瓜

□ 如果我說出我的真正想法和感受，我恐怕會遭到團體的拒絕

□ 如果我看清了真正的自我，我可能會發現自己的內心世界一無所有

□ 如果深入團體活動，我恐怕會擴大自己的問題

□ 如果過多地參加團體活動，我害怕自己太依賴團體，而不能獨立解決問題

□ 我的生活很快就會變得相當舒適；如果我過分深入地參加團體活動，我可能會遇到更多無法解決的麻煩事

□ 我擔心團體活動會剝奪我的防衛能力，從而使我容易受到傷害

□ 我有點害怕在團體中表露自己，不僅是因為怕別人產生某些想法，也怕看清自己

□ 藉由逃避他人的關心，我可以保護自己。如果我在團體中與他人太接近，當團體活動結束時，我會體驗到真正的失落感

治療取向

(一)心理劇團體

採用心理劇領導模式時，領導者可以引導成員們表達出恐懼感，並與他們分享這種感受。經由這種方法，成員們了解到自己不是孤立的，而是大家都體驗過這種恐懼感，團體的凝聚力因而得以發展。

(二)心理分析團體

持心理分析觀點的領導者認為抗拒是團體活動的一個基本內容。按照這種觀點，既然對自我意識的抗拒常常以抗拒他人的方式表現出來，治療的一個重要方式就是處理對團體的抗拒。在適當的時候，領導者可以解釋個別成員對團體的抗拒行為。其目的在於經由探究他們對團體其他成員的反應，幫助成員們了解自己，同時，其他成員也擔當起引發早期記憶的催化劑。

(三)格式塔團體

格式塔學派的領導者傾向於詳述有關恐懼的事件來處理抗拒。例如，艾德，他由於害怕遭到團體的拒絕而感到壓抑。團體領導者可以要求他站在每位成員面前，完成如下句型：「你可能因為……而拒絕我。」然後，他依要求重複一遍，這次填充的句型換為：「如果你知道……，你可能會拒絕我。」針對不同的成員以不同的方式完成句型，艾德可以表述出通常隱藏在內心的、對拒絕的所有恐懼感。格式塔團體的目的是：減少恐懼感的壓迫，並採取因應的措施。

(四)理性情緒團體

仍以艾德為例，理性情緒團體的領導者可能會問他：「如果這裡的每個人都拒絕你，你感到非常可怕？你會崩潰嗎？為什麼你告訴自己被拒絕是件可怕的事情？」這裡要向艾德表明：他已經不加批判地產生了一種非理性觀念。領導者可以請其他成員談談類似的非理性恐懼，並教育成員們認識到：由於不加懷疑地接受這類非理性信條，他們應該對傷害自己的情緒負責任。

㈤存在主義團體

在團體的早期階段，成員們可能表露出這樣的恐懼感：如果他們審視自己，可能發現自己的空虛，或者他們並不是原來觀念中的自己。有些人非常害怕面對自我，而在存在主義團體中，人們有機會公開承認並處理這種恐懼感。團體領導者可以讓成員們閉上眼睛，想像他們在團體中眞的產生了恐懼感。例如，羅伯特——他害怕女士，不敢接近他們——想像最恐怖的事情在團體中發生了。朱迪則面對自身生活價值之喪失而產生的恐懼。鮑德想像對屢次自殺的恐懼和驚慌。以上是成員們對自己作出承諾，在團體中面對並應付恐懼感的第一步措施。

處理孤獨和孤立

藍迪，一位被妻子和孩子拋棄的高中教員，是這個主題的代表。他不斷地問自己：「爲什麼她離開我？對於已發生的事情，我該責備自己嗎？我還會相信別人嗎？我能克服這次家庭破碎帶來的痛苦嗎？」

治療取向

㈠個人中心團體

個人中心學派的領導者可以讓藍迪詳細談論他的經歷。當他講述時，領導者不僅要全心關注藍迪正在講述的事情，而且要關注他對痛苦的非語言表達，這種痛苦來自失落感，徹底被拋棄及孤獨的感受。領導者的關注和團體的支持促使藍迪去充分體驗和分擔他的強烈感受。

團體領導者可能注意到艾德與藍迪具有類似的經歷——因他被深深地感動。於是領導者要求艾德講述他當前的感受。艾德可能說出，他與藍迪深有同感，而且他仍然感受到第二次離異帶給他的巨大痛苦。這一表白可以引起艾德與藍迪的自發性交談，而這種交談又可以引起其他成員分擔他們的感受，並顯示出對他們兩人的關心。領導者的支持和團體整體的鼓勵，使這兩個成員充分而公開地表達出以往受壓抑的感受。

(二)心理劇團體

採用心理劇方法的領導者可能問藍迪,他希望更了解破碎婚姻的哪些方面?藍迪回答:「我還有許多事情沒有說,包括一些使我進退兩難的事情,一些恐怕永遠都不會說出的事情。」藍迪隨後順著要求走上講臺,講述令他懼怕的、不曾對別人說出的事情。使用心理劇技術時,他扮演他的妻子,說出妻子可能談論的事情。這種角色轉換一直持續下去,直到團體可以覺察出藍迪如何看待他的妻子為止。

而後,藍迪按照要求挑選一位成員扮演他的妻子。他選了珍妮,並開始陳述他受到的傷害——他的孤獨感和失落感。珍妮(作為她的象徵性妻子)須作出相應的反應。最後,藍迪的痛苦變成了憤怒,他開始釋放被壓抑的憤怒,同時,又用自我貶抑的觀點不斷地阻止這種憤怒。此時,羅伯特——與女性交往存在障礙的那位成員,被選作與藍迪最接近的替代者——講出許多藍迪正在擺脫罪惡感的事實。經由許多人以藍迪的身份談話,最後藍迪可能釋放出他最強烈的、最深層的憤怒。

最後,領導者可以要求藍迪假想一個他所希望的未來。譬如說,藍迪想像五年後他的妻子和孩子又回到他的身邊。隨後,他按照要求表演出他希望的未來情景。在心理劇過程中,藍迪認識到他妻子的離開令他回想起另一個情景——父母離婚後,母親離他而去。這種聯繫的重要性受到領導者的強調,領導者可能建議藍迪在以後的團體活動中處理他的童年經歷。

(三)理性情緒團體

理性情緒療取向的領導者對待藍迪的問題時,將著手於終止他可怕的自責。一個理性情緒團體的成員將學習A-B-C療法。在藍迪的例子中,引發事件(A,即妻子的離去)並不是導致藍迪目前痛苦的原因。真正的原因是藍迪對引發事件的反應——即他的非理性觀念(B)。具體地說,他不斷地告訴自己,妻子的離去使他很痛苦;如果妻子不愛他,就沒有人可能愛他;如果他不是根本不值得愛,或他能夠有所轉變,那麼,他的妻子仍會留在他的身邊。因此,痛苦的情緒結果(C)不是因為妻子的離去,而是由於他的不合邏輯的、錯誤的思想。在理性情緒團體中,其他成員將讓藍迪面對其自我破壞的模式,說服他改變自身的觀念。

在這個團體中可以發現,由於藍迪堅信沒有一位女子願意與他共事,

他一直在避免接近其他女性，於是，領導者鼓勵他打破這種無價值的、自我挫敗的信念。例如，要求藍迪在角色扮演中與團體的一位女子約會，而讓協同領導者（男性）在角色扮演中引導他如何果斷行事。藍迪將得到一次表達的機會，談談他再次陷入男女關係時產生的恐懼，並使他分辨現實與非現實的恐懼。他還需完成家庭作業例如，尋找話題，與女性同事進行交談。他依照要求記錄自己對人、事的反應並在下次聚會中向團體報告。

㈣阿德勒式團體

處理孤獨和孤立問題時，阿德勒式團體的領導者可能很關注藍迪的家庭星座和早期回憶。從這種觀點可以假定，他希望隸屬或適應他人，希望在家庭中佔有重要的地位。藍迪可能按照要求回憶每位兄弟姐妹，他也可能按照要求回答一些特定的問題，例如，他兄弟姐妹的社會地位問題，以及與兄弟姐妹相比之下他如何看待自己。他可能說出類似下列的話：「我可以想起童年的我在家裡感到多麼孤獨，我的兄長得到了全部的關注，而且，我堅信我永遠無法與他相比。我常常感到自己是家裡的附屬品，特別是當我哥哥在的時候。不論我做什麼，似乎都沒有人會關心。正是這些因素導致我童年時的孤獨感。」

在團體鼓勵下，藍迪可以在他的生活中尋找一些線索，並識別出那些造成他比別人更出色的關鍵特質。他可以非常正確地認識到他的早期經歷與目前孤立感的聯繫。

解決依賴─獨立的衝突

艾米莉──與父母生活在一起、且正在上大學──說她憎恨自己的父母。按照艾米莉的說法，她的父母控制了她的生活，使她喪失了安全感，而且，使她很難擺脫家庭、過獨立的生活。她承認與父母生活很舒適。進一步探詢時，她了解到她害怕為自己的生活承擔更多的責任，也擔心父母只不過是她缺乏獨立性的替罪羔羊。在團體中，她面臨著矛盾──既渴望停留在現實中獲得安全感，又渴望承擔更多的責任，過自己的生活。她既想成為自己的「父母」（以往依賴父母做的事情，現在獨立完成），又害怕

成熟會帶來責任感。

治療取向

(一)現實治療團體

如果艾米莉在現實治療團體中談論她的問題，領導者就會面質她責難父母的傾向。如，你似乎總認為父母該對你的依賴性負責任。而且，你似乎過多地「挖掘」過去，把過去作為一個藉口以解釋你為什麼無法成為意願中的自由人。用你的過去為目前的無能辯護，這會阻止你了解自己的能力。只要你固守過去、責備你的父母，你就無法真正地、誠實地審視自己。

該方法的目的是，讓艾米莉評價她目前的行為，接受她正在扮演的角色。探究她的感受或討論她改變的態度，在此並不重要。對她來說，主要問題是：「我想繼續我的依賴行為嗎？我想改變我的依賴行為嗎？」如果她決定改變，她將按照要求制定一個行為計畫和一份尋求改變的契約。該計畫包括：使行為更加獨立的各項特定實施步驟。該契約包括：在團體外嘗試新行為的協定。

(二)存在主義團體

現在假定艾米莉在存在團體中談到她遇到依賴—獨立的衝突。團體領導者很有可能問其他成員能否與艾米莉認同。在我們的樣本團體中，珍妮（渴望擺脫她僵化而又乏味的婚姻）、莎倫（因未達到父母的期望而感到內疚）和貝絲（對待艾米莉的衝突時，將自己擺在父母的角色中）三人可能會與艾米莉認同。在存在主義團體中，艾米莉、珍妮、莎倫和貝絲可能被要求組成一個內部小組，坐在團體的正中間。團體領導者可以引導這個小組「討論你們現在受拘束的所有方式，不對自己的生活負責究竟是怎樣的感受，表達出你為獲得獨立而放棄現在的安全感的恐懼，並檢驗維持依賴性的好處。」

這一活動的目的是在於：為這四位團體參與者提供一個機會，使他們能充分探討如何感受和看待自己放棄自己權力的做法。這一目的是幫助他們清楚地認識到究竟是什麼維持他們的安全感（和不自由），並誠實地評定這種安全感所需要的代價。

(三)溝通分析團體

　　如果艾米莉的問題在溝通分析團體中被提出來，團體領導者可以採取一種或更多種探討方法——例如：

　　□ 評定並分析艾米莉正在進行的活動
　　□ 研究她的生活腳本，以便確定她是怎樣遵從由其父母所規劃的生活藍圖
　　□ 幫助她認清正在發揮作用的典型自我狀態（可能是兒童自我狀態，至少是針對她的父母而言）
　　□ 探討她所遵循的禁令，以及她的早期決定

　　對艾米莉所遵從的禁令的探討，可以觸動許多遵從類似禁令的其他團體成員，這些禁令有：「不要長大」、「不要令父母失望」、「不要為自己著想」、「不要信任自己」、「要實現父母對你的期望」。讓艾米莉表達出所遵從的禁令，可以為其他團體成員們提供一種很有用的催化劑，以便檢驗他們以怎樣的方式不加思索地吸收了父母的觀點。同樣的，顯現出艾米莉明確的早期決定——「讓你的父母來照顧你吧，因為你自己不能照顧好自己」——可以被團體用以探討早期決定的事例。

(四)行為治療團體

　　在行為治療團體中，艾米莉可能被要求說明她希望以哪些方式來改變她與父母的關係。隨後，她可能被邀請與兩位協同團體領導者一起做角色扮演遊戲，由團體領導者扮演她的父母。在這個角色扮演中，引導她對父母說出其希望改變與父母關係的哪些方面。

　　之後，團體領導者可以邀請其他成員們對艾米莉就以下問題作出回饋，例如，「她是有主見的嗎？她的方式能有效地被她的父母接受嗎？」如果回饋表明艾米莉表現得像個哭訴的道歉者，女性團體領導者可以進一步示範以一種直截了當的方式明確地表達願望，而不必帶有歉意的色彩。艾米莉可能被要求與他的象徵性父母重新進行角色扮演，此時，她將運用所學到的資訊來表現新行為。如果適當的話，團體可以給予肯定的回饋，對她所表現出的有主見行為給予明確的支持。

克服對親密關係的恐懼

　　另一個主題的例子是：羅伯特很難與女性形成任何關係，特別是親密關係。當羅伯特描述他的矛盾衝突時，他幾次提到他常常感到麻木和情感上的空虛。他擔心自己有時很不正常，因為他發現自己很難關心那些表露出心理痛苦的成員。正如他自己說：「當你們當中的一些人體驗到沉重的壓力時，我感到事不關已，有種冷漠而又孤立的感覺。我沒有使自己與這裡的任何一個人認同。這使我很想知道我究竟能否給予別人關心？能否與任何一個人產生親密的關係？我感到在某種程度上自己內心已如槁木死灰。」在團體中提出並談論的主題包括：對親密關係的恐懼（和對親密性的需要）、孤獨與死亡感，以及某種程度的無望感。

治療取向

㈠格式塔團體

　　格式塔學派的團體領導者把焦點放在羅伯特對親密性的矛盾心理上。首先，團體領導者要求他面對團體中的每一位女性陳述他接近她時所產生的最強烈恐懼感；隨後，要求他將注意力集中在此時此地對團體中女性的恐懼感上；接著，要求他分別輪流坐在兩把椅子上，以「雙椅法」進行一次他自身的兩極對話。

　　當他坐在一把椅子上扮演他關心和體貼一面的自我時，他說：「站在我自己築起的堡壘後面，我感到孤獨和冷漠。我是如此地努力在使人們遠遠地離開我。我想走出這堵高牆，但害怕外面的世界。」當他坐在另一把椅子上，扮演希望滯留在高牆後面的自我時，他說：「待在你自己建築的堡壘之後，你是孤立的，但至少你是安全的。你知道當你去關心別人時會發生什麼嗎？你總會受到傷害的，而這種痛苦是不值得你以關心別人為代價的。」這一大約持續五分鐘的對話，幫助羅伯特更清楚地意識到他內心的兩個極端，但並不強迫他在這兩者之間作出選擇。

(二)行為治療團體

　　行為治療者將採取放鬆與逐減敏感的技術來深入研究羅伯特對親密關係的恐懼。放鬆技術須先傳授給全體團體成員，本質上包括全身肌肉的系統性緊張和放鬆。團體成員可以每天在家裡練習這種技術。

　　放鬆技術對羅伯特心理障礙的實踐應用如下：他按照指導建立一個虛構的人際情境等級，這些情境誘發的焦慮感從最低排列到最高。隨後，他按要求使用學過的各種技術嘗試著深度放鬆。然後，他被引導想像一個在他的焦慮等級中焦慮度最低的人際情境，即僅僅看到一個吸引她的女性。在這以後，他想像的情境涉及的焦慮度越來越高。當羅伯特一體驗到焦慮時，他就被教導著「關閉」那個情境並且放鬆。靠這種方式，他可以使自己承受高焦慮情境的畫面——如，接近一位女性，並與她交談。

　　在另一次聚會中，羅伯特可以練習著進行行為預演，把自己置於團體的真實情境中。例如，當他假想莎倫是一位與他約會的女子之後，團體領導者可能問他：「你怎樣讓莎倫知道你對她感興趣？假想你和莎倫真正在約會。假想你正說再見，你們的談話是怎樣的？關於你對她的感受，以及你與她相處的一個夜晚，你打算對她說些什麼？你希望你能說些什麼？」預演後，領導者要求羅伯特在他的日常生活中選擇一位他真正願意結交的女性，並在其他團體成員的幫助下，制定關於結交女友的家庭作業——他須在一週內練習這一項作業，並在下次的團體中報告作業的經過。行動取向的行為療法讓羅伯特激起他自己對親密關係的恐懼，而不是分析恐懼的原因。他開始只是面對團體情境引導下較安全的想像情境，隨後，他藉由在角色扮演（行為預演）處理他對團體中女性（莎倫）的感受，而把新學到的技巧應用於日常生活中。

(三)理性情緒團體

　　行為團體的描述可能很適合於理性情緒團體。然而，理性情緒團體的領導者更可能向羅伯特的非理性觀念（親密關係會帶來傷害性後果）提出挑戰。這裡強調教導他：他正在被恐懼阻礙著，而其中的許多恐懼是毫無依據或建立在非理性觀念的基礎上。團體的目的在於使他置身於一些情境，去批判他那些影響情緒反應的非理性觀點。如同在行為方法中一般，他也需要完成家庭作業。

(四)溝通分析團體

溝通分析學派的領導者非常注重揭示並處理羅伯特早期所作出的決定——如,「如果你敞開心靈的窗口去接受別人的愛,或如果你讓自己去關心別人,你一定會受到傷害。因此,最好關閉你的情感大門,在感情方面變得麻木,因為你這樣做就不會感到痛苦。」在最初幾次探索之後,領導者可能讓他建構一個他十歲時與父母共處的特定情境。領導者可能採用格式塔技術 (與一些心理劇方法相結合),去幫助羅伯特嘗試著儘可能完整地體驗情境,包括體驗他童年時產生的無助感。靠這種方法,他可以在引導下認識到:他在無助的童年期作出的關於親密關係的結論,有利於他當時的生存需要,但不再是他現在行為的恰當理由。

重建情境之後,在羅伯特可以體驗到他對親密關係的恐懼強度之處,領導者可以讓他考慮「何時」及「為什麼」他作出這樣的早期決定,並且讓他思考這些決定如何阻礙他目前的人際關係,來促進他行使自己的認知功能。最後,他可能向一些禁令提出挑戰,如,「不要接近」、「不要讓人們了解你的感受」、「不要信任女性」、「不要產生任何感受」等。

(五)心理分析團體

心理分析學派的領導者可能把羅伯特對領導者的反應當作一種治療措施,接下來的情景可能包括:男性領導者指出羅伯特在明顯地躲避女性領導者,且在女性領導者面前表現出極不舒服的樣子。羅伯特承認他的不舒適感,並解釋說,他將她看作一位精力充沛、有遠見的女性,他認為這樣的女性會利用她的能力來傷害他。當焦點停留在羅伯特對女性領導者的感受時,治療者把他在團體中的反應與他與母親、姐妹的關係進行比較。

假定解釋是恰當且及時的,羅伯特可以將他在母親面前和在團體中的舉止作出豐富的聯想。他可能開始發覺,他怎樣把童年期對母親的一些感受轉移成對女性領導者的感受 (這一種移情應受到鼓勵,因為它提供了有價值的資料,最終將使他克服對女性的某些態度)。同時他可能覺察到,他正在與團體中的其他女性競爭治療者的關心——這種行為可能關係到他在童年期與姐妹們爭著獲取父母的關注。不論何種觀點,它們都只是心理分析團體中有意義工作的開端。在羅伯特的事例中,首先是覺察到他的童年經歷與現在對親密關係的恐懼之間的關聯,隨後是努力運用在團體中出現

的對女性的移情現象，來克服他對親密關係的恐懼感。

處理沮喪

　　這一個經常在團體中出現的主題可能由艾德（團體中年紀最長者）明顯地表現出來。艾德長期陷於沮喪情緒中，並且像羅伯特一樣，感到孤立卻無法擺脫。兩次離婚之後，他寧願獨處也不願再冒險去嘗試又一次的失敗。艾德自己承認有酗酒的習慣，描述他的酗酒習慣怎樣毀壞了個人生活和職業生涯，及這些失敗怎樣使他感到無望、無助，並急需酒精的安慰。經過幾次成功的酒癮團體治療後，他清楚地認識到，酒精不能解決他遇到的困難，他被生活中的失敗所牽制是不對的，而他對酒精的依賴是其弱點。現在他想要深入地探索驅使他尋求酒精幫助的原因——他意識到這些原因僅僅是人格障礙的癥狀，他也認識到努力對付沮喪的重要性。

治療取向

㈠個人中心團體

　　個人中心團體的領導者將致力於製造一種接納和信任的氣氛，在這種氣氛中艾德可以表達出他的感受。經由對艾德充分的尊重和接納，領導者讓他了解到，人有權產生當前的感受，並與團體中的其他人分擔這些感受。藉著這種方式，像艾德這種用拒絕的態度懲罰自己的人，可能第一次感受到他是可接納的，並已被接納。具備了這種新觀點，艾德本人可以更好地探究隱藏在酗酒後面的各種原因。

㈡心理分析團體

　　心理分析領導者將著重於艾德在團體中可能培養起來的所有依賴性——如，依賴團體領導者作出決策，依賴其他成員的支持和贊同。領導者可以引導其探究他如何看待每位治療者，他想從治療者那裡獲得什麼，以及他如何憑藉他們（正如他憑自己的父母）來證明自己是一個人。憑藉著檢驗他對來自團體領導者的贊同的需要，他可以意識到諸如：他從來沒有

眞正地得到過父母的愛；他在成長過程中始終堅信沒有達到完美就意味著他是個失敗者。

經由探究他在團體中的反應，特別是對團體領導者的反應，並且在領導者的解釋幫助下，艾德開始比較他與家庭、父母的互動和他與團體領導者、其他成員的相互關係。在幾次聚會中，這種關聯被不斷深入地探究，並且開始觸及他對於每位治療者產生的感受。最後他可能發現：他在許多方面把領導者當成了他象徵性的父母（期待著領導者對他作出與他父母一樣的反應，把自己當作一個無助的孩子，在等待著他們的讚許）並且，他在團體中更是經常重新經歷著他的過去。

在以後的聚會中，艾德可以著重在他對贊同和愛的過分要求、對他人的極度依賴，以及爲了掩飾因沒有得到愛而產生焦慮且求助於酒精的行爲。如此一來，他可能成功地找出他過度飲酒的根源，並開始明白，這既是對焦慮的逃避，又試圖在製造一種假象，來證明他是一個想像中強有力的人。

(三)現實治療團體

一種描述現實治療團體用以治療艾德問題的方法是，與心理分析團體的方法作比較：

——既然現實治療理論強調將來的成功，而不是過去的失敗，艾德被禁止探究他的過去。

——不論他對領導者作出何種反應，它們被認爲是由當前的治療關係造成的，而不是移情的結果或來自過去的歪曲現象。

——協同治療者積極地工作，使艾德看到自己目前的行爲，並確定這種行爲是否是他希望出現的。如果他確認他的行爲是有功能障礙的。他就得面對挑戰，去制定一項尋求改變的計畫。

——現實治療理論的領導者勸導艾德不要強調他的無望感、絕望、孤立和依賴性；相反的，領導者鼓勵並引導他對現在做的事情進行檢驗，以澄清是哪些事情導致他的這些感受。爲了引導他進行檢驗活動，領導者提出以下的問題；例如，「你今天從起床到現在做了哪些事？你說你感到絕望和孤立，以上週爲例，當你產生這些感受時，你能明確說出你做了哪些

事嗎？你的行為怎樣導致了這樣的感受？為了在下次聚會之前能開始改變你的模式，你怎樣看待你所能做的一切？你願意遵從特定的措施去尋求行為的改變嗎？當你想喝酒時，你能採取的建設性行為是什麼？」

——針對艾德渴望找出導致他酗酒的原因，現實治療理論的治療者可能說：「我們並不從過去尋找原因來解釋當前的無效行為。我們也不探究導致你行為的潛意識動機。相反的，我們想談談你開始真正決定行為步驟的選擇，這一決策將使你產生有責任感、有效行為，及獲致成功的結果。

㈣溝通分析團體

溝通分析團體對待艾德的方法可能包括以下內容：

——著手於分析艾德的生活脚本，如他自己所敍述的「喝酒喝到死為止」，以及他所信奉的禁令；例如，「不要思考」、「不必成功」、「不必有才能」。在團體中，他可以致力於改善其生活進程，以便能夠明白他現在的狀況，「喝酒喝到死為止」可能是一個自我應驗的預言。

——治療者也可以指出，藉由孤立自己，艾德正在以某些方式採取慢性自殺。在團體中，領導者把時間用於檢驗艾德正在進行的心理遊戲，以及這些遊戲的代價。最終，艾德在引導下看清，他的遊戲活動與有目的的計畫之間的關聯（即，如果他足夠長久地從事遊戲活動，他最後會收集相當多的不良感受，為他脚本的結局辯護，最終的結局可能是自殺。這就實現了他的基本禁令：「不要那樣！」）。

——艾德也會在指導下檢驗他的心理遊戲與基本生活地位之間的關聯「我不好——你好。」最後，他可以認識到，他如何在遊戲活動中把對設定自己價值的責任推到了別人身上。

溝通分析團體的這一工作在於：幫助艾德理解到怎樣、以及在何種條件下他形成了自己最初的決定——諸如：「不要信任你自己，因為你沒有能力指導自己的生活。」一旦艾德認識到他過去怎樣地作出決定，一旦他意識到他所進行的溝通遊戲，他可以在引導下認識到他不必再充當過去決定的受害者，他現在處在作出新決定的關卡上。

尋求生命的意義

鮑德——二十二歲的大學生，經歷了許多焦慮並偶而產生自殺的念頭——與團體分享著他的劇烈恐慌感，這種感受來自他試圖自殺的想像。他說，儘管他人生的道路很長，他無法看清生命還有多大的價值，而且他不明白為什麼他要繼續活下去。像艾德一樣，鮑德對抉擇感到焦慮，而且，也像艾德——靠酒精進行慢性自殺——想結束這一切。當鮑德表露出他生活中的空虛感時，朱迪說，她對鮑德的問題深有同感。儘管她作為一位教授很成功，但她常常感到生活的空虛，並在奮力尋找生命的意義。

在評估自殺危機和確定目前並無危險之後，各學派領導者可以進行如下工作。

治療取向

(一)存在主義團體

在存在主義團體中，領導者可以很好地利用這一事實——朱迪認同鮑德的心理障礙。領導者將要求這兩個人坐在團體的中心，談論有關自己的生活怎樣失去了意義，並更加深入地探討他們的空虛感。討論過程中，領導者邀請其他成員談談各自生活中一些糟糕的層面。以這些討論為基礎，領導者可以與朱迪、鮑德或任何一位成員在大量線索上共同工作。

- 生活本身並沒有意義；要靠我們自己在生活中創造意義
- 空虛感和使生活失去意義的感覺，可能代表一種建立新的生活意義的需要。漫無目標的感覺可能代表著：我們該作出改變
- 如果我們不喜歡目前的生活方向，我們需要自問，我們做了哪些事情阻止了現狀的改變？為了尋求改變，我們又能夠做哪些事情？
- 我們必須為自己的能力、限制以及現狀承擔責任

與朱迪討論時，存在觀點的團體領導者可能著眼於朱迪尋找生活意義

的一些方式——如她的工作、她與別人的關係，以及她在空閒時間所從事的活動。按照存在理論的觀點，朱迪談到空虛的生活時所感受到的焦慮並不是負向的感受；相反的，它被積極地看作一種潛在的成長動力。她懷疑自己的價值能在多大程度上把握生命的意義，這個事實意味著她渴望變化。她的焦慮可看作是一種想要改變的自然反應。

與鮑德討論時，存在論團體領導者可能越過他自殺意念的明顯暗示，去揭示他在生活中怎樣地感受著生存或死亡。這裡，鮑德對死亡衝動產生的焦慮可以當作一種積極的象徵，儘管他事實上在說：「我想從生活中獲得更多的東西。我不再滿意於單純的存在；我想生活！」簡而言之，他的焦慮可能被看作是一種以某種方式改變生活的推動力，這種方式導致他想要生活下去。

(二)行為治療團體

以鮑德和朱迪為例證的主題，行為治療團體的領導者首先將幫助這兩個成員對他們想探究的問題作出具體而明確的定義。普遍的目標，諸如：試圖尋找生活的意義、處理空虛、或體驗與存在有關的陳舊計畫的焦慮等，對領導者來說太模糊了。他們的重點放在特定目標上，這可以從朱迪與一位領導者的談話中看出來。這位領導者幫助朱迪確定他在團體中的注意區域。

朱迪：　　我有種模糊的空洞感。好像我的生活失去了一致的目的。我懷疑生命的意義。

領導者：　你並沒有明確指出這種喪失的意義。你能正確指出自己想改變的事實嗎？

朱迪：　　我想改變的是我常感覺到的空虛。我想感受到生命具有意義，我正在做一些事情。

領導者：　若你能確定導致你懷疑自己生活意義的事實，我們可以使這個目標更加具體。

朱迪：　　當我被別人欣賞、需要時，我感到生活有了意義。當我得不到賞識時，我感到生活的空虛。

領導者：　你能立即列出使你感到生命意義的活動嗎？也請你舉例使你感

到不受賞識的事件。

朱迪：　　　我想我可以，但不能立即做到。可能在下一次團體聚會前寫出來。

領導者：　　很好，我來提個建議。在下次見面前，請儘量注意與你的空虛感或充實感相關聯的情景。帶著筆記本，簡要記錄在引起這些感受的情境中你事實上做了些什麼。藉著這種方式，我們可以更加了解你的行為，並且可以致力於特定方面的改變。

　　正如你所觀察到的，行為治療者試圖把任務劃分成可處理的部分——為了識別可觀察的特定行為，而且制定可衡量的特定目標。領導者們並不關注與存在相關的普遍問題，如生活的意義；而是強調導致朱迪產生空虛感的行為，並教導她怎樣去觀察這些行為。我們也可以很容易看出，類似的方法如何應用於鮑德的案例中。

(三)阿德勒式團體

　　在艾德、鮑德和朱迪的案例中——他們都在尋求生命的意義——阿德勒採用的方法是非常恰當的。阿德勒認為人被目標推動著，團體的功能是幫助成員們認識生命的意義。這可以讓他們審視自己的努力方向來完成。問題可以是：「你在追求什麼？你要去哪裡？你生命意義的中心目標是什麼？」對鮑德、朱迪和艾德而言，注意力應放在他們的生活計畫上，包括他們的虛構目標。例如，為了獲得安全感和歸屬感，艾德可能在早期的童年時代形成一種期望中的虛構影象。他對早期經歷的評價可能很不精確，他今天的生活模式可能建立在追求童年目標的基礎上。艾德可能認識到，喝酒是他逃避痛苦現實的一種方式，當他喝酒時，他感到強大而優越，於是他的整個生命最終變得以喝酒為中心。藉著酒精他堅信自己已經成為理想中的全部。然而現在可以證明，這種生命模式是無效的，艾德正在看清他自己的生活是多麼空虛。在團體的幫助下，他開始迎接錯誤觀念的挑戰，更清楚地認識到他是怎樣經由虛幻的生活蒙蔽自己的，並開始談論一些方法，以尋求生命意義的新目標。

(四)格式塔團體

　　在格式塔團體中，當朱迪表達出她感到空虛時，她可能要面對這樣的

問題——她怎樣體驗著空虛。讓我們推論一下朱迪的回答：「有時我感到孤獨，就像迷失在沙漠中。事實上，我昨天晚上夢見自己在沙漠中迷路。我快渴死了——周圍都是岩石、沙粒和一株帶刺的仙人掌。然後我偶然發現一口井，但當我伸進手時，井乾涸了。我開始痛哭，但沒有眼淚。」

格式塔學派的領導者可能把朱迪的夢境作爲一種幫助她更充分體驗空虛的方式。他們並不解釋她的夢；相反的，領導者要求她成爲自己夢中被選擇出來的「一部分」，並在現實中以聲音表達該部分的感受，以幫助朱迪發現自己夢境的含義。下面是一段關於夢的談話：

領導者：　朱迪，我想讓你成爲帶刺的仙人掌，並以仙人掌的身份來講話。

朱迪：　　最好不要有人靠近我；如果你接近我，我會刺痛你。我在這裡很孤單，並且這是我所希望的情形。我花了很多時間長出這些刺，因此，別待在這裡，你最好走遠一些。

領導者：　現在你成了岩石。

朱迪：　　我是堅硬的，沒有人可以穿透我的內部。我將永遠存在。任何事物都不能進入我的內心。

領導者：　你現在正體驗著什麼？

朱迪：　　在許多方面，我就像岩石和帶刺的仙人掌。人們不能眞正地接近我。我是堅硬的、自我防衛的。

領導者：　那麼，堅硬與自我防衛使你感到怎樣？

朱迪：　　安全。然而，同時我在這片空曠的沙漠上感到很孤獨。

領導者：　現在，我想讓你成爲一口井。試著像你夢中的那口井一樣講話。

朱迪：　　我看起來好像能解救一個即將渴死的人——我似乎能滋養你。然而，當你伸手進入我的內部時，你會發現我是乾涸的。我的裡面沒有水——我只是一個無底的陷阱，乾涸而且空虛。

這個成爲夢中各種事物的過程，使朱迪把夢與自己的生活聯結起來。她非常擔心人們發現她表面是個生氣勃勃、有才氣而且願意付出（如一口深水井）的人，而實際上沒有任何價值（像一口空井）。儘管格式塔的釋夢技巧不能解決朱迪的空虛感，或結束追尋生命的意義，但是能幫助她更深入地體驗空虛，更清楚地認識到她自己是個拒人於千里之外的人。

挑戰和澄清價值觀

　　莎倫——二十五歲的行政秘書，儘管父母反對，仍與一名男子同居——對她的生活模式感到滿意，然而不滿意於父母的強烈反對。按照莎倫的說法，她父母感到她令他們失望，除非她結婚，否則她不值得父母的尊重。她對於失去父母的尊重感到傷痛：「我並不是眞正地期待他們贊成我，而且我可以接受他們思考問題的權利。使我煩擾的是，我眞正地渴望他們讓我按照自己的方式生活。爲了理想中的生活，我不得不決定受到父母的反對。」

治療取向

(一)心理劇團體

　　持心理劇取向的領導者可能想知道莎倫是否想起童年時代渴求而未得到的父母讚許。她可能回憶起有一次她決定不再去教堂——儘管她的父母沒有強迫她去教堂，他們還是不能接受這一決定。在二位扮演她父母的團體成員協助下，領導者幫助她重演童年時代的這一幕。下面是心理劇模式的幾種可能性。

　　□ 當莎倫像一個孩子一樣玩耍時，她說出了當她的父母收回愛心時，她過去的所有感受和幻想
　　□ 她請求父母（仍然作爲一個孩子）尊重她，並允許她過自己的生活
　　□ 象徵性的父母扮演拒絕型或接受型的角色
　　□ 由其他成員代替莎倫，並說出她難以表達的事情
　　□ 莎倫想像出一個目前與父母共處的情景，在這個情景中，她按照自己希望的方式與他們互動。這一次，她指導著別人來扮演她期望中的父母

心理劇可以把莎倫的當時問題與童年時的感受聯結起來。例如，她現

在懇求父母讚許的方式特別像童年時的表現。心理劇的訓練至少幫助她認識到，怎樣採取更直接、更成熟的方式與父母溝通。

㈡個人中心團體

個人中心團體的領導者將讓莎倫自由地表達，探究她在喪失父母尊重後感受到的痛苦。如果團體成員與領導者可以真正理解她的思想矛盾（既想過自己的生活，又想得到父母的接納），她就有可能更清楚地看待這個矛盾。領導者可能並不提供任何技術，僅要求莎倫講述她的感受、價值和思想。這項作法的目的並不在於獲得團體的確認，因為這就類似於她正在尋求父母的確認；相反地，領導者希望她在探究自己衝突的同時，能夠相信自己有能力找到適合的生活方向。這類團體的主要目標是：創造出一種使實現傾向得以充分表達的氣氛。如果團體成員和領導者對莎倫表現出尊重和積極的關注，如果他們可以理解莎倫體驗到的矛盾，如果他們能對她表現出溫暖和關心，她就可能從團體經驗中受益，並以一種建設性方式獲得更大的進步。在團體的支持下，她會在自身找到她所尋求的答案，並且她將更少依賴他人來確定自己作為人的價值。

㈢心理分析團體

從心理分析的觀點入手，領導者認為莎倫對待父母的態度是消極的、依賴的。在等待父母的餵養和撫育的過程中，她將自己嬰兒化。她始終未放棄那種成為父母心目中的小女孩的幻想；當這種成為父母「理想女兒」的需求受到挫折時，她感受到不安全、失落和焦慮。心理分析學派的領導者以及其他的成員可以把她的行為解釋為：尋求期望中的父母。現在她可能像對待父母一樣來對待其他成員。她可能希望領導者和其他成員告訴她：她應該怎樣地獨立生活？她怎樣能贏得他們無條件的愛？

在團體活動階段，她可能出現行為的退化，並重新體驗一些過時而熟悉的模式，這些模式被看作是團體活動所要解決的問題。她在團體聚會中的行為方式，為她目前行為的早期決定因素提供了線索。團體治療者作出及時的解釋，以便她的一些過去能被提昇到意識層次上。另一個重點是：引導她解決與領導者和團體成員的移情問題。在團體情境中，她可能已經重建了她的原生家庭，因為她現在把對父母的感受投射在團體中其他成員身上，這種移情會阻礙她精確地評價現實。

(四)阿德勒式團體

和精神分析團體一樣，在阿德勒團體中，解釋可能是中心治療技術。然而，因為它關係到莎倫的生活型態，阿德勒的解釋不同於精神分析的解釋。阿德勒並不探討各種導致莎倫在爭取父母讚許方面的內心衝突的可能原因，而是強調她在此時此地表現出的行為，強調她的目標與期望，強調她在迎接思想挑戰，並作出行為改變的各種方式。在阿德勒團體中，她在領導者邀請下思考對於她追求父母讚許的解釋，她探究自己的生活型態，以便了解追尋讚許怎樣成為其生活中的一項主題。她對這些問題的解釋集中在她的目標、目的、意向、個人邏輯及其處理方式上。藉由參照她的基本前提和這些信念被歪曲方式，她得到啟迪。此時，她可以開始變更這些認知觀念，尋找更滿意的生活型態。因為這項工作假定：如果她改變了觀念，她的行為也可以獲得改變，故而其性質屬於認知的觀點。

(五)格式塔團體

格式塔學派的領導者可能著眼於與莎倫的心理障礙相關的特定行為──即，事實上她總是以柔和而祈求的聲調講話。為了幫助她了解她自己的現狀，領導者可能讓她誇大表現方式──諸如：「走到每位團體成員面前，盡力表現出你的歉意。眼睛盯著地板，告訴每個人你多麼需要他們的讚許，然後為你帶來的煩擾表示出歉意。」

經過這個訓練，莎倫可能覺察到她慣有的表達方式，如表現出猶豫不定，或努力使他人感到內疚。正如她在上述陳述中所暗示的，既然她希望否認自己歉疚的一面，這項訓練的目的就在於經由誇張方式表露它。隨後，領導者可能讓她將父母領到這間屋子裡來，以一種她希望的方式，公開而坦誠地對父母講話。然後，她被要求更換角色，「成為自己的父母」，回答她剛才提出的問題，並揭示出他們可能想到但未說出的有關她的事情。這種角色的互相轉換活動──莎倫扮演自己，隨後又扮演其父母──一直繼續到她能夠從阻礙當前的過去經驗中識別出來未完成的事情。在此過程中，她可能要處理對父母的憤怒、恐懼和不滿。

處理團體活動的終結

　　至此，我已經舉出許多實例，並針對樣本團體中出現的主題，說明了各種團體領導的方法是如何運用的。儘管在你所學習的特定理論架構中進行實務工作是很有價值的，但是你不必限制自己絕對地服從某一理論。你可以綜合來自所有這些模式的各種技術，開始發展出自己的領導風格——一種適合你的人格和你所領導團體的風格。為了幫助你思考如何把不同的團體領導模式整合成為你的個人風格，現在我將說明，如何運用來自各種學派的概念和技巧，來處理我在大多數團體的最後幾次聚會中所遇到的典型問題：終結、道別、鞏固學習、結束個人問題，把團體活動中的學習所得應用於日常生活，以及評價成果。

分離與失落感

　　團體活動的最後階段是頗困難的。成員們覺察到他們的團體即將解散，並開始為迫近的分離感到傷痛。一些人開始退縮；他們逐漸減弱動機，並不再努力處理新的主題。其他人開始懷疑：一旦他們無法得到團體的鼓勵和支持，他們是否還能保持在團體中學到的公開態度。他們擔心在日常生活中無法找到能支持他們進行行為改變的人群，從而，他們可能退回到過去的模式中。

　　如果我領導我的樣本團體，我會為成員們提供充分的機會，以表達他們自己對結束團體活動的感受。個人中心方法強調積極傾聽，並允許探討目前的任何感受。該方法為此階段的團體工作提供了一個有用的模式。這裡，成員們不需要許多指示：相反的，他們需要得到鼓勵去面對現實。這個現實就是：在分享強烈的體驗之後，他們將很快走上各自的生活或工作道路。在這一階段很有必要讓成員們談談未完成的事情，這涉及到他們對自己的障礙，以及其他成員的障礙的看法。如果參加者能充分表達出他們對分離的感受，他們將很容易地度過一段轉換期，即，從離開團體到將團

體中所學知識技巧應用於日常生活中。

我常常觀察到許多團體活動參加者的非理性觀念，他們認為自己無法在日常生活中創造出團體內的體驗。這裡，我運用理性情緒方法的概念，鼓勵參加者用理性觀念代替一些有關離開團體的、似乎毫無根據的觀念。下面的例子可以清楚地解釋這一過程。

——非理性觀念一：在這個團體中，我可以做到直率、信任他人。但日常生活中，我覺得這是不可能的。

——理性觀念一：我可以直率地對待其他成員，而且在我與他人的交往中，我對建立信任負起主要責任。

——非理性觀念二：我無法把團體中學到的技巧應用到日常生活中。

——理性觀念二：如果我做了選擇，我就可以在日常生活中建立起那種團體活動中所珍視的人際關係；不論我到哪裡，這都能使我成為自己期望中的那類人。

——非理性觀念三：對於我所作出並珍視的改變，我得到了來自團體成員的支持；而在我的日常生活中，大多數人不欣賞我的許多變化，在維持改變方面，他們不會支持我。

——理性觀念三：對於我所作出以及將會作出的改變，我可能不會得到支持，甚至贊同，但是，我不再極端地需要來自每個人的支持。

這個過程幫助成員們正視他們對分離的看法，並將團體中所學融會貫通。可以說該過程是極有價值的。我的任務是幫助參加者認識到：他們的團體是一個學習如何形成有意義人際關係的場所，這一學習過程不只是限定於團體內部，而是可以運用到任何場所。

從這點考慮，幫助參加者理解下列兩方面所存在的關聯是很重要的。一方面是他們的過去和家庭，另一方面是他們在團體內發展起來的人際關係。為此，心理分析的方法是有效的。在某種程度上，團體代表著其成員的新家庭，並且藉由使他們在團體「家庭」的行為與在實際家庭的行為聯結起來，成員們可以更加了解自己。為了幫助參加者在他們的行為之間找出關聯，我讓他們考慮以下問題：

□ 在這個團體中，誰吸引著我？

□ 我和誰的衝突最大？

□ 我在團體中的感受和行為，在哪些方面與我童年時代在家庭中的感受和行為相似？

□ 我在某些方面對團體領導者的反應，與我對父母的反應相似嗎？

□ 我希望對他們作出怎樣的反應？

□ 我應該對他們作出怎樣的反應？

□ 在團體中，我感受到競爭或嫉妒了嗎？

展望未來

在團體活動末期，我採用的另一工具是培養想像力。我發現，團體成員們常常無法做到創造性想像，無法假想他們是多麼喜歡體驗各自的生活。為了幫助他們發展想像力，我讓成員們想像各自在未來的理想環境中的形象以及生活，這種技術在格式塔學派和心理劇的方法中被採用。將想像技術應用於有關事例時，我想對團體成員們提些建議。

□ 想像五年後，你參加這個團體的聚會活動，此時，大家在一起談著各自的生活如何發生了改變。聚會時，你最想對我們說什麼？

□ 請想像：一旦你離開了團體，你能採取哪些方式使自己在日常生活中有所變化？閉上眼睛，讓你自己與你生活中最特別的人群進行一次沉默的談話。你告訴他們什麼？

□ 假想我們離開團體已經一年了，而你的生活沒有發生任何改變——你仍然繼續著過去的生活方式。盡力想像：你感到怎樣？

我已經發現，一些成員和團體往往可以經由分享想像獲益。為此，一個簡短的格式塔訓練——即讓成員們「成為」將來的自己，與重要的人群談話——是很有效的。例如，我有時讓參加者從團體中挑選一個成員，來扮演他們生活中的某個人。角色扮演的開始階段，參加者簡短地告訴這位成員，在他們的人際關係中，他想改變什麼？他傾向於如何作出改變？

也是在團體活動末期，我讓成員們回想並總結各自在活動初期制定的決策方面有何收穫，該方法屬於典型的溝通分析法和理性情緒療法。為了引發這次回顧，我通常問以下問題：

- 你想修改你早先的決定嗎？
- 對你來說，這些決定現在仍然合適嗎？
- 你想作出什麼新的決定？

此外，我讓成員們回想他們在角色扮演中所學到及收益到的，並思考他們在團體外想以怎樣的特定方式扮演其行為。進一步地，我讓成員們區別，甚至寫出他們自己持有的自我挫敗觀念，分擔這些觀念，並提出有關有效自我陳述的回饋，以及關於如何戰勝自我毀滅觀念的建議。

在團體活動的最後階段，我主要採用認知及行為取向的方法，該方法在行為治療、現實治療、理性情緒治療和溝通分析中是很常見的。我把團體看作一個學習實驗室，在這個實驗室中，成員們已經識別出他們希望做出的變化，以及他們嘗試新行為的變化。假定這些真實地發生了，那麼成員們在團體外進行自己行為的實踐，就變得非常重要。在最後的聚會上，我讓成員們以小組形式活動，並制定出特別的契約——一份關於他們在團體活動結束後的行為改變的簡短計畫書。這種小組工作的目的在於：讓成員們清楚地確定出，他們現在想做什麼？他們如何以特定的方式實施計畫？然後，整個團體分享各小組的工作成果。最後，我將擬定一個追蹤聚會（通常在團體活動結束幾個月後），該聚會的用意是，讓成員們討論團體對每個人有什麼意義，並彙報各自在多大程度上履行了契約。

我的經驗告訴我：成員們傾向於忘記所學到的一些技巧觀念，否認他們曾在團體中實現的真正價值，為了阻止這類事情發生，為了幫助成員們保持住已獲得的收益——關於別人、關於人類競爭、關於人生，以及關於他們自己——我讓他們回想在整個團體活動中曾出現的特定思想和觀點。我認為，如果一個人不能清楚地說出、並分享其他人在團體活動中的特定收穫，這個人的團體經歷可能很快就變得模糊了。

這裡，我又一次發現行為方法的原則在後期聚會中很有效——具體地說，運用回饋原則來幫助成員們增強團體活動中獲得的觀念。例如，我常

常讓成員們為每個人填充回饋句型，例如，

- 「我最喜歡你的一件事是……」
- 「我認為你阻礙自己長處的一種方式是……」
- 「我對你的希望是……」
- 「我對你最關注或最擔心的是……」
- 「在這個團體中，我將以……方法想起你」
- 「我希望你能想起的幾件事情是……」

集中性回饋的方法可以使用口頭或書面方式，目的在使參加者良好地感受到他們團體中其他成員的影響力。

當最後一次聚會即將結束時，我送給每位成員一張字條——這張字條以存在主義的方法為根據：「我希望你已經覺察到你的任務和你對目前自己和將來自己所承擔的責任，你將不再為自己的問題責怪別人，你將不再把自己看作是一位周圍環境的受害人。你們當中的許多人已經意識到面前存在著多種選擇；於是，你現在可以成功地、仔細地考慮你即將作出的決定。即使你決定大體上保持不變，你也會覺察到你可以選擇，不需要再讓別人來設計你的生活。儘管你為你自己作出選擇可能會引起焦慮，但是這確實使你感到：你的生命是你自己的，你有權塑造自己的未來。」

最後，正如以前所述，我認為在團體活動結束幾個月後，擬定一次追蹤團體聚會是很重要的，在這次會議上，成員們將評估自己團體經歷的成果，並且從整體角度評估團體。其間，我為成員們提供一些評估他們自己及他們團體經歷的指導方針以及追蹤聚會所要討論的主題。行為方法強調：提出清楚的目標，在團體期間致力於實現目標；然後，評估在多大程度上達到了目標。我認為成員們在團體活動後的行為，與活動期間的行為同樣重要。所以，我傾向於花大量時間提出一些方法，憑藉這些方法，成員們可以鞏固所學觀念和技巧，並將其應用於日常生活中。具體來說，我鼓勵成員們培養一種作記錄的習慣——寫下所遇到的事情，描述在特定情境下他們對自己的感受，參照契約列出他們的成功和困難。因為我認為在適當的時候讀恰當的書是能夠幫助人們作出期望中改變的、強有力的催化劑，所以我鼓勵成員們將讀書當作一個繼續獨立工作、繼續成長的途徑。

比較、對照與整合

這一章的目的有四個：從各個不同理論模式對團體工作特殊問題的應用方面，進行比較和對照；提出一些你在現在及以後的整個實務過程中要面對的重要問題；激勵你嘗試對這些不同的觀點進行符合你是否有可能人格的整合；激勵你思考有關發展和修正你團體領導風格的團體技術。這一章將要幫助你回答的問題，包括以下這些內容：

▫ 藉由探討各種不同團體模式的共通性，是否有可能實現對它們的整合？

▫ 一種對不同方法的整合觀點，怎樣能實際幫助你確定自己的團體諮商目標？

▫ 你將如何融合來自多種方法的概念和技術，以形成你自己對團體領導者角色的定義和獨特的團體領導風格？

▫ 你如何在負責的團體領導者與負責的團體成員之間達成一種最佳的平衡，也就是說，你如何既接受你恰當的團體領導責任分工，又不剝奪團體成員的責任？

▫ 一個團體需要多大程度的組織結構？

▫ 你怎樣發展各種既與你的人格和風格相協調、又適宜於你所領導之團體類型的技術？

▫ 有哪些團體技術可能出現濫用和誤用？

▫ 團體實務的折衷方法有哪些優點和危險？

▫ 各種理論方法的技術如何能修正，以適合不同當事人的文化背景？

團體諮商的目標：各種不同的觀點

為了對自己的團體進行有意義的領導，團體領導者們必須對自己的目標作出說明。一個團體的具體目標應當是什麼？應當由誰來決定這些目標？團體領導者怎樣能幫助成員們確立對其有意義的目標？團體領導者的理論取向如何影響這一目標確立的過程？有可能以各種理論取向為基礎來確立團體的目標嗎？

初階團體領導者對上述的最後一個問題很難作出肯定的回答；各種不同的理論取向在各自的目標方面似乎有難以調和的差別。例如，行為取向的團體強調具體的、明確的目標，諸如：變得更有主見、減輕體重、或是消除恐懼。在另一方面，關係取向和存在主義取向的團體注重崇高的、常常是難以測量的目標，諸如：達成自我實現、或是成為一個自主的人。

　　像這樣極端差異的現象是有可能會出現的，但它們不應當妨礙你嘗試進行自己的理論整合。每一個團體模式都強調了人類經驗的某一些層面，那些看起來有矛盾的內容，實際上是可以從統一的概念上予以重新解釋的。

　　為了幫助你找到各種不同理論模式所強調的目標之共同因子，引導你嘗試整合這些模式，我在（**表17-1**）中明列以前各章所介紹的每一種團體方法的重要治療目標。當你看這個表時請記住：目標的多樣性可以被簡化，也就是把它們看作是存在於一個連續體上的各個目標，一端是一般性的、籠統的、長期的目標，另一端是具體的、明確的、短期的目標。存在主義與關係取向的團體方法，傾向於處理廣義的目標，行為和認知取向的系統注重短期的、可觀察的、具體的目標。這些處在連續體兩個極端上的目標並不必然是相對立的；這只不過是如何將這些目標具體定義的問題。因此，如果實務工作者們把具體的短期目標看作是遠大長期目標的成分，便有可能使不同的方法相結合。

　　絕大多數理論觀點都同意團體成員們形成其具體目標的重要性。當團體領導者認為他們了解什麼東西對於團體參與者最為適宜，並把自己的目標強加給團體成員時，他們往往會遭到抗拒。誠然，團體領導者需要為團體確立某些整體目標，但是這樣的目標無論如何不應當妨礙團體成員們自由地選擇用以指導其在團體中行為的個人目標。這些個人目標的確定，是一個不斷持續的過程，這一過程需要不斷地被重新評價。在這一方面，團體領導者可以發揮無法估量的幫助作用，鼓勵團體成員們形成自己明確具體的目標，幫助他們確定如何努力以實現這些目標。

表*17-1*　各種團體目標的比較概觀

模式	目標
心理分析	提供一種氣氛，以幫助當事人重新體驗早期家庭關係。揭示出與那些影響現時行為的過去事件相伴隨的、被埋藏的情感。促進對失敗之心理發展根源的洞察，激發矯治性的情緒體驗。
阿德勒式	創造一種治療關係，鼓勵團體參與者們探索自身的基本生活假定，實現對生活型態更廣義的理解。幫助當事人認識他們自己的優點和作出改變的能力。鼓勵他們為自己所選擇的生活型態和想要作出的任何改變承擔充分的責任。
心理劇	促進被掩藏情感的釋放，提供洞察的機會，幫助當事人發展新而更為有效的行為。開發尚未探索的、解決衝突和體驗自我主導的可能性。
存在主義	提供種種條件以儘可能發展自我意識，並減少成長的阻礙。幫助當事人發現和運用選擇的自由，並為他們自己所作的選擇承擔責任。
個人中心	提供一個安全的環境，在其中團體成員們可以探索其所有情感。幫助團體成員們逐漸能開放地接受新的經驗，並建立對自己和自己之判斷的信心。鼓勵當事人著眼於現實生活。發展開放性、真誠性、自發性。使成員們能夠就此時此地的情境與人相交往，並運用團體作為一個克服疏離情感的場所。
格式塔	使團體成員們能夠密切地注意他們隨時隨地的體驗，以便能夠對自身那些被否定的層面，加以認識和整合。
構通分析	幫助當事人在其互動中逐漸擺脫種種腳本和心理遊戲。鞭策團體成員們重新檢查他們的早期抉擇，並在覺察的基礎上作出新的抉擇。
行為治療	幫助團體成員們排除種種適應不良的行為，並學習新而更有效的行為模式。各種遠大的目標要被分解為具體的次目標。
理性情緒療法	教導團體成員們對自己的種種問題負起責任的，幫助他們辨別並摒棄那種始終使自己陷於紊亂困境的自我灌輸過程。消除當事人不合理和自我妨礙的生活觀，代之以更具承受力的、合理的生活觀。
現實療法	引導團體成員們不斷學習現實的、負責的行為，並建立起一種「成功的認同」。幫助團體成員們對自己的行為作出有價值的判斷，並制定作出改變的行動計畫。

團體領導者的角色和功能

　　團體領導者究竟應當是一個促進者？一個治療者？一個教師？一個催化者？或者不過是一個更富有經驗的團體成員？一個技術師？一個指導者？一個評價者？或是部分或所有這些角色的綜合？

　　你如何回答這些問題，要取決於你的理論觀點，但最終你的回答是以你自己對團體領導者角色的定義，以及你對什麼是團體領導者最重要的功能的見解為基礎。另外還有一些標準是超越所有理論方法的——例如，團體的類型及其目標、環境、團體成員們的性質、對工作要求等。

　　在討論各種有關團體領導者的角色和功能的觀點之前，讓我們簡要地評述某些任務，我認為它們對於成功地帶領團體是非常重要的：

　　——團體領導者通常負責組織團體和示範行為，啟動並促進互動。因此，他們示範如何參與、冒險、真誠地與人相處、與他人進行交往。他們還可以發揮其領導功能，以使團體成員能夠變得越來越獨立，不必依靠團體領導者來發動和領導團體中的每一次活動。

　　——團體領導者負有訓練團體成員們適應團體歷程、教導他們如何從團體中獲得最大收益、幫助他們認識到團體動力功能的任務。實現這些目標的方法是：鼓勵團體成員們檢查團體的方向，確定是否存在著妨礙他們有效工作的障礙，認識到任何可能妨礙團體歷程的隱藏問題。

　　——團體領導者必須能夠謹慎敏感地、主動地傾聽別人的談話。只有充分地注意成員的語言的和非語言表達，團體領導者才能幫助成員進行更深層次的自我探索和自我理解。如果缺乏關注的技能，就不可能實現團體領導者和團體成員之間的真正的同理和了解。

　　——團體領導者有責任創造一種有益於探索對個人具有重要意義問題的氣氛。信任必須在一個團體的早期建立起來，團體領導者負有重要的使命建立一種環境，使成員們在其中能表露自己，採取新的方式行為，並對其基本信念和假定提出質疑。

——團體領導者有責任明瞭種種限制，幫助確立團體規範，並保護團體成員。雖然團體領導者並不必準備長長的一串「做什麼」、「不做什麼」的限制，但他們必須制定某些基本的規則。團體領導者需要告訴成員有關其權利和責任，在團體的整個歷程中強調保密問題的重要性，並採取必要的步驟確保團體成員們的人身和心理安全

——最後，團體領導者需要注意成員們能夠以怎樣的方式盡可能地從團體經驗中獲得收益。為此他們可以採取這樣的方法：澄清、摘要、整合已有的經驗和所學到的內容，幫助成員們鞏固其體驗和新的領悟，鼓勵他們制定行動計畫，以便能夠把他們在團體中所學到的內容，運用於團體之外的生活。

正如我們在前面所看到的，每一種治療方法強調團體領導者的不同的功能。例如，個人中心方法強調促進者的角色。由於在這一模式中團體被看作為具有自行引導的能力，團體領導者被設定為促進、而非領導團體歷程。另一些方法把團體領導者看作為教師，諸如：理性情緒療法、現實療法、阿德勒式療法、行為治療、以及溝通分析，都是基於這樣的假定：團體諮商或治療實質上是一種教育和學習過程，因此，團體領導者的主要功能是教導技能，並提供一個能促成再教育和行為改變的認知架構。

另一些模式，例如，心理分析方法，注重團體領導者的技術專家角色，他們對團體中所表現出來的個體心理和人際過程進行解釋。還有一些模式，諸如：存在主義、個人中心式、格式塔方法，強調團體領導者的作用是在於：幫助成員們藉由與領導者和團體中其他成員發展有意義的相互關係，獲得對自己的矛盾衝突的現時覺察。正如我們已看到的，作為一個團體領導者，你的角色和功能是多重的；你選擇（強調團體）中的哪些內容，部分決定於你的理論取向。在你閱覽（**表**17-2）中所摘述的各種不同理論觀點時，請考慮一下，在每一種觀點中有哪些內容成分是你想要加以融合的，以確定你自己作為一個團體領導者的角色。

表*17-2*　團體領導者角色和功能的比較概觀

模式	團體領導者的角色和功能
心理分析	經由協助建立一種接納性的寬容氣氛,促進團體的互動。保持較隱匿身份,以便團體成員能夠發展對他或她的投射。提示各種抗拒和移情的徵兆,並解釋它們的意義。幫助團體成員們解決未完成的問題。為團體設定限制。
阿德勒式	運用各種方法對種種觀念和目標提出挑戰,包括:面質、自我表露、解釋、主要生活模式分析。觀察行為的社會情境。示範如何關心別人。幫助團體成員們接受和利用其自身資源。鼓勵團體成員們鼓起必要的勇氣,把在團體中所學到的內容轉化為團體之外的行為。
心理劇	作為一個促進者和領導者來發揮功能。所具有的任務是:使團體充滿活力,幫助設計一個心理劇,指導表演,而後與團體成員分析結果。具體的任務包括:催化、觀察、指導、導演、總結。
存在主義	核心角色是對團體中的個人予以充分關注和即時回應,把握他們的主觀內心世界。發揮功能的方法是:創造一種人對人的關係,揭露自我,以一種關懷的方式與團體成員們進行面質。
個人中心	催化團體(與領導團體相對立)——解決妨礙溝通的障礙,建立一種信任的氣氛,輔助團體有效地發揮功能。核心任務是:在團體活動中表現出真實的關懷、尊重和了解。主要角色是創造一種寬容的實驗氣氛。分享對團體中正發生的內容的個人感受和印象,從而直接參與其中。
格式塔	提倡各種用來幫助團體成員加強其體驗並警覺其身體語言的技術。幫助當事人辨別並解決來自過去歷史中的、干擾現時功能的、未解決的問題。注重團體成員們的行為和情感。
溝通分析	扮演教師角色。教導當事人如何認識他們所做的迴避親密性的遊戲、他們在特定的交往過程中的自我狀態、以及早期抉擇和所採納的生活計畫中自我妨礙的部分。
行為治療	作為行為矯治的專家發揮功能;因此必然具有指導性,通常扮演教師或訓練者的角色。傳授訊息、教導因應技巧和矯正行為的方法,以便團體成員們能夠在團體活動之外進行實踐。
理性情緒療法	具有教育性功能:解釋、教育、再教育。幫助團體成員們理解和勇敢地面對自己不合邏輯的思想,並鑑別其與自我妨礙的行為之間的關聯。教導他們如何改變自己的思想和行為模式。
現實療法	鼓勵團體成員們評價自己的行為,作出種種能夠使他們以社會所接受的方式實現自己需要的選擇。幫助團體成員的方法是:與他們建立起個人的關係,肯定地預期他們能夠為自身的改變制定和完成一項計畫。

結構程度和責任的劃分

　　團體領導者常常苦惱的一個問題是：哪些因素構成一個團體的最佳組織程度。所有的團體都有一個組織結構，即使是指導性最少的團體領導者，雖然避免給團體強加上一個結構，實際上也是選擇了一個開放式結構，讓團體參與者自己決定團體的歷程。

　　團體組織為一個連續體，從毫無指導性一端到高度指導性一端。在這一連續體的無指導性一端，有心理分析團體、個人中心式團體，以及某些存在主義團體。在這些團體中，團體領導者傾向於扮演被動的角色，鼓勵成員們對團體進行指導。這些團體的學習價值是，團體成員們承擔了相當大的責任。

　　在這個連續體的另一端，是那些為團體提供高度組織結構的團體領導者。他們通常運用結構化的活動開始團體歷程；而且，他們運用種種技術使成員們注重具體的主題或問題，並加強某些情緒和矛盾衝突。許多行為矯治團體的特徵即具有高度指導性的團體領導風格。通常來說，隨著活動的一次次進行，要有不斷的進步，團體聚會按照預先確定的主題組織，以特定的方法領導團體，進行對具體問題的探索和解決。

　　與組織結構問題一樣，責任的劃分也可以概括為一個連續體。在這個連續體的一端是這樣一些團體領導者：他們把自己看作為專家，認為他們應該主動地進行介入，以保持團體依照他們確信有成效的途徑發展。團體的效果依賴於團體領導者的技能而定。因此，把團體成員的失敗解釋為他們缺乏動機或缺乏自我強度的做法，被認為是團體領導者用合理化為自己辯解，如果說他們是專家，那麼實際上是失敗的專家，對這一治療計畫的失敗是負有責任的。行為取向的團體領導者充分強調這一觀點。

　　理性情緒療法的團體也很強調團體領導者的責任。由於治療被看作是一種教育性的過程，團體領導者主要作為一個教師，負責對團體成員們的再教育。要想得到有效的結果，團體治療者要運用一種具有迅速煽動性的、說教性的、勸導式的方法，目的在於認知重建。然而，儘管RET對團體領

導者賦予高度指導性的角色，它也認為團體成員們對團體進行具有相當的責任，團體成員們被期望具有主動性，努力工作，在團體活動之間進行行為的實踐。

在這一連續體的另一端，是這樣一些團體領導者：他們在團體一開始就公開聲明團體成員對自己負有責任，他們能否從團體中獲益，完全取決他們自己。這種類型的團體領導者是某些會心團體領導者的特點，他們拒絕使自己為成員們選擇在團體中做或不做負責任。

另一種強調團體成員責任的團體方法是個人中心模式，它認為，團體成員是真正了解什麼最有益於自己的人。團體領導者並不承擔積極領導團體歷程的責任；他或她是作為促進者來發揮功能，嘗試創造一種信任的氣氛，使團體成員們在其中能安全地深入探索個人問題，和在他們自身尋找必要的資源。

大約處於這一連續體中間的，是格式塔團體領導者。他們通常是主動的，採取種種技術實施介入，來為團體提供組織結構。但他們也主張：團體成員們對他們所經驗的任何內容都負有責任。團體歷程被看作為是一種途徑，以此幫助團體成員意識到他們怎樣否定個人責任，並學習如何依靠自己的支持。團體領導者有責任在整個團體歷程中意識到自己的經驗，並引入適當的技術加強團體工作。團體成員們有責任提出他們想要在團體中探索的問題，並作出他們自己的解釋。(**表17-3**) 為你提供了一個各種理論有關組織結構和責任劃分之觀點的摘述。

我的觀點是，團體領導者必須在為團體承擔過多的責任和過少的責任之間，達成一種平衡。在一方面，有些團體領導者承擔過多的責任，剝奪了真正屬於成員們自己的責任。如果當事人被團體領導者視為沒有能力照顧自己，他們會很快順從這一預期。這些承擔著大量教育灌輸之責任的團體領導者，不僅削弱了成員的獨立性，而且給自己背上了沉重的負擔。他們往往為團體所遭遇的任何失敗或挫折指責自己，如果團體成員們沒有進行什麼有成效的工作，這些團體領導者會把這看作是自己的失誤。如果團體總是四分五裂，他們會把它看成是他們缺乏技術的反應。簡而言之，這種領導風格就是全力以赴，使用這種方法的團體領導者往往會很快喪失帶領團體所需要的精力。

表*17-3* 結構程度和責任劃分的比較概觀

模式	結構與責任
心理分析	團體領導者：迴避指導式的風格，允許團體確定它自己的進程；解釋某些行為模式的意義。 團體成員：提出問題並提供來自潛意識的材料；對於自發地進行互動、進行解釋、分享對別人的看法，承擔越來越多的責任；成為別人的輔助治療者。
阿德勒式	團體領導者：在一開始，試圖達成團體目標的一致性；採取積極的步驟建立和維持治療關係，探索和分析個體的動力功能，表達關心和希望的基本態度。 團體成員：發展對自己的認識；承擔採取積極手段作出改變的責任；考慮替代性的觀念、目標和行為。
心理劇	導演／領導者：建議具體的技術以加強體驗，重新創造過去的情境，提供對矛盾衝突的逐步認識；確保主角不被撇在一邊，同時其他成員也有機會表達他們在這心理劇中所體驗到的內容。 團體成員：提供心理劇的素材，當扮演主角的角色時，指導自己的心理劇。
存在主義	團體領導者：可以順著某些存在主題的線索組織團體，例如：自由、責任、焦慮、罪惡感；對團體坦露此時此地的感受。 團體成員：有責任決定他們想要探索的問題，因此決定著團體的方向。

個人中心	團體領導者：提供極少的結構或指導。 團體成員：有能力找尋有意義的方向，能夠幫助別人，邁向建設性的結果。
格式塔	團體領導者：有責任意識到以現時中心的團體，並在團體情境中運用現時經驗；經由適當的技術加強情緒的表達，對團體進行組織。 團體成員：必須積極主動，自行作出解釋。
溝通分析	團體領導者：由於強調團體領導者和團體成員之間的平等關係，責任是分擔的，並在契約中具體說明。 團體成員和團體領導者在契約中說明團體成員們想要作出哪些改變，以及他們想在團體中探索哪些問題。
行為治療	團體領導者：負責積極地教導，並使團體進程遵從預先確定的活動計畫。 團體成員：被期望採取主動，把所學到的內容運用於日常生活情境，在團體之外實踐新的行為。
理性情緒療法	團體領導者：負責排除團體成員們任何以錯誤觀念為基礎的行為徵兆；組織團體經驗，以使成員們堅持完成建設性改變的任務。 團體成員：有責任向他們自己以及其他成員們的自我妨礙思想挑戰；被期望在團體之外進行自我面質，並努力改變不合邏輯的思想。
現實療法	團體領導者：教導團體成員們為如何過自己的生活承擔責任；以注重現時的行為和作出具體行為改變的方式，來組織團體；示範求取成功的行為來影響團體成員；對那些不能現實地生活的當事人進行面質。 團體成員：決定他們想要作出的具體改變；針對現時的行為作出價值判斷；對於完成所期望的改變負有責任。

在另一方面，某些團體領導者把一個團體的指導和結果的所有的責任，都推到團體參與者身上，可能試圖迴避自己對團體成功或失敗的角色。因此，如果一個團體看起來毫無進展，這些團體領導者會迴避質問是否自己的領導方式是造成這一結果的一個因素。

技術的運用

無論作爲團體活動的催化劑，或維持團體發展的方法，技術都是非常有用的。然而技術只不過是工具，就像所有的工具一樣，它們旣可以被恰當地使用，又可能被誤用。當團體領導者陷入機械性地運用技術的境地時，他們便成爲技術師，而不是對其所領導的特定團體的需要作出反應。而且，不加區別地使用技術，往往增加了團體中的抗拒程度，而不是促進更深入的交流。有些團體領導者過分渴望使用新的技術，認爲新技術就好像是錦囊妙計。另一些人由於擔心不知道如何應付團體中所產生的某些問題，手忙腳亂地嘗試一個又一個新的技術。總之，團體領導者應當有足夠的理由運用特定的介入方法，在我看來，對技術的過分依賴是很成爲問題的。

技術必須是附屬於一個人性化的團體領導者，團體領導者不應當強迫自己使用那些不適合於自己人格和獨特領導風格的技術。技術的運用必須是謹愼敏感的、恰當的、嫻熟的。在實際觀察團體領導者時，我常常注意到：他們許多人過分地依賴技術。例如，我看到一個團體領導者變得很狼狽，似乎毫無目的地使用一個又一個技術，僅僅是爲了讓人們有事可做或使人們不斷地談論，即使這些談論沒有任何成效。這個團體領導者不是坦率地直接處理團體中所進行的內容和他自己的反應，而是（可能出於焦慮）試圖依靠種種花招來解決問題。我所看到的他使用無以計數的技術，這可能使他產生一種錯誤的印象：團體有所進展；但實際上團體反覆地證實它根本毫無進展。

我的基本假定是：技術應當促進團體歷程，而不是人爲地在團體中製造活動。我還認爲，當團體領導者了解如何注意明顯的效果時，他們能夠最大限度地發揮最大的作用。他們可以深入已經產生的體驗，而且推動團

體中現時進程的進一步發展。在團體中總會有些事件不斷產生著，這些內容自然會對技術提出恰當的建議。雖然我的同事和我有時運用技術以便在團體的初期階段引入某些活動內容，且常常運用技術在團體的後期階段整合成員們所學到的內容，但我們通常不預先制定一個議程表。我們從團體現時發生的內容中採集我們的線索，並「隨波逐流」，而不是嘗試引導團體遵循一個特殊的主題。例如，如果我注意到在屋子裡死氣沉沉，沒有人願意做點有意義的事，我不會採用一種設計來激起情緒或引發活動。相反的，我會讓這個團體知道我現在感到非常緊張，負有很大的責任使這個團體活躍起來，並且我試圖對每一個人現在所體驗的內容作出一些評估。

在開設團體領導者的訓練工作坊時，我通常強調在技術的使用上保持靈活的重要性。團體領導者必須注意到那些團體成員們正在體驗的內容，並從中得到有關隨後將向何處發展的線索。換句話說，有益的做法是，讓成員自己提供引導，同時又對他們建議各種方法，把他們的探索保持在主要的問題上。

在選擇促進團體歷程的技術時，你必須考慮到幾個因素。當然，你的理論取向將影響你所運用的技術。如果你的理論是注重認知方面的，那麼你的技術往往是鼓勵當事人尋找他們的思考模式與其行為之間的關係。如果你持格式塔觀點，你的技術將傾向於促進對現時情感的覺察和加強這些情感。如果你是行為主義取向的，你的多數技術將集中於監控成員們的活動，並嘗試各種具體的行為。你的團體領導風格也會與你所運用的技術有很大關係。最後，你的工作所面對的群體，你的團體的目的，以及團體發展的各個階段，都是在選擇技術時要考慮的因素。

為了避免因循守舊地運用技術，團體領導者必須理解技術和理論概念之間的關係，並充分覺察到為什麼他們使用某些方法；也就是說，他們必須對期望產生的效果有所了解。除了要有具體的理由使用各種團體技術之外，團體領導者還需要不斷地評價其效果。

正如在 (**表17-4**) 中所描述的，各種不同的團體模式對於引發和維持團體互動提供了各種策略。團體領導者們沒有任何理由僅因為自己偏愛某一種理論模式，就把自己嚴格地侷限於這一理論方法的技術範圍之內。例如，採取存在主義取向的團體領導者們，可以融合採用來自行為和認知取向的

表17-4　團體技術的比較概觀

模式	技術
心理分析	解釋、釋夢、自由聯想、分析抗拒、分析移情——所有這些技術都是設計用來促成對潛意識的意識化，並達到領悟。
阿德勒式	分析和評估，探索家庭星座，報告早期回憶，面質，解釋，認知重建，對一個人的信念系統提出挑戰，探索社會動力功能和個人獨特的生活型態。
心理劇	扮演自我，扮演他人，以別人的身份談話和以自我的身份談話，獨白，角色轉換，雙重技術和輔助的自我，鏡照作用，未來投射，生活預演。
存在主義	由於這一方法強調了解第一、技術第二，沒有什麼特別指定的具體技術。然而，團體領導者可以借用其他治療的技術，以便更加了解當事人的內心世界，並深入治療工作。
個人中心	強調重點放在催化者的態度和行為上，很少使用結構化的和預先計畫的技術。基本的技術包括：主動傾聽、情感反映、澄清、支持、與當事人「聲息相通」。
格式塔	團體領導者可以運用許多行為導向的技術，所有這些技術都強調現時的體驗和對當前情感的覺察。運用的技術包括：面質、空椅子、對話遊戲、輪流交談、想像法、翻轉法、預演技術、誇張行為、維持情感、與自我或在現時有重要意義的人對話、夢的處理。各種練習被設計用來使團體成員能夠提高對軀體緊張與情緒親密接觸之恐懼感的認識，使團體成員們有機會實驗新的行為，接觸種種情緒。幻想導遊、心像以及其他技術被用來激勵想像。
溝通分析	各種技術包括：運用腳本分析查核表或問卷探察早期禁令或抉擇、遊戲、以及生活觀，家庭示範作用，角色扮演，以及結構分析。
行為治療	主要技術是以行為和學習原理為基礎的，目的在於行為改變和認知重建，包括系統減敏、內爆治療、肯定訓練、嫌惡治療、操作制約方法、自助技術、增強和支持方法、行為研究、教導、示範作用、回饋，以及各種挑戰和改變認知的方法。
理性情緒療法	基本的技術是主動教導。團體領導者探測、面質、挑戰、強迫指導，示範並教導理性的思想，對當事人進行解釋、勸說、講解。他們運用迅速激勵方式，要求團體成員們持續運用其認知技能。RET運用相當廣泛的行為技術，諸如反制的作用、角色扮演、行為研究、指定家庭作業、肯定訓練等。
現實療法	運用相當廣泛的技術，例如：角色扮演、面質、示範作用、幽默、契約，以及行動方案或具體計畫。

技術。不難想像，有許多方式可以融合格式塔和溝通分析學派，無論是在概念上還是在技術上。我在這裡想要說明的是，團體領導者必須發揮他們的想像力，去發現各種方法，把來自各種不同的理論模式的技術適配地運用於所指導的特定類型團體，並修正它們，使之適合於自己的領導風格。

多元文化背景下的團體工作

這本書所介紹的每一種理論，都就它對具有多元文化背景群體的意義做了簡要的探索。正如在（**表17-5**）中所能看到的，每一種觀點都有某些概念或技術能有效的協助多元文化團體諮商。然而它們也都有某些侷限，在使用來自某種理論的某些技術時，要予以警惕（**表17-6**）。在針對一個具有多樣性的廣泛文化背景工作時，技術折衷主義似乎尤其有必要。如果要求團體參與者適應於一個特定理論的所有具體要求，全然不考慮這個理論所強加的價值觀是否符合當事人自己的文化價值觀，就會導致傷害。不應勉強當事人去適應一個理論的各個層面，相反的，一個團體領導者的理論和實務應當以適應當事人的獨特需要為準則。這一要求需要團體領導者們具備有關各種文化的知識、對自己文化包袱的意識、以及幫助各類當事人在其文化現實中滿足所需要的技術。

對團體領導者來說，重要的是要能夠評估當事人的特殊需要。根據團體成員的種族、文化以及促使其參加團體的個人問題，團體領導者需要表現出在多樣化的治療技術運用中的靈活性。通常情況是，有些當事人需要更多的指導甚至建議。另一些當事人非常猶豫是否以個人化的方式談論自己，尤其是在一個團體的早期階段。團體領導者需要有耐心，要避免過快地迫使團體成員們表現出「開放性和真實性」。而且，團體領導者需要認識到：看起來似乎是抗拒的現象，往往可能是當事人對多元文化條件的反應，和對某些價值觀與傳統的尊重。這種情形就取決於團體領導者對各種理論方法的熟練掌握和運用、調整自己的技術以適應於具體環境中的個人。僅僅幫助團體成員們獲得領悟、表達被壓抑的情緒或作出某些行為改變是不夠的。對團體領導者的挑戰是：要尋找實用的方法調整他們所建立

的技術，以便使團體活動能夠對文化所不斷施加給他們生活的影響提出質疑，並作出使自己生活的哪些方面有所改變的抉擇。

　　你會很容易地看到，我們剛剛探討的其他核心問題——團體目標、團體領導者的角色和功能、組織結構的程度和責任的劃分，以及各種團體技術的運用——在多元文化團體諮商情境下予以考慮時，都具有特殊的意義。要想做一個有效的團體領導者，就要思考你自己的文化如何影響你和你對團體所採取的介入措施。這種覺察在使你對團體成員的文化背景變得更為敏感的過程中，將是一個關鍵的因素。

表*17-5*　多元文化諮商貢獻的比較概觀

模式	貢獻
心理分析	家庭動力的注重適於針對許多少數民族團體的工作。治療者的作風尤其適合於那些希望與專業人員保持距離的當事人。有關防衛的觀點有助於了解內在動機，並處理環境壓力。
阿德勒式	注重社會興趣、為社會效力、家庭的重要性、目標導向、努力尋求歸屬感，這一切正符合東方文化。注重具體環境中的個人，使各種文化因素能夠得到探索。
心理劇	對較保守的當事人，這種方法邀請他們在現時中進行自我表達。導演可以創造各種具有文化敏感性的情境，幫助團體成員理解其文化對他們的影響。經由角色扮演，沈默的當事人獲得其他的表達管道。有許多機會可在一個人的文化架構內發展自發性和創造性。
存在主義	一個重要價值是：強調對團體成員內心現象世界的理解，包括文化背景。這一方法使一個壓抑社會中的人們享有權力。它能夠幫助團體成員們檢查在自己文化的現實背景中進行改變的選擇。
個人中心	羅傑斯對突破文化障礙、促進各種文化群體之間的開放交往作出了重要貢獻。主要優點是：尊重當事人的價值觀、主動傾聽、接納差異、不評價的態度、了解、允許當事人決定在團體活動中探索什麼內容、讚賞文化多元論。
格式塔	注重以非語言的方式表達自己，符合那些在文字之外發掘意義的文化。提供了許多技術對待那些具有反對自由表達情感的文化禁忌的當事人。對身體表達的注重，是一種幫助當事人認識自己矛盾衝突的微妙方式。
溝通分析	契約具有能防止治療者把不符合當事人文化的價值觀強加於人的保護作用，為理解文化和家庭禁忌的影響，提供了一種依據。而且提供了一種許多當事人都非常重視的組織結構。
行為治療	注重行為而不是情感，這適合於許多文化。其優點包括：經由將團體的目的告知團體成員們，使他們能有所準備；幫助團體成員們學習實用的技能；強調團體中的教育；以及強調自我管理的方法。
理性情緒療法	這一方法為質問一個人的觀念和鑒別那些可能不再有作用的價值觀，提供了許多手段。它對合理性思想（相對於表達情感）的重視，往往為許多當事人所接受。注重教育與學習過程，傾於於迴避心理疾病的特徵。許多當事人可能看重這種團體領導者的直率和對家庭作業的強調。
現實療法	焦點放在團體成員們對行為作出自己的評價（包括他們如何對自己的文化作出反應）。經由過個人評估，他們能夠確定在多大程度上其需要和要求正在得到滿足；他們能夠在維繫自己的種族認同和整合社會主導的價值觀與習慣之間，找到一種平衡。

表*17-6* 多元文化諮商限制的比較概觀

模式	限制
心理分析	注重領悟、內在心理動力和長期治療，這常常不被那些希望學習處理環境問題之因應技能的當事人所接受。注重內在因素，故往往與那些強調人際和環境因素的文化價值觀相衝突。
阿德勒式	這一方法對個人家庭背景的詳細調查，會與那些忌諱在他人面前披露家庭問題的文化相衝突。團體領導者需要確保團體成員的目標得到尊重，並且這些目標與團體的目標相吻合。
心理劇	強調體驗和表達情感，情緒宣洩，在現時重演過去的問題，這可能令某些當事人感到非常可怕。當鼓勵當事人在其他成員面前表達其強烈情緒時，要特別當心。
存在主義	它注重個體性、自由、自主、自我實現，這常常與那些強調集體主義、尊重傳統、依靠權威、互相依存的文化價值觀相抵觸。有些人可能會因為缺乏具體的技術而被嚇住。還有些人則期望更多地注重於他們現時世界中的生存問題。
個人中心	這一方法的某些核心價值觀可能不符合某些當事人的文化。缺乏團體領導和組織，對於那些尋求團體領導者有技巧的幫助和即時回答的當事人來說，是無法接受的。
格式塔	那些受到文化條件的影響，在情緒上很保守的當事人，恐怕不會贊同格式塔的技術。重要的是，除非已在團體中建立起融洽的關係，否則不要過快地要求成員表達情感。有些人可能無法理解「覺察到現時的體驗」如何能解決他們的問題。
溝通分析	TA團體可能使當事人從不同的角度背離他們自己的某些文化。團體領導者必須在對當事人的生活腳本、文化和家庭禁令、抉擇等進行面質之前，就當事人想要獲得的內容訂立明確的契約。在協助成員探索家庭模式時，需要特別當心。
行為治療	團體領導者需要幫助成員們評估作出行為改變的可能結果。當事人的家庭成員們可能並不看重其獲得自我肯定的新風格，因此，必須教導當事人如何應付來自他人的抗拒。
理性情緒療法	如果團體領導者有一種命令性的、指導性的風格，成員們可能會退出團體。團體領導者在強制性地駁斥當事人被認為是不合理的觀念之前，要了解當事人自己的世界，這是非常必要的。
現實療法	這一方法強調一個人為自己的生活負責，然而有些成員們希望能改變他們所處的外在環境。團體領導者需要評估環境歧視和種族主義的作用，並幫助當事人應付社會的和政治的現實。

整合的折衷模式之應用

　　整合的折衷模式(integrated eclectic model)是指一種以各種理論方法的概念和技術為基礎的觀點。這就是我在自己的團體工作實務中所運用的模式。這一節介紹我如何在團體發展的每一個階段運用整合模式。這一模式是設計用來說明思想、情感、行為三個因素的。正如你已經看到的，這本書中所介紹的十種理論中，有些注重認知，有些著眼於情感體驗，還有一些強調行為。我的目標是：融合這些方法的獨特貢獻，以便人類經驗的所有這些因素，在一個團體的每一個階段都得到關注。在此同時，重要的是要避免把不相容的理論大雜燴式地攪拌在一起。你的目標應當是求得一個一致性的、協調的概念系統，用此作為從你所學習的多種技術中進行選擇的依據。

應用於團體前階段的各種理論

　　構築一個團體的準備階段也許是所有時期中最為關鍵的。如果團體的基礎薄弱，這團體恐怕根本不會有任何起色。有效的團體不是簡單地「自生」的。籌劃一個團體時的積極努力和認真組織，會隨著團體步入預定的軌道而獲得成效。從這一點來看，回顧一下第四章中所提出的構成一個團體時要考慮的重要問題，對你會是很有用的。

　　行為理論在這一團體前階段尤其有重要意義，因為它們強調既要評估一個特定類型團體的需要，又要評估團體參與者們對一個團體的準備性和適宜性。作為一個團體領導者，你必須有明確預期，對一種方法為什麼以及如何在團體中產生效用，有明確的理由；對如何針對團體成員們的特殊需要和興趣設計一個特殊的團體，有清楚的認識。如果你明確地了解一個團體如何能有益於未來的成員，你就能幫助他們決定是否參加團體。如果團體成員們知道他們正在加入什麼組織，那麼他們成為積極主動的、投入的參與者的可能性，就會大大增加。在這一方面，在契約的基礎上組織一

個團體的治療方法，有很大的參考價值。一項契約可以幫助除去團體歷程的神秘性，可以增加成員使自己成為自身變化的積極動力的責任感，還可以組織一個團體的歷程。契約預先規定了團體成員與團體領導者之間的責任劃分，它們是有效工作的有價值的出發點。正如你會回憶到的，認知和行為取向的治療，強調把契約作為啟動團體歷程的一種方法。TA團體、阿德勒式團體、行為團體的治療，以及某些情況下，理性情緒療法和現實療法團體，都是以契約為基礎的。無論你的理論取向是什麼，都可以在團體作為一個整體真正開始活動之前，訂立開放式的、靈活變通的契約。

團體領導者的功能在團體前階段是尤其重要的，包括：要建立一個具體團體的明確計劃書；招募、篩選、選擇團體成員；對團體成員進行適應性訓練，以便他們能從這一經驗中獲得最大收益；以及，最理想的是，安排一次預備性團體聚會，幫助團體成員們有所熟悉，並提供有關團體的性質和功能的某些常識。

應用於初期階段的各種理論

㈠基本特徵

一個團體的早期階段是一個適應和探索的時期。在這一時期的某些突出特徵是：團體成員們正試圖尋找在團體中的位置、他們正努力熟悉和了解一個團體究竟是什麼，他們正逐漸地了解種種規範和期望。這時的互動，往往是表現為社會所接受的行為，而且是比較表面化的，在團體中存在一種試驗傾向。此時期最基本的問題，是關於創造和維持信任。團體領導者的態度和行為，與建立起一定程度的促進重要互動的信任，有直接關係。

㈡運用各種理論

關係取向的方法，尤其是個人中心式治療和存在主義治療，能建立一種以信任為基礎和願意承擔因改變而不可避免的風險為特徵的團體。團體領導者的示範作用非常重要，因為我認為：成員們係從團體領導者的行為中，遠比從團體領導者所說的內容中，學到的要多。團體是這樣一個場所，藉由一個有奉獻精神的、有能力的、關心人的團體領導者，把對團體的情感傳達給成員們。在團體成員們正在參與一個新的團體時，對他們所體驗

到內容的基本尊重，可以經由團體領導者願意允許成員們表達他們此時此地的思想和感受而體現出來。通常，成員們最初都會有一些焦慮，他們可能害怕不熟悉的情境，害怕他人的拒絕或是親近。有些人可能害怕過於開放，超過他們所能控制的範圍，擾亂他們在團體之外的生活，或是招致團體中其他人的反對。團體領導者抱著真誠的興趣傾聽這些感受，能確立一種關懷、注意、同情的基礎，並進而創造一種氣氛，使團體成員們在其中能夠自由地表達他們的感受和思想。

除了鼓勵團體成員們表達他們的情感之外，我還採用認知治療。例如，成員們來到團體中時，對他們自己以及對一個團體能為他們所做的內容，抱有某些期望。有些人期望別人為他們的問題提供答案，有些人期望從團體中得到那些他們認為在家庭和工作的種種關係中所失去的，還有些人則確信一個團體不可能真正地對他們有所幫助。這些期望都需要在團體的早期集會中予以聲明和解決。

(三)確定個人目標

正是在這個初期階段，行為取向和認知治療有特別重要的意義。我欣賞行為取向強調幫助成員們鑑別他們最想改變之行為的具體做法。由此入手，團體領導者可以進行一些教導，向成員們說明如何能使對該團體的參與成為實現他們目標的工具。我認為，團體領導者若要強行指定成員們應努力實現的具體目標，必會引起反作用，因為除非成員們真的需要有所改變，否則不可能強迫他們有任何改變。基於這一原因，我贊賞阿德勒派合作目標的概念。阿德勒學派要求在當事人和治療者之間達成一致的目標。TA團體也具有達成一致性治療目標的特點。在現實療法團體中，則強調請當事人評定他們的要求，並確定是否這些願望是現實的，還鞭策當事人檢查自己的行為，並判定是否有效果。如果團體成員們作出重要的判斷：他們的現時行為毫無意義，便可開始進行具體的行為改變過程。如果團體成員們在對其要求、需要和現時行為的評價中得不到幫助，他們會很難了解如何著手。對當事人的這種個人評價予以認真的考慮，是鼓勵並促使他們有所改變的一種方法。當然，團體領導技術還涉及向成員們說明團體如何能幫助他們得到想要獲得的東西。我不能誇大引導成員判定是否他們真正想要對其情感、思想和行為有所改變的重要性。

雖然我對接受自由和責任與學習更具創造性地生活的現時目標頗爲贊同，但我也認爲，這種長遠的目標需要具體化，以便團體成員們對他們要改變哪些情感、思想和行爲，有一個明確的了解，並能學習如何實現這些改變。幫助團體成員們確定目標的一個方式，是請他們把這些目標寫下來。提出以下這些問題會是有所幫助的：「我想改變自己的哪些方面？是否我有什麼想法導致了某些我不期望的情感？哪些是我希望更多一些的？哪些是希望更少一些的？我願意採取哪些措施來實現我認爲我想要作出的具體改變？我想要在這個團體中實現的短期目標有哪些？」

應用於轉換階段的各種理論

(一)學習如何處理衝突和抗拒

　　團體歷程中最具挑戰性、通常也是最艱難的時期，是轉換期。在一個團體能夠發展進入工作階段之前，它通常必須學會認識並處理焦慮、防衛性、抗拒、衝突、對控制的反抗、對團體領導者的刁難，以及各種其他的問題行爲。有些團體一進入轉換階段就停止不前了，這一困境的原因可以追溯爲，或者是早期沒能建立種種規範，或者不能應付團體中的抗拒和衝突。如果團體要想有所進展，衝突既要被認識到，又要得到治療性的解釋。認識抗拒的一條途徑是，經常評估團體成員們對自身參與團體的滿意程度。具體做法是，採用簡要的書面評量方式，可以在團體中收集起來並列成表格。讓團體成員們習慣於進行經常性評估是很有用的，因爲經由這種方式，團體中的問題可以得到檢測，並在團體活動中予以解決。所提出的具體的問題，可以涉及每一個團體成員的投入程度，對團體活動的滿意程度、信任程度，及願意冒險的程度。你可以參照這本教材的學生手冊中有關用於評估團體歷程的調查問卷。當然，這種形式的評估與行爲方法是相一致的，這些方法強調行爲、效果、對歷程具體的常規回饋，以此作爲確定團體介入措施是否有效的方式。

　　在此再一次調強，團體領導者的示範作用是非常重要的，尤其是關於接受和處理抗拒方面。往往是，團體領導者由於自己的言談和舉止製造了抗拒或是使它更惡化。如果團體領導者使團體中產生一些過於個人化的問

題，他們就會為此而背上包袱，且往往造成成員的防衛。團體領導者要給成員們一些自我決定的餘地，避免其作出過於尖銳或防衛性的反應，最重要的是，要避免批評。抗拒總是在所難免的，它們經由各種迴避和防衛策略表現出來。團體領導者處理這些抗拒的方式，將確定著這個團體能否完成這一轉換階段的發展任務。我希望你能夠學會如何把抗拒看作是一種團體向著自主的、正常的和有益的方向發展的象徵，而尊重它。只要不將抗拒看作為是一種難以解決的障礙，你就能幫助團體成員們以治療性的方式處理引起抗拒的根源。

(二)認識抗拒的方法

　　有些理論觀點注重抗拒的動力學，建議採用建設性的對待方法。依據心理分析的觀點，抗拒被看成是任何保護當事人免於應付潛意識內容的方式。這是一種保護自己避免焦慮的潛意識努力，一旦潛意識內容被揭露，這種努力便會產生。這幫助我想到：團體成員們必須既要與人際間的衝突、又要與內在心理的衝突作抗爭。一個團體領導者，要對成員所體驗到的、既要進行自我探索又害怕自我認識的矛盾，非常敏感，從而能幫助團體參與者開始探察他們自己的恐懼和防衛。

　　我認為有多種方式可把心理分析和阿德勒派的有關抗拒的觀點結合起來。團體成員們通常重新體驗到某些他們在自己早期家庭中所體驗的舊有情感。同胞手足之間的競爭、在群體中的地位、被接受——拒絕的感受、努力尋求被關注和成功、權威問題、對負面情感的處理、以及兒童時期的創傷，都在團體經驗中浮現出來。人們通常固守著一種發展觀，係因為存在著某些現今尚未解決的、妨礙他們正常發揮功能的情境。團體在許多方面可以充當一個人的原生家庭。藉由解決他們的投射、移情、興趣、以及針對團體中其他人的情感，成員們可以嘗試各種有關自己和他人的新思考方式。

(三)思想／情感／行為的觀點

　　當一個團體處於轉換階段時，我贊同個人中心式團體允許表達任何情感並接受這些被表達的情感的自由。我的願望是：團體成員允許他們自己體驗各種他們採取抗拒的方式，並加強這些感受。在這方面，我採納某些格式塔治療和心理劇活動導向的技術，以便當事人能有一種盡可能充分體

驗其所感受到的任何內容的途徑。然而，重要的是，要評估當事人的需要究竟是什麼，並在他們的文化背景內開展工作。由於某些文化禁忌，有些團體成員會經歷一段很困難的時期，來適應具有強烈情緒性的格式塔方法或心理劇。迫使當事人去體驗種種情緒，恐怕並不會有治療效果，不過，與他們共同探討他們不願表達自己情緒的抗拒，會是有幫助的。

從某種意義上說，我還希望使工作著眼於成員們的信念系統和自我對話。在這一方面，我發現溝通分析、理性情緒療法、認知治療很有價值。例如，一個成員很少投入團體活動，係因為她遵從某些父母禁令，諸如：「不要在別人面前公開你的情感。」「不要在公眾面前談論你的家庭和個人問題。」「要堅強，不要陷入自我憐憫的情感。」我認為TA提供了一個有用的架構，在其中，團體成員們能夠認識到這些父母禁令和自己的早期抉擇。雖然團體經驗能夠幫助這些當事人最終對某些禁令的有效性提出質疑，但要避免過快地對這些價值觀進行面質。在這一時期，耐心和尊重是極為重要的。

RET對於幫助團體成員們就某些造成他們在團體中陷於自我防衛的自我妨礙觀念進行挑戰，也是很有價值的。一個很少發言的團體成員，可能因為他害怕被否定，或是因為他認為他必須「完美地」表達自己，以便別人能了解他。一旦成員允許自己在情感上去體驗自己的抗拒，他們就能更真誠地對自己的認知提出質疑。在這方面，書面形式也是很有幫助的。如果成員們能夠記錄自己的思想過程（以及這些思想如何導致某些不理想的行為和情感），他們就能對某些無效的自我對話進行一定深度的探討，並能夠獲得新而更有效的認知，且能在團體內外鍛鍊自己。與此有關的，是他們願意開始以不同的方式表現行為。我贊同現實療法強調注重一個人的現時行為內容，以及RET強調必須實踐新的行為，以作為長期變化之基礎的觀點。現實療法提供了一些特別有價值的問題，能引導團體成員們制定改變的計劃。這種計劃可以成為成員們實際地開始改變行為的途徑。

應用於工作階段的各種理論

在工作階段，團體成員們投入於探索他們帶到團體活動中來的種種重要問題，並表達他們對團體中正在發生之事件的反應。我發現這一階段要求的組織程度最低。這部分是由於成員提出了他們想要解決的問題，自由地與其他人相交往，有一種構成一個團體的感受，而不覺得是一群陌生人的雜處，並且承擔起促使團體不斷發展的責任。

我的偏好是，讓團體成員們提出他們想要認真探討的問題，而不是負責採訪他們、指揮他們、或是告訴他們應當談論些什麼內容。我還發現，請成員們自己確定每一次活動的議題很有幫助，而且我喜歡在團體活動一開始時，請每一個人用一個明確的句子說明他在這次活動中想要獲得些什麼。然而，這並不是意味著採取一種被動的姿態，因為在工作階段，我非常願意建議做一些實驗，並邀請團體成員們採納某種用來加強他們正在體驗到的任何內容的技術。再次說明的是，我所關心的是思想、情感和行為因素，而我所建議的種種技術，都反映了這種整合風格。一旦團體成員們明確了他們想要處理的內容，以及決定了他們想要實現的究竟是什麼，我便通常問他們是否願意參加一個實驗。

一般說來，我喜歡首先著手幫助成員們逐步接觸他們此時此刻正在體驗的內容。對於注重現時的覺察以及把過去任何未解決的問題提到現時中來，格式塔技術是最有效的。我贊同這樣的方法：請團體成員們把過去的任何問題帶到現實中來，就像心理劇和格式塔的做法一樣。這種做法具有相當活躍的性質，而且成員們非常迅速地開始體驗到他們的感受內容，而不是抽象地談論情感和思想。例如，如果一個婦女意識到她害怕不斷成長，變得就像她所憎恨的母親一樣。一個良好的開端是，請她象徵性地「把母親帶到這個團體中來」。格式塔和心理劇提供了相當豐富的技術，可幫助她注重並加強她的體驗。她可以實驗性地扮演她母親的身份，並實際地與團體中的其他人交談，「就像對她的母親一樣」。雖然我重視接觸種種情感，但我認為，進行情緒宣洩或僅僅表達她的情感只是虛擬的工作。我往往建議她辨別某些從母親那裡獲得的觀念。或許她曾經不加批判地接受了某些

非理性的、一直固執恪守的、使她煩擾卻未經檢驗的觀念。

　　與對她的情緒性治療相對應的，是對其認知的探討，這可以顯示她的日常行為如何束縛著她。因此，我把團體中的爭論看作是一種有效的方法。尤其有價值的，是那種使成員們能夠有所收穫和了解自己的爭論。他們可以質問種種未加檢驗的假定，討論一個特定問題的前因後果，並考慮他們是怎樣使自己陷於不利的。在行為層次上開展工作，是矯正錯誤思想和情感紊亂的極好方法。例如，路奇說，他對自己的評價甚低，很多時間裡都感到抑鬱和焦慮，而且他害怕要求他所想要的東西。我並不等待他自己感覺好起來而開始以不同的方式看待自己，而是建議種種方法，使他能夠開始在行為上有所改變。我的假定是：如果他開始使自己的行為更具肯定性，他會更喜歡自己，且最終改變他對自己的看法。角色扮演、行為預演，以及其他行為取向的技術，能夠教導他某些技巧，使他在各種社會環境中實踐新的行為，並把結果回饋到團體中。

　　在工作階段，我特別強調的是，要注重成員們在團體活動之外所從事的活動。因此，我喜歡在每一次團體活動結束之前留一些時間，請每一位成員對這樣的問題作出回答：「在今天的活動中你對自己有了哪些了解？在這一星期裡你可以練習哪些行為？你願意給自己制定並完成的一項具體的家庭作業是什麼？」這種方法強化了在團體中的學習，並且幫助成員們繼續考慮如何在日常生活情境裡應用新的思考和行為方式。

應用於結束階段的各種理論

(一)任務的回顧

　　團體發展的最後階段是非常重要的，因為成員們有機會澄清他們在團體中經驗的意義，鞏固他們已經獲得的內容，並修正他們想要把哪些新獲得的行為轉換到自己的日常生活中去的決定。團體成員們在這一鞏固階段所面臨重要的任務，是學習各種在外部環境中維持這些行為改變的方法。我的著重點是放在使成員們回顧思想／情感／行為層次上任何一種改變的性質。他們是否懂得壓抑自己的情感會促成這些情感以某些間接的方式表達出來？他們矯正了哪些認知？他們是否已排除了那些造成情緒擾亂的、

功能不彰的認知？他們是否考驗其信念和價值觀，並使它們真正成為自己的？他們是怎樣作出的這些改變？他們怎樣能維持那些有成效的行為方式？在這個團體即將結束的時刻，他們能制定什麼行動方案，以便能夠繼續有所進步？

(二)各種理論觀點

我傾向於在一個團體的開始和結束階段使用最大程度的組織。我的風格並不是希望團體成員們能自動地把具體情緒的、認知的、行為的改變，從團體轉換到外部環境。因此，我提供一種能夠促進這種學習轉換的組織。我主張在不斷發展的團體中，盡我所能做的一切來促進團體成員們的活動，讓他們設定自己的家庭作業，並在下一次團體活動中報告他們的成績。這種方法是始終使團體成為一種場所，即學習如何有所改變，並進而把這種新的行為轉投入生活的場所。團體是達成某種結果的手段，但它本身卻絕不是目的。

儘管我傾向於在工作階段運用存在主義治療和探索情感，但在最後的結束階段，我傾向於認知行為治療，並把一個人的所學內容納入某種形式的概念系統之中。我從行為治療中借用的技術有：離開團體的訓練和預演，自我監督過程，在團體之外建立起一個支持系統，以及自我增強的學習方法。由於我把治療看作為一種教育／學習過程，我努力幫助成員們設計一個概念架構，確保他們把握自己經驗的意義。因此，在結束階段，我往往一而再、再而三地問：「你在這一團體中學到了哪些你所重視的內容？你是怎樣學到它的？」我並不想要成員們把他們的變化歸功於團體的魔力，而是歸於他們為作出改變所採取的行動。在團體發展歷史的這一階段上，RET和現實療法都是具有重要意義的模式，因為它們強調：對如何改變自己建立具體的計畫，對於改變所必須要做的內容作出約定，以及對治療過程的效果進行評價的重要性。雖然團體成員們被期望在各種階段嘗試一個行動計畫，但只有在結束階段，這樣的計畫才是非常重要的。另外，幫助團體成員們找到繼續發展其新獲得的技能的種種方法，也是很重要的。團體成員們可以以其他成長的途徑接受這個團體的結束，來促進他們的改變。他們可以作出各種能不斷激勵其具體活動的決定，制定各種契約，約定在團體結束之後將採取什麼行為方式。

雖然我在團體的結束階段強調認知作業和行動的計畫，但不應假定情感在這一時期是不重要的。我認為很重要的是，團體成員們要處理他們對分離和結束的情感，他們要表達出一旦處於沒有團體支持的環境中所可能有的恐懼或留戀，並且還要學會怎樣說再見。另外，完成任何未解決問題的機會，也是這一時期至為重要的任務。

　　在結束階段，團體領導者需要留心觀察某些危險。團體成員們可能迴避評述自己的體驗，並且不能把它納入到某種認知體系，因此限制了他們學習的推廣。而且，由於他們對分離的焦慮，有些成員們會有意疏遠，從而減少從團體中的收益。為了迎接團體的結束，團體領導者要扮演一個教師的角色，可以給團體成員們種種忠告，並為他們提供處理一些離開團體之後可能遇到的挫折的策略。團體成員們需要了解，成長的道路是顛簸而坎坷的。在這一時期，可以教予他們如何評價一整個團體所取得的進步，以及這個團體對他們所產生的影響。

應用於團體後問題的各種理論

　　在團體結束之後，團體成員們的主要任務，是把他們在團體中所學到的內容，應用於他們日常生活的行動計畫之中，以便能夠以自我指導的方式發揮功能。我很重視用額外的時間與每一個成員進行個別會談，如果可能的話，安排一次追蹤觀察的團體活動。這樣的做法完成了最後加以說明的責任，因為無論團體成員們還是團體領導者，都能夠更準確地評價團體的作用。再一次要指出，行為方法強調這種說明責任和評價，使團體領導者能夠在以後的團體中修正其工作。追蹤觀察方法還設置了一個安全門，如果成員們離開團體時仍帶有未解決的或負面的情感，他們至少可以與團體領導者討論這些內容。

　　我希望你們能夠了解，如果對要作出的改變進行認真的策劃，團體就會是有收效的。現在應當很明顯地看到，一個人的思想、情感、行為的改變，是來自於有意義策略的結果。一旦這些變化獲得實現，人們不能假定它們會自動地永久保持；這就是為什麼我尤其注意設計各種方法，以便在團體生活之外擴展這些改變的原因。

對折衷模式的贊成與反對

正如我多次提到的，我相信每一個專業工作者都必須找到一種適於他或她個人的風格；我所採納的模式，是我自己從專業上、與從個人方面探索適合於我的團體領導方法的結果。這種模式反映了我的觀點，即團體是一種以整合的方式表達個體成員的情感、思想和行為諸方面的實體。它還把經驗與教導相結合，因為我認為我們在團體中所體驗的內容，需要得到一種概念體系的支持。沒有這樣一體系架構，我們就不可能把握經驗的意義和理解它對我們的日常生活的啟示。最後，這樣一種模式綜合了行為取向的、領悟取向的，以及經驗取向的方法──也就是說，包括：情感、認知、行為各方面──從而追求更為有效地實現任何一個治療團體的基本目標：改變。

完全依附於一個單一模式的信條，總會有許多限制。如果你成為任何一種方法堅定不移的追隨著，你也許會忽視人類行為許多重要的層面，並因為試圖迫使他們就範於你的理論假定，從而不必要地限制了你應付不同當事人的有效性。然而，我想鼓勵你給你所學習的每一個理論一次公平的機會。你還需要大量地閱讀有關這些你認為有價值的理論文獻。此外，參加各種工作坊，以體驗這些方法，這對於幫助你決定想把哪些技術融合到你自己的個人領導風格中來，是非常重要的。有效的團體領導者總是不斷地界定和修正引導自己實務工作的團體理論，並使自己把握其中的內容意義。當然，你所知道的團體的類型和當事人的身份，是決定哪些策略最為適宜的主要因素。要開放性地修正你的技術，以便它們適應於團體成員們的各種需要，也包括適應於他們的社會和文化的背景。

話說到此，我還想補充一點，在提倡一種折衷的方法方面，也存在一些危險。從最糟的方面來說，折衷主義可能成為草率治療的藉口，以掩飾你自己實際的工作內容中缺乏系統的理由。如果你根據幻想來挑揀、選擇方法，那麼往往是，你所選擇的東西不過僅僅反映了你的偏見和預設的觀念。然而，從最好的方面看，折衷主義可以是一種創造性的綜合，和對多樣化理論貢獻的選擇性融合，是對那些適應於團體領導者獨特個性和風格

的概念和技術的動力性整合。

結語

我一向的經驗是，在團體諮商的導論課程的第一天和最後一天之間，學生們發現：那些最初看起來多如牛毛且令人不知所措的知識和令人迷惑的理論，最後變成瞭解諮商所必要的、管理完善的倉庫。雖然正如大多數學生所認識到的那樣，一個概述性的課程並不能使未來的諮商員變成完美的團體領導者，這一有關團體諮商的理論和實務的課程，的確爲學生們提供了一個基礎，以便從他們所接觸的諸多模式中，選擇可能對他們最爲有效和實用的治療方法。

我所希望的是這一切能成爲你的經驗，並且，在這門課程的最後這一刻，你將開始爲自己整合各種理論。要有足夠的耐心，去詳加認識你在這本書中所獲得的大量理論基礎，隨著你在領導不同的團體時所獲得越來越多的實務經驗，它們會產生新的意義。這本書中所討論的許多專業的和倫理問題，也同樣是如此。我認爲重要的是，你要思考這些基本問題。不過要牢牢記住，一旦你在自己的實務中面對這些問題時，它們也會表現出不同的意義。然而我相信，即使經驗教給你許多新知，如果你能夠現在就對這些以及其他有關的問題認眞思考的話，一旦你在實務中遇到它們，你就能有更好的準備來應付。

我希望這本書和配合的手冊確實激勵了你有成效地思考團體歷程，閱讀更多、學習更多有關我們曾共同探討的課題內容，並尋求不僅作爲團體成員、而且作爲團體領導者的團體經驗。我眞誠地希望你們在訓練課程中的經驗，以及閱讀這本教材和配合手冊的心得，能給予我回饋。我歡迎和重視使這本書在未來的修訂中更爲有價值的任何建議。你可以使用這本書後面所附可撕下來的評價表或寫信給我，由下列地址轉交：

Brooks/Cole Publishing Company,
Pacific Grove, California 93950- 5098。

索引

A

F

G

K

knowledge competencies 知識能力 *54*

L

large community group 大規模團體 *351*

latency stage 潛伏期 *225*

latent 潛在 *213*

leaving 離開 *168*

life-script analysis 生活脚本分析 *450*

linking 聯結 *88*

logotherapy 意義治療 *321*

M

manifest 表面 *213*

meaning attribution 意義歸因 *456*

Mended Hearts 心臟病患團體 *17*

milling around 成群兜圈子 *368*

minimum 最小限度 *53*

minority 少數民族 *20*

mistrust 懷疑 *220*

modeling 示範 *88*

multicultural counseling 多元文化諮商 *20*

musturbation 必須信念 *516*

N

O

P

T

U

V

W

本書由 International Thomson Publishing 授權發行國際中文版

Copyright © 1990, Gerald Corey

Chinese language publishing rights arranged with

Books ╱ Cole Publishing Company through

Thomson International Publishing

Chinese language copyright © 1995, Yang-Chih Book Co., Ltd.

團體諮商的理論與實務　　　　　　　心理學叢書 6

著　　　者☞Gerald Corey

譯　　　者☞ 張景然　吳芝儀

出 版 者☞ 揚智文化事業股份有限公司

發 行 人☞ 葉忠賢

執行編輯☞ 賴筱彌

文字編輯☞ 黃美雯　晏華璞

登 記 證☞ 局版北市業字第 1117 號

地　　　址☞ 台北市新生南路三段 88 號 5 樓之 6

電　　　話☞886-2-23660309　23660313

傳　　　真☞886-2-23660310

郵政劃撥☞14534976

印　　　刷☞ 偉勵彩色印刷股份有限公司

法律顧問☞ 北辰著作權事務所　蕭雄淋律師

初版三刷☞1999 年 3 月

定　　　價☞ 新台幣 600 元

I S B N ☞957-9272-09-3

E-mail ☞ufx0309@ms13.hinet.net

● 本書如有缺頁、破損、裝訂錯誤，請寄回更換。

版權所有　翻印必究

國立中央圖書館出版品預行編目資料

團體諮商的理論與實務╱*Gerald Corey*著；

張景然，吳芝儀譯. --初版. --臺北市：

揚智文化，*1995*〔民*84*〕

面； 公分. --(心理學叢書；*6*)

譯自：*Theory and practice of group
counseling*

含參考書目及索引

ISBN 957-9272-09-3 (精裝)

1. 諮商

178.4   *84001876*